Geld und Kredit

Prinzipien monetärer Makroökonomik

Von
Prof. Dr. Wilfried Fuhrmann
Universität-GH-Paderborn

2., erweiterte Auflage

R. Oldenbourg Verlag München Wien

Die Deutsche Bibliothek – CIP-Einheitsaufnahme

Fuhrmann, Wilfried:
Geld und Kredit : Prinzipien monetärer Makroökonomik / von
Wilfried Fuhrmann. – 2., erw. Aufl. – München ; Wien :
Oldenbourg, 1994
ISBN 3-486-23025-5

Gesamtherstellung: R. Oldenbourg Graphische Betriebe GmbH, München

ISBN 3-486-23025-5

Vorwort (zur zweiten Auflage)

Die wirtschaftswissenschaftliche und politische Diskussion im Bereich „Geld und Kredit“ wird von dem Phänomen der sog. Finanzinnovationen beherrscht. Soweit diese nicht Ausdruck eines Bedarfs seitens der Wirtschaft sind, stellen sie im politischen Bereich Ausweichreaktionen der Banken vor der Bankenaufsicht und Regulierung dar und dienen u.a. auch zur Festigung und Ausdehnung ihrer geschützten Bereiche sowie zur Reduktion der von ihnen bei der Geld- und Kreditversorgung zu übernehmenden Risiken. Im wissenschaftlichen Bereich führen die Finanzinnovationen über das vermeintliche Ende der Geldschöpfungsmultiplikatoren zur Analyse einer ausgebauten Quantitätstheorie in Form eines Systems interdependenter Geld-, Kredit- und Kapitalmärkte mit der weitergehenden Vision einer „geldlosen“ Wirtschaft, d.h. einer Wirtschaft ohne unverzinstes (staatlich emittiertes) Geld. Die Vielzahl der publizierten Beiträge ließ den Versuch einer sorgfältigen Systematisierung und Analyse von Finanzinnovationen sinnvoll und notwendig erscheinen. Die nahezu unübersehbare Vielfalt von Finanzinnovationen insb. auf den internationalen Märkten (wenn auch weniger in der Bundesrepublik Deutschland) erfordert geradezu eine Übersicht in Form eines Glossariums. Dieses habe ich in einem neuen Kapitel VII versucht, durch das die ansonsten wenig veränderte erste Auflage erweitert wurde.

Wilfried Fuhrmann

Vorwort (zur ersten Auflage)

Was auch immer jemand auf einem Güter-, Arbeits- oder Wertpapiermarkt nachfragt, er bietet Geld an. Jeder, der dort etwas anbietet, fragt Geld nach. Bereits in diesem Sinne ist offensichtlich jeder Markt ein Markt für Geld und Geld damit ein makroökonomisches Phänomen. Uneinigkeit besteht dabei auch heute noch darüber, ob das Geld selbst die Wirtschaftsprozesse und damit die wahren güterwirtschaftlichen Strukturen beeinflußt. Hätte nämlich Geld keine eigene ökonomische Bedeutung, dann wäre die Problematik der monetären Makroökonomik im Grunde ein sog. non-existing-problem. Dann wäre Geld bestenfalls eine Art Schmiermittel für die volkswirtschaftliche Mechanik und stellte nur eine Art von Schleier dar, der das Erkennen der wahren Zusammenhänge behindert. Wenn Geld aber eine reale ökonomische Bedeutung hat, dann kann das Verständnis für das Geld und die zu beobachtenden Prozesse monetisierter Volkswirtschaften nicht dadurch gewonnen werden, daß Geld ignoriert wird.

Das Verständnis für Geld und seine Wirkungen erhält man insbesondere durch die Auseinandersetzung mit dem walrasianischen Gleichgewichtssystem bzw. mit Walras. Es gilt wohl immer noch, daß ein guter Ökonom niemand sein kann, der Walras nicht verstanden hat. Diese Bemerkung stammt von keinem anderen als Joseph A. Schumpeter, der sich sicher war, daß das freie marktwirtschaftliche System instabil ist, instabil im Sinne seiner zukünftigen Entwicklung und der parallel zu Keynes das Traktat „Vom Gelde" erarbeitete und dennoch später meinte, daß die General Theory von Keynes uns zu besseren Ökonomen macht. Unser heutiges Verständnis des Geldes basiert wesentlich auf Walras und Keynes und aus der Auseinandersetzung mit ihnen.

Ich persönlich verdanke die sehr frühe Begegnung mit diesem Spannungsfeld dem glücklichen Umstand, in Kiel bei Erich Schneider studiert zu haben. Erich Schneider wäre in wenigen Tagen, am 14. Dezember, 85 Jahre alt geworden.

Mein Dank gilt darüber hinaus meinem Lehrer Jürgen Rohwedder, der als Schüler von Erich Schneider stets dieser Auseinandersetzung verpflichtet blieb. Jürgen Rohwedder wäre am 5. November 48 Jahre alt geworden.

Beiden, Erich Schneider und Jürgen Rohwedder, widme ich dieses Buch.

Aufrichtigen Dank sage ich allen Kollegen und Studenten, die mich durch Kritik und Ermutigung unterstützt haben. Besonderen Dank schulde ich dabei Martin Ahbe, Peter Herschel und Yamina Ifli sowie für die schier unbegrenzte Geduld mit meiner Handschrift Frau Ute Sobotta. Unzweifelhaft haben Freunde und die Familie am meisten gelitten, ich hoffe, diese Schuld abtragen zu können.

Wilfried Fuhrmann

Inhaltsübersicht

I.	**Begriffe und Definitionen**	1
I.1	Die Funktionen des Geldes	1
I.2	Liquidität und die Definition des Geldes	8
I.3	Die Wertaufbewahrung durch Vermögenstitel	13
I.4	Die gesamtwirtschaftlichen Geldmengenaggregate	18
II.	**Die Bedeutung des Geldes in einer Tauschwirtschaft**	30
II.1	Das walrasianische allgemeine Gleichgewichtssystem	30
II.2	Zur Theorie einer Tauschwirtschaft	39
II.3	Geldhaltung in einer Tauschwirtschaft	48
III.	**Theorien der Geldnachfrage**	58
III.1	Die Geldhaltung aus dem Transaktions- und Vorsichtsmotiv	58
III.2	Die Spekulationskasse	81
IV.	**Theorien des Geldangebotes**	110
IV.1	Die multiple Geldschöpfung	110
IV.2	Das Optimierungsverhalten einer Geschäftsbank	122
IV.3	Das gesamtwirtschaftliche Geld- und Kreditangebot	134
IV.4	Modifikationen des Grundansatzes des Geld- und Kreditangebotes	150
IV.5	Die Berücksichtigung des Euro-Marktes	170
V.	**Die Zentralbank**	179
V.1	Die Deutsche Bundesbank	179
V.2	Das geld- und kreditpolitische Instrumentarium der Deutschen Bundesbank	181
V.3	Erklärungsansätze des Zentralbankverhalten	195
V.4	Zur Theorie der Zinsstruktur	200
V.5	Regulierte Finanzmärkte und selektive Kreditpolitik	214
VI.	**Die Transmission geldpolitischer Impulse**	223
VI.1	Der Modellansatz von Wicksell	224
VI.2	Geld in der Theorie von Keynes	228
VI.3	Die Bedeutung der Informationen im Transmissionsprozeß	236
VI.4	Wechselkurs und Geld	251
VI.5	Zur Phillips-Kurve	266
VII.	**Finanzinnovationen und Geldpolitik**	283
VII.1	Markteffizienz und Finanzinnovationen	283
VII.2	Geldpolitik und die Einführung von Finanzinnovationen	287
VII.3	Finanzinnovationen und das Geld- und Kreditangebot	291
VII.4	Finanzinnovationen und Preiseffekte	297
VII.5	**Glossarium**	301

Inhaltsverzeichnis

I. Begriffe und Definitionen 1

I.1 Die Funktionen des Geldes 1
Die Funktion der Recheneinheit 2
Die Funktion des Zahlungsmittels 4
Geld im walrasianischen allgemeinen Gleichgewichtsansatz 5
Die Funktion der Wertaufbewahrung 7
Zur Endogenität von Geld 8

I.2 Liquidität und die Definition des Geldes 8
Die objektbezogene Liquidität 8
Das Problem der allgemeinen Akzeptanz 10
Die subjektbezogene Liquidität 11
Liquidität in der Nutzenfunktion 11

I.3 Die Wertaufbewahrung durch Vermögenstitel 13
Die Zinselastizität des Kurswertes 13
Die erwartete reale Rendite
– der Geldhaltung 15
– der langfristigen Wertpapiere 15
– der Aktien 17
– von Gütern 18
– im Vergleich 18

I.4 Die gesamtwirtschaftlichen Geldmengenaggregate 18
Die Aggregationsproblematik 20
Die Geldmengenaggregate 21
Das sog. target-and-indicator-Problem 23
Internationales Kunstgeld 26
Der Wert einer Europäischen Währungseinheit 27
Der Wert eines Sonderziehungsrechtes 28
Zur Verwendung von ECU 28

II. Die Bedeutung des Geldes in einer Tauschwirtschaft 30

II.1 Das walrasianische allgemeine Gleichgewichtssystem 30
Die Nachfragefunktionen 30
Die Angebotsfunktionen 32
Das allgemeine Tauschgleichgewicht 32
Die Berücksichtigung des Geldes 34
Zur Inkonsistenz des Systems 36
Fisher's Verkehrsgleichung und die Cambridge-Gleichung 36
Die Geldnachfragefunktion des Systems 37
Zur Entwicklung der monetären Theorie 38

II.2 Zur Theorie einer Tauschwirtschaft 39
Zum Informationsproblem 39
Das Kalkül der Informationsbeschaffung 40
Das Optimierungskalkül 42
Informationswert alternativer Tauschmedien 45

Der soziale Prozeß und die Informations-Wertaufbewahrung 46
Was erklärt wurde und was nicht 46

II.3 Geldhaltung in einer Tauschwirtschaft 48
Geldverwendung und Geldhaltung 48
Zum Vermögenscharakter des Geldes 48
Das Warengeld 50
Kreditgeld in Form von Außengeld 51
Kreditgeld in Form von Innengeld 53
Die optimale Geldmenge 55
Geldhaltung als Liquiditätspräferenz 56

III. Theorien der Geldnachfrage 58

III.1 Die Geldhaltung aus dem Transaktions- und Vorsichtsmotiv 58
Der klassische Zahlungsmittelansatz 58
Der lagerhaltungstheoretische Ansatz 62
Der lagerhaltungstheoretische Ansatz für M1 und M2 65
Ein wahrscheinlichkeitstheoretischer Ansatz 68
Ein nutzentheoretischer Ansatz 73
Die aggregierte Geldnachfrage aus dem Transaktions- und Vorsichtsmotiv 77
Einkommenskreislaufgeschwindigkeit und Geldnachfrage 78
Der monetaristische Zahlungsmittelansatz 79

III.2 Die Spekulationskasse 81

III.2a Das keynesianische Spekulationsmotiv 81
Die Alles-oder-Nichts-Entscheidung 82
Das Risiko in der Alles-oder-Nichts-Entscheidung 84
Die individuelle Unsicherheit 85
Die gesamtwirtschaftliche Spekulationskasse 86
Die Ausgleichsfunktion des Zinssatzes 87
Die Erwartungsbildung 88
Auswirkung der Spekulationskasse auf die Geldpolitik 89

III.2b Der Portfolio-Selektions-Ansatz 90
Erwartungen und Risiko 91
Die Möglichkeitskurve 94
Die Nutzenüberlegung 96
Das Entscheidungskalkül 97
Die Optimierung 101
Zur Geldhaltung 102

III.2c Der kapitaltheoretische Ansatz der Geldnachfrage 102
Die Anlagealternativen 102
Die Geldnachfrage 103
Die Integration mit dem monetaristischen Zahlungsmittelansatz 104

III.2d Die gesamtwirtschaftliche Geldnachfrage 105
Die geschlossene Volkswirtschaft 105
Die offene Volkswirtschaft 106
Die Bedeutung von Auslandspreisen 106
Die Berücksichtigung ausländischer Wertpapiere 107
Die Berücksichtigung von ausländischem Geld 109

IV. Theorien des Geldangebotes . . . 110

IV.1 Die multiple Geldschöpfung . . . 110

IV.1a Geldschöpfung und Geldvernichtung . . . 110

IV.1b Die multiple Geldschöpfung in einem einstufigen Geldsystem . . . 112

IV.1c Die multiple Geldschöpfung in einem zweistufigen Mischgeldsystem . . . 114
Das System mit einer Zentralbank und einer Geschäftsbank . . . 114
Das mikroökonomische Kalkül der Geschäftsbank . . . 117
Das System bei einer Zentralbank und n-Geschäftsbanken . . . 118
Einflußgrößen auf die multiple Geld- und Kreditschöpfung . . . 119
Multiple Geldschöpfung und monetäre Basis . . . 120

IV.2 Das Optimierungsverhalten einer Geschäftsbank . . . 122
Gewinnmaximierungsverhalten bei einem Liquiditätsrisiko . . . 122
Der Portfolio-Selektions-Ansatz . . . 125
Gewinnmaximierung bei Depositenvariabilität . . . 129
Rückschlüsse auf das Bankensystem . . . 132

IV.3 Das gesamtwirtschaftliche Geld- und Kreditangebot . . . 134

IV.3a Das Modell . . . 134
Der Modellaufbau . . . 134
Die Verhaltensgleichungen . . . 136
Der Kredit- und Geldmarkt . . . 139

IV.3b Die Modellanalyse . . . 140
Die Wirkung einer gestiegenen Rendite auf Sachkapital . . . 140
Die Wirkung eines gestiegenen Mindestreservesatzes . . . 141
Die Wirkung einer Erhöhung der monetären Basis . . . 142
Die Wirkung eines gestiegenen Vermögens . . . 143

IV.3c Die Besonderheiten dieses Erklärungsansatzes . . . 146
Die Nicht-Linearität . . . 146
Die Bedeutung der freien Liquiditätsreserve . . . 148
Sonstige Besonderheiten . . . 149

IV.4 Modifikationen des Grundansatzes des Geld- und Kreditangebotes . . . 150

IV.4a Die Berücksichtigung von Termineinlagen . . . 150
Die Modellversion . . . 150
Die Wirkungen eines gestiegenen Zinssatzes auf sonstige Aktiva . . . 155

IV.4b Geldmarktpapiere und Rediskontkredite . . . 157
Die Modellversion . . . 157
Die Verhaltensgleichungen . . . 160
Die Wirkungen zentralbankpolitischer Maßnahmen . . . 162
Die Wirkung der Mindestreservepolitik . . . 163
Die Wirkung der Offen-Markt-Politik (OMP) . . . 164
Die Wirkung der Diskontpolitik . . . 167
Die Zinseffekte im Anpassungsprozeß . . . 168

IV.5 Die Berücksichtigung des Euro-Marktes . . . 170
Der Modellrahmen . . . 170

Die Verhaltensgleichungen . . . 174
Ergebnisse und Aussagen . . . 175

V. Die Zentralbank . . . 179

V.1 Die Deutsche Bundesbank . . . 179
Aufbau und Organe . . . 179
Der Bundesbank-Gewinne . . . 180
Die Bundesbank-Instrumente . . . 181

V.2 Das geld- und kreditpolitische Instrumentarium der Deutschen Bundesbank . . . 181
Die Mindestreservepolitik . . . 181
Die Refinanzierungs- resp. Diskont- und Lombardpolitik . . . 184
Die Rediskontpolitik . . . 184
Die Lombardpolitik . . . 186
Die Offen-Markt-Politik . . . 187
Die OMP am kurzen Marktende . . . 187
Die OMP mit langfristigen Titeln . . . 188
Offenmarktgeschäfte mit Rückkaufsvereinbarung . . . 188
Die Devisenmarktpolitik . . . 189
Zur Devisenmarktintervention . . . 191
Formen der Devisenmarktpolitik . . . 194
Die Einlagen-Politik . . . 195

V.3 Erklärungsansätze des Zentralbankverhaltens . . . 195
Zentralbankverhalten als Ausdruck einer sog. Verlustfunktion . . . 195
Der Optimierungsansatz . . . 196
Der politisch-ökonomische Ansatz . . . 197
Die Zentralbank ist kein Auktionator . . . 199

V.4 Zur Theorie der Zinsstruktur . . . 200

V.4a Die klassische Erwartungstheorie der Zinsstruktur . . . 201
Die Zinsertragskurve der klassischen Erwartungstheorie . . . 202
Zum Erklärungsgehalt der klassischen Erwartungstheorie . . . 205

V.4b Die Bedeutung unterschiedlicher Liquiditätsgrade . . . 206
Die Liquiditätsunterschiede . . . 206
Die Liquiditätsprämie . . . 208
Die Präferenztheorie . . . 210

V.4c Die Zinsstruktur als Folge von Risikodifferenzen . . . 211
Der Spread . . . 211
Die Zinsstruktur einer Euro-Währung . . . 212

V.4d Die Geldhaltung . . . 213

V.5 Regulierte Finanzmärkte und selektive Kreditpolitik . . . 214

V.5a Formen der Regulierungen . . . 214
Allgemeine Regulierungen . . . 215
Strukturelle Regulierungen . . . 215

V.5b Zur selektiven Kreditpolitik . . . 217
Definition der selektiven Kreditpolitik . . . 217
Die selektive Wirkung geld- und kreditpolitischer Maßnahmen . . . 218

V.5c Regulierungen und selektive Kreditpolitik Effizienz und Kosten . . 219
Externalitäten und Finanzmarktunvollkommenheiten 219
Geldmengenstrategie und zinssatzorientierte Geldpolitik 222

VI. Die Transmission geldpolitischer Impulse 223

VI.1 Der Modellansatz von Wicksell 224
Der kumulative Prozeß 226
Die Abkehr vom langfristigen Gleichgewicht 227

VI.2 Geld in der Theorie von Keynes 228

VI.2a Keynes' Hinwendung zur Dynamik 228
Die Aggregationsstruktur bei Keynes 228
Im Zentrum der relativen Preise: Der langfristige Zinssatz 230

VI.2b Die Bedeutung des Geldes 230
Der erwartete (Normal-) Zinssatz 231
Die Verbindung von Geld- und Gütermarkt 231
Der Transmissionsmechanismus bei Keynes 232

VI.2c Zur Stabilität der Geldnachfrage 233
Zur Stabilität der Einkommenselastizität der Geldnachfrage 235

VI.3 Die Bedeutung der Information im Transmissionsprozeß 236
Einführung 236

VI.3a Die Theorie der relativen Preise 237
Die Theorie der relativen Preise und neoklassische Preistheorie 238
Geld anstelle des Auktionators 239

VI.3b Zur Instabilität des Geldmarktes 240
Die Hypothese rationaler Erwartungen 242
Geldmarktstabilität und rationale Erwartungen 244

VI.3c Zur Theorie effizienter Finanzmärkte 245
Die Zinsstruktur bei effizienten Märkten 248
Die Markteffizienz im Zeitablauf 249
Der Beitrag der Effizienz-Hypothese 250

VI.4 Wechselkurs und Geld 251

VI.4a Der monetäre Ansatz 252
Ein erweiterter monetärer Ansatz 252
Zum Gütermarkt 253
Der Kapitalverkehrssaldo 254
Die Zahlungsbilanz 255
Das Gesamtmodell 256

VI.4b Ein Portfolio-Ansatz der Wechselkursentwicklung 257

VI.4c Würdigung der Gleichgewichtsansätze 259
Informationseffiziente Erklärungsansätze 260

VI.4d Zur Endogenität der Geldmenge 260

VI.4e Zur Instabilität der Geldnachfrage 263
Rationale Erwartungen und Stabilität 265

VI.5 Zur Phillips-Kurve 266

VI.5a In einer geschlossenen Volkswirtschaft 266

VI.5b In einer offenen Volkswirtschaft 273

VI.5c Wirtschaftspolitische Schlußfolgerungen 275
Inflationsrate und Variabilität der Preise 276
Phillips-Kurve und Zentralbankenverhalten 280

VII. Finanzinnovationen und Geldpolitik 283

VII.1 Markteffizienz und Finanzinnovationen 283
VII.2 Geldpolitik und die Einführung von Finanzinnovationen 287
VII.3 Finanzinnovationen und das Geld- und Kreditangebot 291
VII.3a Die Wirkung einer Produktinnovation 291
Das Ausgangs- bzw. Referenzsystem 292
Die Einführung von CDs 293
VII.3b Die Wirkung einer Prozeßinnovation 296
VII.4 Finanzinnovationen und Preiseffekte 297
VII.4a Multiplikatoransatz und Einkommenskreislaufgeschwindigkeit . . 298
VII.4b Der Übergang zu verzinstem Geld 299
VII.5 **Glossarium** 301

Literaturverzeichnis 309
Sachregister 318
Errata 322

Abkürzungen und Symbole

AMR	Anweisung der Deutschen Bundesbank über Mindestreserven;
BBankG	Gesetz über die Deutsche Bundesbank;
KWG	Gesetz über das Kreditwesen;
OMP	Offen-Markt-Politik
StWG	Gesetz zur Förderung der Stabilität und des Wachstums der Wirtschaft;
$\frac{dm}{di}$	totale Ableitung von m bezüglich i;
$\frac{\partial r}{\partial i}$	partielle Ableitung von r bezüglich i;
$m = m(\overset{-}{r}, \ldots)$	m ist eine Funktion von r und anderen Argumenten; die erste partielle Ableitung von m bezüglich r ist negativ;
$m_r = \frac{\partial m}{\partial r}$	erste partielle Ableitung von m bezüglich r.

I. Begriffe und Definitionen

I.1. Die Funktionen des Geldes

Um das Angebot und die Nachfrage auf einem Markt erklären bzw. die Angebots- und Nachfragefunktion ableiten zu können, ist zuvor die Beschreibung der Charakteristika und damit die Definition des zu betrachtenden Gutes erforderlich. Im Falle des Geldmarktes mit dem Geldangebot und der Geldnachfrage aufgrund der gewünschten Geldhaltung und -verwendung setzt dieses die Definition des Gutes „Geld" voraus. Der Geldmarkt ist insofern ein Markt wie jeder andere.

Den Ausgangspunkt bildet heute eine funktionale Definition des Geldes im Gegensatz zu der früher verwendeten mehr institutionalen. Die heutige Sichtweise bzw. die im Zeitablauf erfolgte Veränderung in der Analyse des Geldmarktes wurde insbesondere durch J.M. Keynes geprägt. Sie läßt sich beispielhaft darstellen durch die Auseinandersetzung mit der (auch modern interpretierbaren) Definition von Irving Fisher: „Any property right which is generally acceptable in exchange may be called ‚money'" (ders., The Purchasing Power of Money, S. 5).

Nach dieser Definition stellt jeder allgemein tauschbare Vermögenstitel bzw. jedes Eigentumsrecht Geld dar. Die Definition beruht dabei wesentlich auf der Institution des Eigentums bzw. des Vermögens oder anders ausgedrückt: Sie beruht eindeutig auf dem (gesamtwirtschaftlichen und nicht einzelwirtschaftlichen) Vermögenscharakter eines Titels. Sichtdepositen eines Unternehmens bei einer Geschäftsbank sind gesamtwirtschaftlich gesehen nach dieser Definition kein Vermögen, da der Forderung eines privaten Wirtschaftssubjektes an die Bank eine gleichhohe Verbindlichkeit eines (anderen) privaten Wirtschaftssubjektes bei der Bank gegenübersteht. Den Sichteinlagen entsprechen Kredite bzw., wie gezeigt werden wird, die Sichteinlagen entstehen im Rahmen der Kreditgewährung. Das Vermögen der privaten Wirtschaftssubjekte insgesamt steigt also durch diese Sichtguthaben nicht. Ein Wechsel als ein Zahlungsversprechen für die Zukunft an ein anderes Wirtschaftssubjekt, den eine Unternehmung auf sich selbst zieht, stellt ebenfalls kein Geld dar. Das Firmenvermögen ist dadurch nicht gestiegen: Die Unternehmung hat zwar beispielsweise eine Einheit Sachkapital dafür erworben, aber gleichzeitig ist die Verschuldung der Unternehmung gestiegen, so daß der Nettovermögenseffekt dieses Wechsels bzw. Wechselkredites gleich Null ist. Dieser Wechsel zählt nach der obigen Definition nicht zum Geld – auch wenn das den Wechsel erhaltende Unternehmen ihn benutzt und im Güteraustausch weiter verwendet, so daß der Wechsel bei einer Vielzahl von Transaktionen bzw. Tauschakten verwendet wird.

Zu beachten ist an dieser Definition darüber hinaus, daß jeder prinzipiell zur Begleichung einer Schuld geeignete Vermögenstitel, d.h. jede vom Prinzip her beim Güterkauf zur Bezahlung geeignete Vermögensart als Geld bezeichnet wird. Läßt sich prinzipiell ein gekauftes Auto beispielsweise mit einem Stück Grund und Boden ebenso bezahlen wie mit einem Stück Vieh oder einem „Klumpen Gold", so stellen alle diese Güter nach der Definition von Fisher Geld dar, obwohl sie sicherlich ökonomisch sehr verschieden sind. Diese Unterschiede bestehen beispielsweise in ihrer Teilbarkeit, in ihrer Transport- und Lagerfähigkeit sowie in den Transport- und Lagerkosten. Sie bestehen somit insbesondere in den Kosten, die einzig durch die Verwendung dieses bestimmten Vermögensgegenstandes im Rahmen des Güterkaufes bzw. -verkaufes entstehen, d.h. in den sog. Transaktionskosten. Die obige Definition berücksichtigt somit derartige Unterschiede nicht. Sie enthält keine Ökonomie des Tauschprozesses.

Entsprechend geht der funktionale Ansatz von einer Analyse des Tausches aus. Ein Tausch wird verstanden als der Austausch eines Gutes gegen ein Tauschmedium oder eines Tauschmediums gegen ein Gut. Dabei ist jeder Tausch ein komplexer Handlungsablauf, d.h. ein Prozeß, in dem ein Tauschmedium (in der Regel ein und dasselbe Medium) in verschiedenen Funktionen verwendet wird. Es werden dabei i.d.R. die Funktionen der Recheneinheit, des Zahlungs-/Tauschmittels und der Wertaufbewahrung unterschieden. Als Geld wird dann das Gut oder der Vermögenstitel definiert, der diese Funktionen (optimal) in sich vereinigt bzw. sie erfüllt. Trifft dieses auch prinzipiell auf mehrere Güter oder Vermögenstitel zu, so ist Geld jener Titel, welcher die Tauschprozesse mit dem geringsten Ressourcenaufwand (z.B. Frei- oder Arbeitszeit) bzw. den geringsten Kosten durchführt. Voraussetzung für die Existenz von Geld als einem besonderen Gut oder Titel ist somit, daß sich der Ressourcenaufwand der Tauschakte bzw. ökonomischen Transaktionen in Abhängigkeit von dem verwendeten Medium systematisch unterscheidet. In diesem Sinne ist Geld nicht ein Gut wie jedes andere.

Es werden zunächst diese drei Funktionen sowie das Problem der Übertragung des theoretischen Konzeptes auf in der realen Welt existierende Größen betrachtet. Dabei ergibt sich auch das Problem der Definition und Messung eines Geldmengenaggregates im Sinne eines Zahlungsmittel- (resp. Waren-)korbes, der sich aus verschiedenen Titeln zusammensetzt.

Betrachtet wird außerdem das weitestgehende Spezifikum dieses Tauschmediums, welches darin besteht, daß es in einem gegebenen Zeitraum jeden Tauschprozeß beginnt oder beendet. Käufe bzw. Verkäufe erfolgen prinzipiell in der Form eines Vertrages mit vereinbarter Liefer- und Zahlungsfrist. Die Erfüllung eines Vertrages oder seine Nichterfüllung (Vertragsstrafe) erfolgt in dem Tauschmedium, d.h. in Geld. **Geld** ist somit das Gut (oder der Titel), in dem Verträge nicht nur abgeschlossen und erfüllt, sondern auch aufgehoben werden können. Geld ermöglicht, da (Kauf-) Verträge manifestierte Entscheidungen sind, auch Entscheidungsfreiheit und -revision. Geld besorgt damit, da (Kauf-) Verträge die Verbindung der Wünsche und Planungen zweier Wirtschaftssubjekte sind, die Kompatibilität der aufgrund mikroökonomischer Zielsetzungen aufgestellten Pläne der Wirtschaftssubjekte. Es stimmt Angebot und Nachfrage auf allen Märkten aufeinander ab und erfüllt damit die Funktion der Koordination. Geld ist der ökonomische Koordinations- bzw. Marktmechanismus und damit die Alternative zum sog. Auktionator im allgemeinen walrasianischen System. Dieses wird zu analysieren sein.

Die Funktion der Recheneinheit

Ein **Preis** ist eine Austauschrelation. Ein **Geld-Preis** gibt die Anzahl von Geldeinheiten an, die der Käufer eines Gutes dem Verkäufer für eine Mengeneinheit dieses Gutes zu geben hat bzw. die der Verkäufer vom Käufer als Gegenleistung für jede gelieferte Gütereinheit erwartet. Der Geld-Preis drückt den Wert des Gutes im Tausch (Tauschwert) in Geldeinheiten aus. **Geld** ist dann das Gut bzw. der Titel, in dem der Tauschwert aller Güter definiert wird bzw. auf das alle Güter bezogen werden. Entsprechend läßt sich über das Geld bzw. die Geld-Preise sowohl der Wert jedes Gutes im Verhältnis zu jedem anderen errechnen als auch der Wert eines Warenkorbes, Güterbündels oder aus verschiedenen Arten bestehenden Vermögens ermitteln. Geld erfüllt die Funktion der Recheneinheit bzw. ein Gut oder Vermögenstitel, welcher die Funktion der Recheneinheit erfüllt, weist ein wesentliches Charakteristikum von Geld auf.

Die Bedeutung dieser Funktion läßt sich durch die folgende Überlegung verdeutlichen. Werden in einer Volkswirtschaft n-Güter produziert, so sind beim Tausch zwischen zwei Wirtschaftssubjekten von beiden n (n−1)/2 Austauschrelationen zu ermitteln. Dieses zeigt unmittelbar die folgende Transaktionsmatrix (x_{ij} = Anzahl der Mengeneinheiten von Gut i pro Mengeneinheit von Gut j):

Gut	1	2	·	·	·	n
1	1	x_{21}	$x_{.1}$			x_{n1}
2	x_{12}	1				x_{n2}
·	$x_{1.}$		1			
·				1		
·					1	
n	x_{1n}	x_{2n}				1

Es gibt in dieser Matrix n · n-Felder bzw. Austauschverhältnisse. Die Diagonale enthält nur den Wert eins, so daß n · (n − 1) Austauschverhältnisse verbleiben. Da die Relation zwischen dem Gut 1 und dem Gut 2 jener zwischen dem Gut 2 und dem Gut 1 entspricht: $x_{12} = 1/x_{21}$, die Matrix also symmetrisch ist, folgt die Halbierung. Existieren für ein Wirtschaftssubjekt nun m potentielle Tauschpartner, so hat es mithin m · n · (n − 1)/2 Tauschrelationen zu ermitteln; dieses sind allein bei 10 potentiellen Partnern und 40 Gütern 7800 (= 10 × 40 × 39/2) Preise. Bestimmt jeder Partner seine Preise in Relation zu einem Gut, benutzen sie also alle eine einzige Bezugsgröße, d.h. eine Recheneinheit, so hat jedes Wirtschaftssubjekt nur m · (n − 1) Preise zu ermitteln, mithin z.B. 390 Preise.

Der sich ergebende **Vorteil der allgemeinen Recheneinheit** ist offensichtlich. Es ist jener, der sich vergleichsweise ergibt, wenn alle Wirtschaftssubjekte eine einheitliche Maßskala z.B. bei Gewichts-, Entfernungs- oder Temperaturmessungen verwenden. Der Vorteil besteht in einer Einsparung von Ressourcen wie beispielsweise Arbeitszeit, die ansonsten erforderlich wären, um die 7410 (= 7800 − 390) Preise in Erfahrung zu bringen und miteinander zu vergleichen, um die eigene rationale Entscheidung vorzubereiten bzw. zu ermöglichen. Der Vorteil besteht also in den reduzierten Kosten der Informationsbeschaffung, d.h. der Informationsbündelung und damit in dem hohen Informationswert von Geld. Er besteht weiterhin darin, daß nur bei Existenz bzw. Verwendung einer Recheneinheit ein stark differenziertes Gütersortiment bei hoher Arbeitsteilung möglich ist.

Die auftretenden Schwierigkeiten bei einer gleichzeitigen Verwendung mehrerer Recheneinheiten werden zum Teil deutlich im Rahmen des internationalen Handels, d.h. beispielsweise des Handels zwischen den 10 EG-Ländern bei 9 nationalen Währungen und damit Recheneinheiten. Die im Rahmen des Welthandels zu beobachtende steigende Fakturierung in US-Dollar zeigt den Prozeß der Entstehung einer einzigen Recheneinheit für das System der internationalen Märkte, der – soweit er ökonomisch bedingt ist – einen technischen Fortschritt im Sinne einer Ressourceneinsparung bzw. Senkung der Informationskosten darstellt.

Die Funktion des Zahlungsmittels

Selbst wenn eine Gesellschaft die Vorteile einer allgemeinen Recheneinheit erkannt hat und durch ein entsprechend ausgewähltes Gut nutzt, bedeutet dieses weder, daß die Gemeinschaft auch ein allgemein anerkanntes Tausch- bzw. Zahlungsmittel verwendet, noch, daß das als Recheneinheit dienende Gut diese Funktion des direkten Tauschmediums ausübt. Der Tausch kann immer noch als **Güter-Tausch** Ware gegen Ware organisiert sein, wobei er seitens eines Wirtschaftssubjektes, welches Gut A anbietet und Gut B nachfragt, als **direkter** Güter-Tausch: A gegen B oder als **indirekter** Güter-Tausch A gegen C gegen D gegen B erfolgen kann. Die indirekte Tauschkette wird gewählt werden, wenn sie aufgrund des gegebenen Preisvektors aller Güter zu einer größeren Menge von Gut B pro Einheit des Gutes A führt als die direkte Tauschkette. Sie wird natürlich dann gewählt werden (müssen), wenn das Wirtschaftssubjekt keinen Partner findet, der (in der gewünschten Menge) Gut B anbietet und Gut A nachfragt. Die Wahrscheinlichkeit hierfür steigt mit der Arbeitsteilung: Wie soll ein Klavierbauer seinen Bedarf an Lebensmitteln decken? (Er hätte beispielsweise einen Supermarkt-Besitzer zu finden, wobei dieser über einen Zeitraum einen bestimmten wöchentlichen Warenkorb liefert und seinerseits aufgrund seiner Händlerfunktion der Mengen-/Größentransformation das Klavier mit einem Brauereibesitzer gegen die entsprechende Anzahl an Bierkästen tauscht.) Umgekehrt bedeutet diese Problematik des Güter-Tausches, daß er die Entwicklung zu einer immer stärkeren Arbeitsteilung in der Gemeinschaft behindert.

Bei diesem Güter-Tausch wird sich das Wirtschaftssubjekt stets die Informationen über alle Preise (und ggf. Mengen) beschaffen und danach die gewünschte Tauschkette bestimmen. Stets bedarf es beim Güter-Tausch der **gegenseitigen Übereinstimmung der Wünsche** von Anbieter und Nachfrager („double coincidence of wants"), d.h. der Anbieter muß beispielsweise A anbieten und C nachfragen, der Nachfrager entsprechend A nachfragen und C anbieten. Im allgemeinen Gleichgewicht wird die Tauschrelation von A zu B im direkten Tausch gleich jener sein, die in irgendeiner indirekten Tauschkette möglich ist. Dieses folgt aus der Güterarbitrage, d.h. dem Anreiz für jedes Wirtschaftssubjekt unter Ausnutzung der Preisdifferenzen die für ihn jeweils günstigste Kette zu suchen und zu wählen. Die Unterschiede in den Tauschrelationen verschwinden im Zeitablauf allerdings nur vollständig, sofern es keine Transaktionskosten gibt, d.h. keine Kosten, die beispielsweise durch die direkte Güterübergabe, den Gütertransport (einschließlich Versicherung) und die zwischenzeitliche Lagerung entstehen. Der Unterschied, der letztlich zwischen allen Tauschketten (der direkten und allen potentiellen indirekten) bestehen bleibt, resultiert aus den Transaktionskosten. Dem marginalen (Nutzen-) Vorteil einer Tauschkette gegenüber einer anderen entsprechen im Gleichgewicht ihre Grenzkosten der Transaktion.

Diese (direkten und indirekten) Ketten des Güter-Tausches sind aber – gemessen an dem Ressourceneinsatz bei der Tauschdurchführung bzw. den Transaktionen – dem **Geld-Tausch** unterlegen, d.h. dem Tausch: Geld gegen Ware oder

Ware gegen Geld. Dieser Geld-Tausch ist dabei gekennzeichnet durch die generelle Verwendung eines direkten Tauschmediums beim Kauf oder Verkauf einer Ware (eines Gutes, einer Dienstleistung oder eines Vermögenstitels). Dieses Tauschmedium bzw. allgemeine Tausch- oder Zahlungsmittel wird von allen Wirtschaftssubjekten jederzeit im Tausch gegen Waren akzeptiert bzw. jedes Wirtschaftssubjekt verläßt sich darauf, daß dieses Medium mit großer Wahrscheinlichkeit jederzeit von jedermann akzeptiert wird. Kein Wirtschaftssubjekt muß den Partner suchen und finden, der den entsprechenden Güter-Tausch durchzuführen bereit ist, d.h. der den seinen Wünschen entsprechenden hat. Die Voraussetzung für die allgemeine Akzeptanz bzw. Verwendung ist, daß dieses Medium das Gut mit den geringsten (marginalen) Transaktionskosten ist und damit zu dem geringsten Ressourcenaufwand bei der Entgegennahme bzw. Abgabe (einschließlich Teilbarkeit), Transport, Lagerung etc. führt. Diese Ressourceneinsparung bei der allgemeinen Verwendung eines bestimmten Tausch- bzw. Zahlungsmittels ist der **Vorteil des direkten Tauschmediums**. Steigt der Wert eines Gutes als Tauschmittel mit sinkenden Kosten bei seiner Verwendung als Transaktionsmittel, so wird das Gut mit dem höchsten Tauschwert zum Zahlungsmittel der Gesellschaft. Sein Tauschwert und damit die Ressourceneinsparung erhöht sich noch mit seiner steigenden allgemeinen Verwendung bzw. mit einem steigenden Grad der Monetisierung der Volkswirtschaft.

Geld ist entsprechend definiert als das Gut bzw. der Titel mit dem höchsten Tausch- und Informationswert.

Der funktionalen Definition des Geldes entspricht eine bestimmte makroökonomische Theorie bzw. diese Definition paßt nicht in jedes Theoriegebäude. Ein derartiger, nicht mit einer Geldwirtschaft kompatibler Ansatz ist das klassische System. Da dieses insbesondere in der Form des walrasianischen allgemeinen Gleichgewichtsansatzes bekannt ist, soll dieser hier kurz bezüglich seiner Annahmen, durch die von Tausch- und Informationsprozessen und damit vom Geld abstrahiert wird, dargestellt werden.

Geld im walrasianischen allgemeinen Gleichgewichtsansatz

Im walrasianischen Gleichgewicht sind die Informations- und Transaktionskosten exogen. Dieses System benötigt somit keine allgemeine Recheneinheit und kein allgemein akzeptiertes Zahlungsmittel, da die Gleichgewichtssituation „zeitlos" im Wege eines kostenlosen trial-and-error-Verfahrens gesucht und gefunden wird. Im allgemeinen walrasianischen Gleichgewicht besteht im Wege dieses Tast- bzw. Tâtonnement-Prozesses jederzeit für jedes Wirtschaftssubjekt die Möglichkeit eines kostenlosen sog. recontracting, d.h. einer kostenlosen Annullierung jedes Kontraktes bei Abschluß einer neuen Vereinbarung. Transaktionen erfolgen im gesamten System nur zu Gleichgewichtspreisen, d.h. erst dann, wenn der Preisvektor gefunden wurde, bei dem jedes Wirtschaftssubjekt zu seinen Verträgen steht und diese nicht mehr ändern möchte. Transaktionen finden in diesem System nicht zu Nicht-Gleichgewichtspreisen statt. Der klassische Ansatz erklärt nur derartige Zeitpunkte.

Um auch konzeptionell von der Zeit als Suchprozeß zu abstrahieren, agiert im walrasianischen allgemeinen Gleichgewichtsansatz ein (fiktiver) **Auktionator**. Dieser kennt unmittelbar für alle Perioden die Wünsche und Möglichkeiten aller Wirtschaftssubjekte; das Problem der individuellen und güterbezogenen Informationsbeschaffung ist ebensowenig existent wie das der gegenseitigen Übereinstimmung der Wünsche etc. Der Auktionator ermittelt die prinzipielle Lösung des Systems sowie damit die für jedes einzelne Wirtschaftssubjekt und gibt alles generell bekannt. Bestehen die Wünsche und Planungen der Wirtschaftssubjekte über die Zeit, d.h. strebt das einzelne Subjekt eine intertemporale Nutzenmaximierung an, so steht der Auktionator sowohl für die Zeit im Sinne der Informations- und Entscheidungsprozesse als auch im Sinne der Intertemporalität. Er ermittelt unmittelbar den Lösungsvektor des Systems über alle zukünftigen Perioden, die aufgrund der verbleibenden roboterhaften Durchführung der in einem Zeitpunkt getroffenen Entscheidung ökonomisch, d.h., entscheidungstheoretisch nicht mehr existieren bzw. irrelevant geworden sind.

Der Auktionator ist die Theorie des (einmaligen) Zeitpunktes bzw. er ist Atemporalität. Es gibt nicht nur keine zeitinvarianten güter- und subjektspezifischen Informations- und Transaktionskosten; es gibt überhaupt keine derartigen spezifischen Kosten. Die Vielzahl unabhängiger unterschiedlicher Entscheidungs-Subjekte existiert nicht. Die „Kosten“ des Auktionators und damit die Informations- und Transaktionskosten (in der Zeit) sind gleich Null oder proportional zu den Transaktionen. Sie sind damit für eine Optimierung bzw. ökonomische Entscheidung unerheblich. Entsprechend kann der allgemeine walrasianische Gleichgewichtsansatz eine monetisierte Volkswirtschaft bzw. ein System mit Geld nicht erklären. Er kann nur die Existenz einer zeitpunktbezogenen Systemlösung bei vernachlässigbaren güter- und subjektspezifischen Informations- und Transaktionskosten aufzeigen, d.h. bei Kenntnis aller relativen Preise (Tauschrelationen) durch alle mikroökonomisch rationalen, repräsentativen Wirtschaftssubjekte.

Den Fiktionen des Auktionators und repräsentativer Wirtschaftssubjekte entspricht keine auf Informations- und Transaktionskosten basierende Vorstellung vom Geld. Anstelle einer ökonomisch-funktionalen Gelddefinition läßt sich auf den klassischen resp. walrasianischen Ansatz leichter Geld gemäß einer institutionellen Definition aufsetzen. Bei einer institutionellen Definition wird Geld auf (zumindest für die Periodizität des Erklärungsansatzes) exogen gegebenen Institutionen begründet, d.h. es wird begründet auf der Institution des Eigentums bei einem gegebenen Finanzmarkt- resp. Bankensystem mit entsprechend institutionell gegebenen Zahlungsgewohnheiten der Wirtschaftssubjekte.

Durch die Aufhebung des walrasianischen Auktionators als Umschreibung des jederzeitigen kostenlosen sog. recontracting und sog. tâtonnements werden die Informations-, Such- und Transaktionskosten betont. Damit hat die ökonomische Analyse den Prozeß bzw. Mechanismus der Abstimmung zwischen der Vielzahl der Wirtschaftssubjekte zu erklären. Sie hat den makroökonomischen Koordinations-Mechanismus aufzuzeigen, d.h. das System interdependenter Märkte zu erklären. Im allgemeinen walrasianischen Ansatz existiert gar kein Geld oder höchstens als ein das Erkennen behindernder Schleier vor dem Auktionator. In einer Erklärung der (auch über die Zeit) interdependenten ökonomischen Transaktionen kann kein Auktionator existieren bzw. höchstens als Schleier vor der Zeit mit einer durch das Geld ermöglichten makroökonomischen Koordination. Geld ist die sog. time-machine. Da die Zeit Unkenntnis beinhaltet, finden Transaktionen zu anderen als den walrasianischen Gleichgewichtspreisen statt. Am walrasianischen Lösungsvektor gemessen kommt es zu einem sog. false trading, d.h. zu einem Handel bei nicht-walrasianischen Gleichgewichtspreisen. Ist ökonomisches Handeln aber nur bei der Existenz von (subjektiver) Unkenntnis nicht-trivial, so gilt: Proper trading is false trading.

Die Funktion der Wertaufbewahrung

Jeder Tausch erfordert Zeit im Sinne von Informations- und Entscheidungsprozessen. Der Geld-Tausch erfordert wie jeder indirekte Gütertausch darüber hinaus Zeit im Sinne der Intertemporalität, d.h. im Sinne der zwischen dem Verkauf einer Leistung und dem Kauf des letztlich nachgefragten Gutes verstreichenden Zeit. Jedes Wirtschaftssubjekt wird dabei im Tauschprozeß ein „intermediäres" Gut – sei es Geld oder ein anderes Gut – als Äquivalent für die verkaufte Leistung (das angebotene Gut bzw. die angebotene Dienstleistung) nur dann akzeptieren, wenn es erwartet, daß es mit hoher Wahrscheinlichkeit zu einem späteren Zeitpunkt seinerseits dafür auch die von ihm gewünschten Güter und Dienstleistungen erhalten wird. Geld oder ein anderes intermediäres Gut wird nur akzeptiert und verwendet werden, wenn jedes Wirtschaftssubjekt mit großer Sicherheit davon ausgeht, daß es zu einem späteren Zeitpunkt der Nachfrage nach Leistungen für das heute akzeptierte Medium bzw. Zahlungsmittel in etwa soviel Einheiten dieser Güter erhält, wie es den in diesem Zahlungsmittel ausgedrückten Austauschrelationen im Zeitpunkt des eigenen Angebotes oder Verkaufes der eigenen Leistung entspricht. Es wird beispielsweise für eine heute geleistete Arbeitsstunde den Betrag von DM 25,– nur akzeptieren und das Geld „halten", wenn es erwartet, dafür morgen bzw. übermorgen auch noch die Mengen an Brot, Butter und anderer Güter zu erhalten, für die es heute bereit ist, eine Stunde zu arbeiten.

Eine **Geldhaltung**, d.h. Nachfrage nach Geld zu einem Zeitpunkt für einen Zeitraum setzt somit voraus, daß Geld für diesen Zeitraum die Funktion der Wertaufbewahrung erfüllt. Es muß diese Funktion besser oder aber bei risikoscheuen Wirtschaftssubjekten mit größerer Sicherheit bezüglich des erwarteten Güterbündels erfüllen, als jede andere Möglichkeit der Wertaufbewahrung wie z.B. die Haltung von Gold, Briefmarken oder Aktien. Die Geldhaltung muß, gemessen an dem zukünftig gewünschten Güterbündel, somit geringere Lagerkosten und Gütereinbußen aufgrund von möglichen Preisänderungen in der Zeit verursachen als jede Alternative bzw. relativ zum höchsten Netto-Ertrag führen.

Die **Funktion der Wertaufbewahrung** bezieht sich dabei unmittelbar auf den Zeitraum der Transaktionen. Erhält jedes Wirtschaftssubjekt Geld im Tausch für seine abgegebene Leistung, beispielsweise das Gehalt für seine zu leistende Arbeit zu Beginn des Monats, so wird es Geld für die zu tätigenden Ausgaben in diesem Monat dann halten, wenn keine andere Form der Wertaufbewahrung für Subperioden dieses Zeitraumes der Einkommensverwendung einen höheren Netto-Ertrag verspricht. Die Funktion der Wertaufbewahrung erfüllt dabei ein Gut oder Titel, wenn durch seine Haltung die erwartete Verfügungsgewalt über Güter und Dienste nicht eingeschränkt wird. Je unsicherer die Wirtschaftssubjekte bezüglich der Wertaufbewahrungsfunktion des Geldes über diesen Zeitraum werden bzw. je geringer die erwartete Verfügbarkeit über Güter und Dienste aufgrund der Geldhaltung wird, desto kürzer wird der Zeitraum, für den die Wirtschaftssubjekte Geld halten bzw. desto schneller verwendet jedes einzelne Wirtschaftssubjekt sein Geld zu Güterkäufen. Es folgen also zeitlich die Transaktionen Geld gegen Waren um so schneller auf die vorherigen Transaktionen Waren gegen Geld. Die Geschwindigkeit des Geldumschlages bzw. die Häufigkeit der Verwendung von Geld zur Durchführung von Transaktionen steigt mit der abnehmenden Erfüllung der Wertaufbewahrungsfunktion durch das Geld bzw. mit steigender Unsicherheit diesbezüglich.

Für jedes einzelne Wirtschaftssubjekt stellt Geld auch Vermögen dar und die Geldhaltung eine Form des Vermögens. Gleichzeitig bedeutet die Haltung von Vermögen einen i.d.R. zeitlich begrenzten Verzicht auf die Verfügungsgewalt über Güter und Dienste („Zwecksparen"), dessen Entgelt Einkommenszahlungen (Zinsen) oder konsumierbare Dienste (sog. nicht-pekuniäre Erträge) sind. Die Geldhaltung steht dabei über diese erwarteten Entgelte resp. Erträge in Substitutionsbeziehungen zu den anderen Formen der Vermögenshaltung. Sinkt die Geldhaltung als Vermögensanlage c.p. mit steigenden Erträgen der anderen Vermögensarten, so bedeutet dieses bei einer insgesamt gegebenen Geldmenge einer Volkswirtschaft eine Erhöhung der Umschlagsgeschwindigkeit bzw. -häufigkeit des Geldes bzw. eine Verkürzung des Zeitraumes über den Geld durchschnittlich gehalten wird.

Zur Endogenität von Geld

Aus dem mikroökonomischen Kalkül der Wirtschaftssubjekte resultiert die Entscheidung über die Verwendung eines besonderen Mediums für die Durchführung der Transaktionen, welches Geld genannt wird. Es ist ein aufgrund des erwarteten Nutzens ausgewähltes Gut, welches den Anspruch auf Güter dokumentiert. Das Kalkül determiniert ebenfalls simultan die Länge des Zeitraumes, über den Geld gehalten wird. Dabei muß der endogen, d.h. aus Nutzenüberlegungen als Geld gewählte Titel nicht die drei genannten Funktionen gleichgut in sich vereinen bzw. erfüllen. Es können beispielsweise zwar alle Güterpreise auf Reichsmark bezogen sein, und dennoch findet die Reichsmark als direktes Tauschmittel bzw. Zahlungsmittel selbst keine Verwendung, sondern es werden Zahlungen im Verrechnungswege, d.h. bargeldlos oder über Handels- resp. Wechselkredite oder über Dollar oder Zigaretten geleistet. Gedanklich können zwar diese Funktionen auseinanderfallen; ökonomisch-funktional aber verliert ein Gut bzw. Titel mit dem Wertaufbewahrungs- resp. Vermögenscharakter auch seine Fähigkeit und allgemeine Akzeptanz als Zahlungsmittel und Recheneinheit zu dienen. Entsprechend verliert ein bis dato als Geld dienender Titel die Geldeigenschaft bzw. die Gesellschaft sucht oder verwendet einen anderen Titel als Geld. Beispielsweise verliert im Laufe steigender Inflationsraten oder politischer Unruhen das noch zu betrachtende Zentralbankgeld seine Funktion der Wertaufbewahrung und des Zahlungsmittels. Es verliert seine Verwendung als Geld nicht aufgrund exogener institutioneller Änderungen (Währungsreform oder dgl.), sondern endogen aufgrund der Verwendungsentscheidungen der Wirtschaftssubjekte. Es ist dann nicht mehr: „ein überall und zu jeder Zeit verwendbares Mittel zur Erfüllung von sich aus dem wirtschaftlichen Tauschprozeß ergebenden Verpflichtungen" (E. Schneider, 1967, S. 4). Es ist dann nicht mehr „liquide".

I.2 Liquidität und die Definition des Geldes

Die objektbezogene Liquidität

Verwendet wird der Begriff „Liquidität" in der Definition von Keynes, die auch seiner Geldnachfragefunktion, der sog. Liquiditätspräferenzfunktion zugrundeliegt. Unter vollkommener Liquidität bzw. einem Liquiditätsgrad von eins wird dabei die mit großer Erwartungs-Sicherheit und ohne Kapital-Verluste kurzfristig mögliche Realisierbarkeit eines (Vermögens-) Titels im Sinne von kurzfristig möglicher Verfügbarkeit über die gewünschten Güter und Dienste verstanden. Der **Grad der Liquidität** eines Titels bzw. Aktivums mißt seine Geldnähe bzw. die Stärke der Zahlungsmittelfunktion dieses Aktivums.

Mit der definierten kurzen Fristigkeit bzw. Zeitspanne zwischen Verkauf des Titels und Kauf des gewünschten Güterbündels wird die Mobilisierbarkeit des Aktivums im Sinne der dabei entstehenden Transaktionskosten betont. Diese sind wesentlich abhängig von der Form bzw. Organisation des jeweiligen Marktes. Je vollkommener ein Markt, an dem hohen Grad der Markttransparenz und dem geringen Grad an Präferenzen gemessen, ist, desto höher ist die Mobilisierbarkeit des dort gehandelten Titels. Die an einer Börse gehandelten Wertpapiere sind leichter und schneller mobilisierbar bzw. tauschbar als Grundstücke, Häuser, GmbH-Anteile etc. Beispielsweise sind Ratensparverträge (von einigen Ausnahmen abgesehen) nur prämienschädlich oder möglicherweise gar nicht vorzeitig kündbar. Bei Wertpapieren fallen die Maklerprovisionen, Börsenumsatzsteuer etc. an. Vorzeitige Kündigungen von Festgeld- resp. Termin-Einlagen führen zu Strafzinsen. Sparbücher sind bis zu einem institutionell festgelegten Betrag von DM 2000,– pro Monat ohne Kosten in Geld transformierbar; darüber hinaus ist ein Strafzins fällig, d.h. es entstehen Kosten. Bei all diesen Umwandlungen ist aber stets ein Ressourceneinsatz in Form von Arbeits-Zeit notwendig.

Der Titel, der kostenlos und ohne besonderen Zeitaufwand direkt in gewünschte Güter und Dienste transformiert werden kann, ist definitionsgemäß **Geld**. Es hat definitionsgemäß den höchsten Liquiditätsgrad bzw. ist vollkommen liquide. Es ist definitionsgemäß das allgemein akzeptierte Zahlungs- bzw. Tauschmittel, durch dessen Existenz die Bedingung des Güter-Tausches: „übereinstimmende Wünsche" aufgehoben wird. Es ermöglicht u.a. Tauschketten bzw. Tauschakte, in deren Verlauf beim bilateralen Tausch der Nutzen eines Tauschpartners (zwischenzeitlich) sinkt. Geld als Träger des höchsten Liquiditätsgrades muß keinen direkten Nutzen stiften, sondern nur vollkommen mobil und kostenlos transformierbar, d.h. sofort realisierbar sein. Beim Liquiditätsbegriff steht die Tauschmittelfunktion im Vordergrund, so daß entsprechend die Substitutionsbeziehungen von Geld zu anderen Tauschmitteln und damit die Liquidität einer Volkswirtschaft insgesamt bei der Analyse des Geldmarktes und der Geldpolitik im Vordergrund stehen. Mit der „großen Erwartungs-Sicherheit" und den fehlenden „Kapital-Verlusten", bzw. der vernachlässigbar geringen Differenz zwischen dem rechnerisch-wertgleichen Güterbündel und dem nach der Transformation noch erhaltbaren, wird die Wertaufbewahrungsfunktion über die Transaktionszeit betont, wobei diese Zeit u.a. von der Technik der Transaktionen sowie der Organisation der Märkte abhängt.

Geld im Sinne der vollkommenen Liquidität muß nicht Zentralbankengeld, d.h. ein in Abhängigkeit von der Entscheidung einer Institution außerhalb des privatwirtschaftlichen Sektors geschaffenes Aktivum sein. Es kann ein endogen von den privaten Wirtschaftssubjekten geschaffener Titel sein, wie beispielsweise Handelswechsel, wobei jeder einzelne Titel nach einer gewissen Zeit vom jeweiligen Emittenten eingelöst wird. Der Zahlungsverkehr wird dann getragen von einem System revolvierender privatwirtschaftlich emittierter Titel. Ist das Aktivum mit der vollkommenen Liquidität Geld und werden die anderen Aktiva bezüglich der Liquidität zum Geld in Relation gesetzt, d.h. ihre Geldnähe ermittelt, so ist die **Gesamtliquidität** einer Volkswirtschaft im weiteren Sinne der Wert aller mit ihren Liquiditätsgraden gewichteten Aktiva. Im engeren Sinne entspricht die Liquiditätsmenge der Geldmenge.

Das Problem der allgemeinen Akzeptanz

Voraussetzung für diese den Wirtschaftsprozeß steuernde und tragende Liquidität, auf die die Zentralbank keinen direkten Einfluß hat, ist allerdings die allgemeine Akzeptanz des liquidesten Titels. Alle Wirtschaftssubjekte müssen bezüglich der jeweiligen Emittenten von ihrer vollkommenen Bonität und ihrer jederzeitigen Möglichkeit, ihre Verbindlichkeiten in Gütern und Diensten zu erfüllen, überzeugt sein. Dieses ist erforderlich, da der Vermögens-Forderung des einen Wechsel haltenden Wirtschaftssubjektes stets die Schuld eines Emittenten gegenübersteht. Das Netto-Vermögen aller privaten Wirtschaftssubjekte ist unabhängig von dieser Liquiditäts- resp. Geldmenge, d.h. es ist unverändert durch die Einführung dieses Geldes. Die allgemeine Akzeptanz setzt ihrerseits wiederum einen hohen Informationsstand aller Wirtschaftssubjekte bezüglich der Emittenten verbunden mit ihrem absoluten Vertrauen in diese (Ausschluß von Bankrotten der Emittenten) sowie die Homogenität der Wechsel voraus.

Im Falle eines Bankrottes entstehen Verteilungseffekte; die Besitzer der wertlos gewordenen Wechsel erleiden Vermögensverluste. In ihrer Folge können auf den Märkten in den Überschußnachfragefunktionen Parameterveränderungen und Unstetigkeiten auftreten. Es kann eine Instabilität des gesamten Marktsystems entstehen. Dem aufgezeigten Vorteil des durch das Geld ermöglichten indirekten Tausches (Ware gegen Geld, Geld gegen Ware), d.h. einer sog. **Sequenz-Tausch-Wirtschaft** steht also ein Nachteil in Form des Bonitäts- bzw. Bankrott-Risikos bezüglich der Geldemittenten gegenüber.

Die Bedeutung des als notwendige Voraussetzung unterstellten Vertrauens in die Emittenten wird in einer derartigen Sequenz-Tausch-Wirtschaft anhand einer einfachen **spieltheoretischen Überlegung** deutlich. In einem Zwei-Perioden-Ansatz möge es ein nicht lagerfähiges Konsumgut geben, welches wie Manna vom Himmel in einer bestimmten Menge in der ersten Periode dem Wirtschaftssubjekt A zufließt und in der zweiten Periode nur dem Wirtschaftssubjekt B. Beide Wirtschaftssubjekte haben eine intertemporale Nutzenfunktion über zwei Perioden. Wirtschaftssubjekt A kann ohne Tausch zwar in der ersten, nicht aber in der zweiten Periode konsumieren. Das Wirtschaftssubjekt B kann seinerseits nicht in der ersten, wohl aber in der zweiten Periode Güter konsumieren. Beide Wirtschaftssubjekte können nun ihren Nutzen im bilateralen Tausch erhöhen, wenn A mit B Konsumgüter in der ersten Periode gegen solche der zweiten Periode tauscht. Das Wirtschaftssubjekt B erhält die Güter ausgeliefert, A erhält ein Lieferversprechen (resp. Handelswechsel). A kann diesen Tausch allerdings nur akzeptieren, wenn es das Lieferversprechen von B quasi wie die Lieferung selbst betrachtet. B könnte ja auch in der zweiten Periode seine Verpflichtung zu liefern verneinen und nicht liefern.

„Allgemeine Akzeptanz" im Sinne notwendigen Vertrauens umschreibt damit einen kooperativen Ansatz bzw. die Möglichkeit, absolut bindende Vereinbarungen zu treffen. Die Voraussetzung dafür erscheint eine soziale Institution, wie beispielsweise der Staat, zu sein, der per Rechtsordnung die Einhaltung der vereinbarten Bindungen erzwingen kann. Allerdings kann der Staat nicht den Bankrott des privatwirtschaftlich organisierten und das Unternehmerrisiko tragenden Emittenten verhindern. Die jederzeitige Fähigkeit zur Einlösung seiner Verbindlichkeiten bzw. die zeitinvariante vollkommene Bonität ist nur gewährleistet, wenn der Emittent sich jederzeit ohne nennenswerte Kosten die Verfügungsgewalt über Güter und Dienste beschaffen kann. Dieses aber ist wiederum nur einer sozialen Einrichtung wie dem Staat in Form der Steuerzahlungen möglich. Damit wird aber über das Nutzenmaximierungskalkül der Wirtschaftssubjekte unter Berücksichtigung der Informations-, Transaktions- und Wertaufbewahrungskosten letztlich die eine sequentiell tauschende, produzierende und ausliefernde Volkswirtschaft ermöglichende Liquidität bzw. Geldmenge nur das vom Staat resp. der Zentralbank emittierte Geld (Zentralbankengeld) sein. Es kann ein von privaten Wirtschaftssubjekten (Geschäftsbanken) emittierter Titel (Geschäftsbankengeld) sein, sofern die Zentralbank in der Funktion des sog. lenders-of-last-resort für das Geschäftsbankengeld „garantiert".

Die subjektbezogene Liquidität

Liquidität wurde bisher bezüglich der Geldnähe definiert, so daß der Liquiditätsbegriff geldbezogen war. Die Liquidität einer Forderung ist aber nicht zu verwechseln mit der Liquidität eines Wirtschaftssubjektes. Ein Wirtschaftssubjekt gilt als liquide, wenn es jederzeit seine fälligen Zahlungsverpflichtungen erfüllen kann. Eine Geschäftsbank gilt als liquide, wenn sie darüber hinaus neue Zahlungsverpflichtungen übernehmen kann, d.h. beispielsweise neue Kredite gewähren kann. Diese subjektbezogene Liquidität, die häufig auch als subjektive bezeichnet wird, ist ebenso wie die vorher betrachtete objektbezogene bzw. objektive Liquidität eines Titels erwartungsabhängig. Sie wird getragen von den Erwartungen bzw. dem Vertrauen des einzelnen Gläubigers bzw. Vermögensbesitzers.

Liquidität in der Nutzenfunktion

Im Rahmen einer sequentiellen Tauschwirtschaft setzt jeder Tausch bzw. jede ökonomische Entscheidung Liquidität voraus. Illiquidität bedeutet den Verlust von Handlungsfreiheit bzw. die bindende Entscheidungsrestriktion seitens der Gläubiger. Entsprechend ist für ein rationales, frei-entscheidendes Wirtschaftssubjekt die subjektive Liquidität ein vergleichbares Ziel wie der Konsum. Die **Liquidität** stellt dabei zwar eine unmittelbare Verfügungsgewalt über Güter und Dienste in der folgenden Periode dar. Das Liquiditätsmotiv ist dennoch nicht Teil des Sparmotives bzw. der traditionellen intertemporalen Konsumplanung. Es erfaßt weder den geplanten Konsum der folgenden Periode noch einen insgesamt gewünschten Vermögensbestand. Die gewünschte Liquidität erfaßt den Nutzen der jederzeitigen Entscheidungsfreiheit bzw. jederzeit möglichen Planungsrevision. Es ist der Nutzen aus der **Liquiditätshaltung** und nicht aus seiner Verwendung. Entsprechend maximiert das Wirtschaftssubjekt im Rahmen einer Mehrperiodenplanung ($t \rightarrow \infty$) bzw. eines intertemporalen Kalküls seinen erwarteten Nutzen U. Es gilt beispielsweise bei einer unterstellten Additivität über die Zeit:

$$\text{Max.!} \qquad E(U) = \int_0^\infty \{U_t(c_t, F_t, L_t)\} \exp(-\gamma t)\, dt$$

mit:
- c_t realer Konsum pro Teilperiode t;
- F_t Freizeit pro Teilperiode t;
- L_t Liquidität pro Teilperiode t;
- γ Zeitpräferenzrate.

In den zukünftigen Ein-Perioden-Nutzenfunktionen U_t erfaßt die Liquidität L die objektbezogene Gesamtliquidität. L setzt sich damit aus dem Bestand des liquidesten Titels (Geld) sowie den mit ihren (erwarteten) Liquiditätsgraden gewichteten Beständen der anderen Vermögenstitel zusammen. Es gilt beispielsweise:

$$L_t = m_t + l_t^b \cdot b_t + l_t^e e_t + \dots$$

mit:

m_t	reale Geldmenge ($m = M/P$);
b_t	reale Bondsmenge;
e_t	realer Aktienbestand;
l_t^j	(erwarteter) Liquiditätsgrad des Aktivums j in t ($l^m = 1$; $0 \leq l^j \leq 1$);
M	nominale Geldmenge;
P	Preis (-niveau).

Die Berücksichtigung der realen Liquidität, d.h. der mit dem (erwarteten) Preis (-niveau) deflationierten gewichteten Nominalwerte kennzeichnet die sog. **Freiheit von Geldillusion**, d.h. die konsistente Kalkulation in realen Größen. Die reale Geldmenge ist nicht gleichzusetzen mit den später definierten realen Geldmengenaggregaten. Gibt es neben Sichteinlagen und Bargeld beispielsweise Spar- oder Termineinlagen S, so werden letztere hier nicht in m_t erfaßt, sondern sie sind hinzuzuaddieren ($\dots + l_t^s s_t + \dots$ mit $s = S/P$).

Liquidität hat damit einen direkten Nutzen; die gewünschte Liquidität und damit die gewünschte Geldhaltung lassen sich wie die gewünschte Konsumgüternachfrage unter Beachtung der Nebenbedingungen direkt aus der Nutzenfunktion ableiten.

Diese Darstellung ist nicht zu verwechseln mit der Berücksichtigung des realen Vermögens v in der Nutzenfunktion, d.h. der Berücksichtigung von:

$$v_t = m_t + b_t + e_t + \dots$$

Das reale Vermögen wird häufig in U_t aufgenommen, um im Rahmen der relativ einfachen Maximierung einer Ein-Perioden-Nutzenfunktion Aspekte der Intertemporalität bei einem Planungshorizont von mehr als einer Periode zu erfassen. Außerdem bedeutet die Berücksichtigung von L nicht, daß Vermögen per se einen direkten Nutzen stiftet.

Der Einschluß von L in die Nutzenfunktion U_t ist eher vergleichbar mit der Einführung des Realkassenhaltungseffektes, d.h. der realen Geldmenge in die Nutzenfunktion durch Patinkin. Allerdings wird Geld nicht um seiner selbst willen nachgefragt, Geld hat nicht per se einen direkten Nutzen. Geld wird im Sinne von Liquidität und als einer von mehreren Liquiditätsträgern gehalten. Die Nutzenfunktion erfaßt insbesondere die Haltung und nicht die Verwendung von Geld; letztere spiegelt sich mehr in den Finanzierungsrestriktionen des Maximierungskalküls wider. Entsprechend läßt sich argumentieren, daß Geld als besonderer Produktionsfaktor in die Produktionsfunktion oder als gewünschte Liquidität in die Zielfunktion der Unternehmung eingeht.

I.3 Die Wertaufbewahrung durch Vermögenstitel

Vermögenstitel wie beispielsweise festverzinsliche Staatsanleihen, Aktien, privatwirtschaftliche Schuldverschreibungen oder Geld werden wie jedes andere Gut auf einem Markt gehandelt und damit über ihren (Markt-) Preis bzw. Kurs bewertet. Der Preis jedes Titels hängt vom Zinssatz ab. Dieses resultiert daraus, daß die Aktiva einen Verzicht auf die unmittelbare Verfügungsgewalt über Güter und Dienste in der Anlageperiode seitens der jeweiligen Gläubiger bzw. in der gesamten Laufzeit bis zur Einlösung seitens der Emittenten (eine Einlösung erfolgt nicht bei Papieren mit einer Laufzeit gegen unendlich, d.h. bei sog. ewigen Renten oder Konsols) darstellt. Die Zins- oder Dividendenzahlung pro Periode ist das Entgelt für diesen Verzicht auf die unmittelbare Verfügungsgewalt über Güter. Der auf den Planungszeitpunkt abdiskontierte Wert der Summe aller derartiger erwarteter Zinszahlungen bei einer mehrperiodigen Anlagedauer (bis zur Einlösung) seitens eines einzelnen Gläubigers oder allgemein seitens des Marktes ist der kapitalisierte Wert bzw. der **Marktpreis** dieses Aktivums. Es ist der heutige Kurswert dieses seitens des jeweiligen Emittenten versprochenen Zahlungsstromes über die Zeit. Dieser Kurswert verändert sich mit der Veränderung des (langfristigen) Zinssatzes, mit dem die für die Zukunft erwarteten Zahlungen auf heute abdiskontiert werden. Da die einzelnen Aktiva sich in dem erwarteten Zahlungsstrom, d.h. beispielsweise in der zeitlichen Struktur und der Variabilität der jeweiligen Periodenzahlungen unterscheiden, bedingt jede Variation des als Diskontierungszinssatz verwendeten Zinssatzes eine unterschiedliche Veränderung der Kurse aller Aktiva. Sich mit diesem Zinssatz unterschiedlich ändernde Kurse der verschiedenen Titel bedeuten unterschiedliche Änderungen der realen Vermögensposition ausgedrückt in dem realisierbaren Güterbündel. Entsprechend läßt sich die Wertaufbewahrung resp. -sicherung durch einen bestimmten Titel oder ein bestimmtes Aktivum mit Hilfe der Zinselastizität seines marktdeterminierten Kurswertes ermitteln.

Die Zinselastizität des Kurswertes

Betrachtet wird zunächst die Situation eines gegebenen Preisniveaus und damit einer Inflationsrate von Null. Geld hat einen Kapitalwert bzw. Preis, d.h. eine Austauschrelation zum Geld von definitionsgemäß gleich eins. Die Laufzeit dieses Aktivums ist nahezu Null; die **Zinselastizität** seines Kapitalwertes, d.h. die relative Veränderung des Geldkurses infolge einer relativen Veränderung des Zinssatzes ist ebenfalls gleich Null. Bei Schwankungen des Zinssatzes bleibt der Kurs- resp. Kapitalwert von Geld unverändert.

Für ein langfristiges Wertpapier, d.h. eines mit einer gegen unendlich ($n \rightarrow \infty$) gehenden Laufzeit, gilt:

$$P^{BL} = \frac{1}{i} \quad \text{bzw.} \quad \frac{dP^{BL}}{di} = -\frac{1}{i^2}$$

$$E(P^{BL}, i) = \frac{dP^{BL}}{di} \cdot \frac{i}{P^{BL}} = -1$$

mit: P^{BL} Kurs eines langfristigen Wertpapieres („consols“);
i langfristiger Zinssatz (Markt-Zinssatz);
$E(.,.)$ Zinselastizität des Kurswertes resp. Kapitalwertes.

Das langfristige Wertpapier ist dabei definiert durch eine Zinszahlung in Höhe von einer DM pro Periode für eine gegen unendlich gehende Anzahl an Perioden. Der Preis bzw. Wert dieses nie eingelösten Wertpapieres entspricht dem Gegenwartswert aller für die Zukunft erwarteten Zinszahlungen, d.h. der Summe aller auf heute abdiskontierten erwarteten Zinsen:

$$P^{BL} = \frac{1}{1+i} + \frac{1}{(1+i)^2} + \frac{1}{(1+i)^3} + \ldots \frac{1}{(1+i)^n} \;;\quad n \to \infty$$

Über die Summenformel der unendlichen geometrischen Reihe folgt daraus:

$$P^{BL} = \frac{1}{i}$$

Bei einem Zinssatz von 5 v.H. beträgt der Preis bzw. Kurs des langfristigen Wertpapieres 20 DM, bei i = 0,06 rd. 16,7 DM. Der Kurs verringert sich um rd. 16,5%, wenn der Kurs von 20 auf 16,7 DM fällt. Dieses tritt ein, wenn der Zinssatz von 5 auf 6 v.H., d.h. um rd. 16,5 v.H. steigt:

$$\frac{P_1^{BL} - P_0^{BL}}{P_0^{BL}} = - \frac{i_1 - i_0}{i_1}$$

mit: $t = 0$ Zeit vor der Veränderung;
$t = 1$ Zeit nach der Veränderung.

Die Zinselastizität des Kapitalwertes eines langfristigen Wertpapieres beträgt entsprechend: − 1.

Für ein kurzfristiges Wertpapier, d.h. für ein Wertpapier mit einer Laufzeit von einer Periode gilt bezüglich Kurs und Zinselastizität folgendes:

$$P^{BK} = \frac{e+R}{1+i}$$

bei:

$$\frac{\partial P^{BK}}{\partial i} = - \frac{e+R}{(1+i)^2}$$

sowie

$$E(P^{BK}, i) = - \frac{i}{1+i} > -1$$

mit: P^{BK} Kurs eines kurzfristigen Wertpapieres (Laufzeit n = 1);
e Zinszahlung am Ende der Periode;
R Rückzahlungs- bzw. Tilgungsbetrag am Periodenende;
i langfristiger Zinssatz.

Die Zinselastizität des Kapitalwertes eines einperiodigen Wertpapieres beträgt bei einem Zinssatz von beispielsweise i = 0,05 rd. − 0,0476. Die Zinselastizität des Kapitalwertes ist absolut gesehen nahezu vergleichbar der von Geld.

Aus den drei dargestellten Zinselastizitäten der Kapitalwerte läßt sich unmittelbar folgern, daß die Wertveränderung in Abhängigkeit von einer Zinssatzänderung um so geringer ist, je kürzer die Laufzeit des Titels bzw. Aktivums ist. Entsprechend bedeutet dieses, daß die Kapital-Wertsicherheit über eine Transaktionsperiode mit der Abnahme der Laufzeit steigt bzw. mit der Fristigkeit des Titels sinkt. Entsprechend ist die kurzfristige, d.h. auf die Transaktionsperiode bezogene Wertsicherheit am größten beim Geld.

Die erwartete reale Rendite

- **der Geldhaltung**

In Zeiten eines steigenden Preisniveaus und damit einer positiven Inflationsrate gewinnt die Unterscheidung von Nominal- und Realwert eines Titels an Bedeutung. Die Wertaufbewahrung kann sich nur auf den realen Wert, d.h. ein Güterbündel beziehen. Die Preisveränderung des Güterbündels bzw. die Veränderung des Preisindex ist in der Berechnung der Zinselastizität des Kapitalwertes zu berücksichtigen. So gilt für das Geld:

$$\frac{1}{P_t} = \frac{1}{P_{t+1}(1 + r_M)}$$

bzw.

$$r_M = \frac{P_t - P_{t+1}}{P_{t+1}} = -\hat{P}$$

mit:

$\frac{1}{P_t}$ realer Wert einer Geldeinheit, ausgedrückt in Güter der Periode t;

r_M reale Rendite der Geldhaltung;

$\hat{P}$ erwartete Preisänderungsrate.

Dem Realwert einer Geldeinheit entspricht das für diese Geldeinheit realisierbare Güterbündel. Die sog. **Kaufkraft des Geldes** entspricht dem Kehrwert des Preisniveaus. Damit verändert sich der Realwert der Geldhaltung mit dem Preisniveau. Aus dem Vergleich des heute (t) realisierbaren Güterbündels mit dem morgen (t+1) realisierbaren ergibt sich die Ertragsrate dieser Form der Wertaufbewahrung. Diese Ertragsrate ergibt sich durch die Gleichsetzung des heutigen Wertes einer Geldeinheit, ausgedrückt in Gütereinheiten mit dem abdiskontierten Wert dieser Geldeinheit morgen. Da die Wirtschaftssubjekte das morgen herrschende Preisniveau zumindest nicht mit Sicherheit kennen, so daß P_{t+1} die in t für t+1 erwartete Größe darstellt, handelt es sich bei der Rendite der Geldhaltung um eine erwartete reale Rendite. Die (erwartete) Realrendite der Geldhaltung entspricht der (erwarteten) Preisänderungsrate. Bei einer erwarteten positiven Preisänderungsrate (Inflationsrate) ist die Rendite negativ; bei einer erwarteten negativen Preisänderungsrate (Deflationsrate) ist sie positiv. Dabei ist Geld hier unverzinst.

- **der langfristigen Wertpapiere**

Die reale Ertragsrate eines Titels ist der reale Zinssatz, bei dem der Kapitalwert des Aktivums gleich Null ist bzw. bei dem der Gegenwartswert der für die Zukunft erwarteten realen Zahlungen (unter der vereinfachenden Annahme von vernachlässigbaren Tauschkosten) dem heute unmittelbar realisierbaren Güterbündel entspricht. Die erwartete Realrendite eines langfristigen Wertpapieres mit einer Zinszahlung in Höhe von 1 DM pro Periode errechnet sich somit aus dem heutigen Güterbündel (P^B/P) eines derartigen Titels und dem auf heute abdiskontierten zukünftigen:

$$\frac{P^B}{P} = \frac{1 + P^B_{t+1}}{P_{t+1}(1 + r_B)}$$

mit: P^B Kurs des langfristigen Wertpapieres;
P Güterpreis(-niveau);
r_B (erwartete) reale Rendite des langfristigen Wertpapieres.

Bei einem zur Vereinfachung unterdrückten Index t für die gegenwärtige Periode bestehen die erwarteten Zahlungen aus den für eine Periode mit Sicherheit erwarteten Zinsen sowie dem für das Ende der Periode erwarteten Kurs des Titels (erwarteter Liquidationserlös). Umgeformt folgt aus der obigen Definitionsgleichung für die erwartete Realrendite des langfristigen Wertpapieres r_B:

$$1 + r_B = \frac{P}{P_{t+1}} \left(\frac{1}{P^B} + \frac{P^B_{t+1}}{P^B} \right)$$

bzw. aufgrund von:

$$P^B = \frac{1}{i} \quad \text{sowie} \quad \hat{P}^{B'} = \frac{P^B_{t+1} - P^B}{P^B}$$

folgt:

$$1 + r_B = \frac{P}{P_{t+1}} (i + \hat{P}^{B'} + 1)$$

und damit:

$$r_B = (1 - \hat{P})(i + \hat{P}^{B'} + 1) - 1$$

Dieses führt zu der bekannten Annäherung, wenn man die Produkte aus den Größen $\hat{P}^{B'}$, $\hat{P}$ und i aufgrund ihrer in der Regel kleinen Werte vernachlässigt:

(*) $$r_B = i + \hat{P}^{B'} - \hat{P} \gtreqless 0$$

bzw.: $$r_B = i - \hat{\imath}' - \hat{P}$$

aufgrund $$\hat{P}^{B'} = -\hat{\imath}' = - \frac{i_{t+1} - i_t}{i_{t+1}}$$

Zu beachten sind dabei die unterschiedlichen Perioden der Bezugsgröße bei $\hat{P}$, $\hat{P}^{B'}$ und $\hat{\imath}'$. Bezieht man die Preisänderungsraten alle auf die künftige Periode t+1 und setzt für die erwartete Zinszahlung E', so gilt für die (erwartete) reale Rendite der Wertpapierhaltung:

$$\frac{P^B}{P} = \frac{E' + P^B_{t+1}}{P_{t+1}(1 + r_B)}$$

bzw. $$1 + r_B = \frac{P}{P_{t+1}} \left[\frac{E'}{P^B_t} + \frac{P^B_{t+1}}{P^B_t} \right]$$

Aufgrund von $$\hat{P} = \frac{P_{t+1} - P_t}{P_{t+1}} \quad \text{sowie} \quad \hat{P}^B = \frac{P^B_{t+1} - P^B_t}{P^B_{t+1}}$$

gilt:

$$(***) \qquad r_B = (1 - \hat{P}) \left[\frac{E'}{P^B_t} + \frac{1}{1 - \hat{P}^B} \right] - 1$$

Für das langfristige Wertpapier mit $E' = 1$ und $P^B = 1/i$ folgt damit bei vergleichbaren Vernachlässigungen ($i\hat{P} \simeq 0; \frac{1}{1 - \hat{P}^B} \simeq 1$) wieder:

$$(**) \qquad r_B = i + \hat{P}^B - \hat{P} \gtrless 0$$

Die Gleichungen (*) und (**) unterscheiden sich unmittelbar in den Werten $\hat{P}^B$ und $\hat{P}^{B'}$. Korrekt bzw. adäquat ist allerdings nur die Berechnung von Gleichung (**) und damit die Definition der Preisänderungsraten $\hat{P}$ und $\hat{P}^B$, d.h. die auf den Wert in t+1 bezogene. Dieses zeigt sich bei der Betrachtung eines sog. realwertgesicherten Titels, für den in der Regel die Aktie langfristig gehalten wird.

- **der Aktien**

Wenn der Aktienkurs P^A langfristig wie das Güterpreisniveau P steigt, führt die Aktie zur realen Wertaufbewahrung. Es entstehen keine realen Kapitalverluste bzw. -gewinne. Bei $\hat{P}^A = \hat{P}$ gilt für die reale Rendite r_A (vgl. Gleichung (***)):

$$r_A = (1 - \hat{P}) \frac{E'}{P^A_t}$$

Sie sinkt c.p. mit steigender Inflationsrate aufgrund des sinkenden Realwertes der Zins- resp. Dividendenzahlungen an den Wertpapierhalter. Sind diese Zahlungen ebenfalls realwertgesichert, so gilt, daß der nominale Zahlungsbetrag E sich in jeder Periode um die Preissteigerungsrate erhöht. Gilt also:

$$E' = E(1 + \hat{P}') = E/(1 - \hat{P})$$

mit: $$\hat{P}' = \frac{P_{t+1} - P_t}{P_t}$$

so folgt für die (erwartete) Realrendite dieses Aktivums:

$$r_A = \frac{(1 - \hat{P})E}{P^A_t(1 - \hat{P})} = \frac{E}{P^A_t} > 0$$

Die reale Rendite zeigt die durch die Definition der Realwertsicherung bedingte Unabhängigkeit von der Preissteigerungsrate. Dieses hätte sich bei der Berechnung gemäß Gleichung (*) nicht ergeben.

- **von Gütern**

Für ein Gut wie beispielsweise ein Konsumgut ergibt sich bei vernachlässigbaren Lagerkosten, technischem Fortschritt und sich verändernden Präferenzen der Wirtschaftssubjekte eine (erwartete) reale Rendite r_G von Null.

- **im Vergleich**

Die erwarteten Realrenditen der vier Alternativen lassen sich unter Beachtung der getroffenen Annahmen für den Fall einer erwarteten (mäßigen) Inflationsrate wie folgt reihen:

$$0 > r_M < r_G < r_B < r_A > 0$$

Der Vergleich der erwarteten realen Renditen zeigt für den Fall steigender Güterpreise unmittelbar, daß die Haltung von Geld zu realen Kapitalverlusten führt. Unverzinstes Geld stellt damit die schlechteste Form der Wertaufbewahrung in Zeiten positiver Inflationsraten dar, da der reale (pekuniäre) Einkommensverlust aufgrund der fehlenden Zinszahlungen am größten ist.

Da das einzelne Wirtschaftssubjekt nicht oder nicht in vollem Umfang die sozialen Erträge des Geldes aus der ermöglichten Sequenz-Tauschwirtschaft internalisiert, wird es mikroökonomisch rational einen bestimmten Titel nur solange als Geld verwenden und halten, wie die damit verbundenen Vorteile bei der Informationsbeschaffung (Funktion der Recheneinheit) und den Transaktionen (Funktion des Zahlungsmittels) nicht von den Kapital-Verlusten (Funktion der Wertaufbewahrung) überkompensiert werden bzw. sich nicht bei einem anderen Gut ein positiverer Nettoeffekt einstellt. Je größer die Inflationsrate wird, desto größer wird die Wahrscheinlichkeit, daß die Wirtschaftssubjekte anstelle des bisher verwendeten Geldes beispielsweise eine bestimmte Devise oder ein bestimmtes Gut wie Zigaretten setzen und nur noch die Zigarette im Tausch akzeptieren. Steigt mit der erwarteten Inflationsrate auch die Unsicherheit über die Preisentwicklung, ist ein Übergang aus der Sequenz-Tauschwirtschaft zu einer direkten Güter-Tauschwirtschaft in Form der sog. barter-economy möglich. Für derartige Entwicklungen lassen sich Beispiele in jüngster Zeit insbesondere in südamerikanischen Staaten finden. Der tatsächliche Wechsel des Tauschmediums erfordert dabei aber eine Inflationsrate und Stärke der Unsicherheit, die eine bestimmte Fühlbarkeitsschwelle eindeutig übersteigt.

I.4 Die gesamtwirtschaftlichen Geldmengenaggregate

Weder über die Funktionen des Geldes noch über den Begriff der Liquidität läßt sich angesichts der Vielzahl von (zum Teil verbrieften) Zahlungsversprechen bzw. Kredittiteln bzw. Vermögens-Titeln eine eindeutige Abgrenzung des Gutes Geld ableiten. In der Bundesrepublik Deutschland dient als Recheneinheit das von der Zentralbank, der Deutschen Bundesbank, emittierte Geld, d.h. eine „Forderung“ des Geldhalters gegenüber der Zentralbank. Bezahlt die Bundesbank beispielsweise beim Kauf von Gütern, Diensten, Wertpapieren jeder Art mit einem von ihr selbst geschaffenen Geld bzw. Zahlungsversprechen, so kommt dieses einem Kredit des Verkäufers an die Bundesbank gleich. Der Forderung des Zentralbankgeld-Halters steht allerdings **keine Verbindlichkeit der Zentralbank** in dem Sinne gegenüber, daß diese den von ihr geschaffenen Titel bei Vorlage gegen irgendein Gut wie beispielsweise Gold einzutauschen hat. Es besteht nur das Vertrauen des Geldhalters in eine Wiederverwendungsmöglichkeit dieses (gesetzlichen) Zahlungsmittels, d.h. in einen Tausch dieses abstrakten Titels gegen Güter und Geld mit einem anderen privaten und/oder staatlichen Wirtschaftssubjekt.

Dient einzig das Zentralbankgeld als Recheneinheit, so werden als Tausch- und Zahlungsmittel beispielsweise folgende Titel betrachtet:

- **Banknoten**; d.h. von der Zentralbank emittierte unverzinsliche, unverbriefte Forderungen;
- **Münzen**; d.h. von der Bundesregierung emittierte Scheidemünzen, wobei der aus der positiven Differenz zwischen dem (geprägten) Nennwert und dem Metallwert resultierende Gewinn, ein sog. seignorage-gain in den Haushalt des Bundes einfließt; für 1985 erwartet der Bund einen Münzgewinn bzw. Münzeinnahmen von rd. 350 Mio. DM;
- **Sichteinlagen**; d.h. unverbriefte, jederzeit bzw. täglich fällige Forderungen gegen ein Kreditinstitut, wobei dieses (mit Ausnahme bei der Zentralbank) die jederzeit mögliche Umtauschbarkeit in gesetzliche Zahlungsmittel (Banknoten, Münzen) beinhaltet;
- **Spareinlagen**; d.h. durch eine Urkunde gekennzeichnete verzinste (Einlage bei resp.) Forderung gegen ein Kreditinstitut, die bis zu einer Höhe von DM 2000,– innerhalb von 30 Tagen und darüber hinaus i.d.R. mit der gesetzlichen Kündigungsfrist von drei Monaten in Form von Sichteinlagen zurückgefordert werden kann (vgl. die Bestimmungen in §§ 21 und 22 des Gesetzes über das Kreditwesen, KWG);
- **Termineinlagen**; d.h. Forderungen gegen ein Kreditinstitut mit einer vereinbarten Laufzeit oder Kündigungsfrist von mindestens einem Monat; Verbindlichkeiten eines Kreditinstitutes mit einer vereinbarten Laufzeit von weniger als einem Monat gelten als Sichteinlagen bzw. -verbindlichkeiten (vgl. die Anweisung der Deutschen Bundesbank über Mindestreserven, AMR);
- **kurzfristige Wertpapiere**; beispielsweise von der Zentralbank emittierte Geldmarktpapiere;
- **Wechsel**; beispielsweise zwischen Unternehmen und/oder wirtschaftlich Selbständigen im Rahmen von Warenlieferungen oder Dienstleistungen begebene Handelswechsel;
- **Schecks**; obwohl diese nur eine Anweisung an ein Kreditinstitut auf Übertragung (oder Barauszahlung) eines bestimmten Betrages aus einem Sichtguthaben darstellen; aufgrund der beispielsweise bis zu DM 400 durch ein Kreditinstitut garantierten Einlösung bzw. Auszahlung von Zentralbankgeld stellt bereits ein Euro-Scheck im Sinne der Liquidität ein Zahlungsmittel dar; dieses gilt vergleichbar für eingeräumte Überziehungsfazilitäten, kurzfristig verfügbare Kreditlinien, Kreditkarten etc.

Diese Aufzählung ist angesichts der Entwicklung immer neuer Anlageformen bzw. Finanzaktiva beliebig fortsetzbar. Mit dem Entwicklungsstand einer Volkswirtschaft steigt die Anzahl derartiger Titel; die Entwicklungen der Finanz- und Gütermärkte bedingen und stimulieren sich gegenseitig. Je größer die Palette dieser Titel wird, desto enger werden prinzipiell die Substitutionsmöglichkeiten

(Substitutionslücken werden geschlossen). Allerdings steigt auch der notwendige Ressourcen-Einsatz bei gegebener Informationstechnologie zur Informationsbeschaffung und damit die Unsicherheit der Gläubiger bzw. hier der Halter von Zahlungsmittel resp. Geld.

Die Aggregationsproblematik

Die Schwierigkeit, Geld von anderen Vermögenstiteln abzugrenzen, verdeutlicht die sog. Aggregationsproblematik. Da verschiedene Titel bzw. Aktiva Geldfunktionen ausführen, ist Geld offensichtlich ein Aggregat bzw. Bündel verschiedener Titel. Eine Aggregation von Vermögens-Titeln, d.h. von für die Zukunft erwarteten Netto-Erträgen (einschließlich Liquidation) bedeutet eine Zusammenfassung von nicht mit Sicherheit erwarteten Zahlungsströmen. Die Unsicherheit dieser Erwartungen läßt sich typisieren durch das **Risiko** bezüglich der Bonität des Schuldners, des Kapitalwertes bzw. Kurses des Titels, des (Zins-)Ertrages, des Zahlungszeitpunktes bzw. Verzuges etc. Innerhalb jedes Risikotyps lassen sich verschiedene Risikograde unterscheiden. Eine Aggregation, die vergleichbar einem Güterbündel mit einer gegebenen Mengenstruktur bei konstanten relativen Preisen zwischen den Komponenten des Bündels zu einem quasi-homogenen Titel führt, ist nur **konsistent** möglich über Titel eines gleichen Risiko (-Typs) oder mit „gegebener" Risikostruktur und gleicher Fristigkeit bzw. Restlaufzeit, sofern sie dann in den Ertragsströmen vollkommene Substitute sind. Bezüglich der Annahme gleicher Fristigkeit, welche offensichtlich ein Problem bei der Aggregation beispielsweise von Sichteinlagen und Geldmarktpapieren mit einer Laufzeit von 90 Tagen darstellt, ist der erwartete Zahlungsstrom einer Anlage-Sequenz von täglich fälligen Sichteinlagen über 90 Tage zu betrachten, wobei allerdings das Risiko dieser Anlage-Sequenz und nicht des Anlage-Tages von Sichteinlagen zu berücksichtigen ist. Es ist also die Gleichheit der implizierten Fristigkeiten bzw. Haltedauern zu konstruieren.

Die Aggregation von Finanzaktiva bzw. Titeln ist dann ohne wesentlichen Informationsverlust möglich bzw. sie ist konsistent, wenn das zusammengefaßte Gut Geld als quasi-homogener Titel sich bei einer Preis- resp. Zinssatzänderung eines nicht zum Geld gehörenden Aktivums nicht in der Struktur verändert. Beispielsweise darf es keine Veränderung in der Struktur des Aggregates Geld geben bei einer Änderung des langfristigen Zinssatzes als dem Preis des langfristigen Wertpapieres. Die Substitutionsbeziehungen resp. -elastizitäten aller Komponenten des zusammengesetzten Geldmengenaggregates müssen zum langfristigen Wertpapier (annähernd) gleich sein.

Steht Geld über die Wertaufbewahrung bei den Vermögensbesitzern in Substitutionsbeziehung zu allen anderen eine Wertaufbewahrung ermöglichenden Titeln, so betrifft die Elastizitäten-Annahme die erwarteten Ertragsraten aller Alternativen zur Geldhaltung. Faßt man alle anderen Aktiva, wie es Keynes tat, zu einem sog. non-money-asset mit dem dominierenden Einfluß der langfristigen Titel zusammen, so betrifft diese Aggregationsannahme den langfristigen Zinssatz. Unterstellt man im Grunde nur zwischen Geld und kurzfristigen Wertpapieren eine enge Substitution (und dann eine gestaffelte Substitutionsstärke von kurz- zu mittelfristigen Titeln etc.), so ist bei der Aggregation die Elastizitäten-Annahme bezüglich des kurzfristigen Zinssatzes zu treffen.

Die Geldmengenaggregate

Die Aggregationsproblematik, die insbesondere bezüglich von Vermögenstiteln nur bei Unsicherheit existiert, d.h. nur im Rahmen monetärer Modellansätze und nicht im Rahmen des allgemeinen walrasianischen Gleichgewichtsansatzes Relevanz erhält, ist nicht gelöst. Entsprechend gibt es nicht nur a priori ein Geldmengenaggregat, sondern viele. Für die Wahl des adäquat abgegrenzten Geldmengenaggregates erscheint das Ziel der Modellanalyse und damit die Betonung einer bestimmten Geldfunktion entscheidend zu sein, so daß die unvermeidlichen Aggregationsfehler in einen in der Modellanalyse vernachlässigten bzw. über Annahmen bewußt ausgeklammerten Bereich „verbannt" werden können. Häufig verwendete Geldmengenaggregate sind die folgenden:

M1

Diese Geldmenge im engeren Sinne besteht aus dem Bargeldumlauf bei den privaten Nicht-Banken, d.h. den Banknoten und Münzen außerhalb des Staates sowie des Bankensystems. Sie beinhaltet also nicht das Bargeld bzw. die Kassenbestände der Kreditinstitute. Hinzu kommen als vollkommenes Substitut die Sichteinlagen der inländischen Nicht-Banken bei den Kreditinstituten. Nicht erfaßt werden also die Sichteinlagen der Kreditinstitute untereinander, d.h. die sog. Interbank-Einlagen. Ebensowenig werden erfaßt die Sichteinlagen von Ausländern sowie die Einlagen der öffentlichen Hand bei der Zentralbank. Das in Händen von Ausländern befindliche Geld wird nicht erfaßt, da sie die Verfügungsgewalt über Güter und Dienste aufgrund des Geldes nicht unmittelbar realisieren können; die eigentlich wünschenswerte entsprechende Bereinigung des erfaßten Bargeldumlaufes scheitert an statistischen Problemen, wodurch nur ein Fehler recht geringen Ausmaßes entsteht. Die Geldhaltung des Staates wird nicht erfaßt, da seine direkte Güternachfrage nicht von der Höhe seiner Kassenbestände zum gleichen Zeitpunkt abhängt. Die Deutsche Bundesbank subsummiert dabei die Bundesbahn und Bundespost unter die „Unternehmen und Privatpersonen". Kreditinstitute wiederum nutzen ihr Zentralbankgeld im Rahmen der Kreditgewährung und nicht der direkten Verfügbarkeit über Güter. Entsprechend werden die Zentralbankeinlagen der Bundespost (als Finanzintermediär) nicht erfaßt. Das Geldmengenaggregat M1 beinhaltet also nur vollkommen liquide Titel ohne jedes Kapitalwertrisiko und bezieht sich damit auf die unmittelbaren Transaktionen. In M1 spiegelt sich die Zahlungsmittelfunktion des Geldes, nicht aber die Wertaufbewahrungsfunktion wider. (In den USA wird M1 entsprechend unter Einschluß der Traveler-checks von Nicht-Bank-Emittenten berechnet.)

M2

Dieses Geldmengenaggregat beinhaltet zusätzlich zu dem Wert von M1 noch die Termineinlagen der inländischen Nicht-Banken, so daß der „Übergang" von der unmittelbaren Verfügungsgewalt über Güter zu einer mehr mittelbaren erfolgt. Das Aggregat M1 erfaßt dabei von den Charakteristika der Geldwirtschaft, daß jeder Tausch mit Geld beginnt bzw. endet. Das Aggregat M2 betont die Sequenz: Ware – Geld – Ware mit der notwendigerweise verstreichenden Zeit bzw. der Geldhaltung als temporäre Wertaufbewahrung. Diese Überlegung zur Sequenz-Tauschwirtschaft „rechtfertigt" eine Berücksichtigung der Termineinlagen mit einer Laufzeit resp. Kündigungsfrist von rd. **drei Monaten**. Das Verhältnis von M1 zum Bruttosozialprodukt zu Marktpreisen betrug in der Bundesrepublik entsprechend in 1984 (1980) rd. 2,155/12 (2,079/12); d.h. der Betrag M1 entsprach somit rd. 2/12 des Bruttosozialproduktes bzw. dem Wert des Bruttosozialproduktes von durchschnittlich **zwei Monaten**. Die Deutsche Bundesbank erfaßt in ihrem Aggregat M2 allerdings die Termineinlagen mit einer Befristung bis unter **vier Jahren** und nicht nur bis zu **drei** Monaten.

M3
Im Geldmengenaggregat M3 werden zu dem Wert von M 2 noch die Spareinlagen inländischer Nicht-Banken mit gesetzlicher Kündigungsfrist addiert. Diese Spareinlagen verursachen allerdings wesentlich geringere Tauschkosten (zum Zwekke der Realisation von Gütern) als beispielsweise einjähriges Festgeld. Der Liquiditätsgrad ist höher. Angesichts der relativen Bedeutung des „normalen" Sparbuches im Rahmen der Geldvermögensbildung, so daß Spareinlagen in der Regel eher als permanente und nicht als kurzfristig temporäre Geldhaltung bzw. Kaufkraftaufbewahrung zu betrachten sind, erhält der Gesichtspunkt der Wertaufbewahrung in dem Aggregat M3 noch eine stärkere Betonung als in M2. Zum **Geldkapital** der inländischen Nicht-Banken rechnet die Bundesbank die Spareinlagen mit vereinbarter Kündigungsfrist ebenso wie Termingelder mit Befristung von vier Jahren und darüber. Die Folge jeder Ausdehnung des berechneten Geldaggregates ist, daß eine Veränderung in der Struktur der von den Nicht-Banken gehaltenen Titel sich um so weniger auf die Geldmenge auswirkt. Werden beispielsweise Spar- in Termineinlagen (bei Konstanz der Summe) umgeschichtet, so bleibt M3 unverändert, M2 steigt. Nicht zu begründen ist dabei angesichts der Fristigkeit der Termineinlagen, daß nicht auch Spareinlagen mit einer Kündigungsfrist von sechs Monaten oder länger berücksichtigt werden oder andere enge Substitute wie kurzfristige Geldmarktpapiere, Sparbriefe etc.

Die Zentralbankgeldmenge

Die Deutsche Bundesbank definiert das für ihre geld- und kreditpolitischen Maßnahmen relevante Geldmengenaggregat als „Die Zentralbankgeldmenge", die sie berechnet aus dem Bargeldumlauf in den Händen von Nicht-Banken sowie dem Mindestreserve-Soll der Kreditinstitute für ihre Inlandsverbindlichkeiten. Das Reserve-Soll wird dabei berechnet aus den Inlandsverbindlichkeiten der Banken an vier bestimmten Bankwochenstichtagen und den Mindestreservesätzen vom Januar 1974, d.h. aus dem Produkt der tatsächlichen Inlandsverbindlichkeiten mit konstanten Reservesätzen. Diese Reservesätze bilden damit eine Gewichtungsstruktur, so daß die Zentralbankgeldmenge der Bundesbank ein gewichtetes Geldmengenaggregat darstellt. Diese Gewichte bzw. Reservesätze betragen in Prozent: 16,6 bzw. 12,4 bzw. 8,1 für Sicht- bzw. Termin- bzw. Spareinlagen. Damit gehen in das Geldmengenaggregat „Zentralbankgeldmenge" diese Einlagen betragsmäßig nur zu einem Prozentsatz, bei einem Verhältnis von 4:3:2 zueinander, ein, während der Bargeldumlauf in voller Höhe zu 100 v.H. erfaßt wird. Diese Gewichte werden als Äquivalente der unterschiedlichen Liquiditätsgrade interpretiert. Dabei werden Termingelder und Spareinlagen beide mit Laufzeiten bis unter vier Jahren erfaßt. Diese mögen einen gleichen Liquiditätsgrad aufweisen. Sichteinlagen haben aber mit Sicherheit keinen niedrigeren Liquiditätsgrad als Bargeld. Die Entwicklung des bargeldlosen Zahlungsverkehrs (einschließlich Kreditkarten etc.) verschiebt die Relation sogar zugunsten der Sichteinlagen gegenüber dem Bargeld. Diese Zentralbankgeldmenge ist also nicht mit der Gesamtliquidität bzw. der Liquiditätsmenge vergleichbar.

Der Unterschied

Der entscheidende Unterschied zwischen den verschiedenen Geldmengenaggregaten besteht nicht in ihren absoluten Werten, sondern in ihren möglichen unterschiedlichen Veränderungen in der Zeit. Diese unterschiedlichen Veränderungen zeigt die folgende Tabelle beispielhaft für das zweite Halbjahr 1984 (ZBG – Zentralbankgeldmenge):

Zeit (1984)	Veränderung (Mio. DM)				
	M1	M2	M3	ZBG-Ist[1]	ZBG-Soll[2]
Juli	– 733	+ 3512	+ 4596	+ 1650	+ 400
August	– 2921	+ 4450	+ 3451	+ 378	+ 1300
September	+ 2291	+ 62	– 428	– 213	+ 900
Oktober	– 238	+ 2015	+ 3127	– 868	+ 1000
November	+ 21331	+ 17967	+ 19439	+ 906	+ 400
Dezember	+ 11687	+ 12553	+ 28345	+ 6967	+ 100
Bestand (Mrd.) 31.12.1984	314,2	542,3	916,2	155,2	194,8

1 – Bargeldumlauf und Mindestreserven auf Inlandsverbindlichkeiten zu jeweiligen Reservesätzen; Tagesdurchschnitte der Monate; 2 – bereinigte Zentralbankgeldmenge mit konstanten Reservesätzen (Basis Januar 1974); Tagesdurchschnitte der Monate; saisonbereinigt; Zahlen stark gerundet.

Quelle: Monatsbericht der Deutschen Bundesbank, Frankfurt, Mai 1985, Tabelle I, 1-3.

Während die Werte für M1 bis M3 als Tages- bzw. Periodenendwerte erfaßt werden, ermittelt die Bundesbank die Zentralbankgeldmenge als Durchschnittswert aus dem Bargeldumlauf aller Tage und dem Mindestreserve-Soll (bzw. -Ist) an den vier Bankstichtagen (vgl. Mindestreservepolitik). Die Geldpolitik im Sinne einer Geldmengensteuerung bezieht die Bundesbank auf ihren Indikator der Zentralbankgeldmenge. Diese soll als Ziel beispielsweise im Jahre 1985 um 4 v.H. bei einer Bandbreite von 3 bis 5 v.H. steigen. Sie geht dabei von einem erwarteten Zuwachs des (realen) Produktionspotentials von „gut 2%" und der Preise von rd. 2 1/2 v.H. aus. Für die Einkommenskreislaufgeschwindigkeit unterstellt sie seit Beginn der 80er Jahre eine Konstanz. Kann die Bundesbank die tatsächliche Aufteilung des Geldmengenzuwachses auf die relative Veränderung der Preise (Inflationsrate) und des realen Produktionspotentials (zur Vereinfachung der Vorstellung hier: des realen Bruttosozialproduktes) nicht festlegen, d.h. nicht bestimmen, welche Komponente der Geldverwendung sie akkommodiert, so zeigt sich die restriktive Zentralbankpolitik bei einer sich über 2 v.H. einstellenden tatsächlichen Preissteigerungsrate (z.B. infolge von exogenen Ölpreiserhöhungen, steigenden Verbrauchssteuern, steigenden Inputpreisen aufgrund einer Abwertung der heimischen Währung etc.).

Das sog. target-and-indicator-Problem

Die Wahl des adäquaten Geldmengenaggregates gewinnt besondere Bedeutung für die Ausrichtung der Zentralbankpolitik. Diskutiert wird dieses Auswahlproblem im Rahmen des sog. Ziel-Indikator-Problems.

Eine zentrale Fragestellung der Geld- und Kredittheorie ist die Beeinflussung u.a. der effektiven nominalen gesamtwirtschaftlichen Nachfrage durch die Zentralbankpolitik. Dabei handelt es sich um kein triviales Problem, da die Zentralbank diese sog. final targets nicht direkt setzen bzw. steuern kann. Beim Einsatz ihrer Instrumente I (Diskont- und Lombardsatz, Rediskontkontingent, Mindestreservesätze, Kauf oder Verkauf verschiedenfristiger Titel auf den Geld- und Wertpapiermärkten) hat sie sich vielmehr auf ihre unvollständigen (Modell-) Vorstellungen über die gesamtwirtschaftlichen Strukturen und Wirkungszusammenhänge sowie die jeweils tatsächlich vorliegende Situation bei insgesamt unvollkommener Voraussicht zu stützen. Bei einer entsprechend großen Erwartungsunsicherheit hat die Zentralbank die Instrumente auszuwählen und zu bestimmen, auf welchen Wert (Problem der richtigen Dosierung) sie ihre ausgewählten Instrumentvariablen in Kombination (Problem des sog. policy mix) zu welchem Zeitpunkt (Problem des sog. timing) setzt. Mit ihren Instrumentvariablen beeinflußt sie ein sog. intermediate target. Sie versucht es direkt zu steuern. Dieses dem eigentlichen Endziel vorgelagerte Zwischenziel kann jede monetäre Variable wie beispielsweise ein Geldmengenaggregat M, der Zinssatz i oder das Kreditvolumen K sein. Bedingen Variationen der Zentralbankinstrumente zunächst solche des Zwischenzieles, so bewirken diese ihrerseits Veränderungen der gesamtwirtschaftlichen Zielgröße wie die nominale gesamtwirtschaftliche Nachfrage Y, das Güterpreisniveau P oder das Beschäftigungsniveau N. Die Kausalkette verläuft schematisiert:

[Instrument I] → [Zwischenziel M, i, K, ...] → [Endziel Y, P, N, ...]

Der Zeitraum zwischen der Veränderung des Instrumentenwertes bis zu der des Zwischenzieles sollte möglichst kurz sein, d.h. die Reaktionsgeschwindigkeit beispielsweise von M auf I sollte möglichst groß sein, um Richtung und Wirkungsweise der Zentralbankpolitik möglichst schnell kontrollieren und ggf. korrigieren zu können. Dieser Zeitraum erscheint unabhängig von dem konkret ausgewählten Zwischenziel zumeist nur als ein technisch bedingter. Er wird betrachtet als Ausdruck der Markttransparenz und Marktvollkommenheit bei einer prinzipiell von der Zentralbank steuerbaren (Zwischenziel-) Größe. Je schneller und genauer die Wirtschaftssubjekte Kenntnis von den Entscheidungen der Zentralbank erhalten, d.h. je vollkommener die Markttransparenz ist und je schneller diese Informationen sich im Marktergebnis (Preise und Mengen) niederschlagen, d.h. je vollkommener bzw. informationseffizienter der Markt ist, desto kürzer ist dieser Zeitraum bzw. desto größer ist der Informationswert einer Veränderung des Zwischenzieles pro (auch kalendarischer) Zeiteinheit.

Das ausgewählte Zwischenziel darf entsprechend nicht von der Zentralbank exogen bestimmt werden können, sondern es muß bereits Verhaltensreaktionen der Kreditinstitute und Nicht-Banken mit enthalten. Je kürzer dieser Zeitraum bei gegebener Markttransparenz und Marktvollkommenheit ist (auch in Relation zu der folgenden Periode der Transmission vom Zwischenziel zum Endziel), desto schneller ist zwar die Information erhaltbar, aber in desto geringerem Ausmaß sind die unmittelbaren Reaktionen der Kreditinstitute und Nicht-Banken erfaßt und desto unsicherer bzw. uneindeutiger ist die Information aufgrund der

Zwischenzieländerung. Dieses gilt insbesondere auch für den Fall, daß die erfaßten Reaktionen der Kreditinstitute und Nicht-Banken stark von ihren Erwartungen bezüglich der sich (auch infolge der Zentralbankpolitik) langfristig einstellenden gesamtwirtschaftlichen Variablen abhängen und diese Erwartungen noch sehr ungenau sowie unsicher sind. Ein instabiler Zusammenhang zwischen dem Instrument I und dem Zwischenziel (beispielsweise M oder i oder K) und damit seine Nicht-Steuerbarkeit ist die Folge.

Für die Phase des monetären Transmissionsprozesses, d.h. der Beziehung von Zwischen- zu Endziel lassen sich Überlegungen aus der Konjunkturtheorie analog verwenden. Im Rahmen der Konjunkturtheorie werden empirisch beobachtete Entwicklungsmuster stilisiert, um gesamtwirtschaftliche Größen zu ermitteln, die der allgemeinen Konjunkturentwicklung vorauseilen bzw. nachlaufen oder mit ihr gleichlaufen. Diese ausgewählten Variablen werden auch als sog. leading, lagging und coinciding indicators bezeichnet. Als Zwischenziele bzw. (leading) Indikatoren sind entsprechend solche monetären Größen geeignet und auszuwählen, die über die Zeit in einer konsistenten Beziehung zu den Endziel-Variablen, insbesondere ihren Wendepunkten stehen und dabei nicht von irregulären, unsystematischen Einflüssen dominiert werden. Diese den Transmissionsprozeß von exogenen Veränderungen, wie denen der geld- und kreditpolitischen Variablen, zu den interdependenten gesamtwirtschaftlichen Größen quasi vorab in Richtung und Ausmaß anzeigenden Indikatoren sollen aus wirtschaftspolitischen Gründen (insbesondere im Sinne einer sog. Feinsteuerung) schnell, häufig und genau ermittelbar sein.

Entsprechend steht ihre Ableitung aus der Empirie im Vordergrund, d.h. ihre Auswahl aus Vergangenheits-Beobachtungen, die in der Regel über sog. Eingleichungs-Ansätze erfolgt. Die Auswahl erfolgt dabei in der Regel aufgrund von Regressionsanalysen zwischen dem jeweiligen Indikator sowie der (zum Teil mehrfach) zeitverschobenen Zielgröße und der anschließenden Analyse der durch die Regression nicht erklärten, d.h. verbleibenden Varianz der zu erklärenden (Ziel-) Größe. Die von den verschiedenen Lehrmeinungen bzw. Paradigmen unterschiedlich erklärten Transmissionsprozesse könnten bei einer erfolgreich diskriminierenden Empirie unter dem Gesichtspunkt der praktischen Zentralbankpolitik unerklärt in der sog. black box bleiben bzw. später erklärt werden. Empirisch gesicherte Aussagen über Wirkungsrichtungen lassen sich aber in der Regel nicht machen. Dieses liegt nicht zuletzt daran, daß beispielsweise mit sich ständig verändernden und dabei (national sowie international) expandierenden Geld-, Kredit- und Kapitalmärkten mit immer neuen Titeln und möglichen Verhaltensweisen sich ständig verändernde Informations- und Transaktionskosten und damit Substitutionsbeziehungen ergeben. Zu erinnern sei an die Finanzinnovationen wie beispielsweise Kreditkarten, handelbare verzinste Sichteinlagen-Zertifikate, Chips, Geldautomaten, Sparbriefe, neue Geldmarktpapiere oder Titel mit variablem Zinssatz bzw. in verschiedenen Währungskörben ebenso wie an die in die Märkte drängenden sog. Finanzintermediäre wie Post, Versicherungen, Handelshäuser etc.

Gerade durch diese neueren Entwicklungen werden die seit der Mitte des 19. Jahrhunderts diskutierten, als die sog. **Currency-Banking-Kontroverse** bezeichneten Fragen wieder aktuell. Diese Kontroverse beinhaltet die Frage nach der Abgrenzung von Geld sowie von Zentralbankgeld und Liquidität, d.h. die Relation zwischen Zentralbankgeld und beispielsweise Handelskrediten, Kreditkarten, Termineinlagen oder anderen nicht vollkommen liquiden Titeln. Sie beinhaltet die Analyse der Bedeutung des sog. Quasi-Geldes für die Entwicklung und Steuerbarkeit der gesamtwirtschaftlichen Größen, d.h. also der Nicht-M1-Komponenten in den Aggregaten M2 und M3 für beispielsweise die Entwicklung des Einkommens Y. Damit verbunden ist die Problematik des zu wählenden Zwischenzieles der Geldpolitik, da M1 zwar zeitlich unmittelbarer auf einen Instrumenteneinsatz I reagiert als beispielsweise M2, die Stabilität der Beziehungen zwischen I und M1 oder M2 sich aber mit der sich ändernden relativen Bedeutung der Nicht-M1-Komponenten infolge der Finanzinnovationen verändern kann. Aufgrund der Handelskredite etc. (in der Banking-Currency-Kontroverse) oder der sog. Finanzinnovationen (heute) kann eine stärkere und stabilere Relation von M2 zum Einkommen Y resultieren als zwischen Y und M1. Beeinflußt die Zentralbankgeldmenge die Nachfrage- bzw. Kaufentscheidungen der Wirtschaftssubjekte oder steht die Liquiditätsmenge in einer festen, d.h. zeit- und konjunkturinvarianten Relation zur Zentralbankgeldmenge, so hat die Zentralbank dieses eng definierte Geldmengenaggregat zu kontrollieren und zu steuern. Steht aber nicht nur die Tauschmittelfunktion im Vordergrund der Kaufentscheidungen der Wirtschaftssubjekte, sondern sind auch die Substitutionsbeziehungen von Geld zu anderen Vermögenstiteln und damit die Wertaufbewahrungsfunktion von Bedeutung, so hat die Zentralbank nicht das Geldmengenaggregat im engeren Sinne, sondern jenes im Sinne der Liquiditätsmenge zu steuern.

Internationales Kunstgeld

Die definierten Geldmengenaggregate beziehen sich alle auf das Inland bzw. die nationalen Zahlungsströme. Dabei ist die inländische Zentralbank in der Lage, jede gewünschte Zentralbankgeldmenge zu schaffen (vgl. Kapitel IV).

Im internationalen Austausch von Gütern, Diensten und Vermögenstiteln, beispielsweise zwischen zwei Ländern, stehen für die Durchführung der Zahlungen entsprechend zwei nationale Währungen zur Verfügung. Verträge können auf der Basis beispielsweise von US-Dollar oder DM geschlossen werden. In Abhängigkeit von den unterschiedlichen Informations- und Transaktionskosten, die ihrerseits von der relativen Größe der beteiligten Länder sowie ihrer Marktstärke abhängen, entwickelt sich in der Regel eine Währung zur internationalen (**Fakturierungs-)Währung**. Ist dieses der US-Dollar, so basiert die internationale Währungsordnung auf ihm und die international handelnden Wirtschaftssubjekte halten und fragen ihn aus den verschiedenen Motiven (vgl. Kapitel III) nach. Dieses gilt auch für die nationale Zentralbank des Inlandes. Sie hat der Regierung die für ihre internationalen Aktivitäten (Zahlungen an internationale Institutionen, Wiedergutmachungszahlungen, Entwicklungshilfezahlungen etc.) notwendigen US-Dollar bereitzustellen. Außerdem hält sie aus verschiedenen Gründen (für Interventionszwecke am Devisenmarkt zur Beeinflussung des Wechselkurses oder aus Vorsichtsgründen zur Absicherung der internationalen Liquidität des Inlandes) Währungsreserven. Sie hält derartige Guthaben über US-Dollars bei ausländischen Kreditinstituten, da sie selbst keine US-Dollar schaffen kann. Eine so auf dem US-Dollar als der internationalen Währung basierende Weltwährungsordnung war das 1944 geschaffene und 1973 zusammengebrochene **System von Bretton Woods**. Ein derartiges System setzt u.a. in dem Leitwährungsland eine Geldmengenpolitik voraus, die zahlungsbilanzorientiert ist und die tatsächliche Entwicklung der internationalen Liquidität (d.h. der US-Dollar in Händen von Ausländern) in Übereinstimmung mit den Wünschen und Notwendigkeiten der internationalen Märkte hält. Eine so konstituierte Weltwährungsordnung scheitert insbesondere dann, wenn die internationalen Märkte das Vertrauen in die Währung verlieren. Einen Ausweg bildet dann eine Ordnung auf der Basis eines künstlich-geschaffenen Zahlungsmittels, welches in keinem Land ein nationales Zahlungsmittel darstellt. Derartige Medien bzw. Verrechnungseinheiten existieren in Form der sog. Sonderziehungsrechte SZR des internationalen Währungsfonds IWF (Special Drawing Rights, SDR des International Monetary Fund, IMF) seit 1970 und der Europäischen Währungseinheit (European Currency Unit) ECU als Währungseinheit des Europäischen Währungssystems EWS seit 1984. Beide Einheiten sind Währungskörbe nationaler Währungen. Diese künstlichen internationalen Recheneinheiten werden noch vorwiegend zwischen den nationalen Zentralbanken verwendet; sie dienen in zunehmendem Maße auch öffentlichen und privaten Wirtschaftssubjekten.

Da es an dieser Stelle nicht um die Erklärung von Währungsordnungen geht, erfolgt die Betrachtung von derartigem Kunst-Geld ausschließlich bezüglich ihrer Wertermittlung. Diese spielt eine Rolle, wenn jemand einen Kontrakt auf der Basis von SZR oder ECU zu erfüllen hat, d.h. beispielsweise wenn die von einer Organisation gegebene Anleihe über 100 Mio. SZR zu tilgen ist und der Gläubiger die Zahlung in DM wünscht. Die Wertermittlung ist notwendig, wenn die Bundesbank den DM-Wert ihrer Guthaben in ECU beim Europäischen Fonds für währungspolitische Zusammenarbeit (Europäischer Fonds) in der Bilanz ausweisen will. So hielt die Bundesbank Ende 1984 Währungsreserven in US-Dollar für 37,4, in SZR für 16,1, in ECU für 14,3, in Gold für 13,7 (jeweils) Mrd. DM.

Der Wert einer Europäischen Währungseinheit

Die ECU ist ein sich (seit September 1984) aus 10 nationalen europäischen Währungen zusammensetzender Währungskorb. Die Gewichte, mit denen jede Währungseinheit in die Berechnung eingeht, werden vom EG-Ministerrat festgelegt. Da 0,719 DM und 140 italienische Lira nicht addiert werden können, ermittelt man zunächst über den Wechselkurs DM pro Dollar und Lira pro Dollar den Dollar-Wert von 0,719 DM und von 140 Lira. Die derart unter Verwendung der um 14.30 Uhr an den jeweiligen maßgeblichen nationalen Börsen ermittelten Dollarkurse berechneten Dollarbeträge werden addiert und geben so den Gegenwert einer ECU-Einheit in US-Dollar an. Für die Gewichte bei der Summenbildung gilt:

0,719	DM	140	Lir	0,256	hfl
0,0878	£	3,71	bfrs	0,219	dkr
1,31	FF	1,15	Dr	0,00871	Ir£
		0,14	lfr		

So betrug der Wert einer ECU am 30. April 1985: 0,724279 US-Dollar. Bei einem DM-Dollar-Kurs von rd. 3,086 war der DM-Tageswert einer ECU am 30. April 1985: 2,23512. Entsprechend läßt sich der Wert einer ECU in jeder nationalen Währung angeben. Der Wert einer ECU verändert sich entsprechend täglich mit den Wechselkursen der beteiligten nationalen Währungen gegenüber dem US-Dollar. Seine Variabilität ist (bei gegebenen Gewichtungen) i.d.R. aber geringer als die jedes einzelnen Wechselkurses, da sich entgegengesetzt auswirkende kurzfristige nationale Wechselkurseinflüsse zum Teil kompensieren. Probleme eines derartigen Kunstgeldes wie der Europäischen Währungseinheit treten insbesondere bei Veränderungen der Gewichtungsstruktur sowie stark unterschiedlichen Entwicklungen der nationalen Dollar-Wechselkurse auf.

Der Wert eines Sonderziehungsrechtes

Der bis April 1978 in Gold (und über die Goldparität des US-Dollar in US-Dollar) definierte Wert eines SZR ergibt sich wie der der ECU aus dem Wert eines gewichteten Währungskorbes. Das Gewichtungsschema eines SZR ist:

0,54 US-Dollar	0,46 DM
0,071 £	0,74 FF
	34 Yen

Zunächst wird wieder der Dollar-Gegenwert der betreffenden nationalen Währungsbeträge ermittelt. Aus der Summe ergibt sich dann der US-Dollar-Wert für 1 SZR. Er betrug am 30. April 1985: 0,991172. Entsprechend ergibt sich für den DM-Tageswert 1 SZR: 3,06292. Die Tilgung der oben erwähnten 100 Mio. Anleihe auf Basis von SZR bedingt somit einen notwendigen DM-Betrag des Emittenten in Höhe von rd. 306 Mio.

Die Berechnung erfolgt auf der Basis der in London am Devisen-Kassamarkt fixierten Mittelkurse (zwischen An- und Verkaufskurs beispielsweise von Dollar und DM). Die Gewichte (und berücksichtigten Währungen) werden im fünfjährigen Zyklus überprüft und u.a. in Anlehnung an den Anteil des Landes am Weltexport und die Bedeutung der nationalen Währung als Reservewährung bestimmt. Die Schaffung von SZR erfolgt nach Beschluß durch die IWF-Gouverneure durch einen „Federstrich" im Rahmen einer Zuteilung. Es ist die Schaffung internationaler Liquidität durch eine internationale Institution mit einem diesbezüglichen Monopol der SZR-Emission. Die erste Zuteilung erfolgte in 1970 in Höhe von 3,4 Mrd. SZR-Einheiten. Der insgesamt emittierte Bestand betrug Ende 1984 rd. 16,5 Mrd. Einheiten an SZR.

Zur Verwendung der ECU

Die durch EWG-Verordnungen im Dezember 1978 geschaffene „offizielle" Währungseinheit ECU ist eine Recheneinheit sowie ein eingeschränktes Zahlungsmittel und damit auch Reservemittel der EG-Zentralbanken. Die bei Transaktionen auf den internationalen Märkten verwendete „private" Währungseinheit entspricht der offiziellen Definition wobei die Erfüllung/Zahlung in einer nationalen Währung erfolgt, die fest vereinbart wird oder zum Erfüllungszeitpunkt frei wählbar ist.

Nach § 3 des Währungsgesetzes bedarf die Genehmigung einer auf DM lautenden Verbindlichkeit seitens von Gebietsansässigen der Genehmigung der Deutschen Bundesbank, wenn der DM-Betrag von der Entwicklung beispielsweise eines Wechselkurses, Goldpreises (Preisindex) etc. abhängt. Im Bereich von Finanztransaktionen werden keine Genehmigungen erteilt. Die Genehmigung für das Eingehen einer auf ECU lautenden Verbindlichkeit wird Gebietsansässigen zur Zeit deshalb nicht erteilt, da die ECU für die Bundesbank keine „Devise" resp. „Währung" darstellt. Es wäre nach der Rechtsauffassung der Bundesbank eine Währung, wenn die ECU die Grundlage eines staatlichen Geldsystems eines Währungsgebietes wäre. Die Verbindlichkeiten sind dann in ECU-Geldzeichen erfüllbar. Derartige Geldzeichen existieren aber für diese Recheneinheit nicht.

Eine ECU-Verbindlichkeit ist in einer nationalen Währung zu erfüllen. Damit ist eine ECU-Verbindlichkeit durch die gewählte nationale Zahlungswährung entweder eine DM-Verbindlichkeit, die wechselkursabhängig und damit genehmigungspflichtig ist oder eine Fremdwährungsverbindlichkeit, die damit § 3 Satz 1 des Währungsgesetzes in Verbindung mit § 49 Außenwirtschaftsgesetz unterliegt.

Bei Beibehaltung der Rechtsauffassung der Bundesbank und der restriktiven Genehmigungspraxis können Gebietsansässige somit ECU-Verbindlichkeiten erst dann eingehen, wenn die Bundesbank währungshoheitliche Befugnisse auf die EG überträgt und die EG eine ECU-Geldeinheit mit eigenen Geldzeichen (evtl. als europäische Parallelwährung zu allen europäischen nationalen Währungen) schafft.

II. Die Bedeutung des Geldes in einer Tauschwirtschaft

II.1 Das walrasianische allgemeine Gleichgewichtssystem

Die Nachfragefunktionen

Betrachtet wird zunächst eine Volkswirtschaft, in der m verschiedene Endprodukte, d.h. Güter und/oder Dienste getauscht werden. Alle Güter stiften den Wirtschaftssubjekten direkten Nutzen wie beispielsweise: Obst, Bücher, Musik und Bier. Die Güter stehen dabei in einer substitutionalen Beziehung zueinander. Es sind sog. „gross-substitutes". Die Nachfrage nach jedem, also auch dem i-ten Gut hängt damit von den Preisen aller Güter (π_i; i = 1, ... m) ab. Es gilt:

$$x_i^N = x_i^N(\pi_1, \pi_2, \pi_3, \ldots, \pi_i, R) \quad ; \quad i = 1, \ldots, m \qquad \text{(II.1)}$$

Die Nachfrage nach dem Gut i ergibt sich dabei aus dem Nutzenmaximierungsziel mikroökonomisch rationaler Haushalte, die in Verfolgung ihres Zieles Nebenbedingungen wie beispielsweise ihre Budgetrestriktion zu beachten haben. Die Preise π_i für alle i-nachgefragten Güter sind Austauschrelationen zwischen diesem Gut und einem anderen; sie geben an, wieviel Mengeneinheiten des einen Gutes gegen eine Mengeneinheit des anderen Gutes getauscht wird. Zur Illustration dieses Zusammenhanges diene das folgende Beispiel. Ein repräsentatives Wirtschaftssubjekt ist in einer 2-Güter-Ökonomie durch die folgende Nutzenfunktion gekennzeichnet:

$$U = U(\underset{+}{c_1}, \underset{+}{c_2})$$

mit:
- U Nutzen (-index);
- c_i Menge des Gutes i.

Sein Nutzen steigt c.p. mit steigendem Konsum des Gutes i. Das Vorzeichen unter der erklärenden Größe (hier c_i) gibt immer ihre Einflußrichtung auf die zu erklärende, d.h. endogene Größe (hier U) an; es ist das Vorzeichen der ersten Ableitung der Funktion nach dem jeweiligen Argument. Das Wirtschaftssubjekt möchte möglichst viele Einheiten von beiden Gütern konsumieren. Es unterliegt aber bei seiner Nutzenmaximierung der Budgetrestriktion:

$$\bar{R} = c_1p_1 + c_2p_2 \quad \text{bzw.} \quad c_1 = \frac{1}{p_1}(\bar{R} - c_2p_2)$$

mit:
- $\bar{R}$ verfügbare Konsumsumme (exogen gegeben; $\bar{R}$);
- p_i Geldpreis des Gutes i.

Die Geldpreise geben die Anzahl der Geldeinheiten an, die für eine Mengeneinheit des jeweiligen Gutes getauscht wird. Die Größe p_i ist also nicht gleichzusetzen mit π_i, bei dem Gütereinheiten in Relation stehen.

Aus den gleich Null gesetzten Ableitungen nach c_1 und c_2 folgt die bekannte Optimalitätsbedingung:

$$\frac{U_1}{U_2} = \frac{p_1}{p_2} \quad \text{mit:} \quad U_i = \frac{\partial U}{\partial c_i} > 0$$

Betrachtet man die folgende einfache explizite Nutzenfunktion, in der der Koeffizient α die relative Nutzeneinschätzung des Gutes c_2 seitens des Haushaltes erfaßt bzw. seine Zeitpräferenzrate, wenn c_2 der Konsum in der 2. Periode (und c_1 der der 1. Periode) ist:

$$U = c_1 + c_2^{\alpha} \quad ; \quad \bar{\alpha} < 1$$

gilt somit:

$$\frac{p_1}{p_2} = \frac{1}{\alpha\, c_2^{\alpha-1}} = \frac{1}{\alpha}\, c_2^{1-\alpha}$$

bzw. für die Nachfrage nach dem zweiten Gut (c_2):

$$c_2 = \sqrt[1-\alpha]{\alpha\, \frac{p_1}{p_2}}$$

bzw.:

$$c_2 = c_2(\underset{+}{p_1}, \underset{-}{p_2})$$

Zu beachten ist sowohl im Beispiel als auch in Gleichung (II.1) die Annahme, daß die Güter nur getauscht und nicht produziert werden. Sie sind im Gesamtbestand bereits vorhanden, so daß für das Angebot jedes Gutes gilt:

$$x_i^A = \bar{x}_i^A$$

Wird diese Annahme aufgehoben, so daß die Güter auch zu produzieren sind, so ist in den Nachfragefunktionen noch die Abhängigkeit von den Preisen aller k-Produktionsfaktoren zu unterscheiden, so daß dann allgemein gilt:

$$\text{(II.1')} \qquad x_i^N = x_i^N(\pi_1, \ldots, \pi_i; \pi_1, \ldots, \pi_j) \quad ; \quad \begin{array}{l} i = 1, \ldots, m \\ j = 1, \ldots, k \end{array}$$

Nach der Methode von Walras hängt die Nachfrage nach jedem Konsumgut i dann aufgrund der simultanen Bestimmung aller gewünschten Konsumgütermengen, des gewünschten Arbeitsangebotes und der gewünschten Ersparnis auch von den Preisen der Produktionsfaktoren, d.h. vom Preis der Arbeit, des Kapitals etc. ab.

Die Angebotsfunktionen

In einer produzierenden Tauschwirtschaft hängt das Angebot jedes Produktionsfaktors ebenfalls von allen Preisen ab. Es gilt:

$$x_i^A = x_i^A(\pi_1, \ldots, \pi_i; \pi_1, \ldots, \pi_j) \quad ; \quad \begin{array}{l} i = 1, \ldots, m \\ j = 1, \ldots, k \end{array}$$

Das Angebot jedes Gutes der Endnachfrage hängt nur von den Preisen der Produktionsfaktoren ab, sofern keine Endprodukte in die Produktion eingehen.

Bei den Güterpreisen π_i handelt es sich um Austauschrelationen zwischen zwei Gütern, beispielsweise um die Tauschrelation zwischen Butter und Margarine oder Fleisch und Bier. Beziehen sich alle Relationen auf ein Gut, beispielsweise auf das m-te, so nennt π_1 die Anzahl an Einheiten von Gut m, die für eine Einheit von Gut 1 zu tauschen sind. Handelt es sich bei dem m-ten Gut beispielsweise um Tee, dann sagt:

π_1 wieviel Gramm Tee für eine Einheit des Gutes 1 (Butter),
π_2 wieviel Gramm Tee für eine Einheit des Gutes 2 (Bier),
π_3 wieviel Gramm Tee für eine Einheit des Gutes 3 (Buch)

zu tauschen sind. Der Tee, selbst auch nachgefragt, weil er einen direkten Nutzen stiftet, stellt das sog. Numéraire- bzw. Referenzgut dar. Die Austauschrelation des Numérairegutes beträgt definitionsgemäß eins ($\pi_m = 1$). In einem allgemeinen Gleichgewichtsmodell kann jedes Gut als **Numéraire** dienen. In der realen Welt, die nicht einem allgemeinen walrasianischen Gleichgewichtsansatz entspricht, dient ein spezielles Gut als Numéraire. Dieses Gut ist i.d.R. das Geld. In einer Geldwirtschaft werden, wie in dem Illustrationsbeispiel, dann die Geldpreise (p_i) anstelle der Preise bzw. Austauschrelationen (π_i) verwendet. Die Wahl dieses Referenzgutes ist dabei abhängig von dem Erklärungsziel bzw. den Annahmen des jeweils verwendeten Modelles. So verwendet Keynes beispielsweise Arbeit bzw. Arbeitsstunden.

Das allgemeine Tauschgleichgewicht

Ein allgemeines Tauschgleichgewicht liegt nun vor, wenn:

- die angebotenen Mengen gleich den nachgefragten bzw.
- die Nachfragepreise gleich den Angebotspreisen

sind. Die erste Definition geht zurück auf Léon Walras (1834-1910), die zweite auf Alfred Marshall (1842-1924). Im ersten Fall gilt für alle Märkte

(II.2) $\quad x_i := x_i^N = x_i^A \quad \text{bzw.} \quad q_i = x_i^N - x_i^A = 0$

Die Überschußnachfrage q_i ($q_i < 0$: Überschußangebot) ist Null. Im zweiten Fall gilt:

$$p_i := p_i^N = p_i^A \quad \text{bzw.} \quad \tilde{p}_i = p_i^N - p_i^A = 0$$

Der Preis, den der Anbieter fordert (Angebotspreis), ist gleich dem Preis, den der Nachfrager zu zahlen bereit ist (Nachfragepreis). Der Überschußpreis $\tilde{p}_i$ ist auf allen Märkten Null. Im sog. Wettbewerbsgleichgewicht bei sich schneidenden Angebots- und Nachfragekurven sind beide Bindungen gleichbedeutend.

Die Voraussetzung für das Gleichgewicht bzw. seine Existenz ist ein Anpassungsmechanismus, der jetzt entsprechend der unterschiedlichen Definitionen entweder in der Form von Walras' Überschuß(-mengen-)hypothese oder Marshall's Überschuß(-preis)-hypothese modelliert werden kann. Das System bzw. der jeweilige Markt reagiert entweder mit dem Preis in Abhängigkeit von der Überschußnachfrage (senkrechte Pfeile) oder mit der Menge in Abhängigkeit vom Überschußnachfragepreis (waagerechte Pfeile):

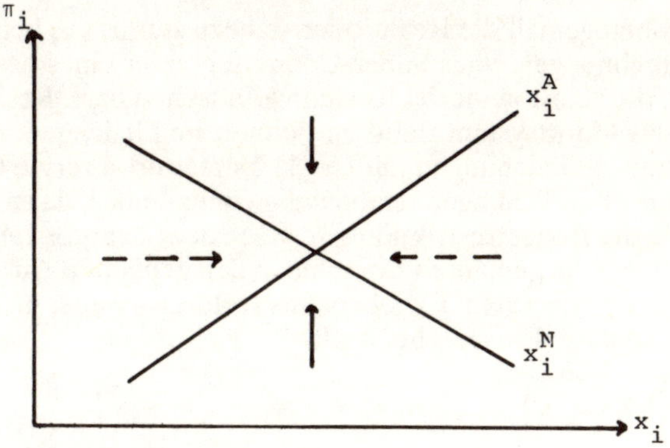

Abb. 0 Tendenzielle Preis-/Mengenreaktionen

In dem einfachen System der Überschußnachfrage

$$q_i = x_i^N - x_i^A = q_i(\pi_1, \pi_2, \dots, \pi_{n-1}, 1)$$

gilt bei unterstellter Flexibilität aller Preise für den Fall, daß sich das System/ein Markt nicht in der Gleichgewichtssituation befindet, für die Veränderung des Preises in der Zeit ($d\pi_i/dt$):

$$\frac{d\pi_i}{dt} = f(q_i) \quad \text{bzw.} \quad \frac{d\pi_i}{dt} = f^*(\pi_i, \dots)$$

Im **Gleichgewicht**, sofern es erreicht wird, sind die Überschußnachfragen und die Preisänderungen gleich Null. Der Abbau einer Überschußnachfrage erfolgt, weil mit steigendem Preis die Nachfrage sinkt und das Angebot steigt:

$$\frac{dq_i}{d\pi_i} < 0$$

Verbunden mit der direkten Reaktion auf dem jeweiligen Markt sind solche auf den anderen Märkten. Da, wie noch zu zeigen sein wird, der positiven Überschußnachfragesituation auf einem Markt eine negative Überschußnachfragesituation auf einem oder mehreren anderen entsprechen muß, gilt in der Regel:

$$\frac{dq_i}{d\pi_i} > 0 \quad \text{bzw.} \quad \frac{dq_i}{d\pi_j} > 0 \quad \text{für} \quad i \neq j$$

Zu dieser Definition des „gross-substitute“ gehört dabei als Stabilitätsannahme bzw. -bedingung, daß gilt:

$$\left|\frac{dq_i}{d\pi_i}\right| > \left|\frac{dq_j}{d\pi_i}\right|$$

Die direkte Reaktion auf dem betrachteten Markt muß stärker sein als die einzelne Reaktion auf jedem anderen, die in der Summe die kompensierende negative Überschußnachfrage aufweisen und ihrerseits jeweils eigene Preisveränderungen erleben.

Laufen annahmegemäß die Reaktionen nahezu zeitlos ab, beispielsweise aufgrund der Berechnungen eines Super-Computers oder eines besonders fähigen Auktionators, die selbst keinerlei Kosten verursachen bzw. Ressourcen verzehren, so wäre das Marktsystem stabil und immer im Gleichgewicht. Das System besteht dabei aus n-Gleichungen mit (n−1) Numéraire-Preisen ($\pi_n = 1$). Allerdings sind nur n−1 Gleichungen unabhängig voneinander, da stets für alle Wirtschaftssubjekte die Budgetrestriktion gilt. Nach dem zu unterstellenden Äquivalenzprinzip müssen die geplanten Einnahmen den geplanten Ausgaben bei rationalem Verhalten entsprechen. Es geht nichts verloren – weder in der ex-post noch in der ex-ante Analyse. Entsprechend gilt:

(II.3) $$\pi_1 x_1^A + \pi_2 x_2^A + \ldots \quad \pi_n x_n^A = \pi_1 x_1^N + \ldots \quad \pi_n x_n^N$$

mit: $\pi_n = 1$

Gilt jetzt auf n−1 Märkten:

$$\sum_{i=1}^{n-1} \pi_i (x_i^N - x_i^A) = \sum_{i=1}^{n-1} \pi_i q_i = 0$$

dann muß aufgrund der Budgetrestriktion (II.3) auch der n-te Markt im Gleichgewicht sein:

(II.4) $$\sum_{i=1}^{n-1} \pi_1 q_i + (x_n^N - x_n^A) = 0$$

Die Gleichungen (II.3) bzw. (II.4) sind das **Say'sche Gesetz**. Es besagt, daß das bei der Produktion eines Gutes entstehende Einkommen zu einer gleich großen Nachfrage nach diesem oder einem anderen Gut führt bzw. daß das gekauft wird, was produziert wird. Noch anders ausgedrückt besagt „Say's Law“, daß die Güter sich selbst kaufen bzw. das Angebot die Nachfrage schafft. Für die Analyse bedeuten die Gleichungen, daß man im Gleichgewicht von n-Märkten nur n−1 zu analysieren braucht.

Die Berücksichtigung des Geldes

Soweit ist konzeptionell alles in Ordnung. Das Problem beginnt damit, daß, wie die Klassiker natürlich auch wußten, nicht n, sondern n + 1 = e Güter angeboten und nachgefragt werden. Dieses e-te Gut ist das Geld, für das die Klassiker (nach Keynes' Interpretation alle Ökonomen vor Keynes) unterstellten, daß es keinen direkten Nutzen stiftet oder wie Adam Smith schrieb: Geld wird nicht seiner selbst willen nachgefragt, sondern um dessentwillen, was man dafür kaufen kann.

Aufgrund der Existenz des Geldes sind aber die:

a) Numéraire-Preise nur relative Geldpreise,
b) (absoluten) Geldpreise der Güter noch zu bestimmen,
c) Ausgabenbeschränkungsgleichung bzw. die Budgetrestriktion zu modifizieren.

ad a):

π_1 ist die Anzahl an Einheiten des Numéraire-Gutes (Tee), die für eine Einheit Butter (Gut 1) im Tausch zu geben bzw. zu erhalten war. Es fehlt die Feststellung, wieviel DM es sind, d.h. wieviel DM bzw. Geldeinheiten für eine Einheit Butter im Tausch zu geben bzw. zu erhalten sind. π_1 ist der relative Geldpreis, weil der Geldpreis der Butter vom dem **Geldpreis des Numéraires** abhängt bzw. weil π_1 über diesen Geldpreis in einer Relation zum Geldpreis der Butter steht.

ad b):

Der Geldpreis P_1 ist definiert als: $P_1 = \pi_1 P_e$ mit P_e als dem Geldpreis des Numéraires. P_e als multiplikative Konstante sagt, wieviele Geldeinheiten für eine Einheit Tee zu tauschen sind. Mit P lassen sich alle Numéraire-Preise in Geldpreise überführen. Durch diese Umrechnung bleiben die relativen Preise unverändert, sie sind „unabhängig" vom Geld(-preis). Zu erklären bzw. bestimmen ist damit P_e, wobei $1/P_e$ den Wert bzw. die Kaufkraft des Geldes darstellt. Die Kaufkraft des Geldes ist – im Falle eines Warenkorbes als Bezugsgröße anstelle eines Numéraires – der reziproke Wert des gewichteten Preisniveaus.

ad c):

Offensichtlich gilt auch die Budgetbeschränkung:

(II.5) $$\sum_{i=1}^{n} p_i q_i + (L - M) = 0$$

mit: L nominale Geldnachfrage,
M nominale Geldmenge (Geldangebot),
P_i Geldpreis des Gutes i.

Die Gleichung (II.5) ist das sog. **Walras-Gesetz**.

Für dieses klassische System von Walras gilt:

- Es gibt in diesem System aufgrund des Gesetzes von Say und Walras (Gleichungen II.4 und II.5) nur e-2 unabhängige Gleichungen, so daß nur e-2 Geldpreise erklärt werden können, obwohl es e−1 Geldpreise gibt (der e-te Preis ist gleich eins).
- Die relativen Geldpreise, d.h. die Numéraire-Preise sind unabhängig von der Geldmenge. Die Austauschrelationen im realen Sektor werden in diesem idealisierten System (zur Bedeutung von Informations-, Transaktions- und Anpassungskosten sowie Unsicherheiten vgl. spätere Kapitel) nicht vom Geldmarkt beeinflußt. Das Geld stellt nur eine Art Schleier im Erkenntnisprozeß dar. Be-

trachtet man diese idealisierte Situation als das Ergebnis eines langfristigen Prozesses, so bedeutet es, daß langfristig **das Geld realwirtschaftlich neutral** ist.

- Der güter- bzw. realwirtschaftliche Bereich einer Volkswirtschaft ist modellmäßig zumindest langfristig unabhängig vom monetären Bereich. Beide Sektoren sind innerlich getrennt, es herrscht die sog. klassische (und neoklassische) **Dichotomie der Märkte** und damit der Preise.
- Es existiert ein allgemeines Gleichgewicht, wenn sich proportional mit der nominalen Geldmenge alle Geldpreise ändern; d.h. wenn sich die Geldmenge verdoppelt und sich die Geldpreise alle ebenfalls verdoppeln, dann herrscht wiederum ein sog. allgemeines walrasianisches Gleichgewicht.

Zur Inkonsistenz des Systems

Die „Lücken" in diesem walrasianischen allgemeinen Gleichgewichtsansatz bestehen in der fehlenden

- Erklärung des Preisniveaus bzw. des Numéraire-Preises bzw. der Geldpreise;
- Ableitung und Erklärung der Geldnachfragefunktion;
- Erklärung von Reaktionen des Systems nach einer exogenen Störung.

Fisher's Verkehrsgleichung und die Cambridge-Gleichung

Die „Lücke" des nicht-erklärten Preisniveaus wurde auf vielfache Art versucht zu schließen. Zu nennen ist beispielsweise die neoklassische bzw. Fisher'sche Verkehrsgleichung, die zwei Strömungsgrößen in Beziehung setzt bzw. mit Hilfe der **Einkommenskreislaufgeschwindigkeit** die Bestandsgröße: Geldmenge M in eine Strömungsgröße transformiert:

$$Mv = py$$

mit: M nominale Geldmenge;
v Einkommenskreislaufgeschwindigkeit (weite Definition);
p Güterpreis (-niveau);
y reales Einkommen (= Güterangebot).

In Übereinstimmung mit dem klassischen Ansatz, daß Geld keinen direkten Nutzen stiftet, betont diese Verkehrsgleichung die Funktion der Bestandsgröße Geld (M) als ein Dienst zur Durchführung von Transaktionen. Das Rational der Geldverwendung und damit über die Zeit gesehen einer zeitlich begrenzten Geldhaltung ist im Motiv des (Güter-)Konsums, damit des Gütertausches bzw. der Transaktionen einer bestimmten Periode zu suchen. Die Fisher'sche Verkehrsgleichung wird auch als **Quantitätsgleichung** bezeichnet und führt zur naiven Form der Quantitätstheorie.

Ein anderer Versuch, die Lücke zu schließen, besteht in der Ergänzung des Systems durch Hinzufügung einer Gleichung in Form der von A. Marshall präferierten sog. Cambridge-Version. Sie „transformiert" mittels eines **Kassenhaltungskoeffizienten** das nominale Einkommen einer Periode in eine Art Bestandsgröße. In Höhe dieser Größe benötigen die Wirtschaftssubjekte Geld bzw. fragen es nach. Man schreibt die Geldnachfrage bzw. aufgrund des unterstellten Gleichgewichtes auf dem Geldmarkt (L = M) diese Cambridge-Version in der Form:

$$L = k\,p\,y \quad \text{bzw.} \quad M = k\,p\,y$$

mit: k Kassenhaltungskoeffizient.

Der Sinn dieser, die Bestandsgröße Geld und damit insbesondere die Geldhaltung und weniger die unmittelbare Geldverwendung betonenden Gleichung erschließt sich durch Betonung der Erwartungen. Proportional zur Höhe der (für die nächste Planungsperiode) geplanten Güternachfrage bzw. des erwarteten Nominaleinkommens fragen die Wirtschaftssubjekte Geld bzw. Geldhaltung nach. Berücksichtigt man ein Vermögens- bzw. Akkumulationsmotiv bei den Wirtschaftssubjekten, so daß sie eine positive Sparquote haben, läßt sich die Cambridge-Version als die Nachfrage nach Geld aus dem Vermögensmotiv erklären. Danach wünschen die Wirtschaftssubjekte eine bestimmte Relation zwischen ihrem Periodeneinkommen und ihrem Vermögen bzw. ihrem Einkommen und einer Vermögensart ihres Portefeuilles: Geld.

Die Geldnachfragefunktion des Systems

Sowohl über die Quantitätstheorie als auch die Kassenhaltungstheorie ist damit eine Geldnachfragefunktion in das System eingeführt. Diese ist allerdings anders als jene, die man aus dem Gleichungssystem selbst gewonnen hätte. Aus dem Gleichungssystem der e-Märkte ergibt sich:

$$q_e = L - M = \sum_{i=1}^{e-1} p_i (x_i^A - x_i^N) = P_e \sum_{i=1}^{e-1} \pi_i (x_i^N - x_i^A)$$

Sind die Gütermärkte bei der Gleichheit von Angebots- und Nachfragepreis (Mengenreaktionen) und die Faktormärkte bei der Gleichheit von angebotener und nachgefragter Menge (Preisreaktionen), d.h. alle $e-1$ Märkte im Gleichgewicht, so ist es auch der Geldmarkt (Walras-Gesetz). Dieses gilt unabhängig von der Höhe des Geldpreises des Numeraires P_e. Damit sind aber die Geldpreise unbestimmt; es gibt keine Erklärung für den Preisbildungsprozeß, da die Überschußnachfragen auf den Güter- und Faktormärkten unabhängig von den Geldpreisen sind. Es gilt nur, daß die Überschußnachfrage nach Geld q_e homogen vom Grade eins in allen Preisen ist, so daß eine Verdoppelung aller Geldpreise eine verdoppelte nominale Geldnachfrage bedeutet und damit im Gleichgewicht eine verdoppelte Geldmenge.

$$\lambda (L-M) = \sum_{i=1}^{e-1} \lambda P_i (x_i^N - x_i^A) = \lambda P_e \sum_{i=1}^{e-1} \pi_i (x_i^N - x_i^A)$$

Eine Variation der Geldmenge muß bei einer unendlichen Reaktionsgeschwindigkeit zu einer gleich starken Preisänderung führen, ohne daß die güterwirtschaftlichen Überschußnachfragen q_i reagieren. Dieses kann nur der fiktive walrasianische Auktionator bewerkstelligen; es erfolgt aber nicht im Wege durchgeführter Tauschakte. Geld ist damit im walrasianischen System „kein" Zahlungsmittel. Verwendet man die Fisher'sche Verkehrsgleichung oder die Cambridge-Gleichung als Geldnachfrage, so ergibt sich eine Überschußnachfrage nach Geld q_e von Null, wenn auf den Güter- und Faktormärkten zu Gleichgewichtspreisen gehandelt wird (es gibt kein sog. false trading). Die Überschußnachfrage q_e ist homogen vom Grade Null in den Geldpreisen und der Geldmenge:

$$\lambda^0 (L - M) = \lambda\, kpy - \lambda M = \lambda P_e \sum_{i=1}^{e-1} \pi_i x_i - \lambda M$$

Die Überschußnachfrage nach Geld aus dem güterwirtschaftlichen System widerspricht der aus dem Geldmarkt direkt ermittelten. Diese verbleibende Inkonsistenz des klassischen Systems bzw. die getrennte Erklärung der relativen Preise und der absoluten (Geld-)Preise wird später, beginnend mit den Arbeiten von Patinkin, aufgehoben. Er integriert die bis dato unabhängige Werttheorie und Preistheorie, indem er Geld in die Nutzenfunktion aufnimmt. Verbunden ist damit die Vorstellung, daß Geld selbst einen **direkten Nutzen** stiftet (Geld als Konsumgut), so daß die Wirtschaftssubjekte Geld auch um seiner selbst willen nachfragen. Probleme bereitet dabei allerdings die Erklärung dieses direkten Geldnutzens. Darüber hinaus läßt sich eine Nachfrage nach Geld auch ableiten, ohne daß Geld ein Argument der Nutzenfunktion ist. Es genügt beispielsweise eine Nebenbedingung in dem Nutzenmaximierungskalkül, die das Wirtschaftssubjekt zur Geldverwendung und damit -haltung „zwingt": Allerdings ist diese Bedingung wiederum solange arbiträr, wie durch die Geldverwendung nicht der Nutzen des Wirtschaftssubjektes steigt bzw. das System sich insgesamt der Situation eines Optimums (beispielsweise des Pareto-Optimums) stärker annähert als ohne die Geldverwendung. Dieses ist beispielsweise dann der Fall, wenn durch das Geld die Produktion von Gütern und Diensten ausgedehnt werden kann (Geld als Produktionsfaktor, der den notwendigen Ressourceneinsatz reduziert oder den technischen Fortschritt erhöht) bzw. die Freizeit (die passive Zeit des Schlafens, Dösens oder des dolce far niente). Eng verbunden mit der Problematik, mikroökonomisch rational die Geldhaltung zu erklären, ist die der Erklärung der wirtschaftlichen Prozesse im Zeitablauf einschließlich ihrer Veränderung bei exogenen Störungen.

Zur Entwicklung der monetären Theorie

Die Ausgangssituation der Geldtheorie bzw. monetären Theorie läßt sich am besten mit den Sätzen von K. Tucholsky aus seinem „Kurzer Abriß der Nationalökonomie" (1931) darstellen: „Die Grundlage aller Nationalökonomie ist das sog. ‚Geld'. Geld ist weder ein Zahlungsmittel noch ein Tauschmittel, auch ist es keine Fiktion, vor allem aber ist es kein Geld. Für Geld kann man Waren kaufen, weil es Geld ist, und es ist Geld, weil man dafür Waren kaufen kann. Doch ist diese Theorie inzwischen fallengelassen worden. Woher das Geld kommt, ist unbekannt. Es ist eben da bzw. nicht da – meist nicht da."

Der unmittelbare Weg nach der aus dem allgemeinen walrasianischen Gleichgewicht gewonnenen Erkenntnis war, zunächst zu fragen, welche Funktionen das Geld hat bzw. ausübt und was unter Geld überhaupt zu verstehen ist. Nur langsam und schrittweise entwickelte sich dann die heutige Ansicht, daß das typische Charakteristikum einer Geldwirtschaft die Notwendigkeit für jedes Wirtschaftssubjekt darstellt, aufgrund von unsicheren Erwartungen bzw. unvollkommenen Informationen seine Entscheidungen zu treffen. In der Rolle des Transmissionsriemens und der eines Informationsträgers liegt dabei der Großteil der Bedeutung des Geldes. Die Betonung der Erwartungen anstelle des faktischen Wissens führt dann auch zu einer modifizierten Formulierung der Gleichgewichtsbedingung, nach der ein (temporäres walrasianisches) Gleichgewicht dann vorliegt, wenn die erwarteten Preise den tatsächlichen entsprechen.

II.2 Zur Theorie einer Tauschwirtschaft

Das allgemeine walrasianische System erfaßt den Kern der Ökonomie, d.h. das Entscheidungsproblem auf der makroökonomischen Ebene, ohne dieses aus der Situation der einzelnen Entscheidungsträger abzuleiten. Abgeleitet wird eine spezielle Situation, d.h. die Situation des sog. walrasianischen Gleichgewichtes für alle Märkte, die ohne den Einsatz von Zeit oder anderen Ressourcen durch einen Auktionator oder Handelskoordinator unmittelbar hergestellt wird. Die Wirtschaftssubjekte existieren in diesem Ansatz eigentlich nur „scheinbar". Sie werden stets „glücklich" gehalten durch den Auktionator; er maximiert ihren Nutzen bei den ihm bekanntgegebenen Nutzenfunktionen und Ressourcenbeständen. Er maximiert bei einem vollkommenen Informationsstand. Sofern das System geschlossen ist, d.h. sofern es weder unvorhersehbare exogene Veränderungen (Manna vom Himmel oder Meteoritenschauer) noch „aufwachende", sich selbst engagierende Wirtschaftssubjekte (individuelle Bestimmung der jeweils produzierten und gekauften Mengen, von Preisen, der gewählten Produktionstechnologie etc. als „do it yourself"-Prinzip) gibt, hat der Auktionator mit seinem vollkommenen Informationsstand die vollkommene Voraussicht bezüglich aller Marktergebnisse. Er macht keine Rechenfehler, d.h. er verwertet alle verfügbaren Informationen über Ziele, Mittel und Zusammenhänge vollkommen rational.

Zum Informationsproblem

Ein Modell, insbesondere ein volkswirtschaftliches, stellt niemals einen unmittelbaren Erklärungsansatz wirklicher Volkswirtschaften dar. Es hat dennoch keinen Wert per se, sondern soll Erkenntnisse und im günstigsten Fall Entscheidungs- und Handlungsanweisungen bzw. -hilfen liefern. Dieses wiederum ist nur notwendig, wenn es den Auktionator und damit eine Welt des allgemeinen walrasianischen Gleichgewichtes real nicht gibt bzw. wenn Wirtschaftssubjekte ihre tatsächliche Situation weder als bestmöglich noch unveränderlich ansehen. Nur dann benötigen sie Erkenntnisse, d.h. werden bereit sein, selbständig Ressourcen in Form beispielsweise von Arbeit und Zeit einzusetzen, um Informationen zu erhalten und zu verarbeiten, Zusammenhänge zu erkennen bzw. Modelle zu konstruieren sowie Verhandlungen zu führen, Entscheidungen zu fällen und sich damit selbst festzulegen. Die Entscheidungen sind dabei zu treffen ohne die Sicherheit, daß das gewünschte bzw. projektierte Ergebnis sich auch einstellen wird. Das unsichere Resultat jeder ökonomischen Entscheidung resultiert aus der unvollkommenen Information über zwischenzeitlich eintretende Ereignisse, über die Handlungen aller übrigen Wirtschaftssubjekte und ihre Reaktionen auf die gefällte eigene Entscheidung sowie die Auswirkungen ihrer Handlungen insgesamt auf den eigenen Zustand.

Zur Verdeutlichung des Informationsproblems bzw. der Notwendigkeit Entscheidungen bei Unsicherheit zu treffen, wird im folgenden ein Wirtschaftssubjekt betrachtet. Ein Wirtschaftssubjekt ist in der Tauschwirtschaft dadurch gekennzeichnet bzw. definiert, daß es eigenständig, aktiv Güter wie beispielsweise selbst erstellte Waren oder Arbeit und/oder die Nutzung von Kapital anbietet, um mit dem erzielten Arbeits- oder Kapitaleinkommen Güter wie Konsumgüter oder Vermögenstitel zur Erreichung eines bestmöglichen (Glücks-, Nutzen-) Zustandes nachzufragen. Dazu muß das Wirtschaftssubjekt wissen, wer das von ihm gesuchte Gut wo, wann und zu welchem Preis anbietet und wer das von ihm angebotene Gut wo, wann und zu welchem Preis nachzufragen bereit ist. Dieses gilt also für die „Job-Suche“ mit der Frage nach Arbeitsinhalt, -zeit, -lohn etc. ebenso wie für den Preisvergleich beim Kauf eines Fahrrades oder Bieres. Die genannten Informationen existieren im Prinzip objektiv, aber kein Wirtschaftssubjekt besitzt sie natürlicherweise. Es muß sich Informationen beschaffen via Post, Telefon, Inseraten, Zeitungen oder Gesprächen mit Freunden, Beratern, Maklern etc. und gleichzeitig über das eigene Angebot Informationen geben beispielsweise in Form von Bewerbungen, Inseraten etc.

Bei diesem Informationsproblem sind noch die folgenden zwei Punkte zu beachten:

- Ein Gut bzw. eine Dienstleistung ist nur in seinem Tauschwert, nicht aber in seinem Gebrauchswert allein durch den Preis gekennzeichnet. Zum letzteren gehören viele Charakteristika wie beispielsweise beim Auto Sicherheitseinrichtungen, Motorleistungen, Benzinverbrauch, Verarbeitung, Komfort, Wartungsfreundlichkeit, Steuern, Versicherungsprämien, Garantieleistungen, erwartete Wiederverkaufspreise, Styling, Farbe etc. Die Informationsbeschaffung ist also um so schwieriger und damit um so teurer, d.h. der erforderliche Ressourceneinsatz ist um so größer je mehr Eigenschaften das Gut besitzt, die unterschiedlich gestaltbar sind. Je homogener ein Gut ist, um so leichter und schneller ist die Informationsbeschaffung. Je unvollkommener bzw. heterogener die Märkte sind, je unvollkommenere Substitute die auf ihnen gehandelten Güter darstellen, desto höher sind die Informationskosten.
- Je schneller Informationen beschafft werden sollen, desto größer ist in der Regel der notwendige Ressourceneinsatz. Die Besichtigung eines Ortes im Urlaub ist schneller und teurer mit dem Bus als zu Fuß. Ein direkter Telex-Börsen-Anschluß informiert schneller über Börsenkurse als eine Börsenzeitung – allerdings auch teurer.

Bezüglich der **Informationsbeschaffung** gilt also:

- Die Informationen sind nicht prinzipiell vorhanden, sondern sie sind gezielt zu beschaffen,
- die Beschaffung von Informationen bedingt den Einsatz von Ressourcen in Form von Zeit, Arbeit und/oder Kapital bzw. Gütern,
- die Informationskosten sind unterschiedlich bezüglich der verschiedenen Güter,
- die Informationskosten steigen mit der Schnelligkeit der gewünschten Verfügbarkeit bzw. Beschaffung.

Das Kalkül der Informationsbeschaffung

Das betrachtete Wirtschaftssubjekt wird bezüglich aller seiner Handlungen bzw. Transaktionen durch die ihm zur Verfügung stehenden Ressourcen restringiert – seien es seine 24 Stunden pro Tag oder eine bestimmte Menge irgendeines Gutes (beispielsweise die Ernte des Bauern). Dieses gilt unabhängig von der Verwendung der Ressourcen, d.h. unabhängig davon, ob es sie als sog. Reservations- oder Eigennachfrage behält, ob es sie gegen andere Konsumgüter tauscht oder ob es sie zur Informationsbeschaffung (einschließlich der hier vom Wert her vernachlässigten Informationsverarbeitung und -speicherung) einsetzt. Es gilt für jede Periode i (im folgenden wird der Index vernachlässigt):

(II.6) $$R_i = C_{1i} + X_i + I_i$$

mit: R_i Ressourcenbestand zum Periodenanfang (exogen gegeben);
C_{1i} Eigen- bzw. Reservationsnachfrage;
X_i zum Tausch gegen die gewünschten Güter C_{2i} angebotene Menge aus R_i;
I_i zur Informationsbeschaffung verwendete Menge aus R_i.

Gleichung (II.6) zeigt damit alle Möglichkeiten bzw. Alternativen der Ressourcenverwendung für das Wirtschaftssubjekt auf. Die Planungsentscheidung trifft das Wirtschaftssubjekt angesichts seines von den tatsächlichen Konsumgütermengen abhängigen Nutzens:

$$U = U\,(\underset{+}{C_1}, \underset{+}{C_2})$$

anhand des für die zukünftige Periode aufgrund der heutigen Entscheidungen erwarteten Nutzens. Ist die Nutzenfunktion beispielsweise quadratisch, so läßt sich schreiben:

$$E\,(U) = U^e = U^e\,(\underset{+}{C_1}, \underset{+}{C_2^e}, \underset{-}{\sigma_2}) \qquad \text{(II.7)}$$

mit: C_2^e Erwartungswert der gewünschten/gesuchten Güter C_2,
σ_2 Maß der Unsicherheit bezüglich des erreichbaren Volumens von C_2 (Standardabweichung).

Der erwartete Nutzen ist abhängig von den erwarteten Gütermengen C_1 und C_2. Da das Wirtschaftssubjekt die Eigennachfrage mengenmäßig fixieren kann, gilt: $C_1^e = C_1$. Die verfügbare Gütermenge von C_2 ist aber in der Höhe unsicher, da sie von dem Tauschvorgang und damit der beim Tausch erzielten Austauschrelation determiniert wird. In Abhängigkeit von der Form der Nutzenfunktion und der Verteilungsfunktion der erwarteten Werte (vgl. den Abschnitt zur Portfolio-Selektion) läßt sich die erwartete Gütermenge charakterisieren durch den Erwartungswert C_2^e und die Varianz bzw. Standardabweichung σ_2. Je größer die Unsicherheit über die erzielbare Austauschrelation und damit die zu erwartende Gütermenge ist, desto kleiner ist bei einem risikoaversen Wirtschaftssubjekt der erwartete Nutzen. Der erwartete Nutzen steigt mit dem Erwartungswert von C_2, d.h. mit dem Erwartungswert der Austauschrelation e_{12} zwischen beiden Gütern. Die Tauschrelation e_{12} gibt die Menge des Gutes C_2 an, die das Wirtschaftssubjekt für eine Einheit von R resp. X im Tausch erhält:

$$C_2^e = E\,(e_{12}X) = X\,E\,(e_{12})$$

Welche Entlohnung beispielsweise in Form von Lebensmitteln das Wirtschaftssubjekt für eine gegebene Nachhilfestunde erhält, ist unterschiedlich von Fall zu Fall. Die erzielbare Entlohnung bzw. Tauschrelation ist dabei abhängig von der allgemeinen Marktsituation und den speziellen Faktoren des den Unterricht suchenden Studenten oder Schülers. Da es keinen allwissenden Auktionator gibt, bestimmt ein Marktteilnehmer den Preis; beispielsweise bestimmt der Nachfrager den Preis (Nachfragepreis), den er zu zahlen bereit ist. Der Anbieter hat sich also Informationen über die erzielbaren Tauschrelationen bzw. Nachfragepreise zu beschaffen.

Er wird die Stelle mit dem höchsten Nachfragepreis akzeptieren (sofern dieser – hier annahmegemäß unterstellt – größer ist als sein Angebotspreis, d.h. die von ihm geforderte Entlohnung, da er ansonsten Freizeit präferiert und seine Arbeitszeit in Form von Reservationsnachfrage selbst nachfragt). Es gilt somit:

$$e_{12} = \underset{+}{e_{12}(I)} \quad ; \quad \frac{\partial e_{12}}{\partial I} > 0 \quad ; \quad \frac{\partial^2 e_{12}}{\partial I^2} < 0$$

Es steigt mit dem Ressourceneinsatz/Zeitaufwand zur Informationsbeschaffung der erkannte Wert der erzielbaren Tauschrelation. Die zweite Ableitung ist negativ. Um eine gleichbleibende Verbesserung der Tauschrelation zu erzielen, ist mit dem bereits erreichten Informationsstand immer ein überproportional wachsender Ressourcenaufwand verbunden.

Das Informationsproblem besteht in diesem Ansatz von Brunner und Meltzer somit darin, daß es viele Marktplätze mit Anbietern des Gutes 2 und Nachfragern des Gutes 1 gibt. Auf den Marktplätzen herrschen dabei unterschiedliche Austauschrelationen e_{12}, die keinem Wirtschaftssubjekt (mit Sicherheit) bekannt sind. Diese Marktplätze werden in späteren Kapiteln wieder erscheinen und zwar insbesondere im Zusammenhang mit der sog. Phelps'schen Inselparabel sowie der sog. Lucas-Surprise-Function in der Phillips-Kurven-Diskussion.

Der am Ende einer Periode existierende Informationsstand aufgrund der Informationsbeschaffung in der vergangenen Periode kennzeichnet die Budgetrestriktion des Wirtschaftssubjektes für die zukünftige Periode im Falle keines erneuten Ressourceneinsatzes zur Informationsbeschaffung. Da viele Wirtschaftssubjekte ihre Wirtschaftspläne und damit Vorstellungen über die Tauschtransaktionen in dieser Situation revidieren, kennzeichnet diese Budgetrestriktion bei großer Erwartungsunsicherheit eine relativ ungünstige Situation für das betrachtete Wirtschaftssubjekt. Eine neue Informationsbeschaffung hat dabei zwei Effekte. Sie

- reduziert die Unsicherheit: $\sigma = \underset{-}{\sigma\ (I)}$;
- erhöht tendenziell die erreichbare Gütermenge resp. Tauschrelation: $e_{12} = \underset{+}{e_{12}\ (I)}$.

Das Optimierungskalkül

Der erste dieser beiden gleichzeitig ablaufenden Effekte wird isoliert in Abbildung 1 dargestellt. Die Informationsbeschaffung reduziert den zum Tausch/zur Eigennachfrage verbleibenden Ressourcenbestand bei Konstanz der Austauschrelation (Parallelverschiebung der Budgetgeraden). Entscheidend ist an dieser Stelle die Indexierung der einzelnen Indifferenzkurven der gesamten Kurvenschar). Beispielsweise kennzeichnet bei gegebener Unsicherheit (σ_2 = konstant) die Indifferenzkurve U_2 einen höheren Nutzen als U_1. Im Falle einer (die Risikoaversion „übersteigenden") Reduktion der Unsicherheit (σ sinkt) wird die Kurve U_1 jetzt einen höheren Nutzen charakterisieren als die Kurve U_1 bei dem alten (höheren) Risiko. Dieses gilt, wenn das Wirtschaftssubjekt aufgrund seiner Nutzenvorstellungen seine Einbuße durch die reduzierte Gütermenge geringer bewertet als den Gewinn aus der gestiegenen Tauschsicherheit. Die Informationsbeschaffung führt also dazu, daß mit jedem entsprechenden Ressourceneinsatz die aus der Nutzenfunktion im C_1-C_2^e-Diagramm dargestellten Indifferenzkurven neu, d.h. höher zu indexieren sind. Dieser Effekt, d.h. die Größe σ_2 sowie die Risikoaversion des Wirtschaftssubjektes werden im folgenden vernachlässigt, so daß die Indifferenzkurvenschar (vgl. Abbildung 2) nur für einen ganz bestimmten Grad der Unsicherheit bezüglich des Tausches bzw. ein bestimmtes Austauschrisiko gilt.

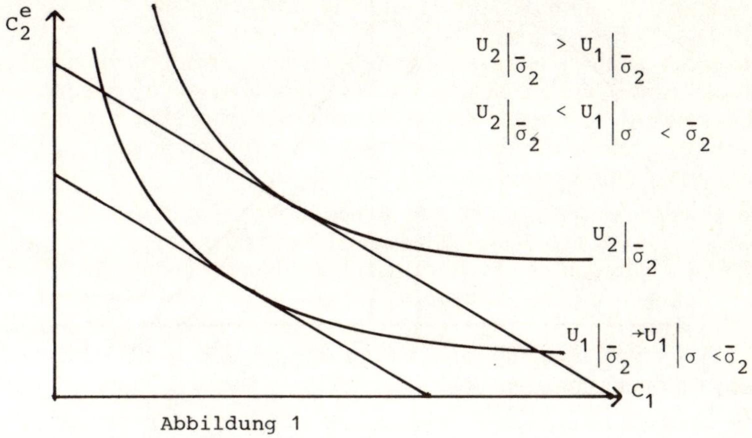

Abb. 1 Nutzenindexierung der Indifferenzkurven

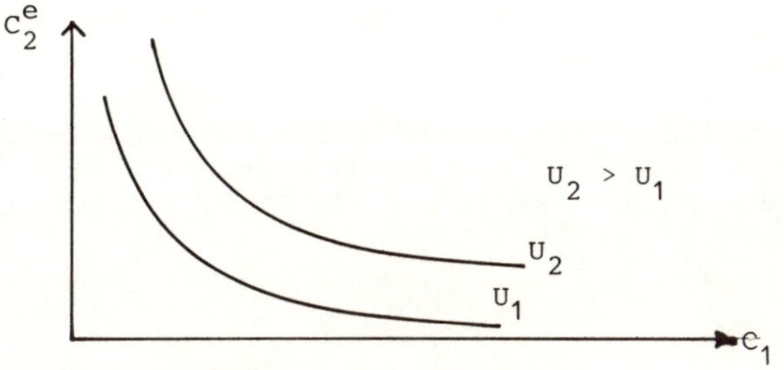

Abb. 2 Indifferenzkurven bei gegebener Unsicherheit

Der zweitgenannte Effekt wird in Abbildung 3 dargestellt. Ohne einen Informationseinsatz ist die Budgetrestriktion aufgrund des gegebenen Kenntnisstandes durch die Gerade 1 gekennzeichnet. Sie ist durch ein ganz bestimmtes Austauschverhältnis zwischen beiden Gütern bestimmt. Werden einige Ressourcen (I_1) zur Informationsbeschaffung aufgewandt, so steigt tendenziell der Erwartungswert der Tauschrelation. Die Steigung der Budgetlinie wird steiler. Allerdings können nicht mehr alle R-Einheiten, d.h. die gesamten Ressourcen zum Tausch verwendet werden, sondern nur noch $R - I_1$. Es gilt die Budgetlinie 2. Der Wert der gesamten Information entspricht der maximal erreichbaren Gütermenge (vgl. Punkt A in Abbildung 3). Dieser Wert steigt bis zum maximal erreichbaren im Punkt B. Danach reduziert der Ressourceneinsatz zur Informationsbeschaffung den Teil von R, der noch zum Tausch verfügbar bleibt, so daß selbst bei einer gefundenen günstigeren Tauschrelation die erwartete Gütermenge C_2 sinkt. Sie sinkt auf Null im Falle des Extrempunktes: $I_i = R$. Im zweiten Quadranten der Abbildung 3 ist diese sog. **Informationswertkurve** mit ihrem Punkt des maximalen Informationswertes bei B dargestellt.

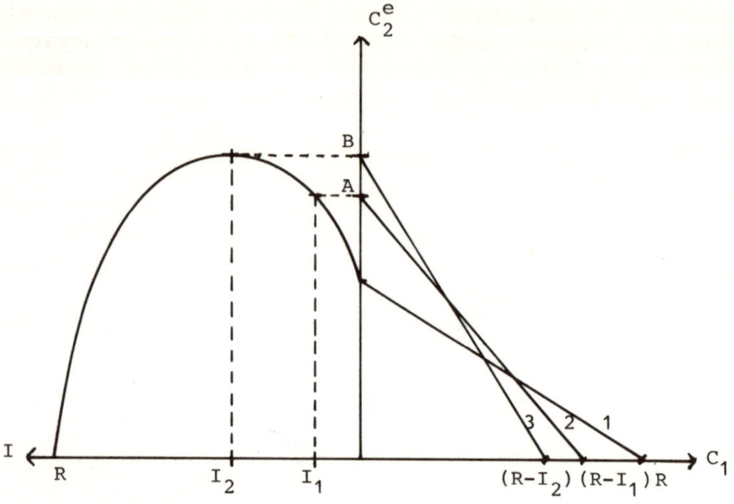

Abb. 3 Die Informationswertkurve

Der im zweiten Quadranten dargestellte Informations- oder Tauschwert V des jeweiligen Ressourceneinsatzes zur Informationsbeschaffung in (maximal zu erwartenden) Einheiten von C_2^e beträgt:

$$V(I) = (R - I) \cdot e_{12}(I)$$

Solange die Güter C_1 und C_2 keine vollkommenen Substitute sind, führt die Indifferenzkurvenschar dazu, daß das Wirtschaftssubjekt in der Regel nicht den maximalen Informationswert anstrebt. Wie die folgende Graphik (vgl. Abbildung 4)

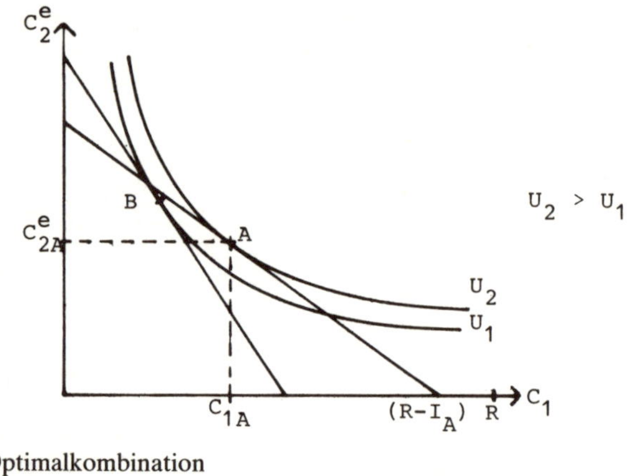

Abb. 4 Die Optimalkombination

zeigt, ist im Optimalpunkt, d.h. im Tangentialpunkt A das Nutzenniveau höher als im Tangentialpunkt B. Dieses ist die Folge eines mit steigenden Informationen abnehmenden Zuwachses bei e_{12} sowie des unterstellten abnehmenden Grenznutzens von C_2^e. Aufgrund der Informationskosten können zusätzliche Einheiten von C_2 nur unter Aufgabe von derart vielen Einheiten von C_1 erreicht werden, so daß der Nutzenzuwachs des zusätzlichen C_2 vom Nutzenentgang der geringeren Menge C_1 überkompensiert wird. Nach dieser Überlegung wird also das Wirtschaftssubjekt den Punkt A realisieren, d.h. C_{1A} Güter selbst nachfragen, I_A Einheiten aus R zur Informationsbeschaffung verwenden und C^e_{2A} Güter erwarten.

Informationswert alternativer Tauschmedien

Bei der bisherigen Betrachtung erfolgte der Tausch direkt in Form Gut 1 gegen Gut 2. Es kann aber auch Gut 1 gegen Gut 3 und dieses gegen das gewünschte Gut 2 getauscht werden, d.h. beispielsweise Arbeit gegen Eier und dann Eier gegen Bücher. Es gibt eine Vielzahl von Transaktionsketten, wobei zu jeder eine andere Budgetgerade gehört, da sich das Austauschverhältnis Gut 2 zu Gut 1 mit dem zwischengeschalteten Gut 3 verändert:

$$\frac{C_2^e}{C_1} = \frac{C_2^e}{C_3^e} \frac{C_3^e}{C_1}$$

Für jede Tauschkette ergibt sich eine Informationswertkurve, da stets mit steigendem Ressourceneinsatz zur Informationsbeschaffung das erwartete Austauschverhältnis steigt bei einem gleichzeitig die Tauschmöglichkeiten reduzierenden Mengeneffekt. Allerdings eignen sich die verschiedenen Güter, wie beispielsweise Erdbeeren oder Getreide, in unterschiedlicher Weise als Tauschmittel im indirekten Tausch. Für jedes Gut besteht in seiner Tauschmitteleigenschaft eine eigene Informationswertkurve. Abbildung 5 zeigt entsprechend unterschiedliche Informationswertkurven und eine Budgetgerade für einen gegebenen Ressourcenaufwand zur Informationsbeschaffung im Falle der über das Gut 3 oder das Gut 4 laufenden Tauschkette.

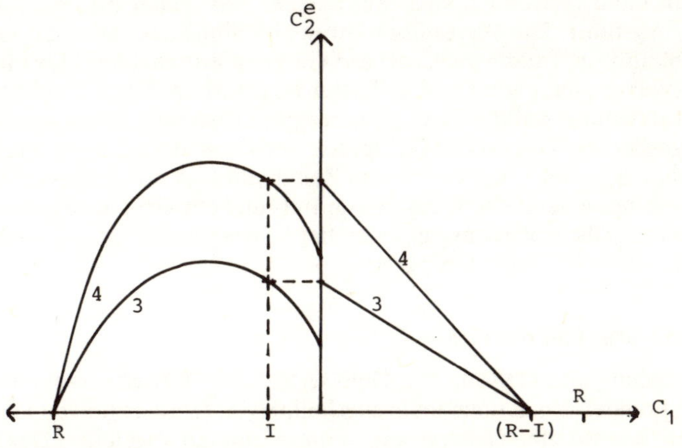

Abb. 5 Informationswertkurven alternativer Tauschmedien

Aufgrund der Nutzenmaximierung bei Informationsbeschaffung durch einen Ressourceneinsatz folgt, daß jedes Wirtschaftssubjekt die Tauschkette wählt, die ihn zum höchsterreichbaren Nutzenniveau führt. Die Verwendung eines Tauschmittels und damit der indirekte Tausch erfolgt, wenn dadurch der Wert der Informationen steigt, bzw. wenn dadurch die Informationskosten, einschließlich der Tauschkosten, sinken. Dasjenige Gut bzw. Medium, welches die Informationskosten am stärksten senkt und den Informationswert am meisten erhöht, wird als Tauschmittel verwendet und als Geld bezeichnet. Gemessen am Ressourcenaufwand zur Informationsbeschaffung ist Geld damit das billigste Tauschmittel. Die Grenzkosten der Informationsgewinnung sinken mit der steigenden Verwendung eines bestimmten Gutes als Recheneinheit und Tauschmittel; d.h. die Grenzkosten der Informationsgewinnung sinken bei einem Medium mit seiner steigenden Verwendung. Die Geldverwendung verschiebt damit im Zeitablauf die Budgetlinien der einzelnen Wirtschaftssubjekte nach außen. Dabei ist unmittelbar einsichtig, daß sich als Medium insbesondere ein relativ homogenes Gut (bei objektiv physischer Identität auch im Zeitablauf) mit guter Teilbarkeit und Lagerfähigkeit eignet.

Der soziale Prozeß und die Informations-Wertaufbewahrung

Die beschriebene Auswahl des Tauschmediums und damit die ökonomische Erklärung der Geldentstehung und -verwendung setzt voraus, daß die Grenzkosten der Informationsbeschaffung über die Eigenschaften der (potentiellen Tausch-) Güter innerhalb einer Volkswirtschaft bzw. sozialen Gruppe nicht rein zufällig variieren. Sie dürfen nicht von Periode zu Periode rein zufällig anders verteilt sein, da dann u.U. jeweils periodenweise ein anderes optimales Tauschmittel bzw. insgesamt (bei intertemporaler Betrachtung) kein optimales Tauschmittel existiert. Die Annahme einer nicht zufälligen Variation des Informationswertes läßt sich stützen durch die Beobachtung von relativ gleichbleibenden Verhaltensweisen der Wirtschaftssubjekte bzw. sozialer Verbände sowie der daraus folgenden Reduktion der Informationskosten für ein Gut mit seiner steigenden Verwendung. Das Gedächtnis der Wirtschaftssubjekte bedingt zusammen mit den gleichbleibenden Verhaltensweisen, d.h. „stabilen" Nutzenfunktionen, daß das Medium als Geld verwendet wird, welches zur maximalen Informations-Wertaufbewahrung führt. Die Wertaufbewahrung im Sinne des Informationsstandes über in Zukunft im Tausch realisierbare Güter ist entscheidend für die Entstehung und Verwendung von Geld in Tauschwirtschaften. Diese Funktion erfüllt ein einmal als Geld gewählter Titel, wie gezeigt werden wird, in um so geringerem Maße, je größer die Varianz der Geldpreise und damit der relativen Preise sowie die Schwankungen der Inflationsrate im Zeitablauf sind. Gruppenverhalten, die Einführung eines gesetzlichen Zahlungsmittels und ein sich einstellender Sozialkontrakt fördern die Entstehung eines einheitlichen Tauschmittels zwischen allen Wirtschaftssubjekten (resp. Gruppen).

Was erklärt wurde und was nicht

Die Verwendung und Haltung von Geld seitens der Wirtschaftssubjekte wurde aus dem rationalen Nutzenmaximierungskalkül von repräsentativen Haushalten einer gegebenen sozialen Gruppe resp. Volkswirtschaft abgeleitet. Das Rational liegt in der den Wirtschaftssubjekten nicht kostenlos verfügbaren Information über Tauschmöglichkeiten etc. bzw. der Nicht-Existenz des Auktionators im Ansatz des allgemeinen walrasianischen Gleichgewichtes. Zum **Geld** wurde dabei das Gut, mit dem an den allgemeinen Tauschkosten gemessenen höchsten Informationswert bzw. das am Ressourceneinsatz gemessen „billigste" Gut bzw. das an der Erwartungsunsicherheit über zukünftige Tauschmöglichkeiten gemessene

„unanfälligste" bzw. stabilste Gut. Die Entstehung und Verwendung eines bestimmten Tauschmediums im Zeitablauf führt über die gesunkenen Informationskosten zu einer Ressourceneinsparung im Tauschprozeß und schafft so Freiraum bzw. freie Kapazitäten bei den Wirtschaftssubjekten für die Ausdehnung des Güteraustausches und damit bis zur Erreichung des neuen Tauschoptimums zu einer Nutzen- bzw. Wohlfahrtssteigerung.

Eine Nutzen- und Wohlfahrtssteigerung wird auch dadurch erreicht, daß erst durch die Existenz eines allgemein akzeptierten Tauschmittels die Einnahmen und Ausgaben bei jedem Wirtschaftssubjekt nicht mehr vollständig synchronisiert sein müssen. Es ist zu beachten, daß erst durch das Geld die **Desynchronisation der Zahlungsströme** möglich ist und nicht aufgrund der Desynchronisation das Geld eingeführt wird. Durch die Möglichkeit der Desynchronisation erfolgt der Übergang von Say zu Walras bzw. die auf eine Periode bezogene Aufhebung des sog. Say'schen Gesetzes – ein wesentlicher Punkt des sog. Keynesianismus in Relation zur Klassik bzw. Neoklassik. Die Folge der Geldhaltung und damit der Desynchronisation sind sinkende Lagerkosten und damit eine Ressourceneinsparung und Wohlfahrtssteigerung. Entsprechend gibt es Erklärungsansätze, die die Geldhaltung aus einem Optimierungskalkül unter Betonung der Lagerhaltungskosten ableiten. Die tatsächlich gleichbleibenden Verhaltensweisen der Gruppenmitglieder, die von allen Gesellschaftsmitgliedern auch erwartet werden, führen dazu, daß das Tauschmedium selbst keinen Stoffwert besitzen muß (es ist also keine Deckung in Form von Gold beispielsweise notwendig). Durch diese Ressourcen-Freisetzung entsteht eine weitere Ressourceneinsparung bzw. Wohlfahrtssteigerung.

Die Entstehung, Einführung und beibehaltene Verwendung eines einzigen Tauschmittels ist vergleichbar einem sog. technischen Fortschritt. Sie erhöht die **gesellschaftliche Produktivität**. Gründe, die den Wert des Tauschmittels reduzieren bzw. gar die Verwendung des bisher verwandten Tauschmittels behindern oder unterbinden, wirken, sofern dieses nicht durch die Entwicklung eines effizienteren Mediums erfolgt, kontraproduktiv. Sie führen zu einer gesunkenen gesellschaftlichen Produktivität. So wird in den bisher entwickelten Erklärungsansätzen die Produktion von Gütern nur rudimentär oder gar nicht behandelt. Es werden Tauschökonomien betrachtet, denen Ressourcen oder Güter in jeder Periode exogen zufallen. Wer aber produziert das Gut Geld? Bei der Produktion eines stoffwertlosen Tauschmittels, welches seine Verwendung aus dem Sozialkonsens ableitet, entsteht ein (sog. seignorage-) Gewinn in Höhe der Differenz zwischen dem Nenn- bzw. Güterwert des Geldes und seinen Produktionskosten. Wem fällt dieser Gewinn zu? Es entsteht ein Verteilungsproblem insbesondere dann, wenn es neben dem Staat und dem privaten Sektor auch mehrere soziale Gruppen innerhalb des privaten Sektors gibt. Es entsteht ein Problem, wenn die optimale Geldmenge aus der Sicht der Geldhalter/-verwender eine andere ist, als die aus der Sicht des den Seignorage-Gewinn evtl. maximierenden Geldproduzenten. Dieser Produzent muß darüber hinaus kein Wirtschaftssubjekt sein, welches einer mikroökonomischen Nutzenfunktion folgt und damit mikroökonomisch rational ist wie beispielsweise der Staat einschließlich der Zentralbank oder andere (zumindest kurzfristig exogen agierende) Institutionen. Es fehlt somit die Integration von Produktions- und Tauschprozessen unter Berücksichtigung des institutionellen Rahmens einer Volkswirtschaft.

Entsprechend ist auch nicht eindeutig abzuleiten, ob mit der Geldverwendung im Sinne einer Produktionsausdehnung die Arbeitsteilung steigt bzw. international, ob die Arbeitsteilung steigt mit der allgemeinen Verwendung eines internationalen Geldes wie beispielsweise der Sonderziehungsrechte oder (wie faktisch erfolgt) des US-Dollars in (allen) nationalen Volkswirtschaften. Gleichwohl ist es plausibel, daß die Verwendung eines einheitlichen Tauschmittels die Arbeitsteilung in dem Sinne fördert, daß ceteris paribus eine steigende Arbeitsteilung einen sozialtechnischen Fortschritt impliziert.

Aus der fehlenden Verknüpfung von Produktion und Tausch folgt weiterhin, daß die explizite Betrachtung der Zeit, d.h. die Intertemporalität fehlt. Der Erklärungsansatz muß, sofern nicht einfach die Geldhaltung (via in Geld zu zahlender Steuern oder dgl.) postuliert wird und Geld nicht in der Nutzenfunktion enthalten ist, d.h. als ein allein durch die Haltung bzw. Existenz periodenbezogenen Nutzen stiftendes Gut verstanden wird, einen gegen unendlich gehenden Zeithorizont aufweisen. Es ist im anderen Falle nur bedingt rational Geld zu halten, wenn in den Erwartungen davon ausgegangen wird, daß es beispielsweise morgen von keinem Wirtschaftssubjekt im Tausch mehr akzeptiert werden wird. Zumindest sinkt die gewünschte Geldhaltung, die ja ein in einem späteren Tausch realisierbares erwartetes Güterbündel für den Geldhalter darstellt, mit einer sinkenden Anzahl zukünftiger Perioden, für die die Wirtschaftssubjekte die Geldverwendung als wahrscheinlich unterstellen. Man stelle sich beispielsweise die gewünschte Geldhaltung vor bei einer im Zeitablauf immer näher kommenden, zu einem festen Datum angekündigten Währungsreform oder bei zunehmenden Gerüchten über eine bevorstehende Währungsreform.

II.3 Geldhaltung in einer Tauschwirtschaft

Geldverwendung und Geldhaltung

Ein Zeichen des klassischen Systems in Form des walrasianischen Gleichgewichtsansatzes ist die Existenz zweier getrennter Teilsysteme. Das güterwirtschaftliche System bestimmt die Güter- und Arbeitsmengen sowie die relativen, auf das Numéraire bezogenen Preise. Unabhängig davon besteht ein geldwirtschaftliches Teilsystem zur Ableitung bzw. Ermittlung der Geldpreise und damit auch des Preisniveaus. Diesem Teilsystem fehlt, wie die Diskussion der Geldnachfragefunktionen zeigte, eine marktmäßige Erklärung der Geldpreise. Außerdem spielt die Geldmenge als die zentrale Größe dieses geldwirtschaftlichen Teilsystems keine Rolle im güterwirtschaftlichen Markt-System, welches auch als reduziertes walrasianisches System bezeichnet wird. Geld ist dort ohne Bedeutung, d.h. ohne Auswirkung neutral, weil es nur in seiner Funktion der Geldausgabe betrachtet wird. Es beeinflußt nicht die relativen Preise. Da Geld kein Argument der Nutzenfunktion ist, können die angebotenen und nachgefragten Mengen bei mikroökonomisch rationalen Wirtschaftssubjekten nur von den relativen und nicht den Geldpreisen abhängen. Entsprechend sind die Wirtschaftssubjekte **frei von Geldillusion**, d.h. im Grunde rational, wenn die Angebots- und Nachfragefunktionen auf allen (Güter-) Märkten nur von den relativen Preisen abhängen, bzw. wenn die nominalen Überschußnachfragen homogen vom Grade eins in den Nominalgrößen resp. Preisen sind. Da durch die Fiktion des walrasianischen Auktionators das (für die Klassik nur temporäre) Problem der für zukünftige Perioden zu erwartenden Geldpreise ausgeklammert ist, läßt sich in diesem klassischen Gleichgewichtsansatz für das (güterwirtschaftliche) Marktsystem bzw. die Gesamtheit der repräsentativen Wirtschaftssubjekte das Vorliegen von **Freiheit von Geldillusion** für die Situation ableiten, in der die Relation aus dem tatsächlichen Güterpreisniveau zu dem erwarteten Güterpreisniveau gerade den Wert eins annimmt. Im Prinzip gilt dieses für die Relation aus allen tatsächlichen und erwarteten Geldpreisen. Diese Definition der Freiheit von Geldillusion findet sich später im Rahmen der sog. Neuen Klassischen Makroökonomik bzw. des sog. Monetarismus II wieder. Geld stiftet in diesem „klassischen" Paradigma nur Nutzen durch die erworbenen Güter; es stiftet selbst keinen direkten Nutzen. Entsprechend wird die Geldnachfrage nicht nutzentheoretisch abgeleitet, sondern nur aufgrund einer bei der Nutzenmaximierung der repräsentativen Wirtschaftssubjekte zu beachtenden nominalen Finanzierungsrestriktion.

Auch in dem unter II.2 dargestellten Ansatz zur Erklärung der Geldentstehung und -verwendung aufgrund von Informations- und Transaktionskosten ist Geld selbst kein Argument in den Nachfragefunktionen. Geld stellt allerdings eine Art sozialen technischen Fortschritts dar. Dieser wird nicht individuell internalisiert, da er aus der Monetisierung einer Volkswirtschaft insgesamt resultiert und damit wiederum nur aus der Geldverwendung. Die Rate dieses technischen Fortschrittes ist gleich Null, wenn die Volkswirtschaft vollständig monetisiert ist. In dieser Situation ist die Reduktion der Erwartungsunsicherheit σ, die durch die Wahl des Tauschmediums erreichbar ist, maximal.

Die Betonung der Geldhaltung im Gegensatz zur Geldverwendung erfolgt im Rahmen des sog. Keynesianismus. Keynes schuf, wie noch gezeigt werden wird, über die Liquiditätspräferenzfunktion die marktmäßige Verbindung von der nominalen Geldmenge zum realen Volkseinkommen und den Geldpreisen. Eine derartige Verbindung entwickelte auch Patinkin durch die Einführung eines Realkassenhaltungs-Effektes. Im Vordergrund steht dabei die mikroökonomisch-rationale Erklärung der Geldhaltung über die Zeit. So betont Patinkin die sog. **nichtpekuniären Erträge** in Form von Zahlungssicherheit und Bequemlichkeit, die ein Wirtschaftssubjekt allein durch die Geldhaltung über eine Periode per se hat. Diese **konsumtiven Dienste der Geldhaltung** sind in einer Welt ohne walrasianischen Auktionator, d.h. in einer Welt mit erheblicher Erwartungsunsicherheit nutzentheoretisch vergleichbar den positiven Empfindungen eines Wirtschaftssubjektes aufgrund der Lektüre eines Buches, des Hörens von Musik, des Bestehens einer Krankenversicherung oder des Genusses einer Speise. Entsprechend ist der gehaltene **reale Geldbestand m als Argument in der Nutzenfunktion** zu berücksichtigen. Mit steigender realer Geldhaltung steigt der Nutzen (die erste Ableitung der Nutzenfunktion nach m ist positiv); sein Nutzenzuwachs sinkt annahmegemäß mit der Menge (die zweite Ableitung der Nutzenfunktion nach m ist negativ). Bei der Erweiterung der Nutzenfunktion um das Argument der Bestandsgröße m als dem Titel mit dem höchsten Liquiditätsgrad ist gleichzeitig zu beachten, daß der Bestand einer prinzipiell jederzeit kündbaren bzw. fälligen Verbindlichkeit über die Periode einen negativen Nutzen (sog. disutility) für den Schuldner bedeutet.

Zum Vermögenscharakter des Geldes

Bei der Betrachtung einer Ein-Haushalt-Ökonomie bzw. von repräsentativen Wirtschaftssubjekten im Rahmen der mikroökonomischen Fundierung der Makroökonomik ist entsprechend nur die Netto-Bestandsgröße Geld in die Nutzenfunktion aufzunehmen. Es scheint sinnvoll, die Haltung von m zu betrachten, wenn m zum Netto-Vermögen gehört. Unterschieden werden verschiedene Formen des Geldes: Waren- und Kreditgeld sowie bei dem letzteren noch Außen- und Innengeld. Der Vermögenscharakter jeder einzelnen Geldform ist getrennt zu untersuchen. Setzt sich beispielsweise ein gesamtwirtschaftliches Geldmengenaggregat aus verschiedenen Geldformen zusammen, die nicht alle zum Netto-Vermögen zu zählen sind, so ist nicht dieses Geldmengenaggregat, sondern nur ein Teil von ihm ein Argument der Nutzenfunktion. Darüber hinaus kann das Geld aus der Nutzenfunktion Bestandteile/Formen enthalten, die nicht im gesamtwirtschaftlichen Geldmengenaggregat berücksichtigt sind, wie die Diskussion zur Liquidität in der Nutzenfunktion im Kapitel I.2 gezeigt hat.

Die insbesondere im Rahmen der Wirkungen makroökonomischer Vermögenseffekte diskutierte Fragestellung nach dem Vermögenscharakter des Geldes betrachtet in Art einer komparativen Statik verschiedene Grade der Monetisierung einer Volkswirtschaft. Jede Entwicklungsstufe der Volkswirtschaft ist dabei durch eine bestimmte Geldform gekennzeichnet.

Das Warengeld

Im Wege der Monetisierung einer Volkswirtschaft kann unterstellt werden, daß Geld zunächst in Form von sog. Warengeld existiert bzw. eingeführt worden ist. Es ist ein Geld mit einer 100%-igen Waren- resp. Kapitaldeckung. Das in der Volkswirtschaft existierende Sachkapital weist damit eine zweifache Verwendungsmöglichkeit auf. Es kann als Faktor Kapital in der Güterproduktion verwendet werden oder zur Realisation nicht-pekuniärer Erträge gehalten werden. Der das in die Güterproduktion eingesetzte Kapital repräsentierende Titel heißt Aktie; der das „ruhend-gehaltene" Kapital repräsentierende Titel heißt Warengeld. Die erwartete Rendite des Warengeldes resultiert ausschließlich aus den nicht-pekuniären Erträgen; die erwartete Rendite der Aktien ergibt sich aus dem erwarteten Strom der Dividendenzahlungen bzw. dem Strom der dem Kapitaleinsatz zugerechneten neu produzierten Güter in der Zukunft.

Die repräsentativen Wirtschaftssubjekte erwarten mit einer steigenden realen Geldhaltung (M/P) sinkende nicht-pekuniäre Erträge. Dieses ist im ersten Quadranten der Abbildung 6 dargestellt. Im zweiten Quadranten ist die Entwicklung der Grenzproduktivität des Kapitals bzw. der Kapitalrendite r in Abhängigkeit vom produzierenden Sachkapitalbestand K dargestellt. Die Arbeitsmenge bzw. das sog. Humankapital ist gegeben, so daß die Geldmenge und die Kapitalmenge auch als Größen pro Kopf zu verstehen sind.

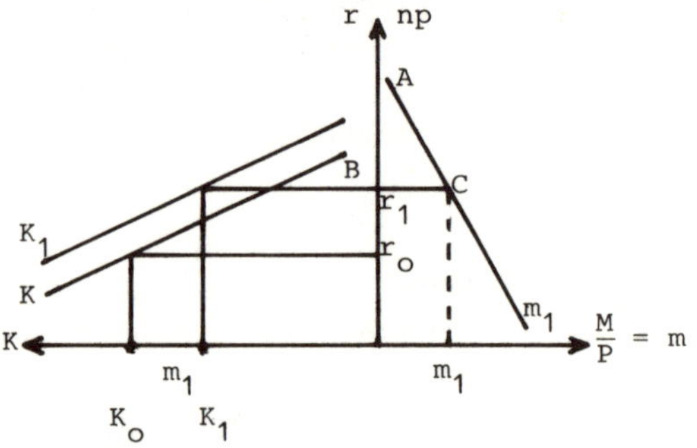

Abb. 6 Die optimale Warengeldmenge

Die Monetisierung der Volkswirtschaft verschiebt die Grenzproduktivitätskurve von der Linie K nach oben bzw. weg vom Ursprung zur Linie K_1, sofern die Einführung von Geld die Arbeitsteilung und damit die Produktivitäten der Faktoren erhöht. Zusammengehörig sind somit die Kurven K_1 und m_1. Die optimale Aufteilung des gegebenen Gesamtkapitalbestandes K_0 haben die repräsentativen Wirtschaftssubjekte erreicht, wenn der Ertrag aus beiden Verwendungsmöglichkeiten gleich ist, so daß gilt:

$$r_1 = np$$

mit: r_1 Grenzproduktivität des produzierenden Sachkapitals;
np nicht-pekuniäre Ertragsrate.

Der Punkt C kennzeichnet die gewünschte Realkassenhaltung bzw. die **optimale Geldmenge** bei diesem gegebenen K_0. Das reale Gesamtvermögen aller privater Wirtschaftssubjekte v, definiert als abdiskontiertes reales Einkommen beträgt:

$$v = \{ np \cdot m_1 + r_1 K_1 \} / r_1 = K_0$$

$$K_0 = K_1 + m_1 \quad ; \quad m_1 = (M/P)_1$$

mit: v reales Gesamtvermögen;
K Sachkapitalbestand (K_0 gegeben);
m reale Warengeldmenge;
M nominale Warengeldmenge;
P Güterpreis (-niveau).

Aufgrund der Vermögensdefinition und der eingeführten nicht-pekuniären Ertragsrate ist das reale Vermögen der privaten Wirtschaftssubjekte unverändert durch die Einführung des Warengeldes. Das aus pekuniären und nicht-pekuniären Teilen resultierende Einkommen ist allerdings in dieser Geldwirtschaft um $(r_1 - r)\, K_0 > 0$ höher gegenüber dem in der Wirtschaft ohne Warengeld; der Wohlfahrtsgewinn des Warengeldes entspricht der Konsumentenrente ABC.

Kreditgeld in Form von Außengeld

Die Emission des Geldes soll in einer weiteren Entwicklungsstufe der Volkswirtschaft nun seitens des Staates resp. der Zentralbank erfolgen. Die nicht-pekuniären Erträge der Geldhaltung sind dabei annahmegemäß unabhängig von der Geldform, so daß die Kurve im ersten Quadranten unverändert ist. Die Zentralbank ist annahmegemäß im Besitz des „ruhend-gehaltenen" Sachkapitals. Die Zentralbank hat das Warengeld resp. das dieses deckende Kapital im Verhältnis 1:1 gekauft und mit dem selbstgeschaffenen Geld bezahlt. Diesem Geld steht keine Verbindlichkeit privater Wirtschaftssubjekte gegenüber; es ist sog. Außengeld.

Sinkt die Unsicherheit bezüglich der allgemeinen Akzeptanz eines Tauschmediums bzw. Zahlungsmittels mit der Häufigkeit seiner Verwendung im Tausch, so sinkt die Notwendigkeit einer Waren- oder Kapitaldeckung des Geldes. Diese Deckung stellt auf einer niedrigeren Entwicklungsstufe eine Absicherung des Geldhalters für den Fall einer Nicht-Akzeptanz des Geldes durch andere Wirtschaftssubjekte dar. Entsprechend kann die Zentralbank mit einer steigenden

Entwicklungsstufe der monetisierten Volkswirtschaft die 100%ige Deckung aufgeben und die Deckungsquote bis auf Null senken. Das Geld als unmittelbare Verfügungsgewalt über Güter stellt damit einen Kredit seitens der Geldhalter an den Geldemittenten dar. Es ist sog. **Kreditgeld**. Die durch den Übergang von der Waren- zur Kreditgeldwirtschaft bei der Zentralbank entstehenden Erträge bzw. Vorteile wurden hier beim Übergang von einer Entwicklungsstufe zur nächsten resp. bei der unterstellten Tauschrelation zwischen beiden Geldformen von 1:1 vernachlässigt. Damit kann der Staat jetzt in Höhe des freigesetzten Kapitals beispielsweise (einmalig) die Steuern senken, d.h. den Vorteil an die privaten Wirtschaftssubjekte weitergeben. Verwenden diese die Steuerersparnis zur Vermögensakkumulation und wird vereinfacht unterstellt, daß die Grenzproduktivität des Kapitals r_1 bei einem gestiegenen Kapitaleinsatz für die Güterproduktion konstant bleibt, so steigt das Privatvermögen durch den Übergang zur Kreditgeldwirtschaft auf:

$$v = K_0 + m_1$$

Verwendet der Staat das freigesetzte Sachkapital zur Produktion im Rahmen staatlicher Investitionen und erwirtschaftet er damit ebenfalls eine Rendite von beispielsweise r_1, so erhalten die privaten Wirtschaftssubjekte diese Erträge direkt als Transferzahlungen und Subventionen oder indirekt über die unentgeltliche Nutzung der aufgebauten Infrastruktur etc.. Bewerten die Wirtschaftssubjekte diese Erträge trotz einer evtl. fehlenden einzelwirtschaftlichen Zurechnung (der Vorteile beispielsweise der Straßennutzung) in Höhe eines Prozentsatzes

$$(1-k) \quad \text{bei:} \quad 1 \geq k \geq 0,$$

so beträgt ihr reales Vermögen nach dem Übergang zur Kreditgeldwirtschaft

$$v = K_1 + m_1 + m_1(1-k)$$

bzw.: $$v = K_0 + m_1(1-k)$$

In einer existenten Kreditgeldwirtschaft kann die Zentralbank Außengeld auch schaffen durch den Kauf staatlicher Wertpapiere von privaten Wirtschaftssubjekten oder durch die direkte Finanzierung staatlicher Ausgaben. Das reale Außengeld bleibt aufgrund der nicht-pekuniären Erträge stets im Umfang $(np \cdot m/r)$ Bestandteil des Realvermögens. Die Zentralbank hat weder eine Zins- noch eine Rückzahlungsverpflichtung; die privaten Wirtschaftssubjekte haben keine Steuerverpflichtung oder dgl. gegenüber der Zentralbank. Außengeld ist Bestandteil der Nutzenfunktion aufgrund der Erträge aus der Geldhaltung.

Ob das reale Vermögen der privaten Wirtschaftssubjekte sich durch die Schöpfung von Außengeld ändert und damit makroökonomische Vermögenseffekte auftreten, hängt wesentlich davon ab, ob die staatlichen Wertpapiere Bestandteile des privaten Vermögens sind oder ob der derart finanzierte staatliche Konsum einen entsprechenden Verzicht der privaten Wirtschaftssubjekte erzwingt. Dieses aber sind Fragen der sog. **Fiskalillusion**, d.h. des Vermögenscharakters staatlicher Wertpapiere unter Berücksichtigung der gesamten Steuerverpflichtung der privaten Wirtschaftssubjekte und der erwarteten Erträge staatlicher (Investitions- und/oder Konsum-) Güter einschließlich der Substitutionalität von staatlichem und privatem Konsum.

Die Geldproduktionskosten, d.h. die Kosten für die Prägung bzw. den Druck sowie den Geldstoff und die Distribution werden in der Regel als vernachlässigbar klein betrachtet. Der Vorteil des Geldemittenten in Form des Münzgewinnes bzw. des sog. seigniorage-gain fließt als Zentralbankgewinn an den Eigentümer der Zentralbank, d.h. in der Regel als Einnahme in den Staatshaushalt. Der sog. ehrenhafte Emittent investiert diesen Gewinn zum Ertragssatz r, so daß ein realer Vermögenszuwachs entsteht. Der reale Gewinn aus der Geldschaffung G ergibt sich bei fehlenden Geldproduktionskosten für eine bestimmte Periode als:

$$G = dM/P = m\,\hat{M}$$

$$= m\,(\hat{m} + \hat{P})$$

mit: $m =$ M/P;
$\hat{x}$ prozentuale Veränderung von x.

In einer wachsenden Volkswirtschaft steigt ebenfalls die gewünschte reale Kassenhaltung, welches durch den Erwerb zusätzlichen Nominalgeldes möglich ist, durch den dem Emittenten periodisch reale Einkünfte zufließen. Bei einer Elastizität der realen Geldnachfrage bzw. Geldhaltung bezüglich des Realeinkommens y von eins gilt: $\hat{m} = \hat{y}$. Zu diesem eigentlichen Münzgewinn kommt noch die sog. Inflationssteuer, wenn bei Preissteigerungsraten die Wirtschaftssubjekte zusätzlich Nominalgeld nachfragen müssen, um ihre reale Kassenhaltung aufrechtzuerhalten; die Inflationsrate entspricht einem Steuersatz. Um stets ein Realvermögen entsprechend der Höhe der emittierten realen Geldmenge zu haben, konsumiert der sog. ehrenhafte Emittent nur den Inflationsgewinn.

Kreditgeld in Form von Innengeld

Innengeld entsteht durch den Kauf privatwirtschaftlicher Schuldtitel seitens der Banken, die mit Forderungen auf sich selbst, d.h. mit Geschäftsbankengeld in Form von Sichteinlagen bezahlen. Vereinfacht stehen somit der Geldhaltung der privaten Wirtschaftssubjekte ihre Verbindlichkeiten in gleicher Höhe gegenüber, so daß die Nettogröße gleich Null ist. Wird berücksichtigt (vgl. Kapitel IV und V), daß die Banken freiwillig oder aufgrund gesetzlicher Bestimmungen für einen Anteil der gegebenen Einlagen (r) Zentralbankgeldreserven halten, so gilt für die Bankbilanz

$$K^* - (1-r)\,D = 0$$

mit: K^* gewährte Kredite;
D Sichteinlagen resp. Innengeld;
r Reservesatz $(0 \leq r < 1)$.

Der Gewinn der Banken, der sich aus den Zinsüberschüssen ergibt,

$$G = r_K K^* - r_D D$$

mit: G Gewinn der Geschäftsbanken;
r_K Kreditzinssatz $(\leq r_1)$;
r_D Zinssatz auf Einlagen (≥ 0)

führt abdiskontiert zum Wert der Banken bzw. Vermögenszuwachs bei den Bankbesitzern, hier annahmegemäß den privaten Wirtschaftssubjekten. Setzt man vereinfachend $r_K = r_1$, d.h. der Kreditzinssatz entspricht genau der Grenzproduktivität des produzierenden Sachkapitals, so gilt:

$$\Delta v = G/r_1 = (1 - r - \frac{r_D}{r_1}) D \leq D$$

mit: Δv Veränderung des Realvermögens.

Der Vermögenszuwachs ist kleiner als die Höhe des geschaffenen Innengeldes D; er ist um so kleiner, je größer der Reservesatz r und die Zinsspanne $(r_D - r_1)$ ist. Dabei wurde wieder vereinfachend ein konstanter Ertragssatz r_1 unterstellt. Im Gleichgewicht ist die Ertragsrate auf produzierendes Sachkapital gleich der gesamten Ertragsrate der Geldhaltung, die sich zusammensetzt aus der nicht-pekuniären Ertragsrate und dem pekuniären Zinssatz:

$$r_g = r_D + np$$

mit: r_g Gesamtertragsrate der Geldhaltung.

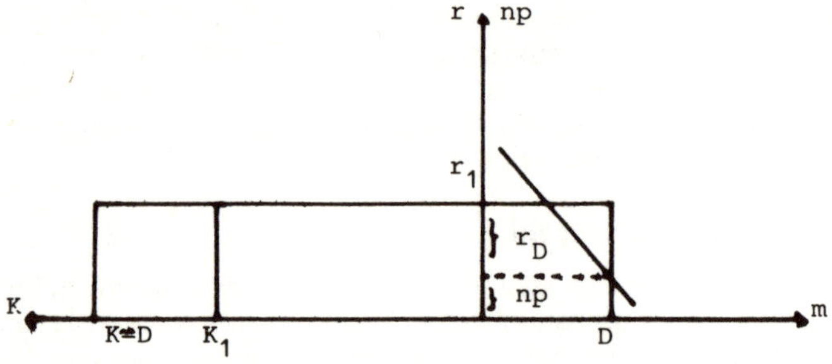

Abb. 7 Verzinstes Innengeld

Der Vermögenszuwachs ist geringer als der Wert der nicht-pekuniären Erträge:

$$\Delta v = \frac{r_1 - r_D}{r_1} D - r D < np D = \frac{r_1 - r_D}{1} D$$

Selbst bei einem Vermögenszuwachs von Null können noch nicht-pekuniäre und damit konsumtive Erträge der Geldhaltung entstehen; dieses ist solange der Fall, wie die Banken unverzinste oder niedriger verzinste Reserven halten und Kosten bei der Bank u.a. in Form von Personalkosten im Rahmen der Kreditbearbeitung und -überwachung sowie der Kontoführung entstehen. Solange bei den Banken aber Einkommen entstehen, d.h. solange nicht der keine ressourcenverzehrende walrasianische Auktionator und damit die Situation allgemeiner vollkommener Sicherheit existiert, ist r_D kleiner als r_K. In einer Geldwirtschaft weist damit auch verzinstes Innengeld konsumtive Dienste auf und ist dann ebenso wie Außengeld ein Argument der Nutzenfunktion.

Die Schaffung realen Innengeldes hat selbst dann einen positiven Vermögenseffekt, wenn der Bankengewinn gleich Null ist, d.h. selbst wenn keine monopolistischen Elemente (Banklizenzen, Marktzugangsbeschränkungen etc.) bestehen, durch die die wettbewerbsmäßige Gewinn-Erosion verhindert würde. Der Wettbewerbsmechanismus würde tendenziell über eine steigende Verzinsung von Innengeld den Bankengewinn beseitigen.

Dieses Einkommen aus Dienstleistungen stand beispielsweise mit im Vordergrund bei der Schaffung sog. **International Banking Facilities** in New York, d.h. einer sog. Freihandelszone im Bankenbereich. Abgesehen von der Entwicklung der relativen Bedeutung New Yorks im internationalen Markt ist der Einkommenseffekt derartiger Bankenzonen allerdings gering. Dieses gilt insbesondere aufgrund der zu beachtenden Umstrukturierung des inländischen Bankensektors (der Umschichtungseffekt bei den Arbeitsplätzen ist zu berücksichtigen, so daß nur ein geringer Nettoeffekt entsteht) und der Folgeprojekte überall in der Welt (Tokio etc.) mit der Aufhebung des Nettoeffektes.

Die optimale Geldmenge

Wenn der Konkurrenzmechanismus über den Einlagenzinssatz die Zinsspanne $(r_K - r_D)$ auf Null drückt, und damit den Monopolgewinn der Banken einschließlich den der Zentralbank an die Einleger und Kreditnehmer weitergibt, entspricht die Geldmenge der Sättigungsmenge m^{max}. Dieses zeigt Abbildung 8.

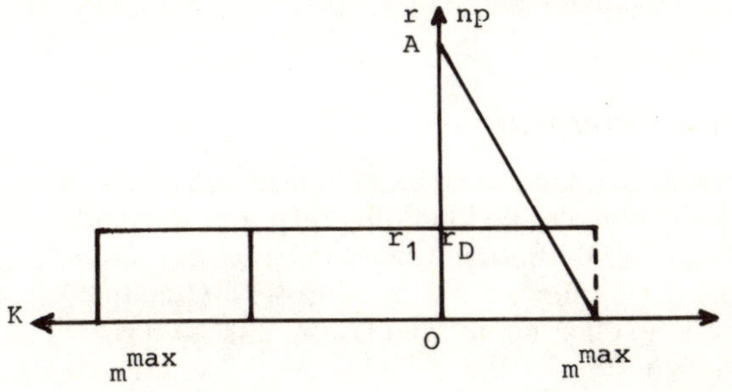

Abb. 8 Die optimale Geldmenge

Die nicht-pekuniären Erträge der Geldhaltung sind gleich Null; die Geldschaffung bedingt keinen Einkommens- und Vermögenszuwachs. Das Vermögen v beträgt K_0, das Einkommen beträgt K_0 r_1; maximiert ist der Wohlfahrtsgewinn in Form der Konsumentenrente als Fläche $A0m^{max}$. Damit ist der Gesamtnutzen der Wirtschaftssubjekte maximiert. Diese Geldmenge wird in Anlehnung an die Arbeiten von M. Friedman als optimale Geldmenge definiert. Es existieren andere Definitionen der optimalen Geldmenge, die sich zumeist an Optimierungsansätze aus der Finanztheorie anlehnen.

Ist die nicht-pekuniäre Ertragsrate der optimalen Geldmenge gleich Null, so ist aufgrund der bisherigen Begründung Geld kein Argument der Nutzenfunktion mehr. Entsprechend der dann unterstellten Rationalität der Wirtschaftssubjekte und des Systems, d.h. der Freiheit von Geldillusion, kann es sich bei den Zinssätzen nur um reale Ertragssätze und bei den Größen Vermögen und Geldmenge nur um reale Größen handeln. Indeterminiert sind somit bei der bisherigen Darstellung die nominale Geldmenge M und das Güterpreisniveau, wobei der folgende, in Abbildung 9 dargestellte, einfache Zusammenhang existiert: $m = M(1/P)$:

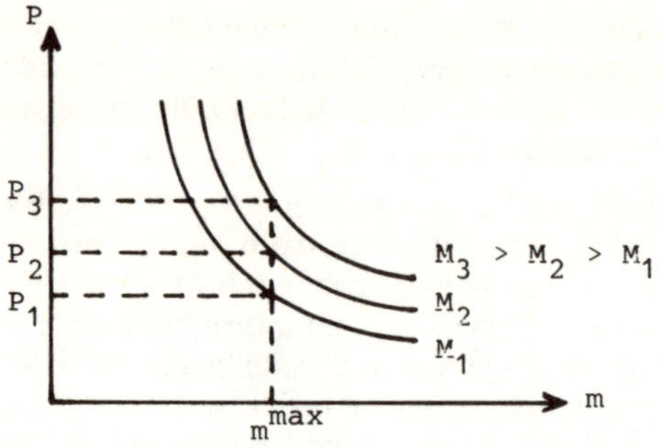

Abb. 9 Preisniveau und reale Geldmenge

Wie im klassischen bzw. walrasianischen System sind damit die Nominalgrößen wieder indeterminiert. Zu m^{max} passen, wie Abbildung 9 zeigt, beliebige Kombinationen: M_1/P_1 ebenso wie M_2/P_2 oder M_3/P_3. Zur Realisation eines bestimmten Preisniveaus oder einer bestimmten Veränderungsrate der Güterpreise muß die Zentralbank eine entsprechende nominale Geldmenge festsetzen. Erforderlich ist dabei, sofern sie von den Geschäftsbanken eine gesetzliche Reservehaltung in Form von Mindestreserven fordert, eine Verzinsung dieser Reserve mit dem Zinssatz r_1. Erforderlich ist weiterhin, daß die Bundesbank für eine entsprechend große Zentralbankgeldmenge bzw. monetäre Basis sorgt (vgl. Kapitel IV).

Geldhaltung als Liquiditätspräferenz

Die nicht-pekuniären Erträge stellen hier Dienste und damit eine Strömungsgröße dar, die zur Aufnahme der Geldhaltung resp. der Bestandsgröße Geld in die Nutzenfunktion führte. Die Betrachtung von Erwartungs- und Planungsproblemen, Unsicherheiten etc. führte zur Betonung der Geldhaltung als dem wesentlichen Charakteristikum einer monetären Ökonomik. Das zentrale Prinzip monetisierter Volkswirtschaften ist diese Geld- resp. Liquiditätshaltung der Wirtschaftssubjekte.

Geldhaltung wird in der bisherigen Darstellungsform mit repräsentativen Wirtschaftssubjekten zu einer Anlageform wie jede andere, wenn es keine (unterschiedlichen) nicht-pekuniären Ertragsraten der verschiedenen Vermögenstitel gibt. Sofern das reale Vermögen nicht aus besonderen Gründen (Stolz etc.) Argument der Nutzenfunktion ist, ist es Geld dann auch nicht. Ohne derartige Gründe enthält die intertemporale Nutzenfunktion der repräsentativen Wirtschaftssubjekte nur die realen Gütermengen aller geplanten zukünftigen Teilperioden. Die Berücksichtigung des realen Vermögens in einer einperiodigen Nutzenfunktion kann nur hilfs- und teilweise diese Intertemporalität ausdrücken (vgl. die Arrow-Debreu-Welt).

Eine sich dynamisch entwickelnde Wirtschaft ist durch ständige Veränderungen der Präferenzen der Wirtschaftssubjekte, der Produktionstechnologien, der Produkte (auch im Finanzmarktbereich, wie die Finanzinnovationen der letzten Jahre zeigen) sowie durch sich ändernde außerökonomische Einflüsse gekennzeichnet. Selbst eine beispielsweise ökonomische Endogenisierung des technischen Fortschrittes für lange Perioden bzw. eine Reduktion der wahrlich exogenen Störungen bedeutet keine Reduktion der Unsicherheiten für das einzelne

Wirtschaftssubjekt. Das einzelne Wirtschaftssubjekt lebt zwischen langfristigen Erwartungsgleichgewichten bzw. in einer nicht vernachlässigbar kurzen Anpassungsperiode zwischen diesen. Jedes Wirtschaftssubjekt hat unter Einsatz von Ressourcen u.a. erst die durch Realisation bestätigten Erwartungen im Zeitablauf zu bilden; es hat die Veränderungen in der Nutzenfunktion seiner Mitmenschen zu erkennen, etc. Damit ist stets auch ein individueller Informations- und Erkenntnisprozeß bei Unsicherheit über die Zeit verbunden. Die Veränderungen erfolgen nicht gleichmäßig und damit nicht vollständig antizipierbar im Zeitablauf, wie es Theorien zyklischer Entwicklungsmuster zum Teil ungewollt suggerieren. Die einzelnen Realisationen auf den einzelnen Märkten werden nicht von allen Wirtschaftssubjekten gleichmäßig bewertet; ihre Wertungen weichen von der des Marktes zumindest im Grad der Erwartungs- bzw. Bewertungssicherheit ab. Die Unterscheidung zwischen einem (temporär) subjektiven und einem (langfristig) objektiven repräsentativen Risiko erfaßt dieses nicht. Die individuelle Abweichung wird insbesondere noch durch die Institution des Wettbewerbes, als den ständigen Versuch eines Wirtschaftssubjektes, den anderen voraus zu sein, gefördert. Dabei ist nicht einmal die Anzahl der existierenden Unternehmen und ihre Veränderung im Zeitablauf mit Sicherheit bekannt. Es gibt in der realen Welt, d.h. in einer Welt ohne Auktionator in der Periode zwischen fiktiven langfristigen walrasianischen Erwartungsgleichgewichten, ebensowenig den repräsentativen Innovator, wie die repräsentative Firma oder den repräsentativen Haushalt. Es gibt aber eine individuelle und damit auch eine gesamtwirtschaftliche Notwendigkeit bzw. Präferenz für Liquidität, d.h. für die Geldhaltung.

III. Theorien der Geldnachfrage

In einer Geldwirtschaft werden in der Regel existente Güter verkauft, in der Erwartung später (andere) Güter dafür zu erhalten. Es werden von Wirtschaftssubjekten Güter mit Geld als unmittelbarer Verfügungsgewalt über Güter oder mit Geldkontrakten als in einem späteren Zeitpunkt abzugebende Verfügungsgewalt über Güter gekauft.

Sind unsichere Erwartungen und das Fehlen des walrasianischen Auktionators wohl gleichbedeutend mit der Existenz von Geld, so bedeutet der Tausch in einer Geldwirtschaft den Tausch einer bestimmten Menge eines ganz bestimmten Gutes gegen eine nicht genau festgelegte Menge eines nicht genau festgelegten Gutes aus einem nicht genau bestimmten Güterbündel. Wer heute Arbeit oder ein selbsterstelltes Gut gegen Geld oder ein Zahlungsversprechen verkauft, der kann nicht sicher sein, morgen das Stück Obst, Getränk oder Kleidungsstück seines Geschmackes erwerben zu können. Andererseits wird er in einer existenten Geldwirtschaft (relativ) recht sicher sein, heute oder morgen prinzipiell Güter (überhaupt nur) gegen Geld oder ein akzeptiertes Zahlungsversprechen in Geld erwerben zu können.

Im folgenden Kapitel wird die Geldnachfrage aufgrund des Transaktions-, Vorsichts- und Spekulationsmotivs erklärt. Stehen dabei auch immer wieder einzelne Modelle im Vordergrund, so lebt das Kapitel von der sich im Zeitablauf ändernden Rolle, die dem Geld zuerkannt wurde. Geld verdrängt dabei immer stärker den walrasianischen Auktionator. Dieses erfolgt in um so stärkerem Maße wie neben das reine Transaktionsmotiv, d.h. die Geldverwendung, andere Motive wie das Spekulationsmotiv, d.h. die Geldhaltung treten. Die Darstellung der einzelnen Modellansätze folgt dabei der Auseinandersetzung zwischen dem klassischen bis monetaristischen Gedankengebäude und dem keynesianischen. Im Rahmen dieser Auseinandersetzung treten die Prinzipien einer monetären Ökonomik immer deutlicher zu Tage.

III.1 Die Geldhaltung aus dem Transaktions- und Vorsichtsmotiv

Der klassische Zahlungsmittelansatz

Da alle Transaktionen unter Verwendung von Geld durchgeführt werden, benötigen die Wirtschaftssubjekte zu jedem Zeitpunkt Geld in dem Umfang des Nominalwertes aller Transaktionen dieses Zeitpunktes. Der in Geldeinheiten ausgedrückte Nominalwert dieser Transaktionen entspricht der Summe aller mit den (Geld-) Preisen multiplizierten gehandelten Mengen bzw. dem Produkt aus dem realen Transaktionsvolumen und dem Preisindex des realen Transaktionsvolumens.

Werden also wie im walrasianischen System alle Geschäfte an einem Montag einer sog. **Hicks'schen Woche** abgeschlossen sowie bezahlt (und in der Woche wird nur noch nach festem Plan produziert und ausgeliefert), so benötigt die Gesamtheit der Wirtschaftssubjekte im Falle der Geldverwendung Geld im Werte aller Transaktionen. Wird die Annahme des einzigen Zahlungszeitpunktes aufgehoben und stattdessen unterstellt, daß die Transaktionen gleichmäßig verteilt über die Periode durchgeführt und bezahlt werden, dann benötigen die Wirtschaftssubjekte weniger Geld als Transaktionskasse. Es fallen dann innerhalb der Periode Ein- und Auszahlungen an, so daß die einzelne Geldeinheit zirkuliert bzw. umläuft und damit mehrfach zur Durchführung von Transaktionen innerhalb einer Periode verwendet werden kann.

Die Periode umfasse beispielsweise einen Monat. Erhalten die Haushalte ihr nominales Einkommen Y jeweils zum ersten des Monats und verwenden es zu einem gleichmäßig über den Monat verteilten Güterkauf von den Unternehmen, so beträgt (vgl. Abbildung 10) ihre durchschnittliche Kassenhaltung pro Monat genau Y/2. Die Unternehmen haben ebenfalls eine durchschnittliche Kassenhaltung pro Monat von Y/2, da sie im Laufe des Monats einen gleichmäßigen Einzahlungsstrom haben und den Gesamtwert am Ende der Periode in Form von Löhnen sowie Gewinnen an die Haushalte als Einkommen zahlen. Die gesamte durchschnittliche Kassenhaltung in der Volkswirtschaft (d.h. über beide Gruppen) beträgt somit Y. Verändert sich der Zahlungsrhythmus beispielsweise dergestalt, daß die Unternehmen die Löhne und Gewinne wöchentlich auszahlen

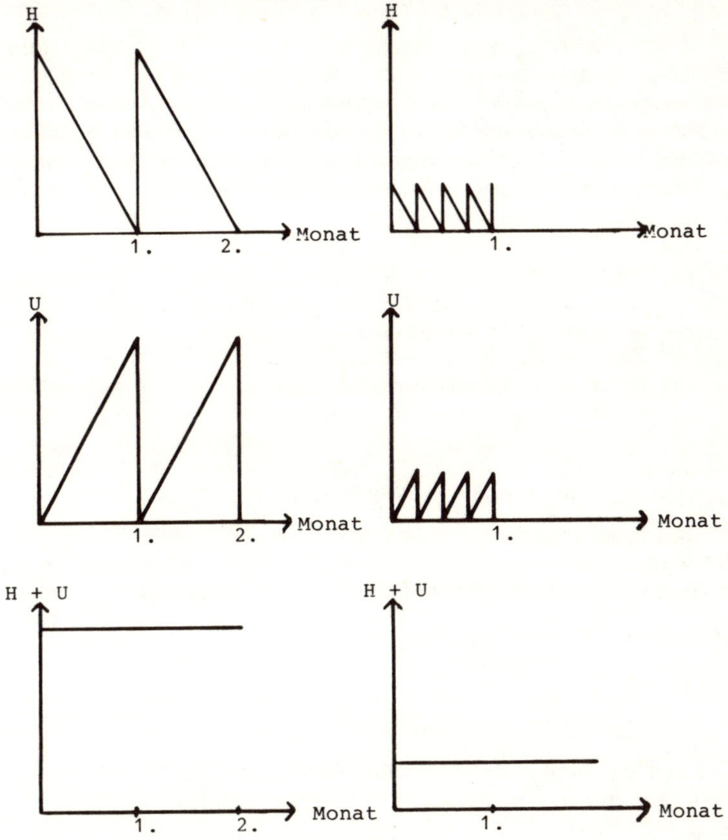

Geldbestand bzw. -haltung der Haushalte (H), Unternehmen (U)

Abb. 10 Entwicklung der Kassenbestände

(die Haushalte entsprechend jeweils am Montag ihr Einkommen beziehen) und Güter gleichmäßig über die Woche verteilt verkaufen (die Haushalte entsprechend ihren Geldbestand gleichmäßig bis zum folgenden Montag auf Null wieder abbauen), dann beträgt die durchschnittliche Kassenhaltung pro Monat bei den Haushalten und den Unternehmungen jeweils Y/8 und damit insgesamt Y/4 (bei unterstellten vier Wochen pro Monat).

Je kleiner c.p. das Nominaleinkommen ist oder je kürzer c.p. der Zahlungsrhythmus bzw. die Zahlungsfrequenz ist, desto geringer ist die notwendige Geldhaltung bzw. die zur Durchführung der Transaktionen notwendige Geldmenge. Es gilt für dieses nur einen Teil der Endnachfrage beinhaltende Beispiel:

$$L = P\, y/v$$

mit:
- L nominale Transaktionskasse;
- P Preis (-index) des Sozialproduktes;
- y reales Sozialprodukt (bzw. Volkseinkommen);
- v Einkommenskreislaufgeschwindigkeit des Geldes.

Bezogen auf das gesamte Transaktionsvolumen, d.h. unter Berücksichtigung der Tatsache, daß die Unternehmungen auch Zahlungen für Vorleistungen an andere Unternehmen tätigen, daß beide Gruppen von Wirtschaftssubjekten neben der Finanzierung der Güter- und Einkommensströme auch für andere Zahlungen Geld benötigen, wie z.B. für Steuern oder für die Umverteilung von Vermögenstiteln wie Aktien oder Sachkapital, dann gilt für die Geldhaltung aus dem Transaktionsmotiv:

$$L^T = P^T\, T^r / v^T$$

mit:
- L^T nominale Transaktionskasse;
- P^T Preis (-index) der Transaktionen;
- T^r reales Transaktionsvolumen;
- v^T Umlaufsgeschwindigkeit des Geldes.

Dieses ist die notwendige nominale Transaktionskasse einer Volkswirtschaft. Unter der Annahme einer Proportionalität zwischen

- dem Realwert aller Transaktionen und dem realen Volkseinkommen;
- dem Preis(-index) des Volkseinkommens und dem des Transaktionsvolumens;
- der Einkommenskreislaufgeschwindigkeit und der Umlaufgeschwindigkeit

gilt bei einer gegebenen Umlaufgeschwindigkeit:

$$L^T = L^T(\underset{+}{P}, \underset{+}{y})$$

bzw. bei einer Homogenität der nominalen Geldhaltung aus dem Transaktionsmotiv vom Grade eins im Preis (-niveau) des Sozialproduktes:

$$L^T = P\, l^T(\underset{+}{y}) \quad \text{bzw.} \quad l^T = \frac{L^T}{P} = l^T(\underset{+}{y})$$

Berücksichtigt man explizit die getroffenen Annahmen, so gilt allgemein:

$$l^T = l^T(\underset{+}{y}, x)$$

Dabei steht x für die sonstigen Einflüsse. Es kann beispielsweise folgende Fälle erfassen: Sinkt c.p. der Zahlungsrhythmus bzw. die Zahlungsfrequenz aufgrund des Überganges von der wöchentlichen zur monatlichen Lohnzahlung, so steigt l^T. Steigt c.p. die Verwendung von Kreditkarten in einer Volkswirtschaft und damit die privatwirtschaftliche Kreditgewährung, so sinkt l^T. Verändert sich die Proportionalitätsbeziehung zwischen T^r und y bei einem c.p. steigenden T^r u.a. aufgrund einer wachsenden Arbeitsteilung, eines zunehmenden intra- und intersektoralen Handels oder einer sinkenden vertikalen Konzentration der Wirtschaft, so steigt l^T. Steigt c.p. die relative Bedeutung der sog. Schattenwirtschaft, so steigt l^T. Steigen c.p. die Preise der gehandelten Vorprodukte, Aktien, Wertpapiere etc. stärker als die der Güter der Endnachfrage, so steigt l^T. Das letztgenannte Beispiel verdeutlicht, daß die getroffene Homogenitätsannahme vom Grade eins im Güterpeis(-niveau) nicht stets gleichbedeutend mit Freiheit von Geldillusion ist.

Wird Geld nur aus dem Transaktionsmotiv gehalten, so gilt für den Geldmarkt im Gleichgewicht:

$$\frac{M}{P} = l^T = l^T(\underset{+}{y})$$

mit: M nominale Geldmenge (Geldangebot).

Aufgrund des totalen Differentials:

$$\frac{1}{P}\,dM - \frac{M}{p^2}\,dP = l^T_y\,dy$$

bzw. nach der Umformung

$$\frac{1}{M}\,dM - \frac{1}{P}\,dP = \frac{P}{M}\,l^T_y\,dy = E(l^T, y)\,\frac{1}{y}\,dy$$

mit: $E(l^T, y)$ Einkommenselastizität der realen Transaktionskasse

$$(= \frac{\partial l^T}{\partial y}\,\frac{y}{l^T})$$

gilt: $\hat{M} = \hat{P} + E(l^T, y)\,\hat{y}$

mit: $\hat{M}$ Veränderungsrate der nominalen Geldmenge;
$\hat{P}$ Preisänderungsrate;
$\hat{y}$ Veränderungsrate des realen Sozialproduktes.

Unterstellt eine Zentralbank eine Einkommenselastizität von (etwas unter) eins, erwartet ein um ca. 2 v.H. steigendes reales Sozialprodukt und „plant" eine Preissteigerungsrate von 2 v.H., so wird sie die nominale Geldmenge um rd. 4 v.H. in dieser Periode erhöhen (vgl. den Abschnitt „Die Geldmengenaggregate", in Kapitel I.3). Andere Motive der Geldhaltung werden dabei als nicht relevant erachtet; d.h. Veränderungen anderer Einflußgrößen ($\hat{x}$) werden nicht erwartet, bzw. sie werden als sich gegenseitig kompensierend oder aufgrund unterstellter geringer Elastizitätswerte der realen Geldnachfrage als vernachlässigbar betrachtet. Berücksichtigt man die sonstigen Einflüsse der Geldhaltung, dann gilt für das Geldmarktgleichgewicht:

$$\frac{M}{P} = l^T(y, x)$$

bzw. aufgrund des totalen Differentials nach Umformung:

$$\hat{M} = \hat{P} + E(l^T, y)\,\hat{y} + E(l^T, x)\,\hat{x}$$

mit: $E(l^T, x)$ Elastizität der Geldnachfrage bezüglich der Einflußgröße x

Wird wie im Rahmen der Klassik oder Neoklassik ein mit Sicherheit erwarteter Zahlungsstrom bei institutionell gegebenen Zahlungsrhythmen für die Wirtschaftssubjekte unterstellt, dann existiert für diese kein eigentliches Optimierungs- bzw. Entscheidungsproblem. Die Nachfrage nach Geld aus dem Transaktionsmotiv ist solange kein ökonomisches Problem, wie den Wirtschaftssubjekten keine Opportunitätskosten durch die Geldhaltung entstehen bzw. solange ihnen keine verzinsten kurzfristigen Anlagemöglichkeiten zur Verfügung stehen. Die Bedeutung dieser Annahmen betont der folgende partialanalytische Ansatz der Kassenhaltung aus dem Transaktionsmotiv, der in Anlehnung an die Lagerhaltungstheorie entwickelt wurde.

Der lagerhaltungstheoretische Ansatz

Im folgenden wird der Fall betrachtet, daß das Wirtschaftssubjekt bei gegebenem Auszahlungsstrom zu Beginn der Periode seine Einnahmen „kostenlos" in Wertpapiere transformieren kann oder seine Einzahlungen in Form von Wertpapieren erhält oder aber, daß das Wirtschaftssubjekt die Einzahlungen erst am Ende der Periode erhält und so die Auszahlungen vorfinanzieren muß aus seinem Wertpapierdepot bzw. durch eine Kreditaufnahme.

Teilt das Wirtschaftssubjekt den Monat in drei gleiche Teile bzw. Subperioden und verkauft entsprechend zu Beginn jeder Subperiode den gleichen Betrag an Wertpapieren, der dem erforderlichen Zahlungsmittelbetrag über diese Teilperiode entspricht (b), dann hält es im Monatsdurchschnitt Geld bzw. Transaktionskasse in Höhe von

$$l_T = \frac{b}{2}$$

Dieses wird unmittelbar durch die folgende Graphik deutlich. Die Höhe des Wertpapierbestandes zu Periodenbeginn (B) entspricht den gesamten Einnahmen dieses Wirtschaftssubjektes in dieser Periode. Die Güterpreise sind annahmegemäß konstant, so daß bei gesetztem P = 1 die Nominal- gleich den Realgrößen sind. Das Nominal- entspricht dem Realeinkommen.

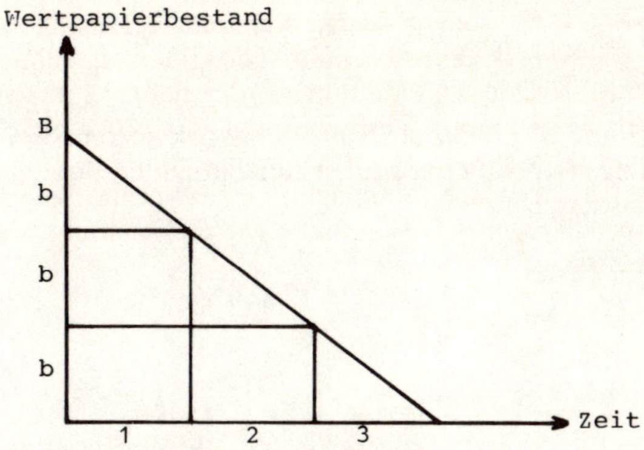

Abb. 11 Die Entwicklung des Wertpapierbestandes

Hat die Anlageform eine Verzinsung von i, so betragen die Opportunitätskosten der Geldhaltung aus dem Transaktionsmotiv bzw. der Transaktionskasse K_T:

$$K_T = \frac{b}{2} i \quad ; \quad \frac{\partial K_T}{\partial b} > 0 \quad ; \quad \frac{\partial K_T}{\partial i} > 0$$

Diese Gleichung zeigt unmittelbar, daß das Wirtschaftssubjekt möglichst häufig, d.h. möglichst kleine Beträge umwandeln sollte. Ohne die Umwandlungskosten würde gelten: $b \rightarrow 0$.

Für die Kosten der einzelnen Umwandlung (in Form von Zeit, Bankgebühren etc.) k_U, die sich aus fixen und variablen Kosten zusammensetzen, läßt sich schreiben:

$$k_U = \alpha + \beta b \quad ; \quad (\alpha, \beta) > 0,$$

so daß für die Umwandlungskosten insgesamt K_U gilt:

$$K_U = n\,(\alpha + \beta b)$$

mit: n Anzahl der Umwandlungen von Geld in Wertpapiere;
$n = B/b$

Für die Umwandlungskosten folgt somit:

$$K_U = \alpha \frac{B}{b} + \beta B \quad ; \quad \frac{\partial K_U}{\partial b} = -\alpha \frac{B}{b^2} < 0$$

Damit ist das Optimierungsproblem definiert. Es lautet:

Min.! $$K = K_T + K_U = \frac{b}{2} i + \alpha \frac{B}{b} + \beta B$$

Gesucht ist das b mit den geringsten Gesamtkosten K. Die erste und zweite Ableitung von K nach b lauten:

$$\frac{dK}{db} = \frac{i}{2} - \alpha \frac{B}{b^2} \quad ; \quad \frac{d^2K}{db^2} = 2\alpha \frac{B}{b^3} > 0$$

Die zweite Ableitung ist größer als Null; es handelt sich um ein Minimum. Die gleich Null gesetzte erste Ableitung führt zum optimalen Wert von b und zur optimalen Kassenhaltung 1*:

$$b^* = \sqrt{\frac{2\alpha B}{i}} \quad \text{bzw.} \quad b^* = b^*\underset{+\;+\;-}{(\alpha, B, i)}$$

$$l^* = \frac{b^*}{2} = \sqrt{\frac{\alpha B}{2i}} \quad \text{bzw.} \quad l^* = l^*\underset{+\;+\;-}{(\alpha, B, i)}$$

Aufgrund der Gleichsetzung y = B folgt:

$$l^* = l^*\underset{+\;+\;-}{(\alpha, y, i)}$$

Die graphische Bestimmung des optimalen Wertes von b zeigt die folgende Abbildung:

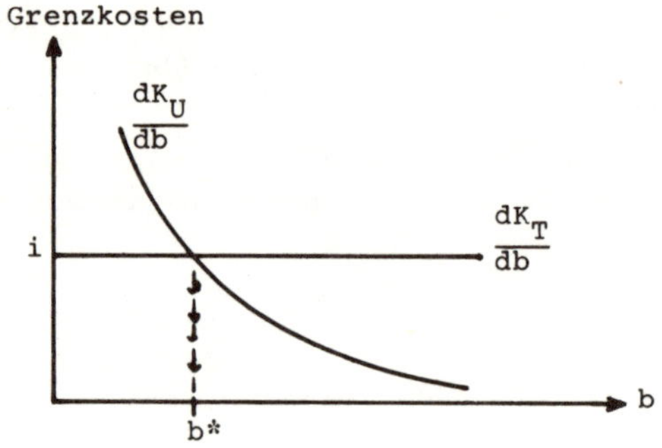

Abb. 12 Ableitung der optimalen Wertpapierhaltung aus den Grenzkosten

Bei dieser Ableitung ist insgesamt zu beachten, daß im Falle fehlender fixer Kosten ($\alpha = 0$) keine Geldhaltung erfolgt. Es wird für jede Transaktion der notwendige Geldbetrag eingetauscht. Eine Geldhaltung bzw. -lagerung erfolgt u.U. allerdings selbst bei $\alpha = 0$, wenn der Kostensatz β variabel ist, d.h. wenn β eine Funktion von b ist, d.h. im Falle von sog. economies of scale beim Tausch (degressiver Kostensatz pro Stück). Die nominale Geldhaltung L aus dem lagerhaltungstheoretischen Ansatz für die Einkommensperiode ist dabei homogen vom Grade eins im Güterpreis(-niveau) P, wenn die festen Kosten α real definiert sind bzw. sich proportional mit dem Preis verändern, so daß dann gilt: $\alpha = \alpha'P$, α' = konstant. Aus der zu minimierenden Funktion der (nominalen) Kosten

$$K = K_T + K_U = \frac{Pb'}{2} i + \alpha' P \frac{B'}{b'} + \beta P B'$$

folgt dann (reale Größen sind durch ′ gekennzeichnet) nach Differentiation bezüglich Pb′:

$$b'^* = \sqrt{\frac{2\alpha' y}{i}}$$

und

$$l'^* = \sqrt{\frac{\alpha' y}{2i}}$$

Die gewünschte reale (durchschnittliche) Kassenhaltung ist unabhängig von Nominalgrößen.

Der lagerhaltungstheoretische Ansatz für M1 und M2

Die Erklärung der Nachfrage nach Geld in der Abgrenzung M1 und M2 mit Hilfe dieses Lagerhaltungs-Ansatzes läßt sich wie folgt durchführen:

Ein Haushalt (bzw. ein Unternehmen) hat monatlich beispielsweise reale Einnahmen in Höhe von y. Damit beträgt seine durchschnittliche Lagerung an Geld in der engen Definition, d.h. Sichteinlagen und Bargeld (m_1), Termineinlagen (t) und Güter (g) als reale Größen (P = 1 und konstant):

$$\frac{y}{2} = t + m_1 + g$$

bei: $m_2 = t + m_1$

Der Haushalt gibt letztlich sein gesamtes reales Einkommen einer Periode für Güter aus, d.h. er reduziert bis zum Periodenende seine Geldhaltung und Termineinlagen auf Null. Die Dauer der (Einkommens-) Periode soll so kurz sein, daß zinsinduzierte Veränderungen des Wertes eines möglicherweise gehaltenen Wertpapieres vernachlässigt werden können bzw. nicht existieren. Aus diesem Grunde werden Termineinlagen verwendet. Alternativ können kurzfristige Wertpapiere mit ihrer sehr geringen Zinselastizität betrachtet werden.

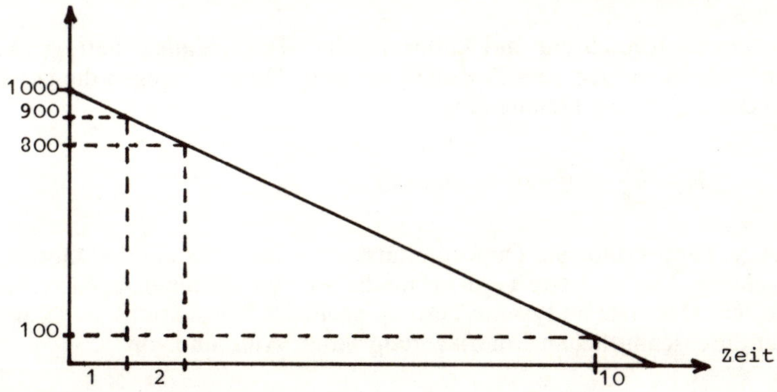

Abb. 13 Die Tausch-Frequenz

Betragen die Einnahmen beispielsweise 1000 DM und kauft das Wirtschaftssubjekt jeden dritten Tag für 100 DM Güter, d.h. 10 mal insgesamt im Monat, so beträgt sein durchschnittlicher realer Güterbestand g: 50 DM. Sein durchschnittlicher Bestand an Geld in der weiteren Definition (m_2) beträgt 450 DM { (900 + 800 + ... + 100 + 0 = 4500)/10 = 450}.

Die Kosten für den Kauf und die Lagerung der Güter betragen K_g. Bezeichnet j die Anzahl der Kaufakte, wobei gilt j = y/2g, so gilt für K_g:

$$K_g = a\,j + s\,g \quad \text{bzw.} \quad K_g = a\,\frac{y}{2g} + s\,g$$

Der erste (zweite) Term stellt die Transaktions-(Lager-)Kosten dar. Die reale Größe a ist konstant und positiv. Sie repräsentiert die Transportkosten, den Zeitaufwand etc.. Der Wert a ist dabei unabhängig von g. Im Falle von j = 1 entspricht der Realwert des durchschnittlichen Güterbestandes den halben realen Einnahmen. Im Falle eines einmaligen Kaufaktes ist die durchschnittliche reale Geldhaltung gleich Null.

Termineinlagen oder Wertpapiere stellen die Alternative zu m_1 **und** g bzw. zu den Transaktions- und Lagerkosten, d.h. den Geld- plus Güterkosten dar.

Die Tauschfähigkeit m in (m_1+g) beträgt:

$$m = \frac{y}{2\,(m_1+g)}$$

Entsprechend gilt für die Anzahl bzw. Häufigkeit eines Tausches von Geld in Termineinlagen (n), d.h. eines Teiles des nach dem Güterkauf verbleibenden Einkommens:

$$n = \frac{y}{2\,(m_1+g)} - 1$$

Da in der letzten Periode keine Termineinlagen gehalten werden, gilt, wie die Gleichungen zeigen:

$$n = m - 1$$

Die Kosten der Einrichtung und Auflösung einer Termineinlage betragen b. Die Termineinlagen werden zum Zinssatz i verzinst. Damit betragen die gesamten Kosten der Güter- und Geldhaltung:

$$K = \frac{ay}{2g} + sg + nb + i\,(m_1+g)$$

Der letzte Term erfaßt die Opportunitätskosten der Haltung von Gütern und Sichteinlagen. Der vorletzte Term erfaßt die mit den Termineinlagen verbundenen Kosten. Der erste und zweite Term spiegeln die Transaktions- und Lagerkosten der durchschnittlichen Güterlagerung wider. Aufgrund von

$$m_1 + g = \frac{y}{2} - t$$

gilt für die Kostenfunktion:

$$K = \frac{ay}{2g} + sg + \frac{yb}{2\,(y/2-t)} - b + i\left(\frac{y}{2} - t\right)$$

Sind von den 3 Variablen g, t und m_1 nur 2 unabhängig durch das Wirtschaftssubjekt zu bestimmen (die dritte ist damit bei gegebenem y festgelegt), so folgt aus der Ableitung der Kostenfunktion nach g und t:

$$\frac{dK}{dt} = \frac{yb}{2\,(y/2-t)^2} - i$$

$$\frac{dK}{dg} = s - \frac{ay}{2g^2}$$

Null gesetzt führen sie zur gewünschten durchschnittlichen

- Lagerhaltung an Gütern:

$$g = \sqrt{\frac{ay}{2s}}$$

- Geldhaltung von Sicht- und Termineinlagen ($m_1 + t = m_2$):

$$m_2 = \frac{y}{2} - g$$

bzw.:

$$m_2 = \frac{y}{2} - \sqrt{\frac{ay}{2s}}$$

- Haltung von Sichteinlagen m_1:

$$m_1 = \left(\frac{y}{2} - t\right) - g$$

bzw. aufgrund der ersten, gleich Null gesetzten Ableitung von K nach (y/2−t), aus der folgt:

$$\left(\frac{y}{2} - t\right) = \sqrt{\frac{by}{2i}}$$

gilt:

$$m_1 = \sqrt{\frac{by}{2i}} - \sqrt{\frac{ay}{2s}}$$

Durch Multiplikation der realen Größen mit dem Preisniveau P erhält man die nominale Nachfrage nach Geld in der engen (M1) und weiteren (M2) Definition aller repräsentativen Wirtschaftssubjekte:

$$M1 = M1\,(\underset{+}{y}, \underset{-}{a}, \underset{+}{b}, \underset{+}{s}, \underset{-}{i}, \underset{+}{P})$$

$$M2 = M2\,(\underset{+}{y}, \underset{-}{a}, \underset{+}{s}, \underset{+}{P})$$

Es ist zu beachten, daß die Nachfrage nach M2 nicht vom Zinssatz i abhängt, da die bei einem variierenden Zinssatz i einsetzenden Substitutionseffekte zwischen m_1 und t keinen Einfluß auf das Aggregat $m_2 = t + m_1$ haben. Außerdem wird das Einkommen y hier als exogen gegeben und nicht von i abhängig betrachtet. Exogen gegeben ist hier ebenso die Konsumquote (hier annahmegemäß: eins), so daß auch die Vermögensabhängigkeit und darüber hinaus eine Zinsabhängigkeit fehlen.

Ein wahrscheinlichkeitstheoretischer Ansatz

Die entscheidende Annahme des Lagerhaltungs-Ansatzes war der mit Sicherheit (vor-)gegebene Zahlungsrhythmus bei einer für jeden Zeitpunkt der Einkommens-Periode eindeutig bzw. einwertig festgelegten Ein- und Auszahlung. Es existierte damit nur das Problem der reinen Kostenminimierung bzw. Ertragsmaximierung der Geldhaltung aus dem reinen Transaktionsmotiv. Durch die Vorgabe nur eines Zieles gab es naturgemäß keinen Zielkonflikt. Ein Zielkonflikt entsteht, wenn die obige Annahme aufgehoben wird. Sind bei einer nach dem Lagerhaltungs-Ansatz bestimmten Geldhaltung höhere als die erwarteten Auszahlungen zu leisten, entsteht für das Wirtschaftssubjekt eine Zahlungs- bzw. Liquiditätslücke, deren mögliche Deckung mit Kosten, sog. **Illiquiditätskosten** verbunden ist. Diese bestehen beispielsweise in den Zinsen für aufgenommene Überbrückungskredite oder in Form von Strafzinsen für vorzeitig aufgelöste Termineinlagen. Die Illiquiditätskosten erhöhen insgesamt die Kosten der Transaktionen bzw. mindern den Ertrag aus der „Ökonomisierung“ der Kassenhaltung im Sinne einer in Abhängigkeit vom Zahlungsrhythmus und den Nettoerträgen einer kurzfristigen Termineinlage oder Wertpapierhaltung bestimmten Geldhaltung. Es entsteht ein Zielkonflikt zwischen einer Maximierung dieses erwarteten Ertrages und der Sicherung einer jederzeitigen Liquidität, d.h. der Vorsorge gegenüber für möglich bzw. wahrscheinlich gehaltenen zusätzlichen Nettoausgaben – woher diese auch immer resultieren. Sie können entstehen in der für diesen Zeitraum geplanten Wahrnehmung sog. Occasionen oder infolge früher als erwartet zu leistender Zahlungen oder einer veränderten Preisstruktur (bei gegebenem Preisniveau), so daß der Netto-Auszahlungsstrom einen anderen als den erwarteten Verlauf über die gesamte Planungs- bzw. Einkommensperiode aufweist. Der wahrscheinlichkeitstheoretische Ansatz geht somit von der Sinnhaftigkeit einer Geldhaltung aus dem **Vorsichtsmotiv** aus, die zwar mit Transaktionen verbunden ist, aber über das absolut periodenbezogene reine Transaktionsmotiv etwas hinausgeht.

Eine Erweiterung des Ansatzes erfolgt hier dergestalt, daß es in diesem Ansatz im Grunde keine einmalige Einzahlung wie die Gehaltszahlung gibt, sondern einen ständigen Einzahlungsstrom über die Periode. Zur Vereinfachung soll dabei der Erwartungswert dieses Einzahlungsstromes dem des Auszahlungsstromes bzw. der Erwartungswert der täglichen Auszahlungen dem Erwartungswert der täglichen Einzahlungen entsprechen. Diese Budgetrestriktion bedeutet nicht, daß es im Laufe der Periode nicht zu Einzahlungs- oder Auszahlungsüberschüssen bzw. zu Zahlungsdefiziten kommt. Es existiert keine jederzeitige vollständige Synchronisation beider Ströme. Die von dem Wirtschaftssubjekt, beispielsweise einem Unternehmen vorzunehmende subjektive Zuordnung der erwarteten Häufigkeit von Zahlungsüberschüssen bzw. -defiziten einer bestimmten Größenordnung sei durch folgende Dichtefunktion dargestellt:

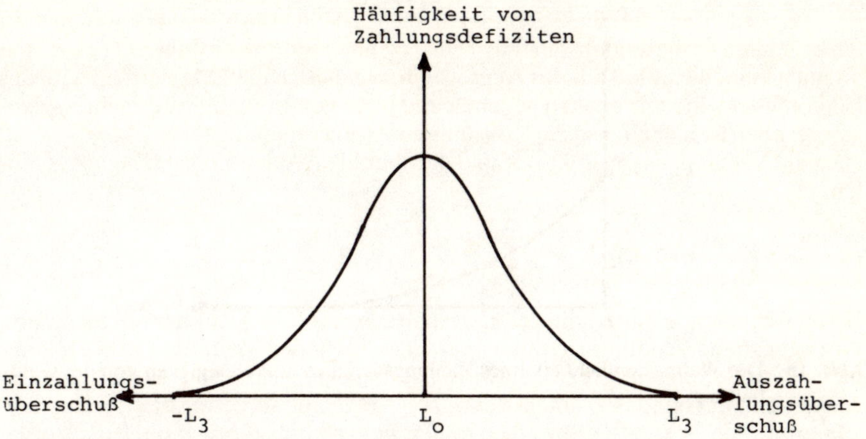

Abb. 14 Die Häufigkeitsverteilung des Netto-Zahlungsdefizites

Der Punkt L_0 bedeutet, daß das Wirtschaftssubjekt mit 50 v.H. Wahrscheinlichkeit bei einer Geldhaltung von L_0 einen temporären Auszahlungsüberschuß erwartet und mit 50 v.H. einen Einzahlungsüberschuß. Dieser erwartete Überschuß bezieht sich auf eine Subperiode innerhalb der gesamten Planungs- und Einkommensperiode, d.h. beispielsweise auf einen Tag im Laufe eines Monats. Der Zahlungsüberschuß bzw. das Zahlungsdefizit ist in diesem Ansatz eine Zufallsvariable, für die eine objektive Wahrscheinlichkeit besteht. Der Erwartungswert dieser Zufallsvariablen „Netto-Zahlungsdefizit" beträgt Null. Ebenso sind vorgegeben das maximale Netto-Defizit, welches in beide Richtungen gleich groß ist und die Standardabweichung, d.h. das zweite statistische Verteilungsmoment. Die Verteilung ist annahmegemäß symmetrisch. Es gilt also: $L_0 = 0$ und L_3 gegeben. Die subjektive Wahrscheinlichkeitsverteilung entspricht der objektiven, so daß das Wirtschaftssubjekt einem exogen vorgegebenen statistisch meßbaren Risiko gegenübersteht. Das Wirtschaftssubjekt muß keine Informationskosten aufwenden. Es befindet sich in einer Art Erwartungsgleichgewicht mit nur einer unsystematischen Fehlermöglichkeit bezüglich des täglich erwarteten und tatsächlich eintretenden Netto-Defizites.

Für die Vermeidung der Illiquidität und damit eine Geldhaltung aus dem Vorsichtsmotiv ist nur der Fall des Auszahlungsüberschusses relevant, da der Eintritt derartiger Ereignisse bedeutet, daß das Wirtschaftssubjekt Wertpapiere oder Vermögensteile möglicherweise mit Kapitalverlusten verkaufen muß oder daß es illiquide und damit zahlungsunfähig wird mit den sich daraus ergebenden Folgen. Die Wahrscheinlichkeit eines Zahlungsdefizites in Abhängigkeit von der Höhe des Bestandes an Geld ergibt sich graphisch wie folgt:

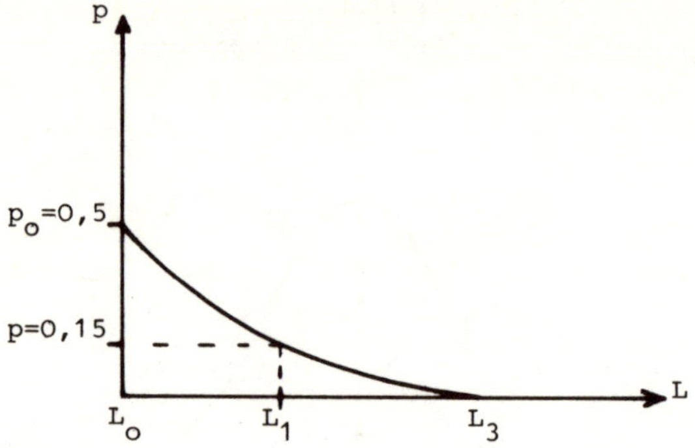

Abb. 15 Die Wahrscheinlichkeit eines Zahlungsdefizites in Abhängigkeit von der Geldhaltung

Der Ordinatenwert gibt den von L_3 gemessenen Wert des Integrals der Häufigkeitsverteilung des Netto-Zahlungsdefizites an. Integriert man von L_0 in Richtung L_3, so ergibt sich in Abbildung 16 der obere Kurvenast. Der untere Kurvenast in Abbildung 16 entspricht der Abbildung 15:

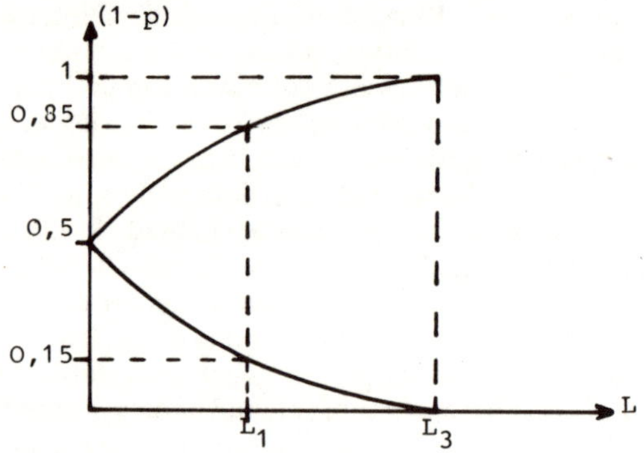

Abb. 16 Die Zahlungssicherheit bei Geldhaltung

In dieser Darstellung des Grades der Zahlungssicherheit bei einer Geldhaltung in Höhe von L bedeutet ein Kassenbestand L_1: Das Wirtschaftssubjekt erwartet für diesen Tag mit 15 v.H. Wahrscheinlichkeit ein Zahlungsdefizit, welches den Betrag L_1 überschreitet. Die Größe L_1 garantiert mit einer Sicherheit von 85 v.H. jederzeit Zahlungen leisten zu können. Die Wahrscheinlichkeit, daß eine Zufallsvariable mit einem gegebenen Erwartungswert von diesem um mehr als das λ-fache der Standardabweichung σ abweicht, beträgt nach der Tschebyscheff'schen Ungleichung: $p^* \leq 1/\lambda^2$. Da in der Tschebyscheff'schen Ungleichung die Abweichung in beide Richtungen gemessen wird, beträgt die Wahrscheinlichkeit der Illiquidität p, d.h. eines die Geldhaltung L übersteigenden Zahlungsdefizites Z:

$$p\Big|_{Z>L} \leq \frac{1}{2\lambda^2}$$

Die Wahrscheinlichkeit, daß das zu erwartende Auszahlungsdefizit eines Tages die zweifache Standardabweichung ausmacht, beträgt

$$p \leq \frac{1}{8} = 0{,}125$$

Bei einer Standardabweichung σ von $\sigma = 100$ ist das Wirtschaftssubjekt mit einer Wahrscheinlichkeit von 12,5 v.H. durch ein Zahlungsdefizit und damit Illiquidität(-skosten) bedroht, wenn es eine Geldhaltung in Höhe von 200, d.h. dem Zweifachen der Standardabweichung hat. Es gilt

$$\lambda = 2 = \frac{200}{100} = \frac{L}{\sigma}$$

Damit folgt für die Wahrscheinlichkeit der Illiquidität

$$p\Big|_{Z > L} \leq \frac{\sigma^2}{2L^2}$$

Das Risiko bezüglich der Illiquidität ist im Gegensatz zum nutzentheoretischen Ansatz berechen- und damit bewertbar. Entsprechend bedarf es keiner zu unterstellenden Nutzenfunktion mit der Unsicherheit als einem Argument. Entsprechend ist keine Annahme bezüglich der Verhaltensweise resp. Präferenz des Wirtschaftssubjektes gegenüber der Unsicherheit notwendig. Da die Wahrscheinlichkeit der Illiquidität nicht deterministisch berechnet und die Liquiditätsvorsorge für unterschiedliche Wahrscheinlichkeiten betrieben werden kann, ist der von dem Wirtschaftssubjekt präferierte Wert von p exogen vorzugeben bzw. die Entscheidung anhand einer Ziel- resp. Nutzenfunktion zu treffen. In dieser Zielfunktion sind als Argumente enthalten die Wahrscheinlichkeit p und die erwarteten Kosten der Vorsichtskasse als Ausdruck eines entgangenen erwarteten Gewinnes. Es besteht ein Entscheidungskonflikt bezüglich des Grades der Liquiditätswahrung und ihren Kosten. „Aufgehoben" wird dieser Konflikt, wenn für die Wahrscheinlichkeit der jeweils größte Wert von p, d.h. die ungünstigste Verteilungsfunktion gewählt wird und der Risikovermeidung per se nur ein indirekter Nutzen zugeordnet wird. Dann wird das Illiquiditätsrisiko in eine Kostenkomponente transformiert, so daß als Ziel die Kostenminimierung bleibt. Die dazugehörige Wahrscheinlichkeit wird „akzeptiert".

Der Erwartungswert der Illiquiditätskosten K_I sind die mit dem Grad der Wahrscheinlichkeit gewichteten Umtauschkosten, die auftreten, wenn das Zahlungsdefizit die Vorsichtskasse l_v übersteigt. Diese Kosten γ sollen zur Vereinfachung konstant, d.h. unabhängig von der Höhe des Zahlungsmittelbedarfs sein:

$$K_I = \gamma p = \gamma \frac{1}{2} \frac{\sigma^2}{l_v^2}$$

Dabei wird wieder von einem gegebenen und auf eins normierten Güterpreis ($P = 1$) ausgegangen, so daß die nominale Geldnachfrage L_v der realen $l_v = L_v/P$ entspricht. Die Kosten der gehaltenen Vorsichtskasse in Form der Opportunitätskosten bzw. entgangenen Zinserträge (Lagerhaltungskosten der Haltung von unverzinsten Sichteinlagen) betragen:

$$K_E = i\, l_v$$

Damit gilt für die zu minimierenden erwarteten Gesamtkosten:

Min.! $$K = K_E + K_I = i\, l_v + \gamma \frac{1}{2} \frac{\sigma^2}{l_v^2}$$

Über die gleich Null gesetzte erste Ableitung von K nach l_v:

$$\frac{\partial K}{\partial l_v} = i - \gamma \frac{\sigma^2}{l_v^3}$$

folgt für die optimale Geldnachfrage aus dem Vorsichtsmotiv:

$$l_v = \sqrt[3]{\frac{\gamma \sigma^2}{i}}$$

bzw.

$$L_v = P \sqrt[3]{\frac{\gamma \sigma^2}{i}}$$

Der Zinseffekt auf die Geldnachfrage ist negativ mit einer (absoluten) Elastizität von $E(l_v, i) < 1$. Sie beträgt hier $-0{,}3$.

Bei einer funktionalen Abhängigkeit der Standardabweichung von der Höhe des Transaktionsvolumens T bzw. des (Volks-) Einkommens y, wobei gilt:

$$y\,(= T) = n\, y_i$$

mit: n Anzahl der Transaktionen;
y_i Durchschnittswert der Ein- und Auszahlungen,

folgt für das Risiko:

$$\sigma = \sigma(\underset{+}{y})$$

bzw. als explizites Beispiel:

$$\sigma = k\, y_i\, n^{\gamma} \quad ; \quad \{k > 0, 0 < \gamma < 1\} \text{ konstant.}$$

Für die Nachfrage nach Geld aus dem Vorsichtsmotiv, d.h. aufgrund unsicherer Zahlungsströme folgt, aus den dargestellten Ansätzen:

$$\frac{L_v}{P} = l_v = l_v(\underset{-}{i}, \underset{+}{y})$$

Die Nachfrage nach Geld aus dem Transaktionsmotiv steigt unterproportional mit dem Einkommen (bzw. Transaktionsvolumen). Es existieren somit sog. economies of scale. Darüber hinaus ist zu beachten, daß selbst in einer stationären Volkswirtschaft in einem stochastischen Erwartungsgleichgewicht Geld gehalten wird, da in ihr die Wahrscheinlichkeit und die Kosten der Illiquidität nicht Null sind.

Ein nutzentheoretischer Ansatz

Im Gegensatz zu den bisherigen partialanalytischen Ansätzen zur Erklärung der Geldnachfrage aus dem Transaktions- und Vorsichtsmotiv geht der folgende Ansatz von einem repräsentativen Wirtschaftssubjekt aus, welches aufgrund seiner Nutzenvorstellungen simultan seine gewünschten Mengen an Gütern, Arbeit und Geld determiniert. Entsprechend den Charakteristika der Tauschprozesse in einer monetären Ökonomie fragen die Wirtschaftssubjekte Geld nach bzw. halten Geld aufgrund der konsumtiven Dienste bzw. der nicht-pekuniären Erträge der Geldhaltung. Damit ist, wie vorne gezeigt wurde, die reale Geldmenge ein Argument der Nutzenfunktion. Die abzuleitende Geldhaltung erfaßt das Transaktionsmotiv einschließlich des Vorsichtsmotivs und ist nicht Ausdruck der gewünschten Reservationsnachfrage in Form von Geld für die folgende Periode. Die abgeleitete Geldhaltung entspricht nicht der Bestimmung des gewünschten Vermögens – insbesondere weil Geld dann seine spezifischen Eigenschaften wie insbesondere die Nichtverzinsung verliert oder aber der Modellansatz mehrere Vermögenstitel beinhalten muß. Das sein Arbeitsangebot, seine gewünschte Güternachfrage und seine Geldnachfrage simultan determinierende Wirtschaftssubjekt sei durch die folgende (zweifach kontinuierlich differenzierbare, strikt quasikonkave) Nutzenfunktion gekennzeichnet. Der Index i für den Haushalt i wird ebenso vernachlässigt wie der Index für die Planungsperiode t:

$$U = U(\underset{+}{c}, \underset{-}{N^s}, \underset{+}{l^d})$$

mit:
- U Nutzen (index);
- c nachgefragte bzw. gewünschte reale (Konsum-) Gütermenge;
- N^s angebotene bzw. gewünschte Arbeitsmenge;
- l^d nachgefragte bzw. gewünschte reale Geldhaltung.

Die gewünschte reale Geldmenge ist definiert als

$$l^d = \frac{M}{P} = \frac{M_0}{P} + \tilde{l}$$

mit:
- P Güterpreis (-niveau bzw. -index);
- $\tilde{l}$ nachgefragte Geldmengenveränderung bzw. die sog. Strömungsnachfrage des Wirtschaftssubjektes nach Realkasse.

Der Index „0" kennzeichnet Werte zu Beginn der Planungsperiode; d.h. Werte der Vorperiode bei Strömungsgrößen (P_0) sowie Werte am Ende der Vorperiode bei Bestandsgrößen (M_0):

Der Haushalt maximiert seinen Nutzen unter Beachtung der Nebenbedingung in Form der Budget- bzw. Finanzierungsrestriktion. Dabei müssen das Einkommen aus Arbeit und Kapitalbesitz sowie der Vermögensbestand im Planungszeitraum so groß sein wie die Güternachfrage sowie die Nachfrage nach Vermögenstiteln. Vereinfachend wird die Konstanz von P und des gewünschten Vermögens unterstellt:

$$P c + P l^d = W N^s + G + M_0$$

mit: G mit Sicherheit erwartetes Kapitaleinkommen in der Periode (nominal);
W Nominal-Lohnsatz.

Als weitere Restriktion, die im Rahmen der Diskussion zwischen (neoklassischem) Gleichgewichtsansatz und (keynesianischem) Ansatz mit Mengenrationierung von Bedeutung ist, läßt sich berücksichtigen:

$$N^s \leq \bar{N}$$

mit: $\bar{N}$ exogen gegebene Arbeitsmöglichkeit für das Wirtschaftssubjekt i.

Kann das Wirtschaftssubjekt jede gewünschte Arbeitsmenge realisieren, so ist das von ihm gewünschte Arbeitsangebot geringer als die exogen gegebene mögliche Arbeitszeit. Das Wirtschaftssubjekt bestimmt in diesem Falle seine sog. **notional demand**, d.h. seine nicht durch die Marktsituation restringierte Nachfrage auf allen Märkten (nach Gütern, Arbeit und Geld). Kann das Wirtschaftssubjekt nicht davon ausgehen, jede gewünschte Arbeitsmenge zu realisieren, sondern geht es mit Sicherheit von einer exogen gegebenen Arbeitsmenge aus, so hat es diese Restriktion in seinem Kalkül zu berücksichtigen und entsprechend wird es nur seine sog. **effektive Nachfrage** auf allen Märkten determinieren.

Aus den gleich Null gesetzten ersten Ableitungen nach den Aktionsparametern des Wirtschaftssubjektes (c, l^d und ggf. N^s) folgen bei gegebenen Preisen, d.h. bei einem unterstellten Mengenanpasserverhalten die drei Nachfragefunktionen:

$$N^{s*} = N^{s*}\left(g, w, \frac{M_0}{P}\right) \quad ; \qquad N^{se} = \bar{N}$$

$$c^* = c^*\left(g, w, \frac{M_0}{P}\right) \qquad c^e = c^e\left(g, w, \frac{M_0}{P}, \bar{N}\right)$$

$$l^{d*} = l^{d*}\left(g, w, \frac{M_0}{P}\right) \qquad l^{de} = l^{de}\left(g, w, \frac{M_0}{P}, \bar{N}\right)$$

mit: g reales Kapitaleinkommen (G/P);
w realer Lohnsatz (W/P).

Das System der sog. notional demand functions (*) gilt für den Fall einer nicht greifenden Beschränkung auf dem Arbeitsmarkt. Entsprechend gilt das System der sog. effective demand functions (e) für den Fall effektiver bzw. greifender Beschränkung durch die Arbeitsmarktsituation. In beiden Fällen wurde unterstellt, daß die Nachfragefunktionen homogen vom Grade Null in den Nominalgrößen bzw. Preisen sind.

Die gewünschte Nachfrage nach Geld läßt sich im Falle einer Aggregation über repräsentative Wirtschaftssubjekte bzw. einer sog. Ein-Haushalt-Ökonomie, für die gilt:

$$y = wN + g \quad \text{bzw.} \quad y = w\bar{N} + g$$

mit: y reales Einkommen

auch schreiben als:

$$\underset{}{l^{d*} = l^{d*}}(\underset{+}{y}, \underset{+}{\frac{M_0}{P}}) \quad \text{bzw.} \quad l^{de} = l^{de}(\underset{+}{y}, \underset{+}{\frac{M_0}{P}}, \underset{+}{\bar{N}})$$

Mit ceteris paribus steigendem realen Einkommen oder nominalem Geldbestand zu Periodenbeginn (M_0), bewertet zum Periodenpreis (und ggf. Beschäftigungsvolumen), steigt die Nachfrage nach Geld. Die gewünschte reale Geldmengenveränderung $\bar{l}$ ist entsprechend ($l^d - M_0/P$). Alternativ zur bisherigen Begründung der Geldhaltung über die nicht-pekuniären Erträge verläuft die, die direkt auf die Erwartungsunsicherheit Bezug nimmt. Die Geldhaltung entspricht dabei einer bestimmten Art der gewünschten Ersparnis. Die Geldhaltung als Argument der Nutzenfunktion beinhaltet aber nicht, daß die Bestandsgröße Geld an sich einen direkten Nutzen aufweist. Geld als Lager- bzw. Transportmittel für Kaufkraft mit der vollkommenen Liquidität bedeutet eine unmittelbar mögliche Verfügung über Güter und damit eine Sicherheit in der Realisation des eigenen Konsumplanes sowie eine jederzeitige Möglichkeit der Planungsrevision. Mit einem steigenden Bestand an realer Kassen**haltung** sinkt die Unsicherheit bezüglich der zu erwartenden (einzutauschenden Konsum-) Güter. Ist die Geldhaltung stets in der Unsicherheit begründet, so sind die abzuleitenden gewünschten Größen nicht im Sinne von Ein-Punkt-Werten zu verstehen. Es sind Erwartungswerte der gewünschten Größen bzw. Nachfragekorridore. In Analogie zu der im Kapitel II.2 „Zur Theorie einer Tauschwirtschaft“ dargestellten Nutzenfunktion läßt sich schreiben (einperiodisch):

$$U = U(\underset{+}{c}, \underset{-}{N^s})$$

und für den zu maximierenden erwarteten Nutzen (im Falle $N^s = \bar{N}$):

$$E(U) = U^*(\underset{+}{E(c)}, \underset{-}{E(\bar{N})}, \underset{-}{\sigma})$$

mit: E (U) im Planungszeitpunkt für die Periode t erwarteter Nutzen;
E (c) erwartete Gütermenge in t;
E ($\bar{N}$) erwartete Beschäftigungsmenge in t;
σ Maß der Unsicherheit bezüglich der erreichbaren Gütermenge in t.

Die Unsicherheit mag dabei wie im Kapitel II.2 aus der Unsicherheit bezüglich der Preise (P, W) resultieren. Aber selbst bei mit Sicherheit erwarteten Preisen und Gewinnen hat das Wirtschaftssubjekt den erwarteten Nutzen zu maximieren, solange es nicht mit Sicherheit davon ausgeht, die gewünschte Arbeitsmenge auch vollständig zu realisieren bzw. die „vorgegebene" Arbeitsrestriktion N vollständig zu kennen ($E(\tilde{N}) \neq \tilde{N}$). Sinkt die Unsicherheit bezüglich der realisierbaren Gütermenge mit einer steigenden Realkassenhaltung:

$$\sigma = \sigma \left(\underset{-}{\frac{M}{P}} \right)$$

so folgt für das Nutzenkalkül:

$$\text{Max.!} \quad E(U) = U^* \left(E(c), E(\tilde{N}), \sigma \left(\frac{M}{P} \right)\right)$$

$$\text{u.d.N.} \quad Pc + Pl^d = W N^s + G + M_0$$
$$N^s = \tilde{N}$$

Zumindest ein Nicht-Aktionsparameter stellt eine Erwartungsgröße dar. Der Nutzen steigt mit der realen Geldhaltung aufgrund der damit verbundenen sinkenden Unsicherheit und er sinkt gleichzeitig, da mit einer steigenden realen Geldhaltung die zum Tausch verfügbare reale Konsumsumme sinkt.

Es handelt sich bei der Geldnachfrage nicht um die üblicherweise betrachtete Ersparnis beispielsweise in Form von Sachkapital bzw. Aktien oder Wertpapieren. Dieses wird deutlich, wenn man berücksichtigt, daß G das verfügbare Kapitaleinkommen ist. G resultiert beispielsweise aus dem Besitz von Sachkapital, welches dem Vermögenshalter pekuniäre Erträge in Form von Zinsen und/oder Dividenden bringt. Geld wird hier nicht verzinst (die erwartete Inflationsrate ist gleich Null), so daß es nicht mit den Aktien oder Wertpapieren zu einem Aggregat zusammengefaßt werden kann. Es stellt kein vollkommenes Substitut zu diesen Anlagetiteln der Vermögenshaltung dar. Da das Wirschaftssubjekt i Kapitaleinkommen erhält, muß es Kapitalvermögen besitzen und nachfragen. Entsprechend gilt für das Nutzenmaximierungskalkül die folgende Budgetrestriktion:

$$Pc + Pl^d + P^K K^d = WN^s + G^b + M_0 + P^K K_0$$

mit:
- K^d gewünschte Kapitalgütermenge;
- K_0 Bestand an Kapitalgütern;
- P^K Preis für existierende Kapitalgüter ($P^K_t = P^K_0$);
- G^b „Brutto"-Gewinn.

Diese Budgetrestriktion entspricht nur der oben dargestellten für den Fall:

$$G = G^b + P^K (K_0 - K^d)$$

Die bewertete Differenz ($K_0 - K^d$) stellt die in Sachkapital bzw. Aktien gehaltene Ersparnis dieser Periode dar. Ist diese Differenz negativ (positiv), hat das Wirtschaftssubjekt i eine positive (negative) Ersparnis. Die Größe G beinhaltet also nur die ausgeschütteten Gewinne bzw. das gesamte Kapitaleinkommen, vermindert um die gewünschte Ersparnis aus dem Kapitaleinkommen. Das Wirtschaftssubjekt erhält über diesen Differenzbetrag entweder sofort neue Aktien bzw. Wertpapiere oder es erhält diese Titel nach Durchführung eines sog. Schütt-aus-hol-zurück-Verfahrens.

Für das Nutzenmaximierungskalkül dieses und des vorhergehenden Abschnittes ist entsprechend eine zweistufige Entscheidung zu unterstellen. Das Wirtschaftssubjekt bestimmt in einem getrennten Schritt die (hier exogene) Größe G; entsprechend würde ein $G < 0$ bedeuten, daß das Wirtschaftssubjekt auch aus dem Arbeitseinkommen spart. Wie später gezeigt werden wird, gilt im Gleichgewicht auch für diese zweistufige Entscheidung, daß die aus pekuniären und nichtpekuniären Erträgen zusammengesetzte Gesamtrendite gleich ist bei Geld und den genannten Formen der Vermögenshaltung.

Die hier „vernachlässigte" Form der Ersparnis (Wertpapiere, Aktien) ist jene zum Zwecke der Einkommenserzielung, d.h. eine Ersparnis in Form eines in der Regel erwarteten Güterstromes im Rahmen eines langfristigen intertemporalen Nutzenkalküls. Hier führt die Geldhaltung auch zu einer Art von „Ersparnis" bzw. zu einem ständig gehaltenen Bestand an Geld (eine Art Sockelbestand), aber die Geldhaltung ist kurzfristig. Das Geld muß nicht zum Vermögen gehören; es zirkuliert notwendigerweise von Periode zu Periode im Rahmen der Durchführung der Transaktionen bei Unsicherheit. Im Falle fehlender individueller Unsicherheit gibt es keine Geldhaltung. Dieses bedeutet nicht, daß es langfristig keine Geldhaltung gibt. Es bedeutet, daß kein Geld gehalten wird in einem deterministischen Erwartungsgleichgewicht bzw. in einem Gleichgewicht mit walrasianischem Auktionator, d.h. sofern die erwarteten gleich den tatsächlichen Größen bei vollkommener Erwartungssicherheit sind. Dieses sind restriktivere Bedingungen als jene, daß die subjektiven gleich den objektivwahren Erwartungswerten sind. In diesem von stochastischen Gleichgewichtsansätzen betrachteten Fall gibt es nach wie vor eine Geldhaltung auch im langfristigen Erwartungsgleichgewicht, da in jeder einzelnen Periode eine (unsystematische) Differenz zwischen dem erwarteten und dem tatsächlich eintretenden Wert einer ökonomischen Variablen bestehen kann.

Die aggregierte Geldnachfrage aus dem Transaktions- und Vorsichtsmotiv

Sowohl die Geldnachfrage aus dem Transaktionsmotiv als auch die aus dem Vorsichtsmotiv basiert auf dem monetären Gütertausch. Die dargestellten Ansätze sollen im Prinzip für repräsentative Wirtschaftssubjekte gelten, so daß die Aggregation der Geldnachfrage aller Wirtschaftssubjekte zur gesamtwirtschaftlichen Geldnachfrage in Form quasi einer Ein-Haushalt-Ökonomie möglich ist, da Verteilungseffekte nicht zu beachten sind. Stellen die einzelnen Erklärungsansätze zum Teil auf unterschiedliche Phänomene ab und stellen zum Teil auch Erklärungsalternativen im Rahmen eines bestimmten Motivs der Geldhaltung dar, so läßt sich für die Geldhaltung aus dem reinen Transaktions- und dem Vorsichtsmotiv allgemein schreiben:

$$(*) \qquad l_{T'} + l_v = l_T = l_T(\underset{-}{i}, \underset{+}{y})$$

Im Falle der konsumtiven Dienste der Geldhaltung gilt:

$$(^{**}) \qquad l_{T'} + l_v = l_T = l_T(\underset{-}{i}, \underset{+}{y}, \underset{+}{\frac{M_0}{P}})$$

Eine Ausnahme bildet dabei der klassische Zahlungsmittelansatz. Bei diesem, beide Motive der Geldhaltung beinhaltenden Ansatz, gilt für die aggregierte reale Geldhaltung:

$$(^{***}) \qquad l_T^k = l_T^k(\underset{-}{v}, \underset{+}{y})$$

mit: v Einkommenskreislaufgeschwindigkeit.

Der klassische Zahlungsmittelansatz (***) ist mit den meisten anderen Erklärungsansätzen, die zur Gleichung (*) führen, nur kompatibel bei einem positiven Zinseffekt auf die Einkommenskreislaufgeschwindigkeit. Es muß sich dann mit steigendem Wertpapierzinssatz i die Zirkulation der Geldmenge erhöhen bzw. die durchschnittliche Haltedauer von Geld sinken, da die Opportunitätskosten der Geldhaltung pro Periode steigen. Dieses gilt auch im Vergleich zu der Gleichung (**), wobei hier nur modifizierend zu beachten ist, daß die Einkommenskreislaufgeschwindigkeit um so geringer ist, je größer c.p. die reale Geldmenge resp. je höher die konsumptiven Dienste einer gehaltenen Geldeinheit sind. Dieser Effekt wirkt dem Zinseffekt entgegen, da er die Netto-Opportunitätskosten reduziert. Allerdings widerspricht die Idee eines direkten Nutzens der Geldhaltung dem grundsätzlichen Denkansatz des klassischen resp. walrasianischen Systems. Die im klassischen Ansatz getroffene Annahme einer (u.a. institutionell) gegebenen Einkommenskreislaufgeschwindigkeit widerspricht somit den Erklärungsansätzen, die die Abhängigkeit der Transaktionskasse vom Zinssatz und der Geldmenge erklären.

Einkommenskreislaufgeschwindigkeit und Geldnachfrage

Die Geldmarkt-Gleichgewichtsbedingung des klassischen Zahlungsmittelansatzes läßt sich schreiben als:

$$M = P \cdot (y/v) \quad \text{bzw.:} \quad M = L_T(P, y)$$

$$\text{bzw.:} \qquad M = P\, l_T(y) \quad \text{bzw.:} \quad \frac{M}{P} = l_T(y)$$

Deutlich werden so die Thesen der klassischen Theorie, daß

- die nominale Geldmenge durch das Geldangebot bestimmt wird;
- die reale Geldmenge wesentlich durch die Geldnachfrage bestimmt wird;
- die Geldnachfrage homogen vom Grade eins im Preis (-niveau) ist;
- die Bestimmung der Einkommenskreislaufgeschwindigkeit ein Problem der Geldnachfragetheorie ist;
- die Einkommenskreislaufgeschwindigkeit den funktionalen Zusammenhang der Geldnachfrage determiniert;
- die Geldnachfragefunktion stabil ist.

Die letztgenannte Hypothese resultiert aus der in der Klassik getroffenen Annahme einer institutionell gegebenen Einkommenskreislaufgeschwindigkeit. Ist die Kreislaufgeschwindigkeit eindeutig bestimmt, so ist es auch die Geldnachfrage. Die Bedeutung dieser These einer stabilen Geldnachfrage und damit die der gegebenen Einkommenskreislaufgeschwindigkeit bezieht sich auf die Wirksamkeit und Zweckmäßigkeit einer Geldmengenpolitik seitens der Zentralbank. Wie noch ausführlicher gezeigt werden wird, würde eine Geldmengenpolitik im Falle einer instabilen, sich im Zeitablauf ändernden Geldnachfrage zu einer weiteren Destabilisierung des Gesamtsystems und insbesondere des realen Outputs führen.

Die mit Spiegelstrichen aufgeführten Thesen werden dabei wie in der Klassik noch heute von den sog. Monetaristen vertreten. Modifiziert wurde allerdings, insbesondere durch Beiträge von Friedman im Jahre 1956 und 1959, die Annahme zur Einkommenskreislaufgeschwindigkeit. Diese wird als eine stabile Funktion verschiedener Größen erklärt. Sie wird nicht mehr als exogen betrachtet, so daß diese „Erklärungslücke" des klassischen Zahlungsmittelansatzes gegenüber dem oben dargestellten Lagerhaltungsansatz u.a. der sog. Keynesianer Baumol und Tobin, in deren Beiträgen aus den Jahren 1952 und 1956, sowie dem noch darzustellenden Ansatz von Keynes aus den Jahren 1930 und 1936, geschlossen wird. Es wird auch die „Erklärungslücke" geschlossen gegenüber der empirischen Beobachtung: Die Einkommenskreislaufgeschwindigkeit variiert im Konjunkturverlauf; sie steigt während eines konjunkturellen Aufschwunges und sinkt während eines Abschwunges. Gefestigt wird aber durch die Funktionalisierung der Kreislaufgeschwindigkeit die den Monetarismus kennzeichnende Überzeugung einer stabilen Geldnachfragefunktion.

Die empirische Wirtschaftsforschung zeigt, daß gesamtwirtschaftliche Größen sich im Zeitablauf nach einem zyklischen Muster entwickeln, welches sich stilisiert ergibt aus sich überlagernden unterschiedlich langen Zyklen und Zufallseinflüssen. Die Beobachtung der Konjunkturreagibilität der Umlaufgeschwindigkeit des Geldes wird ergänzt durch eine langfristige (bzw. säkulare) Zyklusbewegung. Bei einer Expansion der langen Welle bzw. des Wachstumszyklus fällt die Umlaufgeschwindigkeit, während sie bei einer Kontraktion steigt. Die sich insgesamt ergebende Entwicklung läßt sich nach monetaristischer Auffassung nicht allein durch die Zinsentwicklung erklären. Notwendig ist auch eine veränderte Einkommensdefinition. Dann bleibt es bei der Annahme einer stabilen Funktion für die Umlaufsgeschwindigkeit und die Geldnachfrage, ohne daß kurzfristig eine Kompatibilität zwischen der Geldnachfrage unter Einschluß des Lagerhaltungsansatzes und dem modifizierten klassischen, d.h. monetaristischen Zahlungsmittelansatz erreicht wird.

Der monetaristische Zahlungsmittelansatz

Die Geldhaltung wird in diesem Ansatz (zumindest über einen Zeitraum eines Konjunkturzyklus oder länger) nicht als ein Gut angesehen, welches die Puffer-Rolle für transitorische, d.h. eine divergente Entwicklung von tatsächlichen und permanenten Größen bedingende Ereignisse übernimmt. Die Geldhaltung ist keine Residualgröße, sondern wird vergleichbar der Konsumgüternachfrage gemäß der permanenten Einkommenshypothese in Abhängigkeit von dem langfristig bzw. dauerhaft erwarteten Einkommen y_p sowie Güterpreisniveau P_p bestimmt. Entscheidend sind somit nicht die tatsächlich beobachteten Werte einer

Periode, sondern die permanenten, d.h. die um die transitorischen Komponenten bereinigten tatsächlichen Werte. Die nicht beobachtbaren permanenten Variablen werden im Sinne erwarteter langfristiger Werte aus den gewichteten Realisationen vergangener Perioden gebildet. Heute wären sie im Wege einer sog. rationalen Erwartungsbildung unter Berücksichtigung aller Informationen über längerfristige Einflüsse auf die erwartete Größe zu bilden. Die Berücksichtigung eines permanenten Preisniveaus bedeutet, daß **Freiheit von Geldillusion** nicht vorliegt bei einer Homogenität der Geldnachfrage vom Grade eins in P, sondern nur, wenn sie auf P_p bezogen ist. Es gelten folgende Definitionen; dabei bezeichnet ein Index p eine permanente Größe, ein fehlender Index kennzeichnet einen tatsächlichen Periodenwert:

$$v = \frac{Y}{M} = \frac{Y}{Y_p}\frac{M_p}{M} v_p$$

$$v_p = \frac{Y_p}{M_p} = \frac{y_p}{m_p} \quad ; \quad y = \frac{Y}{P}$$

$$m = \frac{M}{P} = \frac{P_p}{P} m_p \quad ; \quad m_p = \frac{M_p}{P_p} = \frac{M}{P_p}$$

mit:
- v Einkommenskreislaufgeschwindigkeit des Geldes;
- y reales Volkseinkommen;
- m reale Geldmenge;
- P Güterpreis (-niveau, -index).

Vereinfachend wird gesetzt $M = M_p$. Die permanente reale Geldnachfrage bzw. Kassenhaltung wird pro Kopf über die intertemporale Nutzenmaximierung in Abhängigkeit vom permanenten realen Einkommen erklärt, so daß stets (im Gleichgewicht) gilt:

$$\frac{M}{P_p N} = \gamma \left(\frac{Y_p}{NP_p} \right)^{\sigma} = \gamma \, (y_p/N)^{\sigma}$$

$$(\sigma, \gamma) > 0; \text{ konstant} \quad ; \quad E\,(m_p, y_p) = \sigma$$

mit:
- N Anzahl der Wirtschaftssubjekte, Bevölkerungsgröße ($N_p = N$);
- $E\,(m_p, y_p)$ Elastizität der permanenten realen Kassenhaltung in bezug auf das permanente reale Einkommen (pro Kopf).

Für die tatsächliche Kassenhaltung ergibt sich damit (im Geldmarktgleichgewicht):

$$m = \frac{P_p}{P} y_p \frac{1}{v_p} = \frac{P_p}{P} \gamma \, y_p^{\sigma} N^{1-\sigma}$$

Bei einem von Friedman geschätzten Wert für σ von größer als eins (die Einkommenselastizität der Geldnachfrage ist damit größer als eins, d.h. Geld ist ein sog. Luxusgut) gilt nach entsprechendem Einsetzen für l_T und v:

$$m = l_T = \frac{P_p}{P} l_{T,p}(\underset{+}{y_p}, \underset{-}{N}) = \frac{1}{P} L_T(\underset{+}{P_p}, \underset{+}{y_P}, \underset{-}{N})$$

$$v = \frac{Y}{Y_p} v_p = \frac{Y}{Y_p} v_p(\underset{-}{y_P}, \underset{+}{N}) = v(\underset{+}{P_p}, \underset{-}{P}, \underset{-}{y_P}, \underset{+}{y}\ \underset{+}{N})$$

Übersteigt der tatsächliche reale Einkommenszuwachs in einer Aufschwungphase den permanenten realen Einkommenszuwachs, so ergibt sich eine proportionale Erhöhung der Umlaufgeschwindigkeit im Aufschwung (und entsprechend Reduktion im Abschwung), da auch P stärker steigen wird als P_p. Der abgeleitete Ansatz gilt nur für repräsentative Konsumenten (Geld als Konsumgut). Seine analoge Übertragung auf die Unternehmen (Geld als Produktionsgut) ist problematisch, da Geld hier auch als Anlagegut interpretiert wird (und nicht als kurzfristige Lagerhaltung).

Die Bedeutung dieser Geldnachfragefunktion des monetaristischen Ansatzes liegt insbesondere in

- der Unterscheidung von permanenten und tatsächlichen Größen;
- der Betonung der Geldnachfrage aus dem reinen Transaktionsmotiv bzw. der Nachfrage wegen seiner Dienste (allerdings in einem intertemporalen Kontext);
- der Ableitung der Luxusguthypothese, so daß es weder sog. economies of scale der Geldhaltung gibt, noch Geld infolge von Unsicherheiten gehalten wird;
- der nutzentheoretischen Ableitung einer stabilen Geldnachfragefunktion.

Eine Instabilität der Geldnachfragefunktion, wie insbesondere von einigen Keynesianern betont, würde bedeuten, daß die Wirtschaftssubjekte Geld als ausgleichenden Puffer sehen und über eine entsprechend instabile Geldumlaufgeschwindigkeit selbst, d.h. endogen die gewünschte/notwendige Geldhaltung schaffen. Eine Geldmengenpolitik ist wegen der Nicht-Steuerbarkeit der Geldmenge weder durchführbar noch sinnvoll. Sinnvoller wäre dann eine Geldpolitik beispielsweise zur Stabilisierung des Zinsniveaus.

Zu beachten ist darüber hinaus an diesem (später noch modifizierten) monetaristischen Zahlungsmittelansatz die Verneinung einer relevanten Zinselastizität der Geldnachfrage. Der Zinssatz wird, wie in der Klassik und damit dem walrasianischen System, als Entgelt für den Konsumverzicht verstanden. Die Ersparnis als Ausdruck des Konsumverzichts wird in Abhängigkeit von der (gegebenen) Zeitpräferenzrate der Wirtschaftssubjekte und dem Zinssatz erklärt. Im Gleichgewicht (vereinfacht für eine geschlossene Volkswirtschaft ohne staatliche Aktivität) entspricht die so abgeleitete gewünschte Ersparnis der gewünschten Investition, d.h. der Nachfrage nach neu produziertem (Produzenten-) Sachkapital. Der Zinssatz wird damit auf dem Gütermarkt bestimmt. Er ist der Ausgleichsmechanismus auf diesem Markt in einem System der Vollbeschäftigung.

III.2 Die Spekulationskasse

III.2a Das keynesianische Spekulationsmotiv

Gegen eine Bestimmung des Zinssatzes auf dem Gütermarkt sowie eine stabile Umlaufgeschwindigkeit des Geldes wendet sich die Überlegung insbesondere von J. M. Keynes. Dabei kommt er unmittelbar aufgrund seiner Konsumhypothese der effektiven Nachfrage, d.h. der Konsumgüternachfrage in Abhängigkeit vom tatsächlichen Periodeneinkommen, zur Einkommensabhängigkeit der Ersparnis. Dennoch könnte bei einer Zinsabhängigkeit der Investitionsgüternachfrage (wie oben dargestellt) der Zinssatz auf dem Gütermarkt bestimmt werden und diesen Markt bei Vollbeschäftigung zum Ausgleich bringen. Voraussetzung aber ist, daß der Zinssatz dann ausschließlich über die Grenzleistungsfähigkeit des Kapitals und die Sparneigung zu erklären ist bzw. daß der Zins nicht unabhängig von diesen beiden Größen erklärt werden kann. Bei einer Abhängigkeit der Ersparnis vom Einkommen oder auch vom Zinsniveau darf die Struktur der Ersparnis dann keinen Einfluß auf den Zinssatz haben bzw. die gewählte Portfoliostruktur der Wirtschaftssubjekte darf dann aber nicht den Zinssatz bestimmen.

Da das wesentliche Charakteristikum von Geld der höchste Liquiditätsgrad (im Verhältnis zu allen anderen Formen der Wertaufbewahrung) und seine Nicht-Verzinsung ist, bedeutet dieses, daß Geld im System der Klassiker nicht im Rahmen der Akkumulation gehalten wird. Andererseits: Wird Geld im nennenswerten Umfang als Vermögenstitel gehalten bzw. wird in Form von Geld gespart, dann kann der Zinssatz nicht das Entgelt für den Konsumverzicht sein. Bestimmen die Zentralbank die nominale Geldmenge (M) und die Wirtschaftssubjekte die Geldnachfrage aus dem Transaktions- (einschließlich Vorsichts-) motiv (L_T), so ist die Differenz ($M - L_T$) die Hortung (bzw. sie gehört nach einer weiteren Definition dazu). Ihre Höhe ist als Teil des Vermögens der Wirtschaftssubjekte abhängig von den Anlage-Alternativen, ihre Veränderung wird durch die marginale Hortungsquote bestimmt.

Die Alles- oder Nichts-Entscheidung

Bei einem gegebenen Vermögen hat das Wirtschaftssubjekt zu entscheiden, ob es verzinste Titel und/oder Geld halten soll. Die verzinste Anlage mag dabei ein quasi-homogenes Gut (aus langfristigen Wertpapieren, Aktien etc.) sein; Geld mag dabei in einer weiten Definition verstanden werden, so daß der Zinssatz dann die Zinssatzdifferenz zwischen beiden Alternativen erfaßt. Für den verzinsten Titel, hier Wertpapier genannt, erwartet das Wirtschaftssubjekt die Rendite r^e:

$$r^e = \frac{K^e - K_0 + Z}{K_0} = \hat{K}^e + \frac{Z}{K_0}$$

mit:
- r^e erwartete Rendite der Wertpapierhaltung;
- K^e erwarteter Liquidations- bzw. Verkaufskurs des Wertpapieres nach einer Periode;
- K_0 Ankaufs-Kurs des Wertpapieres zum Zeitpunkt $t = 0$;
- $\hat{K}^e$ im Zeitpunkt $t = 0$ erwartete prozentuale Kursveränderung (prozentualer Kursgewinn oder -verlust);
- Z Zinszahlung pro Wertpapier.

Aufgrund der Unterstellung einer unendlichen Laufzeit des Wertpapieres und einer festen Zinszahlung Z pro Periode gilt für den Gegenwartswert des zu erwartenden Stromes an Zinszahlungen:

$$K = \frac{Z}{1+i} + \frac{Z}{(1+i)^2} + \frac{Z}{(1+i)^3} + \ldots + \frac{Z}{(1+i)^n} + \ldots$$

aufgrund der Summenformel der unendlichen geometrischen Reihe:

$$K = \frac{Z}{i} \quad \text{bzw.} \quad i = \frac{Z}{K}$$

sowie $\hat{K}^e = \dfrac{K^e - K_0}{K_0} = -\hat{i}^e = -\dfrac{i^e - i_0}{i^e}$

mit: $\hat{i}^e$ erwartete Zinssatzänderung (prozentual).

Damit gilt für die erwartete Rendite der Wertpapierhaltung:

$$r^e = i_0 - \hat{i}^e \gtreqless 0$$

In Abhängigkeit von der erwarteten Zinssatz- bzw. Kursveränderung kann die erwartete Rendite größer, gleich oder kleiner als Null sein. Erwartet das Wirtschaftssubjekt deutliche Kurssenkungen, wird es erhebliche, die Zinszahlungen übersteigende Kapitalverluste erwarten und keine Wertpapiere nachfragen. Es wird die Geldhaltung präferieren, d.h. die Haltung von unverzinstem Geld. Zur Vereinfachung wird hier unterstellt, daß das Wirtschaftssubjekt die erwartete Rendite mit Sicherheit erwartet. Entsprechend fällt es eine sog. Alles-oder-Nichts-Entscheidung; es hält sein gesamtes Vermögen nur in Form von Wertpapieren oder Geld. Die Trennlinie bildet der sog. kritische Zinssatz i^{e*}, d.h. der Zinssatz, bei dem die erwartete Rendite gleich Null ist ($r^e = 0$ bei i^{e*}). Der kritische Zinssatz ist immer größer als i_0. Die Entscheidung ist abhängig von dem herrschenden und dem erwarteten Zinssatz. Erwartet das Wirtschaftssubjekt gegenüber i_0 steigende Zinsen ($i^e > i_0$), so erwartet es sinkende Kurse und damit Kursverluste. Wertpapiere wird es nur nachfragen, solange der erwartete Zins unter dem kritischen liegt bzw. die Kursverluste geringer als die Zinszahlung sind. Es gilt (v_0 reales Vermögen des Wirtschaftssubjektes i):

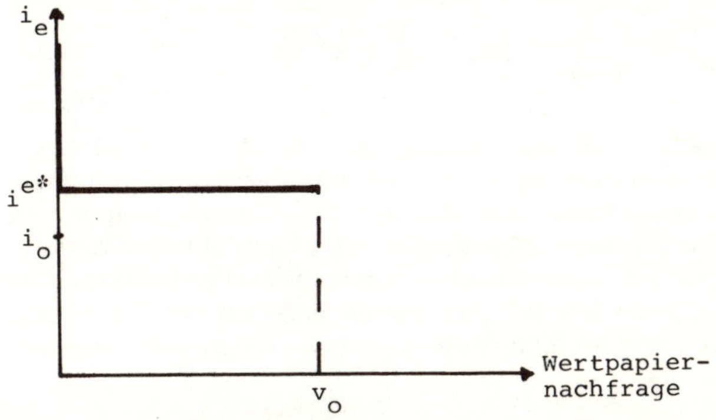

Abb. 17 Die einzelwirtschaftliche Nachfrage nach Wertpapieren

Für die individuelle Nachfrage nach Geld aus dem Anlagemotiv L_S^i gilt:

$$L_S^i = \sigma \, P \, v_0 \quad \text{mit:} \quad \sigma \left\{ \begin{matrix} =1 \\ =0 \end{matrix} \right\} \text{ für } i^e - i^{e*} \left\{ \begin{matrix} > \\ < \end{matrix} \right. 0$$

Das Risiko in der Alles-oder-Nichts-Entscheidung

Zum Verständnis der Alles-oder-Nichts-Entscheidung bei Keynes sei kurz auf das Anlagekalkül in der Klassik eingegangen. Einem (repräsentativen) Wirtschaftssubjekt stehen beispielsweise als Alternativen drei Titel mit einer Laufzeit von 1, 2 und 3 Jahren zur Verfügung. Gemäß der klassischen Erwartungstheorie der Zinsstruktur und der Annahme eines vollkommenen Marktes (es existieren keine Präferenzen bei vollkommener Markttransparenz ohne Informations- und Transaktionskosten) führt die Haltung des dreijährigen Titels über alle drei Perioden zur selben Verzinsung wie die Sequenz aus drei einjährigen Titeln. Es gilt für den Kurs K und die Rendite auf Jahresbasis r:

${}_tK_j^z \; ; \; {}_tr_j^z$ mit:
- z Fristigkeit des Titels;
- j Ende der Anlagezeit;
- t Anlagezeitpunkt.

$$(1+{}_0r_3^3)^3 = (1-{}_0r_1^1)\;(1+{}_1r_2^1)\;(1+{}_2r_3^1)$$

sowie $$(1+{}_0r_3^3)^3 = (1+{}_0r_2^2)^2\;(1+{}_2r_3^1)$$

sowie $$(1+{}_0r_2^2)^2 = (1+{}_0r_1^1)\;(1+{}_1r_2^1)$$

Dabei ist beispielsweise ${}_0r_3^3$ die Verzinsung auf Jahresbasis eines in t = 0 gekauften dreijährigen Titels, der bis zur Einlösung durch den Emittenten nach drei Jahren gehalten wird. Entsprechend ist ${}_2r_3^1$ die Verzinsung auf Jahresbasis eines in t = 2 gekauften einjährigen Titels, der bis zur Einlösung durch den Emittenten in t = 3 gehalten wird.

Sind die Titel dadurch charakterisiert, daß keine Zinszahlung erfolgt und der Tilgungs- resp. Einlösungsbetrag eine Geldeinheit beträgt, so wird der Zinssatz resp. die erwartete Rendite bestimmt als:

$${}_0K_1^1 = \frac{1}{1+{}_0r_1^1} \quad \text{bzw.} \quad {}_0r_1^1 = \frac{1-{}_0K_1^1}{{}_0K_1^1}$$

Der heutige Kurs ist kleiner als eins. Die Rendite ergibt sich aus der Differenz zwischen heutigem Kurs und Rücknahmekurs durch den Emittenten, d.h. aus der Abdiskontierung. Dieses ist die Form der Verzinsung heutiger sog. **U-Schätze** (unverzinste Schatzanweisungen). Der Gleichgewichtskurs ist der, den der Vermögensbesitzer aufgrund seines Konsumverzichtes resp. seiner Zeitpräferenzrate (Nachfragepreis) bereit ist zu zahlen und den der Emittent aufgrund der Grenzproduktivität des Kapitals bereit ist zu akzeptieren (Angebotspreis).

In dieser Darstellung des klassischen Systems ist ${}_1r_1^1$ stets positiv. Für das zweijährige Papier gilt:

$$ {}_0K_2^2 = \frac{1}{1+{}_0r_2^1}\,\frac{1}{1+{}_1r_2^1} = {}_0K_1^1 \cdot {}_1K_2^1 $$

bzw.

$$ {}_0r_2^2 = +\sqrt{(1+{}_0r_1^1)\;(1+{}_1r_2^1)}\;-1 $$

Bei der Voraussicht eines walrasianischen Auktionators schlagen sich erwartete Veränderungen der Präferenzen und Grenzproduktivitäten somit im Kurs resp. der durchschnittlichen Verzinsung (p.a.) längerfristiger Titel direkt und vollkommen nieder. Dabei ist der Kurs eines zweijährigen Titels mit einer Restlaufzeit von 1 Periode in t + 1 gleich dem des einjährigen Titels dieser Periode. Die Rendite (p.a.) kann nur unterschiedlich bei verschiedenen Restlaufzeiten oder bei Titeln gleicher Fristigkeit (einschließlich Restlaufzeit) in verschiedenen Perioden sein. Aufgrund der fehlenden Transaktionskosten gilt ebenso, daß die erwartete Rendite eines nur im ersten Jahr gehaltenen Titels mit einer Restlaufzeit von n-Jahren gleich der eines einperiodigen Papieres ist. Die erwarteten Renditen aller Titel sind stets positiv aufgrund der vollständigen Informationsverarbeitung durch den Auktionator resp. Markt. Geld hat keine positive erwartete Rendite; kein Wirtschaftssubjekt wird im klassischen System Geld im Portefeuille halten. Das Risiko der für die Zukunft erwarteten Zinsen (z.B. in ${}_0r_2^2$) schlägt sich höchstens gemäß der allgemeinen Risikoeinschätzung durch den Markt in Form einer Risikoprämie nieder.

Die individuelle Unsicherheit

Der fehlende walrasianische Auktionator bedeutet, daß die Wirtschaftssubjekte nicht in Richtung und Ausmaß gleiche Veränderungen der Zinssätze erwarten. Die Unsicherheit über die zukünftigen Zinssätze bedingt (bzw. ist gleichzusetzen mit) individuell unterschiedliche Erwartungen bzw. Kursprognosen. Diese Abweichung der individuellen Erwartung von der der Allgemeinheit bzw. von der im Zins inkorporierten Markteinschätzung führt in einem ausgebauten Finanzmarktsystem (mit effizienten Sekundärmärkten etc.) zur Geldhaltung durch eine bestimmte Gruppe von Anlegern. Alle Anleger, die einen stärkeren Kursverfall erwarten, fragen Liquidität nach bzw. halten Geld. Die andere Anlegergruppe, die entsprechend einen geringeren Kursverfall oder einen Kursanstieg erwartet, hält Wertpapiere. Der Marktzinssatz (unter Einschluß der Risikoprämie) spiegelt die allgemeine Unsicherheit bzw. die sich über alle Marktteilnehmer ergebende Verteilungsfunktion der erwarteten Zinserträge. Diese (marktobjektive Verteilungsfunktion) weicht i.d.R. von allen subjektiven Verteilungsfunktionen der Wirtschaftssubjekte ab. Diese Differenz bedingt die Geldhaltung aus dem Spekulationsmotiv.

Diese Geldnachfrage resultiert somit aus der individuellen Spekulation „gegen" den Markt. Entsprechend spricht Keynes von einer Geldhaltung aus dem Spekulationsmotiv. Der keynesianische Bezug auf den Markt bzw. die im Marktpreis verwertete Information verdeutlicht die Bedeutung der später von Monetaristen und Vertretern der Neuen Klassik betonten Theorie rationaler Erwartungsbildung und Markteffizienz.

Die gesamtwirtschaftliche Spekulationskasse

Die Geldnachfrage aus dem Spekulationsmotiv setzt somit voraus:

- Allgemeines Risiko bezüglich zukünftiger Zinsentwicklungen;
- unterschiedliche Erwartungen der Anleger bezüglich der Zinsentwicklung;
- Erwartungssicherheit der Anleger in ihre eigene Erwartungsbildung im Planungszeitpunkt.

Der letztgenannte Punkt führt zu der Alles-oder-Nichts-Entscheidung des einzelnen Anlegers. Er ist für das Konzept insgesamt nicht entscheidend, wie der folgende Portfolio-Selektions-Ansatz zeigt. Bedeutsamer ist der zweite Punkt. Es ist nicht mehr von einem repräsentativen Wirtschaftssubjekt auszugehen. Es gibt zumindest zwei Gruppen von Wirtschaftssubjekten, die sich in den Erwartungen unterscheiden. Damit läßt sich die gesamtwirtschaftliche Nachfrage nach Geld nicht mehr aus dem mikroökonomischen Kalkül und der anschließenden Betrachtung einer Ein-Haushalt-Ökonomie oder der Aggregation vollkommen gleicher Wirtschaftssubjekte ableiten. Eine konsistente Aggregation ist nicht mehr möglich ohne Kenntnis der relativen Bedeutung aller Wirtschaftssubjekte und aller individuellen Erwartungen. Die Folge ist zumindest eine Art Nachfragekorridor nach Geld aus dem Spekulationsmotiv im Gegensatz zu einem festen funktionalen Zusammenhang; d.h. mit einem bestimmten Zinssatz sind verschiedene Werte der Geldnachfrage aus dem Spekulationsmotiv kompatibel. Die Ausdehnung des Korridors ist abhängig von der Streuung der individuellen Erwartungssicherheit; je häufiger die Wirtschaftssubjekte ihre Erwartungen im Zeitablauf revidieren bzw. je stärker ihre Unsicherheit in jedem Planungszeitpunkt variiert, desto breiter ist der Korridor.

Zu erwarten ist, daß prinzipiell ein Zusammenhang zwischen dem Zinssatz und der Nachfrage nach Geld aus dem Spekulationsmotiv mit negativer Steigung besteht. Ausgehend von gewichteten Vergangenheitsrealisationen des Zinssatzes hat jedes Wirtschaftssubjekt eine Vorstellung über einen „normalen" Zinssatz i_N, d.h. einen sich wahrscheinlich einstellenden. Jedes Wirtschaftssubjekt j hat eine eigene Normalzinsvorstellung $i_{N,j}$ und glaubt, daß sich der tatsächliche Zinssatz an diesen Normalzins anpaßt. Entsprechend hat es Vorstellungen bezüglich der individuell erwarteten Rendite einer Wertpapierhaltung. Je höher der tatsächliche Zinssatz ist (in Relation zu den Sätzen der Vergangenheit), desto wahrscheinlicher ist es, daß um so mehr Wirtschaftssubjekte einen niedrigeren Normalzins und damit Zinssatzsenkungen bzw. Kurssteigerungen erwarten. Die Gruppe der „Pessimisten" bzw. Geldnachfrager aus dem Spekulationsmotiv ist relativ klein, entsprechend die Geldhaltung aus dem Spekulationsmotiv. Entgegengesetztes gilt für einen niedrigen tatsächlichen Zinssatz. Graphisch gilt allgemein für die gesamtwirtschaftliche Spekulationskasse:

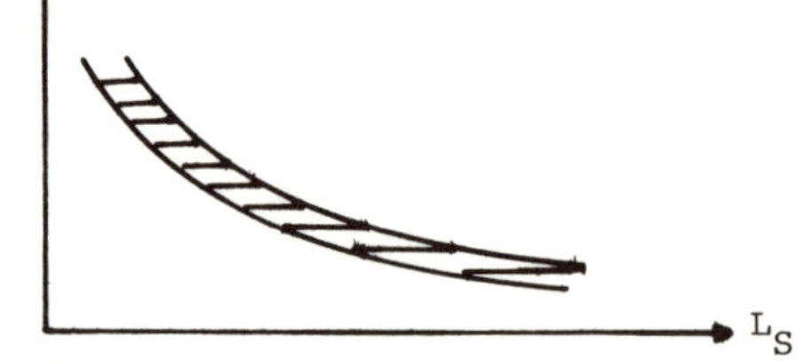

Abb. 18 Die Geldnachfrage aus dem Spekulationsmotiv

Es gilt:

$$L_S = L_S(\underset{-}{i}, \underset{+}{V_0}, x)$$

mit: L_S gesamtwirtschaftliche Nachfrage nach Geld aus dem Spekulationsmotiv (nominal);
V_0 nominales Vermögen;
x Strukturgrößen.

Der funktionale Zusammenhang zwischen L_S und i ist abhängig von der Relation zwischen i und $i_{N,j}$, der Verteilungsfunktion von i_N und der allgemeinen sowie der jeweiligen individuellen Erwartungsunsicherheit.

Die Ausgleichsfunktion des Zinssatzes

Es gilt für die Geldhaltung bzw. die Hortung (in der engeren Definition) H:

$$M - L_T = L_S = H$$

Der Zinssatz schafft damit den Ausgleich zwischen dem nicht zu Transaktions-(einschließlich Vorsichts-)zwecken verwendeten Geld und der gewünschten Hortung. Keynes unterstellt dabei eine vernachlässigbar geringe Zinselastizität der Geldnachfrage aus dem Vorsichtsmotiv, was insbesondere in seiner Abgrenzung von Geld (s.u.) begründet ist. Die gewünschte Hortung, d.h. die gewünschte unmittelbare Verfügungsmöglichkeit über Güter, bestimmt somit in Abhängigkeit von den Erwartungen den tatsächlichen Zinssatz. Der Zinssatz ist der Ausgleichsmechanismus auf dem Geldmarkt. Bei unverzinstem Geld ist der Zinssatz das Entgelt für eine Nicht-Hortung bzw. den Verzicht auf vollkommene Liquidität.

Je höher bzw. je niedriger der Zinssatz ist, desto gleichgerichteter bzw. homogener werden die Erwartungen im Normalfall. Bei einem hohen Zinssatz mit geringem L_S führt eine expansive Offen-Markt-Politik (c.p.) unmittelbar zu steigenden Wertpapierkursen sowie sinkendem Zins und damit steigendem Beschäftigungsniveau. Je niedriger der Zinssatz ist, desto mehr hängt der Zinseffekt einer beispielsweise expansiven Geldpolitik davon ab, aus der Gruppe der Wertpapierhalter Wirtschaftssubjekte zu überzeugen, Geld zu halten. Die Zentralbank erreicht um so schwerer eine weitere Zinssenkung, je tiefer der Zinssatz bereits ist. Je niedriger i ist, desto größer wird die Gruppe der Geldhalter im Gegensatz zu der der Wertpapierhalter. Die Wirtschaftssubjekte präferieren immer stärker die Geldhaltung; die Zinselastizität der Geldnachfrage wird (absolut) immer größer und geht (gedanklich) gegen minus unendlich. In diesem Extremfall verliert die Geldpolitik die Kontrolle über den Zinssatz bzw. sie kann keine weitere Zinssatzsenkung mehr bewirken.

Die Wirksamkeit der Geldpolitik als Konjunkturpolitik geht verloren, je gleichgerichteter und damit homogener die Erwartungen und die Unsicherheiten der Wirtschaftssubjekte werden. Bei repräsentativen Wirtschaftssubjekten existiert keine Geldhaltung aus dem Spekulationsmotiv, die Zentralbank kontrolliert nicht mehr den Zinssatz. Bei repräsentativen Wirtschaftssubjekten sind alle subjektiven Verteilungsfunktionen gleich der (markt-)objektiven.

Die Erwartungsbildung

Die Wirksamkeit der Zentralbankpolitik bezüglich einer Zinssatzsenkung ist (nicht nur) abhängig von den Normalzinsvorstellungen der Wirtschaftssubjekte. Diese beachten nach Keynes' Überzeugung nicht nur die Werte des Zinssatzes in der Vergangenheit bei einer adaptiven Erwartungsbildung beispielsweise in der Art:

$$i_{N,j} = f_j\,(i_t, i_{t-1}, i_{t-2}, \ldots, i_{t-n})$$

Die kurzfristige Veränderung von $i_{N,j}$ bzw. die Erwartungselastizität ist um so geringer, je mehr Vergangenheitsrealisationen berücksichtigt werden. Bei der Normalzinsbildung für t+2 wird zusätzlich i_{t+1} berücksichtigt und der letzte (von beispielsweise 24 Werten) fällt raus. Entsprechend gering ist der Einfluß von i_{t+1} bzw. die Veränderung von $i_{N,j}$ von Periode zu Periode. Wichtiger ist, daß die Geldpolitik über die Erwartungen und Unsicherheiten der Wirtschaftssubjekte die Liquiditätspräferenz, d.h. den funktionalen Zusammenhang von L_S und i beeinflussen kann. Sog. news bzw. Veränderungen derselben u.a. aufgrund einer zu erwartenden Geldpolitik können zu Erwartungsrevisionen führen. Die Wirtschaftssubjekte berücksichtigen nicht nur Vergangenheitsrealisationen bei ihrer Erwartungsbildung (adaptive Form der Erwartungsbildung), sondern rational auch zusätzlich Informationen, wie zu erwartende Veränderungen. Sie berücksichtigen auch die Glaubwürdigkeit der Geldpolitik sowie die Stärke der Zinssatzänderung.

Versucht die Zentralbank über eine expansive Geldpolitik bei einem relativ niedrigen Zinssatz eine weitere Zinssatzsenkung, so erfordert dieses einen starken Impuls bzw. eine große Geldmengenausdehnung. Die Gefahr besteht nun darin, daß eine plötzliche große Geldmengenveränderung bei vielen Wirtschaftssubjekten die Unsicherheit bezüglich der zukünftigen Entwicklung und damit ihre Liquiditätspräferenz erhöht. Es kommt zu einer sehr schnellen Erwartungsrevision; die Liquiditätspräferenzfunktion wird diskontinuierlich. Statt der erwarteten Zinssatzsenkung von i_0 auf i_2 ergibt sich bei erhöhter Liquiditätspräferenz nur eine auf i_1 infolge der Geldmengenausweitung, wie die folgende Abbildung zeigt.

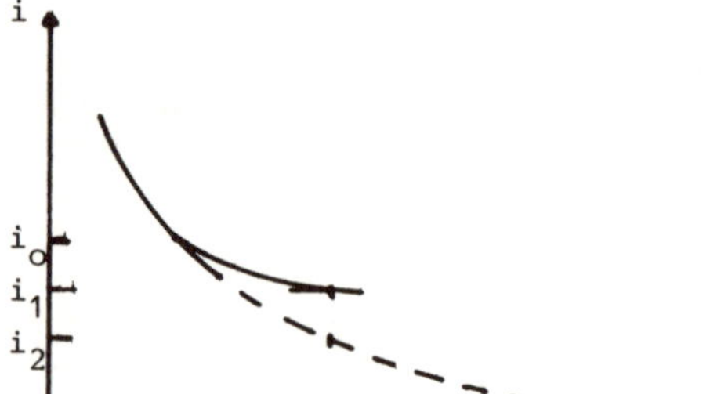

Abb. 19 Die Bedeutung einer veränderten Liquiditätspräferenz

Bei der Erwartungsbildung werden aber nicht nur Zusatzinformationen über die Geldpolitik verarbeitet. Eine prinzipiell mögliche Zinssenkung im Wege einer expansiven Geldpolitik kann dadurch scheitern, daß die Wirtschaftssubjekte angesichts der (höheren) Zinssätze im Ausland der Politik nicht vertrauen. Ihre Liquiditätspräferenz steigt; die gewünschte Zinssatzsenkung wird nicht erreicht. Generell reagieren die Wirtschaftssubjekte bei jeder neuen Störung mit einer Ausdehnung der Liquiditätspräferenz, da die Störung unmittelbar stets zusätzliche Unsicherheit bedeutet. Damit aber ändert sich die Umlaufsgeschwindigkeit des Geldes. Sie ist entsprechend instabil im Zeitablauf.

Auswirkung der Spekulationskasse auf die Geldpolitik

Verändert sich im Zeitablauf das wirtschaftliche Umfeld relativ schnell und nicht direkt vorhersehbar, dann steigt die Unsicherheit und damit die Liquiditätspräferenz der Wirtschaftssubjekte. Sie halten verstärkt Geld anstelle beispielsweise von Sachkapital. Betrachtet die keynesianische Nachfrage nach Geld aus dem Spekulationsmotiv nur Geld versus Nicht-Geld, dann geht sie von einer weiten Geldmengendefinition u.a. gemäß der Zinselastizitäten der Kapitalwerte der einzelnen Titel bzw. der Stärke der Substitutionsbeziehungen aus. Zum Geld gehören dann neben Sichtguthaben auch Spar- und Termineinlagen. Eine hohe Liquiditätspräferenz bedeutet somit, daß beispielsweise Unternehmen statt zu investieren verstärkt Geld in Form von Termineinlagen halten.

Bei gleichen sektoralen Entwicklungen, allgemeinen Erwartungen und Erwartungsunsicherheiten, d.h. bei Übereinstimmung der (markt-)objektiven mit allen subjektiven Verteilungsfunktionen und gleichem Risikoverhalten existiert keine Geldnachfrage aus dem Spekulationsmotiv. Das steigende allgemeine Risiko erhöht aber die Nachfrage nach Geld aus dem Vorsichtsmotiv. Die Geldmengenpolitik steht auch vor der Gefahr, mit der Preisniveaustabilität die Beschäftigung zu reduzieren. Nur in einer statischen Volkswirtschaft, in der gar keine Unsicherheit, kein Risiko existiert, steuert die Zentralbank mit der Geldmenge nur das Preisniveau bzw. die Preisänderungsrate.

Die Problematik des Korridors der Spekulationskasse und der (im Zeitablauf d.h.) dynamischen Instabilität der Liquiditätspräferenz, liegt in der auch über einen längeren Zeitraum u.U. bestehenden Unmöglichkeit, den Zinssatz genügend zu senken. Die Höhe des Zinssatzes wirkt aber über die Investitionsfunktion auf das Aktivitätsniveau einer Volkswirtschaft und damit den Beschäftigungsstand. Der Zinssatz kann damit zu hoch sein für eine Situation der Vollbeschäftigung (vgl. Kapitel VII).

Die Problematik liegt außerdem darin, daß eine steigende Unsicherheit resp. Liquiditätspräferenz der Wirtschaftssubjekte ohne eine akkomodierende Geldpolitik den Zinssatz erhöht und damit die Beschäftigung senkt. Eine Geldmengenexpansion infolge einer exogen gestiegenen Unsicherheit aber kann diese noch verstärken. Mit der tendenziell steigenden Umlaufgeschwindigkeit des Geldes bzw. der sinkenden für Transaktionszwecke verfügbaren Geldmenge können Finanzinnovationen entstehen, durch die der gestiegene Liquiditätsbedarf der Wirtschaftssubjekte befriedigt werden kann. Im Wettbewerb geschaffene Finanzinnovationen können aber ihrerseits ebenso die Unsicherheit erhöhen. Ein Verbot derartiger Finanzinnovationen, wie von der Bundesbank relativ strikt bis 1985 betrieben, kann Ventile des Güter- und Arbeitsmarktes beseitigen und so die Geldpolitik zu restriktiv machen. Die Gefahr der Psychologie der Geldpolitik und damit der Irrtümer ist groß.

III.2b Der Portfolio-Selektions-Ansatz

Aus der Aufhebung der Annahme sicherer Erwartungen des einzelnen Wirtschaftssubjektes bezüglich der zukünftigen Zinsentwicklung wird der sog. Portfolio-Selection-Approach der Geldhaltung entwickelt. Ein Vermögensbesitzer steht vor der Alternative der Haltung von Geld oder (kurzfristigen) Wertpapieren. Diese Alternativen, die bei gut organisierten und ausgebauten Finanzmärkten auf langfristige Wertpapiere, Aktien, Termineinlagen etc. ausgedehnt werden können, sind gekennzeichnet durch die erwarteten Nettorenditen, die sich bei einer Anlage-Dauer von einer Periode (ausgebaute Sekundärmärkte) erzielen lassen. Es sind somit die Zins- und Dividendenzahlungen und die erwarteten Verkaufskurse zu berücksichtigen. Transaktions- und Umstrukturierungskosten werden bei dieser Perioden-Analyse, d.h. einer Sequenz von temporären Optimierungen der Portfolio-Struktur, im Falle eines permanenten Vermögensbestandes vernachlässigt. Die Bedingung wohlorganisierter Märkte bedeutet dabei eine (jederzeitige) Veräußerbarkeit. Die Liquiditätsgrade sind verschieden aufgrund unterschiedlicher Kurs- bzw. Kapitalverlustmöglichkeiten. Das Wirtschaftssubjekt kann den erwarteten Liquidationserlös oder die erwartete Rendite seines Portefeuilles maximieren.

Ein Wirtschaftssubjekt trifft generell die Entscheidung über seine gewünschte Vermögensstruktur entweder bei einwertigen Erwartungen, d.h. bei sog. Punktschätzungen für die Renditen der alternativen Assets oder bei über Verteilungsfunktionen bzw. deren Parameter gekennzeichneten erwarteten Renditen. Im letzten Fall wird das Erwartungsrisiko somit berücksichtigt. Ein Beispiel für die erstgenannte Entscheidungssituation der Erwartungssicherheit ist der Grundansatz der Alles-oder-Nichts-Entscheidung. Die an zweiter Stelle genannte Situation wird im Portfolio-Selektions-Ansatz erfaßt, der sich allerdings nur auf Zwei-Parameter-Verteilungen bezieht und entsprechend auch als sog. **mean-variance-approach** bezeichnet wird. Sein Charakteristikum besteht darin, daß durch das Erwartungsrisiko für das Wirtschaftssubjekt ein Entscheidungsproblem zwischen einer (maximalen) Rendite und einem (minimalen) Risiko entsteht.

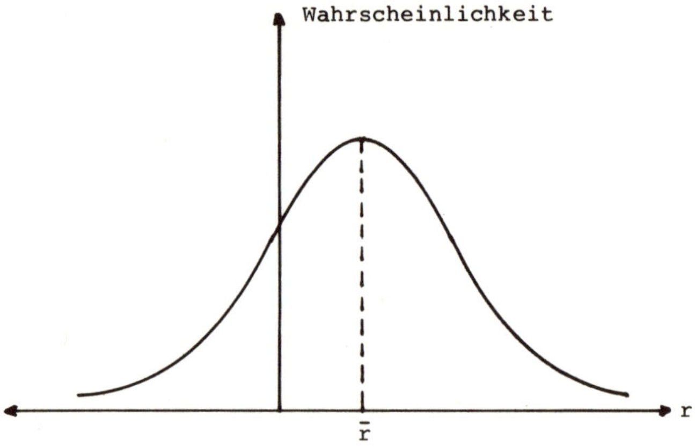

Abb. 20 Die Verteilung der erwarteten Rendite

Erwartungen und Risiko

Erwartungsunsicherheit besteht hier in dem Sinne, daß alle möglichen Realisationen über eine Häufigkeitsverteilung erfaß- und darstellbar sind. Für die Erwartungsbildung bedeutet dieses, daß jedes Wirtschaftssubjekt allen subjektiv für möglich erachteten erwarteten Renditen eine relative Häufigkeit bzw. Wahrscheinlichkeit zuordnet (vgl. Abb. 20):

mit: $\bar{r}$ Erwartungswert (≡ durchschnittlich erwartete Rendite).

Betrachtet man eine Zwei-Parameter-Verteilung (beispielsweise eine Normalverteilung), so ist sie durch den Erwartungswert $\bar{r}$ und durch die Standardabweichung σ gekennzeichnet. Die Standardabweichung ist der Ausdruck des Erwartungsrisikos:

$$\bar{r} = \frac{1}{n} \Sigma n_i r_i$$

$$\sigma = \sqrt{\frac{1}{n} \Sigma n_i (r_i - \bar{r})^2}$$

mit: n Häufigkeit der erwarteten Rendite;
r_i erwartete Rendite.

Die erwartete Rendite für das gesamte Vermögen R ist nun abhängig von der Vermögensstruktur, d.h. den Anteilen der einzelnen Titel bzw. Assets am Gesamtvermögen:

$$R = \bar{r}_1 x_1 + \bar{r}_2 x_2 + \ldots = \Sigma \bar{r}_i x_i \quad ; \quad \Sigma x_i = 1$$

mit: R erwartete Rendite des Gesamtvermögens;
x_i Anteil des Titels i am Gesamtvermögen;
$\bar{r}_i$ Erwartungswert bei Titel i.

Im Falle von zwei Titeln, beispielsweise von Geld und Wertpapieren, gilt also:

$$R = \bar{r}_1 (1-x_2) + \bar{r}_2 x_2$$

Es wird die erwartete Rendite des Gesamtvermögens in Abhängigkeit vom Anteil des zweiten Assets graphisch wie folgt dargestellt:

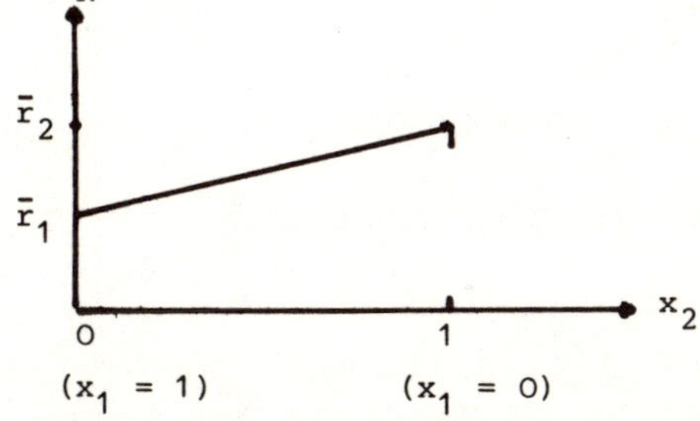

Abb. 21 Der Erwartungswert der Vermögensrendite

Das Erwartungsrisiko bezüglich der Vermögensrendite σ bzw. das Ertragsrisiko des Gesamtportefeuilles beträgt:

$$\sigma = \sqrt{\sum_i \sum_j x_i x_j V_{ij}}$$

bzw.

$$\sigma = \sqrt{\sum_i \sum_j x_i x_j \sigma_i \sigma_j c_{ij}}$$

mit: V_{ij} Kovarianz der Erwartungswerte der Titel i und j;
c_{ij} Korrelationskoeffizient zwischen den Erwartungswerten der Titel i und j.

Der Korrelationskoeffizient gibt dabei an, wie die Erwartungswerte bzw. die erwarteten Renditen miteinander korreliert sind bzw. wie sich (durchschnittlich) die erwartete Rendite eines Aktivums ändert, wenn sich die des anderen ändert. Die erwarteten Renditen können sich vollkommen parallel verändern ($c_{ij} = 1$) oder im anderen Extremfall sich vollkommen entgegengesetzt verändern ($c_{ij} = -1$). Der Korrelationskoeffizient liegt im Wertebereich von (−1, +1):

$$-1 \leq c_{ij} \leq 1$$

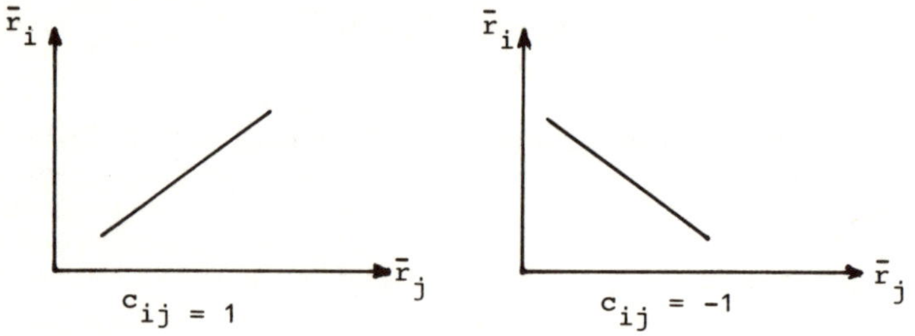

Abb. 22 Korrelationen der erwarteten Renditen

Im Falle von zwei Aktiva beträgt das Erwartungsrisiko des Portefeuilles somit:

$$\sigma = \sqrt{\sigma_1^2 x_1^2 + \sigma_2^2 x_2^2 + 2c_{12} \sigma_1 \sigma_2 x_1 x_2}$$

Die erwähnten beiden Extremfälle des Korrelationskoeffizienten führen zu den folgenden Risiken des Gesamtportefeuilles:

$$\sigma \Big|_{c_{12}=1} = \sigma_1 x_1 + \sigma_2 x_2 = \sigma_1 + (\sigma_2 - \sigma_1) x_2$$

sowie

$$\sigma \Big|_{c_{12}=-1} = \pm (\sigma_1 x_1 - \sigma_2 x_2) = \begin{Bmatrix} \sigma_1 - (\sigma_2 + \sigma_1) x_2 \\ -\sigma_1 + (\sigma_2 + \sigma_1) x_2 \end{Bmatrix}$$

Graphisch stellen sich beide Fälle wie folgt dar:

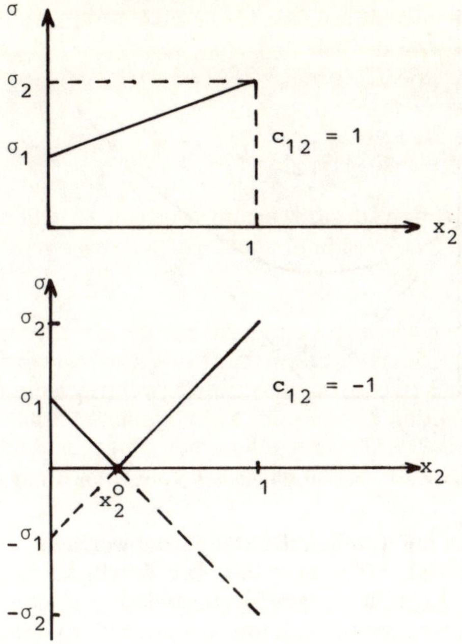

Abb. 23 Das Portfolio-Risiko

Die Darstellung für den Korrelationskoeffizienten $c_{12} = 1$ ist unmittelbar verständlich. Aufgrund des positiven und negativen Wertes der Wurzel gibt es zwei Geraden zur Kennzeichnung der Standardabweichung des Gesamtportefeuilles im Falle eines Korrelationskoeffizienten $c_{12} = -1$. Beide Geraden sind in der Graphik dargestellt. Sie schneiden sich bei einem Anteil des zweiten Aktivums in Höhe von:

$$x_2^0 = \frac{\sigma_1}{\sigma_1 + \sigma_2}$$

Der Schnittpunkt ist also abhängig von den Standardabweichungen der erwarteten Renditen beider Aktiva. Interessant bzw. nur definiert ist jeweils der Teil der Standardabweichung des Gesamtportefeuilles, der im Bereich eines positiven Risikos liegt bzw. im ersten Quadranten. Entsprechend sind die Geraden im unteren Quadranten nur noch gestrichelt dargestellt. Die Standardabweichung für das Gesamtportefeuille in Abhängigkeit vom Anteil des zweiten Assets läßt sich somit wie folgt darstellen:

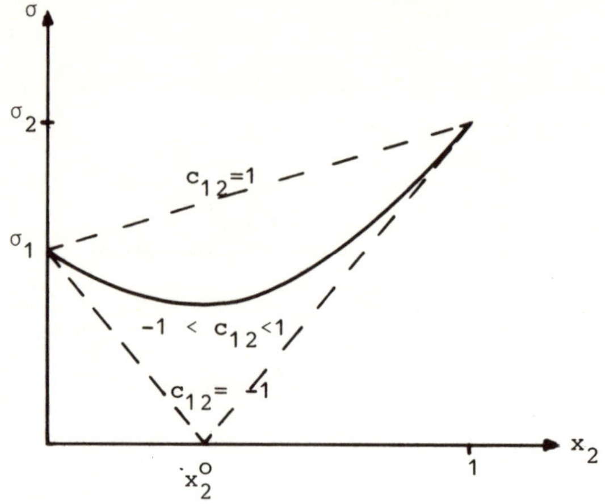

Abb. 24 Das Portfolio-Risiko bei verschiedenen Korrelationskoeffizienten

Die gestrichelten Linien stellen die Standardabweichung im Falle der Extremwerte der Korrelationskoeffizienten dar. Die durchgezogene Linie stellt einen Fall dar, in dem der Korrelationskoeffizient zwischen seinen möglichen Extremwerten liegt. Die Kurve nähert sich um so stärker der Geraden für den Koeffizienten $c_{12} = 1$, je größer der Wert des Korrelationskoeffizienten ist.

Die Möglichkeitskurve

Der Zusammenhang zwischen dem erwarteten Ertrag R und der erwarteten Standardabweichung σ des Gesamtportefeuilles wird in dem folgenden Vier-Quadranten-Diagramm dargestellt. Er ergibt sich im ersten Quadranten aufgrund der Darstellung der erwarteten Rendite des Portefeuilles in Abhängigkeit vom Anteil des zweiten Aktivums am Gesamtportefeuille (im zweiten Quadranten) und der Darstellung der erwarteten Standardabweichung des Gesamtportefeuilles σ in Abhängigkeit vom Anteil des zweiten Aktivums am Gesamtportefeuille (im dritten Quadranten) sowie der zur Transformation verwendeten 45°-Linie (im vierten Quadranten). Dieser Zusammenhang zwischen R und σ ist die sog. Möglichkeitskurve für das Gesamtportefeuille bzw. die sog. efficient frontier bzw. die Linie effizienter Portefeuilles.

Im Falle eines Korrelationskoeffizienten $c_{12} = 1$ gilt die Verbindungsgerade von A_3B; es gibt offensichtlich keine Vorteile aus der Diversifikation bzw. Strukturierung des Portefeuilles. Die erwartete Gesamtrendite steigt proportional mit dem zusätzlichen Risiko.

Im Falle eines Korrelationskoeffizienten $c_{12} = -1$ ergibt sich als Möglichkeitskurve die Gerade A_3A_1B. Es ist die maximale Risikoersparnis mittels der Diversifikation des Gesamtportefeuilles möglich. Effizient ist von dieser sog. efficient frontier nur die Verbindungsgerade A_1B. Im Punkt A_1 ist, wie man aus dem Diagramm insgesamt erkennen kann, der Anteil des zweiten Aktivums x_2 kleiner als eins und größer als Null. Ausgehend vom Nullpunkt für den Anteil des zweiten Assets läßt sich also die erwartete Gesamtrendite des Portefeuilles erhöhen und

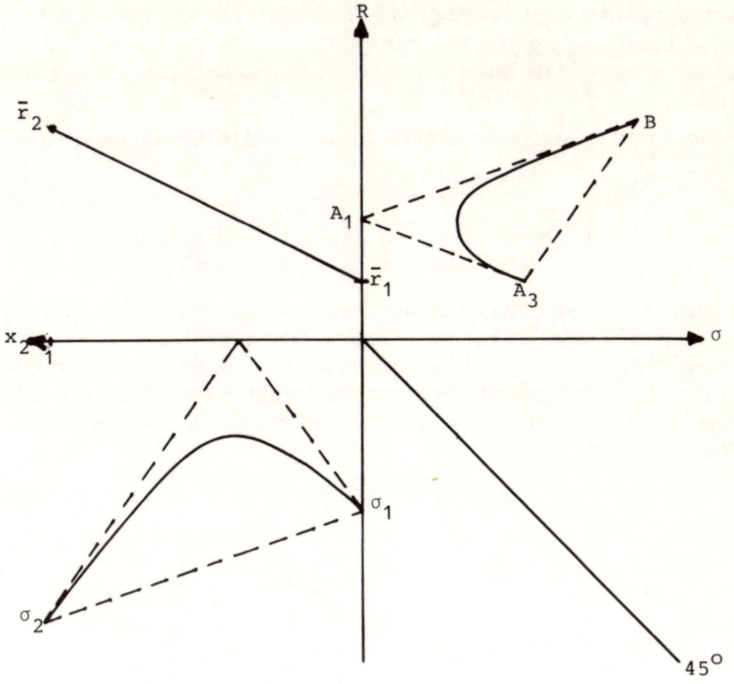

Abb. 25 Die Linie effizienter Portfolios

gleichzeitig das Risiko senken. Dieses geht bis zum Punkt A_1, wo eine positive Gesamtrendite zu erwarten ist bei einem Risiko von Null. Weitere Steigerungen der erwarteten Rendite sind dann nur noch möglich mit einem steigenden Risiko.

Liegt der Korrelationskoeffizient zwischen seinen beiden Extremwerten, so gilt beispielsweise die eingezeichnete Kurve A_3A_2B. Sie ist effizient nur in dem Zweig von A_2B, d.h. ausgehend von dem Punkt der Kurve, in dem die Tangente senkrecht steht bzw. eine Steigung von gegen unendlich aufweist. In diesem Falle tritt ebenfalls ein Diversifikationsvorteil auf.

Die Möglichkeitskurve bzw. die sog. efficient frontier ist, wie die Betrachtung der Fälle unterschiedlicher Korrelationskoeffizienten zeigt, somit die Kombination aller Punkte, denen bei gegebenem Risiko eine maximale Rendite bzw. denen bei gegebener Rendite des Gesamtportefeuilles das geringstmögliche Gesamtrisiko zugeordnet ist.

Eine Ausdehnung dieser Betrachtung von zwei Aktiva auf n führt zu einer Möglichkeitskurve als die Enveloppe verschiedener Möglichkeitskurven eines jeweils aus zwei verschiedenen Assets strukturierten Gesamtportefeuilles. Bei drei Titeln läßt sich jeweils ein Portefeuille aus den Aktiva 1 und 2 oder 1 und 3 oder 2 und 3 strukturieren. Ein Punkt auf einer dieser drei Möglichkeitskurven repräsentiert somit das Verhältnis zweier Assets. Folglich läßt sich auch ein Portefeuille konstruieren, welches beispielsweise aus dem Anteil x_3 des Titels 3 am Gesamtportefeuille und dem Anteil $(1-x_3)$ des kombinierten Aktivums $(1+2)$ besteht. Es läßt sich somit eine vierte Möglichkeitskurve konstruieren aus dem Aktivum 3 und dem „composite-asset" der Titel 1 und 2, die in dem Verhältnis kombiniert sind, welches dem des ausgewählten Punktes der Möglichkeitskurve zwischen Titel 1 und Titel 2 entspricht. Entsprechend lassen sich zahlreiche derartige Möglichkeitskurven konstruieren. Die effizienten Punkte dieser Kurven ergeben die Enveloppe.

Im Falle von zwei Aktiva, von denen eines sowohl risiko- als auch ertragslos ist, folgt:

$$R = x_2 r_2 \quad \text{bzw.} \quad R = \frac{r_2}{\sigma_2}\sigma \quad \text{aufgrund:} \quad \sigma = x_2 \sigma_2$$

Die Möglichkeitskurve ist eine Gerade. Ist das ertrags- und risikoreiche Aktivum ein sog. composite-asset, für dessen einzelne Titel eine Möglichkeitskurve wie in Abbildung 25 für $-1 < c_{12} < 1$ besteht, so ist die Gerade die Tangente an diese Kurve. Der Tangentialpunkt bestimmt die Struktur des „Titel-Bündels". Die Tangente ist die Linie effizienter Kombinationen (vgl. die Gerade OA in Abbildung 26 anstelle von OB).

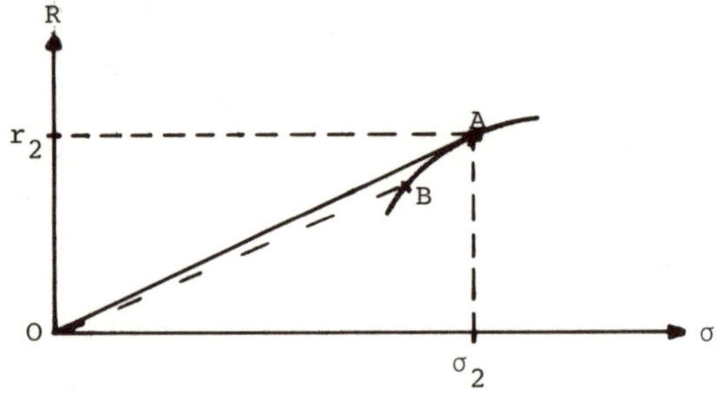

Abb. 26 Die „efficient frontier" bei ertrags- und risikolosem Geld

Die Nutzenüberlegung

Der Vermögensbesitzer trifft die Entscheidung bezüglich der gewünschten Portfolio-Struktur gemäß seiner Ziel- bzw. Nutzenfunktion. Die Nutzenfunktion beinhaltet als Argumente die erwartete Rendite des Gesamtportefeuilles und das Ertrags- resp. Erwartungsrisiko. Der erwartete Nutzen steigt mit der erwarteten Gesamtrendite.

$$U = U(\underset{+}{R}, \sigma)$$

mit:
- U erwarteter Nutzen;
- R erwartete Portfolio-Rendite;
- σ Portfolio-Ertragsrisiko.

Bezüglich des Einflusses des Erwartungsrisikos werden drei verschiedene mögliche Verhaltensweisen eines Wirtschaftssubjektes unterschieden. Bei einem sog. risikoneutralen Verhalten ist die erste Ableitung der Nutzenfunktion nach dem Erwartungsrisiko gleich Null; bei einem sog. risikofreudigen Wirtschaftssubjekt ist sie größer als Null und bei einem sog. risikoaversen Wirtschaftssubjekt ist sie kleiner als Null. Es gilt also:

- risikoneutrales Verhalten (risk-neutral) $\frac{\partial U}{\partial \sigma} = 0$
- risikofreudiges Verhalten (risk-lover) $\frac{\partial U}{\partial \sigma} > 0$
- risikoscheues Verhalten (risk-avers) $\frac{\partial U}{\partial \sigma} < 0$

Aus der Nutzenfunktion des Wirtschaftssubjektes folgt eine Schar von Indifferenzkurven im R−σ−Koordinatendiagramm. Die Steigung der Indifferenzkurve ergibt sich aus dem gleich Null gesetzten totalen Differential der Nutzenfunktion:

$$dU = \frac{\partial U}{\partial R} dR + \frac{\partial U}{\partial \sigma} d\sigma \rightarrow = 0$$

Die Steigung der Indifferenzkurve lautet:

$$\frac{dR}{d\sigma} = -\frac{\frac{\partial U}{\partial \sigma}}{\frac{\partial U}{\partial R}}$$

Den oben definierten Verhaltensweisen gegenüber dem Risiko entsprechend kann die Steigung der Indifferenzkurve somit größer, kleiner oder gleich Null sein (vgl. Abb. 27, stets: $U_4 > U_3 > U_2 > U_1$).

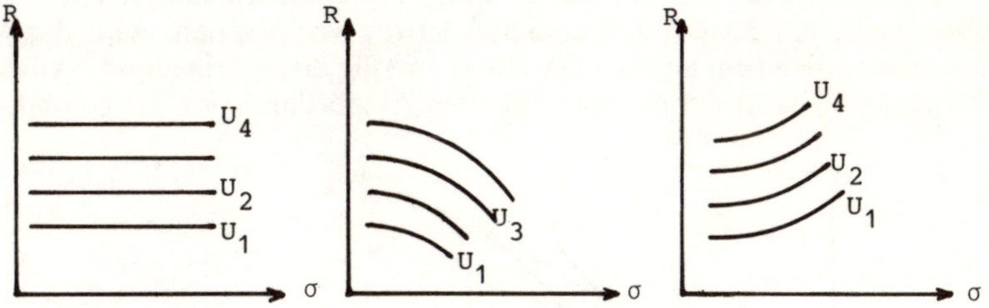

Abb. 27 Indifferenzkurven bei alternativer Risikoeinstellung

Das Entscheidungskalkül

Die optimale Struktur des Gesamtportefeuilles ergibt sich durch den Punkt, in dem die Möglichkeitskurve Tangente an eine Indifferenzkurve ist oder in dem die Indifferenzkurve mit dem höchsten Nutzenindex die Möglichkeitskurve „schneidet“ wie im Falle des sog. risk-lover und des sog. risk-neutral. In diesem Tangentialpunkt gilt:

$$\frac{dR}{d\sigma} = - \frac{\frac{\partial U}{\partial \sigma}}{\frac{\partial U}{\partial R}} = \frac{r_2}{\sigma_2}$$

Für den sog. **diversifier**, d.h. das risikoscheue Wirtschaftssubjekt, dessen Indifferenzkurve eine positive zweite Ableitung aufweist, ergibt sich die folgende graphische Determination des Optimalpunktes:

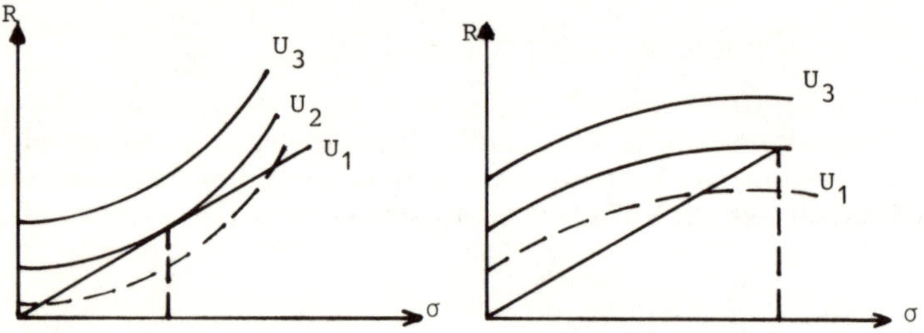

Abb. 28 Optimale Portefeuilles

Als sog. **plunger** wird das risikoaverse Wirtschaftssubjekt bezeichnet, dessen Indifferenzkurve eine negative zweite Ableitung aufweist. Wie unmittelbar zu erkennen ist, wird nur ein risikoscheues Wirtschaftssubjekt und dabei nur ein sog. diversifier sein Portefeuille aus beiden Aktiva strukturieren, d.h. beide Aktiva halten. Alle anderen halten nur ein Aktivum.

Der Optimalpunkt im dargestellten Fall des „diversifier" bedeutet, daß das Wirtschaftssubjekt sein Portefeuille derart strukturiert, daß es anteilig aus dem risikolosen, aber auch ertragslosen Asset (z.B. Geld) sowie aus dem mit Risiko behafteten, aber ertragbringenden Asset (z.B. Bonds) besteht. Im Falle dreier Assets, von denen ein Aktivum ertrag- und risikolos ist, die anderen beiden Assets aber einen mit Risiko verbundenen Ertrag versprechen, wird das Wirtschaftssubjekt wiederum anteilig Geld und anteilig ertragbringende Aktiva halten, wobei die Struktur der ertragbringenden Assets durch den Tangentialpunkt

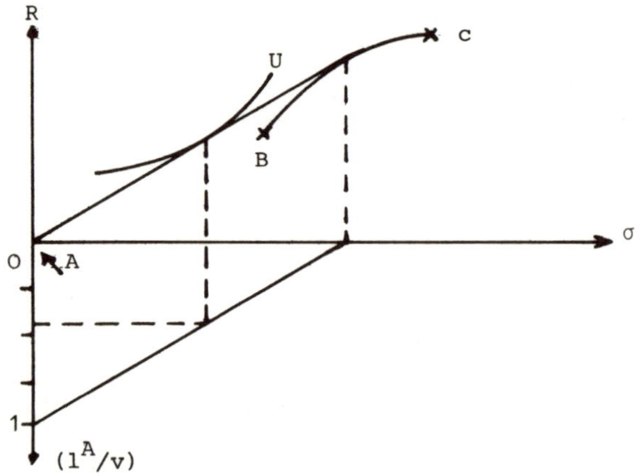

Abb. 29 Die gewünschte Portfolio-Struktur

des von Null (dem charakteristischen Punkt des Aktivums Geld) ausgehenden Fahrstrahls an die Möglichkeitskurve der beiden ertragbringenden Assets bestimmt wird. In der folgenden Graphik ist der Anteil des Geldes am Gesamtportefeuille im unteren Quadranten des Koordinatenkreuzes auf der „negativen" Ordinatenachse abgetragen. Der festgelegte Anteilswert 1 sowie das durch die Aktiva festgelegte maximale Ertragsrisiko bestimmen die aufteilende Verbindungslinie. Dabei ist im Falle der drei Assets unterstellt, daß die Indifferenzkurvenschar so liegt, daß das Wirtschaftssubjekt auf alle Fälle Geld in seinem Portefeuille hält. Es ist außerdem unterstellt, daß das sog. Separationstheorem gilt, d.h., daß die Kombination der ertragbringenden Assets unabhängig vom Anteil der Geldhaltung ist bzw. daß die Möglichkeitskurve aus Geldhaltung und diversifiziertem Wertpapierportefeuille eine Gerade und keine (wie oben für drei Assets dargestellt) Enveloppe ist.

mit: A, B, C Ertrag- (Risiko-) Werte des Aktivums A, B und C;
l^A gewünschte Geldhaltung aus dem Anlagemotiv (real);
v Vermögen (real).

Die Geldnachfrage wird über die Möglichkeit einer Risikoreduktion durch Diversifizierung erklärt. Sie steht dabei in Substitutionsbeziehung zu allen anderen Vermögenstiteln, zwischen denen der Anleger wählen kann. Für die gewünschte Geldhaltung des Wirtschaftssubjektes folgt (jeweils c.p.):

- sie steigt mit sinkenden erwarteten Wertpapierrenditen (die Kurve AC verschiebt sich nach unten und die Möglichkeitskurve dreht sich im Nullpunkt zur Abszisse);
- sie steigt mit steigendem Erwartungsrisiko (die AC-Kurve verschiebt sich nach rechts; die Möglichkeitskurve dreht sich zur Abszisse; die Aufteilungslinie dreht sich im Punkt 1 vom Ursprung);
- sie steigt mit dem Vermögen aufgrund des von der Vermögenshöhe unabhängigen Anteiles (l/v).

Die Homogenität der Geldhaltung vom Grade 1 im Vermögen ist Folge der unterstellten Nutzenfunktion. Dieses wird deutlich bei einer Darstellung des Portfolio-Ansatzes in Bezug auf die Maximierung des erwarteten Liquidationserlöses. Dann gilt:

$$\text{Max.!} \quad U = U(\underset{+}{E}, \underset{-}{S})$$

mit: U erwarteter Nutzen;
E erwarteter Liquidationserlös;
S Erlös- bzw. Erwartungsrisiko.

Bei gegebenen Ertragserwartungen läßt sich wiederum über den Tangentialpunkt der Indifferenzkurve mit der Möglichkeitskurve die gewünschte Geldhaltung ableiten. Dieses zeigt die folgende Graphik:

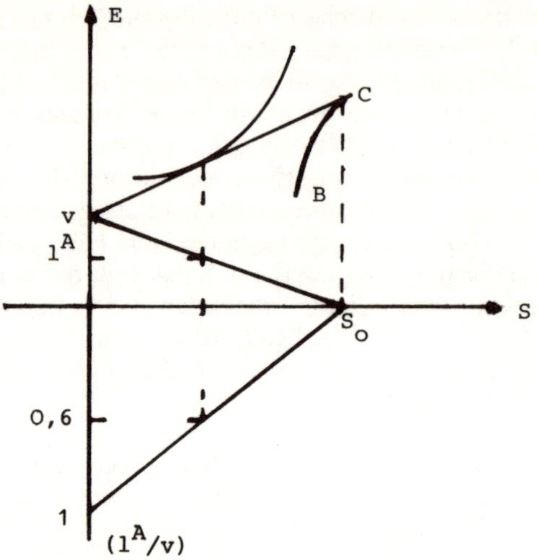

Abb. 30 Die Geldnachfrage im Portfolio-Selektions-Ansatz

In dieser Darstellung läßt sich die Höhe der gewünschten Geldhaltung, die größer/gleich Null und kleiner/gleich v_0 ist, direkt über die Verbindungslinie v_0S_0 ablesen. Eine exogene Erhöhung des Anlagevermögens v_0 verschiebt die Möglichkeitskurve in Richtung E-Achse. Sie verlängert sich gleichzeitig, da das maximale Erlösrisiko bei einer Anlage von v_0 nur in das risikoreiche Wertpapier(-bündel) auch absolut steigt. Die Steigung der Möglichkeitskurve ist unverändert. Im Falle einer homothetischen (und homogenen) Nutzenfunktion weisen die Indifferenzkurven für jede Kombination von E und S auf einem Strahl durch den Ursprung die gleiche Steigung auf. Entsprechend wählt das Wirtschaftssubjekt in diesem Fall die gleiche Relation von E zu S und damit die gleichen Portfolio-Anteile (vgl. die Abbildung 31). Die Geldhaltung steigt also proportional mit v_0. Dieses Ergebnis ist einzig abhängig von der unterstellten Nutzenfunktion, da das Wirt-

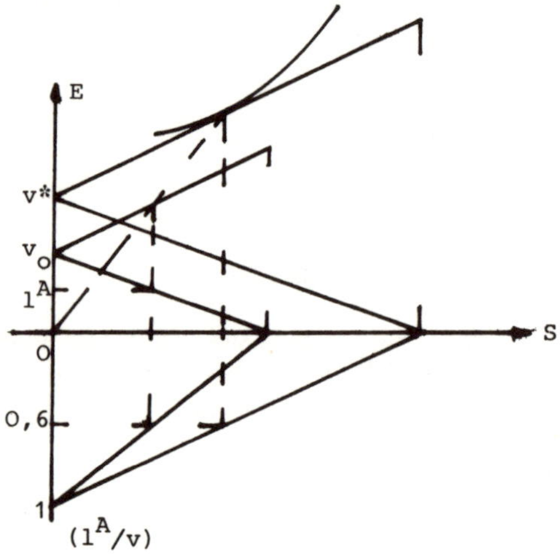

Abb. 31 Die Vermögensabhängigkeit bei homothetischer Nutzenfunktion

schaftssubjekt als Mengenanpasser keinen Einfluß auf die erwarteten Ertragsraten hat. Es gilt also nur bei einer speziellen Indifferenzkurvenschar.

Die Optimierung

Der Portfolio-Selektions-Ansatz wird durch die folgenden Gleichungen beschrieben. Das Wirtschaftssubjekt maximiert unter Beachtung von Nebenbedingungen seinen auch vom Risiko abhängigen erwarteten Nutzen. Es gilt:

Max.! $U = U(\underset{+}{E}, \underset{-}{S})$

u.d.N. $v = l + K^B B \quad ; \quad \bar{K}^B$

$E = l + (Z + K^{Be}) B \quad ; \quad \bar{Z}, \bar{K}^{Be}$

$S = \sigma_B K^B B \quad ; \quad \bar{\sigma}_B$

mit:
- B Anzahl der Wertpapiere;
- K^B Ankaufskurs eines Wertpapieres;
- K^{Be} erwarteter Verkaufskurs eines Wertpapieres;
- Z erwartete Zinszahlungen pro Wertpapier;
- σ_B Risiko einer in Wertpapieren angelegten Geldeinheit.

Es gilt damit die folgende Lagrange-Funktion:

$$L = U(E, S) + \lambda [v - E + A S]$$

mit: $A = \dfrac{Z - (K^B - K^{Be})}{K^B \sigma_B}$

A ist die Relation aus Grenzertrag und „Grenzunsicherheit". Aus den gleich Null gesetzten ersten Ableitungen von L nach den Parametern E, S und λ:

$$\frac{\partial L}{\partial E} = \frac{\partial U}{\partial E} + \lambda = 0$$

$$\frac{\partial L}{\partial S} = \frac{\partial U}{\partial S} - \lambda A = 0$$

$$\frac{\partial L}{\partial \lambda} = v - E + A S = 0$$

folgt die Optimalitätsbedingung:

$$-\frac{\frac{\partial U}{\partial S}}{\frac{\partial U}{\partial E}} = A$$

Über eine explizite Nutzenfunktion und damit über die Ermittlung der Größen $\frac{\partial U}{\partial S}$ und $\frac{\partial U}{\partial E}$ läßt sich die gewünschte Wertpapiernachfrage und Kassenhaltung aus dem Anlagemotiv ermitteln.

Zur Geldhaltung

Der Portfolio-Selektions-Ansatz in Form des sog. **Mean-Variance-Approach** erklärt eine Nachfrage nach einem ertrag- und risikolosen Asset nur solange, wie es keinen risikolosen aber ertragbringenden Titel gibt. Ein effizientes Portefeuille beinhaltet dann kein unverzinstes Geld. Dieser Ansatz kann somit nicht erklären, daß die Wirtschaftssubjekte unverzinstes Bargeld und Sichteinlagen sowie gleichzeitig verzinste Spar- und Termineinlagen halten. Sie halten nur Spar- und Termineinlagen. Damit sind aber (unverzinstes) Geld und Wertpapiere keine Substitute.

Allerdings entspricht dieser Ansatz nicht dem keynesianischen der Spekulationskasse. Bei Keynes folgt die Vermögensabhängigkeit der Geldhaltung nicht aus dem reinen **Anlage**motiv, sondern sie folgt aus dem **Spekulations**motiv.

Führt man in den PSA eine Unsicherheit z.B. bezüglich der Anlagedauer ein, so kommt es auch bei der Existenz von Termineinlagen dazu, daß der liquideste Titel in Form von Bargeld und Sichteinlagen gehalten wird. Diese Geldhaltung entspricht aber der aus dem Vorsichtsmotiv, d.h. der Liquiditätssicherung und nicht der aus dem Spekulationsmotiv.

Bei einer von Keynes verwendeten Aggregationsstruktur (Geld versus Nicht-Geld bzw. kurz- versus langfristiger Titel) ist der Portfolio-Ansatz u.a. aufgrund der unvollkommenen Sekundärmärkte und damit hohen Umstrukturierungskosten nur sehr bedingt anwendbar. Der Mean-Variance-Ansatz ist dann insgesamt eher ein Ansatz zur Erklärung der Struktur in dem Aggregat Geld, welches kurzfristige Titel beinhaltet, und steht in Konkurrenz zum Lagerhaltungsansatz. Allerdings bleibt auch in diesem Teilportefeuille die Beschränkung des Ansatzes auf Zwei-Moment-Verteilungen und das Problem risikoloser, aber verzinster Einlagen für die Bargeldhaltung bestehen.

III.2c Der kapitaltheoretische Ansatz der Geldnachfrage

Die Anlagealternativen

Eine dem PSA vergleichbare Theorie der Geldnachfrage entwickelte insbesondere M. Friedman als Vertreter des sog. Monetarismus. Sie entspricht dem monetaristischen Zahlungsmittelansatz, der durch die Endogenisierung des Koeffizienten γ modifiziert wird.

Geld ist eine von mehreren Anlageformen. Es steht in Substitutionsbeziehung zu

- Wertpapieren (bonds) mit der erwarteten Ertragsrate: $r_b = i_b - \hat{i}_b$;
- Aktien (equities) mit der erwarteten Ertragsrate: $r_e = i_e - \hat{i}_e + \hat{P}$;
- langlebigen Konsumgütern, Sachkapital (physical goods) mit der erwarteten Ertragsrate: $r_g = \hat{P}$.

Aufgrund der Unmöglichkeit, den Ertrag einer Geldeinheit sog. Humankapitals in physischen Gütern auszudrücken, steht für die Ertragsrate des sog. menschlichen Vermögens (human capital), zu dem die Geldhaltung ebenso in Substitutionsbeziehung steht, die Strukturgröße w. Diese charakterisiert die Aufteilung zwischen sog. human wealth und sog. non-human wealth.

Die Erträge von Geld werden in den nicht-pekuniären Erträgen wie Bequemlichkeit und Sicherheit gesehen. Der reale Wert der Dienste einer Geldeinheit ist abhängig vom Güterpreis(-niveau) P. Diese Abhängigkeit gilt entsprechend auch für alle oben aufgeführten nominalen Ertragsraten, so daß der Vektor der erwarteten (nominalen) Ertragsraten auch das Preisniveau P enthält.

Die Berücksichtigung der erwarteten Preisänderungsrate (approximativ dargestellt durch die tatsächliche) $\hat{P}$ bedeutet entsprechend eine Realwertsicherung der Aktie und der existierenden physischen Güter (Ausschluß von Änderungen der Präferenzen der Wirtschaftssubjekte, des technischen Fortschritts etc.). Eine differenzierte Betrachtung wie die eines permanenten Preisniveaus P_p, der Erwartungsrisiken etc. erfolgt (interessanterweise) nicht.

Die Geldnachfrage

Aufzuteilen haben alle repräsentativen Vermögensbesitzer bzw. die Ein-Haushalt-Ökonomie das **Gesamtvermögen**, welches definiert ist als der abdiskontierte Wert aller erwarteten Ertragsströme. Ist für eine Volkswirtschaft von einer Lebensdauer von n gegen unendlich auszugehen, so gilt:

$$W = \frac{Y_p}{i}$$

mit: W gesamtes Nominalvermögen;
Y_p permanentes Nominaleinkommen;
i gewichteter Zinssatz.

Es gilt damit für die nominale Nachfrage nach Geld L:

$$L = L(P, r_b, r_e, r_g, w, W)$$

bzw. aufgrund der Definition für W und der Berechnung von i als gewichtetem Durchschnitt aus dem Zinssatz für Wertpapiere und Aktien:

$$L = L(P, r_b, r_e, r_g, w, Y_p)$$

Für den gewichteten Zinssatz i wird zumeist von einer konstant gegebenen Zinsstruktur ausgegangen. Dann läßt sich schreiben:

$$i = i(i_b, i_e)$$

Aufgrund der Realwertsicherung von Aktien gilt allgemein für die Bonds:

$$i_b = i_b(i_e, \hat{P})$$

mit: i_e Realrendite auf Aktien (Produzentensachkapital).

Im Extremfall vollkommen realwertgesicherter, d.h. indexierter Wertpapiere gilt aufgrund der Arbitrage (bei vernachlässigten Problemen unterschiedlicher Indices etc.):

$$i_b = i_e + \hat{P} \quad (\text{vereinfacht: } \hat{i}_e = \hat{i}_b = 0)$$

Damit gilt:

$$i = i(\underset{+}{i_e}, \underset{+}{\hat{P}})$$

Die Größen $\hat{P}$ und i_e (resp. r_e) sind bereits berücksichtigt in der Geldnachfragefunktion.

Da die reale Geldnachfrage (als Ausdruck der Freiheit von Geldillusion) annahmegemäß homogen vom Grade eins im Preisniveau ist, gilt:

$$L = P \cdot l(r_b, r_e, r_g, w, y_p)$$

Betrachtet man das Geldmarktgleichgewicht $M = L$ sowie die Definition der Einkommenskreislaufgeschwindigkeit des Geldes in der weiten Definition $v = P\,y/M$, so folgt daraus unmittelbar die Erklärung der Umlaufgeschwindigkeit in Abhängigkeit von den erwarteten Ertragsraten.

Die Geldnachfrage wird in diesem kapitaltheoretischen Ansatz in Form eines Portfolio-Ansatzes erklärt. Es geht um das Anlagemotiv und nicht um das Transaktionsmotiv. Geld wird nur aufgrund der nicht definierten nicht-pekuniären Erträge gehalten. Existieren keine vollkommen realwertgesicherten Aktiva (wie hier annahmegemäß Aktien), so ist das Strukturierungsproblem aufgrund des Vektors der erwarteten Nominalrenditen zu lösen; die Variable P entfällt. Die Geldhaltung ist durch die nicht-pekuniären Erträge unterstellt, aber nicht erklärt. Eine Realwertsicherung kann es aber nur in einer Ein-Haushalt-Ökonomie bzw. bei repräsentativen Wirtschaftssubjekten geben, d.h. bei der Nicht-Existenz von Struktur- und Verteilungseffekten (alle Preisindices entwickeln sich gleich; es gibt letztlich nur einen Index).

Die Integration mit dem monetaristischen Zahlungsmittelansatz

Die Verwendung dieses Ansatzes als Erklärung des Koeffizienten γ im monetaristischen Zahlungsmittelansatz reduziert die Bedeutung des Geldes als eine Anlageart unter vielen bzw. als eine langfristige Form der Wertaufbewahrung wieder. Es bleibt das Transaktionsmotiv, so daß aufgrund der empirisch ermittelten geringen Zinselastizität der realen Geldnachfrage insgesamt für diese gilt:

$$l = \frac{P_p}{P}\, l(\underset{-}{i}, \underset{+}{y_P}, \underset{-}{N})$$

III.2d Die gesamtwirtschaftliche Geldnachfrage

Die geschlossene Volkswirtschaft

Die gesamtwirtschaftliche Geldnachfrage setzt sich zusammen aus der gewünschten Geldhaltung aus dem Transaktions-, Vorsichts- und Spekulationsmotiv. Dabei ist eine Geldeinheit per se nicht einem bestimmten Motiv zuzuordnen. Diese „Kassen" werden von den Wirtschaftssubjekten simultan in ihrem Optimierungskalkül (beispielsweise Nutzenmaximierung der Haushalte, Gewinnmaximierung der Unternehmen) determiniert. Nach der (bisher ungelösten) Aggregation über alle Wirtschaftssubjekte wird für die gesamtwirtschaftliche nominale Geldnachfrage geschrieben:

$$L = L(\underset{+}{Y}, \underset{+}{P}, \underset{+}{V_0}, \underset{-}{i}, x)$$

Dabei kennzeichnet V_0 das Nominalvermögen der Wirtschaftssubjekte zum Planungszeitpunkt. Die existierenden Bestände z.B. an Aktien werden dabei mit dem erwarteten Preis der Planungsperiode bewertet, da die so ermittelten Beträge der Vermögensrestriktion des Planungskalküls entsprechen. Über durch Preisänderungen entstehende sog. windfall profits bzw. Netto-Vermögensgewinne hat das Wirtschaftssubjekt ebenfalls zu entscheiden: Es kann diese Beträge zu Konsumzwecken verwenden oder als Ersparnis im Vermögen belassen und kann so den jeweiligen sog. windfall profit in dem Markt bzw. Titel halten, in dem er anfällt oder ihn realisieren und einen anderen Titel damit erwerben. Es besteht somit eine direkte bzw. unmittelbare und eine indirekte bzw. mittelbare Zinsabhängigkeit der Geldnachfrage. Letztere läuft über das Vermögen. Für die totale Zinsabhängigkeit der Geldnachfrage gilt:

$$\frac{dL}{di} = \underset{-}{\frac{\partial L}{\partial i}} + \underset{+}{\frac{\partial L}{\partial V_0}} \underset{-}{\frac{\partial V_0}{\partial i}} < 0$$

Beinhaltet das Vermögen der privaten Wirtschaftssubjekte beispielsweise Wertpapiere mit einer unendlichen Laufzeit, die pro Periode eine Zinszahlung von einer Währungseinheit bringen, so gilt für das Vermögen:

$$V_0 = K^B B + \dots$$

mit:

K^B Kurs der Wertpapiere;
B Anzahl der Wertpapiere;
i Zinssatz der Wertpapiere.

Aufgrund der Definition der Wertpapiere ($n \to \infty$; $Z = 1$) gilt:

$$K^B = \frac{1}{i} \quad \text{und damit} \quad V_0 = \frac{B}{i} + \dots$$

Es folgt:

$$\frac{dL}{di} = \underset{-}{\frac{\partial L}{\partial i}} + \underset{+}{\frac{\partial L}{\partial V_0}} \underset{-}{\left(-\frac{B}{i^2}\right)} < 0$$

Die Größe i ist in Abhängigkeit von dem Aggregationsniveau der Asset-Märkte zu interpretieren. Gibt es nur Geld und (langfristige) Wertpapiere, dann ist i als langfristiger Zins zu verstehen, wobei sich die Elastizitäten der einzelnen Komponenten der Geldhaltung bezüglich des Zinssatzes in Abhängigkeit von dem jeweiligen Grad der Substitutionalität zwischen diesem Term und dem langfristigen Titel bestimmen. Die Substitutionalität ihrerseits ist u.a. abhängig vom Liquiditätsgrad des jeweiligen Titels.

Die Größe x beinhaltet verschiedene Einflußgrößen. Hierzu gehören die sog. Normalzinsvorstellungen der Wirtschaftssubjekte, das Erwartungsrisiko, die Erwartungsunsicherheit bzw. Divergenz oder Struktur der verschiedenen individuellen Erwartungen und Erwartungsrisiken, die Bevölkerungsgröße und -struktur etc.. Für die reale gesamtwirtschaftliche Geldnachfrage folgt bei unterstellter Homogenität von L in den Nominalgrößen vom Grade eins:

$$\frac{L}{P} = l(\underset{+}{y},\ \underset{+}{v_0},\ \underset{-}{i},\ x)$$

mit: $y = Y/P \quad ; \quad v_0 = V_0/P$

Die offene Volkswirtschaft

Eine Modifikation dieser gesamtwirtschaftlichen Geldnachfrage ist bei der Betrachtung einer offenen Volkswirtschaft notwendig.

Die Bedeutung von Auslandspreisen

Im Rahmen des Transaktions- und Vorsichtsmotives sowie der Realwertbetrachtung der gesamten Geldnachfrage ist zu berücksichtigen, daß die Wirtschaftssubjekte neben dem inländischen Gut (oder Güterbündel) mit dem Preis P auch ein ausländisches Gut (oder Güterbündel) mit dem Preis $e\,P^*$ nachfragen. Dabei ist P^* der Preis des ausländischen Gutes in ausländischer Währung und e der Wechselkurs, d.h. der Preis einer ausländischen Währungseinheit ausgedrückt in inländischen Währungseinheiten. Die positive Abhängigkeit der nominalen Geldnachfrage vom „Auslandspreis" ergibt sich, da bei c.p. steigendem Auslandspreis das nominale Transaktionsvolumen steigt. Ist von einem aus P und $e\,P^*$ gebildeten Preisindex bei der Deflationierung zur Ermittlung der realen Größen auszugehen, so bedeutet ein steigender Auslandspreis einen steigenden Preisindex $\tilde{P}$. Es gilt:

$$\tilde{P} = \tilde{P}(P, e\,P^*)$$

Bezogen auf die nicht-pekuniären Dienste der Geldhaltung sinkt ihr Realwert, so daß die Wirtschaftssubjekte die nominale Geldhaltung erhöhen werden. Außerdem sinkt der reale Wert des gehaltenen Nominalvermögens, d.h. die durch V verfügbaren Güter, so daß die Wirtschaftssubjekte ihr nominales Vermögen erhöhen müssen, um den alten Stand wieder zu erreichen. Damit steigt anteilig auch die gewünschte Geldhaltung. Es gilt für die nominale Geldnachfrage:

$$L = L(\underset{+}{Y},\ \underset{+}{P},\ \underset{+}{e\,P^*},\ \underset{+}{V_0},\ \underset{-}{\tilde{\imath}},\ x)$$

Werden die in Einheiten des im Inland produzierten Gutes ausgedrückten Variablen als reale Größen bezeichnet (analog zu der Vorgehensweise in der geschlossenen Volkswirtschaft, unter Vernachlässigung des Preisindex-Problems bzw. der Implikation für den Aussagewert bzw. die Indikatorfunktion dieser realen Größen für die Wohlfahrt) und gilt wieder die Homogenität vom Grade eins der nominalen Geldnachfrage in diesem Preis(-niveau) des Inlandsgutes, so folgt:

$$\frac{L}{P} = l(\underset{+}{y},\ \underset{-}{\theta},\ \underset{+}{v_0},\ \underset{-}{\bar{\imath}},\ x)$$

mit: $\theta = \frac{P}{eP^*}$ reales Austauschverhältnis zwischen dem inländischen und dem ausländischen Gut (sog. **terms of trade**).

Die reale Geldnachfrage steigt mit dem Preis des ausländischen Gutes, d.h. mit einem c.p. steigenden Wechselkurs und/oder steigenden Preis des ausländischen Gutes in ausländischer Währung:

$$\frac{\partial l}{\partial (eP^*)} = \frac{\partial l}{\partial \theta}\frac{\partial \theta}{\partial (eP^*)} = \underset{<0}{\frac{\partial l}{\partial \theta}}\left(-\frac{P}{(eP^*)^2}\right) > 0$$

Zu beachten ist darüber hinaus die Veränderung im Zinsvektor $\bar{\imath}$.

Die Berücksichtigung ausländischer Wertpapiere

Der Zinsvektor enthält, sofern ausländische Wertpapiere von Inländern gehalten werden, d.h. wenn ausländische Titel Substitute zu inländischen sind, auch die erwartete Ertragsrate auf ausländische Wertpapiere (hier Bonds; b):

$$r_b^a = i_b^a - \hat{\imath}_b^a + \hat{e}\,(-\hat{P})$$

mit: i_b^a Zinssatz eines ausländischen Titels.

Die Veränderungsraten sind erwartet. Die Bedeutung dieser Erweiterung besteht unmittelbar in der Erklärung des gewünschten Bestandes ausländischer Titel im Portefeuille der Inländer aufgrund von Portfolio-Überlegungen und damit aufgrund des Kapitalverkehrs einer Periode aus der Differenz zwischen dem gewünschten und dem tatsächlich vorhandenen Bestand. Ist der gewünschte Bestand größer als der tatsächliche, dann kommt es zu einem Import ausländischer Titel durch Inländer, d.h. einem **Kapitalexport** des Inlandes. Ist der gewünschte Bestand kleiner als der vorhandene bei den Inländern, oder möchten die Ausländer mehr inländische Wertpapiere halten als sie haben, so kommt es zu einem **Kapitalimport**, d.h. einem Export inländischer Wertpapiere ins Ausland bzw. einem Re-Export ausländischer Titel ins Ausland.

Sind die in- und ausländischen Titel vollkommene Substitute, dann sind zumindest langfristig die erwarteten Renditen aus beiden Titeln gleich. Kurzfristige Abweichungen sind infolge einer eingeschränkten internationalen **Kapitalmobilität** möglich, d.h. aufgrund von durch Informations- und Transaktionskosten eingeschränkten Anpassungsgeschwindigkeiten. Bei vollkommenen Substituten und vollkommener Kapitalmobilität besteht Zinsparität. Zur Verdeutlichung sei ein kleines Land betrachtet. Die Inländer halten das in- und ausländische Wertpapier; die Zinssätze resp. erwarteten Ertragssätze sind i^I und i^A (Zinsänderungserwartungen sind annahmegemäß gleich Null). Der Wert i^A gibt den von Inländern erwarteten Ertrag eines ausländischen Titels an. Er ergibt sich aus der erwarteten Wechselkursänderungsrate $\hat{e}$ und der Ertragsrate im Ausland i^a, die über die Zinsen sowie den erwarteten An- und Verkaufskurs dieses Titels im Ausland ermittelt wird. Bei einem großen Ausland und kleinem Inland kann unterstellt werden, daß i^a unabhängig vom Anlageverhalten der Inländer ist; diese können zum gegebenen Auslandskurs jede gewünschte Menge erhalten (das Wertpapierangebot des Auslandes ist vollkommen elastisch). Eine exogene Veränderung von i^a verändert die Zinsrelation, für die im Ausgangsgleichgewicht galt ($i^A = i^a + \hat{e}$):

$$i^I = i^A + a$$

Die sich aus Überlegungen zur Zinsstruktur ergebende Größe a wird gleich erklärt. Bei einer Erhöhung von i^A gilt jetzt:

$$i^A + a - i^I > 0$$

Der ausländische Titel verspricht eine höhere Rendite; die Wirtschaftssubjekte werden ihre Portefeuilles umstrukturieren wollen und verstärkt ausländische Titel nachfragen und weniger inländische. Die Folge dieser Vermögensumstrukturierungen sind ein Kapitalexport und ein sinkender Kurs resp. steigender Zins des Inlandstitels. Diese Zinsarbitrage bedingt somit eine Erhöhung von i^I ($di^I > 0$). Es gilt allgemein:

$$di^I = \lambda\,(i^A + a - i^I)$$

mit: λ Reaktionsgeschwindigkeit (≥ 0).

Der Koeffizient λ mißt die Reaktionsgeschwindigkeit der Portfolio-Anpassung bzw. der Zinsarbitrage, d.h. er kennzeichnet die **Kapitalmobilität**. Bei einer gegen unendlich gehenden Kapitalmobilität ($\lambda \rightarrow \infty$) gilt:

$$\lim_{\lambda \rightarrow \infty} di^I = 0 \quad \text{bzw.} \quad i^A + a = i^I$$

Der inländische Zinssatz hat sich unmittelbar angepaßt, so daß die Gleichgewichtsrelation zwischen i^A und i^I praktisch stets existiert. Ist der Term a gleich Null ($a = 0$), so gilt $i^I = i^A$; die Papiere sind **vollkommene Substitute** ($a \neq 0$ kennzeichnet somit unvollkommene Substitute). Der Wert a ist (vgl. die Theorie der Zinsstruktur) zu erklären als Liquiditäts- und Risikoprämie. Bei $a < 0$ betrachten die Wirtschaftssubjekte den ausländischen Titel als risikoreicher im Verhältnis zum inländischen oder er hat eine längere Laufzeit als der inländische; entsprechend gilt: $i^I < i^A$. Aufgrund der Risikoscheu stehen die Wirtschaftssubjekte dann einer Anlage in beiden Titeln bereits indifferent gegenüber bei einem niedrigeren Zinssatz i^I. Nur bei vollkommenen Substituten und vollkommener Kapitalmobilität besteht somit die Zinssatzparität $i^I = i^A$.

Bei der Erklärung der Nachfrage nach einem Vermögenstitel wie beispielsweise bei der Geldnachfrage enthält der Zinsvektor $\bar{i}$ somit nur zusätzlich den ausländischen Zinssatz, wenn die Titel keine vollkommenen Substitute sind (Portfolio-Ansätze mit mehreren Wertpapieren bzw. Wertpapiermärkten) oder wenn sie zwar vollkommene Substitute sind, aber die Kapitalmobilität endlich ist (Portfolio-Ansätze mit mehreren Wertpapieren in der kurzen bzw. mittleren Periode bzw. in der Anpassungsperiode). In den anderen Fällen existiert nur i^I oder i^A, wobei die Annahme über die Größe des Landes, d.h. seinen Einfluß auf den internationalen Preis des Titels, entscheidend ist, ob i^I (großes Inland) oder i^A (großes Ausland) verwendet wird. Die gleichzeitige Betrachtung sowohl in- als auch ausländischer Titel erfolgt in sog. Portfolio-Modellen u.a. zur Erklärung des Wechselkurses bzw. seiner Entwicklung über die Zeit (einschließlich des Phänomens des sog. overshooting). Die bei der Definition der Substitutionalität und Kapitalmobilität vereinfachende Vernachlässigung der Wechselkursänderungserwartung steht dabei im Vordergrund. Die Berücksichtigung in- und ausländischer Titel erfolgt im Rahmen von monetären Konjunkturmodellen überwiegend zur Erklärung von internationalen Konjunkturübertragungen über Zinseffekte etc..

Die Berücksichtigung von ausländischem Geld

Halten die Wirtschaftssubjekte in ihrem Portefeuille auch ausländisches Geld, d.h. sind beide Währungen aus der Sicht der Geldnachfrager Substitute, dann ist die pekuniäre Ertragsrate des ausländischen Geldes zu berücksichtigen. Dieses ist die erwartete Abwertungsrate der ausländischen Währung. Der Zinsvektor $\bar{i}$ enthält in diesem Fall die erwartete Wechselkursänderungsrate $\hat{e}$. Gibt es ein realwertgesichertes Aktivum mit einer von der Preisänderungsrate des Inlandes unabhängigen (gegebenen) Realertragsrate, so daß das Portfolio-Struktur-Problem anhand der erwarteten realen Ertragsraten zu lösen ist, so ist die reale Ertragsrate des ausländischen Geldes die erwartete Änderungsrate des **realen Wechselkurses** (e/P), d.h.: $\hat{e} - \hat{P}$. Die Ertragsrate des inländischen Geldes ist die erwartete inländische Preisänderungsrate $\hat{P}$. Die Berücksichtigung dieser Anlagealternativen spielt im sog. Currency-Substitution-Ansatz die entscheidende Rolle zur Erklärung des Wechselkurses.

Bedeutung gewinnt die Haltung von ausländischem Geld seitens der Inländer im Rahmen des Transaktions- und Vorsichtsmotives mit steigendem Grad der Offenheit des Inlandes gegenüber den internationalen Märkten; der Grad wird u.a. gemessen durch die Relation aus Import- oder Exportwert zum Bruttosozialprodukt etc.. Als Tauschmedium dient das ausländische Geld dabei in einem um so stärkeren Maße, je mehr internationale Geschäfte in ausländischer Währung fakturiert werden bzw. je mehr die Kontrakte beispielsweise auf US-Dollar-Basis laufen. Die Bedeutung der Haltung ausländischen Geldes sinkt mit einer steigenden Bedeutung der inländischen Währung als internationale Fakturierungs- resp. Reservewährung. Die Abwicklung des internationalen Waren- und Kapitalverkehrs in ausländischer Währung führt entsprechend ebenfalls zu einer Nachfrage nach ausländischem Geld als Währungsreserve aus dem Transaktions- und Vorsichtsmotiv seitens der inländischen Zentralbank. Diese von der Zentralbank gekauften ausländischen Titel bedingen eine (im nächsten Kapitel betrachtete) inländische Geldschöpfung bzw. Geldmengenausdehnung.

IV. Theorie des Geldangebotes

In der bisherigen makroökonomischen Analyse des Geldmarktes war die Geldmenge bzw. das Geldangebot exogen von der Zentralbank bestimmt. Die Geldnachfragefunktion als Verhaltensgleichung ergab sich aus der Zielsetzung der das Geld nachfragenden Wirtschaftssubjekte unter Berücksichtigung ihrer Nebenbedingungen. Für die makroökonomische Analyse wurden dabei die nachfragenden privaten Haushalte und Unternehmen sowie der Staat und das Ausland zu den sog. Nicht-Banken zusammengefaßt. Das auf diesem Markt gehandelte Gut Geld besteht aus Zentralbankgeld, d.h. Bargeld (einschließlich Münzen) und Sichteinlagen der Nicht-Banken bei der Zentralbank sowie aus Geschäftsbankengeld, d.h. Sichtguthaben der Nicht-Banken bei den Geschäftsbanken. Das Zentralbankgeld als gesetzliches Zahlungsmittel und das Geschäftsbankengeld als fakultatives, d.h. bei freiwilliger Annahme im Tauschprozeß, sind dabei vollkommene Substitute: Bei den Nicht-Banken bestehen keinerlei Präferenzen. Der Preis beider Aktiva ist damit in jedem Zeitpunkt gleich, auch wenn diese beiden Titel von unterschiedlichen Wirtschaftssubjekten bzw. Institutionen mit unterschiedlichen Zielfunktionen und Nebenbedingungen angeboten werden.

IV.1 Die multiple Geldschöpfung

IV.1a Geldschöpfung und Geldvernichtung

Sowohl bei einer Geschäfts- als auch bei einer Zentralbank erfolgt eine **Geldschöpfung** bzw. -schaffung stets dergestalt, daß die Bank ein Aktivum bzw. einen Vermögenstitel, welcher kein Geld darstellt, von den Nicht-Banken kauft und es mit neugeschaffenem Geld, z.B. in Form eingeräumter Sichteinlagen bezahlt. Bei dem Verkauf eines derartigen Titels an Nicht-Banken zahlen diese mit Geld. Die in ihren Händen befindliche Geldmenge sinkt; es hat eine sog. **Geldvernichtung** stattgefunden.

Man unterscheidet eine **aktive** und eine **passive Geldschöpfung** je nachdem, ob die Initiative von der Bank (aktive Geldschöpfung) ausgeht oder von den Nicht-Banken (passive Geldschöpfung). Beispielsweise sucht eine Bank ein Grundstück und kauft es (aktive Geldschöpfung) oder ein Unternehmen reicht einen Scheck/Wechsel zugunsten seines Girokontos ein (passive Geldschöpfung). Von einer aktiven Geldschöpfung oder entsprechend Geldvernichtung im Sinne einer „aktivischen" wird gesprochen, wenn die Bank nicht-zahlungsmitteldarstellende Aktiva kauft bzw. verkauft. Gemäß der unterstellten Freiwilligkeit jedes Tauschaktes kann natürlich auch die passive Geldschöpfung bzw. -vernichtung nicht gegen den Willen der Bank geschehen.

Betrachtet man beispielsweise die Bilanz einer Geschäftsbank, so gilt für die Veränderung der Bilanzpositionen bei den folgenden Transaktionen:

- Kauf eines Grundstücks für DM 10,–
- Kauf eines Wechsels in Höhe von DM 5,–
- Gewährung eines Kredites in Höhe von DM 6,–

Aktiva	Bank-Bilanz		Passiva
Grundstücke	+ 10	Sichteinlagen	+ 10
Wechselforderungen	+ 5	Sichteinlagen	+ 5
Kreditbestand	+ 6	Sichteinlagen	+ 6

Geldschöpfung bedeutet dabei also für die Bank eine Bilanzverlängerung. Entsprechend bedeutet eine Geldvernichtung eine Bilanzverkürzung, die dann eintritt, wenn die Bank Aktiva, die kein Geld darstellen, verkauft (z.B. Wechsel werden eingelöst, ein Kredit zurückgezahlt, ein Grundstück verkauft).

Reduziert man die Betrachtung auf die Kreditgewährung (dabei stellen aufgekaufte Wechsel ebenfalls eine Kreditgewährung dar, s.u.), so ergibt sich die Ausdehnung der Sichteinlagen und damit der Geldmenge in einer Periode als der Nettoeffekt aus der in dieser Periode erfolgenden Brutto-Neukreditvergabe und den Kredittilgungen, d.h. aus einer Geldschöpfung und -vernichtung. In dem Falle, daß die Bank einem Unternehmen einen Kredit gewährt hat, daß dieses Unternehmen über die ihm eingeräumten Sichteinlagen zugunsten eines anderen Bankkunden verfügt hat und den Kredit aufgrund des eingetretenen Konkurses nicht tilgen kann, hat die Bank eine nicht oder nicht vollkommen einholbare Forderung. Sie wird diesen Titel ganz abschreiben oder zumindest wertberichtigen, d.h. den Verlust bilanzieren. Ihr Forderungsbestand sinkt dabei ohne eine Reduktion ihrer Sichtverbindlichkeiten. Es ist keine Geldvernichtung erfolgt. Berücksichtigt man, daß die Nettokreditvergabe einer Periode sich ergibt aus der Brutto-Neukreditvergabe vermindert um die Tilgungszahlungen sowie die Forderungsabschreibungen und Wertberichtigungen, so ist der folgende Satz der Deutschen Bundesbank unmittelbar zu verstehen: „Im Ausmaß solcher Bilanzkorrekturen wie Abschreibungen und Einzelwertberichtigungen wird der Anstieg des Geldangebotes durch die inländische Kreditexpansion statistisch unterzeichnet" (Monatsbericht der Deutschen Bundesbank, Mai 1983, S. 6).

Es läßt sich aus den bisherigen Überlegungen unmittelbar erkennen, daß jede Geldschöpfung/-vernichtung nicht nur den Geldmarkt, sondern auch stets einen anderen Markt betrifft. Machten die Kredite an Nicht-Banken mit 1905158 Mio. DM, d.h. rd. 1,9 Billionen DM am 31.12.1983 an dem um die Kredite an Kreditinstitute und die Schuldverschreibungen eigener Emission bereinigten Geschäftsvolumen von rd. 2 Billionen DM aller der Deutschen Bundesbank berichtenden Institute rd. 92 v.H. aus, so kann man sagen: Das gesamte Kreditangebot der Banken ist ihre Nachfrage nach Kredittiteln und stellt damit gleichzeitig die Nachfrageseite auf einem Kreditmarkt dar. **Das Kreditangebot der Banken entspricht ihrem Angebot an Geld** (in Form von Sichteinlagen) und damit der Angebotsseite auf dem Geldmarkt. Die Nettokreditvergabe einer Periode stellt die Ausdehnung des Geldangebotes dar. Der Bankenkreditmarkt als Bestandsmarkt spiegelt sich in dem Geldmarkt, ebenfalls ein Bestandsmarkt, wider.

Existiert in der Volkswirtschaft nur eine einzige Bank (Wicksells Idealbank), erfolgen alle Zahlungen bargeldlos und handelt es sich um eine geschlossene Volkswirtschaft, dann ist die Geldschöpfungsmöglichkeit unbegrenzt, d.h. die Geldmenge geht theoretisch gegen unendlich, da die Bank kein Liquiditätsproblem hat. Die Bank kann nie in die Situation kommen, Zahlungen in einem Geld leisten zu müssen, das sie selbst nicht schaffen kann. Ein **Liquiditätsproblem** entsteht für eine Bank erst dann, wenn sie Zahlungen in einem Geld leisten soll, welches sie nicht selbst schöpfen kann.

IV.1b Die multiple Geldschöpfung in einem einstufigen Geldsystem

Um die Überlegungen zur Geldschöpfung im Falle der gleichzeitigen Existenz von Zentralbankgeld und Geschäftsbankengeld vorzubereiten, wird zunächst ein System betrachtet, welches einzig aus zwei Geschäftsbanken besteht. Es existieren keine Zentralbank und kein Zentralbankengeld. Von den drei Nicht-Banken (W1, W2, W3) unterhalten das erste und letzte Wirtschaftssubjekt ein Girokonto bei der Bank B1, während die Bank B2 ein Girokonto für das zweite Wirtschaftssubjekt W2 führt. Außerdem unterhält jede Bank bei der anderen ein Konto. Das Wirtschaftssubjekt W1 erhält nun von der Bank B1 einen Kredit in Höhe von 1000 DM eingeräumt und verfügt über den Betrag von 700 zugunsten des Wirtschaftssubjektes W2 und 300 zugunsten W3. Entsprechend erkennt die Bank B1 das Konto von W3 mit 300 und von B2 mit 700. Die Bank B2 schreibt dem Wirtschaftssubjekt W 2 entsprechend den Betrag von 700 gut. Diese Transaktionen ergeben sich unmittelbar aus den folgenden Konten, in denen nur die eben beschriebenen Veränderungen erfaßt sind.

Bank B1:

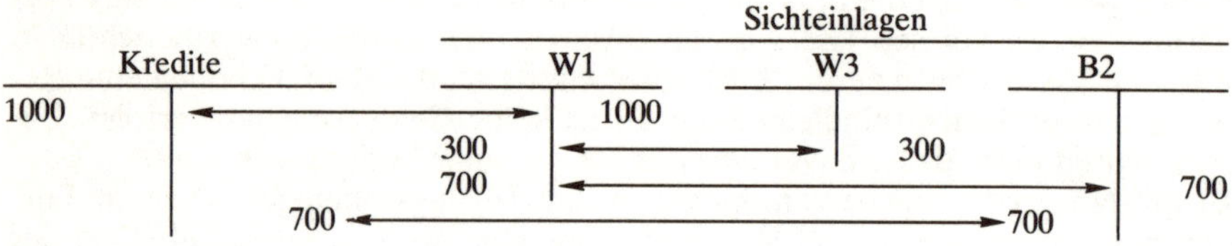

Bank B2:

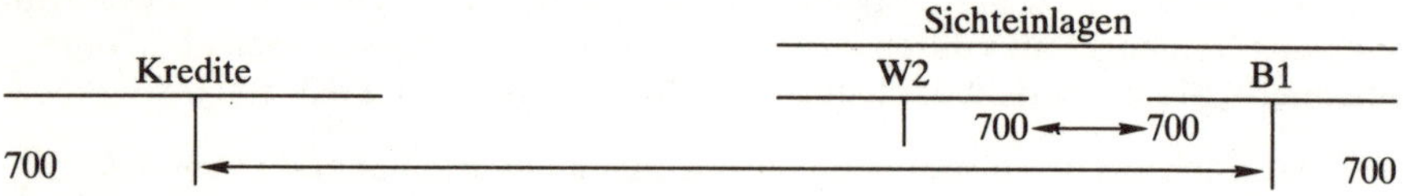

Die Kredit- und Geldschöpfung beträgt 1000. Die Geldmenge setzt sich zusammen aus 300 Geschäftsbankengeld B1 und 700 Geschäftsbankengeld B2. Diese **Geld- und Kreditschöpfung** setzt voraus, daß die Bank B2 die Bank B1 als Schuldner anerkennt bzw. ihr einen Kredit in Höhe von 700 einräumt. Die Geldschöpfung der Bank B1 ist durch die Bereitschaft der Kreditgewährung seitens der Bank B2 begrenzt.

Modifikationen ergeben sich insbesondere durch die folgenden zwei Möglichkeiten:

1. Die Bank B2 gewährt ebenfalls Kredite, d.h. monetisiert Aktiva, die kein Geld darstellen, und ihre Kunden verfügen ebenfalls zugunsten von Kunden der Bank B1: Beispielsweise gewährt B2 an W2 Kredite in Höhe von 600 und W2 verfügt über 600 zugunsten von Wirtschaftssubjekt W3. In diesem Falle ergibt sich infolge dieser beiden Kreditgewährungen auf den beiden Einlagekonten der Banken jeweils ein Verrechnungssaldo in Höhe von DM 100 (B1 ein Defizit von 100 gegenüber B2; B2 eine Forderung von 100 gegenüber B1). Wenn beide Banken Kredite gewähren und dieser sog. Clearing-Saldo den Betrag von Null annimmt, dann bewegen sich die Banken im **Gleichschritt**. Erfolgen, wie in diesem Beispiel, alle Zahlungen bargeldlos und stehen alle Banken beispielsweise als Geschäftsbanken auf einer gleichberechtigten Ebene, so daß ein sog. **einstufiges**

Bankensystem (ein Bankensystem ohne eine Zentralbank) existiert, dann gibt es im Falle des sog. Gleichschrittes keine Grenzen der Geldschöpfung. Die Geldmenge wird bestimmt durch die seitens aller Banken monetisierten Aktiva. Die Banken werden solange Kredite gewähren und Geld schaffen, wie mit dieser Tätigkeit ein (erwarteter) Gewinn bzw. eine (erwartete) positive Rendite verbunden ist. Die Grenze liegt dort, wie im Kapitel II.3 gezeigt wurde, wo die Geldmenge die Sättigungsgrenze erreicht hat. Erfolgt die Kreditvergabe nicht im Gleichschritt, so ist die Geldschöpfungsmöglichkeit des Bankensystems mit begrenzt durch die Höhe des Verrechnungssaldos bzw. der Kreditlinien, die sich die Banken untereinander einräumen.

Gleichschritt bedeutet dabei nicht, daß die Banken die gleiche Kreditgewährung betreiben, sondern lediglich, daß die Überweisungen an Kunden der fremden Bank gleich sind den Überweisungen der Kunden der fremden Bank an Kunden der betrachteten Bank. Man kann auch (vereinfacht) sagen, daß die mit den externen Verrechnungsfaktoren gewichteten Kreditvergaben im Gleichschritt gleich sind. Ein interner/externer **Verrechnungsfaktor** ist dabei das Verhältnis der Überweisungen an Kunden der betrachteten/fremden Bank zu den gesamten Überweisungen.

2. Für die zweite Modifikation sei unterstellt, daß sich die Banken keinen Kredit gegenseitig einräumen. Jetzt muß im Falle der zuerst analysierten Kreditvergabe der Bank B1 diese Bank über ein Aktivum verfügen, welches die Bank B2 im Tausch akzeptiert. Dieses Gut sei beispielsweise das Gut G (Gold). Die oben dargestellte Kreditvergabe würde zu folgenden Konten führen (ABi Anfangsbestand von G bei der Bank i):

Bank B1:

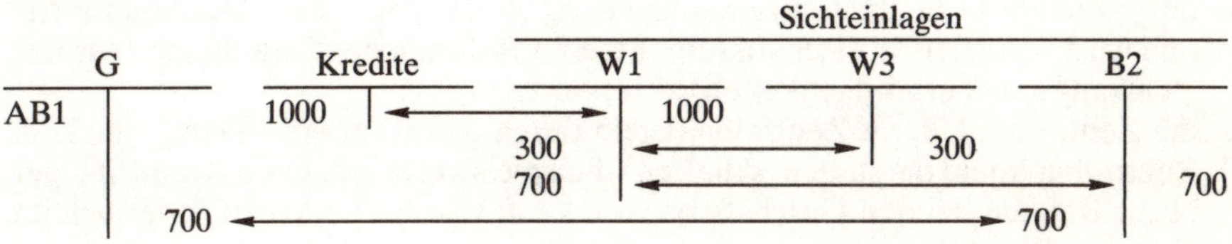

Bank B2:

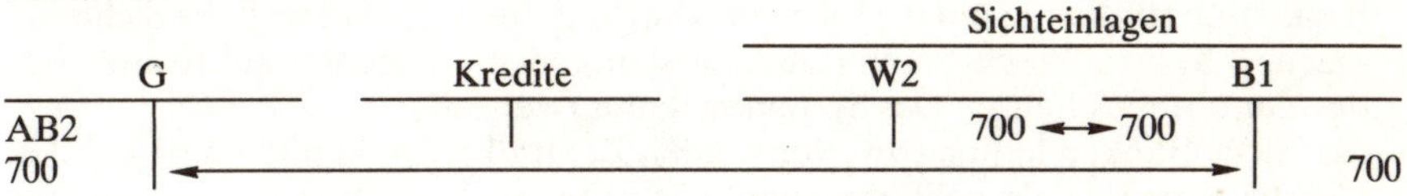

Das maximale Kreditvolumen der Bank B1 ist offensichtlich in diesem Falle dann erreicht, wenn ihr Bestand des Gutes G den Betrag von Null erreicht hat, d.h. wenn der Periodenanfangsbestand AB1 vollständig aufgebraucht ist. Erhält in dieser Situation die Bank B1 exogen Einheiten von dem Gut G, z.B. in Höhe von G1, so kann die Bank B1 jetzt wieder neue Kredite gewähren und damit zusätzlich Geld schöpfen. Sie kann solange wieder Geld schaffen, bis aufgrund der **Abflußquote**, d.h. des Teiles des neugeschaffenen Geldes, der zu Zahlungsvorgängen führt, bei deren Durchführung die Bank B1 das Aktivum G abgeben muß, dieser Zuwachs an Gold „verbraucht" ist. Die Geldschöpfung erfolgt dabei auf der Basis dieses Zuwachses in Höhe von G1. Beträgt die Abflußquote beispielsweise 70 v.H. (wie im Beispiel der Kreditgewährung in Höhe von 1000 bei einem

Abfluß von 700 an B2), so kann die Bank B1 zusätzlich Kredite in Höhe von (1/0,7) · G1 gewähren. Ihre zusätzliche Nachfrage nach Kredittitel bzw. ihr zusätzliches Kredit- und Geldangebot beträgt maximal G1/0,7 und damit mehr als G1 bzw. ein Vielfaches des Zuflusses an G. Dieser Zufluß an G ermöglicht der einzelnen Bank also eine multiple Geldschöpfung. Diese Aussage gilt, wie noch gezeigt werden wird, ebenfalls bzw. besonders für das System der (beiden) Banken. Das Ausmaß der zusätzlichen Geldschöpfung ist in diesem Fall besonders groß, da die Banken sich annahmegemäß als Mengenanpasser verhalten.

Bei dem dargestellten Beispiel ist also zu beachten:

- Die Bank B1 schafft Geld; sie leiht aber nicht das Aktivum G aus, sondern sie schöpft Geld auf der Grundlage von G.
- Da die Abflußquote kleiner als eins bzw. 100 v.H. ist, ist eine multiplikative bzw. multiple Geldschöpfung möglich, d.h. die einzelne Bank kann (ohne daß ihr eine andere Bank einen Kredit einräumt bzw. sich die Banken im Gleichschritt bewegen) aufgrund einer ihr zufließenden Einheit des Aktivums G mehr als eine Einheit Geld zusätzlich schaffen.
- Fließt von der Bank B1 das Aktivum G zur Bank B2, so kann auch die Bank B2 zusätzliches Geld schaffen und es entsteht ein nochmaliger Multiplikatoreffekt.

IV.1c Die multiple Geldschöpfung in einem zweistufigen Mischgeldsystem

Zur Ableitung der sog. multiplen Geldschöpfung sei zunächst das bisher verwendete Bild einer geschlossenen Volkswirtschaft wie folgt verändert:

- Es gibt eine sog. Clearing-Bank, über die alle Zahlungen zwischen den Geschäftsbanken laufen; diese Bank heißt Zentralbank;
- das Aktivum G heißt Zentralbankgeld; es ist das gesetzliche Zahlungsmittel und wird von allen Wirtschaftssubjekten im Rahmen der Tauschakte (zur Begleichung von Verbindlichkeiten) akzeptiert;
- die Zentralbank kann Zentralbankgeld durch den Kauf von Aktiva, die kein Zentralbankgeld darstellen, schaffen – beispielsweise indem sie Kredittitel der Nicht-Banken bei den Geschäftsbanken kauft (Rediskontkredit) oder beleiht (Lombardkredit);
- die Zentralbank kann aufgrund eines Gesetzes bestimmen, daß die Geschäftsbanken Zentralbankgeld in Höhe eines bestimmten v.H.-Satzes ihrer Sichteinlagen, d.h. ihres geschöpften (Geschäftsbanken-) Giralgeldes auf Konten bei der Zentralbank halten: Das System ist damit **zweistufig**;
- die Nicht-Banken halten bzw. verwenden Zentralbankgeld und Giralgeld der Geschäftsbanken als vollkommene Substitute: Es handelt sich somit um ein sog. **Mischgeldsystem**.

Das System mit einer Zentralbank und einer Geschäftsbank

Im folgenden soll die Kredit- und Geldschöpfung in einem Mischgeldsystem für den Fall untersucht werden, daß nur eine Zentralbank und eine (aggregierte) Geschäftsbank existieren.

Die Zentralbank kauft von der Geschäftsbank einen Handelswechsel in Höhe von 500. Dadurch sinkt bei der Geschäftsbank der Bestand an Wechseln und steigt der Bestand an Kasse um 500. Es hat ein Aktivtausch stattgefunden. Es ist zwar die Geldmenge (in Händen der Nicht-Banken) unverändert geblieben, aber bei der Geschäftsbank ist eine sog. Überschußreserve Ü in Höhe von 500 entstanden. Will die Geschäftsbank das zusätzliche Zentralbankgeld in ihrem Portefeuille nicht als sog. freie Liquiditätsreserve halten und unterstellt man für die Geschäftsbank ein sog. Mengenanpasserverhalten, d.h. eine vollkommen elastische Kreditnachfrage seitens der Nicht-Banken, so wird die Bank unmittelbar in Höhe dieser Überschußreserve neue Kredite gewähren. Die **Überschußreserve** ist das tatsächliche Mindestreserve-Ist vermindert um das Mindestreserve-Soll und die sog. working balances.

Die Nicht-Banken rufen einen Anteil c_M dieser Kredite in Form von Zentralbankgeld ab; die Geschäftsbank muß darüberhinaus einen Anteil r des geschaffenen Giralgeldes bzw. der neuen Sichteinlagen als Mindestreserve bei der Zentralbank halten. Damit ergeben sich unmittelbar infolge der entstandenen Überschußreserve:

- eine Neukreditvergabe in Höhe von: Ü;
- zusätzliche Sichteinlagen in Höhe von: $(1 - c_M)$ Ü;
- eine verbleibende Überschußreserve in Höhe von: $(1 - c_M)(1 - r)$ Ü.

Die immer noch existierende Überschußreserve führt zu einer weiteren Kreditvergabe mit einem erneuten Zentralbankgeldabfluß an die Nicht-Banken und einer erneuten Zentralbankgeldbindung in Form der Mindestreserve bei der Zentralbank. Es gibt eine Kette von gewährten Krediten etc. und es gilt für die insgesamt aufgrund von Ü geschaffenen

- Neukredite (ΔK):

$$\Delta K = \ddot{U} + \ddot{U}(1 - c_M)(1 - r) + \ddot{U}(1 - c_M)^2(1 - r)^2 + \ldots$$

- zusätzlichen Sichteinlagen (ΔD):

$$\Delta D = \ddot{U}(1 - c_M) + \ddot{U}(1 - c_M)^2(1 - r) + \ldots$$

- zusätzlichen Bestände an Zentralbankgeld in Händen von Nicht-Banken (ΔB^P):

$$\Delta B^P = c_M\ddot{U} + c_M\ddot{U}(1 - c_M)(1 - r) + \ldots$$

- zusätzliche Mindestreservehaltung der Geschäftsbanken (ΔMR):

$$\Delta MR = (1 - c_M)\ddot{U}r + (1 - c_M)^2(1 - r)\ddot{U}r + \ldots$$

Alle diese Entwicklungen lassen sich abbilden als geometrische Reihen, so daß der Wert aufgrund der Summenformel der unendlichen geometrischen Reihe mit dem Anfangswert a bei einem Multiplikationsfaktor q von kleiner als eins ($S_N = a\,\frac{1}{1-q}$; $q < 1$) ermittelt werden kann. Es gilt insgesamt

- für die Kreditneuvergabe:

$$\Delta K = \ddot{U}\,\frac{1}{1 - (1 - c_M)(1 - r)} = \frac{1}{c_M + r(1 - c_M)}\,\ddot{U}$$

- für die Veränderung der Sichteinlagen:

$$\Delta D = \ddot{U}\,\frac{1 - c_M}{1 - (1 - c_M)(1 - r)} = \frac{(1 - c_M)}{c_M + r\,(1 - c_M)}\,\ddot{U}$$

- für die Veränderung der Zentralbankgeldmenge in Händen der Nicht-Banken:

$$\Delta B^P = \frac{c_M}{c_M + r\,(1 - c_M)}\,\ddot{U}$$

- für die Mindestreserveverpflichtung der Geschäftsbanken:

$$\Delta MR = \frac{r\,(1 - c_M)}{c_M + r\,(1 - c_M)}\,\ddot{U}$$

Zu beachten ist an diesem System aus einer Geschäftsbank und einer Zentralbank, daß eine multiple Geldschöpfung erfolgt ist. Sie ist erfolgt in Höhe von:

$$\Delta D = m\ddot{U}$$

mit:

$$m = \frac{1 - c_M}{c_M + r\,(1 - c_M)}$$

bzw.
allgemein: $m = m\,(\underset{-}{c_M}, \underset{-}{r})$

Der **Geldschöpfungsmultiplikator** m ist größer als eins bei $(r, c_M) < 1$. Er hat beispielsweise bei einer Mindestreserve von 10 v.H. und einer Bargeld-Abflußquote von 20% den Wert von 2,857. Der Wert des Multiplikators steigt dabei mit einem sinkenden Reservesatz r und einer sinkenden Abflußquote c_M.

Für die Kreditgewährung läßt sich unter Verwendung eines Kreditschöpfungsmultiplikators m_K schreiben:

$$\Delta K = m_K \ddot{U}$$

mit: $$m_K = \frac{m}{1 - c_M} = \frac{1}{c_M + r\,(1 - c_M)}$$

bzw.
allgemein $m_K = m_K\,(\underset{-}{c_M}, \underset{-}{r})$

Wie der Geldschöpfungsmultiplikator, so sinkt auch der Wert des Kreditschöpfungsmultiplikators mit steigendem Wert von r und c_M.

Die Konsistenz dieses multiplen Geldschöpfungsprozesses läßt sich daran prüfen, daß die folgenden drei Beziehungen erfüllt sind:

$$\ddot{U} = \Delta B^P + \Delta MR \quad ; \quad \Delta K = \Delta D + \Delta B^P$$

$$\Delta D = \Delta K + \Delta MR - \ddot{U}$$

Erfolgt die Geldschöpfung auf der Basis der exogenen Überschußreserve, so ist sie dann beendet, wenn die Summe aus der zusätzlichen Mindestreserve und Zentralbankgeldmenge in Händen der Nicht-Banken gleich Ü ist. Da die Nicht-Banken den Wert ihrer zusätzlichen Kreditaufnahme in Geld halten, muß die Summe aus der zusätzlichen Haltung von Zentralbankgeld und (Geschäftsbanken-) Giralgeld diesem Wert entsprechen (Bilanzrelation des Publikums). Entsprechend läßt sich die dritte Gleichung aus der Bilanzrelation der Geschäftsbanken ableiten. Setzt man in diese Gleichungen die oben ermittelten Summen ein, so ergibt sich unmittelbar die Gleichheit.

Das mikroökonomische Kalkül der Geschäftsbank

Die dargestellte Kreditgewährung und Geldschöpfung der Bank erhält einen mikroökonomischen Aussagegehalt erst durch die Erklärung der (mikroökonomisch rationalen) Verhaltensweisen der Bank. Diese werden für die (repräsentative) Geschäftsbank erklärt über die Zielsetzung in Form der Gewinnmaximierung bei einer vollkommen elastischen Kreditnachfrage, bei einem exogenen Mindestreservesatz r und unverzinster Mindestreservehaltung sowie einer exogen angegebenen Abflußquote. Bei einem exogen gegebenen Zinssatz für die Kredite i_K ($i_K > 0$) und die Sichteinlagen i_D ($i_D = 0$) läßt sich für den Periodengewinn aufgrund der Neukreditvergabe schreiben

Max! $\quad G = i_K \Delta K - i_D \Delta D$

u.d.N. $\quad \ddot{U} = \Delta MR + \Delta B^P = \Delta MR + c_M \Delta K$

$$\Delta MR = r \Delta D = r\,(1-c_M)\,\Delta K$$

Die Lagrange-Funktion lautet somit:

$$L = i_K \Delta K + \lambda\,[\ddot{U} - r\,(1-c_M)\,\Delta K - c_M \Delta K]$$

Aus den gleich Null gesetzten ersten Ableitungen der Lagrange-Funktion nach ΔK und λ:

$$\frac{dL}{d\Delta K} = i_K + \lambda\,[-c_M - r\,(1-c_M)] \qquad \Rightarrow \quad 0$$

$$\frac{dL}{d\lambda} = \ddot{U} - r\,(1-c_M)\,\Delta K - c_M \Delta K \qquad \Rightarrow \quad 0$$

folgt für die gewünschte Kreditneuvergabe bzw. das gewünschte Kreditangebot der Bank (ΔK^*):

$$\Delta K^* = \frac{1}{c_M + r\,(1-c_M)}\,\ddot{U}$$

Die erste Nebenbedingung im Maximierungskalkül läßt sich auch schreiben als:

$$\ddot{U} = \Delta MR + \Delta K - (1 - c_M)\,\Delta K = \Delta MR + \Delta K - \Delta D$$

Dadurch wird deutlich, daß es sich bei den Beziehungen zwischen ΔK, ΔD, ΔMR und ΔB^P um Bilanzrestriktionen, d.h. das Optimierungskalkül restringierende Größen handelt und nicht um einfache Bilanzidentitäten. Es sind somit die Bilanzrestriktionen der Nicht-Banken, der Geschäftsbank sowie die konsolidierte, die in den obigen drei Relationen abgebildet sind. Graphisch ergibt sich im neuen Gleichgewicht bzw. im Endzustand für die Bilanzen:

Nicht-Banken NB

A	P
ΔD	ΔK
ΔB^P	

Geschäftsbank GB

A	P
$-\ddot{U}$	ΔD
ΔMR	
ΔK	

GB + NB

A	P
$-\ddot{U}$	
ΔB^P	
ΔMR	
0	0

Das System bei einer Zentralbank und n-Geschäftsbanken

Die Ausdehnung des Bankensystems von einer auf n Geschäftsbanken bei Beibehaltung aller sonst getroffenen Annahmen hat – wie sich zeigen wird – keine Auswirkung auf den Multiplikator. Bei einem für alle Banken gleichen Reservesatz r, einer gleichen Zentralbankgeldabflußquote c_M und einer Abflußquote von einer Bank an eine andere c_B (externer Verrechnungsfaktor) gilt für den Fall von zwei Geschäftsbanken, wenn die Zentralbank Wechsel in Höhe von Ü von der Bank B1 kauft, folgendes: Die Bank B1 gewährt Kredite in Höhe von Ü, hat einen Zentralbankgeldabfluß an die Nicht-Banken von $c_M\ddot{U}$, einen rechnerischen Abfluß infolge von Überweisungen an die Bank B2 in Höhe von $c_B\ddot{U}$. Die Bank B1 gewährt damit neue Sichteinlagen in Höhe von $(1-c_M-c_B)\,\ddot{U}$ und behält als Grundlage für eine erneute Kreditgewährung freies Zentralbankgeld in Höhe von $(1-c_M-c_B)\,(1-r)\,\ddot{U}$. Daraufhin gewährt B1 in einer „zweiten" Runde in dieser Höhe erneut Kredite, während gleichzeitig Bank B2, die für die erhaltenen Einlagen Reserven zu halten hat, Kredite in Höhe von $(1-r)\,c_B\ddot{U}$ gewährt. Für die insgesamt neu gewährten Kredite ΔK gilt:

„Runde"	Neukreditvergabe ΔK seitens Bank B1	Bank B2
1	$\ddot{U}$	
2	$\ddot{U}\,(1-c_M-c_B)\,(1-r)$	$\ddot{U}\,c_B\,(1-r)$
3	$\ddot{U}\,(1-c_M-c_B)^2\,(1-r)^2$ + $\ddot{U}\,c_B^2\,(1-r)^2$	$\ddot{U}\,c_B\,(1-r)^2\,(1-c_M-c_B)$ + $\ddot{U}\,c_B\,(1-r)^2\,(1-c_M-c_B)$
4	.	.
.	.	.
.	.	.
	.	.

Die Addition der neu gewährten Kredite des Bankensystems in jeder Runde ergibt die folgende Kette:

Runde	1	2	3
$\Delta K =$	$\ddot{U}$ +	$\ddot{U}(1-r)(1-c_M)$ +	$\ddot{U}(1-r)^2(1-c_M)^2 + \ldots$

Das Ergebnis dieser Kreditgewährung bei zwei bzw. bei n Geschäftsbanken entspricht aufgrund der getroffenen Annahmen genau jenem in dem System mit einer Geschäftsbank.

Einflußgrößen auf die multiple Geld- und Kreditschöpfung

Die Entwicklung der Neukreditvergabe entspricht in dem System mit n Geschäftsbanken nicht derjenigen in einem System mit einer Zentralbank und einer Geschäftsbank,

- wenn mit steigender Anzahl an Geschäftsbanken einschließlich ihrer Zweigstellen die Abflußquote c_M sinkt (die Geld- und Kreditschöpfung steigt);
- wenn man zusätzlich zu dem Mindestreservesatz r eine freiwillige Reservehaltung der Geschäftsbanken in Anbetracht des Liquiditätsproblems (Abfluß an andere Banken oder an die Nicht-Banken) als v.H.-Satz r_f einführt (die Geld- und Kreditschöpfung sinkt);
- wenn man von unterschiedlichen Mindestreservesätzen r bei den Banken sowie unterschiedlichen Abflußquoten beispielsweise infolge eines unterschiedlichen Filialnetzes oder Wachstums der Banken ausgeht.

Die wesentlichsten Entwicklungen bzw. Einflußgrößen des Geld- und Kreditschöpfungsprozesses sind bei einer Übertragung der Modellergebnisse auf reale Entwicklungen:

- die Kredit- und Geldschöpfung in DM über inländische Banken in Verbindung mit sog. **Euro-Töchtern** (Die Euro-Töchter beispielsweise in Luxemburg unterliegen i.d.R. einem geringeren Mindestreservesatz als die Institute im Inland, wodurch das Kreditschöpfungspotential insgesamt steigt. Es gibt zwar noch (rechnerisch) eine maximale Geld- und Kreditschöpfungsmöglichkeit für die inländischen Institute; relativ aber sinkt sie mit wachsender Bedeutung der Töchter im Ausland im Rahmen der Kreditgewährung in inländischer Währung, d.h. DM. Durch den freien Fluß zwischen inländischen Mutter-Instituten und ihren Euro-Töchtern steigt die Variabilität des inländischen Multiplikators.);
- die Auswirkungen der **Konzentration im Bankensektor** (Aufgrund eines im Bankensektor mit der Konzentration steigenden internen Verrechnungsfaktors sinkt die freiwillige Reservehaltung r_f und damit steigt das Geld- und Kreditschöpfungspotential.);
- die sog. **Finanzinnovationen**. Diese neu in den Markt eingeführten Möglichkeiten wie Kreditkarten, Certificates of Deposits, d.h. verzinste handelbare Sichteinlagen, Floating Rate Notes, d.h. Titel mit variablem Zinssatz etc. reduzieren die Substitutionslücken zwischen den Krediten bzw. Assets unterschiedlicher Frisitigkeit, erhöhen damit die Liquiditätsmenge einer Volkswirtschaft und führen dabei insgesamt aufgrund ihrer Geldnähe zu einer geringe-

ren Bargeldabflußquote an den Nicht-Banken-Sektor (c_M sinkt) und damit zu einem höheren Geld- und Kreditschöpfungspotential.

Als Einflußgröße wurde die Kreditnachfrage bisher nahezu vollständig vernachlässigt. Mit der unterstellten Verhaltenweise eines Mengenanpassers für die repräsentative Geschäftsbank in ihrem (nur sehr rudimentären) Optimierungskalkül wurde eine vollkommen elastische Kreditnachfrage unterstellt. Aufgrund dieser Vereinfachungen bzw. der fehlenden ökonomischen Erklärung der Koeffizienten spricht man häufig auch von einem „mechanistischen Geld- und Kreditschöpfungsmultiplikator". Der wesentlichste Kreditpunkt an diesem Ansatz besteht aber darin, daß hier eine getrennte Betrachtung der Schaffung freier Liquiditätsreserven und der Kreditgewährung erfolgt, so daß dergestalt kein einheitliches (einstufiges) Optimierungsverhalten der Geschäftsbanken abgebildet werden kann.

Multiple Geldschöpfung und monetäre Basis

Ein der bisherigen Darstellung vergleichbarer tautologischer Ansatz „erklärt" die Geld- und Kreditmenge unter Verwendung der sog. monetären Basis. Die **monetäre Basis** B ist dabei die Zentralbankgeldmenge bzw. die Summe aus Zentralbankgeld in Händen des Publikums sowie der Geschäftsbanken, die es in Form von Mindestreserve und freier bzw. freiwilliger Liquiditätsreserve halten.

$$B = B^P + B^B$$

$$B^B = R^r + R^e$$

mit:
- B monetäre Basis;
- B^P Zentralbankgeld in Händen des Publikums;
- B^B Zentralbankgeld im Portefeuille der Geschäftsbanken;
- R^r (gesetzliche) Mindestreserve (Ist-Bestand);
- R^e freie Liquiditätsreserve („Überschußguthaben").

Die Einlagen bei den Geschäftsbanken lassen sich unterscheiden in sog. unverzinste Sichteinlagen (demand deposits), über die der Kontoinhaber jederzeit verfügen kann, sowie verzinste Termineinlagen (time deposits) und Spareinlagen (savings deposits). Über die nicht mit einer besonderen Fristigkeit versehenen Spareinlagen mit gesetzlicher Kündigungsfrist kann der Inhaber pro Monat über DM 2000,– in der Bundesrepublik verfügen. Bei diesen Betrag übersteigenden Abhebungen kann die Bank einen „Strafzins" verlangen. Der Sparzinssatz betrug in 1984 i.d.R. 3 v.H.; der Zinssatz für Termineinlagen mit einer Fristigkeit bzw. festgelegten Anlagedauer von 3 Monaten rd. 4,5 v.H. Der Inhaber von Termineinlagen kann über sein Guthaben nur zum Fälligkeitstag (Strafzinsen ansonsten) verfügen. Bei den Termineinlagen bzw. Festgeldern kann eine Fristigkeit von 1 Monat bis zu 4 Jahren vereinbart werden.

Angesichts dieser verschiedenen Einlagen, deren Unterscheidung im Rahmen der Mindestreservepolitik von Bedeutung wird, werden drei **Geldmengenaggregate** definiert. Die Geldmenge im engeren Sinne M1, die Geldmenge M2 und die Geldmenge in der weitesten Fassung M3 sind definiert als (vgl. Kap. I):

$$M1 = B^P + D$$

$$M2 = M1 + T$$

$$M3 = M2 + S$$

mit: D Sichteinlagen;
S Spareinlagen;
T Termineinlagen.

Der Geldschöpfungsmultiplikator wird konstruiert unter Verwendung der folgenden Relationen (die Spareinlagen und damit zur Vereinfachung M3 werden hier vernachlässigt):

$c = B^p/D$ Kassenhaltungskoeffizient;

$r = R^r/(D+T)$ durchschnittlicher Mindestreservesatz;

$r_f = R^e/D$ freie Reserven bezogen auf die Sichteinlagen;

$t = T/D$ Termindepositenkoeffizient.

Es gelten die folgenden Definitionen und Beziehungen:

$$M1 = D + B^p \qquad M2 = D + T + B^p$$

bzw.

$$M1 = (1+c)\,D \qquad M2 = (1+t+c)\,D$$

sowie

$$B = B^p + R^r + R^e = (c+r\,(1+t) + r_f)\,D$$

und

$$M1 = \frac{M1}{B}\,B = m_1 B \qquad M2 = \frac{M2}{B}\,B = m_2 B$$

Eingesetzt folgt für den Geldschöpfungsmultiplikator m_1 und den Geldschöpfungsmultiplikator m_2:

$$m_1 = \frac{1+c}{c+r\,(1+t)+r_f} > 1 \qquad m_2 = \frac{1+t+c}{c+r\,(1+t)+r_f} > m_1$$

bzw.

$$m_1 = m_1(\underset{-}{c},\ \underset{-}{r},\ \underset{-}{r_f},\ \underset{-}{t}) \qquad m_2 = m_2(\underset{-}{c},\ \underset{-}{r},\ \underset{-}{r_f},\ \underset{+}{t})$$

Für das Kreditangebot bzw. den Kreditschöpfungsmultiplikator folgt aus der Bilanz der Geschäftsbanken für das Kreditvolumen K bei Spareinlagen von annahmegemäß Null (und ohne sonstige Aktiva und Passiva):

$$K = D + T - R^r - R^e = D + T - R^r - R^e + B^p - B^p$$

bzw.

$$K = M1 + T - B \qquad = (m_1 - 1)\,B + T$$

oder

$$K = M2 - B \qquad = (m_2 - 1)\,B$$

Interpretiert man die bei den Multiplikatoren verwendeten Relationen als Verhaltensparameter des Publikums im Rahmen der Strukturierung ihres Vermögens (c, t) sowie der Geschäftsbanken im Rahmen ihrer Bilanzstruktur (r_f) und betrachtet die Größen r und B als Politikparameter der Zentralbank und unterstellt eine Konstanz der Verhaltensparameter, dann und nur dann lassen sich die Multiplikatoren kausal interpretieren. Eine exogene Erhöhung der monetären Basis oder eine exogene Senkung des Mindestreservesatzes r seitens der Zentralbank führt dann dazu, daß die Geldmenge sowohl in der engeren als auch der weiteren Definition um ein Mehrfaches steigt und daß das Kreditvolumen (wenn auch im geringeren Maße) ebenfalls steigt.

Eine vertiefende Analyse der Multiplikatoreffekte sowie des Geld- und Kreditangebotsprozesses erfolgt hier erst, nachdem die in diesem tautologischen Ansatz verwendeten Koeffizienten als Verhaltensparameter modellendogen erklärt wurden. Dann erfolgt ebenfalls eine vertiefende Betrachtung der Basis-Konzepte.

IV.2 Das Optimierungsverhalten einer Geschäftsbank

Der Übergang von der Erklärung des Prozesses der Geld- und Kreditschöpfung zum gesamtwirtschaftlichen Geld- und Kreditangebot entspricht dem Übergang von einer mechanistischen Betrachtungsweise aufgrund von „Tautologien“ zu einem auf dem Optimierungsverhalten aller beteiligten Wirtschaftssubjekte basierenden Ansatz. Entsprechend ist das Optimierungsverhalten der einzelnen Bank zu erklären bzw. eine mikro-ökonomische Fundierung notwendig.

Gewinnmaximierungsverhalten bei einem Liquiditätsrisiko

Das Ziel einer Bank ist die Maximierung des (erwarteten) Gewinns unter Beachtung/Wahrung der **Liquidität**, d.h. der Möglichkeit, jederzeit Zahlungen in Form von Zentralbankgeld auf Verlangen der Einlagen-Kunden durchführen zu können. Die Liquidität kann dabei durch Auszahlungs- bzw. Überweisungsüberschüsse bei Auszahlungen bzw. Überweisungen an Kunden der Bank bzw. von Kunden der Bank zugunsten von Kunden anderer Banken gefährdet werden. Um dieser Gefahr zu begegnen, halten die Banken neben der gesetzlichen Mindestreserve (MR) freiwillig eine Reserve (FR). Ihre Anteile an den **geplanten** Sichteinlagen D betragen:

$$r_f = \frac{FR}{D} \qquad r = \frac{MR}{D}$$

Die Bilanz der repräsentativen Bank (und damit die konsolidierte der Gesamtheit aller Banken) weist als Verbindlichkeiten/Passiva die Sichteinlagen D und als Forderungen/Aktiva die Kredite an die Nicht-Banken K, die freiwilligen Reserven FR und die Mindestreserven MR auf. Die Summe aus den Reserven entspricht der Zentralbankgeldmenge ZB in Händen der Geschäftsbank. Summiert über alle Geschäftsbanken entspricht ZB (FR) der Größe B^B (R^e).

Das Halten von freiwilligen Reserven bedeutet einerseits den Verzicht auf Zinserträge aus einer Kreditgewährung, die bei unterstelltem Mengenanpasserverhalten zum gegebenen Kreditzinssatz i_K möglich ist (Opportunitätskosten). Es bedeutet andererseits die Vermeidung von Illiquiditätskosten, die entstehen, wenn die Bank sich im Falle des Eintretens der oben genannten Überschüsse bei anderen Banken, einschließlich der Zentralbank verschulden muß. Die Gefahr der Illiquidität ist um so größer, je größer die Sichteinlagen in Relation zum Zentralbankgeldbestand der Geschäftsbank sind. Je größer diese Relation ist, desto geringer ist die Bonität des Institutes bzw. desto größer erachten andere Geschäftsbanken auf dem Interbanken-Geldmarkt bzw. Nicht-Banken bezüglich ihrer Einlagen das Bonitätsrisiko dieser Bank und fordern entsprechend höhere Zinsen für ihre Einlagen bzw. für einen Interbanken-Kredit. Die Kosten der „Kreditaufnahme" L sinken für die Geschäftsbank mit steigendem „standing" bzw. steigen mit sinkender Bonität bzw. „Kreditwürdigkeit". Sie steigen dabei mit dieser Risikoeinschätzung überproportional; entsprechend gilt beispielhaft $L = L(D^2/ZB)$.

Das Gewinnmaximierungskalkül der Geschäftsbank lautet somit:

Max.! $G = i_K K - L$

u.d.N.: $K = D - ZB$ (Bilanzrestriktion)

$ZB = FR + MR$ (Zahlungsmittelrestriktion)

$MR = r D$ (gesetzliche Mindestreserve)

$L = L(D^2/ZB)$ („Liquiditätskosten")

bei: $\frac{dL}{d(D^2/ZB)} = L' > 0$ (Grenzkosten einer sinkenden Bonitätseinschätzung; Grenz-Refinanzierungskosten).

mit:
- G (erwarteter) Gewinn;
- K Kreditvolumen;
- D Einlagevolumen;
- FR freiwillige (unverzinste) Liquiditätsreserve;
- MR gesetzliche (unverzinste) Mindestreserve;
- ZB Zentralbankgeldbestand in Händen der Bank;
- L Kosten der Verbindlichkeiten („Liquiditätskosten");
- r Mindestreservesatz;
- i_K Kreditzinssatz;
- $\{ZB, r, i_K\}$ sind exogen gegeben.

Aus der Lagrange-Funktion H

$$H = i_K K - L(D^2/ZB) + \lambda(K + ZB - D)$$

folgen die gleich Null gesetzten ersten Ableitungen nach K und D:

$$0 = i_K + \lambda$$

$$0 = -(2D/ZB) L' - \lambda$$

Bei den Nebenbedingungen ist zu beachten, daß keine das Kalkül restringierende Größe eliminiert wird und daß die Bank von den 3 Parametern K, D und FR nur 2 unabhängig setzen kann. Aus den Ableitungen folgt für das gewünschte Depositenvolumen bzw. Geldangebot:

$$D = \frac{i_K ZB}{2L'} \quad \text{bzw.} \quad D = D(\underset{+}{ZB}, \underset{+}{i_K}, \underset{-}{L'})$$

Über die gleich Null gesetzte Ableitung von H nach dem Lagrange-Multiplikator bzw. die Bilanzrestriktion (**nicht** Bilanzidentität) folgt für das gewünschte Kreditvolumen bzw. das Kreditangebot:

$$K = ZB\left[\frac{i_K}{2L'} - 1\right] \quad \text{bzw.} \quad K = K(\underset{+}{ZB}, \underset{+}{i_K}, \underset{-}{L'})$$

Aus der Restriktion durch das Zentralbankgeld folgt für die gewünschte freiwillige Liquiditätsreserve:

$$FR = ZB\left[1 - \frac{r\, i_K}{2L'}\right] \quad \text{bzw.} \quad FR = FR(\underset{+}{ZB}, \underset{-}{r}, \underset{-}{i_K}, \underset{+}{L'})$$

Die gewünschten Bestände (K und FR) sind dabei unter der folgenden Bedingung positiv:

$$\frac{2L'}{r} > i_K > 2L'$$

Für den freiwilligen Reservekoeffizienten gilt:

$$r_f = \frac{FR}{D} = \frac{2L'}{i_K} - r \quad \text{bzw.} \quad r_f = r_f(\underset{-1}{r}, \underset{+}{L'}, \underset{-}{i_K})$$

Da die Geschäftsbank(en) den Anteil der **Gesamtreserve** in Abhängigkeit von den Kosten der Liquiditätshaltung plant, wird r_f in dem Ausmaß gesenkt wie r steigt.

Es läßt sich das Kreditangebot in Abhängigkeit vom Zentralbankgeldbestand und einem Multiplikator wie folgt schreiben:

$$K = \frac{K}{ZB} ZB = m_{Ki} ZB$$

mit: $$m_{Ki} = \frac{1 - r - r_f}{r + r_f}$$

bzw.: $$m_{Ki} = m_{Ki}(\underset{-}{r_f}, \underset{-}{r})$$

bzw. $$m_{Ki} = m_{Ki}(\underset{+}{i_K}, \underset{-}{L'})$$

Die einzelne Geschäftsbank weist somit einen Multiplikatorwert von größer als eins auf unter der Bedingung, daß die Summe der Reservekoeffizienten kleiner als 0,5 ist; dieses ist als realistisch zu unterstellen:

$$0{,}5 > r + r_f$$

Der Multiplikator ist positiv zinsabhängig und sinkt mit den „Refinanzierungskosten". Die Elastizität des Kreditangebotes bezüglich ZB ist gleich eins. Dieses gilt auch für das bankindividuelle Geldangebot, welches sich über die Multiplikatordarstellung schreiben läßt als:

$$D = \frac{D}{ZB}\,ZB = m_{Di}\,ZB$$

$$m_{Di} = \frac{1}{r+r_f} > 1$$

In diesem makroökonomischen Ansatz für eine repräsentative Geschäftsbank dient die exogen gegebene Zentralbankgeldmenge in Händen der Bank als Grundlage für die Schöpfung von (Geschäftsbanken-) Geld in Form von Sichteinlagen D. ZB hat damit eine vergleichbare Bedeutung, wie die Überschußreserve Ü im Kapitel IV.1. Entsprechend kommt der Geldschöpfungsprozeß zum Ende bzw. Stillstand, wenn ZB vollständig in Form gewünschter freiwilliger und gesetzlicher Reserve gebunden ist, d.h. vergleichbar, wenn das um den gesamten Bargeldabfluß bereinigte Ü in FR und MR gebunden ist.

Der Portfolio-Selektions-Ansatz

Der bisherige Ansatz einer mikroökonomischen Fundierung war nur rudimentär bezüglich der tatsächlich vorhandenen Vielfalt der Anlage- bzw. Kreditgewährungsmöglichkeiten eines Kreditinstitutes, der verschiedenen Einlagen einschließlich der Depositenzinssätze sowie insbesondere der Erwartungsunsicherheit bei einer in die Zukunft gerichteten Aktivität. Die Punkte lassen sich möglicherweise alle im Rahmen eines Portfolio-Selektions-Ansatz (PSA) resp. eines sog. mean-variance-approach berücksichtigen. Dieser aus der Geldnachfragetheorie bekannte Ansatz ist aufgrund der spezifischen Charakteristika eines Kreditinstitutes nur durch zusätzliche Annahmen auf Banken zu übertragen. Die Zielsetzung eines PSA ist die Maximierung des erwarteten Gewinns resp. Eigenkapitals gemäß einer quadratischen Zielfunktion (die Zielgröße Z entwickelt sich in Abhängigkeit einer Größe x wie eine Parabel):

$$Z(EK) = EK - cEK^2 \quad ; \quad \bar{c} < 1 \quad ; \quad Z' > 0\,;\, Z'' < 0$$

mit: EK Eigenkapital.

Bei einem nicht mit Sicherheit zu erwartenden Eigenkapital am Ende der Planungsperiode bzw. zu erwartenden rechnerischen Liquidationswertes gilt:

$$\text{Max.!} \qquad E\,[\,Z\,(EK_{t+1})\,] = E\,[\,EK_{t+1} - c\,EK^2_{t+1}\,]$$

Bei einem derartigen Ansatz wird somit die nicht unstrittige Annahme, daß die Banken sich bezüglich ihrer Portfolio-Entscheidungen risikoavers verhalten, verwendet.

Da ein Kreditinstitut aber nicht nur durch seine Kreditgewährung resp. Portfolio-Entscheidung charakterisiert wird, sondern ebenfalls durch seine zahlreichen Dienstleistungen, bedeutet die Anwendung des PSA eine Einschränkung der untersuchten Institution Bank in Form einer Abtrennung bzw. Nicht-Berücksichtigung der gesamten Dienstleistungspalette wie beispielsweise des Zahlungs- und Überweisungsverkehrs, der Wertpapiergeschäfte einschließlich Beratung, Depotverwaltung und vermietete Safes, der Wertpapieremission bzw. Börseneinführung für Unternehmen, der Kurspflegeoperationen, der Leistungen im Rahmen von besonderen Kreditprogrammen der Regierung etc. – einschließlich der Synergieeffekte. Nicht erfaßt werden darüber hinaus u.a. auch das eigene Beteiligungsverhalten der Bank und das sog. Management-Problem.

Die Nebenbedingungen aus der Bilanz, die bei der Maximierung zu berücksichtigen sind, lauten:

$$EK_t = \sum_{i=1}^{n} K_i + FR - \sum_{j=1}^{m} (1-r_j) D_j$$

$$EK_{t+1} = \sum_{i=1}^{n} (1+i_{Ki}) K_i + FR - \sum_{j=1}^{m} (1+i_{Dj}-r_j) D_j$$

mit:
- K_i Kreditvolumen der Kreditart i;
- FR freie Liquiditätsreserve;
- D_j Einlagen der Einlagenart j;
- i_{Ki} (erwarteter) Zins- bzw. Ertragssatz bei der Kreditart i;
- i_{Dj} Zinssatz der Einlagenart j;
- r_j Mindestreservesatz bezüglich der Einlagenart j.

Die Kreditarten können sich dabei bezüglich der verschiedenen Kreditnehmer (Staat, Unternehmen, Haushalte) einschließlich jeweils einer weiteren Unterscheidung in verschiedene Bonitäts- bzw. Risikogruppen oder nach der Fristigkeit bzw. Laufzeit unterscheiden. Bei Krediten mit einer Laufzeit von mehr als einer Periode ist die Entscheidungsmöglichkeit des Kreditinstitutes in der Planungsperiode durch den zu übernehmenden Bestand aus der Vorperiode eingeschränkt, so daß zu beachten ist:

$$K_{it} \geq [\, K_i (1-\sigma_i) \,]_{t-1}$$

mit: σ_i Tilgungs- einschließlich Wertberichtigungsrate.

Der begrenzte Erklärungsgehalt des PSA wird auch hier deutlich. Die Kreditgewährungsentscheidungen sind nicht nur für eine Periode bindend, so daß eine getrennte Planung in Art einer mittelfristig angestrebten Struktur erforderlich ist. Dadurch läßt sich eine Obergrenze (K_i^0) für das jeweilige Kreditvolumen einführen ($K_i^0 \geq K_{it}$). Diese „Einschränkung" des PSA in Form einer zweistufigen Optimierung ist allerdings in Relation zu der Unmöglichkeit für ein Kreditinstitut, alle Abhängigkeiten etc. im Rahmen eines intertemporalen Optimierungsansatzes zu erfassen, zu setzen.

Die Ertragsraten der verschiedenen Kreditarten sind für das Kreditinstitut selbst bei vertraglich fixiertem Zinssatz nur Erwartungsgrößen aufgrund möglicher Insolvenzen einzelner Kreditnehmer und damit notwendiger Wertberichtigungen.

Die Einlagen lassen sich in die bekannten Gruppen wie Sicht-, Spar- und Termineinlagen mit weiteren Untergliederungen gemäß der Bindungsdauer unterteilen. Der PSA für ein Kreditinstitut ist aufgrund der endogen zu bestimmenden Einlagen resp. Verschuldung der Bank, d.h. des nicht gegebenen maximalen Anlagebetrages, als ein sog. Leverage-Portfolio zu konstruieren. Übertragungsprobleme entstehen dabei insbesondere aufgrund des Multiplikators bzw. der Schaffung neuer Sichteinlagen im Rahmen der Kreditgewährung bei einer Abfluß-/Bindungsquote von kleiner als eins. Nur bei (der üblichen) Vernachlässigung des bankindividuellen Multiplikatoreffektes und einer unterstellten Unabhängigkeit zwischen den Krediten und Einlagen untereinander sowie gegenseitig ist ein Mengenanpasserverhalten mit dem PSA abzubilden, in dem die (erwarteten) Zinssätze sowie die Mindestreservesätze gegeben sind und die Mengen D_j, K_i ($i=1, \ldots n$; $j=1, \ldots m$) die Aktionsparameter darstellen. Alternativ ist eine Abhängigkeitsstruktur der Einlagen und gewährten Kredite zu berücksichtigen, so daß die Einlagevolumina endogen und keine direkten Aktionsparameter der Bank mehr sind.

Verfügt das Kreditinstitut über die Einlagenzinssätze (beispielsweise $i_D=0$; i_T; i_S) als Aktionsparameter, so sind die erwarteten Abhängigkeiten der Einlagen von den Zinssätzen in diesem Ansatz als Nebenbedingungen zu berücksichtigen.

Als letzte Restriktion des Optimierungskalküls der Bank ist die Zentralbankgeld-Begrenzung zu berücksichtigen:

$$ZB = r_f \sum_{j=1}^{m} D_j + \sum_{j=1}^{m} r_j D_j$$

mit: ZB Zentralbankgeld in Händen des Kreditinstitutes;
r_f freier Reservesatz;
r_j Mindestreservesatz für die Einlagenart j.

Für ein Mengenanpasserverhalten gilt somit das folgende Optimierungskalkül (unter Vernachlässigung der Nicht-Negativitätsbedingungen):

Max.! $$E[Z(EK_{t+1})] = E[EK_{t+1} - c\,EK_{t+1}^2]$$

mit: $$\bar{c} < 1 \quad ; \quad Z' > 0 ; Z'' < 0$$

u.d.N. $$EK_t = \sum_{i=1}^{n} K_i + r_f \sum_{j=1}^{m} D_j - \sum_{j=1}^{m} (1-r_j) D_j$$

$$EK_{t+1} = \sum_{i=1}^{n} (1+i_{Ki}) K_i + r_f \sum_{j=1}^{m} D_j + \sum_{j=1}^{m} r_j D_j - \sum_{j=1}^{m} (1+i_{Dj}) D_j$$

$$\overline{ZB} = r_f \sum_{j=1}^{m} D_j + \sum_{j=1}^{m} r_j D_j$$

Die frei bestimmbaren endogenen Größen für die Bank sind n-2-Kreditvolumina, der freiwillige Reservesatz r_f (für die freie Liquiditätsreserve FR) sowie m-1-Einlagevolumina. Exogen gegeben sind die Zinssätze für die Kredite i_K, die Zinssätze für die Einlagen i_D, die gesetzlichen Mindestreservesätze r, das Eigenkapital zu Beginn der Planung EK_t sowie die Zentralbankgeldmenge in Händen des Kreditinstitutes ZB. Sofern sich keine „Eckwertlösung" ergibt (vereinfachend wurde hier bereits die Obergrenze K_i^0 ebenso nicht berücksichtigt wie die Restriktion in Form von Mindestvolumina aufgrund der Vorperiode), ergibt sich beispielsweise für den gewünschten freiwilligen Reservekoeffizienten:

$$r_f = r_f(\underset{-}{i_K}, \underset{(-)}{i_D}, \underset{-}{r}, \underset{-}{ZB}, \underset{(?)}{EK}, \underset{+}{\sigma})$$

mit:
- i_K Ertragsvektor der Kredite;
- i_D Zinsvektor der Einlagen;
- r Mindestreservesatzvektor;
- ZB Zentralbankgeld in Händen der Bank;
- σ Vektor des Erwartungsrisikos.

Die Abhängigkeitsstruktur für r_f ergibt sich unmittelbar aus der Risikoaversion des Kreditinstitutes und dem Opportunitätskostenargument. Der Einfluß des Eigenkapitals in der Ausgangssituation ist abhängig von der unterstellten Nutzenfunktion. Dabei wird häufig eine sog. homogene Nutzenfunktion verwendet. Dadurch wird die Portfolio-Struktur in den meisten Modellen als unabhängig vom Bilanzvolumen oder wie hier vom Eigenkapital betrachtet, so daß jede einzelne Kredit- und Geld-/ resp. Einlagenangebotsfunktion homogen vom Grade eins in dieser Niveauvariablen ist. Entsprechend sind die auf beispielsweise die Sichteinlagen bezogenen Volumina, d.h. die Strukturkoeffizienten homogen vom Grade Null in der Niveauvariablen. Dieses stellt allerdings, wenn auch zumeist verwendet, einen Spezialfall dar.

Da es sich bei r_f um die Relation von FR zu D_D, d.h. der freiwilligen Reserven zu den (Sicht-) Einlagen handelt, bedeutet die negative Abhängigkeit von r_f beispielsweise bezüglich ZB:

$$0 < \frac{\partial FR}{\partial ZB} < \frac{\partial D_D}{\partial ZB} > 0 \quad \text{bzw.:} \quad 0 < \frac{\partial FR}{\partial D_D} < 1$$

Das gewünschte Kreditangebot ist positiv abhängig von den Kreditzinssätzen (als die im wesentlichen stets betrachteten Größen), wobei es positiv (negativ) auf eine Erhöhung des Ertragssatzes dieser (anderer) Kreditarten reagiert.

Die ebenfalls simultan abgeleiteten gewünschten Einlagevolumina und damit das gewünschte Geldangebot der Bank steigt u.a. mit den Kreditzinssätzen.

Die gewünschte Struktur des Kredit-Portefeuilles bzw. der Bankenbilanz wird dabei entscheidend geprägt von der Korrelationsstruktur der Ertragsraten. Die freie Liquiditätsreservehaltung resultiert im PSA entsprechend nicht aus den erwarteten Abzügen von Depositen bzw. aufgrund erwarteter Netto-Zentralbankgeldauszahlungen, sondern einzig aus der Risikoaversion des Kreditinstitutes mit der Folge einer gewünschten Risikoreduktion über die Streuung bzw. die optimale Portfolio-Selektion.

Existiert auch ein Geldmarkt bzw. eine Refinanzierungsmöglichkeit bei der Zentralbank, so ist die Refinanzierungsgröße in der Zentralbankgeld-Restriktion zu berücksichtigen. Das Refinanzierungsvolumen und der Refinanzierungs-Kostensatz (z.B. der Diskontsatz oder L′ aus dem Kapital IV.2) sind dann in der Bilanzrestriktion für den Zeitpunkt t+1 zu berücksichtigen. Dann besteht für den Koeffizienten r_f eine positive Abhängigkeit von diesem Kostensatz.

Der Einfluß der Depositenzinssätze existiert weder bei dem Koeffizienten r_f noch bei einer Kreditangebotsfunktion, wenn unterstellt wird, daß das Kreditinstitut die Einlagenzinssätze bestimmt und zu den von ihm gesetzten Zinssätzen jede Einlage der Nicht-Banken zu akzeptieren bereit ist. Dann sind (wie bei makroökonomischen Modellen mit einem betrachteten Preissetzungsverhalten auf dem Gütermarkt) die Einlagevolumina Erwartungsgrößen und als Darstellung des erwarteten Verhaltens der Nicht-Banken in Abhängigkeit von Einlagenzinssätzen, Zinssätzen für alternative Vermögenstitel etc. zu erklären. In einem derartigen Optimierungskalkül, in dem die Einlagenzinssätze endogen sind, folgt für den Einlagenzinsvektor aus der Optimierung, d.h. aus den gleich Null gesetzten ersten Ableitungen der Zielfunktion nach K und i_D:

$$i_D = i_D(\underset{+}{i_K},\ \underset{+}{i_A},\ \underset{+}{r},\ \underset{-}{ZB},\underset{+}{\sigma})$$

mit: i_A Vektor der Ertragsraten für alternative Anlageformen der Nicht-Banken (z.B. Aktienrenditen).

Für den Vektor der Mindestreservesätze gilt die positive Abhängigkeit, sofern es sich nicht um den Mindestreservesatz auf die betrachtete Einlagenart handelt, bezüglich r_D ist das Vorzeichen negativ.

Der Zinssatz für Sichteinlagen wird zumeist Null gesetzt. Die nicht-pekuniären Erträge der Sichteinlagen in Form von Sicherheit und Bequemlichkeit bei der Durchführung des Zahlungsverkehrs etc. stellen dann den verbleibenden Ertrag der Geldhaltung in Form von Sichteinlagen für die Nicht-Banken dar.

Die Ergebnisse des PSA für ein Kreditinstitut entsprechen somit denen bei der Ableitung der Nachfrage der Haushalte nach ertragbringenden Assets und nach der Geldhaltung, d.h. nach freier Liquidität. Die nachgefragten Mengen, hier die gewünschten Kredittitel bzw. das Kreditangebot der Bank, die freiwillige Liquiditätsreserve sowie die gewünschten Einlagen oder die gesetzten Einlagenzinssätze werden preistheoretisch in Abhängigkeit von allen erwarteten Ertragsraten, der Unsicherheit bezüglich der Ertragsraten sowie des Anlageverhaltens der Nicht-Banken, der erwarteten Korrelationsstruktur zwischen den Ertragssätzen, den Mindestreservesätzen sowie der Höhe des Eigenkapitals erklärt.

Gewinnmaximierung bei Depositenvariabilität

Der Portfolio-Selektions-Ansatz erklärt das Geld- und Kreditangebot eines Kreditinstitutes unter der Annahme eines (endogen) bestimmten Depositenvolumens bzw. Einlagenbestandes über die gesamte Planungsperiode. Er erklärt das Bankenverhalten nicht für den Fall eines in diesem Zeitraum variierenden Einlagenvolumens, d.h. einer existierenden **Depositenvariabilität**. So kann es aufgrund irgendwelcher exogener Ereignisse zu Zu- und/oder Abflüssen von Einlagen kommen, so daß beispielsweise am Ende des Planungszeitraumes das Volumen an Sichteinlagen geringer ist als zu Planungsbeginn bei der Kreditvergabe. In diesem Fall entsteht für das Kreditinstitut während der Periode das Problem, Zentralbankgeld durch die Abflüsse zu verlieren. Da es selbst kein Zentralbankgeld schaffen kann und der gesetzliche Reservesatz kleiner als 100 v.H. ist, entsteht für die Geschäftsbank ein Liquiditätsproblem. Sie hat sich gegebenenfalls Zentralbankgeld zu beschaffen. Da die dabei anfallenden Kosten erheblich sein können, trifft das Kreditinstitut Vorsorge. Diese Liquiditätsvorsorge infolge einer möglichen Depositenvariabilität mit Netto-Abflüssen an Zentralbankgeld besteht u.a. in der freiwilligen Liquiditätsreserve FR.

Zur Erklärung der Bedeutung einer exogen gegebenen Depositenvariabilität für das Verhalten des Kreditinstitutes, d.h. im Rahmen der Gewinnmaximierung wird im folgenden Ansatz unterstellt, daß die Planungsperiode in zwei Halbjahre unterteilt wird. Zu Beginn der Planungsperiode existiert ein exogen gegebenes Einlagevolumen und damit eine entsprechende Überschußreserve. Zur Vereinfachung wird von der gesetzlichen Mindestreserve abstrahiert bzw. der gesetzliche Reservesatz r gleich Null gesetzt. Am Ende der ersten Teilperiode kann es zu einem Zentralbankgeldabfluß aufgrund von Abhebungen der Nicht-Banken, d.h. Auflösungen von Einlagen kommen. Ausgehend von der zu Beginn der Planungsperiode exogen gegebenen Überschußreserve hat das Kreditinstitut somit zu entscheiden zwischen einer Kreditgewährung K und einer Zentralbankgeldhaltung. Die gewährten Kredite haben eine Laufzeit von zwei Halbjahren; sie sind zwischenzeitlich unkündbar seitens der Bank und haben eine (erwartete) Ertragsrate von $2i_K > 0$. Der Ertragssatz pro Halbjahr i_K ist konstant. Die angegebene Gesamtertragsrate von $2i_K$ ist eine Approximation unter Vernachlässigung der Zinseszinsen; ein Kredit in Höhe von K würde im Falle der einfacheren diskretionären Verzinsung (gegenüber einer stetigen) zu Erträgen in Höhe von $K(1+i_K)(1+i_K) - K = K(2i_K + i_K^2)$ führen.

Die Haltung von Zentralbankgeld in der ersten Teilperiode als freiwillige Reserve ist unverzinst ($i_F = 0$). Im Falle eines Netto-Abflusses von Einlagen am Ende der ersten Teilperiode könnte die Bank diesen allerdings durch eine Auflösung dieser Liquiditätsreserve bewerkstelligen. Neben der eigenen Liquiditätsreserve FR steht dem Kreditinstitut aber auch eine Kreditaufnahme L bei der Zentralbank zum Zinssatz $i_L > 0$ für die zweite Teilperiode zur Verfügung. Ein Kreditrückruf als dritte Möglichkeit wurde durch die Annahme der unkündbaren Laufzeit über zwei Teilperioden ausgeschlossen. Modifikationen, wie die gleichzeitige Betrachtung von Kredittiteln mit ein- und zweiperiodiger Laufzeit (Strukturierung der Fristigkeit des Kreditportefeuilles) oder bei Berücksichtigung von gesetzlichen Mindestreserven die bewußte Unterschreitung, d.h. Nicht-Erfüllung dieser Verpflichtung mit der Folge eines Strafzinses oder unterschiedliche Refinanzierungsmöglichkeiten bei der Zentralbank (Lombard- und/oder Diskontkredite) unter Beachtung von Mengenkontingenten ändern am prinzipiellen Erklärungsansatz für die freie Liquiditätsreserve FR nichts. Die Größe FR ist dann nur von weiteren Zinssätzen abhängig; sie ist im zweiten Halbjahr stets gleich Null, sofern der Netto-Abfluß größer war als FR.

Vereinfachend wird für das Depositenvolumen in der zweiten Teilperiode der Planung eine gleiche Wahrscheinlichkeit für alle Werte zwischen 0 und $(1+i_D)D$ unterstellt. Ein Nettodepositenzufluß wird folglich ausgeschlossen. Der Einlagenzinssatz pro Teilperiode beträgt i_D. Ist der Zentralbankgeldbedarf L größer als die freiwillige Reserve FR, so muß das Kreditinstitut einen Kredit bei der Zentralbank aufnehmen. Die Wahrscheinlichkeit eines Zentralbankgeldbedarfs insgesamt p (L) beträgt bei der unterstellten Rechteckverteilung:

$$p(L) = \frac{1}{D(1+i_D)}$$

Die Wahrscheinlichkeitsverteilung des erwarteten Einlagenvolumens zu Beginn der zweiten Teilperiode (D_2) beträgt:

$$p(D_2) = \frac{1}{D}$$

Das erwartete Depositenvolumen ist gegeben durch:

$$E(D_2) = \int_0^D D_2\, p(D_2)\, dD_2 = \frac{1}{2} D$$

Das Kreditinstitut ist bezüglich der Ertragsunsicherheit im Sinne des Portfolio-Selektions-Ansatzes neutral. Es maximiert den erwarteten Gewinn der Planungsperiode gemäß einer linearen Zielfunktion:

$$\text{Max.!} \qquad E(G) = 2i_K K - i_D D - \frac{1}{2} i_D D - i_L \int_{FR}^{D(1+i_D)-FR} (L-FR)\, p(L)\, dL$$

bzw. aufgrund von:

$$D = K + FR$$

gilt:

$$\text{Max.!} \qquad E(G) = D(2i_K - 3i_D/2) - 2i_K FR - i_L [D^2(1+i_D)^2/2 - 2\,DFR(1+i_D) + 2\,FR^2] / D(1+i_D)$$

Aus der gleich Null gesetzten ersten Ableitung des erwarteten Gewinns nach FR ergibt sich für die gewünschte/geplante freie Liquiditätsreserve (FR^+):

$$FR^+ = \frac{(i_L - i_K)\, D\,(1+i_D)}{2i_L}$$

bzw. aufgrund der Varianz von D_2 (V_{D2}):

$$V_{D2} = D^2/12$$

gilt:

$$FR^+ = \frac{6\,(i_L - i_K)(1+i_D)\, V_{D2}}{i_L D}$$

Über die Bilanzgleichung: K + FR = D läßt sich unmittelbar das Kreditangebot K^A ermitteln, so daß sich gleichzeitig über E (D_2) die erwartete Refinanzierung bei der Zentralbank zu Beginn der zweiten Teilperiode ergibt. Für die hier besonders interessierende freie Liquiditätsreserve gilt (für das Kreditangebot gilt es mit entgegengesetztem Vorzeichen):

- sie steigt mit dem Depositenvolumen D, wobei die Stärke von den Zinssätzen abhängt:

$$\frac{\partial FR^+}{\partial D} > 0;$$

ein durch einen exogenen Depositenzufluß bzw. eine exogen entstehende Überschußreserve wachsendes Bankportefeuille weist steigende freiwillige Reserven (FR^+) aufgrund eines sog. stock-Effektes auf;

- sie ist positiv abhängig von i_D und den Kosten des Zentralbankkredites i_L:

$$\left\{ \frac{\partial FR^+}{\partial i_L} \; ; \; \frac{\partial FR^+}{\partial i_D} \right\} > 0;$$

- sie sinkt mit steigendem Kreditzinssatz i_K resp. mit steigenden Opportunitätskosten der Reservehaltung:

$$\frac{\partial FR^+}{\partial i_K} < 0;$$

- sie steigt mit der Varianz des Depositenvolumens V_{D2}:

$$\frac{\partial FR^+}{\partial V_{D2}} > 0$$

Das Ergebnis des Ansatzes ändert sich bezüglich der Höhe der freiwilligen Reservehaltung (nicht aber der Abhängigkeiten), wenn es gesetzliche Mindestreserven gibt. Mit MR sinkt der gewünschte Wert von FR, da ein Depositenabfluß über das gesunkene Mindestreserve-Soll Zentralbankgeld für die Geschäftsbank freisetzt. Eine Variation des Ansatzes, nicht aber der Ergebnisse ergibt sich dann, wenn die Kredite und nicht abgeflossenen Einlagen über eine gegebene Gesamtperiode mit i_K' und i_D' zu verzinsen sind (statt $2i_K$, $2i_D$) und man für den kürzerfristigen Finanzierungsbetrag einen Zinssatz beispielsweise i_L' (Lombardzins) verwendet. Allerdings ist dann nur der Effektivzins dieser „Refinanzierung" resp. Zentralbankgeldbeschaffung zu ermitteln, d.h. der Zins ist auf die betrachtete Gesamtperiode, über die der Gewinn maximiert wird, umzurechnen.

Rückschlüsse auf das Bankensystem

Bei der Erklärung der Verhaltensweisen eines Kreditinstitutes spielte der Geldmarkt im engeren Sinne, d.h. der Markt für Zentralbankgeld zwischen den Geschäftsbanken, ebensowenig eine Rolle wie die sonstigen Interbankkredite und -beziehungen. Es handelte sich bei dem analysierten Kreditinstitut um ein repräsentatives, so daß Interbankbeziehungen gar nicht oder nur in einer Form existieren, die im Aggregat vernachlässigbar sind.

Offen bleibt dabei zunächst, ob die Ableitung der Verhaltensweisen dieser Bank als mikroökonomische Fundierung für das Bankensystem gelten kann. Diese Frage steht insbesondere im Rahmen eines seit den Arbeiten von C.A. Phillips (1924), des bekanntesten Begründers der Geldschöpfungsmultiplikatortheorie, immer wieder diskutierten Paradoxes im Vordergrund. Dieses Paradox, welches vergleichbar dem sog. Informations-Paradoxon ist, besteht darin, daß das Einlagevolumen für das einzelne Kreditinstitut exogen gegeben erscheint, während gleichzeitig die Gesamtheit dieser Institute die gesamten Einlagen erst schaffen. Eine Lösung dieses Paradoxons besteht darin, daß bereits die repräsentative Geschäftsbank einen bankindividuellen Multiplikator aufweist, d.h. Einlagen schafft. In der Tat besteht, wie alle drei Ansätze betonen, das Problem der Bank darin, daß sie ihre Entscheidungen über ihre Aktivastruktur (freie Reserven, Kredit- und Wertpapierportefeuille etc.) treffen muß ohne Kenntnis der Einlagenvolumina bzw. des Gesamtvolumens der Einlagen und ihrer Struktur. Dieses ist am augenfälligsten angesichts der von den einzelnen Instituten den Nicht-Banken eingeräumten Kreditlinien bzw. Dispositions- oder Überziehungskredite, deren Inanspruchnahme zur Geldschöpfung auf der einzelnen Institutsebene führt. Die Betrachtung einer repräsentativen Bank führt dann letztlich zu einem Ein-Bank-System mit Zentralbank. Die in der Analyse „verlorenen", in realiter aber bestehenden Interbankbeziehungen werden dann als eine Art Ausgleichsmechanismus interpretiert, der in realiter bestehende Ungleichheiten zwischen den einzelnen Instituten (wie unterschiedliche Kreditnachfrageelastizitäten, Einlagen-Aufkommen etc.) ausgleicht und so quasi zu einem homogenen System führt. Der Erklärungsansatz auf der Basis repräsentativer Kreditinstitute ist damit für das gesamte Bankensystem das (fiktive) Referenzsystem. Die Interbankbeziehungen reduzieren dabei die Differenz zwischen dem tatsächlichen und dem fiktiven Gesamtsystem aufgrund der Abweichungen jedes Einzelinstitutes von einem fiktiv-repräsentativen, zumindest soweit, daß keine systematische Abweichung zwischen beiden Systemen besteht bzw. kein signifikanter Einfluß der Bankenstruktur resp. der **Interbankbeziehungen** auf das gesamtwirtschaftliche Geld- und Kreditangebot.

Dieses ist aber ebensowenig der Fall, wie die Bedeutungslosigkeit des Innengeldes für die Überschußnachfragefunktionen auf den Gütermärkten. Wie die Diskussion zur Geldhaltung in der Tauschwirtschaft gezeigt hat, wird der Vermögenscharakter des Innengeldes zumeist aufgrund der Feststellung verneint, daß die Forderung der Nicht-Banken gegen die Banken in Form der Einlagen resp. des Innengeldes kompensiert wird durch ihre Verbindlichkeiten gegenüber den Banken in Form von aufgenommenen Krediten. Bei einem Nettoeffekt von Null kann diese Größe keinen Einfluß auf die Überschußnachfragefunktionen der Gütermärkte haben. Innengeld scheint geradezu die Dichotomie des walrasianischen Systems zu bestätigen. Vergessen wird allerdings, daß jedes einzelne Wirtschaftssubjekt nominale (Budget-) Restriktionen zu beachten hat – unabhängig von Verteilungseffekten und vom Stand seiner (längerfristigen) Bankkredite. Das Gleichgewicht im walrasianischen System ist das einer **zentralisierten** Tauschwirtschaft. Dieses kann sich aber in einem System dezentraler Märkte ohne das (Innen-) Geld nicht einstellen; ohne das Geld erreicht das System nicht die Pareto-Effizienz etc. Vergleichbar läßt sich für das Bankensystem feststellen, daß jedes Kreditinstitut bei seinem Liquiditätsproblem einer nominalen (Zentralbankgeld-)Restriktion gegenübersteht und daß das Bankensystem ohne die Interbankkredite die Modellsituation der repräsentativen Banken gar nicht erreichen kann. Leisten die Geld- und Kreditmärkte dieses im gesamtwirtschaftlichen Rahmen bzw. die Interbankmärkte dieses im Finanzmarkt- resp. Bankensystem, d.h. sind sie in diesem Sinne effizient, kann der Erklärungsansatz des repräsentativen Institutes als relevant in Betracht kommen.

Nun sind aber die Kreditinstitute in realiter nicht gleich und die gesamtwirtschaftliche Geld- und Kreditversorgung nicht unabhängig von der Entwicklung der einzelnen Bankengruppen (Genossenschaftsbanken, Großbanken, Landesbanken, Privatbankhäuser, Regionalbanken, Sparkassen, Volksbanken etc.). Außerdem scheinen die Kreditinstitute Unsicherheiten wie die institutsunterschiedlichen Depositenvariabilitäten im Prinzip überwiegend in den Zinssatzberechnungen (d.h. bei den von ihnen festgesetzten Zinssätzen i_K, i_D etc.) und damit der Zinsspanne ($i_K - i_D$) zu berücksichtigen. Selbst bezüglich der Kreditstruktur scheinen Diversifikationsüberlegungen gemäß des Portfolio-Selektions-Ansatzes infolge einer Risikoaversion zumindest nur unzureichend berücksichtigt zu werden. Angesichts der relativ sehr hohen Zinsspannen (bzw. niedrigen Einlagenzinssätze) in den Jahren 1983 und 1984 bei einem hohen Bedarf an Abschreibungen bzw. Wertberichtigungen der Banken bei den gewährten Krediten scheinen dieses auch die sog. Länderrisiken bzw. notleidenden Länderkredite zu bestätigen. Dann aber verliert der Erklärungsansatz eines repräsentativen Kreditinstitutes an Relevanz. Dann sind Banken eher als Unternehmen in oligopolistischer oder monopolistischer Konkurrenz zu betrachten. Sie produzieren dann u.U. ein spezielles Gut wie die „**Bank-Kunden-Beziehung**" im Sinne einer umfassenden Palette an Diensten im Geld- und Finanzmarktbereich bzw. insgesamt ein heterogenes Gut (wie beispielsweise Kleidung). Hier fehlen Erklärungsansätze noch weitestgehend – es erscheinen dann aber Erklärungen möglich, die nicht zu parametrischen Abhängigkeiten der von den Banken angebotenen Einlagen und nachgefragten Kredittiteln führen.

IV.3 Das gesamtwirtschaftliche Geld- und Kreditangebot

IV.3a Das Modell

Der Modellaufbau

Auf der Grundlage des im vorhergehenden Abschnitt vorgestellten Optimierungsansatzes für Banken werden die in der Darstellung der multiplen Geld- und Kreditschöpfung verwendeten Koeffizienten verhaltenstheoretisch erklärt. Ausgangspunkt für die Ableitung des gesamtwirtschaftlichen Geld- und Kreditangebotsprozesses sind wieder die Bilanzen der Zentralbank (ZB), der Geschäftsbanken (GB) und der Nicht-Banken (NB). Betrachtet wird zunächst eine geschlossene Volkswirtschaft.

ZB		GB		NB	
A	P	A	P	A	P
W	MR	MR	D	D	K
	FR	FR		B^P	W
	B^P	K		A	V
B	B				

mit:
- A sonstige Aktiva der NB (z.B. Aktien);
- B monetäre Basis;
- B^P Zentralbankgeld in Händen der NB;
- D Sichteinlagen;

FR freie Reserven;
MR Mindestreserven;
K Kreditvolumen;
W Schuldverschreibungen der NB;
V Vermögen der NB (im Sinne von Eigenkapital).

Die Zentralbank hält als einziges Aktivum privatwirtschaftlich emittierte Schuldverschreibungen. Der Kauf dieser Titel durch die Zentralbank führt zur Zentralbankgeldschöpfung.

Die Titel stellen also die sog. source der monetären Basis B dar. Das Zentralbankgeld wird wieder gehalten durch die Geschäftsbanken und die Nicht-Banken. Die Geschäftsbanken halten zum einen die gesetzliche Mindestreserve (MR) sowie die freie Liquiditätsreserve (FR). Die Nicht-Banken halten Zentralbankgeld in Höhe von B^P. Die Bilanzidentität der Zentralbank läßt sich wie folgt schreiben:

$$W = B = MR + FR + B^P$$

Die linke Seite der Gleichung beschreibt die Entstehungsseite bzw. zeigt alle sog. **sources der monetären Basis**. Die rechte Seite kennzeichnet die Verwendungsseite der monetären Basis bzw. die sog. **uses**.

Die Aktiva der Geschäftsbanken bestehen aus der Zentralbankgeldhaltung B^B (= MR+FR) sowie den Kredittiteln K, die sie im Rahmen der Kreditvergabe von den Nicht-Banken erworben haben. Den Aktiva gegenüber stehen nur Sichteinlagen, die die Nicht-Banken (nur) bei den Geschäftsbanken halten. Die Geschäftsbanken haben vereinfachend unterstellt kein sonstiges Vermögen.

Die Assets bzw. Vermögenstitel der Nicht-Banken bestehen aus den Sichteinlagen bei den Geschäftsbanken D, der Zentralbankgeldhaltung B^P sowie den sonstigen Aktiva A; wie beispielsweise Häuser, Grundstücke, Produzentensachkapital etc. Diesem Geld- und Anlagevermögen gegenüber stehen auf der Passivseite die bei den Geschäftsbanken aufgenommenen Kredite K, die privatwirtschaftlichen Schuldverschreibungen W und das Eigenkapital bzw. Nettovermögen der Nicht-Banken V.

Die Geldmenge M ist definiert im Sinne der Abgrenzung von M1 als:

$$M = B^P + D$$

Aufgrund der tautologischen Beziehung:

$$M = \frac{M}{B} B = mB = \frac{B^P + D}{MR+FR+B^P} B$$

sowie der bekannten Koeffizienten:

$$c = \frac{B^P}{D} \quad \text{(Kassenhaltungskoeffizient)}$$

$$r = \frac{MR}{D} \quad \text{(Mindestreservesatz)}$$

$$r_f = \frac{FR}{D} \quad \text{(Anteil der freien Reserven)}$$

folgt für die Geldmenge:

$$M = \frac{1+c}{r+r_f+c} B$$

und den Geldschöpfungsmultiplikator:

$$m = \frac{1+c}{r+r_f+c} \quad \text{mit:} \quad \frac{\partial m}{\partial (r, r_f, c)} < 0$$

bzw.:

$$m = m(\underset{-}{c}, \underset{-}{r}, \underset{-}{r_f})$$

Für das Kreditvolumen gilt:

$$K = D - MR - FR = D + B^p - MR - FR - B^p$$

bzw.:

$$K = M - B$$

und damit:

$$K = (m-1) B$$

Die Verhaltensgleichungen

Aus der Nutzenmaximierung der Nicht-Banken folgt für die von ihnen gewünschte Kreditaufnahme bzw. ihr geplantes Angebot an Kredittiteln K^N:

$$K^N = K^N(\underset{-}{i_K}, \underset{+}{i_A}, \underset{+}{i_W}, \underset{+}{\hat{P}^e}, \underset{+}{V})$$

mit:
i_A Ertragssatz der sonstigen Aktiva (z.B. Aktien);
i_K Kreditzinssatz;
i_W Zinssatz der Schuldverschreibungen;
$\hat{P}^e$ erwartete Preissteigerungsrate.

Mit steigenden Kosten (i_K) sinkt die Kreditaufnahme. Da die Kredite nominal definiert sind und damit die realen Zinskosten bei gegebenem Nominalzinssatz (i_K) und steigenden Preisen bzw. einer positiven erwarteten Preisänderungsrate ($\hat{P}^e$) sinken, steigt die Kreditaufnahme c.p. mit der Preissteigerungsrate. Die positive Abhängigkeit von K^N bezüglich i_A ergibt sich dadurch, daß mit steigenden (erwarteten) Ertragsraten beispielsweise des Realkapitals eine Verschuldung zur Finanzierung neuer Investitionen lohnend wird. Dabei werden die Nicht-Banken sich mit steigendem Nettovermögen absolut auch stärker verschulden; zum Teil steigt die Kreditaufnahmemöglichkeit bei Banken mit dem Nettovermögen (auch als Sicherheit für den Kreditgeber) etc..

Für die gewünschte Bargeldquote der Nicht-Banken gilt:

$$c = c(\underset{+}{V}, \underset{(-)}{\hat{P}^e}, \underset{+}{q}, \ldots)$$

mit: q Kosten der Sichteinlagen (Kontoführungsgebühren etc.).

Die negative Abhängigkeit von c bezüglich $\hat{P}^e$ bedeutet eine stärkere (negative) Elastizität der Bargeldhaltung als der Haltung von Sichteinlagen gegenüber $\hat{P}^e$. Dieses ist insbesondere im (hier nicht betrachteten) Falle verzinster Sichteinlagen denkbar. Da aber derartige unterschiedliche Elastizitäten bezüglich der verschiedenen Zinssätze nur bedingt (aus der Portfolio-Selektions-Theorie) erklärbar und empirisch wenig meßbar sind, werden Zinssätze hier nicht zur Erklärung von c angeführt. Es wird also unterstellt, daß die Substitutionsbeziehungen zwischen D sowie B^P einerseits und den Größen K, W und A andererseits gleich sind, so daß die Bargeldquote unabhängig von den Zinssätzen ist. Eine Verzinsung der Sichteinlagen erfolgt hier annahmegemäß nicht. Die Kosten der Kontoführung etc., die zu zahlen sind (und einer negativen Verzinsung der Sichteinlagen entsprechen), haben einen positiven Einfluß auf die Größe c. Die positive Abhängigkeit der Bargeldquote von dem Reinvermögen der privaten Wirtschaftssubjekte läßt sich u.a. über die sog. Luxusgeldhypothese erklären.

Aus der Gewinnmaximierungshypothese für die Banken folgt für den freien Reservesatz r_f:

$$r_f = r_f(\underset{-}{i_K}, \underset{+}{L'}, \underset{-}{r})$$

mit: L′ Kosten einer Refinanzierung im Falle nicht ausreichender Liquidität.

Für das gewünschte Kreditangebot der Banken gilt somit:

$$K^A = \left(\frac{1+c(V,q)}{r+r_f(i_K, L', r) + c(V,q)} - 1\right) B$$

Dabei gilt für die Abhängigkeitsstruktur des Kreditangebotes:

$$\frac{\partial K^A}{\partial i_K} > 0; \quad \frac{\partial K^A}{\partial r} < 0; \quad \frac{\partial K^A}{\partial L'} < 0; \quad \frac{\partial K^A}{\partial V} < 0; \quad \frac{\partial K^A}{\partial q} < 0;$$

Zu beachten ist insbesondere die positive Abhängigkeit des (Geldschöpfungs-) Multiplikators vom Kreditzinssatz und damit die über m laufende positive Abhängigkeit des Kreditangebotes (wie auch der Geldmenge) vom Kreditzinssatz.

Ein mit steigendem Mindestreservesatz sinkendes Kreditangebot ergibt sich bei einer negativen Abhängigkeit des Koeffizienten r_f von r für (Bedingung!):

$$-(1+c)\left(1+\frac{\partial r_f}{\partial r}\right) < 0$$

und damit im Falle einer nicht vollkommen kompensierenden Veränderung von r_f:

$$\frac{\partial r_f}{\partial r} > -1.$$

Im Falle einer unterstellten positiven Abhängigkeit von r_f bezüglich r aufgrund der Hypothese, daß mit steigendem Mindestreservesatz die Sanktionsmaßnahmen der Zentralbank bei einer Unterschreitung des Mindestreserve-Solls (Strafzins, Kürzung des Rediskontkontingentes, besondere Aufsichtsmaßnahmen) besonders „teuer" sind sowie gleichzeitig der Geldmarktzinssatz und damit die Refinanzierungskosten im Falle einer notwendigen Liquiditätsbeschaffung hoch sein werden, so daß sich eine gestiegene bankindividuelle Liquiditätsvorsorge zur Vermeidung von Liquiditätsengpässen lohnt, ist das Kreditangebot stets negativ abhängig von r. Diese Situation ist allerdings nur dann realistischerweise anzunehmen, wenn die Zentralbank „glaubwürdig" bezüglich ihrer Politik ist: keine Feinsteuerung der Liquidität der Banken durchführen will, auf dem Geldmarkt im Falle unvorsichtiger oder sich „verspekulierender" Banken (u.a. aus Erziehungsgründen zur Wahrung der Verantwortung) auch hohe Zinssätze zu akzeptieren bereit ist und nicht stets die Rolle des „schützenden" sog. **lender-of-last-resort** einnimmt.

Bezüglich der Abhängigkeit des Kreditangebotes von der monetären Basis ergibt sich ein positiver Zusammenhang:

$$\frac{dK^A}{dB} = (m-1) > 0$$

Das Kreditangebot der Banken steigt gemäß des Kreditschöpfungsmultiplikators (m−1) resp. des Geldschöpfungsmultiplikators m mit der monetären Basis. Die Elastizität von K^A bezüglich B ist somit gerade gleich eins.

Eine Schwierigkeit ergibt sich, wenn r_f gemäß Portfolio-Selektions-Ansatz abhängig von der Größe B^B ist. Es ergibt sich dann:

$$\frac{dK^A}{dB} = (m-1) + B \underset{+}{\frac{\partial(m-1)}{\partial m}} \cdot \underset{-}{\frac{\partial m}{\partial r_f}} \underset{-}{\frac{\partial r_f}{\partial B^B}} \underset{+}{\frac{\partial B^B}{\partial B}}$$

Die Elastizität von K^A bezüglich B ist in diesem Fall größer als eins, d.h. eine expansive Offen-Markt-Politik führt zu einer überproportionalen Ausdehnung des Kreditangebotes.

Die Abhängigkeit zwischen B^B und B resultiert aus den Verhaltensweisen der Nicht-Banken und der Geschäftsbanken. Beispielsweise gilt:

$$mB = M = D + B^P = B^P\left(1 + \frac{1}{c}\right)$$

bzw. wegen

$$B^P = B - B^B$$

gilt:

$$B^B = \frac{1+c(1-m)}{1+c} B$$

Um nicht in die Schwierigkeit, die darin liegt, daß die Beziehung $\partial B^B/\partial B$ wiederum von m abhängt, zu geraten, wird in dem auf Brunner und Meltzer zurückgehenden Ansatz die Homogenitätsannahme vom Grade eins bezüglich der Niveaugröße bei den einzelnen Bilanz-Positionen getroffen. Damit sind alle Koeffizienten unabhängig von den Skalenvariablen – eine stark abstrahierende und restriktive Annahme für eine Erklärung zu beobachtender Prozesse.

Allgemein läßt sich somit für das Kreditangebot schreiben:

$$K^A = K^A(\underset{+}{i_K}, \underset{-}{r}, \underset{-}{L'}, \underset{-}{q}, \underset{-}{V}, \underset{+}{B})$$

resp. bei unterstellter Homogenität vom Grade 1 in der Basis B:

$$K^A = k^A(\underset{+}{i_K}, \underset{-}{r}, \underset{-}{L'}, \underset{-}{q}, \underset{-}{V})\,B$$

Der Kredit- und Geldmarkt

Im Rahmen der ex-ante Analyse läßt sich der Kreditmarkt wie folgt graphisch darstellen:

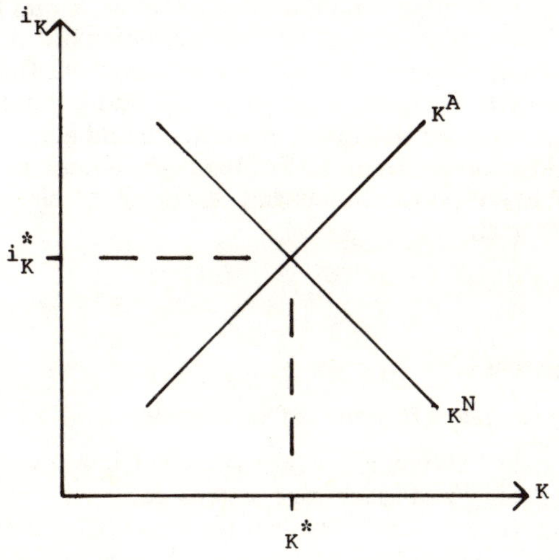

Abb. 32 Der Kreditmarkt

Bei gegebenen Werten u.a. für den gesetzlichen Mindestreservesatz, die monetäre Basis, die erwarteten (marginalen) Refinanzierungskosten, die erwartete Preisänderungsrate und das Nettovermögen der privaten Wirtschaftssubjekte ist somit im Gleichgewicht auf dem Kreditmarkt sowohl der Kreditzins i_K als auch das Kreditvolumen K determiniert. Bei einem gegebenen Zinssatz i_K ist gleichzeitig (aufgrund der Exogenität der Entscheidung der Zentralbank und des Optimierungsverhaltens der Geschäftsbanken) die seitens der Nicht-Banken gewünschte und auch seitens der Banken angebotene Geldmenge determiniert.

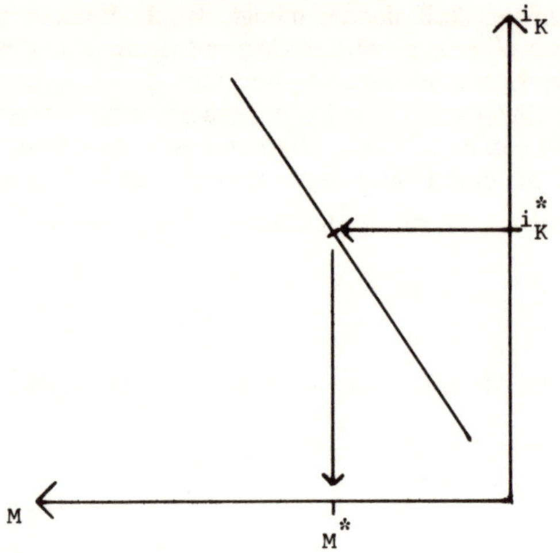

Abb. 33 Die Geldmengenbestimmung

Bestimmt die Zentralbank exogen die monetäre Basis und bestimmen die Nicht-Banken aufgrund der Bargeldquote die Größe der von ihnen gehaltenen Zentralbankgeldmenge, so bestimmen die Geschäftsbanken im Rahmen ihrer Gewinnmaximierungszielsetzung simultan die Größen D, K und FR. Haben sie das Kreditangebot determiniert und ist über den Kreditmarkt der Zinssatz bestimmt, bei dem die Pläne der Geschäftsbanken und der Nicht-Banken kompatibel sind, so folgt aus der Budgetrestriktion (nicht Budgetidentität!) der Geschäftsbanken automatisch die von ihnen gewünschte und angebotene und von den Nicht-Banken akzeptierte Menge an Sichteinlagen. Damit ist aber dann die Geldmenge, bestehend aus den Sichteinlagen und der Zentralbankgeldhaltung, betragsmäßig determiniert.

IV.3b Die Modellanalyse

Die Wirkung einer gestiegenen Rendite auf Sachkapital

Im Falle einer exogenen Erhöhung der (erwarteten) Erträge auf Produzentensachkapital (i_A) steigt die Kreditnachfrage seitens der privaten Nicht-Banken. Die Kreditnachfragefunktion verschiebt sich nach rechts, so daß sich auf dem Kreditmarkt eine positive Überschußnachfrage ergibt mit der Tendenz eines steigenden Kreditzinssatzes. Dieser steigende Kreditzinssatz bewirkt einen Abbau der freiwilligen Reserven (r_f sinkt) und damit ein steigendes Kreditangebot resp. einen steigenden Wert des Multiplikators m. Der steigende Multiplikator ist gleichbedeutend mit einer Erhöhung des Kreditangebotes seitens der Geschäftsbanken und einer Erhöhung der Geldmenge M. Die Entwicklung erfolgt gemäß der Pfeile in der Abbildung 34 auf der Kreditangebotsfunktion und der Gleichgewichtslinie auf dem makroökonomischen Geldmarkt. Die Überschußnachfrage wird also reduziert infolge eines mit i_K steigenden Kreditangebotes und einer gleichzeitig sinkenden Kreditnachfrage (also Bewegung auf der K^A- und K^N-Kurve).

Dabei ist zu beachten, daß die Wirtschaftssubjekte sich aufgrund der Zinsabhängigkeit des Multiplikators eine größere gewünschte Geldmenge zum Teil selbst schaffen (können).

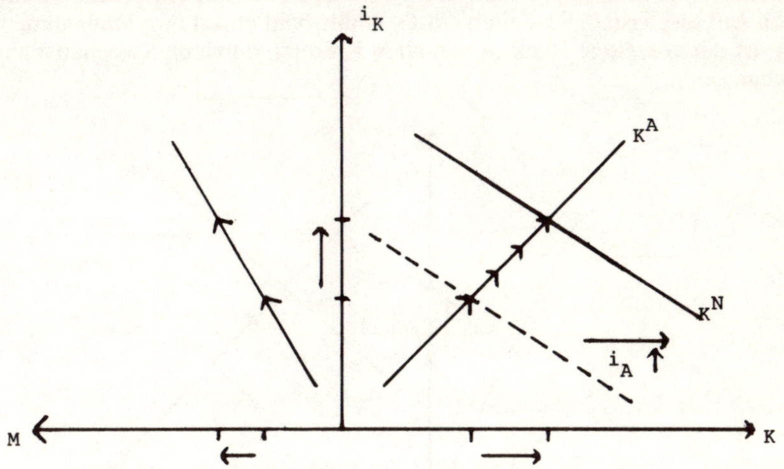

Abb. 34 Die Wirkung eines gestiegenen i_A

Die Wirkung eines gestiegenen Mindestreservesatzes

Im Falle einer exogenen Erhöhung des Mindestreservesatzes verschiebt sich die Kreditangebotsfunktion in Richtung auf die Zinsachse, d.h. es sinkt unmittelbar das Kreditangebot und es entsteht eine Überschußnachfrage. Durch die negative Abhängigkeit der freiwilligen Reserve von der Höhe des Mindestreservesatzes wird die Verschiebung abgemildert. Im Falle einer absolut gleichen Reduktion von r_f kommt es zu keiner Verschiebung von K^A und damit zu keinem Effekt der geldpolitischen Maßnahme. Dieser tritt bei einer tendenziell kompensierenden Abhängigkeit allerdings dann ein, wenn die freien Reserven (FR) gegen Null gehen – entweder weil die FR kleiner sind als das zusätzliche Mindestreserve-Soll oder weil mit sinkenden FR die Abhängigkeit gegenüber r sinkt, d.h. man nicht konstante Koeffizienten (erste Ableitungen) bzw. Elastizitäten unabhängig von der von FR bzw. r_f unterstellen kann. Eine nicht lineare Abhängigkeit entspricht dabei dem Portfolio-Selektions-Ansatz.

Nach rechts, d.h. ebenfalls in Richtung zur Zinsachse verschiebt sich aufgrund des gesunkenen Geldschöpfungsmultiplikators die Kurve zur Bestimmung der Geldmenge. Die Überschußnachfrage auf dem Kreditmarkt führt zu einem steigenden Zinssatz i_K, der einerseits einen weiter sinkenden Koeffizienten r_f und damit einen tendenziell wieder steigenden Multiplikator m induziert und andererseits die Kreditnachfrage reduziert. Insgesamt steigt (vgl. die Pfeile in der Abbildung 35) der Kreditzinssatz und es sinken das Kreditvolumen und die Geldmenge. Ein sinkendes Kreditvolumen ist im Falle $r_f = 0$ beispielsweise durch einen Bestandsabbau erreichbar, d.h. durch eine Neukreditvergabe, die geringer ist als die Tilgung der bereits ausstehenden Kredite. Sofern die Tilgungen kleiner sind als die notwendige/gewünschte Einschränkung des Kreditvolumens, ergibt sich ein zeitlicher Anpassungsprozeß für die Reduktion des existierenden Kreditvolumens auf das neue gewünschte Niveau. Nur im Falle hoher Strafzinsen bei einer Unterschreitung des Mindestreserve-Solls durch das Ist sowie einer Zentralbank, die sich als sog. lender-of-last-resort nicht verantwortlich für die Liquidität des Bankensystems bei ordentlichen Marktverhältnissen und entsprechend kalkulierten Anpassungsmöglichkeiten der Geschäftsbanken auf ihre Maßnahme versteht, ist der vorzeitige Rückruf von alten Krediten durch die Geschäftsbanken denkbar.

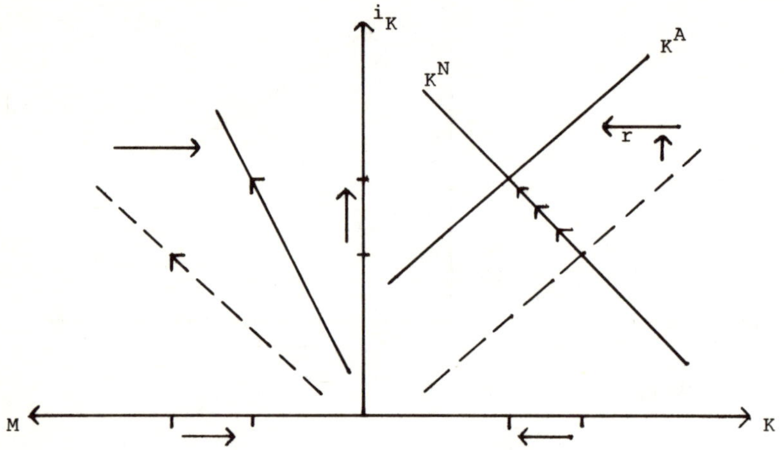

Abb. 35 Die Wirkung eines gestiegenen r

Die Wirkung einer Erhöhung der monetären Basis

Eine exogene Erhöhung der monetären Basis bedeutet unmittelbar eine Erhöhung von B^P bei den Nicht-Banken, da die monetäre Basis nur durch eine expansive Offen-Markt-Politik in Form des Kaufes von Wertpapieren der Nicht-Banken (W) seitens der Zentralbank ausgedehnt werden kann. Die Nicht-Banken werden ihre Sichteinlagen D erhöhen und ihre Kreditnachfrage reduzieren. Die Kreditnachfragekurve verschiebt sich nach links. Die auf dem Kreditmarkt entstandene Überschußangebotssituation bei i_K^+ wird noch ausgeweitet, da die gestiegenen Einlagen bei den Geschäftsbanken zu einer erhöhten Mindestreserve gemäß des Mindestreservesatzes und zu gestiegenen freien Liquiditätsreserven führen. Die Banken werden aufgrund der angestrebten Gewinnmaximierung versuchen, ihre Kreditvergabe auszudehnen. Es kommt zu einer Verschiebung der Kreditangebotsfunktion nach rechts um $(m-1)$ dB. Simultan dreht sich die Gleichgewichtslinie auf dem Geldmarkt um mdB nach links. Dabei ist die Verschiebung bei gegebenem Zins i_K auf dem Geldmarkt absolut um den Wert dB größer als die Verschiebung der Angebotsfunktion auf dem Kreditmarkt. Die gestiegene Nachfrage der Zentralbank nach W hat den Kurs erhöht und unmittelbar den Zinssatz auf i_{K1} gesenkt. Das steigende Kreditangebot führt zu einer weiteren Zinsreduktion.

Das Ergebnis dieser exogen erhöhten monetären Basis ist ein auf i_K^{++} gesunkener Zinssatz für Kredite, eine gestiegene Geldmenge und eine Veränderung des Kreditvolumens. Dabei kann das Kreditvolumen in Abhängigkeit von den Zinselastizitäten des Angebotes und der Nachfrage, d.h. den relativen Steigungen beider Funktionen, steigen oder sinken.

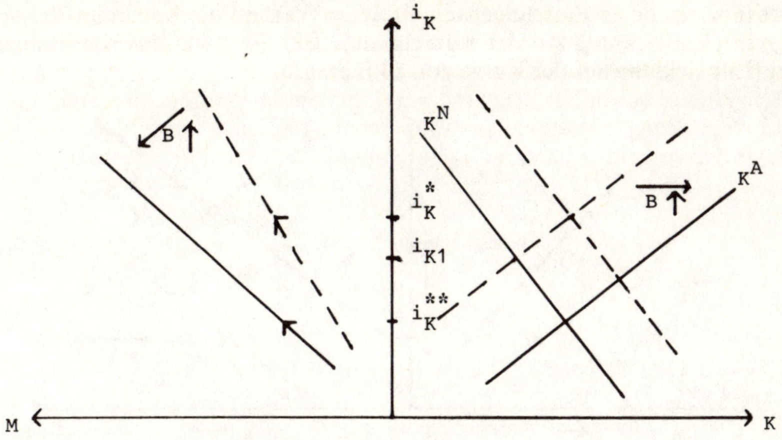

Abb. 36 Die Wirkung eines gestiegenen B

Die Wirkung eines gestiegenen Vermögens

Abschließend soll die Wirkung eines gestiegenen Vermögens V analysiert werden.

Die Exogenität dieser Veränderung läßt sich insbesondere im Rahmen einer Sequenz temporärer Modelle erklären. So sind beispielsweise die keynesianischen Multiplikatoransätze der Einkommenserklärung als Erklärung für eine kurze Periode konzipiert, wobei der Analyseperiode weitere Perioden bis hin zum langfristigen Gleichgewicht folgen, die alle gesondert zu analysieren sind. Jede periodenbezogene Analyse mit einer positiven Sparquote bedeutet dabei eine Vermögensakkumulation über die Zeit bzw. ein gestiegenes Vermögen für die jeweils folgende Periode. Das Modell der folgenden (zweiten) Periode unterscheidet sich von dem der vorhergehenden (ersten) u.a. durch den höheren Vermögensbestand. Abstrahiert man von anderen Veränderungen im Übergang von einer Periode zur nächsten (beispielsweise dem Kapazitätseffekt infolge der Investitionsgüternachfrage in der ersten Periode, von veränderten Erwartungen der Wirtschaftssubjekte aufgrund ihrer Erfahrungen in der ersten Periode etc.), so läßt sich die Bedeutung des Vermögens im Modell der ersten Periode bei einem exogen gestiegenen Vermögen analysieren.

Das um dV gestiegene Vermögen bewirkt unmittelbar eine steigende Kreditnachfrage. Die K^N-Kurve verschiebt sich in Abbildung 37 nach rechts um $(\partial K^N/\partial V)\, dV$. Es entsteht auf dem Kreditmarkt eine Überschußnachfragesituation. Ist der Kassenhaltungskoeffizient c positiv abhängig von V (was sich empirisch nicht unzweifelhaft nachweisen läßt), so führt das gestiegene V zu einer steigenden Zentralbankgeldhaltung der Nicht-Banken (B^P steigt) bei kompensatorisch gesunkenen Sichteinlagen (D sinkt). Die sinkenden Sichteinlagen reduzieren bei den Geschäftsbanken das Mindestreserve-Soll; allerdings ist der Zentralbankgeldabfluß bei den Geschäftsbanken größer als dieser freigesetzte Betrag: Die Geschäftsbanken müssen ihr Kreditangebot ebenso wie das Geldangebot reduzieren. Das gesunkene Kreditangebot wird durch die Linksverschiebung der K^A-Kurve erfaßt, das gesunkene Geldangebot durch die Verschiebung der Geldmarktlinie. Die sich insgesamt ergebende Überschußnachfrage auf dem Kreditmarkt führt zu einer Zinssteigerung, in deren Verlauf die Kreditnachfrage zurückgeht (Entwicklung auf der Kurve gemäß $\partial K^N/\partial i_K$) und das Kreditangebot steigt (Entwicklung auf der Kurve gemäß B $\partial k^A/\partial i_K$).

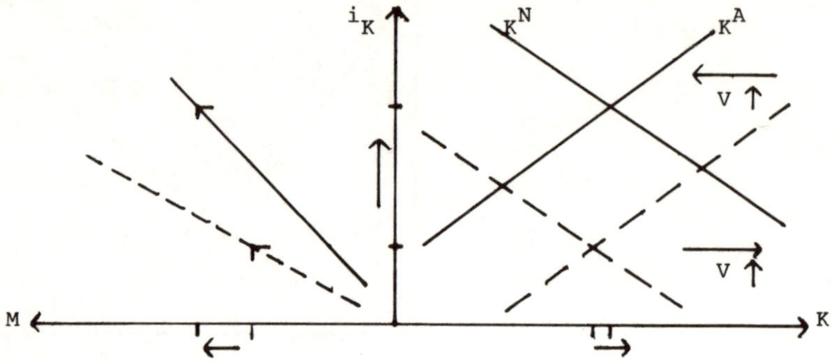

Abb. 37 Die Wirkung eines gestiegenen V

Der steigende Kreditzinssatz führt zu einer veränderten Geldmenge und einem veränderten Kreditvolumen. Ob die Volumina steigen oder sinken, ist wieder von den relativen Steigungen der Kurven abhängig.

Im Gleichgewicht gilt auf dem Kreditmarkt (außer V sind alle anderen exogenen Größen vernachlässigt):

$$K\,(=K^A) = K^A(\underset{+}{i_K},\ \underset{-}{V})$$

$$K\,(=K^N) = K^N(\underset{-}{i_K},\ \underset{+}{V})$$

bzw. für die Veränderung:

$$\left.\begin{aligned} dK - K_i^A\, di_K &= K_V^A\, dV \\ dK - K_i^N\, di_K &= K_V^N\, dV \end{aligned}\right\}\ \text{bzw.:}\ \begin{bmatrix} 1 - K_i^A \\ 1 - K_i^N \end{bmatrix} \cdot \begin{bmatrix} dK \\ di_K \end{bmatrix} = \begin{bmatrix} K_V^A\, dV \\ K_V^N\, dV \end{bmatrix}$$

mit: $$K_i^+ = \frac{\partial K^+}{\partial i_K} \quad ; \quad K_V^+ = \frac{\partial K^+}{\partial V}$$

Aus der Matrixdarstellung folgt für die Systemdeterminante Δ:

$$\Delta = K_i^A - K_i^N > 0$$

bzw. $$\Delta = [\,E\,(K^A, i_K) - E\,(K^N, i_K)\,]\ K/i_K > 0$$

mit den Elastizitäten:

$$E\,(K^A, i_K) = K_i^A\, i_K/K^A > 0$$

$$E\,(K^N, i_K) = K_i^N\, i_K/K^N < 0$$

Dabei gilt für die Zinselastizität des Kreditangebotes:

$$E(K^A, i_K) = \underset{+}{E(K^A, m)}\,\underset{-}{E(m, r_f)}\,\underset{-}{E(r_f, i_K)} > 0$$

aufgrund von:

$$\frac{dK^A}{di_K} = \frac{\partial K^A}{\partial m}\,\frac{\partial m}{\partial r_f}\,\frac{\partial r_f}{\partial i_K}$$

Für die Veränderung des Kreditzinssatzes in Abhängigkeit vom exogen gestiegenen Vermögen ($dV > 0$) gilt:

$$\frac{di_K}{dV} = \underset{+}{\frac{1}{\Delta}}(\underset{+}{K_V^N} - \underset{-}{K_V^A}) > 0$$

Für die Veränderung des Kreditvolumens gilt:

$$\frac{dK}{dV} = \frac{1}{\Delta}(K_V^N K_i^A - K_V^A K_i^N)$$

$$= [\underset{+}{E(K^N, V)}\,\underset{+}{E(K^A, i_K)} - \underset{-}{E(K^A, V)}\,\underset{-}{E(K^N, i_K)}] \cdot \underset{+}{[K^2/ i_K V]}\frac{1}{\Delta}$$

mit den weiteren Elastizitäten:

$$E(K^N, V) = K_V^N\, V/K^N > 0$$

$$E(K^A, V) = K_V^A\, V/K^A < 0$$

Wie der Wert in der eckigen Klammer zeigt, kann das Kreditvolumen steigen, sinken oder unverändert bleiben. Die Veränderung ist abhängig von den Elastizitäten des Kreditangebotes und der Kreditnachfrage bezüglich des Zinssatzes und des Vermögens. Entscheidend sind somit die relativen „Impact-Effekte", d.h. die Stärke der Verschiebungen der Kurven aufgrund der veränderten Portfolio-Entscheidungen bzw. gewünschten Portfolio-Struktur der Nicht-Banken infolge der exogenen Störung sowie „anschließend" die relativen Steigungen der Kurven, d.h. die Anpassungsprozesse bis zum Marktausgleich.

Im Falle eines vollkommen zinsunelastischen Kreditangebotes (beispielsweise aufgrund bereits früher aufgelöster freier Reserven, so daß $r_f = 0$ und damit auch $\partial r_f/\partial i_K = 0$ gilt) ergibt sich eindeutig stets bei höherem Zinssatz ein auf K^{++} gesunkenes Kreditvolumen bei einer gleichzeitig auf M^{++} gesunkenen Geldmenge. Dieses zeigt die Abbildung 38:

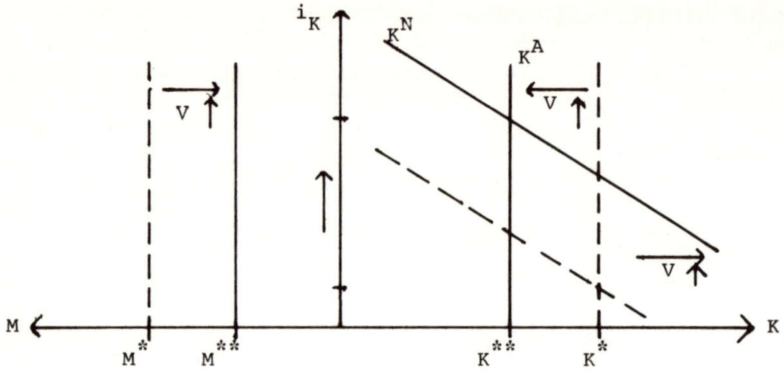

Abb. 38 Die Wirkung eines gestiegenen V bei zinsunelastischem K^A

IV.3c Die Besonderheiten dieses Erklärungsansatzes

Die Nicht-Linearität

Der diskutierte einfache Modellansatz entspricht dem Grundprinzip der von Karl Brunner entwickelten Geldangebotstheorie, die aufgrund ihrer wesentlichen Besonderheit als eine **nicht-lineare** Geldangebotstheorie bezeichnet wird. Die lineare Darstellung der Kreditangebots- und Kreditnachfragefunktion in den bisherigen Abbildungen ist eine starke Vereinfachung und daher nur approximativ. Mit steigendem Kreditzinssatz reduzieren die Geschäftsbanken aus Opportunitätskostenüberlegungen ihre freiwilligen Reserven FR, so daß der Koeffizient r_f sinkt. Mit r_f sinkt aber auch die Zinselastizität des Multiplikators m und damit die des Kreditangebotes. In diesem einfachen Grundansatz ist die Zinselastizität des Multiplikators einzig auf der von r_f begründet. In dem Extremfall eines vollständigen Abbaues der freiwilligen Reserven der Geschäftsbanken werden über den Multiplikator das Kredit- und das Geldangebot vollkommen zinsunelastisch. Es ergibt sich dann die in Abbildung 39 dargestellte nicht-lineare Kreditangebotsfunktion und Geldmengenlinie.

Die Wirkungen beispielsweise der oben betrachteten exogenen Veränderung des Nettovermögens der Nicht-Banken V auf die Geld- und Kreditmenge hängen

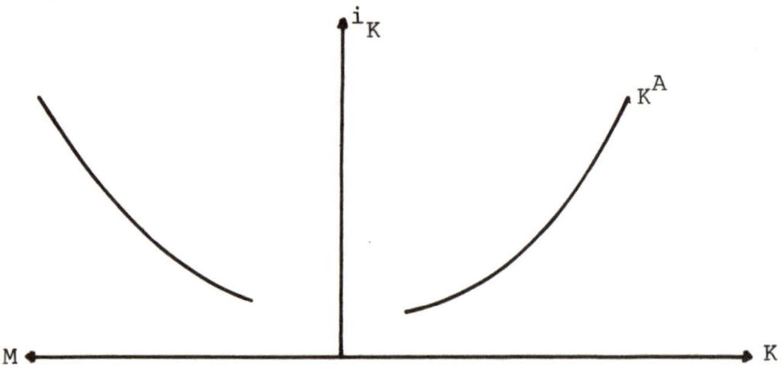

Abb. 39 Die Nicht-Linearität von Geld- und Kreditangebot

über die dargestellten Elastizitäten von der Höhe der freiwilligen Reserven im Zeitpunkt der exogenen Störung ab. Es gilt für die sog. Impact-Effekte:

$$E(K^N, V) = \text{exogen}$$

$$E(K^A, V) = E(K^A, m)\, E(m, c)\, E(c, V)$$

$$E(M, V) = E(M, m)\, E(m, c)\, E(c, V)$$

mit:

$$E(M, m) = 1$$

$$E(K^A, m) = m/(m-1) > 1$$

$$E(m, c) = (1-m)\, c/(1+c) < 0$$

$$E(c, V) = \text{exogen.}$$

Dabei sind die Abhängigkeiten der Elastizitäten $E(K^A, m)$ sowie $E(m, c)$ und damit beider sog. Impact-Effekte auf der Angebotsseite von der Höhe des Koeffizienten r_f zu beachten:

$$\frac{\partial E(m, c)}{\partial r_f} > 0 \quad ; \quad \frac{\partial E(K^A, m)}{\partial r_f} > 0$$

Der sog. **Impact-Effekt** einer Veränderung von V auf das Kreditangebot ist absolut am größten je kleiner r_f ist. Gleichzeitig geht die Zinselastizität des Multiplikators und damit des Kreditangebotes sowie der Geldmenge gegen Null. Das maximale Kreditvolumen und die maximale Geldmenge ist insgesamt dabei in diesem Ansatz von der Entscheidung der Zentralbank über den Kauf von Schuldverschreibungen der Nicht-Banken W (als einzige sog. source) bestimmt. Die unter-

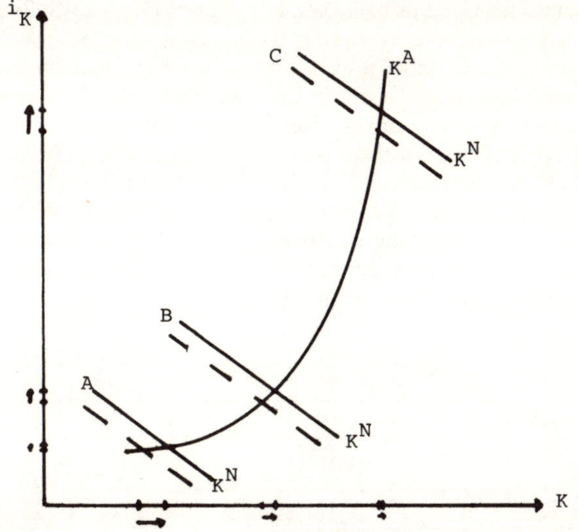

Abb. 40 Die Nicht-Linearität und die Auswirkungen exogener Veränderungen

schiedlichen Auswirkungen sowohl im Ausmaß als auch in der Richtung auf die Geld- und Kreditmenge bei ein und derselben exogenen Veränderung, wie hier beispielsweise eines exogen gestiegenen Nettovermögens der Nicht-Banken, sind in der Abbildung 40 durch die unterschiedlichen Situationen A, B und C verdeutlicht. Bezüglich der Variation des Kreditzinssatzes ist ebenso unmittelbar zu erkennen, daß sie bei gegebener exogener Störung dV um so größer ist, je kleiner der Reservekoeffizient r_f ist.

Die Bedeutung der freien Liquiditätsreserve

Wagt man von diesem einfachen Modell auf Erklärungen aus umfassenderen Ansätzen zu schließen, so zeigt die bisherige Betrachtung des Geld- und Kreditangebotsprozesses bereits, daß die Zentralbank bemüht sein wird, die freien Liquiditätsreserven der Geschäftsbanken möglichst gering zu halten, wenn sie eine Geldmengensteuerung betreiben will. Es steigt nämlich mit sinkendem r_f die „Vorhersehbarkeit" der Auswirkungen einer exogenen Störung; der Einfluß zentralbankpolitischer Maßnahmen wird dann, wie sich in späteren Modellen noch zeigen wird, direkter bzw. unmittelbarer und damit kalkulierbarer. Es steigt mit sinkendem Koeffizienten r_f die funktionale Stabilität auf dem Geld- und Kreditmarkt. Die Gefahr einer derartigen Politik möglichst geringer freier Liquiditätsreserven bei den Geschäftsbanken liegt allerdings darin, daß die Zentralbank bei jeder ungewollten Liquiditätsveränderung der Geschäftsbanken (insbesondere bei den später noch zu analysierenden internationalen Geldexporten bzw. -importen) sofort kompensatorisch reagieren oder anderenfalls stärkere Zinsausschläge bzw. eine erhöhte Variabilität der Kreditzinssätze akzeptieren muß. Die neben einer betriebenen Geldmengenpolitik zu beobachtende Liquiditätspolitik der Deutschen Bundesbank beispielsweise in Form von Sonderlombards (s.u.) bedeutet dabei, daß die Zentralbank eine Zinssatz-Niveaupolitik mit dem Ziel der Glättung erratischer Schwankungen verfolgt.

Zur Verdeutlichung der Entwicklung der Größe r_f mag die Entwicklung der Überschußreserve der Geschäftsbanken in v.H. des Reserve-Solls dienen. Dabei ergibt sich die Überschußreserve aus der Ist-Reserve vermindert um das Reserve-Soll. Das Reserve-Soll ist dabei jeweils ohne die „anrechenbaren Kassenbestände" ermittelt, eine Größe, die – unten noch genauer erklärt – seit März 1978 bei kompensierender Heraufsetzung der Reservesätze betrachtet wird. Es ist gemäß § 5 Abs. 2 der AMR (vgl. Geschäftsbericht der Deutschen Bundesbank für das Jahr 1983, S. 111) der durchschnittliche Bestand der zum Geschäftsschluß sämtlicher Tage vom ersten bis zum Ultimo des laufenden Monats bei der Bank festgestellten inländischen gesetzlichen Zahlungsmittel. Die so konstruierte und jeweils für den Dezember des genannten Jahres berechnete Kennziffer zeigt die (beabsichtigte) Reduktion von r_f deutlich:

1961	62	63	64	65	66	67	68	69	70	71	72
4,1	3,5	3,5	1,9	2,0	1,3	3,6	6,1	3,5	1,2	0,9	1,5

1973	74	75	76	77	78	79	80	81	82	83	84
1,5	1,1	1,3	0,5	2,5	2,0	1,9	1,4	1,1	0,8	1,0	1,1

Sonstige Besonderheiten

Als weitere Charakteristika dieses Ansatzes sind zu nennen:

- Im Gegensatz zur allgemeinen Preistheorie, in der ein Sektor die Nachfrage und ein anderer das Angebot jeweils allein determiniert, ist in diesem Ansatz das Kreditangebot der Geschäftsbanken über den Kassenhaltungskoeffizienten c ebenfalls von den Verhaltensweisen der Nicht-Banken mitbestimmt. Eine Trennung im Sinne der allgemeinen Preistheorie läßt sich nur erreichen, wenn unterstellt wird, daß es sich bei c um den von den Geschäftsbanken erwarteten Wert des Kassenhaltungskoeffizienten der Nicht-Banken handelt. Dann ist allerdings weiterhin zu unterstellen, daß die Geschäftsbanken den tatsächlichen Wert von c richtig erwarten oder aber, daß sie bei Erwartungsfehlern ihr Angebot entsprechend korrigieren, so daß die Kreditangebotsfunktion und die Geldmengenlinie sich von Periode zu Periode solange verändern, bis der erwartete gleich dem tatsächlichen Wert von c entspricht. Die Geldmengenlinie ist dann auch nicht die Kombination von Zinssatz i_K und Geldmenge M, bei der Gleichgewicht auf dem makroökonomischen Geldmarkt herrscht, sondern „nur" das seitens der Banken (Geschäftsbanken und Zentralbank) im Rahmen der Kreditgewährung an die Nicht-Banken geschaffene Geld und damit Geldangebot bei alternativen Zinssätzen. Die gleichgewichtige Geldmenge ist dann mit dem gleichgewichtigen Zinssatz i_K gemäß des dazugehörigen Punktes der Geldangebotslinie festgelegt. Es existiert zwar explizit keine Geldnachfragefunktion, wohl aber implizit; d.h. sie ließe sich über die Bilanzrestriktion der Nicht-Banken und ihre expliziten Nachfragefunktionen ableiten. Berücksichtigt ist das Geldnachfrageverhalten der Nicht-Banken durch die von ihnen gewünschte Kassenhaltungs- bzw. Geldhaltungsstruktur (c) und die Annahme der Homogenität aller Portfolio-Strukturen vom Grade Null in dem Geschäftsbankengeld resp. Depositenvolumen.
- Die Annahme, daß die gewünschten Portfolio-Strukturen sowohl der Geschäftsbanken als auch der Nicht-Banken unabhängig von der Höhe der Einlagen sind bzw. daß die Angebots- und Nachfragefunktionen jedes privatwirtschaftlich organisierten Sektors homogen vom Grade eins in den Depositen sind, bedeutet bezüglich der freiwilligen Reserven der Geschäftsbanken und des Koeffizienten r_f den Ausschluß von sog. economies of scale, die u.a. dadurch entstehen können, daß mit steigender Anzahl individueller Girokonten und Einlagen auf diesen Konten bei einem gestiegenen Einlagenvolumen insgesamt (D) die Varianz der Depositen im Zeitablauf sinkt. Die Varianz stellt dabei die Begründung für die Haltung von unverzinster freiwilliger Liquiditätsreserve seitens der Geschäftsbanken dar. Es läßt sich ergänzend die Varianz von D in Abhängigkeit von D als Erklärungsgröße bei r_f einführen. Verändert sich aber annahmegemäß diese Varianz nicht mit dem Depositenvolumen und ist sie in der relevanten Zeit konstant, so variiert eine derart begründete freiwillige Liquiditätsreserve proportional mit dem Einlagenvolumen. Vergleichbare Annahmen existieren auch für andere Begründungen möglicher economies of scale. Es zeigt sich an dieser Annahme aber einerseits die Begrenzung des Ansatzes aufgrund der fehlenden Stochastik bzw. aufgrund seines deterministischen Rahmens und andererseits die Notwendigkeit – soll der Ansatz zur Erklärung beobachteter Geld- und Kreditmarktprozesse verwendet werden – steter empirischer Neuschätzungen: (aus theoretischen Erklärungsansätzen abgeleitete und) empirisch ermittelte funktionale Zusammenhänge sind niemals zeitinvariant.

Entscheidender als dieser Ausschluß der economies of scale ist für diesen Ansatz die „untergeordnete" Rolle, die der Geldhaltung durch diese Annahme zugeordnet wird. Das endogen von den privatwirtschaftlich organisierten Sektoren (Geschäftsbanken und Nicht-Banken) zu schaffende Geld hat keinen Einfluß auf die relativen Preise, d.h. hier auf die Zinssätze. Sichteinlagen bzw. Geschäftsbankengeld stellt wie das Geld im allgemeinen walrasianischen Gleichgewicht der Klassiker und Neoklassiker nur einen Schleier dar. Die Geldmenge ist letztlich durch die Zentralbank über die monetäre Basis zu steuern, die zusammen mit den anderen Determinanten wie V, q, i_A etc. den nominalen Kreditzinssatz bestimmt. Wird, wie im klassischen System unterstellt, unter dem realen Zinssatz die auf dem Gütermarkt bestimmte Grenzleistungsfähigkeit des Kapitals verstanden und definiert man (wie weiter unten erklärt) den Nominalzinssatz als die Summe aus Realzinssatz und erwarteter Preissteigerungsrate, so bestimmt die Zentralbank über die monetäre Basis die erwartete Preissteigerungsrate und damit letztlich die tatsächliche. Die Vorteile dieses Gleichgewichtsansatzes zur Geld- und Kredittheorie und speziell dieser Annahme liegen somit in der (zumindest teilweisen) Aufhebung des nicht erklärten Preisniveaus bzw. seiner Veränderung im Rahmen des allgemeinen Gleichgewichtsansatzes (vgl. das Kapitel II.1) und in der Aufhebung der Trennung der Erklärungsansätze zur Schaffung von Überschußreserven seitens der Banken einerseits und der Erklärung der Geld- und Kreditschöpfung bei exogen gegebener Überschußreserve (vgl. das Kapitel IV.1) andererseits. Dieser Ansatz ermöglicht damit die Theorie der relativen Preise von den Gütermärkten auch auf die Finanzmärkte zu übertragen bzw. in einen gemeinsamen Ansatz zu integrieren. Der Ansatz hat entsprechend auch alle Nachteile eines Gleichgewichtsansatzes, da er Ungleichgewichtssituationen nicht erfassen und erklären kann. Wie noch zu diskutieren sein wird, ist er damit letztlich nicht in der Lage, das Gut Geld in seiner spezifischen Eigenart in ein generelles Erklärungsschema zu integrieren.

IV.4 Modifikationen des Grundansatzes des Geld- und Kreditangebotes

IV.4a Die Berücksichtigung von Termineinlagen

Die Modellversion

Werden im Rahmen der Kreditmarkttheorie des Geldes verzinsliche Termineinlagen berücksichtigt, so sind die drei Sektoren durch die folgenden Bilanzen gekennzeichnet:

ZB

A	P
W	MR_D
	MR_T
	FR
	B^P
B	B

GB

A	P
MR_D	D
MR_T	T
FR	
K	

NB

A	P
D	K
T	W
B^P	V
A	

mit: MR_x Mindestreserve-Ist (= −Soll) für
x = D Sichteinlagen,
x = T Termineinlagen,
T Termineinlagen bzw. Festgeld,
r_x Mindestreservesatz für
x = D Sichteinlagen,
x = T Termineinlagen.

Es folgt für die Geldmenge in den beiden möglichen Abgrenzungen:

$$M1 = D + B^P \quad ; \quad M2 = D + T + B^P$$

bzw.

$$M1 = m_1 B \quad ; \quad M2 = m_2 B$$

Unter Verwendung der Koeffizienten:

$$r_D = MR_D/D \qquad r_T = MR_T/T$$

$$c = B^P/D \qquad r_f = FR/D$$

und

$$t = T/D \quad \text{(Termindepositenkoeffizient)}$$

folgt für die Multiplikatoren:

$$m_1 = \frac{1+c}{r_D+r_T t+r_f+c} \quad ; \quad m_2 = \frac{1+c+t}{r_D+r_T t+r_f+c}$$

bzw.

$$m_1 = m_1(\underset{-}{c},\ \underset{-}{t},\ \underset{-}{r_D},\ \underset{-}{r_T},\ \underset{-}{r_f}) \qquad m_2 = m_2(\underset{-}{c},\ \underset{+}{t},\ \underset{-}{r_D},\ \underset{-}{r_T},\ \underset{-}{r_f})$$

Der Geldschöpfungmultiplikator m_1 weist somit die entgegengesetzte Abhängigkeit vom Termindepositenkoeffizienten auf als der Geldschöpfungsmultiplikator m_2. Der Multiplikator m_2 steigt mit t da gilt:

$$r_f + r_D - r_T + c\,(1-r_T) > 0 \quad \text{wegen:} \quad 1 > r_T < r_D$$

Im Falle eines durch ein steigendes t gekennzeichneten veränderten Anlageverhaltens der Nicht-Banken bedeutet dieses nicht, wie die Geldmengendefinitionen M1 und M2 zu zeigen scheinen, daß M1 sinkt, während M2 unverändert bleibt. Bei einer derartigen Betrachtung wäre vergessen, daß die Sicht- und Termineinlagen endogene Größen sind. Ein steigendes t bedeutet eine sinkende Zentralbankgeldhaltung (B^P sinkt) seitens der Nicht-Banken. Dieses zeigt der folgende Zusammenhang:

$$B^P + MR_D + MR_T + FR = B$$

mit den Umformungen aufgrund der eingesetzten Koeffizienten:

$$B^P + (r_D + r_T t + r_f)\,B^P/c = B$$

bzw.

$$B^P = (cB)/(r_D + r_T t + r_f + c),$$

so daß für die Zentralbankgeldhaltung der Nicht-Banken gilt:

$$B^P = B^P(\underset{+}{c}, \underset{-}{t}, \underset{+}{B}, \underset{-}{r_D}, \underset{-}{r_T}, \underset{-}{r_f})$$

Die durch die Veränderung von t freigesetzten Mindestreserven (institutionell bedingt gilt: $r_T < r_D$) und freien Reserven (r_f sinkt hier, da die Banken annahmegemäß nur bezüglich der Sichteinlagen freiwillig Liquiditätsreserven halten) erhöhen den Kreditspielraum der Banken multiplikativ.

Die das Verhalten der Nicht-Banken und Geschäftsbanken kennzeichnenden Koeffizienten werden aufgrund der mikroökonomischen Überlegungen/Fundierungen wie folgt erklärt:

$$r_f = r_f(\underset{-}{i_K}, \underset{-}{r_D}, S_r)$$

$$c = c(\underset{+}{q}, \underset{+}{V}, S_c)$$

$$t = t(\underset{+}{i_T}, \underset{-}{i_A}, \underset{+}{V}, S_t)$$

mit: S_x sonstige, hier nicht identifizierte Einflußgrößen,
i_T Zinssatz auf Termineinlagen.

Die Abhängigkeiten für die Koeffizienten c und r_f sind bekannt und unverändert. Zu beachten ist, daß der Koeffizient der freien Liquiditätsreserve r_f nur von dem Mindestreservesatz auf Sichteinlagen r_D abhängig ist. Dieses erfolgt in Übereinstimmung mit der Annahme, daß die Geschäftsbanken nur für die Sichteinlagen freiwillig Liquiditätsreserven halten. Für die Erklärung des Termindepositenkoeffizienten t gilt:

- er ist positiv abhängig von dem Zinssatz auf Termineinlagen, da die Wirtschaftssubjekte bei einem steigenden Terminzinssatz Sichteinlagen durch Termineinlagen substituieren;
- er ist negativ abhängig von dem Zinssatz auf sonstige Aktiva der Nicht-Banken (z.B. Aktienrendite), da die Termineinlagen (annahmegemäß) ein engeres Substitut zu den sonstigen Aktiva der Nicht-Banken darstellen als die Sichteinlagen bzw. da der Grad der Liquidität der Termineinlagen geringer ist und damit ähnlicher dem der sonstigen Anlagen als der Liquiditätsgrad der Sichteinlagen (er ist definitionsgemäß eins); die negative Abhängigkeit von t bezüglich i_A kann auch bedeuten, daß die Unternehmungen Abschreibungsgegenwerte in Termineinlagen „parken", bevor sie zu einer neuen Investitionsgüternachfrage verwendet werden;
- er ist positiv abhängig von dem Vermögen der Nicht-Banken V;
- er ist positiv abhängig beispielsweise von der Relation aus tatsächlichem zu permanentem Einkommen (als Beispiel für die Variable S_t); bei einem steigen-

den transitorischen Einkommen werden die Nicht-Banken den Konsum um weniger erhöhen als dieses transitorische Einkommen steigt, so daß die Haushalte vermehrt Termineinlagen nachfragen werden, um in Zeiten sinkender transitorischer Einkommen ihren permanenten Konsum möglichst aufrechterhalten zu können.

Die Bestimmung des Zinssatzes für Termineinlagen i_T ist auf zwei Arten möglich. So kann zum einen unterstellt werden, daß die Nicht-Banken und die Geschäftsbanken diesen Zinssatz jeweils als exogen gegeben betrachten und sich bezüglich ihrer Nachfrage bzw. ihres Angebotes an Termineinlagen als Mengenanpasser verhalten. Der Zinssatz i_T ergibt sich dann auf dem Termineinlagen-Markt aus der Nachfragefunktion und der Angebotsfunktion an Termineinlagen, die beide von dem Zinssatz i_T und weiteren Variablen abhängig sind. Die in die Gleichgewichtsbedingung für den Termineinlagen-Markt eingesetzten Verhaltensgleichungen führen dazu, daß man diese Gleichung nach dem Zinssatz für Termineinlagen auflösen kann, der damit in Abhängigkeit von allen anderen sonst in den beiden Verhaltensgleichungen enthaltenen Variablen erklärt ist.

Eine zweite Möglichkeit, und diese wird hier gewählt, besteht darin, zu unterstellen, daß die Geschäftsbanken im Rahmen ihres Optimierungskalküls den Termineinlagenzinssatz als Aktionsparameter bestimmen. In ihrem Optimierungskalkül gehen sie dabei von einer erwarteten Nachfrage nach Termineinlagen in Abhängigkeit von dem Zinssatz i_T aus. Das tatsächliche Einlagevolumen kann größer, gleich oder kleiner als das von den Geschäftsbanken erwartete sein, je nachdem, ob sie die Zinselastizität der Nicht-Banken unterschätzt haben, richtig erwartet haben oder überschätzt haben. Gegenüber den Nicht-Banken treten die den Zinssatz i_T fixierenden Geschäftsbanken dergestalt auf, daß sie jede Termineinlage von den Nicht-Banken akzeptieren. Zu dem von ihnen gesetzten Zinssatz ist ihr Angebot an Termineinlagen vollkommen elastisch. Der folgende funktionale Zusammenhang wird unterstellt:

$$i_T = i_T(\underset{+}{i_K}, \underset{+}{i_A}, \underset{+}{r_D}, \underset{-}{r_T})$$

Der Zinssatz für Termineinlagen i_T wird also wie folgt erklärt:

- er steigt mit dem Kreditzinssatz, da die Geschäftsbanken bei einem steigenden Kreditzinssatz ihr Kreditangebot ausdehnen wollen und zu diesem Zwecke zusätzliches Zentralbankgeld attrahieren wollen, welches sie nur von den Nicht-Banken erhalten können; die Geschäftsbanken werden also entsprechend den steigenden Ertragsraten im Kreditmarkt den Terminzinssatz erhöhen;
- er steigt mit dem Zinssatz für sonstige Aktiva der Nicht-Banken, da die Geschäftsbanken den Terminzinssatz in dieser Situation erhöhen müssen, um eine Reduktion der Termineinlagen zu verhindern, die dann stattfinden würde, wenn die Nicht-Banken die relativ schlechter verzinsten Termineinlagen durch die relativ besser verzinsten sonstigen Aktiva substituieren; diese positive Abhängigkeit folgt (ebenso wie die vom Kreditzinssatz) aus dem Wettbewerb der Geschäftsbanken mit anderen Institutionen (Aktienmarkt, Versicherungen etc.) um das sog. Geldvermögen der Nicht-Banken;
- er steigt mit steigendem Mindestreservesatz auf Sichteinlagen, da es für die Geschäftsbanken um so lohnender ist, Termineinlagen anstelle von Sichteinlagen zu haben, je höher der Mindestreservesatz auf Sichteinlagen ist c.p.;
- er sinkt mit dem Mindestreservesatz auf Termineinlagen; je höher dieser Min-

destreservesatz ist, desto geringer ist der Vorteil der Geschäftsbanken von verzinsten Termineinlagen in Relation zu den unverzinsten und jetzt mit einem relativ gesunkenen Mindestreservesatz belegten Sichteinlagen.

Die Erweiterung des Grundansatzes um die Termineinlagen ermöglicht es, drei wesentliche Aspekte zu analysieren. **Erstens** führen zusätzliche Substitutionsbeziehungen dazu, daß beispielsweise die Zinsabhängigkeit des Multiplikators nicht ausschließlich über die freiwillige Liquiditätsreserve resp. r_f der Geschäftsbanken läuft. Es wird eine Zinsabhängigkeit des Geldschöpfungs- bzw. Kreditschöpfungsmultiplikators auch dann bestehen, wenn die Geschäftsbanken beispielsweise infolge der Zentralbankpolitik keine freien Reserven mehr halten bzw. diese vollkommen abgebaut haben. **Zweitens** ermöglicht die Berücksichtigung einer weiteren Einlagenart die Analyse der Auswirkungen einer veränderten Mindestreservesatzstruktur. **Drittens** gestattet die Berücksichtigung einer verzinsten Einlageart, die Auswirkungen von Zinssatzregulierungen bzw. von Zinsobergrenzen zu analysieren.

In der Bundesrepublik Deutschland gibt es zur Zeit (d.h. seit 1967/68) keine derartigen Zinsregulierungen mehr. In den USA bestehen Zinssatzregulierungen z.B. die Regulation Q, die eine Obergrenze für die Termineinlagenzinssätze festlegt.

Es gibt mehrere Begründungen für eine derartige **Zins-Obergrenze**.

Erstens: Es wird argumentiert, daß mit steigendem Wettbewerb der Zinssatz i_T steigt und die Banken damit gezwungen sind, immer höhere Ertragsraten für gewährte Kredite zu erwirtschaften und damit (auch in ihren sonstigen Bankaktivitäten) immer spekulativer zu handeln. Nachdem 1933 den durch das Federal Reserve System (Fed) und die Federal Deposite Insurance Corporation (FDIC) versicherten Geschäftsbanken die Zinszahlungen auf Termin- und Spareinlagen vollkommen verboten wurden, wurden 1935 Zins-Obergrenzen auf diese Einlagen eingeführt.

Zweitens: In Verfolgung allokativer Aspekte sollen Zins-Obergrenzen bestimmte Sektoren schützen. Ein nach oben gebundener Zinssatz i_T für Termineinlagen bei den Geschäftsbanken „garantierte" beispielsweise den Sparkassen der USA Zahlungs- bzw. Einlagenströme seitens der Nicht-Banken, die diese dann zur Hypothekenkreditvergabe bei politisch gewünschten niedrigen Zinssätzen verwenden konnten. Geschützt sollten zur Förderung u.a. des Wohnungsbaus der Sektor der Nicht-Banken und der intermediären Institute wie Hypothekenbanken und Sparkassen sein. Treten, wie in jüngster Zeit, dann Finanzinnovationen wie beispielsweise Certificates of Deposits (CD's), d.h. handelbare verzinste Sichteinlagen auf, durch die jetzt den Geschäftsbanken und nicht mehr den Sparkassen Mittel aufgrund der höheren Ertragsraten bei gestiegener Fungibilität der Einlagen zufließen, so garantieren Zins-Obergrenzen nicht mehr die politisch ursprünglich gewünschten niedrigen Hypothekenzinssätze. Die Obergrenzen greifen dabei solange bzw. sind solange effektiv, wie es keine ihre Grenzen umgehenden neuen Substitutionsbeziehungen gibt und die allgemeine Marktlage zu einem Terminzinssatz über der festgesetzten Obergrenze für i_T tendiert.

Drittens: Diese Regulierungen wurden zu einem Zeitpunkt eingeführt, als die Banken einem starken Nicht-Banken-Sektor gegenüberstanden, wobei die Nicht-Banken resp. Unternehmungen zum Teil erheblich größer und finanziell stärker waren als die Banken. Gemäß der damaligen allgemeinen Meinung führte diese Situation aufgrund der Marktmacht der Einleger zu exzessiven Zinssätzen seitens der Banken. Die Marktmacht der Unternehmen als Kreditnehmer führte gleichzeitig dazu, daß die Kreditzinsen extrem niedrig waren. Entsprechend einigten sich die Geschäftsbanken auf die sog. **Prime-Rate**, d.h. den Zinssatz für erste Adressen, unter dem keine Bank einen Kredit vergibt, unabhängig von der Verhandlungsposition des Kreditnehmers. Gemäß der damaligen allgemeinen Meinung war diese Marktmacht der Kreditnehmer und Einleger gegenüber den Banken zum Teil mit Schuld an der Banken-Krise mit Bankenzusammenbrüchen in den zwanziger Jahren. Eine derartige Gefahr sollte durch staatlich fixierte oder auf freiwilliger Basis (kartellmäßig) vereinbarte Zins-Obergrenzen oder Mindestzinssätze ausgeschlossen werden.

Für die Abhängigkeit des Kreditangebotes der Geschäftsbanken vom Kreditzinssatz gilt somit (und vergleichbar ebenfalls für das Geldangebot):

$$\frac{dK^A}{di_K} = B\frac{\partial m_2}{\partial i_K} = B\left[\underset{-}{\frac{\partial m_2}{\partial r_f}}\ \underset{\leq 0}{\frac{\partial r_f}{\partial i_K}} + \underset{+}{\frac{\partial m_2}{\partial t}}\ \underset{+}{\frac{\partial t}{\partial i_T}}\ \underset{\geq 0}{\frac{\partial i_T}{\partial i_K}}\right]$$

Das Kreditangebot der Geschäftsbanken hängt somit positiv von dem Kreditzinssatz ab, solange der Koeffizient r_f größer als Null ist oder für den Fall, daß $r_f = 0$ gilt, solange der Termindepositenzinssatz unter seiner gesetzlich festgesetzten Obergrenze liegt.

Der gesamte Ansatz wird wiederum geschlossen durch die folgende, zu einem konsistenten Verhalten der Nicht-Banken gehörende (und schon oben diskutierte) Kreditnachfragefunktion:

$$K^N = K^N(\underset{-}{i_K},\ \underset{+}{i_A},\ \underset{+}{i_W},\ \underset{+}{V},\ \underset{+}{Y/Y_P}, \ldots)$$

Die Wirkungen eines gestiegenen Zinssatzes auf sonstige Aktiva

In dem erweiterten Modellansatz soll die Wirkung einer exogen gestiegenen Ertragsrate auf sonstige Aktiva, d.h. beispielsweise auf Aktien bzw. Produzentensachkapital, analysiert werden. Der steigende Zinssatz i_A führt unmittelbar zu einer steigenden Kreditnachfrage seitens der Nicht-Banken, d.h. einer Verschiebung der Kreditnachfragefunktion nach rechts in der folgenden Abbildung.

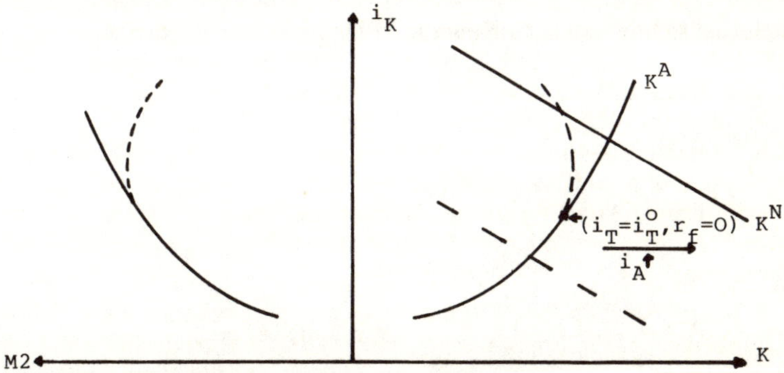

Abb. 41 Die Wirkung eines gestiegenen i_A

Der steigende Zinssatz i_A führt unmittelbar durch das Verhalten der Nicht-Banken zu einem sinkenden Termindepositenkoeffizienten t und damit Kreditangebot der Geschäftsbanken (Verschiebung der Kreditangebotsfunktion nach links). Allerdings erhöhen die Kreditinstitute unmittelbar kompensatorisch den Zinssatz auf Termineinlagen, so daß es zu keiner Reduktion des Kreditangebotes kommt (die Kreditangebotsfunktion verschiebt sich kompensatorisch wiederum nach rechts; insgesamt bleibt die alte Funktion erhalten). Bei dem Zinssatz der Ausgangssituation besteht somit eine Überschußnachfrage auf dem Kreditmarkt. Diese führt zu einem tendenziell steigenden Kreditzinssatz und damit zu einem steigenden Kreditangebot seitens der Geschäftsbanken. Das Kreditangebot steigt, weil die Geschäftsbanken ihre freiwilligen Reserven reduzieren (r_f sinkt) und den Zinssatz für Termineinlagen erhöhen und entsprechend t steigern. Ist der Zinssatz i_A aber derart gestiegen, daß die Geschäftsbanken den Termindepositenzinssatz nicht mehr erhöhen können, da er bereits seine Obergrenze i_T^0 erreicht hat und sind die freien Liquiditätsreserven der Geschäftsbanken vollständig abgebaut, dann sinkt trotz eines steigenden Kreditzinssatzes das Kreditangebot der Geschäftsbanken, weil der Termindepositenkoeffizient t sinkt. Die Steigung der Kreditangebotsfunktion geht gegen unendlich bzw. ist vollkommen unelastisch im Falle von $r_f = 0$ und $i_T = i_T^0$. Die Steigung der Kreditangebotsfunktion wird negativ, wenn bei dem Kreditzinssatz, bei dem das Kreditangebot vollkommen zinsunelastisch wird, noch eine Überschußnachfrage nach Krediten aufgrund des stark gestiegenen Zinssatzes i_A besteht. In dieser Situation sinken das Kreditvolumen und die Geldmenge M2.

Die Auswirkungen des exogen gestiegenen Zinssatzes i_A auf das Kreditvolumen werden aus dem totalen Differential der Kreditnachfragefunktion und der Kreditangebotsfunktion wie folgt berechnet:

$$dK = dK^N = K^N_{iK}\, di_K + K^N_{iA}\, di_A; \quad \text{mit: } K^N_{iK} = \frac{\partial K^N}{\partial i_K}$$

$$dK = dK^A = B\left[\left(\frac{\partial m_2}{\partial r_f}\frac{\partial r_f}{\partial i_K} + \frac{\partial m_2}{\partial t}\frac{\partial t}{\partial i_T}\frac{\partial i_T}{\partial i_K}\right)di_K + \underset{+}{\frac{\partial m_2}{\partial t}}\left(\underset{+}{\frac{\partial t}{\partial i_T}}\,\underset{\geq 0}{\frac{\partial i_T}{\partial i_A}} + \underset{-}{\frac{\partial t}{\partial i_A}}\right)di_A\right]$$

Unter Berücksichtigung der folgenden Abhängigkeiten/Elastizitäten:

$$E(m_2, r_f) \to 0 \qquad \text{für: } r_f \to 0$$

$$E(i_T, i_K) \to 0 \qquad \text{für: } i_T \to i_T^0$$

$$E(i_T, i_A) \to 0 \qquad \text{für: } i_T \to i_T^0$$

und damit von:

$$E(K^A, i_K) = 0 \qquad \text{für: } r_f = 0; \quad i_T = i_T^0$$

$$E(K^A, i_A) < 0 \qquad \text{für: } r_f = 0; \quad i_T = i_T^0$$

gilt für den Kreditzinssatz, das Kreditvolumen und die Geldmenge:

$$\frac{di_K}{di_A} > 0 \quad ; \quad \frac{dK}{di_A} \gtrless 0 \quad ; \quad \frac{dM2}{di_A} \gtrless 0$$

Bezüglich der Termineinlagen wird somit unterstellt, daß mit steigendem Zinssatz i_A die Banken über eine Erhöhung des Terminzinssatzes zunächst unmittelbar den Substitutionseffekt vollständig kompensieren: $E(t, i_A) = 0$. Dann folgend werden bei einem steigenden Kreditzinssatz die Geschäftsbanken versuchen, den Terminzinssatz darüber hinaus zu erhöhen, damit t steigt: $E(t, i_T) > 0$ sofern $i_T < i_T^0$. In dieser Situation steigen das Kreditvolumen K und die Geldmenge M2 aufgrund des steigenden Multiplikators m_2, während die Geldmenge M1 über den Multiplikator m_1 sinkt.

Die u.a. aufgrund einer steigenden Inflationsrate effektiv greifende Zins-Obergrenze, die diskretionär wie der Diskontsatz nach oben angepaßt werden kann (und in den USA auch angepaßt wurde), führt unter Umständen dazu, daß die Geschäftsbanken im Wettbewerb um das Geldvermögen der Nicht-Banken gegenüber Versicherungen, Kreditkarteninstituten, Handelshäusern bzw. -ketten ins Hintertreffen geraten, so daß das Kreditvolumen der Geschäftsbanken (die dann natürlich auf eine Abschaffung dieser Zins-Obergrenze drängen) und die Geldmenge M2 sinken. Die Folgen sind u.a. Finanzinnovationen, d.h. Neu-Kreationen von Anlagemöglichkeiten für die Nicht-Banken seitens der Geschäftsbanken, die nicht in der Regulierung erfaßt sind. Die Folge ist weiterhin, daß das seitens der Zentralbank beobachtete und gesteuerte Geldmengenaggregat M 2 an Bedeutung verliert, weil andere Zahlungsströme, -gewohnheiten und -medien entstehen, die nicht in M2 enthalten sind.

IV.4b Geldmarktpapiere und Rediskontkredite

Die Modellversion

Die folgende Modellversion soll insbesondere der Analyse der genannten geld- und kreditpolitischen Maßnahmen dienen: der Rediskontpolitik und der Offen-Markt-Politik. Entsprechend dieser Fragestellung wird der Modellrahmen neu konzipiert. Staatliche Schuldverschreibungen und Zentralbankkredite an die Geschäftsbanken werden berücksichtigt; zur Vereinfachung werden nur Einlagen der Nicht-Banken in Form von Sichteinlagen betrachtet. Das Kontensystem sieht dann wie folgt aus:

ZB A	ZB P	GB A	GB P	NB A	NB P	Staat A	Staat P
W	MR	MR	D^P	D^P	K	D^Z	S
R	FR	FR	R	B^P	W		V^S
	D^Z						
S^Z	B^P	K		S^P	V^P		
	G	G		A			
B	B						

mit: D^i Sichteinlagen
i = P der Nicht-Banken bei den Geschäftsbanken,
i = Z des Staates bei der Zentralbank;
G Geldmarktpapiere;
R Rediskontkredite($R \leq R^*$);
R^* Rediskontkontingent;
S^i staatliche Schuldverschreibungen ($S = S^P + S^Z$)
i = P in Händen der Nicht-Banken,
i = Z in Händen der Zentralbank;
V^i Nettovermögen
i = P der Nicht-Banken,
i = S des Staates.

Im Gegensatz zum bisherigen Ansatz sind die sog. sources der monetären Basis erweitert. Es gilt für die monetäre Basis:

$$W + R + S^Z - D^Z - G = B = MR + FR + B^P$$

Die monetäre Basis ist offensichtlich abhängig vom Refinanzierungsverhalten der Geschäftsbanken, d.h. ihrer Aufnahme von Rediskontkrediten innerhalb der Rediskontkontingente bei der Zentralbank. Die nicht ausgenutzten Rediskontkredite, d.h. die Differenz ($R^* - R$) stellt eine freie Liquiditätsreserve der Geschäftsbanken mit jederzeitigem Zugriff dar. Diese Liquiditätsreserve ist nicht in der monetären Basis erfaßt. Ihre Berücksichtigung führt zum **Konzept der potentiellen monetären Basis** B^*, die dann definiert ist als:

$$B^* = B + (R^* - R)$$

Nutzen die Geschäftsbanken die Rediskontkredite nahezu vollständig aus, so entspricht die potentielle monetäre Basis der beobachteten und ist von der Zentralbank über die Determination von R^* (und damit indirekt R) zu steuern. Um alle geld- und kreditpolitischen Maßnahmen der Zentralbank in ihren direkten Wirkungen in der Niveaugröße zu erfassen und entsprechend den Multiplikator nur in Abhängigkeit vom Verhalten der Nicht-Banken und Geschäftsbanken zu erklären, wird im folgenden eine von der Zentralbank zu steuernde exogene Basis definiert als:

$$\bar{B}^{ex} = B - MR^*$$

mit: $$MR^* = \sum_{t=0}^{t} (r_t - r_{t-1})\, D_t^P$$

Die Bereinigung erfolgt um die Größe MR^*, die die Zentralbankgeldbindung bei den Geschäftsbanken erfaßt, die eintritt, wenn der Mindestreservesatz seitens der Zentralbank gegenüber einem von ihr festgelegten Basis-Satz erhöht wird. Bei einer Senkung erfolgt entsprechend eine Freigabe von Liquidität. Als Basisjahr (t = 0) dient der Januar 1974 mit dem durchschnittlichen Reservesatz auf Sichtverbindlichkeiten gegenüber Gebietsansässigen von 16,6%. Die kumulierende Größe MR^* erfaßt somit die relative Liquiditätswirkung der Mindestreservepolitik. Die Bereinigung der Basis sowie des Multiplikators ist nur bei nicht existierenden Termineinlagen gelöst. Existieren Termineinlagen, gilt:

$$MR^{**} = \sum_{t=0}^{t} (r_t - r_{t-1}) (D^P + T)_t$$

bei: $$r = \frac{r_D D^P + r_T T}{D^P + T} = \frac{1}{(1+t)} (r_D + r_T t)$$

Die Größe MR^{**} ist via „t" auch abhängig vom Verhalten der Geschäftsbanken (i_T) sowie der Nicht-Banken.

Betrachtet man die Refinanzierungskredite sowie die Geldmarktpapiere im Geschäftsbanken-Portefeuille als Ausdruck des Bankenverhaltens und möchte die monetäre Basis um diese Einflüsse bereinigen, kommt man zur **bereinigten exogenen Netto-Basis**:

$$B^{ex} = B - MR^* - R + zG$$

mit: $z = \{ {1 \atop 0} \}$ für Geldmarktpapiere $\{ {\text{mit} \atop \text{ohne}} \}$ Rückgaberecht.

Die bereinigte exogene Basis verändert sich somit immer, wenn die Zentralbank den Mindestreservesatz verändert, eine Offen-Markt-Politik mit Papieren ohne Rückgaberecht ($z = 0$) durchführt oder eine Offen-Markt-Politik mit Nicht-Banken betreibt, d.h. beispielsweise private Schuldverschreibungen W kauft oder verkauft. Ohne Einfluß auf B^{ex} ist eine Offen-Markt-Politik mit Papieren mit jederzeitigem Rückgaberecht ($z = 1$), da dann gilt:

$$dB^{ex} = dB - dG = 0$$

Verwendet werden wieder zur Ableitung der Multiplikatoren die folgenden Koeffizienten:

$$c = B^P/D^P \quad ; \quad r_D = MR/D^P \quad ; \quad r_f = FR/D^P$$

$$g = G/D^P \quad ; \quad f = R/D^P \quad ; \quad \bar{r} = MR^*/D^P$$

Damit folgt für die Geldmenge M1:

$$M1 = m_1^{ex} B^{ex} \quad \text{mit:} \quad m_1^{ex} = \frac{1 + c}{c + r_D + r_f - \bar{r} + zg - f}$$

bzw. allgemein:

$$m_1^{ex} = m_1^{ex} (\underset{-}{c}, \ \underset{-}{r_D}, \ \underset{-}{r_f}, \ \underset{+}{\bar{r}}, \ \underset{-}{zg}, \ \underset{+}{f})$$

Aufgrund der Ableitung von m_1^{ex} nach den Reservesätzen r_D und $\bar{r}$

$$dm_1^{ex} = - (1+c) (dr_D - d\bar{r})/(c + r_D + r_f - \bar{r} + zg - f)^2$$

folgt bei:

$$\frac{d\bar{r}}{dr_D} = 1$$

für den Geldschöpfungsmultiplikator, daß er unabhängig vom Mindestreservesatz ist. Es gilt:

$$m_1^{ex} = m_1^{ex}(\underset{-}{c}, \underset{-}{r_f}, \underset{-}{zg}, \underset{+}{f})$$

Eine gleichbleibende Ausnutzung der Rediskontkontingente bzw. eine Vollausschöpfung läßt sich unterstellen, wenn die Banken über weitere, flexiblere Möglichkeiten der Zentralbankgeldbeschaffung verfügen. Dieses ist beispielsweise der Fall bei freien Lombardkrediten, Sonderlombards oder Geldmarktpapieren mit Rückgaberecht im Banken-Portefeuille. Dann führt die Analyse aufgrund der potentiellen monetären Basis zum selben Ergebnis wie die aufgrund der tatsächlichen, sofern bei diesen Möglichkeiten keine Kontingente existieren.

Für das Kreditvolumen bzw. das Kreditangebot gilt definitorisch:

$$K^A = D^P + R - MR - FR - G$$

bzw. $$K^A = D^P + B^P - B^{ex} - MR^* - (1-z)\,G$$

bzw. $$K^A = (1 + c - \bar{r} - (1-z)\,g)\,D^P - B^{ex}$$

Es folgt:

$$K^A = m_K\,B^{ex} \quad \text{mit:} \quad m_K = \frac{1-r_D-r_f-g+f}{c+r_D+r_f-\bar{r}+zg-f}$$

bzw. allgemein:

$$m_K = m_K(\underset{-}{c}, \underset{-}{r_D}, \underset{-}{r_f}, \underset{-}{g}, \underset{+}{f})$$

Die Richtung der Abhängigkeit des Multiplikators m_K von g ist unabhängig von dem Wert z; es variiert aber die Abhängigkeitsstärke. Dabei ergeben sich die Effekte einer Variation von g oder f unmittelbar aus der Abfluß- bzw. Zuflußquote von Zentralbankgeld zu den Geschäftsbanken in Höhe von 100 v.H.

Die Verhaltensgleichungen

Das Modell wird wieder geschlossen mit der aus dem vorhergehenden Kapitel bekannten Kreditnachfragefunktion und den folgenden Verhaltenskoeffizienten:

$$c = c(\underset{+}{q}, \underset{+}{V}, \ldots)$$

$$r_f = r_f(\underset{-}{i_K}, \underset{-}{i_g}, \underset{\geq 0}{i_D}, \underset{\leq 0}{k})$$

mit: i_D Diskontsatz;
i_g Geldmarktzins.

Die Abhängigkeitsstruktur des Koeffizienten r_f von den Zinssätzen ergibt sich unmittelbar aus dem Opportunitätskostenargument. Dabei besteht der Einfluß von i_D nur aufgrund der Alternative von unverzinster Zentralbankgeldhaltung mit täglicher Variationsfreiheit von FR zu einem zu verzinsenden Rediskontkredit, d.h. bei einem noch nicht ausgeschöpften Rediskontkontingent. Entsprechend sinkt r_f mit steigendem k bei:

$$k = R^*/R - 1$$

Eine Erhöhung der Rediskontkontingente bewirkt einen Abbau der freien Zentralbankgeldhaltung. Für einen Wert von $k = 0$ ist r_f nicht von k abhängig. Der Einfluß von i_D auf r_f kann bei $k = 0$ gegen Null gehen; er kann auch erhalten bleiben als Ausdruck für die Kosten einer Zentralbankgeldbeschaffung von einer anderen Geschäftsbank über den (hier nicht explizit berücksichtigten) Interbanken-Geldmarkt.

Das Bankenverhalten wird außerdem charakterisiert durch:

$$g = g(\underset{-}{i_K},\ \underset{+}{zi_D},\ \underset{+}{i_g},\ \underset{\leq 0}{zk})$$

Der Anteil der Geldmarktpapiere sinkt mit steigenden Erträgen bei der Kreditgewährung und steigt mit der Eigenrendite sowie den erwarteten Liquiditätskosten im Falle eines notwendigen Rediskontkredites (i_D). Sind die Geldmarktpapiere nicht in die Geldmarktregulierung seitens der Zentralbank einbezogen, d.h. existiert kein jederzeitiges Rückgaberecht ($z = 0$), hat der Diskontsatz keinen Einfluß auf g. Dieses gilt entsprechend auch für den Einfluß von k, der bei $k = 0$ ebenfalls nicht existiert.

Für den Koeffizienten f gilt:

$$f = f(\underset{+}{i_K},\ \underset{\leq 0}{i_D},\ \underset{+}{zi_g},\ \underset{\geq 0}{k})$$

Die Aufnahme von Rediskontkrediten steigt mit i_K sowie i_g und sinkt mit den Kosten i_D. Die Abhängigkeit von k ist positiv, d.h. mit steigendem R^* bzw. Spielraum steigt in Abhängigkeit von den Zinssätzen f. Insgesamt ist zu beachten, daß es bei den Einflüssen von i_D und k auch um institutionell bedingte Abhängigkeiten geht. So ist beispielsweise im Falle der USA zu beachten, daß es dort kein Recht der Geschäftsbanken auf einen Rediskontkredit zum Diskontsatz gibt, sondern daß das Federal Reserve Board zusätzliche Nebenkosten (Rechnungslegung etc.) verursachen bzw. bestimmen kann. Entsprechend können in die Verhaltensgleichungen weitere länderspezifische Argumente (wie z.B. ein Kostensatz für die Rediskontkredite in Abhängigkeit von der Kredithöhe) aufzunehmen sein.

Für die Analyse im Rahmen dieses Modellansatzes wird weiterhin unterstellt, daß die Geschäftsbanken bei einer aufgrund einer exogenen Störung gewünschten Kreditausdehnung zuerst verstärkt die freien Liquiditätsreserven abbauen (bis $r_f \to 0$), dann bei Geldmarktpapieren mit Rückgaberecht ($z = 1$) erst besonders diese abbauen (bis $g \rightarrow 0$) und dann erst ihre Rediskontkontingente voll ausschöpfen. Entsprechend werden sie bevorzugt ihre Rediskontkredite abbauen und danach Geldmarktpapiere kaufen bzw. Zentralbankgeld halten. Es gilt damit beispielsweise für den Wert der Zinselastizitäten:

$$|E(r_f, i_K)| > |E(g, i_K)| > |E(f, i_K)|$$

Diese Annahme zum Rediskont steht in Übereinstimmung mit der Beobachtung, daß in den Monatsberichten der Deutschen Bundesbank stets ein positiver (Mrd-) Betrag bei den „Unausgenutzten Refinanzierungslinien" (Rediskont-Kontingente einschließlich Linien ankaufsfähiger Geldmarktpapiere) ausgewiesen ist.

Sie läßt sich weiterhin stützen durch die Beobachtung der folgenden Zinssatzrelation $i_D > i_g$ oder einer „endogenen" Anpassung von R^* seitens der Zentralbank bei Liquiditätsengpässen, wie es bei Sonderlombards der Fall ist. Sie gewährleistet, daß ein zu analysierender Prozeß im relevanten Mengenbereich spätestens endet bei $R = R^*$. Anderenfalls würde mit der weiteren Kreditexpansion bei steigendem Zinssatz i_K beispielsweise f sinken (R bleibt konstant und D^P steigt). Die kurzfristigen Rediskontkredite dienen den Geschäftsbanken weniger der direkten Gewährung von (längerfristigen) Krediten trotz der Erwartung eines stets vorhandenen Rediskontkontingentes, sondern mehr der Liquiditätssicherung.

Für die Zinsabhängigkeit des Kreditangebotes und der Geldmenge gilt:

$$\frac{dm_1^{ex}}{di_K} = \underset{-}{\frac{\partial m_1^{ex}}{\partial r_f}} \underset{\leq 0}{\frac{\partial r_f}{\partial i_K}} + \underset{-}{\frac{\partial m_1^{ex}}{\partial g}} \underset{\leq 0}{\frac{\partial g}{\partial i_K}} + \underset{+}{\frac{\partial m_1^{ex}}{\partial f}} \underset{\geq 0}{\frac{\partial f}{\partial i_K}} \geq 0$$

$$\frac{dm_K}{di_K} = \underset{-}{\frac{\partial m_K}{\partial r_f}} \underset{\leq 0}{\frac{\partial r_f}{\partial i_K}} + \underset{-}{\frac{\partial m_K}{\partial g}} \underset{\leq 0}{\frac{\partial g}{\partial i_K}} + \underset{+}{\frac{\partial m_K}{\partial f}} \underset{\geq 0}{\frac{\partial f}{\partial i_K}} \geq 0$$

Die Zinsabhängigkeiten sind positiv bis gleichzeitig gilt:

$$r_f = 0 \quad \text{und damit} \quad \frac{\partial r_f}{\partial i_K} = 0$$

$$g = 0 \quad \text{und damit} \quad \frac{\partial g}{\partial i_K} = 0$$

$$R^* = R; k = 0 \quad \text{und damit} \quad \frac{\partial f}{\partial i_K} = 0$$

Die Wirkungen zentralbankpolitischer Maßnahmen

Die Wirkungen einer zentralbankpolitischen Maßnahme x (die später genauer spezifiert wird) folgt aus der Kreditangebots- und Kreditnachfragefunktion bzw.

ihren totalen Differentialen:

$$K = K^A = K^A(\underset{+}{i_K}, x) \quad \text{bzw.} \quad dK = K^A_{iK}\, di_K + K^A_x\, dx$$

$$K = K^N = K^N(\underset{-}{i_K}, x) \quad \text{bzw.} \quad dK = K^N_{iK}\, di_K + K^N_x\, dx$$

Damit gilt für den Kreditzinssatz und das gleichgewichtige Kreditvolumen:

$$\frac{di_K}{dx} = \frac{1}{\Delta}(K^N_x - K^A_x)$$

$$\frac{dK}{dx} = \frac{1}{\Delta}(K^N_x K^A_{iK} - K^A_x K^N_{iK})$$

mit: $\Delta = K^A_{iK} - K^N_{iK} > 0$

Die Wirkung der Mindestreservepolitik

Eine Erhöhung der bereinigten exogenen monetären Basis beispielsweise infolge einer Reduktion des Mindestreservesatzes r_r (oder einer expansiven Offen-Markt-Politik) führt zu einem niedrigeren Zinssatz i_K. Für $x = B^{ex}$ gilt:

$$\frac{di_K}{dB^{ex}} = \frac{1}{\Delta}(-m_K) < 0$$

bei: $dB^{ex} = -D^p\, dr > 0$

Für die totale Elastizität des Kreditzinssatzes bezüglich der Basis $\bar{E}(i_K, B^{ex})$ gilt:

$$\bar{E}(i_K, B^{ex}) = -\frac{1}{\Delta^*} < 0$$

mit: $\Delta^* = \bar{E}(K^A, i_K) - \bar{E}(K^N, i_K) > 0$

Die totalen Elastizitäten von Kreditangebot und Kreditnachfrage bezüglich i_K ergeben sich wie folgt aus den partiellen Elastizitäten $E(\ldots, \ldots)$:

$$\bar{E}(K^A, i_K) = \underset{-}{E(m_K, r_f)}\, \underset{\leq 0}{E(r_f, i_K)} + \underset{-}{E(m_K, g)}\, \underset{\leq 0}{E(g, i_K)} + \underset{+}{E(m_K, f)}\, \underset{\geq 0}{E(f, i_K)} \geq 0$$

$$\bar{E}(K^N, i_K) = E(K^N, i_K) < 0$$

Aus der oben dargestellten Abhängigkeit dK/dx folgt für die Entwicklung der Bankkredite bei einer Veränderung der Basis:

$$\bar{E}(K, B^{ex}) = -\frac{1}{\Delta^*} E(K^A, B^{ex}) \bar{E}(K^N, i_K)$$

bzw. da gilt:

$$\bar{E}(K^A, B^{ex}) = \frac{\partial K^A}{\partial B^{ex}} \frac{B^{ex}}{K^A} = m_K \frac{B^{ex}}{K} = 1$$

folgt:

$$\bar{E}(K, B^{ex}) = -\frac{1}{\Delta^*} \bar{E}(K^N, i_K) > 0$$

Das Kreditvolumen steigt; die totale Elastizität des Kreditvolumens bezüglich B^{ex} ist positiv, aber i.d.R. kleiner als eins, da die totale Elastizität des Kreditangebotes $\bar{E}(K^A, i_K)$ i.d.R. positiv ist, so daß Δ^* absolut größer als die Zinselastizität der Kreditnachfrage ist.

Eine expansive Mindestreservepolitik führt zu einem steigenden Zentralbankgeldbestand der Geschäftsbanken, den diese zu einer Ausdehnung des Kreditangebotes nutzen. Die Kreditangebotskurve verschiebt sich (vgl. Abbildung 42) nach rechts (die Geldmarktlinie würde sich nach links drehen). Das Überschußangebot auf dem Kreditmarkt führt zu einer Zinssatzsenkung, so daß die Nicht-Banken ihre Kreditnachfrage ausdehnen und die Geschäftsbanken bei steigenden freien Liquiditätsreserven ($r_f \uparrow$), steigendem Bestand an Geldmarktpapieren ($g \downarrow$) und sinkenden Rediskontkrediten ($f \downarrow$) ihr Kreditangebot gemäß der Kreditangebotsfunktion bzw. Reaktion des Multiplikators reduzieren.

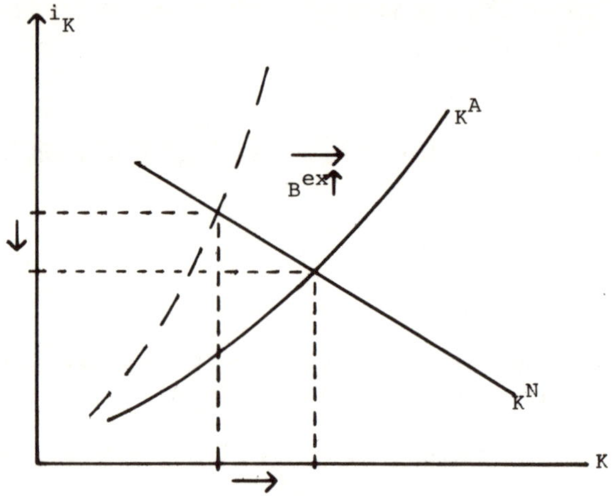

Abb. 42 Die Wirkung eines gestiegenen B^{ex}

Die Wirkung der Offen-Markt-Politik (OMP)

Eine expansive Offen-Markt-Politik in Form des Kaufs von Geldmarktpapieren ohne jederzeitiges Rückgaberecht (z = 0) von den Geschäftsbanken bedingt ebenso wie eine Mindestreservesenkung eine gestiegene Liquidität der Geschäftsbanken (B^{ex} steigt), die zu einer Ausdehnung des Kreditangebotes führt. Durch Verkauf von Geldmarktpapieren an die Zentralbank ($dG < 0$) steigen unmittelbar die freien Liquiditätsreserven ($dFR = -dG$) bzw. es sinkt g und steigt r_f. Bei sonst unveränderten Zinssätzen ist i_g gesunken. Hätte die Zentralbank die Offen-Markt-Politik als sog. Festzinstender betrieben und einen niedrigeren Zinssatz i_g festgelegt, hätten die Banken ebenfalls ihren Bestand an Geldmarktpapieren reduziert und unmittelbar ihre freien Reserven im gleichen Ausmaß erhöht. Es wären B^{ex} und r_f gestiegen und g gesunken. Das Überschußangebot auf dem Kreditmarkt resultiert somit aus der gestiegenen Basis und dem veränderten Geldmarktzinssatz. Es gilt für die OMP:

$$dK^A \Big|_{\substack{z=0\\ dG<0\\ di_g<0}} = \underset{+}{m_K} \underset{(+1)}{\frac{\partial B^{ex}}{\partial FR}} \underset{(-1)<0}{\frac{\partial FR}{\partial G}} dG + \underset{+}{B^{ex}} \left[\underset{-}{\frac{\partial m_K}{\partial r_f}} \underset{\leq 0}{\frac{\partial r_f}{\partial i_g}} + \underset{-}{\frac{\partial m_K}{\partial g}} \underset{\geq 0}{\frac{\partial g}{\partial i_g}} \right] \underset{<0}{di_g}$$

Die aufgrund des gesunkenen Zinssatzes i_g gestiegene gewünschte freie Liquiditätsreserve reduziert die Ausdehnung des Kreditangebotes bzw. die Verschiebung der Kreditangebotsfunktion nach rechts. Allerdings wird der expansive Effekt verstärkt durch den tendenziellen Abbau von g bei steigendem Multiplikator. Es ist zu erwarten, daß dieser Effekt ($\partial g/\partial i_g$) den kontraktiven Effekt ($\partial r_f/\partial i_g$) überkompensiert. Um diesen Nettoeffekt ist der Anstoß-Effekt dieser expansiven Offen-Markt-Politik geringer oder größer als der der expansiven Mindestreservepolitik bei einer um einen gleichen Betrag erhöhten Basis B^{ex}. Entsprechend steigt das Kreditvolumen um weniger oder mehr und sinkt der Kreditzinssatz ebenfalls nicht so stark oder stärker.

Führt die Zentralbank die OMP mit den Geschäftsbanken über Geldmarktpapiere mit jederzeitigem Rückgaberecht ($z = 1$) durch, so gilt für die Veränderung des Kreditangebotes bzw. die Verschiebung der Kreditangebotsfunktion:

$$dK^A \Big|_{\substack{z=1\\ dG<0\\ di_g<0}} = m_K \left[\underset{(+1)}{\frac{\partial B^{ex}}{\partial FR}} \underset{(-1)}{\frac{\partial FR}{\partial G}} + \underset{(+1)}{\frac{\partial B^{ex}}{\partial G}} \right] \underset{<0}{dG} + B^{ex} \left[\underset{-}{\frac{\partial m_K}{\partial r_f}} \underset{\leq 0}{\frac{\partial r_f}{\partial i_g}} + \underset{+}{\frac{\partial m_K}{\partial f}} \underset{\geq 0}{\frac{\partial f}{\partial i_g}} + \underset{-}{\frac{\partial m_K}{\partial g}} \underset{+}{\frac{\partial g}{\partial i_g}} \right] \underset{<0}{di_g}$$

Die Basis B^{ex} bleibt unverändert, da die Geschäftsbanken nur die Struktur ihrer Liquiditätsreserven verändert haben ($dB+dG=0$). Es kommt zu keiner Verschiebung der Angebotskurve aus diesem Liquiditätsgrund. Erhöhen wird sich das Kreditangebot bei gegebener Basis B^{ex} aber aufgrund der Abhängigkeit des Multiplikators vom gesunkenen Zinssatz i_g. Da die Einflüsse einer Veränderung von r_f, g und f absolut gleich groß sind, läßt sich schreiben:

$$\left.dK^A\right|_{\substack{z=1\\ dG<0\\ di_g<0}} = \underset{+}{B^{ex}} \cdot \underset{-}{b} \left[\underset{\leq 0}{\frac{\partial r_f}{\partial i_g}} - \underset{\geq 0}{\frac{\partial f}{\partial i_g}} + \underset{\geq 0}{\frac{\partial g}{\partial i_g}}\right] \underset{<0}{di_g}$$

mit: $b = \frac{\partial m_K}{\partial r_f} = \frac{\partial m_K}{\partial g} = -\frac{\partial m_K}{\partial f} < 0.$

Das Angebot steigt um so mehr, je stärker in der eckigen Klammer der dritte Term die Summe der beiden ersten übersteigt. Der expansive Effekt dieser OMP ist damit um so stärker, je weniger die Geschäftsbanken diese Transaktionen nur als eine gewünschte Umschichtung ihrer Liquiditätsreserven ansehen, d.h. je weniger sie die erhaltene Liquidität zum Abbau ihrer Rediskontkredite und Aufbau freier Kassenhaltung verwenden. Die Wirkung hängt damit besonders stark von dem Verhalten der Geschäftsbanken ab. Dieses gilt ebenfalls für die Entwicklung der Geldmenge M1, für die gilt:

$$\left.dM\right|_{\substack{z=1\\ dG<0\\ di_g<0}} = \underset{+}{B^{ex}} \cdot \underset{-}{a} \left[\underset{\leq 0}{\frac{\partial r_f}{\partial i_g}} - \underset{\geq 0}{\frac{\partial f}{\partial i_g}} + \underset{\geq 0}{\frac{\partial g}{\partial i_g}}\right] \underset{<0}{di_g}$$

mit: $a = \frac{\partial m_1}{\partial r_f} = \frac{\partial m_1}{\partial g} = -\frac{\partial m_1}{\partial f} < 0$

Die Geldmengenlinie verschiebt sich nach links.

Zu beachten ist dabei eine „Asymmetrie" in der Wirkungsweise. Die Verschiebung der Kreditangebotsfunktion ist um so stärker bzw. die bei gegebenem Kreditzinssatz gewünschte Kreditexpansion der Banken und damit das entstehende Überschußangebot ist um so größer bei der expansiven OMP, je geringer die Rediskontkredite sind (für $f \rightarrow 0$ bzw. $k \rightarrow -1$ geht der mittlere Term gegen Null). Bei der kontraktiven OMP ist die (Links-) Verschiebung der Kreditangebotsfunktion um so stärker, je kleiner die freiwillige Reservehaltung ist (für $r_f \rightarrow 0$ geht der erste Term gegen Null) und je geringer der noch verbliebene Rediskontspielraum der Banken ist (für $k = 0$ geht der mittlere Term gegen Null). Die Steuerbarkeit des Kreditvolumens seitens dieser Politik ist besonders groß, wenn die Banken keine freien Zentralbankgeldreserven halten und keine Rediskontkredite aufnehmen können. Die Unsicherheit dieser OMP führte dazu, daß die Bundesbank kaum noch Titel mit jederzeitigem Rückgaberecht ($z = 1$) ausgibt und entsprechend die OMP mit Titeln ohne Rückgaberecht präferiert.

Eine OMP für Titel mit und ohne jederzeitiges Rückgaberecht ist in diesem Ansatz nicht gleichzeitig analysierbar, insbesondere weil beide Titel keine vollkommenen Substitute darstellen, d.h. unterschiedliche Zinsen aufweisen. Der Modellansatz gilt nur für $z = 0$ oder $z = 1$. Kompatibel mit der einen oder anderen Form der OMP ist aber noch eine OMP mit den Nicht-Banken in Form des Kaufes oder Verkaufes von W durch die Zentralbank. Eine derartige OMP ist expansiv, wenn die Zentralbank Wertpapiere W von den Nicht-Banken kauft, so daß der Zins dieser Titel i_W sinkt. Die Kreditnachfrage ist positiv von diesem Zinssatz abhängig (hier nicht explizit dargestellt), so daß die Kreditnachfrage bei den Banken sinkt bzw. die Nachfragefunktion sich nach links verschiebt. Die Nicht-Banken halten einen Teil des erhaltenen Zentralbankgeldes in Form von B^P und erhöhen ihre Einlagen D^P bei den Geschäftsbanken, die derart ebenfalls über zusätzliches Zentralbankgeld verfügen und ihr Kreditangebot ausdehnen. Nach Ablauf der Anpassungsprozesse wird i_K ebenfalls gesunken sein. Macht diese OMP auch kaum einen Unterschied zu den anderen Formen in diesem Modell bezüglich der Zinssatzsenkungstendenz, so ist eine über den Geld- und Kreditmarkt hinausgehende Betrachtung notwendig, um die unterschiedlichen Wirkungen vollkommen zu erfassen. Diese treten insbesondere auf, wenn nicht zwischen allen verschiedenen Titeln bzw. Märkten Substitutionsbeziehungen bestehen (also nicht jede nachgefragte oder angebotene Menge von allen Zinssätzen abhängt) bzw. der Anpassungsprozeß erhebliche Zeit erfordert, so daß es insbesondere für die kurz- bis mittelfristige Wirkung von Bedeutung ist, auf welchem Markt der Anstoß-Effekt ansetzt.

Die Wirkung der Diskontpolitik

Eine expansive Diskontpolitik bedeutet steigende Rediskontkontingente ($dR^* > 0$) oder bei noch freien Rediskontmöglichkeiten einen sinkenden Diskontsatz ($di_D < 0$). Eine Veränderung des Diskontsatzes bei $k = 0$ hat auf die Geschäftsbanken „nur“ einen Signaleffekt im Sinne zu erwartender gleichgerichteter Maßnahmen der Zentralbank. Die Wirkungen der Diskontpolitik greifen unmittelbar bei den Geschäftsbanken mit ihrem Kredit- und Geldangebot. Es gilt:

$$dK^A\Big|_{\substack{dR^*>0\\ di_D<0\\ dk>0}} = B^{ex}\left[\underset{-}{\frac{\partial m_K}{\partial r_f}}\,\underset{\geq 0}{\frac{\partial r_f}{\partial i_D}} + \underset{+}{\frac{\partial m_K}{\partial f}}\,\underset{\leq 0}{\frac{\partial f}{\partial i_D}} + \underset{-}{\frac{\partial m_K}{\partial g}}\,\underset{\geq 0}{\frac{\partial g}{\partial i_D}}\right]di_D + B^{ex}\left[\underset{-}{\frac{\partial m_K}{\partial^{r}{}_f}}\,\underset{\leq 0}{\frac{\partial r_f}{\partial k}} + \underset{+}{\frac{\partial m_K}{\partial f}}\,\underset{\geq 0}{\frac{z\partial f}{\partial k}} + \underset{-}{\frac{\partial m_K}{\partial g}}\,\underset{\leq 0}{\frac{z\partial g}{\partial k}}\right]dk$$

Da von der tatsächlichen Basis B^{ex} und nicht der potentiellen ausgegangen wird, verändert sich B^{ex} durch die Diskontpolitik nicht direkt (bei der Betrachtung der potentiellen Basis wäre diese gestiegen und hätte zu einer Rechtsverschiebung der Kreditangebotsfunktion geführt).

Eine Senkung des Diskontsatzes führt i.d.R. zu einem sinkenden Kreditzinssatz:

$$\bar{E}(i_K, i_D) = \frac{1}{\Delta^*}(-\bar{E}(K^A, i_D) \geq 0$$

mit:

$$0 \geq \bar{E}(K^A, i_D) = \underset{-}{E(m_K, r_f)}\,\underset{\geq 0}{E(r_f, i_D)} + \underset{+}{E(m_K, f)}\,\underset{\leq 0}{E(f, i_D)} + \underset{-}{E(m_K, g)}\,\underset{\geq 0}{E(g, i_D)}$$

Das Kreditangebot steigt, die Kreditangebotskurve verschiebt sich nach rechts. Unwirksam wird die expansive Diskontsatzpolitik, wenn die Rediskontkontingente ausgeschöpft sind ($k = 0$), die freiwillige Reservehaltung gleich Null ist und die Nachfrage der Geschäftsbanken nach Geldmarktpapieren unabhängig von i_D ist (z.B. für $z = 0$). Entsprechend wird die Wirksamkeit der Diskontsatzpolitik durch eine Variation der Rediskontkontingente erhöht. Eine Ausdehnung der Kontingente hat einen expansiven Effekt, auch wenn vorher die aufgenommenen Rediskontkredite kleiner waren als die Kontingente ($R < R^*$). Dieses liegt in der Risikostreuung begründet, d.h. die Banken halten i.d.R. gleichzeitig:

$$[FR, G, (R^* - R)] > 0$$

und reagieren mit FR, G und R auf einen veränderten Liquiditätsspielraum gegenüber der Zentralbank. Die gestiegenen Refinanzierungsmöglichkeiten über Rediskontkredite ermöglichen eine Kreditausweitung (Abbau der gestiegenen Verfügbarkeit über Zentralbankgeld bei gegebenen Zinssätzen und Unsicherheiten) und Neu-Optimierung der Struktur von freien Zentralbankgeldreserven FR, Geldmarktpapieren G und Refinanzierungsmöglichkeiten ($R^* - R$).

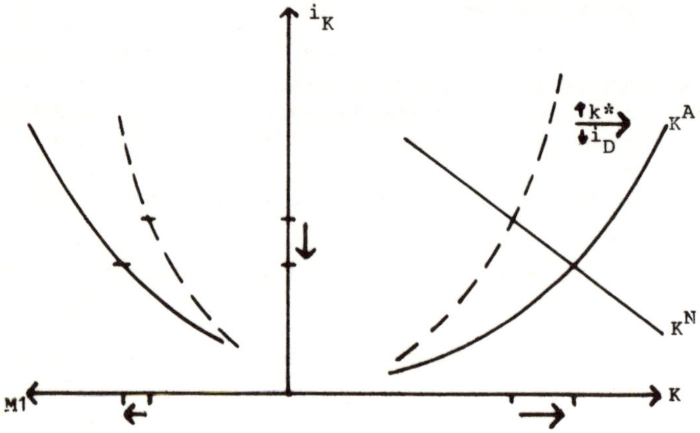

Abb. 43 Die Wirkung der Diskontpolitik

Die Zinseffekte im Anpassungsprozeß

Die bei den expansiven Zentralbankpolitiken ermittelte Zinssatzsenkung wird als der **Liquiditätseffekt** solcher Politiken bezeichnet. Im Rahmen einer gesamtwirtschaftlichen Modellanalyse ist das System aber nur in einem sog. temporären Gleichgewicht, welches sich in den folgenden Perioden wieder verändert. Dieser Prozeß über die Zeit wird unmittelbar dadurch getragen, daß infolge des gesunkenen (Finanzierungs-) Zinssatzes i_K und damit bei gegebener Realkapitalrendite gestiegenen Gewinnerwartungen die Unternehmen den Kapitalstock ausdehnen wollen und so zusätzlich Investitionsgüter nachfragen. Die zusätzliche Güternachfrage führt über eine gestiegene Güterproduktion zu einer höheren Auslastung des Produzentensachkapitals und damit zu einem steigenden i_A; die Kreditnachfragefunktion verschiebt sich nach rechts (vgl. Abbildung 44). Es kommt bei gestiegenem Einkommen (Einkommenseffekt: 2) zu einem steigenden Kreditzinssatz. Nachdem der Liquiditätseffekt der expansiven Zentralbankpolitik (1) den Zinssatz von i_{K0} auf i_{K1} gesenkt hat, steigt er jetzt auf i_{K2}. Der Zinssatz kann in

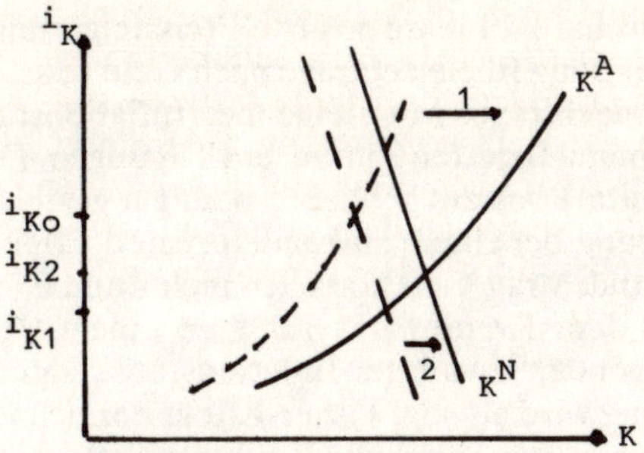

Abb. 44 Liquiditäts- (1) und Einkommens- (2) Effekt

Abhängigkeit vom Wert des Produktes der folgenden Elastizitäten („Impact-Effekt“, Stärke der Verschiebung der Kreditnachfragefunktion):

$$E(K^N, i_A)\, E(i_A, i_K)$$

und der relativen Steigungen von K^A und K^N sein altes Niveau noch nicht oder bereits wieder erreicht haben oder gar übersteigen. Die Zinssatzsteigerung von i_{K1} auf i_{K2} ist der **Einkommenseffekt** des Zinssatzes.

Im Rahmen des (hier als bekannt unterstellten) IS-LM-Systems entspricht der Liquiditätseffekt dem unmittelbaren Zinseffekt einer expansiven Geldmengenpolitik, d.h. der Verschiebung der LM-Funktion. Der Zinssatz sinkt von i_0 auf i_1 (vgl. Abbildung 45). Die steigenden Investitionen führen zu einer Expansion auf dem Gütermarkt und damit steigendem Zinssatz. Kommt es infolge des Expansionsprozesses zu keinen Preissteigerungen, so stellt sich i_2 ein. Der Einkommenseffekt schlägt sich dann in der positiven Differenz $(i_2 - i_1)$ nieder. Führt die gestiegene Güternachfrage allerdings zu Preissteigerungen, so sinkt damit die reale Geldmenge und es kommt zu einer weiteren Zinssatzerhöhung auf i_3.

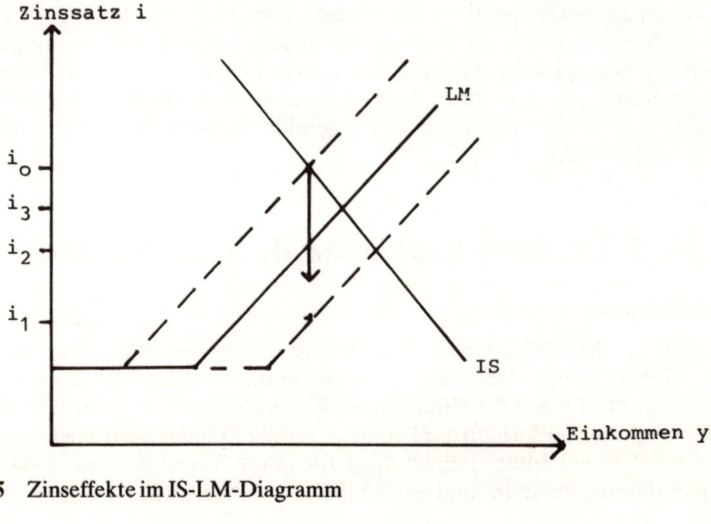

Abb. 45 Zinseffekte im IS-LM-Diagramm

Erwarten die Wirtschaftssubjekte positive Preissteigerungen ($\hat{P}^e > 0$), so reduzieren sie ihre Geldhaltung (die Nachfrage nach Geld resp. D^P und B^P sinkt) und erhöhen ihre Kreditnachfrage. Mit steigender Inflationsrate sinken die realen Kreditkosten bei nominal fixierten Zinsen und Tilgungen. Da die Realrendite auf Produzentensachkapital konstant geblieben oder gar gestiegen ist, lohnt sich eine steigende Verschuldung bei einem sinkenden realen Effektivzinssatz. Die Verschiebung der Kreditnachfragefunktion nach rechts und damit die erneute Überschußnachfrage auf dem Kreditmarkt führt zu einem steigenden (Nominal-) Zinssatz i_K. Mit steigender erwarteter Inflationsrate steigt der Nominalzinssatz; dieser Zusammenhang wird als sog. **Fisher-Effekt** bezeichnet. Irving Fisher konstatierte aufgrund des walrasianischen Gleichgewichtsansatzes (vgl. das Kapitel II.1), daß sich Nominalzinssätze und Preisänderungsraten parallel entwickeln müssen, sofern keine systematischen Erwartungsfehler ($\hat{P}^e \neq \hat{P}$) vorliegen. Eine nominale Störung wie beispielsweise eine exogen veränderte Zentralbankgeldmenge ($dB^{ex} \neq 0$) kann in diesem System keinen Einfluß auf reale Größen und damit auf den realen Zinssatz i^r haben. Fisher definierte den **realen Zinssatz**:

$$i^r = i^n - \hat{P}^e$$

mit:
- i^r realer Zinssatz;
- i^n nominaler Zinssatz ($= i_K$);
- $\hat{P}^e$ erwartete Preisänderungsrate ($= \frac{1}{P}\frac{dP^e}{dt}$; $t =$ Zeit);
- P Güterpreisindex, -niveau.

Dieser Zusammenhang gewann insbesondere dadurch an Bedeutung, daß die auch empirisch zu beobachtende positive Korrelation von i^n und $\hat{P}^e$ dem klassischen Ansatz widersprach bzw. den Gegensatz zwischen dem herrschenden Erklärungsansatz und den Beobachtungen aufhob. Zuvor wurden die Kreditzinsen als Kosten der Produktion verstanden, die zwar kurzfristig im Preis weitergewälzt werden können (so daß mit i^n auch P steigt), die aber mittel- bis langfristig zu einer sinkenden Güternachfrage und damit über das entstehende Überschußangebot auf dem Gütermarkt zu anhaltenden Preissenkungen führen (i^n steigt, P sinkt, $\hat{P}$ ist negativ). Die positive Korrelation von i^n und $\hat{P}^e$, der sog. Fisher-Effekt, der auch eine bedeutende Rolle im Rahmen der Diskussion zu sog. rationalen Erwartungen gespielt hat (vgl. das Kapitel zur Phillips-Kurve), erklärte damit diesen Gegensatz, d.h. das durch J.M. Keynes so bezeichnete Gibson-Paradoxon. Eine andere Erklärung des mit $\hat{P}^e$ steigenden Nominalzinssatzes wird später noch diskutiert werden.

IV.5 Die Berücksichtigung des Euro-Marktes

Der Modellrahmen

Eine wesentliche Modifikation des Erklärungsansatzes ist notwendig, wenn die Geld- und Kreditmenge einer Euro-Währung erklärt werden soll, wenn also beispielsweise ein Markt für DM-Einlagen bei Kreditinstituten und für DM-Kredite von Kreditinstituten außerhalb der Bundesrepublik Deutschland existiert und somit in die Analyse einzubeziehen ist. Im Falle eines derartigen Euro-DM-Marktes sollen annahmegemäß in- und ausländische Kreditinstitute inländisches Geld halten und auf inländische Währungseinheiten lautende Kredite gewähren. Zur Vereinfachung des Ansatzes sowie zur besonders klaren Herausarbeitung der Spezifika derartiger Marktsituationen werden Termin- und Spareinlagen vernachlässigt. Es existieren nur Sichteinlagen. Es sollen annahmegemäß auch keine staatlichen Wertpapiere, Geldmarktpapiere und Refinanzierungskredite berücksichtigt werden.

Die Bilanzen der Zentralbank ZB, der konsolidierten inländischen Geschäftsbanken GBI, der konsolidierten ausländischen Geschäftsbanken des Euro-DM-Marktes GBA sowie der inländischen Nicht-Banken NB sehen wie folgt aus. Die Beschränkung der Nicht-Banken auf inländische Wirtschaftssubjekte ist dahingehend restriktiv, daß derart nicht unmittelbar analysiert werden kann, wie sich eine schwankende Bedeutung bzw. Verwendung der inländischen Währung als internationale Reservewährung auf die heimische Geld- und Kreditversorgung, die Stabilität der DM-Geld- und DM-Kreditmärkte sowie die Wirksamkeit geld- und kreditpolitischer Instrumente auswirkt. In diese Richtung geht die Erklärung des Wechselkurses durch den sog. currency-substitutions-approach. Der Sektor der inländischen Nicht-Banken beinhaltet hier aber auch die großen inländischen Unternehmen, die sowohl im In- als auch im Ausland DM-Konten (und natürlich auch Konten auf der Basis von US-$, engl. Pfund etc.) unterhalten. Damit kann die Bezahlung von in DM fakturierten Transaktionen entweder im Inland oder im Ausland oder gemischt erfolgen. Dabei ändert sich die Struktur der Sichteinlagen der Nicht-Banken bei den Kreditinstituten.

ZB	
W	MR
	MRR
	FR
	B^P
	B^A
B	B

GBI	
MR	D^I
MRR	R
FR	
K^I	

GBA	
R	D^A
B^A	
K^A	

NB	
B^P	W
D^I	K^I
D^A	K^A
A	V

mit:		
	B^x	Zentralbankgeld in Händen der GBA (x = A), der NB (x = P);
	D^x	Sichteinlagen bei GBI (x = I), bei GBA (x = A);
	FR	freiwillige Liquiditätsreserve der GBI;
	K^x	Kredite an NB von GBI (x = I), von GBA (x = A);
	R	Liquiditätsreserve der GBA bei GBI;
	MR	Mindestreserve der GBI für D^I;
	MRR	Mindestreserve der GBI für R;
	A	sonstige Aktiva der NB (Aktien etc.).

In diesem System kann die GBA auch als luxemburgische Tochter des inländischen Kreditinstitutes verstanden werden. Dann wird der durch den Euro-Markt gewachsene Gestaltungsspielraum des inländischen Bankenkonzerns im Falle geld- und kreditpolitischer Maßnahmen der inländischen Zentralbank deutlich. Verdeutlicht wird darüber hinaus auch, daß die DM-Liquiditätsreserven der GBA (möglicherweise ausschließlich) im Inland gehalten werden; ein Zentralbankgeldbedarf zwischen Euro-Töchtern aufgrund beispielsweise einer Überweisung von der Euro-Bank 1 zur Euro-Bank 2 wird befriedigt durch die Übertragung von Zentralbankgeld von der Mutter 1 zur Mutter 2 im Inland.

Durch die Kreditgewährung der ausländischen Bank in DM (K^A) bei einer „Refinanzierung" bzw. „passivischen Deckung" durch Einlagen ebenfalls in DM (D^A) wird hier erfaßt, daß die Euro-Banken als sog. profit-center ihrer Mütter bei der Kreditgewährung kein Währungsrisiko resp. Wechselkursrisiko (wie im Falle einer Kreditgewährung in einer anderen Währung) eingehen. Tauscht der Kreditnehmer den DM-Betrag in eine andere Währung um bzw. hat den Kapitaldienst aufgrund seiner in einer anderen Währung entstehenden Einnahmen zu leisten, so trägt er dieses Kapital- resp. Bewertungsrisiko. Die Übernahme dieses Risikos durch die Kreditnehmer befreit die Banken nur dann von diesem Risiko, wenn sie das so gestiegene Bonitätsrisiko der Kreditnehmer durch Diversifikation reduzieren. Im Falle der sog. Länderrisiken stieg letztlich das Bonitätsrisiko insbesondere aller (sich auf Dollar-Basis verschuldenden) lateinamerikanischen Länder bei einer überwiegenden Kreditvergabe der US-Banken an lateinamerikanische Schuldner; die US-Banken erlitten schwere Verluste, da sie nicht diversifiziert hatten (und z.T. auch nicht konnten).

Die folgenden Koeffizienten stellen wieder eine Normierung auf D^I dar. Diese Vorgehensweise entspricht der Praxis der Deutschen Bundesbank, die in die Berechnung von M1 nur die Einlagen der inländischen Nicht-Banken bei inländischen Kreditinstituten aufnimmt. Bei der Bargeldhaltung der Nicht-Banken muß die Bundesbank aus statistischen Gründen (nicht verfügbare Daten) auf diese Trennung verzichten. Das Ergebnis ist das sog. **inlandswirksame** Geld- und Kreditangebot.

$$r_D = MR/D^I \quad ; \quad r_R = MRR/R \quad ; \quad r_F = FR/D^I$$

$$c = B^P/D^I \quad ; \quad d^* = D^A/D^I$$

$$k_1 = R/D^A \quad ; \quad k_2 = B^A/D^A$$

Es ist zu beachten, daß die inländischen Geschäftsbanken keine freiwilligen Reserven in Abhängigkeit von der Größe R halten. Dadurch wird hier erfaßt, daß die GBI das Liquiditätsproblem des Euro-DM-Marktes resp. der Euro-Banken (i.d.R. also ihrer Euro-Töchter) voll auf die inländische Zentralbank übertragen haben. Müssen die Mütter ihre Töchter mit Zentralbankgeld versorgen, fragen sie auf dem inländischen Geldmarkt Zentralbankgeld nach, so daß der Geldmarktzins i_B steigt. Der Zinssatz auf dem Euro-Markt ist durch diesen Kanal direkt mit dem inländischen Geldmarktzins verbunden bzw. vice versa. Der Zentralbank stellt sich damit nicht die Frage, ob sie die Funktion eines „lenders-of-last-resort" für Euro-DM-Banken übernehmen, d.h. diesen die Liquiditätsversorgung mit Liquidität ersten Grades bzw. sog. high-powered-money garantieren soll. Die Zentralbank hat diese Aufgabe faktisch solange, wie sie diese Garantie gegenüber inländischen Banken gibt.

Für die inlandswirksame Geldmenge M1 gilt:

$$M1 = B^P + D^I$$

resp. $$M1 = m_1 B$$

mit: $$m_1 = \frac{1+c}{r_D + r_R d^* k_1 + r_F + d^* k_2 + c}$$

$$\text{bzw.} \qquad m_1 = m_1 \underset{-\;\;-\;\;-\;\;-\;\;-\;\;-\;\;-}{(c,\ d^*, r_D, r_R, r_F, k_1, k_2)}$$

Bezieht man die Größe D^A mit in die Geldmengendefinition ein, so kommt im Zähler des Multiplikators noch die Größe d^*k_2 hinzu. Dann ist die negative Abhängigkeit des Multiplikators von d^* und k_2 ebenso wie ohne diese Modifikation bezüglich c plausibel aufgrund der empirisch kleinen Werte von d, k_1 und k_2, so daß annahmegemäß gilt:

$$1 - r_D - r_R d k_1 - r_F - k_2 d > 0$$

Für das „inlandswirksame" Kreditangebot K^I folgt:

$$K^I = D^I + B^P + R - B + B^A$$

$$\text{resp.} \qquad K^I = m_{KI} B$$

$$\text{mit:} \qquad m_{KI} = \frac{1 - r_D - r_F + k_1 d^* (1 - r_R)}{r_D + r_R k_1 d^* + r_F + k_2 d^* + c}$$

$$\text{bzw.} \qquad m_{KI} = m_{KI} \underset{-\;\;?\;\;-\;\;-\;\;-\;\;?\;\;-}{(c,\ d^*, r_D, r_F, r_R, k_1, k_2)}$$

Im Falle einer Reservehaltung der GBA bei den inländischen Banken von Null ($R = 0$) und einer Berücksichtigung von B^A in dem Geldmengenaggregat ergibt sich die bekannte Relation zwischen dem Geld- und Kreditschöpfungsmultiplikator:

$$m_{KI} = m_1 - 1.$$

Die nicht eindeutige Abhängigkeitsrichtung des Kreditschöpfungsmultiplikators von den Koeffizienten d^* und k_1 wird eindeutig, und zwar negativ, mit einem steigenden Reservesatz auf die Einlagen ausländischer Banken bei den inländischen: r_R. Sinkt dieser Reservesatz (< 1), so kann die Ableitung des Kreditschöpfungsmultiplikators nach k_1 ebenso wie nach d^* positiv werden. Erhöhen die GBA ihre Reservehaltung R, dann fließt vergleichbar dem Fall einer gesunkenen Zentralbankgeldhaltung durch die Nicht-Banken c den inländischen Banken Zentralbankgeld zu. Wird dieses nicht durch den Reservesatz entsprechend stark gebunden, dann kommt es zu einem expansiven Effekt auf die „inlandswirksame" Kreditmenge. Im Falle einer sehr starken Reservebindung, d.h. eines hohen r_R kommt es bei gegebenen anderen Koeffizienten u.U. sogar zu einem reduzierten „inlandswirksamen" Kreditangebot.

Die negative Abhängigkeit des Kreditschöpfungsmultiplikators (ebenso wie die des Geldschöpfungsmultiplikators) bezüglich k_2 resultiert daraus, daß bei gegebener monetärer Basis die Zentralbankgeldmenge in Händen der inländischen Nicht-Banken und Banken sinkt bei steigendem Wert von B^A resp. k_2. Durch diesen Zentralbankgeldabfluß sinkt die Geld- und Kreditschöpfungsbasis des inländischen Geschäftsbankensystems.

Eine veränderte Reservehaltung der Euro-Banken in Form eines „Shifts" von B^A zu R wirkt, mit Ausnahme eines r_R von eines, auf dem Geld- und Kreditmarkt des Inlandes eindeutig expansiv. Im Falle eines vollkommenen Abbaus von B^A (c.p.) erreichen die Multiplikatoren ihren größten Wert infolge der Existenz des Euro-Marktes. Dieses gilt ebenfalls für den gesamten Kreditschöpfungsmultiplikator, d.h. bezüglich des Kreditvolumens $K = K^I + K^A$.

Vergleicht man den Kreditschöpfungsmultiplikator aus dem einfachen ersten nationalen System (Kapitel IV.3) m_K mit m_{KI} so sind die Größenverhältnisse eindeutig. Für $d^* = 0$ sind beide Multiplikatoren gleich, da $d^* = 0$ die faktische Nicht-Existenz des Euro-Marktes bedeutet. Der Multiplikator m_{KI} ist eindeutig größer als der Multiplikator des rein nationalen Systems für $k_2 = 0$, d.h. für den Fall, daß die Euro-Markt-Teilnehmer kein Bargeld halten (was in der Praxis häufig der Fall ist). Geht k_1 gegen Null, d.h. halten die GBA keine Reserve bei den inländischen Banken, so ist der Kreditschöpfungsmultiplikator des geschlossenen nationalen Systems größer als der „inlandswirksame" im Euro-System. Dieses resultiert aus (dem in Praxi seltenen Fall) einer ausschließlichen Reservehaltung in Form von B^A resp. k_2.

Die Verhaltensgleichungen

Das bisher dargestellte System läßt sich nur eingeschränkt zur Erklärung der Anpassungsprozesse nach einer exogenen Störung verwenden, da es bisher nur tautologisch bestimmte Relationen bzw. Koeffizienten-Kombinationen abbildet. Die eingeführten Koeffizienten sind aus diesem Grunde wieder unter Beachtung der institutionellen Gegebenheiten verhaltenstheoretisch zu erklären. Ohne das System vollkommen zu modifizieren, sollen für die Koeffizienten folgende Abhängigkeiten angenommen werden:

- die ausländischen Geschäftsbanken GBA bestimmen endogen ihre Strukturkoeffizienten k_1 und k_2 sowie den Zinssatz für Einlagen auf dem Euro-Markt i_D^E:

$$k_1 = k_1(\underset{+}{i_B}, \underset{-}{i_K^E}, \ldots)$$

$$k_2 = k_2(\underset{-}{i_B}, \underset{-}{i_K^E}, \ldots)$$

$$i_D^E = i_D^E(\underset{+}{i_K^E}, \underset{+}{i_K}, \ldots)$$

mit: i_K^E Kreditzinssatz auf dem Euro-Markt;
i_D^E Einlagenzinssatz auf dem Euro-Markt;
i_B Zinssatz auf dem Interbanken-Geldmarkt;

- die inländischen Nicht-Banken NB bestimmen ihre Portfolio-Struktur:

$$d^* = d(\underset{+}{i_D^E}, \ldots)$$

$$c = \text{konstant}$$

- die inländischen Banken GBI bestimmen in der bekannten Weise ihre freiwillige Reservehaltung:

$$r_F = r_F(\underset{\leq 0}{i_K}; \ \underset{\leq 0}{i_B}; \ldots)$$

Die inländischen Banken bestimmen darüber hinaus den Zinssatz für inländische Sichteinlagen i_D und „bestimmen" den Zinssatz auf dem Geldmarkt, d.h. zwischen den Geschäftsbanken i_B (u.U. vergleichbar mit der Setzung des Zinssatzes für Termineinlagen i_T):

$$i_D = 0 \quad \text{(annahmegemäß)}$$

$$i_B = i_B(\underset{+}{i_K}, \ \underset{+}{i_K^E}, \ldots)$$

Der Zinssatz für inländische Einlagen ist gleich Null. Durch die positive Differenz $(i_D^E - i_D)$ wird der häufig diskutierte Effekt eines reduzierten Einlagenzinssatzes als Folge eines gestiegenen gesetzlichen Mindestreservesatzes (zinslose MR) modelliert.

Diese Zinssatzbestimmung kann als Preissetzungsfunktion, besser aber als reduzierte Form des Geldmarktsystems interpretiert werden:

$$x^{A,I}(\underset{-}{i_K}, \ \underset{+}{i_B}) = x^{N,A}(\underset{-}{i_B}, \ \underset{+}{i_K^E})$$

Das Geldmarktangebot der inländischen Kreditbanken $(x^{A,I})$ steigt mit dem Marktzinssatz i_B und sinkt mit den steigenden Opportunitätskosten in Form der Zinserträge aus der Kreditgewährung i_K. Die ausländischen Banken GBA fragen (über ihre Mütter oder direkt) mehr Zentralbankgeld auf dem Geldmarkt bzw. Interbankenmarkt nach bei c.p. sinkenden Kosten dieser Anlageform (i_B) und c.p. bei steigenden Erträgen aus der Kreditgewährung auf dem Euro-Markt (i_K^E). Der Marktzinssatz i_B steigt damit mit steigenden Kreditzinssätzen.

Ergebnisse und Aussagen

Die Abhängigkeit des inländischen Kreditangebotes K^I vom Kreditzinssatz i_K läuft wieder über den Multiplikator (m_{KI}). Sie beträgt:

$$\frac{dK^I}{di_K} = B\left[\underset{-}{\frac{\partial m_{KI}}{\partial r_F}}\left(\underset{\leq 0}{\frac{\partial r_F}{\partial i_K}} + \underset{\leq 0}{\frac{\partial r_F}{\partial i_B}}\,\underset{+}{\frac{\partial i_B}{\partial i_K}}\right) + \underset{?}{\frac{\partial m_{KI}}{\partial d^*}}\,\underset{+}{\frac{\partial d^*}{\partial i_D^E}}\,\underset{+}{\frac{\partial i_D^E}{\partial i_K}} + \right.$$

$$\left. + \underset{?}{\frac{\partial m_{KI}}{\partial k_1}}\,\underset{+}{\frac{\partial k_1}{\partial i_B}}\,\underset{+}{\frac{\partial i_B}{\partial i_K}} + \underset{-}{\frac{\partial m_{KI}}{\partial k_2}}\,\underset{-}{\frac{\partial k_2}{\partial i_B}}\,\underset{+}{\frac{\partial i_B}{\partial i_K}}\right]$$

Der Zinseffekt auf das „inlandswirksame" Kreditangebot ist insbesondere abhängig von der Multiplikatorabhängigkeit bezüglich d* sowie k_1 und damit von der Höhe des Mindestreservesatzes auf „Auslandseinlagen" r_R.

Für $\partial k_1/\partial i_B = -\partial k_2/\partial i_B$, d.h. für absolut gleichstark auf den Geldmarktzins i_B reagierende Koeffizienten k_1 und k_2, sowie für $dk_1 = -dk_2$, d.h. sich absolut gleichstark verändernde Koeffizienten k_1 und k_2, gilt die Zinsabhängigkeit des Kreditangebotes:

$$\frac{dK^I}{di_K} = B\left[\underset{-}{\frac{\partial m_{KI}}{\partial r_F}}\left(\underset{\leq 0}{\frac{\partial r_f}{\partial i_K}} + \underset{\leq 0}{\frac{\partial r_F}{\partial i_B}}\,\underset{+}{\frac{\partial i_B}{\partial i_K}}\right) + \underset{?}{\frac{\partial m_{KI}}{\partial d^*}}\,\underset{+}{\frac{\partial d^*}{\partial i_D^E}}\,\underset{+}{\frac{\partial i_D^E}{\partial i_K}} + \right.$$

$$\left. + \left(\underset{?}{\frac{\partial m_{KI}}{\partial k_1}} - \underset{+}{\frac{\partial m_{KI}}{\partial k_2}}\right)\underset{+}{\frac{\partial k_1}{\partial i_B}}\,\underset{+}{\frac{\partial i_B}{\partial i_K}}\right]$$

mit: $$\left.\left(\frac{\partial m_{KI}}{\partial k_1} - \frac{\partial m_{KI}}{\partial k_2}\right)\right|_{dk_1 = -dk_2} \geq 0$$

Die Zinselastizität wird in diesem Modell vereinfachter Substitutionsbeziehungen hauptsächlich getragen vom freiwilligen Reservekoeffizienten r_F. Geht r_R gegen eins, so wird die Multiplikatorabhängigkeit bezüglich d* negativ und reduziert damit die positive Zinselastizität von K^I, die sogar negativ werden kann.

Die Bedeutung des Euro-DM-Marktes für die im Inland gegebenen Kredite ist damit offensichtlich:

- Die Geld- und Kreditmenge des Inlandes sind abhängig von den Verhaltensweisen ausländischer Euro-Banken sowie verstärkt von denen der Nicht-Banken. Die nationalen Geld- und Kreditmärkte konkurrieren somit mit den Euro-Märkten. Dabei können auf den Euro-Märkten auch direkte Kreditbeziehungen zwischen Nicht-Banken und anderen Finanzintermediären wie Versicherungen bestehen und zunehmen. Der Integrationsgrad der Euro-Kredit- bzw. Euro-Kapitalmärkte ist wesentlich höher als der dieser Märkte in der Bundesrepublik Deutschland. Auf den Euro-Märkten kann eine direkte Placierung z.B. in Form von „Commercial-Papers“, d.h. von Schuldverschreibungen privater Unternehmungen, die gehalten werden von privaten Unternehmungen, erfolgen. Derartige Placierungen sind in der letzten Zeit gestiegen. Die nationalen Märkte kommen damit in stärkere Interdependenz zu den Euro-Märkten; die **Integration und Entwicklung** zu internationalen Märkten steigt damit.
- Die **Variabilität** von M1 und K^I ist durch die Euro-Märkte gestiegen, d.h. es kann ohne zentralbankpolitische Maßnahmen auf dem inländischen Geld- und Kreditmarkt u.U. zu veränderten Mengen M1 und K^I kommen; die funktionale Stabilität der „inländischen“ Angebotsfunktionen sinkt; es gibt keine direkten Angebotsfunktionen, sondern eher Angebotskorridore; die Feinsteuerung seitens der Bundesbank wird erheblich erschwert;
- Ein Mindestreservesatz auf die Einlagen der ausländischen Banken bei den Inlandsbanken r_R in Höhe von eins führt tendenziell zu einer Reduktion des Zinseinflusses auf das inlandswirksame Kreditangebot und damit zu einer Erhöhung der **Effizienz zentralbankpolitischer Maßnahmen**; die möglichen Störeinflüsse werden reduziert.

- Die inländischen Geschäftsbanken GBI können die unmittelbare **Effizienz zentralbankpolitischer Maßnahmen** im Inland reduzieren; sie können den „Bremsweg" einer restriktiven Zentralbankpolitik verlängern, da der Euro-Markt eine Art Liquiditätspuffer für jede einzelne Bank und ebenso für das inländische Bankensystem darstellt. Dieses ist natürlich nur dann der Fall, wenn die Euro-Banken ihre Liquiditätsreserven nicht ausschließlich bei inländischen Geschäftsbanken unterhalten. Im letzteren Falle kann das inländische Bankensystem keine zusätzliche Liquidität von den Euro-Banken erhalten. Ein „einmaliger Effekt" der Ausdehnung der Kreditgewährung bzw. des Kreditangebotes kann dennoch erfolgen, da über die Euro-Märkte eine effizientere Verteilung der Zentralbankgeldbestände über die verschiedenen Bankengruppen (Geschäftsbanken, Sparkassen, Landesbanken, Genossenschaftsbanken etc.) bei einer Erhöhung des maximalen Kreditspielraumes erfolgt.

  Die Zentralbank muß angesichts der sehr wahrscheinlich verlängerten Bremswege ihre Instrumente in stärkerem Maße verändern (die Gefahr eines falschen Timings und einer falschen Dosierung steigt); dieses läßt sich bereits dadurch erklären, daß der Marktausgleich bei einer exogenen Störung jetzt über zwei Preise, nämlich i_K sowie i_K^E erfolgt. Dadurch ist die Veränderung des Kreditzinssatzes im Inland aufgrund einer exogenen Maßnahme der Zentralbank geringer, als sie ohne die Euro-Märkte wäre.
- Eine internationale **Harmonisierung der Bankenaufsicht** und Zentralbankpolitik ist ebenfalls notwendig infolge dieser Euro-Märkte. Es ist zu beachten, daß bei der Existenz von Euro-Töchtern das Kreditvolumen der Mutter plus Töchter zur Zeit in der Regel größer ist als das (gemäß KWG angemessene) 18-fache des gesamten konsolidierten Eigenkapitals des Konzerns. Dieses ist die Begründung für den Widerstand der Banken in Deutschland (die entsprechend das Eigenkapital zu erhöhen oder die Kreditgewährung zu reduzieren hätten) gegen eine Bankenaufsicht auf konsolidierter Basis.

  Zu beachten ist außerdem, daß über die Euro-Töchter die sog. Evidenzzentrale bei der Deutschen Bundesbank unterlaufen wird. An die Evidenzzentrale haben die inländischen Banken dann eine Meldung zu erstatten, wenn ein Schuldner die 1 Mio. DM-Kreditgrenze erreicht bzw. überschreitet. Dieses ist, sofern er die zusätzlichen Kredite bei der Euro-Tochter seiner Hausbank aufnimmt, nicht mehr zu erfassen.

  Zu beachten ist außerdem eine neuere Entwicklung in Form eines sog. Credit-Swapping. Dabei tauschen die Banken ihre internationalen Buchforderungen aus, beispielsweise Kredite an Brasilien gegen Kredite an Argentinien nach einer Marktbewertung bezüglich des unterschiedlichen Risikos. Durch dieses Credit-Swapping kann eine Bank, die nach den für sie geltenden gesetzlichen oder hausinternen Kreditrichtlinien bei bestimmten Schuldnern oder Schuldnerkategorien an die Grenzen ihrer Ausleihfähigkeit gelangt ist, das entsprechende Risiko reduzieren und dafür neue Risiken akzeptieren, für die bei ihr noch ein Spielraum existiert. Diese Entwicklung wird dadurch gestützt, daß im internationalen Rahmen die meisten Kreditvergaben in Form von Konsortial-Krediten bzw. sog. syndicated-credits erfolgen. Für das Bankensystem insgesamt steigt damit die Instabilität aufgrund einer sinkenden Risikoreduktion durch das Instrument der Portfolio-Selektion.
- Die Verwendung der DM als internationale Reservewährung wirkt wie ein Euro-Markt; die Auswirkungen können hier allerdings nur im Rahmen einer autonomen Veränderung des Koeffizienten $k_2 = B^A/D^A$ analysiert werden.

Zu ergänzen ist bezüglich dieser Analyse, was in dem einfachen Modellansatz mit einer einheitlichen Fristigkeit der Kredite im Inland und auf den Euro-Märkten nicht abgebildet werden kann, daß die meisten Kredite am Euro-Markt an Nicht-Banken als sog. Roll-Over-Kredite vergeben werden. Es sind Kredite mit einer festvereinbarten Laufzeit in der Regel von mehreren Jahren, wobei die Zinssätze sich z.T. monatlich an die neuen Marktgegebenheiten anpassen. Man spricht von variablen Zinssätzen bzw. sog. Floating Rates of Interest. Durch dieses Instrument tragen die Kreditnehmer das Zinsänderungsrisiko. Die Banken übertragen neben dem (wie oben ausgeführt) Wechselkursänderungs- bzw. Kapitalrisiko auch das Zinsänderungsrisiko auf die Kreditnehmer und erhöhen damit das Bonitätsrisiko ihrer Schuldner.

V. Die Zentralbank

V.1 Die Deutsche Bundesbank

Aufbau und Organe

Die Aufgaben der Deutschen Bundesbank sind in §3 des Gesetzes über die Deutsche Bundesbank BBankG vom 26.7.1957 geregelt: „Die Deutsche Bundesbank regelt mit Hilfe der währungspolitischen Befugnisse, die ihr nach diesem Gesetz zustehen, den Geldumlauf und die Kreditversorgung der Wirtschaft mit dem Ziel, die Währung zu sichern, und sorgt für die bankmäßige Abwicklung des Zahlungsverkehrs im Inland und mit dem Ausland."

Die Bundesbank hat somit den Geldumlauf und die Kreditversorgung der Wirtschaft mit dem Ziel, die Währung zu sichern, zu regulieren und hat darüber hinaus die bankmäßige Abwicklung des Zahlungsverkehrs im Inland und des Inlandes mit dem Ausland zu besorgen, d.h. als eine sog. Clearing-Stelle zu arbeiten. Ihre Aufgabe ist also die Schaffung und Erhaltung eines geordneten Geldwesens bei einer vorrangig zu sichernden Geldwertstabilität. Ist sie auch unabhängig von Weisungen der Bundesregierung, so hat sie dennoch die anderen gesamtwirtschaftlichen Ziele wie beispielsweise die im §1 des Gesetzes zur Förderung der Stabilität und des Wachstums der Wirtschaft vom 8. Juni 1967 (dem sog. Stabilitäts- und Wachstumsgesetz, StWG) genannten Ziele wie hoher Beschäftigungsstand, außenwirtschaftliches Gleichgewicht sowie stetiges und angemessenes Wirtschaftswachstum zu beachten. Dazu ist sie, auch wenn man die Sicherung der Währung eng im Sinne einer Stabilität des Preisniveaus als ein erstrangiges zentralbankpolitisches Ziel interpretiert, gemäß § 12 des Bundesbank-Gesetzes verpflichtet, in dem es heißt: „Die Deutsche Bundesbank ist verpflichtet, unter Wahrung ihrer Aufgabe die allgemeine Wirtschaftspolitik der Bundesregierung zu unterstützen. Sie ist bei der Ausübung der Befugnisse, die ihr nach diesem Gesetz zustehen, von Weisungen der Bundesregierung unabhängig."

Die Deutsche Bundesbank ist eine bundesunmittelbare juristische Person des öffentlichen Rechts. Sie unterhält in jedem Land eine Hauptverwaltung bzw. Landeszentralbank. Diese Hauptverwaltungen tragen beispielsweise die Bezeichnung: Landeszentralbank in Schleswig-Holstein; Hauptverwaltung der Deutschen Bundesbank. Durch die Zentrierung der gesamten Verwaltung auf die Deutsche Bundesbank in Frankfurt, d.h. durch die Entstehung einer Zentralbank, entstand in der Bundesrepublik Deutschland ein einstufiges Zentralbankensystem. Die Deutsche Bundesbank wurde dabei gemäß des im Grundgesetz Art. 88 im Jahre 1949 erteilten Auftrages an den Bund errichtet. Ihr Grundkapital beträgt 290 Mio. DM und steht dem Bund zu. Die Summe aus Grundkapital und Rücklagen beträgt per 31.12.1984 rd. 5,384 Mrd. DM.

Vor der Gründung der Bundesrepublik Deutschland schufen die Alliierten nach US-amerikanischem Vorbild auf dem Gebiet der drei Westzonen ein zweistufiges Zentralbankensystem. Sie gründeten am 1.3.1948 die Bank deutscher Länder als eine Tochter der rechtlich selbständigen Landeszentralbanken (einschließlich der Berliner Zentralbank). Die Zweistufigkeit des Zentralbankensystems entstand dadurch, daß die Landeszentralbanken als regionale Zentralbanken einerseits und die Bank deutscher Länder als übergeordneter zentraler Notenemittent und Koordinator der Geld- und Kreditpolitik andererseits rechtlich selbständige Institutionen bzw. Gebilde waren. Aufgrund des Art. 88 des Grundgesetzes kam es dann zur Gründung der Deutschen Bundesbank mit dem Verschmelzungsprozeß bzw. der „Degradierung" der Landeszentralbanken zu Hauptverwaltungen. Durch den oben zitierten §12 des Bundesbank-Gesetzes erhielt die Deutsche Bundesbank die Unabhängigkeit von der Bundesregierung (die Reichsbank hatte im Dritten Reich ihre Unabhängigkeit von der Reichsregierung im Jahre 1937 verloren).

Die wesentlichen Organe der Deutschen Bundesbank sind der Zentralbankrat, das Bundesbank-Direktorium und die Vorstände der Landeszentralbanken. Das oberste Organ der Bundesbank ist der Zentralbankrat. Er setzt sich zusammen aus dem Präsidenten und Vizepräsidenten der Deutschen Bundesbank, den weiteren Mitgliedern des Bundesbank-Direktoriums sowie den Präsidenten der 11 Landeszentralbanken. Der Zentralbankrat tagt in der Regel alle zwei Wochen und faßt Beschlüsse mit einfacher Mehrheit.

Das eigentliche zentrale Exekutivorgan der Bundesbank ist das Bundesbank-Direktorium. Es ist für die Durchführung der Beschlüsse des Zentralbankrates verantwortlich und leitet bzw. verwaltet die Deutsche Bundesbank. Zu seinen Aufgaben gehören auch alle Geschäfte mit dem Bund und seinen Sondervermögen, die Geschäfte mit den Kreditinstituten, die Devisengeschäfte und Geschäfte im Verkehr mit dem Ausland sowie die Geschäfte am sog. offenen Markt. Das Direktorium besteht aus dem Präsidenten, dem Vizepräsidenten und bis zu 8 weiteren Mitgliedern. Der Präsident sowie Vizepräsident der Deutschen Bundesbank ist gleichzeitig Präsident bzw. Vizepräsident des Direktoriums sowie Vorsitzender und stellvertretender Vorsitzender des Zentralbankrates.

Im Geschäftsjahr 1984 gehörten dem Zentralbankrat 17 Mitglieder an, dem Direktorium 6. Die Ernennung des Direktoriums erfolgt durch den Bundespräsidenten auf Vorschlag der Bundesregierung, die der Präsidenten der Landeszentralbanken durch den Bundespräsidenten auf Vorschlag des Bundesrates. Dabei fallen in den Aufgabenbereich der Landeszentralbanken insbesondere die Geschäfte mit dem jeweiligen Land sowie mit den öffentlichen Verwaltungen und den Kreditinstituten des jeweiligen Landes, sofern diese keine zentralen Aufgaben im gesamten Bundesgebiet haben und damit dem Direktorium vorbehalten sind. Eine parlamentarische Kontrolle besteht nicht.

Der Bundesbank-Gewinn

Die Verteilung des von der Deutschen Bundesbank erwirtschafteten Reingewinns wird im § 27 BBankG geregelt. Danach ist der Reingewinn in der nachstehenden Reihenfolge zu verwenden:

- 20 v.H. des Gewinns, jedoch mindestens 20 Mio. DM, sind einer gesetzlichen Rücklage zuzuführen, bis diese insgesamt 5 v.H. des Notenumlaufs erreicht hat;
- bis zu 10 v.H. des danach verbleibenden Teiles des Reingewinns dürfen zur Bildung sonstiger Rücklagen verwendet werden, wobei diese Rücklagen allerdings insgesamt den Betrag des Grundkapitals nicht übersteigen dürfen;
- 40 Mio. DM, seit 1980 30 Mio. DM, sind dem nach dem Gesetz über die Tilgung von Ausgleichsforderungen gebildeten Fonds zum Ankauf von Ausgleichsforderungen bis zu seiner Auflösung zuzuführen;
- der Restbetrag ist an den Bund abzuführen.

Das Jahr 1984 erbrachte einen Bilanzgewinn der Deutschen Bundesbank in Höhe von rd. 13,202 Mrd. DM. Das Bundesbank-Direktorium schlug dem Zentralbankrat gemäß § 27 BBankG die folgende Gewinnverteilung vor: Der gesetzlichen Rücklage sind rd. 228 Mio. DM zuzuführen, dem Fonds zum Ankauf von Ausgleichsforderungen sind 30 Mio. DM zu überweisen und der Restbetrag von rd. 12,944 Mrd. DM ist an den Bund abzuführen. Es werden rd. 5 Mrd. DM dem Bund bei Feststellung des Jahresabschlusses gutgeschrieben. Der Rest wird in vier gleichen Monatsraten gezahlt – aus Überlegungen zur Bankenliquidität.

Aufgrund dieses Gewinnverteilungsvorschlages haben die gesetzlichen Rücklagen den gesetzlich vorgeschriebenen Höchstbetrag von 5% des Banknotenumlaufes erreicht, die sonstigen Rücklagen weisen bereits seit Ende 1980 den Höchstbetrag auf. Der Bestand an Ausgleichsforderungen, d.h. das Restkapital, welches als Anfangskapital abzüglich der seit 1956 von den Schuldnern geleisteten Tilgungen berechnet ist, betrug am 31.12.1984 rd. 1,666 Mrd. DM. Entstanden sind die **Ausgleichsforderungen** im Zuge der Währungsreform von 1948. In der Schlußbilanz der Deutschen Reichsbank standen als wesentliche Aktiva die Forderungen an den Staat (Finanzierung des Krieges), denen auf der Passivseite der Notenumlauf und die Einlagen der privaten Haushalte und Unternehmungen gegenüberstanden. Diese Aktiva wurden nach dem Kriege auf den Wert Null, die Passiva rd. im Verhältnis 10:1 heruntergestempelt. Die dabei entstandene „Lükke“ in der Anfangsbilanz der Bank deutscher Länder bzw. der Deutschen Bundesbank wurde formal ausgeglichen durch Forderungen an den Bund, d.h. die sog. Ausgleichsforderungen.

Die Bundesbank-Instrumente

Die Instrumente der Deutschen Bundesbank sind insbesondere:

- die Mindestreservepolitik;
- die Refinanzierungs- resp. Diskont- und Lombardpolitik;
- die Offen-Markt-Politik;
- die Devisenmarktpolitik;
- die Einlagenpolitik.

V.2 Das geld- und kreditpolitische Instrumentarium der Deutschen Bundesbank

Die Mindestreservepolitik

Gemäß § 16 BBankG kann die Deutsche Bundesbank verlangen, daß die Kreditinstitute und seit 1.1.1984 auch die Realkreditinstitute, Bausparkassen und die Kreditinstitute mit Sonderaufgaben in Höhe eines Vomhundertsatzes ihrer Verbindlichkeiten aus Sichteinlagen, befristeten Einlagen und Spareinlagen sowie aus aufgenommenen kurz- und mittelfristigen Geldern mit einer zeitlichen Befristung von weniger als vier Jahren ein Guthaben auf Girokonto als sog. Mindestreserve bei ihr unterhalten. Ausgenommen sind Verbindlichkeiten gegenüber anderen mindestreservepflichtigen Kreditinstituten.

Die Zentralbank darf diese Vomhundertsätze frei zwischen Null und den gesetzlich festgelegten Obergrenzen fixieren. Die Obergrenzen dieser Mindestreservesätze betragen bei Verbindlichkeiten gegenüber Gebietsansässigen für

Sichtverbindlichkeiten 30, für befristete Verbindlichkeiten 20 und für Spareinlagen 10 v.H. Die Mindestreservesätze werden von der Bundesbank nach der absoluten Betragshöhe in Form von sog. Progressionsstufen gestaffelt: Die erste Progressionsstufe erfaßt alle Beträge bis zu 10 Mio. DM (einschließlich), die zweite Stufe die Beträge von größer als 10 Mio. DM und kleiner gleich 100 Mio. DM, die dritte Stufe beinhaltet alle Beträge über 100 Mio. DM. Als eine Verbindlichkeit aus Sichteinlagen gilt für Kreditinstitute seit 1961 gemäß §53 des Gesetzes über das Kreditwesen, KWG, auch ein passiver Verrechnungssaldo.

Die Einteilung in Progressionsstufen löste im März 1977 die Differenzierung der Mindestreservesätze nach Bankplatz und Nebenplatz bei den Sichtverbindlichkeiten und Spareinlagen ab. Für ein Kreditinstitut an einem Bankplatz, d.h. einem Ort, an dem die Deutsche Bundesbank eine Zweigstelle unterhält, galt ein höherer Satz. Darüber hinaus bestand bei den befristeten Verbindlichkeiten sowie jeweils bei den Sichtverbindlichkeiten an Bankplätzen und Nebenplätzen eine Einteilung in vier Reserveklassen. Diese waren gebildet ab Juli 1968 nach den reservepflichtigen Verbindlichkeiten (einschließlich Spareinlagen) insgesamt: Klasse 4 unter 10 Mio., 3 von 10 bis 100 Mio., 2 von 100 bis unter 1 Mrd., 1 von 1 Mrd. DM und mehr. Die Reservesätze ab 1. Januar 1974 für Sichteinlagen betrugen:

Reserveklasse	1	2	3	4
Bankplätze Nebenplätze	19,1 14,7	17,65 13,25	16,2 11,75	14,7 10,3

Der für die Berechnung der „Bereinigten Zentralbankgeldmenge“ verwendete Satz entspricht als Durchschnitt also in etwa der Reserveklasse 3 an Bankplätzen. Die heutige Progressionsstufe 1 bzw. 2 entspricht der Reserveklasse 4 bzw. 3; die alten Klassen 1 und 2 sind zur Stufe 3 zusammengefaßt. Die Progressionsstufen gelten für alle 3 Verbindlichkeits-Typen.

Das monatliche Durchschnittsguthaben eines Kreditinstitutes bei der Deutschen Bundesbank, die sog. Ist-Reserve, muß mindestens den Betrag erreichen, der sich aus der Anwendung der festgesetzten Prozentsätze, den sog. Mindestreservesätzen, auf den festgestellten Monatsdurchschnitt der reservepflichtigen Verbindlichkeiten ergibt (Reserve-Soll). Für die Feststellung des Monatsdurchschnitts der reservepflichtigen Verbindlichkeiten bzw. die Mindestreserveberechnung gilt gemäß §6 der Anweisung der Deutschen Bundesbank über Mindestreserve, AMR: „Der Monatsdurchschnitt der reservepflichtigen Verbindlichkeiten ist, ..., aus den Beständen der Geschäftstage und geschäftsfreien Tage in der Zeit vom 16. des Vormonats bis zum 15. des laufenden Monats (kalendertägliche Berechnungsweise) oder aus den Endständen folgender vier Stichtage zu errechnen:“ 23. und letzter Tag des Vormonats, 7. und 15. Tag des laufenden Monats. Während die Guthaben der Kreditinstitute bei der Bundesbank nicht verzinst werden, erhebt die Bundesbank einen Sonderzins (Strafzins bis zu 3 v.H. über dem Lombardsatz) auf den an dem Reserve-Soll ermittelten Fehlbetrag für volle 30 Tage.

Durch die nach allgemeinen Gesichtspunkten von der Deutschen Bundesbank gesetzten Mindestreservesätze, die sie nach Art, Höhe, Fristigkeit oder auch Zuwachs der Verbindlichkeiten in einer bestimmten Periode (Reservesatz auf den Zuwachs als sog. Zuwachs-Reserve im Gegensatz zu einem Reservesatz auf den

Bestand: Bestands-Reserve) differenziert, beeinflußt sie die Verfügungsgewalt der Kreditinstitute über Zentralbankgeld bzw. deren subjektive Liquidität und damit deren Möglichkeit, Versprechen bzw. Verbindlichkeiten einzugehen, Zahlungen in einem Geld zu leisten, das sie selbst nicht schaffen können. Die mit steigenden Mindestreservesätzen ceteris paribus sinkende freie Verfügbarkeit der Kreditinstitute über Zentralbankgeld bewirkt eine Reduktion des maximalen Kreditschöpfungsspielraums bzw. des Kreditschöpfungspotentials des gesamten Bankensystems.

Eine Reihe von Verbindlichkeiten werden (noch) nicht von dem §16 BBankG und damit der AMR erfaßt. Dazu gehören u.a. die kurz- und mittelfristigen Verbindlichkeiten aus Pensionsgeschäften sowie verbriefte und damit handelbare bzw. mobilisierbare Verbindlichkeiten. Letztlich zielt ein Großteil der Finanzinnovationen im „Passivgeschäft" auf die Vermeidung der Mindestreservepflicht. Die Verzinsung von Sichteinlagen in Form der sog. Certificates of Deposits, d.h. einer (in Deutschland noch nicht genehmigten) Form verbriefter Sichteinlagen resultiert aus der „Ersparnis" aufgrund der fehlenden Mindestreservepflicht. Derartige kurz- und mittelfristige Inhaberschuldverschreibungen sind zumindest wie entsprechendfristige Termingelder zu betrachten, in der Regel sind sie liquider. Entsprechend sind sie eigentlich in die Geldmengenaggregate und damit in die Mindestreserve einzubeziehen. Anderenfalls reduziert sich mit einer steigenden Bedeutung dieser Verbindlichkeiten die Feinsteuerungsmöglichkeit der Zentralbank (bzw. andererseits kompensieren diese Innovationen möglicherweise eine zu restriktive Zentralbankpolitik). Da mit den Finanzinnovationen i.d.R. kürzere Fristen/Laufzeiten verbunden sind, würde eine relative Reduktion der Mindestreservesätze auf Titel mit vier- oder dreijähriger Laufzeit deren Attraktivität wieder erhöhen können.

Die Bedeutung der Mindestreserve ergibt sich aus dem Mindestreservesatz in Verbindung mit der „Bemessungsgrundlage". Durch die in den letzten Jahren für die Banken geschaffenen Möglichkeiten durch eine entsprechende Kreditvergabe ansonsten mindestreservepflichtige Verbindlichkeiten zu „kompensieren" hat sich die Relation des Mindestreserve-Solls (nach Absetzung der anrechenbaren Kassenbeträge; jeweils Monatsdurchschnitte) zu den Einlagen und aufgenommenen Krediten von Kreditinstituten und Nicht-Banken (jeweils Monatsenddaten) wie folgt entwickelt: Der Vomhundertsatz betrug 1984 rd. 2,1 nach 2,6 in 1980 und 3,6 in 1975. Die Freistellung von der Mindestreserveverpflichtung erfordert, daß mit den Verbindlichkeiten gegenüber dem Ausland gleichzeitig eine entsprechende Gläubigerposition der Banken und eine entsprechende Auslandsforderung bzw. -zahlung entsteht (§ 4 Abs. 4e, f AMR). Begründet werden derartige Ausnahmen u.a. mit Wettbewerbsüberlegungen „zugunsten" gebietsansässiger Banken angesichts der i.d.R. nicht bestehenden Mindestreservepflicht auf Euro-Märkten, zu denen gebietsansässige Großunternehmen aber einen direkten Zugang haben. Begünstigt werden damit bestimmte grenzüberschreitende Transaktionen ebenso wie die Ausdehnung des Kreditschöpfungspotentials der Euro-Märkte (Kreditpyramiden etc.). Gleichzeitig aber sinkt die (relative) Zentralbankgeldhaltung der Banken und steigt die direkte Verantwortung der Zentralbank für die inländische Liquiditäts- und Zinsentwicklung. Es ergibt sich eine Rechtfertigung für ständige zentralbankpolitische Maßnahmen bzw. Geldmarktregulierungen (Sonderlombards, Offen-Markt-Geschäfte mit Rückkaufsvereinbarungen etc.); eine Art automatischer Stabilisator in Form der Mindestreserve wird „ersetzt" durch eine ständige Zinspolitik.

Für Verbindlichkeiten der Kreditinstitute gegenüber Gebietsfremden kann die Bundesbank seit 1969 den Mindestreservesatz bis zu 100 v.H. fixieren. Gemäß §2 Abs. 4e der AMR sind von der Mindestreservepflicht freigestellt die Verbindlichkeiten: „gegenüber Gebietsfremden in fremder Währung, deren Gegenwerte gleichzeitig und mit gleicher Laufzeit nachweislich in das Ausland zur Begründung von Forderungen an Gebietsfremde in fremder Währung weitergeleitet worden sind. Zulässig ist auch eine Erneuerung oder Prolongation der Geldaufnahme bei dem bisherigen Geldgeber oder eine Erneuerung oder Prolongation der Kreditgewährung an den bisherigen Geldnehmer."

Derartige Regelungen, die als Ausnahme aufgrund einer fehlenden Inlandswirksamkeit der Kredite und einer fehlenden Auswirkung auf den DM-Wechselkurs gedacht sind, begünstigen zumindest indirekt die Euro-Dollar-Märkte bzw. die internationale Kreditgewährung deutscher Banken in beispielsweise US-Dollar sowie eine internationale Kreditvergabe bei variablem Zinssatz, d.h. bei einem in mehr oder weniger kurzen Perioden sich verändernden Zinssatz eines längerfristigen Kredites. Die Vermeidung einer Einschränkung bzw. die Förderung der Wettbewerbsfähigkeit deutscher Kreditinstitute auf den internationalen Finanzmärkten in Abhängigkeit von den dort herrschenden Usancen begünstigt aber auch ihr Engagement in Krediten, die zu den (noch zu diskutierenden) sog. Länderrisiken geführt haben und die dann letztlich über das Geschäftsergebnis der Banken und ihre Zinsspannenberechnung bei einer erschwerten nationalen Bankenaufsicht sich auf die nationalen Kreditmärkte auswirken.

Die Refinanzierungs- resp. Diskont- und Lombardpolitik

Ohne einen generellen Anspruch seitens eines Kreditinstitutes erfolgt die Kreditgewährung der Deutschen Bundesbank an die Kreditinstitute im Wege des Ankaufs u.a. von Wechseln (Rediskontkredite) und der Beleihung von Wertpapieren (Lombardkredite).

Die Rediskontpolitik

Im Rahmen ihrer Rediskontpolitik kauft die Bundesbank Wechsel von den Geschäftsbanken. Sie kauft den ihr von der Bank B eingereichten Wechsel über DM 100,–, der in einem Monat fällig wird, zu einem von ihr festgesetzten Ankaufskurs. Dieser Kurs ergibt sich, wenn man die DM 100,– mit dem Diskontsatz (p.a.) um einem Monat abdiskontiert. Die Zentralbank setzt den Diskontsatz, der der Zins dieses Rediskontkredites ist und den heutigen Preis dieses Wechsels bestimmt.

Die Wechsel werden u.a. im Rahmen des Warenhandels zwischen Unternehmen ausgestellt und vom Empfänger dieses Zahlungsversprechens aus Liquiditätsgründen an ein Kreditinstitut verkauft. Derartige im Bankenportefeuille befindliche Wechsel kann die Geschäftsbank ebenfalls aus Liquiditätsgründen, d.h. zu ihrer eigenen Refinanzierung im Rahmen der Rediskontpolitik an die Zentralbank verkaufen. Der Diskontsatz beträgt seit dem 16. Aug. 1985: 4,0 v.H. Der effektive Zinssatz bezogen auf die Kreditdauer kann sogar höher liegen, da die Bundesbank die Zinsen für mindestens 5 Tage berechnet. Die Bundesbank kauft dabei von den Kreditinstituten Handelswechsel sowie Schatzwechsel. Die von den Unternehmungen emittierten Handelswechsel stellen ein Finanzierungsinstrument für den Warenaustausch dar und erfüllen unmittelbar die Funktion des Tauschmittels. Die Schatzwechsel werden begeben vom Bund, den Ländern und den sog. Sondervermögen; zu diesen letztgenannten Institutionen, die durch eigene Haushaltspläne gekennzeichnet sind, gehören die folgenden vier: die Deutsche Bundespost, die Deutsche Bundesbahn, der Lastenausgleichsfonds und das ERP-Programm. Die Mittel des European Recovery Program stammen aus der US-Marshall-Plan-Hilfe, wobei die seinerzeit zur Verfügung gestellten Mittel und im Rahmen von Kredittilgungen und Zinszahlungen wieder zurückfließenden Mittel in diesem Fonds gesammelt und immer zur erneuten Kreditvergabe an kleine und mittlere Unternehmen verwendet werden. Für die für einen Rediskontkredit geeigneten Handelswechsel legt die Deutsche Bundesbank in ihren kreditpolitischen Regelungen selektive Mindestanforderungen fest, beispielsweise: die Basis der Handelswechsel in Form von Warenlieferungen oder Dienstleistungen zwischen den Unternehmen, eine Fristigkeit von kleiner gleich drei Monaten sowie die Existenz von drei Unterschriften von als zahlungsfähig bekannten Verpflichteten. Auf ausländische Währung lautende Wechsel werden von der Bundesbank ebenfalls zum Diskontsatz angekauft, wobei der Ankaufskurs in Abhängigkeit vom Wechselkurs auf dem Terminmarkt festgelegt wird.

Die quantitative Begrenzung der Rediskontkredite erfolgt seitens der Deutschen Bundesbank durch die Festlegung von sog. **Rediskontkontingenten**. Diese Festlegung erfolgt zweistufig: es werden zunächst sog. Normkontingente und anschließend ein sog. Multiplikator ermittelt.

Die wesentliche Grundlage bei der Berechnung des Normkontingentes eines einzelnen Kreditinstitutes bilden dessen haftende Mittel, wobei Beträge über 200 Mio. DM mit abnehmendem Gewicht in die Berechnung eingehen und Beteiligungen von 25 v.H. und mehr am Kapital eines anderen Kreditinstitutes zu Kürzungen des Normkontingentes führen. Die Deutsche Bundesbank hält das berechnete Normkontingent variabel, d.h. revidiert ihre Berechnung halbjährlich und zwar u.a. in Abhängigkeit von der Portfolio-Struktur des jeweiligen Kreditinstitutes und dabei insbesondere der Einhaltung der sog. **Grundsätze** nach dem Gesetz über das Kreditwesen. Diese Grundsätze regeln im Prinzip einzuhaltende Mindest-Bilanz-Strukturen beispielsweise in Form der Relation aller Kredite zum haftenden Eigenkapital oder jener zwischen kurz- und mittelfristigen Krediten bzw. Forderungen und Verbindlichkeiten. Die Bundesbank berücksichtigt also bei der instituts-individuellen Festlegung eines Normkontingentes Überlegungen auch zur Liquiditätssituation, d.h. der Relation kurz- und mittelfristiger Kredite zum Geschäftsvolumen, oder bezüglich der Solvenz des Institutes.

Der Zentralbankrat bestimmt darüber hinaus aus gesamtwirtschaftlichen Überlegungen das gesamte Rediskontvolumen, welches die Bundesbank den Geschäftsbanken insgesamt zur Verfügung stellen will. Diese festgelegte Gesamtsumme der Rediskontkredite dividiert sie durch die Summe aller individuell festgelegten Normkontingente und erhält damit den sog. Multiplikator. Das Produkt aus dem allgemeinen Multiplikator und dem individuellen Normkontingent ergibt das institutsindividuelle Rediskontkontingent, d.h. also den Rahmen, innerhalb dessen das Kreditinstitut Wechsel etc. an die Bundesbank verkaufen kann.

Die Normkontingente bestimmen somit die Struktur der Rediskontkredite an die Kreditinstitute; der Multiplikator bestimmt letztlich die Höhe. Dabei kann die Bundesbank, wie beispielsweise im Februar 1973, die Inanspruchnahme des Rediskontkontingentes auf einen Prozentsatz von unter 100 v.H. festlegen.

Das Ziel der Rediskontkredite ist eine Beeinflussung und (Fein-) Steuerung des Interbankengeldmarktes, d.h. des Geldmarktzinssatzes sowie der Liquidität bzw. freien Liquiditätsreserve des Bankensystems. Steigende Rediskontkontingente oder ein sinkender Diskontsatz bewirken in der Regel eine steigende Liquidität sowie ein steigendes Kreditangebot der Banken. Verbunden damit ist eine tendenzielle Zinssatzsenkung sowohl auf dem Geldmarkt als auch auf dem Kreditmarkt. Der expansive (Kredit-) Mengeneffekt ist um so geringer, je größer die freien Liquiditätsreserven der Banken sind und je häufiger die Zentralbank die Kontingente verändert. Eine steigende Varianz der Kontingente erhöht die Unsicherheit der Banken bezüglich der nur durch eine Art von ständigem Bodensatz gegebenen Refinanzierungsbasis in Form dieser kürzerfristigen Kreditaufnahme bei der Bundesbank für die längerfristig gewährten Kredite an Nicht-Banken.

Zur Steuerung einer gleichmäßigen Entwicklung der Liquidität und Kreditvergabe des Bankensystems verwendet die Bundesbank dieses Instrument auch, um Geldimporte abzuwehren oder Veränderungen im Kapitalverkehr zu neutralisieren. Steigende Geldimporte sterilisiert sie, indem sie über den Multiplikator Kürzungen der Rediskontkontingente oder eine Einschränkung des möglichen Ausnutzungsgrades der Kontingente verfügt. Bei erheblichen Leistungsbilanzdefiziten in Verbindung mit Devisen- bzw. Geldabflüssen kann sie die Kontingente erhöhen, um den Liquiditätsentzug auszugleichen bzw. ein Steigen der Liquiditätskosten für die Kreditinstitute zu verhindern. Aber nicht nur die Höhe der Rediskontkontingente wird von Markteinflüssen mitdeterminiert, sondern auch die Entscheidung über den Diskontsatz wird u.a. in Abhängigkeit von der Entwicklung der Wertpapierrendite oder der Diskontsätze im Ausland gefällt. Je marktunabhängiger die Bundesbank die Rediskontpolitik gestaltet, desto markt-abhängiger wird ihre Lombardpolitik.

Die Lombardpolitik

Zu einem von der Bundesbank festgelegten Lombardzinssatz gewährt sie gegen die Verpfändung von bestimmten Wertpapieren Darlehen an Kreditinstitute für einen Zeitraum von in der Regel maximal drei Monaten. Die als Pfänder verwendbaren Papiere sind im Lombardverzeichnis aufgeführt, in dem sog. Beleihungsgrenzen für die einzelnen Pfandtypen festgelegt sind: beispielsweise bei Wechseln bis zu 9/10 des Nennwertes und bei dem Rest der genannten Papiere bis zu 3/4 des Kurswertes bzw. Nennbetrages. Der Lombardzinssatz liegt in der Regel 1 bis 3 v.H. über dem Diskontsatz. Der Lombardsatz beträgt seit dem 16. August 1985: 5,5 v.H..

Der Lombardkredit dient insbesondere der Feinsteuerung auf dem Geldmarkt, d.h. der Zinssteuerung. Er soll grundsätzlich nur gewährt werden zur kurzfristigen Überbrückung vorübergehender Liquiditätsbedürfnisse. Der Feinsteuerung dient auch das seit September 1973 verfügbare Instrument des Sonderlombardkredites, nach dem die Bundesbank nach Ankündigung Lombardkredite den Kreditinstituten zu einem sog. Sonderlombardsatz gewährt, wobei dieser Satz ebenso täglich geändert werden kann, wie die Bereitschaft derartige Kredite überhaupt zu gewähren.

Im Rahmen einer restriktiven Lombardpolitik kann die Bundesbank wie beispielsweise von September 1979 bis Februar 1980 auch sog. Lombardlinien festlegen. Es sind maximale Kreditlinien, die beispielsweise den 15/100 Anteil des rechnerischen Normkontingentes der Rediskontkontingente ausmachen. Außerdem kann die Bundesbank ihre Bereitschaft zu Lombardkrediten insgesamt widerrufen und damit keine Lombardkredite gewähren, wie beispielsweise im Jahre 1973 oder zu Beginn des Jahres 1981. Den restriktiven Kurs bezüglich der freien Liquiditätsreserven der Kreditinstitute mit dem Ziel einer forcierten Feinsteuerung mußte die Bundesbank im Jahre 1973 infolge der sog. Herstatt-Krise (mit der Vergabe von Sonderlombardkrediten) vorläufig unterlassen.

Die Wirkungsweise der Lombardpolitik resultiert aus den Substitutionsbeziehungen des Lombardkredites zu den freien unverzinsten Liquiditätsreserven, dem Rediskontkredit, den Sicht-, Spar- und Termineinlagen der Nicht-Banken, der Haltung verzinster Geldmarkt- bzw. Liquiditätspapiere sowie der ggf. sinnvollen Unterschreitung des Mindestreserve-Solls. Die Zinssatz- und Liquiditätssteuerung seitens der Lombardpolitik betrifft somit insbesondere das kurze Ende der Zinsstruktur und damit auch die Zinssätze für Ein-/Dreimonatsgeld bzw. entsprechendfristige Termineinlagen.

Die Offen-Markt-Politik

Offen-Markt-Politik (OMP) bedeutet den Verkauf oder Kauf von Wertpapieren durch die Zentralbank auf eigene Rechnung am Markt. Durch die Bezeichnung „auf eigene Rechnung" wird verdeutlicht, daß es sich nicht um sog. Kurspflegeoperationen der Zentralbank als der sog. Bank des Staates für die Anleihen des Bundes handelt und daß durch die OMP keine Übernahme von Schuldtiteln des Bundes oder anderer Gebietskörperschaften zur Finanzierung des jeweiligen Haushaltes erfolgt. Nur für Kassenkredite verfügt §20 des BBankG ein Volumen von kleiner gleich 6 Mrd. DM beim Bund (der Bundeshaushalt betrugt 1983: 265 Mrd. DM), ein maximales Volumen für die Länder von 40,– DM je Einwohner bzw. 80,– DM je Einwohner bei den drei Stadtstaaten und ein maximales Volumen bezüglich der Sondervermögen von zusammen 1,25 Mrd. DM.

Die OMP kann betrieben werden sowohl mit Kreditinstituten als auch mit Nicht-Banken. Sie erfolgt dabei sowohl am kurzen als auch am langen Ende des Marktes, d.h. mit Handelswechseln, Privatdiskonten, Mobilisierungs- und Liquiditätspapieren oder langfristigen Wertpapieren und Anleihen. Das Ziel der OMP liegt wiederum in der Steuerung der Bankenliquidität sowie in der Beeinflussung der Zinsstruktur und des Zinsniveaus. Dabei ist zu beachten, daß die OMP anderen Zinseinflüssen wie Preisänderungs- und Wechselkurserwartungen oder Zinsentwicklungen im Ausland „entgegensteuert", so daß die OMP eine Politik des „sich gegen den Wind lehnen" ist.

Die OMP am kurzen Marktende

Am Geldmarkt als dem Markt am sog. kurzen Ende betreibt die Bundesbank seit 1955 eine OMP mit sog. Mobilisierungstiteln. Sie sind aufgrund der Ausgleichsforderungen der Zentralbank vom Bund auf Verlangen der Bundesbank wahlweise als Schatzwechsel oder sog. U-Schätze auszugeben und zwar bis zu einer maximalen Höhe von 8 Mrd. DM. Die aus dem Verkauf dieser Titel resultierenden Zinszahlungsverpflichtungen hat die Bundesbank zu erfüllen.

Sind diese nach §42 BBankG geschaffenen Mobilisierungstitel seitens der Zentralbank vollkommen in Umlauf gebracht worden, so kann sie die OMP mit sog. Liquiditätspapieren fortsetzen. Diese Liquiditätspapiere stehen der Bundesbank seit 1967 gemäß §42a BBankG aufgrund des Stabilitäts- und Wachstumsgesetzes

(StWG) bis zu einem maximalen Betrag von ebenfalls 8 Mrd. DM zur Verfügung. Die als Schatzanweisungen bzw. U-Schätze emittierten Mobilisierungs- und Liquiditätspapiere, die auch als Bundesbank-Schätze oder N-Titel bezeichnet werden, sind in der Regel nicht vor Fälligkeit zurückgebbar. Diese Titel werden überwiegend von privaten Anlegern gezeichnet. Die Nicht-N-Titel können jederzeit zurückgegeben werden und stellen damit für den Halter Liquidität im Sinne von jederzeit verfügbarem Zentralbankgeld dar.

Da ein hoher Bestand an außenstehenden Nicht-N-Titeln die Steuerung der monetären Basis seitens der Bundesbank erschwert, hat diese entweder zum Konzept der sog. potentiellen monetären Basis überzugehen oder, wie geschehen, die Emission derartiger Titel einzuschränken.

Die OMP mit langfristigen Titeln

Seit 1967 führt die Bundesbank auch eine OMP mit langfristigen Anleihen des Bundes, der Bundesbahn und der Bundespost auf eigene Rechnung durch. Die durch die OMP am langen Marktende bewirkte Erhöhung oder Senkung des Wertpapierangebotes bzw. der Wertpapiernachfrage führt unmittelbar zu einer Variation des langfristigen Zinssatzes. Die Beeinflussung der Zinsstruktur und des Zinsniveaus erfolgt somit vom langen Ende des Kapitalmarktes. Die OMP wirkt über die Veränderung des Wertpapierportefeuilles der Kreditinstitute auf deren Kreditvergabe und hat bei entsprechenden Substitutionsbeziehungen einen direkteren sog. Impact-Effekt auf den langfristigen Zinssatz und ggf. die zinsabhängigen Investitionen. Zu beachten ist bei dieser Politik, daß zur Vermeidung einer Finanzierung des Bundeshaushaltes kein größerer Bestand an öffentlichen Anleihen über längere Zeit im Portefeuille der Bundesbank sein darf.

Offenmarktgeschäfte mit Rückkaufsvereinbarung

Offenmarktgeschäfte mit Rückkaufsvereinbarung, die auch als Offen-Markt-Politik auf Zeit bzw. Wechsel- oder Wertpapierpensionsgeschäfte bezeichnet werden, führt die Bundesbank seit 1973 durch. Wechsel mit einer Laufzeit von mindestens 10 Tagen werden außerhalb der Rediskontkontingente (nur) von mindest reservepflichtigen Kreditinstituten zum Marktzinssatz abdiskontiert angekauft und mit Ablauf der bereits in der Ankündigung dieser Geschäfte bezeichneten Fristen vom Verkäufer, d.h. dem Kreditinstitut zurückgekauft. Ebenfalls kauft die Bundesbank von reservepflichtigen Kreditinstituten lombardfähige festverzinsliche Wertpapiere sowie U-Schätze mit einer Restlaufzeit von bis zu einem Jahr und verkauft sie per Termin gleichzeitig an das Kreditinstitut zurück.

Diese Geschäfte mit Rückkaufsvereinbarung werden in der Regel im Ausschreibungsverfahren durchgeführt. Dabei wird unterschieden zwischen einem sog. **Mengen-Tender** und einem sog. **Zins-Tender**. Beim Mengen-Tender gibt die Bundesbank einen Mindestzinssatz vor, der von den Bietern allerdings überboten werden kann. Berücksichtigt werden nur Gebote von Kreditinstituten mit einem Zinssatz der größer gleich dem Mindestzinssatz ist. Der Zuteilungssatz liegt somit stets über dem Mindestsatz. Aufgrund der von der Bundesbank festgesetzten Menge wird stets repartiert. Dieses gilt auch bei dem Zins-Tender, bei dem die Zentralbank einen Festsatz für ihre Ankäufe bezüglich der Gebote nennt. Der Vorteil des Mengen- bzw. Mindestzins-Tenders liegt u.a. darin, daß die Marktkräfte bzw. die Marktsituation über den Zuteilungssatz deutlicher zum Ausdruck kommen.

Die Devisenmarktpolitik

Der Deutschen Bundesbank ist im BBankG kein Instrument der Devisenmarktpolitik in die Hand gegeben worden. Die Währungspolitik im Sinne der Entscheidung zwischen einem festen, stufen-flexiblen oder beispielsweise frei-flexiblen Wechselkurs der D-Mark oder der Festsetzung einer Parität bzw. eines Leitkurses der DM oder einer diskretionären Wechselkursänderung (Auf- oder Abwertung der D-Mark gegenüber einer ausländischen Währung) ist Aufgabe des Wirtschaftsministers. Gleichwohl hat die Bundesbank seit der Herstellung der vollkommenen Konvertibilität der D-Mark im Dezember 1958, d.h. der unbeschränkten Umtauschbarkeit inländischer in ausländische Währungseinheiten und vice versa, eine eigenständige Politik zur Beeinflussung des Wechselkurses der DM resp. des Devisenmarktes entwickelt. Sie stützt sich dabei auf das BBankG mit den §§**3** (... „die Währung zu sichern" ...), **19** Abs. 1 Satz 8 („Die Deutsche Bundesbank darf mit Kreditinstituten im Geltungsbereich dieses Gesetzes folgende Geschäfte betreiben: ... auf ausländische Währung lautende Zahlungsmittel einschließlich Wechsel und Schecks, Forderungen und Wertpapiere sowie Gold, Silber und Platin kaufen und verkaufen; ...") sowie **4** („Die Deutsche Bundesbank ist berechtigt, sich an der Bank für internationalen Zahlungsausgleich und mit Zustimmung der Bundesregierung an anderen Einrichtungen zu beteiligen, die einer übernationalen Währungspolitik oder dem internationalen Zahlungs- oder Kreditverkehr dienen oder sonst geeignet sind, die Erfüllung ihrer Aufgabe zu fördern.")

Devisen sind an ausländischen Plätzen von Inländern in ausländischer Währung gehaltene Sichtguthaben; beispielsweise US-Dollar-Sichtguthaben einer deutschen Geschäftsbank bei einer US-amerikanischen Geschäftsbank. Sorten, d.h. ausländische Banknoten und Münzen in Händen von Inländern werden im strengen Sinne nicht zu den Devisen gezählt.

Der Devisenmarkt ist entsprechend der Handel mit zahlbaren, fälligen Fremdwährungsguthaben. Auf diesem Markt wird der **Wechselkurs** bestimmt, d.h. der Preis einer ausländischen Währungseinheit in inländischen Währungseinheiten (Preisnotierung der inländischen Währung) bzw. einer inländischen Währungseinheit in ausländischen Währungseinheiten (Mengennotierung der inländischen Währung). Die Preisnotierung der ausländischen Währung entspricht dem Kehrwert der Mengennotierung der inländischen Währung. Erfolgt die Lieferung der gehandelten Währung prompt, d.h. bei einem in Frankfurt stattfindenden Handel von US-Dollar inländischer Wirtschaftssubjekte bei einer Geschäftsbank in New York bei telegraphischer Auszahlung, so ergibt sich der sog. **Kassa-Kurs**. Zu beachten ist, daß es beispielsweise im Falle zweier nationaler Währungen (D-Mark und US-Dollar) nicht einen Kassa-Devisenmarkt, sondern eher „zwei" gibt. So betrug am 30. April 1985 an der Frankfurter Börse der amtliche Kassa-Mittelkurs eines US-Dollars in DM bei telegraphischer Auszahlung in New York 3,09; an der Börse in New York wurde bei telegraphischer Auszahlung in Frankfurt der Kurs mit 3,12 ermittelt. Der Unterschied ergibt sich zu einem sehr geringen Teil aus der nicht vollkommenen Arbitrage zwischen beiden Marktplätzen, im wesentlichen aber aus einem unterschiedlichen Zeitraum der Wechselkursbestimmung. Der amtliche Kurs ist dabei nicht der Marktpreis, sondern Folge eines sog. Fixing. Da der Wechselkursunterschied zwischen Frankfurt und New York insbesondere aus der Zeitverschiebung und damit aus unterschiedlichen Börsenöffnungszeiten resultiert, betrachtet man somit „einen" Markt mit zwei unterschiedlichen Öffnungszeiten der beiden amtlichen Marktplätze.

Die folgende Tabelle verdeutlicht die Entwicklung des Kassa-Kurses eines US-Dollars im Verlauf des 30. April 1985 (Angaben über die zu den jeweiligen Kursen gehandelten Mengen existieren nicht).

Kassa-Kurs des US-Dollar im Verlauf des 30. April 1985
(Ankaufskurs im Interbankenmarkt; Frankfurt)

Uhrzeit	Kurs
8.30	3,0770
9.00	3,0735
9.30	3,0760
10.00	3,0796
10.30	3,0810
11.00	3,0840
11.30	3,0880
12.00	3,0945

Uhrzeit	Kurs
12.30	3,0850
13.00	3,0860
13.30	3,0880
14.00	3,0875
14.30	3,0840
15.00	3,1000
15.30	3,0970
16.00	3,0900
16.30	3,0900

Quelle: Statistische Beihefte zu den Monatsberichten der Deutschen Bundesbank, Reihe 5, Die Währungen der Welt, Frankfurt, Mai 1985, Nr. 2, S. 12 f.

Unter einem Devisen-Terminmarkt versteht man den Handel von an ausländischen Plätzen zu einem späteren Termin, z.B. in 30 oder 90 Tagen zahlbaren Fremdwährungsguthaben. Es werden per Termin beispielsweise US-Dollar in D-Mark bzw. vice versa getauscht, d.h. per Termin D-Mark angeboten (oder nachgefragt) und im entsprechenden Betrage Dollar nachgefragt (oder angeboten). Der heute festgelegte Preis für den heute fixierten, erst in beispielsweise 30 oder 90 Tagen zu liefernden bzw. zu empfangenden Betrag ist der Devisen-Terminkurs bzw. der **Termin-Wechselkurs**. Er ist nicht mit dem Kassa-Kurs in 30 oder 90 Tagen zu verwechseln. Der Terminkurs (hier angegeben der Mittelkurs) an der Frankfurter Börse für 3-Monats-Kontrakte für einen US-Dollar betrug am 31. Januar 1985: rd. 3,15 (am 30. April 1985 rd. 3,06).

Ein Devisenmarkt ist im Grunde ein Segment eines ausländischen Geldmarktes. Dabei sind die Sichteinlagen inländischer Wirtschaftssubjekte bei ausländischen Kreditinstituten im Ausland allerdings aufgrund der oben dargelegten Abgrenzungskriterien kein Teil des ausländischen Geldmengenaggregates M1 (in den USA ist M1 entsprechend definiert u.a. „exclusive of deposits due to foreign commercial banks"). Der Devisenmarkt gehört aber insofern zum jeweiligen ausländischen Geld- und Kreditmarkt, als der inländische Inhaber von Sichtguthaben in ausländischer Währung sich diese jederzeit in ausländischem Zentralbankgeld auszahlen oder auf ein Konto bei der ausländischen Zentralbank gutschreiben lassen kann. Die ausländische Geschäftsbank verliert Zentralbankgeld und damit Kredit- und Geldschöpfungspotential mit entsprechenden tendenziellen Zinssteigerungen auf dem ausländischen Geld- und Kreditmarkt. Außerdem bedeutet beispielsweise die Begleichung einer Fremdwährungsverbindlichkeit seitens eines inländischen Importeurs bei einem ausländischen Exporteur (c.p.) eine Erhöhung der ausländischen Geldmenge mit einem tendenziell expansiven Effekt auf den ausländischen Geld- und Kreditmarkt.

Die Variabilität der Sichteinlagen von inländischen Wirtschaftssubjekten bei ausländischen Krediteinlagen bewirkt eine Variabilität der ausländischen Geldmenge (vgl. den Effekt eines Euro-Marktes für den nationalen Markt einer Euro-Währung). Einen Ausgleich einer derart bedingten Variabilität des nationalen Geld- und Kreditschöpfungsmultiplikators bzw. einer derart bedingten Zinssatzänderung wird eine auf Feinsteuerung bedachte Zentralbank in der Regel versuchen; sie wird derartige Einflüsse zu sterilisieren versuchen. Dazu verwendet sie insbesondere die Instrumente der Lombardpolitik und der Offenmarktgeschäfte mit Rückkaufsvereinbarung.

Zur Devisenmarktintervention

Neben den (Pflicht-) Interventionen gegenüber den am Europäischen Währungssystem (EWS) teilnehmenden Währungen interveniert die Bundesbank seit 1973 an den freien Devisenmärkten: „Auch im Jahre 1980 machte sich der Druck auf das Wechselkursgefüge nicht nur in starken Wechselkursverschiebungen Luft, sondern verlangte erneut ein beträchtliches Eingreifen der Notenbanken in das Marktgeschehen, um ungeordneten Entwicklungen entgegenzuwirken oder um die Wechselkurse im europäischen Währungssystem innerhalb der vereinbarten Bandbreiten zu halten. Dabei stand die D-Mark sowohl am Dollarmarkt als auch im Rahmen des EWS im Mittelpunkt der Stützungsoperationen" (Geschäftsbericht der Deutschen Bundesbank für das Jahr 1980, Frankfurt, S. 61).

Die Währungsbehörden der 14 wichtigsten Industrieländer haben dabei beispielsweise im Jahre 1980 (1981) mit einem Betrag von rd. 84 (78) Mrd. US-Dollar Bruttodollarkäufe und -verkäufe getätigt. Am 27. und 28. Februar 1985 hat die Bundesbank für rd. 1,7 Mrd. DM (bewertet zu Bilanzkursen) Dollarverkäufe am Devisenmarkt vorgenommen. Die Entwicklung des Kassa-Mittelkurses eines US-Dollar in DM sowie die Entwicklung dieses Kurses im Verlauf des 27. Februar 1985 zeigen die beiden folgenden Tabellen.

Amtlicher Kassa-Mittelkurs an der Frankfurter Börse
(1 US-$, New York; Febr./März 1985)

Datum	Kurs
15.2.	3,2650
18.2.	3,2788
19.2.	3,3162
20.2.	3,3232
21.2.	3,3480
22.2.	3,3800
25.2.	3,4375
26.2.	3,4690
27.2.	3,3150
28.2.	3,3225

Datum	Kurs
1.3.	3,3635
4.3.	3,3730
5.3.	3,4170
6.3.	3,4235
7.3.	3,4087
8.3.	3,4200
11.3.	3,3620
12.3.	3,3520
13.3.	3,3540
14.3.	3,3822

Kassa-Kursentwicklung am 27. Februar 1985 (26.2 um 16.30: 3,4720)

Zeit	Kurs
8.30	3,4350
9.00	3,4310
9.30	3,4380
10.00	3,4155
10.30	3,4160
11.00	3,4080
11.30	3,3600
12.00	3,3100

Zeit	Kurs
12.30	3,3300
13.30	3,3200
14.00	3,2850
14.30	3,3200
15.00	3,3250
15.30	3,3250
16.00	3,3200
16.30	3,3200

Quelle: Statistische Beihefte zu den Monatsberichten der Deutschen Bundesbank, Reihe 5, Die Währungen der Welt, Frankfurt, Mai 1985, Nr. 2, S. 11 ff.

Der Terminkurs entwickelte sich wie folgt (Febr./März 1985, 3-Monats-Kontrakte, Mittelkurs):

Datum	21.2.	22.2.	25.2.	26.2.	27.2.	28.2.	1.3.	4.3.
Termin-Kurs	3,3074	3,3443	3,3785	3,4298	3,3896	3,2890	3,3011	3,3255

Die durch die Intervention erzielte Wechselkursveränderung ist dabei nicht nur auf die Intervention der Bundesbank zurückzuführen. Gleichzeitig wurden gleichgerichtete Interventionen seitens des Federal Reserve System durchgeführt. Zwischen Februar und April 1985 intervenierte die (zuständige) Federal Reserve Bank of New York mit 580,2 Mio. Dollar (gleicher Zeitraum 1981: 778 Mio.). Davon wurden für DM-, Yen- und £-Käufe bei 6 Interventionen im Februar/März rd. 465,8 Mio. Dollar eingesetzt.

Im Falle einer expansiven Devisen- (Kassa)-Marktintervention kauft die Zentralbank von einem deutschen Kreditinstitut (vgl. §19, 1 BBankG) Sichteinlagen bei einer ausländischen Geschäftsbank gegen DM. Aufgrund der effektiv entfalteten zusätzlichen Nachfrage nach Devisen (zusätzlich zu der seitens deutscher Warenimporteure, Kapitalexporteure etc.) bei einem c.p. gegebenen Devisenangebot (seitens der deutschen Warenexporteure, Kapitalimporteure etc.) entsteht bei den den Devisenmarkt nahezu repräsentierenden Geschäftsbanken eine Überschußnachfrage nach Dollar. Die Folge ist eine Höherbewertung des relativ knapper gewordenen Gutes Dollar. Der Wechselkurs der DM steigt; die DM wird abgewertet.

Durch diese Intervention sind die Netto-Währungsreserven der Zentralbank gestiegen (sie betrugen Ende 1984 rd. 68,9 Mrd. DM). Da die Zentralbank erworbene Devisen nur zu einem kleinen Teil (u.a. im Rahmen ihrer sog. working balances) bei ausländischen Kreditinstituten hält, wird sie mit den im Rahmen der Intervention erworbenen Devisen ausländische verzinste Titel wie beispielsweise US-treasury bonds kaufen (die Zinserträge aus ausländischen Titeln betrugen 1984 netto über 10,5 Mrd. DM). Die intervenierende inländische Zentralbank entzieht damit den ausländischen Kreditinstituten deren Zentralbankgeld bzw. reduziert die monetäre Basis im Ausland. Sie bedingt so, sofern das Federal Reserve System diese Operation nicht sterilisiert, eine Zinssteigerungstendenz im Ausland. Bei der inländischen Zentralbank ergibt sich aufgrund der Geldschöpfung infolge einer Expansion der sources der monetären Basis eine Bilanzverlängerung. Der Effekt dieser expansiven Intervention ist c.p. über die monetäre Basis sowie den Geld- und Kreditschöpfungsmultiplikator eine Zinssenkungstendenz im Inland.

Kauft die Zentralbank Devisen auf dem Devisen-Terminmarkt, so bewirkt sie eine Abwertung der Inlandswährung per Termin. Die dargestellten Zinseffekte setzen entsprechend ebenfalls erst später ein. Abgesehen von einem direkten Signaleffekt für den Kassa-Wechselkurs bewirkt diese Intervention eine Veränderung des Swap-Satzes. Der **Swap-Satz** ist definiert als:

$$\frac{w_T - w_K}{w_K} \quad \text{mit:} \quad \begin{array}{ll} w_T & \text{Termin-Kurs;} \\ w_K & \text{Kassa-Kurs.} \end{array}$$

Die Bedeutung des Swap-Satzes, der das Zinsäquivalent für die zeitlich befristete Verfügungsgewalt über Devisen darstellt, wird im folgenden Zahlenbeispiel deutlich. Kauft eine Geschäftsbank beispielsweise bei einem Wechselkurs $w_K = 2$ für 100,– DM heute US-Dollar, so erhält sie 50 US-Dollar. Verkauft sie diese Dollar heute per Termin in drei Monaten zu einem Termin-Kurs von $w_T = 4$ so erhält sie für diese 50 US-Dollar in drei Monaten 200,– DM. Sie hat damit auf diesen Zeitraum bezogen (nicht p.a.) eine Verzinsung von 100 v.H. erzielt. Diese Rendite der Devisenhaltung (unter Vernachlässigung einer Verzinsung) ergibt sich, sofern per Termin eine Abwertung der inländischen Währung erfolgt; es ergibt sich eine negative Rendite bei einer Aufwertung der inländischen Währung per Termin.

Bewirkt die Zentralbank über eine Devisen-Terminmarkt-Intervention eine Abwertung der inländischen Währung, so steigt w_T und damit der Swap-Satz, so daß bei gegebenen Zinssätzen im In- und Ausland Geld- bzw. Kapitalanlagen im Ausland relativ ertragreicher werden. Steigt durch die Intervention der Wert aus dem Swap-Satz sowie dem Auslandszinssatz (i_A) einer gleichfristigen Anlage vermindert um einen Risiko- resp. Unsicherheitsabschlag (δ) über den inländischen Zinssatz einer entsprechend fristigen Anlage (i_I):

$$i_I \lesseqgtr i_A + \frac{w_T - w_K}{w_K} - \delta \begin{cases} \text{Kapitalexport} \\ \text{Kapitalimport,} \end{cases}$$

so bewirkt diese Intervention einen Kapitalexport aufgrund der möglichen Zinsarbitrage. Wie stark sich diese Zinsarbitrage auf die inländische Liquidität, den inländischen Zinssatz und den Kassa-Wechselkurs auswirkt, hängt u.a. von der Höhe der Kapitalmobilität der Zinsarbitrage sowie der relativen Bedeutung der Zinsarbitrage im Rahmen des gesamten Kapitalverkehrs ab.

Die zweite Bedeutung einer Intervention am Terminmarkt liegt in dem Signalcharakter für den zukünftigen Kassa-Kurs. Der sich beispielsweise in 30 Tagen einstellende Kassa-Kurs ist nicht unabhängig von dem heutigen Termin-Kurs für einen in 30 Tagen zu erfüllenden Kontrakt. Läßt sich über eine Terminmarktintervention beispielsweise eine Abwertung der inländischen Währung quasi per Termin auch auf dem zukünftigen Kassa-Markt bewirken, so bedeutet diese Intervention eine Wechselkurs-Niveaupolitik seitens der Zentralbank und nicht nur die Gewährleistung einer geordneten Marktentwicklung. Voraussetzung wäre, neben dem engen Zusammenhang zwischen beiden Wechelkursen und dem entsprechenden gesetzlichen Auftrag, vor allem die Kenntnis des „richtigen" Wechselkurses seitens der Zentralbank. Läßt sich der zukünftige Wechselkurs aber nicht dergestalt eindeutig steuern, so bedeutet diese Intervention eine zusätzliche Störung für die Devisenmärkte und bewirkt eine ungeordnetere Marktentwicklung. Dieses gilt insbesondere, wenn sich die Intervention gegen den Markt stemmt (und auf Dauer nicht durchsteht) und/oder spekulative Kapitalbewegungen induziert. Wenn also die Zentralbank die Parität kennt wie beispielsweise in dem System fester Wechselkurse von Bretton-Woods oder des Europäischen Währungssystems (EWS) und der Kassa-Kurs nur vorübergehend die Interventionspunkte zu überschreiten droht, ist eine Intervention auf den Devisen-Terminmärkten sinnvoll.

Formen der Devisenmarktpolitik

Ein sog. **Outright-Termingeschäft** ist der an kein Kassa-Geschäft gebundene Kauf (Verkauf) von Devisen seitens der Zentralbank bei privaten Kreditinstituten per Termin. Ein sog. **Outright-Kassageschäft** ist entsprechend ein an kein Termingeschäft gebundener Kauf (Verkauf) von Devisen.

Ein **Devisen-Swapgeschäft** bedeutet den Kauf (Verkauf) von Devisen seitens der Zentralbank bei privaten Kreditinstituten bei ihrem gleichzeitgen Verkauf (Kauf) per Termin. Die Kreditinstitute erhalten (verlieren) somit über die Zeitdauer des Termingeschäftes Verfügungsgewalt über Zentralbankgeld bzw. Liquidität und verlieren (erhalten) entsprechende Verfügungsgewalt über Devisen. Mit diesem Instrument kann die Zentralbank somit auch Einfluß auf die kurzfristigen Auslandsanlagen bzw. auf die Working Balances der Kreditinstitute nehmen, insbesondere wenn die Zentralbank an das Swap-Geschäft Auflagen knüpft wie beispielsweise bezüglich der Anlage in bestimmten Titeln oder der Nicht-Anlage auf bestimmten Märkten (Euro-Märkten etc.). Bei der Zentralbank ergibt sich eine Verlängerung (Verkürzung) der Bilanz; bei den Kreditinstituten ergibt sich ein Passivtausch.

Ein **Devisenpensionsgeschäft** ist ein Offenmarktgeschäft mit Rückkaufsvereinbarung für Auslandstitel als Vertragsgegenstand. Gibt die Zentralbank den Kreditinstituten für eine bestimmte Dauer Auslandstitel in Pension, so verlieren die Banken Zentralbankgeld. Die Sichteinlagen der Kreditinstitute bei der Zentralbank sinken und es ergibt sich ein Liquiditäts- und Zinseffekt auf den inländischen Geld- und Kreditmärkten. Aufgrund der Tatsache, daß die Verbindlichkeiten der Zentralbank aus Pensionsgeschäften steigen, erfolgt insgesamt nur ein Passivtausch (Probleme der Bilanzierung etc. vernachlässigt). Da die Kreditinstitute die Titel zurückgeben müssen und damit im Grunde nicht verkaufen können, entfallen bei diesen Geschäften die unmittelbaren Zinseffekte auf den ausländischen Geld- und Kreditmärkten ebenso wie die Wechselkurseffekte. (Eine Lösung des Wechselkurses von veränderten Portfolio-Investitionen ließe sich erreichen, wenn diese Transaktionen über die Bundesbank verlaufen, wenn der US-Titel kaufende Deutsche diese von der Zentralbank direkt kauft und die Zentralbank diese aus ihrem Portefeuille nimmt (OMP) oder im Rahmen von Swap-Linien vom Federal Reserve Board erhält.)

Die Einlagen-Politik

„Der Bund, das Sondervermögen-Ausgleichsfonds, das ERP-Sondervermögen und die Länder haben ihre flüssigen Mittel, auch soweit Kassenmittel nach dem Haushaltsplan zweckgebunden sind, bei der Deutschen Bundesbank auf Girokonto anzulegen. Eine anderweitige Einlegung oder Anlage bedarf der Zustimmung der Bundesbank; dabei hat die Deutsche Bundesbank das Interesse der Länder an der Erhaltung ihrer Staats- und Landesbanken zu berücksichtigen" (§17 BBankG). Die Einlagen-Politik beinhaltet damit die Umschichtung dieser Sichtguthaben der genannten Institutionen von der Zentralbank zu Kreditinstituten oder vice versa mit den entsprechenden Liquiditätseffekten und Multiplikatorwirkungen auf dem Geld- und Kreditmarkt.

V.3 Erklärungsansätze des Zentralbankverhaltens

Zentralbankverhalten als Ausdruck einer sog. Verlustfunktion

Wie die rationalen Verhaltensweisen von Geschäftsbanken, Unternehmen oder Haushalten läßt sich auch das Verhalten der Zentralbank auf der Basis einer Zielfunktion erklären. Es kann zumindest gedanklich nicht ausgeschlossen werden, daß der Zentralbankrat eine Politik der Maximierung des in den Staatshaushalt zur Ausgabendeckung fließenden Gewinnes der Zentralbank betreibt und entsprechend sich so mikroökonomisch-rational verhält wie der Vorstand einer Großbank, einer Landesbank oder genossenschaftlichen Zentralbank. Der Einsatz zentralbankpolitischer Instrumente bedeutet stets einen Eingriff in das System der interdependenten Märkte, der zu Veränderungen gesamtwirtschaftlicher Größen führt (und führen soll). Die Erreichung bestimmter Veränderungen gesamtwirtschaftlicher Variablen oder wirtschaftlicher Situationen kann und sollte das Ziel der Zentralbank sein, so daß die Zentralbankpolitik makroökonomisch-rational zu sein hat.

Eine gewisse Verbindung „beider" Ziele ergibt sich, wenn die Zentralbank ihre eigene gesellschaftliche Stellung bzw. ihr wirtschaftliches Prestige maximieren will. In diesem Sinne stellt dann die Abweichung des tatsächlichen Wertes einer gesamtwirtschaftlichen Variablen von seinem politisch gewünschten einen Prestige- oder Nutzenverlust für die Zentralbank dar. Die gewünschten Zielwerte können dabei u.a. von der Regierung/Gesetzen (wie § 1 StWG) oder von der Zentralbank selbst (wie die gewünschte Preissteigerungsrate im Rahmen des vorab angekündigten Geldmengenwachstums oder die Vermeidung von erratischen Schwankungen des Wechselkurses) festgelegt sein. Das Prestige der Zentralbank entspricht dann ihrer Fähigkeit zur Durchsetzung bzw. Realisation; der Verlust entspricht der Stärke der Nicht-Realisation bzw. Abweichung. Dieser Verlust kann im Falle einer gleichstarken Abweichung verschiedener Ziel-Variablen je nach der politischen Gewichtung bzw. der gesellschaftlichen Zuweisung der Verantwortung unterschiedlich sein.

Zieht die Zentralbank unverhältnismäßige, d.h. unkontrollierte Reaktionen der Banken oder Nicht-Banken mit in Betracht und fürchtet sie eine Wahrscheinlichkeit derartiger Verhaltensweisen, die mit der Stärke ihres Instrumenteneinsatzes (Ausmaß der Veränderung des Mindestreservesatzes etc.) steigt, dann führt dies zu einer Zentralbankpolitik der „Trippelschritte". Entsprechend wird sie ihre Instrumentenvariablen nur graduell verändern (möglichst kleine Differenz $x_{it} - x^*_{it-1}$) bzw. an die Zielwerte der Instrumente anpassen. Diese gewünschten Instrumentenwerte sind jene im (langfristigen) Gleichgewicht x^*_{it}. Durch die Erfassung der um eine Periode verzögerten Variablen x wird die Begünstigung einer Politik gradueller Maßnahmen modelliert. Starke Einmal-Reaktionen werden ebenso ungünstig bewertet wie starke Abweichungen der tatsächlichen von den gewünschten Werten der gesamtwirtschaftlichen Ziele und der Instrumente.

Der Optimierungsansatz

Der empfundene Verlust bei einer Abweichung der tatsächlichen von den gewünschten Werten bei der Ziel- und Instrumentvariablen wird mit der folgenden Funktion gemessen:

$$\text{Min.!} \qquad L_t = \sum_{j=1}^{n} w_{jt} (y_{jt} - y^*_{jt})^2 + \sum_{i=1}^{m} v_{it} (x_{it} - x^*_{it})^2 + \sum_{i=1}^{m} v'_{it} (x_{it} - x_{it-1})^2$$

mit:
- L Verlust(-index);
- y_j Wert der gesamtwirtschaftlichen Größe j (j = 1, ...n);
- x_i Wert der Instrumentvariable i (i = 1, ... m);
- t Zeit-index;
- * Kennzeichen für gewünschte Größen.

Die Gleichgewichtskoeffizienten (w_{jt}, v_{it}, v'_{it}) sind exogen und konstant. Durch die Quadrierung wird einerseits die Abweichung unabhängig von der Richtung und andererseits eine größere Abweichung stärker als eine kleinere Abweichung gewichtet. Alle Ziel- und Instrumentvariablen sind normiert, so daß beispielsweise nicht die absoluten Differenzen des tatsächlichen und angestrebten Sozialproduktes (in Mrd. DM) und eines Zinssatzes (v.H.) verglichen werden. Die Normierung kann über die Betrachtung von Veränderungsraten oder den Bezug einer Variablen auf ihre „Normalgröße“ wie beispielsweise die sog. natürliche Beschäftigungsrate oder das Vollbeschäftigungseinkommen erfolgen. Durch die Normierung entsteht außerdem erst die Möglichkeit, empirisch die Zielgewichte der unbekannten Verhaltensfunktion der Zentralbank zu schätzen.

Die Verhaltensweisen der Zentralbank lassen sich somit ableiten über die Minimierung der Verlustfunktion. Als Nebenbedingungen dienen dabei Reaktionsfunktionen der gesamtwirtschaftlichen Variablen. Es sind die Lösungen des von der Zentralbank verwendeten gesamtwirtschaftlichen Erklärungsmodells für diese Variablen bzw. die reduzierten Modellgleichungen. Die Minimierung der sog. loss-function erfolgt somit unter Beachtung der folgenden Nebenbedingungen (j=1, ..., n):

$$\text{u.d.N.} \qquad y_{jt} = \sum_{i=1}^{k} z_{ijt} x_{it} + u_{jt} + S_{jt}$$

mit:
- z_{ijt} Parameter, der die Wirksamkeit bzw. Auswirkung des Instrumentes i auf die gesamtwirtschaftliche Größe j erfaßt;
- u_{jt} Zielvariable (normalverteilt mit: $E(u_{jt}) = 0$; $\sigma(u_{jt})$ = konstant);
- S_{jt} sonstige exogene Einflüsse.

Zu beachten ist an diesem Ansatz die gewählte Abhängigkeitsstruktur. Das Ergebnis bzw. die rationalen zentralbankpolitischen Verhaltensweisen werden entscheidend geprägt von den gesamtwirtschaftlichen Strukturvorstellungen (z_{ijt}) sowie den Präferenzstrukturen bezüglich der gesamtwirtschaftlichen Ziele (w_{jt}) und der Instrumente (v_{it}, v'_{it}) seitens des Zentralbankrates. Der Ansatz ist dabei insbesondere in dem Sinne statisch, daß die zentralbankpolitischen Instrumente gegeben sind (m ist konstant), so daß die Entwicklung neuer Instrumente außerhalb in einem vorgeschalteten Schritt zu erfolgen hat. Erfaßt werden können prinzipiell allerdings der Übergang von einem deterministischen zu einem stochastischen gesamtwirtschaftlichen Modellansatz bei der Bestimmung der Koeffizienten z_{ijt} oder die Varianzen gesamtwirtschaftlicher Größen, wie beispielsweise die Preis-Variabilität, die durch die Zentralbankpolitik reduziert bzw. nicht gesteigert werden soll.

Die Nebenbedingungen werden in die L-Funktion eingesetzt. Die gleich Null gesetzten ersten Ableitungen der L-Funktion nach den Instrument- resp. Aktionsparametern führen zu den optimalen Werten aller x_{it}:

$$x_{it} = a_i + b_i x_{it-1} - \sum_{j=1}^{n} c_{ijt} (y_{jt} - y^*_{jt})$$

mit:

$$a_i = v_i x^*_i / (v_i + v'_i)$$
$$b_i = v'_i / (v_i + v'_i)$$
$$c_{ijt} = w_{jt} z_{ijt} / (v_i + v'_i).$$

Alle Koeffizienten sind exogen gegeben. Der jeweils gewünschte Instrumentenwert hängt ab von seinem Vorperiodenwert sowie insbesondere der Abweichung bei der gesamtwirtschaftlichen Größe, auf die dieses Instrument relativ stark wirkt. Eine gesamtwirtschaftliche Größe j, die von einem Instrument i nicht (oder nur wenig) beeinflußt wird, weist entsprechend einen Wert von z_{ijt} und damit c_{ijt} von Null auf. Die simultane Bestimmung aller gewünschten Werte x_{it} beinhaltet dabei stets eine Lösung der Optimalkombination der Instrumente, d.h. des sog. policy-mix. Das Problem der Zuordnung von Instrumenten zu Zielen, d.h. das sog. assignment problem ist durch die Berücksichtigung eines gesamtwirtschaftlichen Modellansatzes gelöst. Eine interessante Modifikation dieses auf den Arbeiten von Theil basierenden Ansatzes stellt der insb. von Frey entwickelte politisch-ökonomische Ansatz dar.

Der politisch-ökonomische Ansatz

Mit der Erklärung der Verhaltensweisen der Zentralbank aufgrund einer unterstellten Prestige-Verlust-Funktion wird insbesondere der eigenständige institutionelle Charakter der Zentralbank hervorgehoben, die damit keinen gesamtgesellschaftlichen Nutzen in der Art eines alles-(besser-)wissenden Auktionators maximiert. Sie ist damit eine Modifikation eines absoluten kontrolltheoretischen Ansatzes für das Zentralbankverhalten.

In diesen institutionell ausgerichteten Modellrahmen läßt sich relativ einfach ein politsch-ökonomischer Ansatz integrieren. Bezogen auf das Zentralbankverhalten betont ein derartiger Ansatz zum einen die institutionelle Gemeinsamkeit von Zentralbank und Regierung (in makroökonomischen Modellen werden häufig beide zum Staat zusammengefaßt) sowie zum anderen die Abhängigkeit der Regierung und auch der Zentralbank von der öffentlichen Meinung.

Der Ausgangspunkt ist die Grundannahme, daß die Zentralbank selbst stets eine restriktive Geldpolitik zur Aufrechterhaltung der Preisniveaustabilität bzw. zur Vermeidung einer Inflation präferiert. Sie kann diese Politik aber nicht betreiben, wenn sie im Widerspruch zur Politik der Regierung, verstanden als Fiskalpolitik, steht. Die Geldpolitik kann nur restriktiv (expansiv) sein, wenn auch die Fiskalpolitik restriktiv (expansiv) ist, d.h. im Nicht-Konflikt-Fall ($c = 0$). Da die Regierung letztlich wiedergewählt werden will und entsprechend versucht, ihre Popularität zu maximieren, bedeutet dieses, daß wenn in der Meinung der (potentiellen) Wähler der regierenden Partei oder Koalition eine expansive Politik notwendig ist, daß die Regierung eine entsprechende Politik betreiben wird. Zeitliche Verzögerungen sind aufgrund von Informations- und Entscheidungsprozessen zu erklären. Gegen diese Politik sowie die öffentliche (Mehrheits-) Meinung kann (annahmegemäß) die Zentralbank nicht verstoßen; sie wird in diesem Konfliktfall ($c = 1$) ebenfalls eine expansive Politik betreiben (müssen).

Zur Vereinfachung sei unterstellt, daß die Zentralbank im Nicht-Konflikt-Fall ($c = 0$) für sich einzig das Ziel der Preisniveaustabilität resp. Senkung der Inflationsrate $\hat{P}$ sieht. Das Ziel der Regierung sei ihre Popularität; für die hier als Ziel der Fiskalpolitik die Arbeitslosenrate U gesetzt wird. Da es für jeden Fall ($c = 0$, $c = 1$) annahmegemäß nur ein Ziel gibt, ist der Koeffizient w_{jt} im Grunde jeweils eins. Dieses ist aber nicht zwingend. Damit sind die beiden ersten Terme der folgenden Verlustfunktion der Zentralbank erklärt.

Die Zentralbank möge (ebenfalls stark vereinfacht) nur über ein Instrument verfügen. Es sei die Geldmengenpolitik, d.h. die Veränderungsrate der nominalen Geldmenge, so daß gilt $x = \hat{M}$. Die Präferenz für zentralbankpolitischen Gradualismus bleibt bestehen bzw. wird gestützt durch die Tendenzen der Bürokratie. Die letzten beiden Terme der Verlustfunktion sind damit erklärt. Es gilt:

$$\text{Min.!} \qquad L_t = (1-c)w_{Pt}(\hat{P}_t-\hat{P}_t^*)^2+cw_{ut}(U_t-U_t^*)^2+v_{Mt}(\hat{M}_t-\hat{M}_t^*)^2+ \\ + v'_{Mt}(\hat{M}_t-\hat{M}_{t-1})^2$$

$$\text{u.d.N.} \qquad \hat{P}_t = z_{PMt}\hat{M}_t + u_1$$

$$U_t = z_{UMt}\hat{M}_t + u_2$$

$$u_i \quad \text{Störgröße}, \quad E(u_i) = 0 \quad ; \quad \sigma(u_i) = \text{konstant}.$$

Die Nebenbedingungen erfassen den Zusammenhang zwischen den jeweiligen gesamtwirtschaftlichen Größen und dem Zentralbankinstrument. Alle Koeffizienten sind positiv. Das Ergebnis für den Optimalwert ist:

$$\hat{M}_t = a_0 + a_1\hat{M}_{t-1} + a_2(1-c)\,\text{IDEOLZB} + a_3 c\,\text{POLREG} + u_3$$

mit: (Zeitindices t vernachlässigt)

$$a_0 = v_M\hat{M}^*/(v_M + v'_M) \qquad > 0$$

$$a_1 = v_M'/(v_M + v_M') \qquad > 0$$

$$a_2 = -w_P z_{PM}/(v_M + v_M') \qquad < 0$$

$$a_3 = w_U z_{UM} b_1/(v_M + v_M') \qquad > 0$$

Die beiden Variablenabkürzungen IDEOLZB und POLREG stehen für Ideologie- bzw. Zielvariable der Zentralbank und Politikvariable der Regierung. Für die Zielvariable IDEOLZB gilt:

$$\text{IDEOLZB} = (\hat{P} - \hat{P}^*)$$

Die Reduktion der Inflationsrate bis (langfristig) auf annähernd Null entspricht gemäß des politisch-ökonomischen Ansatzes der eigentlichen Zielvorstellung der Zentralbank im Nicht-Konflikt-Fall. Für den Konfliktfall (c = 1) hat die Zentralbank ebenso in expansiver oder kontraktiver Richtung zu agieren wie die Regierung. Als Ziel der Regierungspolitik soll die Reduktion der Arbeitslosigkeit gelten, die die Regierung mit einer steigenden kreditfinanzierten Staatsnachfrage und damit einem Budgetdefizit als Politikvariable POLREG erreichen will. Dann gilt aus der Sicht der Regierung der folgende Zusammenhang:

$$(U - U^*) = -b_1 \text{POLREG} + u_4 \quad ; \quad b_1 > 0$$

Folgt aus der Minimierung der Verlustfunktion unter Verwendung der Differenz (U – U*) in der Bestimmungsgleichung für $\hat{M}$ im Konfliktfall (c = 1) der Term:

$$- \frac{c w_u z_{uM}}{v_M + v_M'} (U - U^*),$$

so wird daraus der (vorletzte) Term zur Bestimmung der gewünschten Wachstumsrate der Geldmenge M:

$$+ a_3 \, c \, \text{POLREG}$$

Bei einer expansiven Fiskalpolitik der Regierung (POLREG > 0) wird bei c = 1 auch die Geldmenge (stärker) steigen; entsprechend ist $a_3 > 0$ zu erwarten. Der politische Ansatz ist in dem der Verlustfunktion enthalten bzw. leicht in ihn integrierbar.

Die Zentralbank ist kein Auktionator

Die vorgegebene Zuordnung bestimmter Ziele zu bestimmten Politiken oder Institutionen sowie die 0-1-Regelung des Konfliktfalles durch den politisch-ökonomischen Ansatz widerspricht einer Reihe von Beobachtungen (beispielsweise dem steigenden Staatsdefizit der Reagan-Administration bei einer relativ restriktiven Geldmengenpolitik der Fed unter Volcker). Sie entspricht aber mit der Dichotomisierung der Ziele resp. der Zuordnung von Preisniveau und Geldmenge dem walrasianischen Ansatz.

Konsequenter in dieser Richtung sind aber (flexible) Geldmengenregeln, d.h. die vorangekündigte i.d.R. gleichmäßige Veränderung der Geldmenge durch die

Zentralbank. Durch derartige Regeln werden Gefahren ausgeklammert, die u.a. darin liegen, daß die Zentralbank Entwicklungen zu spät erkennt, falsch einschätzt und aufgrund eines „falschen" Modelles (d.h. falscher Nebenbedingungen) dann den Wirtschaftssubjekten verwirrende Impulse gibt. Die Zentralbankpolitik in Abhängigkeit von einer Verlustfunktion kann selbst zur Quelle gesamtwirtschaftlicher Störungen werden oder aber im Falle vollständiger Antizipation durch die Wirtschaftssubjekte ihre Wirkung verlieren.

Voraussetzungen für die Schlußfolgerung sind aber die Ermittlung und Kontrollierbarkeit des relevanten Geldmengenaggregates sowie eine walrasianische Funktionalität real-existierender Volkswirtschaften. Die einer institutionalisierten Regel folgende Geldmengenentwicklung in einer sich bei Unsicherheit für jedes Wirtschaftssubjekt entwickelnden Volkswirtschaft darf keine größere Behinderung resp. Störung der wirtschaftlichen Koordination von vielen Wirtschaftssubjekten sein. Je instabiler die Beziehung zwischen der Zielgröße und dem betrachteten Geldmengenaggregat wird bzw. je ungenauer seine Abgrenzung ist, desto größer ist die Gefahr, daß die Geldmengenregel trotz Vorankündigung die Koordinationsunsicherheit erhöht. Je flexibler aber die Geldmengenregel gehandhabt wird, desto geringer wird der Unterschied zum Ansatz einer gesamtwirtschaftlichen Nutzenfunktion oder einer Verlustfunktion oder einer am Zinssatz bzw. an der Zinsstruktur orientierten Geldpolitik.

V.4 Zur Theorie der Zinsstruktur

Eine eigenständige Theorie für das Verhältnis der verschiedenen Zinssätze zueinander in einer bestimmten Periode, d.h. für die Zinsstruktur, ist im Grunde weder möglich noch sinnvoll, da sich alle Zinssätze simultan aus dem System interdependenter Märkte unter Einschluß aller Geld-, Kredit- und Kapitalmärkte ergeben. Aggregierte monetäre Makromodelle enthalten aber i.d.R. nur (unverzinstes) Geld und (langfristige) Wertpapiere mit einem (langfristigen) Zinssatz. Damit erhält eine Theorie der Zinsstruktur einen Erklärungswert für die Geld- und Kreditpolitik der Zentralbank, die in realiter ja einem breiten Spektrum von Zinssätzen gegenübersteht und damit einem Entscheidungsproblem beispielsweise bezüglich des für die Offen-Markt-Politik zu wählenden Finanzmarktes. Einen Erklärungsbeitrag liefert eine eigene Zinsstruktur dann auch zur (partialanalytischen) Hypothesenbildung, d.h. beispielsweise zur Klärung der Frage nach den die Geldhaltung determinierenden Zinssätzen. Die Theorie der Zinsstruktur steht aber stets anstelle eines (disaggregierten) Finanzmarktsystems und erklärt (nur) partialanalytisch den sich im Gleichgewicht ergebenden Vektor der Zins- bzw. Ertragssätze. Sie zeigt den Erklärungsverlust auf, der durch die Aggregation in monetären Makromodellen eintritt bzw. die in ihnen implizit enthaltenen Annahmen.

Im folgenden sollen einerseits die Substitutionsbeziehungen zwischen den verschiedenen Wertaufbewahrungsmitteln betrachtet werden, die insbesondere für die unmittelbare Anstoß- und die langfristigen Effekte von (nicht nur selektiven) zentralbankpolitischen Maßnahmen von Bedeutung sind. Andererseits soll in Fortsetzung insbesondere von Kapitel III gezeigt werden, wann es in einem Finanzmarktsystem überhaupt zur Haltung von Geld, d.h. einem unverzinsten Titel kommt.

Eine konsistente Aggregation über Vermögenstitel und damit die „Vernachlässigung“ des Finanzmarktsystems in seiner Struktur setzt, wie gezeigt wurde, voraus, daß bei gleichem Risikotyp aller Wertpapiere die Ertragsströme vollkommene Substitute sind. Unterscheiden sich die auf den Finanzmärkten gehandelten Wertpapiere in der Fristigkeit, dann bezieht sich die Voraussetzung vollkommener Substitutionalität auf die Netto-Ertragsströme gleichfristiger Anlagestrategien. Werden Informations- und Transaktionskosten auf allen Märkten von Null unterstellt und haben die repräsentativen Wirtschaftssubjekte sichere Ertragserwartungen (oder sind risikoneutral, so daß es bei unsicheren Erwartungen keinerlei Vorteile aus einer Portfolio-Selektion gibt), so läßt sich der Vektor der Zinssätze dieses Finanzmarktsystems, in dem sich die Wertpapiere nur in der Fristigkeit unterscheiden, für das Arbitragegleichgewicht mit der klassischen Erwartungstheorie der Zinsstruktur erklären.

V.4a Die klassische Erwartungstheorie der Zinsstruktur

Die Rendite r eines Titels auf Jahresbasis (p.a.) sei wie folgt dargestellt:

$$ {}_t r_j^z $$

mit: z Fristigkeit bzw. (Rest-) Laufzeit eines Titels;
t Anlagezeitpunkt;
j Ende der Anlage bzw. des Anlagezeitraumes.

Es existieren annahmegemäß drei unterschiedlich fristige Papiere in der Volkswirtschaft: Papiere mit einer (Rest-) Laufzeit von einem, zwei und drei Jahren. Die (Rest-) Laufzeit eines Titels ist die Anzahl der Perioden bis zu seiner Fälligkeit bzw. bis zur Einlösung durch den Emittenten. Bei einer vollkommenen Zins-Arbitrage, bei der die Kredite dort aufgenommen werden, wo sie relativ billig sind bzw. der Zinssatz relativ niedrig ist und die dort angeboten werden, wo der Zinssatz relativ hoch ist, gilt – sofern sich die Titel nur in der Fristigkeit und nicht auch im Risiko unterscheiden –:

$$ (1+{}_t r_{t+3}^3)^3 = (1+{}_t r_{t+1}^1)\,(1+{}_{t+1} r_{t+2}^1)\,(1+{}_{t+2} r_{t+3}^1) $$

sowie:

$$ (1+{}_t r_{t+3}^3)^3 = (1+{}_t r_{t+2}^2)^2\,(1+{}_{t+2} r_{t+3}^1) $$

sowie:

$$ (1+{}_t r_{t+3}^3)^3 = (1+{}_t r_{t+1}^1)\,(1+{}_{t+1} r_{t+3}^2)^2 $$

mit: ${}_{t+n} r_j^z$; $n \geq 1$ erwartete (Kassa-) Ertragsrate.

Die für den zukünftigen Anlagezeitpunkt t + n erwarteten Kassa-Ertragsraten bzw. -Zinssätze können auch als Terminzinssätze betrachtet werden, wenn entsprechende Terminmärkte existieren, so daß der Preis resp. Zinssatz der späteren Anlage bereits heute vertraglich vereinbart wird und dabei dem erwarteten Zinssatz entspricht. Aus der ersten Gleichung folgt für die durchschnittliche jährliche Ertragsrate des dreijährigen Titels:

$$ {}_t r_{t+3}^3 = [\,(1+{}_t r_{t+1}^1)\,(1+{}_{t+1} r_{t+2}^1)\,(1+{}_{t+2} r_{t+3}^1)\,]^{1/3} - 1 $$

Das System der ersten drei Gleichungen zeigt, daß die Zinsstruktur, d.h. der Vektor der in t existierenden Zinssätze ganz bestimmte erwartete Kassa- bzw. Termin-Zinssätze bedingt. Aus den ersten beiden Gleichungen folgt für die Rendite des zweiperiodigen Titels auf Jahresbasis:

$$(1+{}_t r^2_{t+2})^2 = (1+{}_t r^1_{t+1})\,(1+{}_{t+1} r^1_{t+2})$$

bzw.:

$$(*) \qquad {}_t r^2_{t+2} = [\,(1+{}_t r^1_{t+1})\,(1+{}_{t+1} r^1_{t+2})\,]^{1/2} - 1$$

Im Falle einer vollkommenen Zins-Arbitrage läßt sich somit die in t existierende Struktur der Kassa-Zinssätze $\{ {}_t r^1_{t+1}, {}_t r^2_{t+2}, {}_t r^3_{t+3} \}$ allein in Abhängigkeit von den (erwarteten) Renditen des einperiodischen Titels darstellen. Die Rendite p.a. des langfristigen Titels entspricht dem Durchschnitt aus der kurzfristigen Rendite für t und der für die Perioden t + 2 sowie t + 3 erwarteten auf Jahresbasis.

Die Zinsstruktur ist gemäß der klassischen Erwartungstheorie somit über die erwarteten kurzfristigen Zinssätze zu erklären. Das Zinsniveau wird dabei durch den Markt für kurzfristige Titel determiniert. Der für das Aggregat Wertpapiere stehende Zinssatz ist der kurzfristige. Die Geldhaltung ist, wenn es einen Geldmarkt in dem Gesamtsystem interdependenter Märkte gibt, in Abhängigkeit vom tatsächlichen und erwarteten kurzfristigen Zinssatz zu erklären. Eine Offen-Markt-Politik hat am kurzen Ende zu erfolgen – insbesondere, wenn sich die erwarteten kurzfristigen Zinssätze aufgrund der beobachteten Realisationen der kurzfristigen Zinssätze bilden. Die disaggregierte Berücksichtigung dieses Finanzmarktsystems in einem Makromodell würde nur die Modellkomplexität erhöhen, aber keine zusätzlichen Erkenntnisse liefern.

Die Zinsertragskurve der klassischen Erwartungstheorie

Der Verlauf der sog. Zinsertragskurve bzw. die Darstellung der **zeitlichen Zinsstruktur** ist abhängig von den Erwartungen der Wirtschaftssubjekte und damit unterschiedlich in verschiedenen Zeitperioden. Bei sog. statischen Erwartungen in der Form (korrekt E (...) = E (...) = ...):

$${}_t r^1_{t+1} = {}_{t+1} r^1_{t+2} = {}_{t+2} r^1_{t+3} = \ldots$$

bzw.:

$${}_t r^1_{t+1} = {}_t r^2_{t+2} = {}_t r^3_{t+3}$$

ist die Zinsertragskurve eine Horizontale bzw. Parallele zu der die (Rest-) Laufzeit abbildenden Achse (vgl. Abbildung 46).

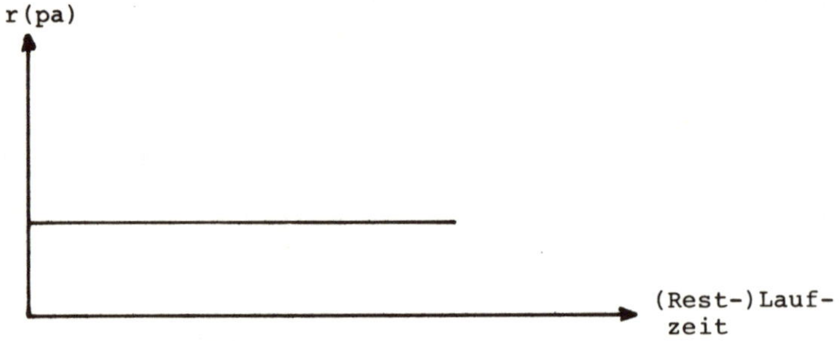

Abb. 46 Die Zinsertragskurve bei statistischen Erwartungen

Bei den unterstellten statischen Erwartungen existieren keine Zinsänderungserwartungen bzw. die erwartete Zinssatzänderung über die Zeit ist Null. Kommt es jetzt in diesem (partialanalytischen) Finanzmarktsystem exogen bei allen Wirtschaftssubjekten zur Erwartung steigender Zinssätze, so erwartet beispielsweise ein Vermögenshalter als Wertpapiernachfrager damit, daß bei einem Planungshorizont resp. einer Anlagedauer von drei Perioden die Rendite aus einer Sequenz einjähriger Titel größer ist als die aus jeder anderen jetzt gewählten Anlage. Er erwartet dieses, da sich der Zinssatz bzw. die Ertragsrate des einjährigen Titels von Periode zu Periode erhöhen wird. Bei einem heute gekauften dreijährigen Titel, welchen er über drei Jahre zu halten beabsichtigt, sind aber der Ankaufs- und Einlösungskurs sowie die Zinszahlungen und damit die Rendite dieser Anlagestrategie fest gegeben. Entsprechend werden die Vermögenshalter aufgrund dieser Zinsänderungserwartung ihr Portefeuille umstrukturieren. Sie werden verstärkt kurzfristige Titel nachfragen und längerfristige aus ihrem Portefeuille (bei Informations- und Transaktionskosten von Null) anbieten.

Ein Wertpapieremittent mit ebenfalls diesen Zinsänderungserwartungen wird höhere Kreditkosten (und damit Finanzierungskosten beispielsweise im Falle eines über drei Jahre kapitalbindenden Investitionsobjektes) erwarten, wenn er in jeder Periode neue einjährige Titel emittiert anstelle einer heutigen Emission eines dreijährigen Schuldtitels. Entsprechend bieten Wertpapieremittenten verstärkt langfristige Titel anstelle kurzfristiger an.

Aufgrund der exogen gegebenen Zinsänderungserwartung sinkt damit insgesamt relativ das Angebot kurzfristiger Titel bei einer relativ gestiegenen Nachfrage nach diesen Titeln. Damit steigt der Kurs der kurzfristigen Titel bzw. es sinkt

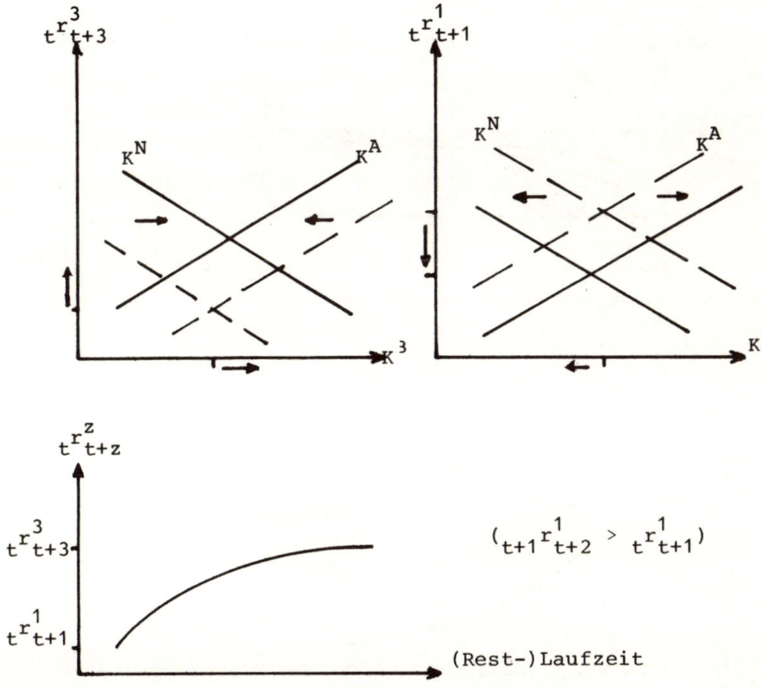

Abb. 47 Die Zinsertragskurve bei erwarteten Zinssteigerungen

der der langfristigen, so daß auf Jahresbasis der Zinssatz des einjährigen Titels sinkt und beispielsweise der des dreijährigen steigt. Die folgende Graphik verdeutlicht diese sich einstellenden Entwicklungen auf den Märkten sowie die sich daraus ergebende Zinsertragskurve. Dabei ist zu beachten, daß das Angebot eines Titels einer Kreditnachfrage K^N entspricht.

Durch die Reaktion der Wertpapieranbieter und -nachfrager, die alle von gleicher Bonität sind, so daß jedes Wirtschaftssubjekt jederzeit als Anbieter oder Nachfrager auftreten kann, ergibt sich bei fehlenden Kosten (Maklergebühren, Börsenumsatzsteuer, Emissionskosten für Verkaufsprospekte etc.) sowie bei gleichen Zinsänderungserwartungen aller Wirtschaftssubjekte einschließlich gleicher Sicherheit somit eine Zinsertragskurve mit positiver Steigung. Die Steigung ist abhängig von der Stärke des pro Periode erwarteten Zinsanstieges, d.h. von der Größe a:

$$E\left({}_{t+1}r^1_{t+2} - {}_t r^1_{t+1}\right) = a$$

Erwarten die Wirtschaftssubjekte beispielsweise für drei aufeinanderfolgende Perioden ein jeweils um 10 v.H. steigendes Zinsniveau, also:

$${}_{t-1}r^1_t = {}_t r^1_{t+1} = 0{,}05 \quad ; \quad {}_{t+1}r^1_{t+2} = 0{,}055$$

$${}_{t+2}r^1_{t+3} = 0{,}0605 \quad ; \quad {}_{t+3}r^1_{t+4} = {}_{t+4}r^1_{t+5} = 0{,}06655$$

so ergeben sich die in der folgenden Abbildung dargestellten vier Zinsertragskurven für die Perioden vor t (0), in t (1), in t + 1 (2) sowie in t + 3 und folgende (3).

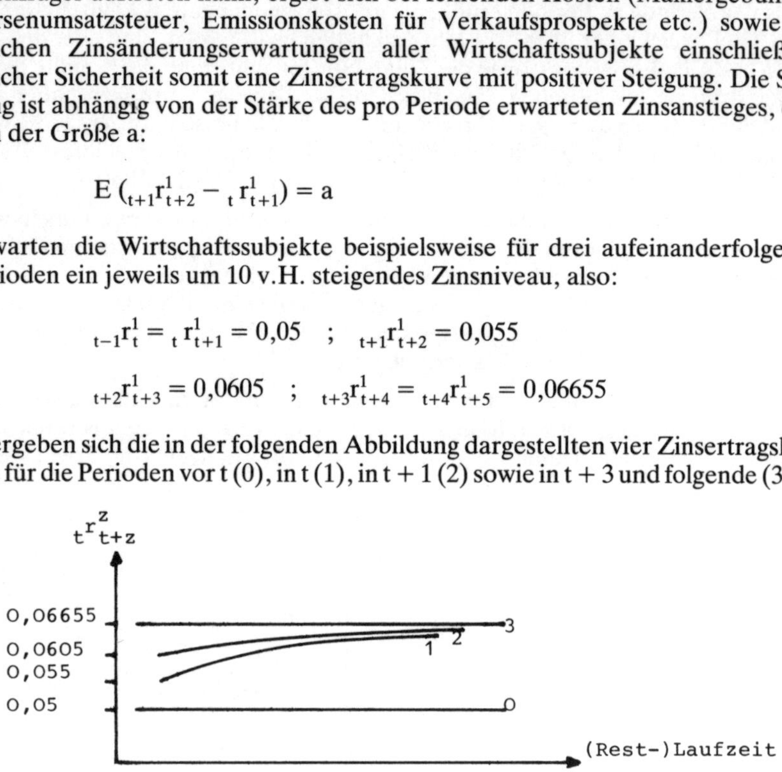

Abb. 48 Die Verschiebung der Zinsertragskurve

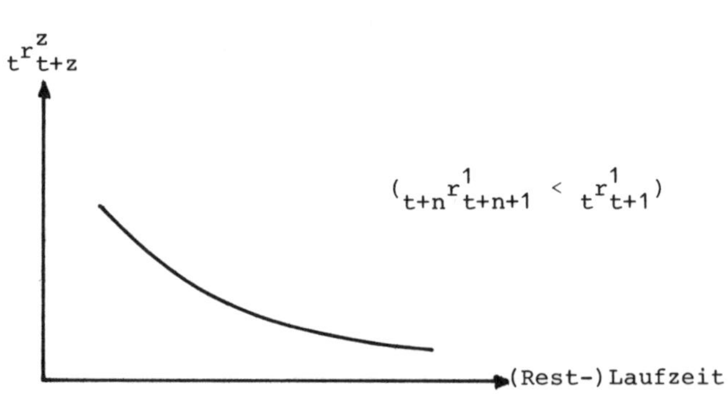

Abb. 49 Die Zinsertragskurve bei erwarteten Zinssatzsenkungen

Wird eine Zinssatzsenkung erwartet ($a < 0$), ergibt sich aufgrund der einsetzenden Substitutionsprozesse seitens der keinerlei Präferenzen habenden Wirtschaftssubjekte eine Zinsertragskurve mit negativer Steigung.

Zum Erklärungsgehalt der klassischen Erwartungstheorie

Im Rahmen der getroffenen sehr restriktiven Annahmen der klassischen Erwartungstheorie bezüglich des ihr unterliegenden Finanzmarktsystems verdeutlicht dieser Erklärungsansatz zur Zinsstruktur die inhaltliche Bedeutung einer häufig unterstellten vollkommenen Substitutionalität zwischen Ertragsströmen resp. Wertpapieren sowie insbesondere die Bedeutung von Zinsänderungserwartungen. Im Falle seines empirischen Gehaltes läßt er sich zur Ermittlung der nicht direkt beobachtbaren und meßbaren Größe Zinsänderungserwartung bzw. erwarteter Kassa-Kurs verwenden. Aus einer in t beobachteten Zinsstruktur läßt sich unmittelbar auf die erwartete Änderungsrichtung schließen; aus den in t herrschenden Zins- resp. Ertragssätzen die für t + n erwarteten ermitteln:

$$ {}_{t+1}r^{1}_{t+2} = \frac{(1+{}_{t}r^{2}_{t+2})^{2}}{(1+{}_{t}r^{1}_{t+1})} - 1 $$

Der empirische Gehalt der klassischen Erwartungstheorie selbst kann weder falsifiziert noch verifiziert werden, da die dazu notwendigen Daten über Erwartungen nicht existieren bzw. da bei Verwendung einer bestimmten Form der Erwartungsbildung der empirische Test zwei Theorien gleichzeitig betrifft ohne zwischen diesen beiden diskriminieren zu können (die empirische Zurückweisung der verbundenen Hypothese bedeutet nicht automatisch, daß jede Einzelhypothese ebenfalls falsch ist).

Ökonomisch bedeutet die Aussage der klassischen Erwartungstheorie, daß sich jede Störung unmittelbar in den relativen Preisen resp. in der Zinssatzstruktur niederschlägt, wenn (a) die Wirtschaftssubjekte die Beziehungen zwischen den unterschiedlichen Zinssätzen und damit die (richtige) Modellstruktur kennen, wenn sie (b) ebenso über die (hier exogen gegebene) Zinsänderungserwartung eine Störung des Systems bzw. den (auch wirtschaftspolitisch initiierten) Schock kennen und wenn sie sich (c) mikroökonomisch rational verhalten. Die Aufhebung der unterstellten Kosten von Null, d.h. die „Eliminierung" des walrasianischen Auktionators aus diesem Finanzmarktsystem, würde unmittelbar eine endliche Kapitalmobilität zwischen den Märkten bzw. eine endliche Anpassungsgeschwindigkeit der Zinsstruktur bedeuten. Der Lösungsvektor für das langfristige Erwartungsgleichgewicht wird sich entsprechend erst nach einem längeren Zeitablauf einstellen, so daß das Modellergebnis insgesamt als konzeptionell langfristiges Referenzsystem scheinbar erhalten bleibt.

Die Exogenität der Informations- und Anpassungskosten bewirkt aber das folgende sog. Informationsparadoxon:

Spiegelt einerseits die Zinsstruktur die Auswirkungen exogener Marktstörungen wider, so ist es andererseits mikroökonomisch nicht rational, sich unter Einsatz von Ressourcen Informationen etc. zu beschaffen. Die Zinsstruktur (des langfristigen Erwartungsgleichgewichtes) erfaßt dann die Auswirkungen der Störung, ohne daß ein Wirtschaftssubjekt sich (aktiv) um das Erkennen der Störung bemüht bzw. sich über den Schock informiert. Eine rationale Erwartungsbildung, d.h. eine unter Berücksichtigung aller verfügbaren Informationen und

Kenntnisse bezüglich der Zinsstruktur und des Zinsniveaus, ist durch die Methodik „impliziert" und nicht Folge eines ökonomischen Begreifens bzw. einer ökonomischen Entscheidung. Es fehlt diesem Ansatz der Marktprozeß. Er ist atemporal und erfaßt entsprechend dem allgemeinen walrasianischen Gleichgewichtsansatz keine monetäre Ökonomie. Es handelt sich um eine heuristische Tautologie.

Der Ansatz der klassischen Erwartungstheorie erklärt, wie das klassische System allgemein, keine Haltung eines unverzinsten Geldes im Rahmen der Vermögensakkumulation. Die Geldhaltung aus dem Anlage- bzw. Spekulationsmotiv existiert nicht. Bei einer tatsächlichen und erwarteten Konstanz der Zinsen würde die Einführung von unterschiedlichen Liquiditätsgraden der Assets in Relation zum Geld aufgrund unterschiedlicher Tauschkosten bedeuten, daß entweder

- nur Geld gehalten wird (alle anderen Titel haben eine negative Rendite wenn die Tauschkosten bei allen Titeln prozentual die Bruttozinserträge übersteigen) oder
- nur ein Nicht-Geld-Titel gehalten wird. (Die Netto-Rendite zumindest eines Titels ist noch positiv; die Tauschkosten sind zu gering, um zur Geldhaltung zu führen, da die Wirtschaftssubjekte nur den Titel mit der größten Netto-Rendite halten; es gibt keine Portfolio-Selektion.)

Eine derartige Erklärung der Geldhaltung aber ist arbiträr.

V.4b Die Bedeutung unterschiedlicher Liquiditätsgrade

Die Liquiditätsunterschiede

Die Betrachtung der klassischen Erwartungstheorie basiert nur auf den pekuniären Erträgen der Vermögenstitel. Entsprechend muß bei gegebenen Zinsen die Zinsertragskurve als eine Horizontale bzw. Parallele zur Fristigkeitsachse verlaufen, da im Gleichgewicht der Grenznutzen, d.h. der pekuniäre Ertrag aller Titel gleich groß sein muß (zweites Gossen'sches Gesetz). Existieren aber auch nichtpekuniäre Erträge in Form von Liquiditätsvorteilen, Bequemlichkeit, Sicherheit etc. so bedeutet dieses, daß im Gleichgewicht bei allen Titeln der aus den pekuniären und nicht-pekuniären Erträgen bestehende Grenzertrag gleich sein muß. Graphisch läßt sich dieses wie folgt darstellen:

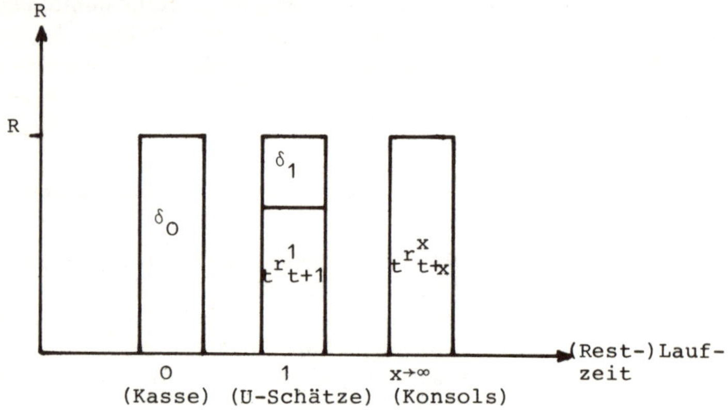

Abb. 50 Die Gesamtertragsrate R verschiedener Titel

Existieren keine Zinsänderungserwartungen, so ergibt sich dennoch eine auf die pekuniären Erträge r bezogene Zinsertragskurve mit positiver Steigung:

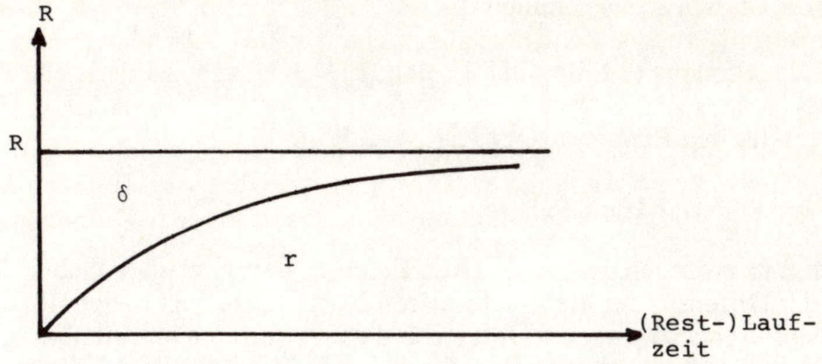

Abb. 51 Die Zinsertragskurve bei unterschiedlichen Liquiditätsgraden

mit: δ nicht-pekuniäre Erträge.

Die Existenz einer derartigen Ertragskurve setzt zunächst unmittelbar gegebene Liquiditätsunterschiede bzw. unterschiedliche Liquiditätsgrade zwischen den Titeln und darüber hinaus den klassischen Anpassungs- bzw. Preismechanismus bezüglich der Wertpapierkurse und damit pekuniären Zinserträge voraus. Außerdem gibt es entweder keine Erwartungsunsicherheit bezüglich auch nur einer Ertragskomponente eines Titels oder keine Risikounterschiede zwischen allen Titeln (bei rationalen Wirtschaftssubjekten). Sind die nicht-pekuniären Erträge z.B. in Abhängigkeit von dem Volumen des entsprechenden Titels variabel, d.h. sinkt beispielsweise der Liquiditätsvorteil von kurzfristigen Titeln (c.p., also bei gegebenem Transaktionsvolumen etc.) mit einem steigenden Bestand dieser Titel, dann ändern sich die pekuniären Ertragsraten kompensatorisch.

Die Erklärung der Geldnachfrage im Rahmen der Vermögenshaltung über die nicht-pekuniären Erträge ist allerdings nach wie vor arbiträr. Die nach der Fristigkeit der Laufzeit gestaffelten nicht-pekuniären Erträge „füllen" die Unterschiede in den (erwarteten) Netto-Renditen wieder auf. Ein entscheidender Schritt dieses Ansatzes liegt allerdings darin, daß nicht mehr Anlagestrategien über die Dauer des Titels mit der längsten Laufzeit verglichen und ausgeglichen werden müssen. Der Ausgleich besteht in jeder Periode; der Übergang zur Netto-Rendite entspricht einer Einführung und Berücksichtigung von Sekundärmärkten für alle Titel. Damit ist prinzipiell jeder Titel am Ende jeder Transaktionsperiode liquidierbar. Entsprechend ergibt sich die pekuniäre Ertragsrate über die Zins- bzw. Dividendenzahlung in der Transaktionsperiode, den erwarteten Liquidationserlös, die beim Tausch anfallenden Kosten und den Kaufkurs.

Für die gesamte Ertragsrate (R) eines jeden Titels i, wobei i beispielsweise Ausdruck der Fristigkeit oder des jeweiligen Emittenten sein kann, gilt:

$$R_i = r_i + \delta_i$$

bei: $r_i = {}_t r^i_{t+1}$

mit: R_i gesamte Ertragsrate des Titels i;
r_i pekuniäre Ertragsrate des Titels i;
δ_i nicht-pekuniäre Ertragsrate des Titel i.

In Anlehnung an die bei der klassischen Erwartungstheorie verwendeten Schreibweise gilt auf Periodenbasis für die durchschnittliche Rendite eines zweiperiodigen Titels; vgl. Gleichung (*):

$$ {}_tR^2_{t+2} = [\,(1+{}_tR^1_{t+1})\,(1+{}_{t+1}R^1_{t+2})\,]^{1/2} - 1 $$

bzw. bei statischen Erwartungen (${}_tR^1_{t+1} = {}_{t+1}R^1_{t+2}$)

$$ r_2 = r_1 + (\delta_1 - \delta_2) $$

Die Differenz zwischen den pekuniären Erträgen der unterschiedlichen Titel besteht in der Differenz der nicht-pekuniären Erträge. Sie liegt in der Höhe der Liquiditätsdifferenz bzw. in dem Unterschied der erwarteten unmittelbaren Verfügungsgewalt über Güter begründet. Ein höherer Zinssatz ist das Entgelt für eine stärker eingeschränkte unmittelbare Verfügungsgewalt über Güter. Geld wird gehalten, da es infolge der nicht-pekuniären Erträge in der Nutzenfunktion enthalten ist. Die Abnahme der nicht-pekuniären Erträge mit steigender Fristigkeit eines Titels begründet die positive Steigung der Zinsertragskurve r.

Die Liquiditätsprämie

Die Geldhaltung bei nicht-pekuniären Erträgen betont den Tauschprozeß mit der Verwendung von Geld als Recheneinheit sowie als Zahlungsmittel und berücksichtigt eine auf die Transaktionsperiode bezogene Wertaufbewahrung. Die Vermögenstitel rücken als Bestandsgrößen näher an die Strömungsgrößen heran, indem ihre Geldnähe betont wird.

Zu einem formal vergleichbaren Ergebnis in der Erklärung der positiven Steigung der Zinsertragskurve r (es gilt nicht die Gleichheit aller R) gelangt man, wenn man statt der periodenbezogenen unmittelbaren Verfügungsgewalt über Güter die Zeitdauer einer eingeschränkten Verfügungsgewalt betrachtet. Dann wird jeder Vermögenshalter aufgrund einer prinzipiellen Höherschätzung eines Gegenwartsgutes gegenüber einem Zukunftsgut längerfristige Titel nur erwerben und halten, wenn sie mit einem höheren (pekuniären) Ertrag verbunden sind. Jeder Vermögenshalter wird also mit steigender Fristigkeit eines Titels eine höhere Verzinsung bzw. Liquiditätsprämie fordern. Es läßt sich für die pekuniären Gesamtrenditen bei einer Fristigkeit von i (i = 1, ... n) schreiben:

$$ r_i = r_{i-1} + L_i \quad ; \quad L_i > 0 $$

Geld als vollkommen liquider Titel ist unverzinst ($r_0 = 0$, $L_0 = 0$). Analog zum Ansatz der Erwartungstheorie gilt für einen zweiperiodigen Titel; vgl. Gleichung (*):

$$ {}_tr^2_{t+1} = [\,(1+{}_tr^1_{t+1}+L_2)\,(1+{}_{t+1}r^1_{t+2}+L_2)\,]^{1/2} - 1 $$

bzw. bei statischen Erwartungen:

$$ r_2 = r_1 + L_2 \quad ; \quad r_i > r_{i-1} > r_1 \quad \text{für} \quad i \geq 2. $$

Die Erklärung der Liquiditätsprämie folgt zumeist über eine ungleiche Aversion von Titelemittenten und Vermögenshaltern gegenüber dem **Einkommens- und**

Kapitalrisiko. Es erfolgt eine auf die Kapitalnehmer und -geber bezogene gruppenspezifische Zuordnung von Präferenzen. Die Liquiditätsprämie ist dann allerdings als eine Art Risikoprämie zu verstehen.

Betrachtet werden die Gruppe der Kapitalgeber, d.h. der Vermögensbesitzer und damit der Wertpapierkäufer sowie die Gruppe der Kreditnehmer, d.h. der Investoren und damit der Wertpapieremittenten. Keine Gruppe kennt den eigenen zukünftigen Liquiditätsbedarf mit Sicherheit. Tritt bei einem Kapitalgeber ein Liquiditätsengpaß auf, so daß er einen Titel vor Fälligkeit verkaufen muß, so kann er einen Kapitalverlust erleiden, wenn der Verkaufskurs unter dem alten Kaufkurs liegt. Ein Einkommensrisiko liegt darin, daß der Kapitalgeber im Verhältnis zur Anlagedauer eine kürzerfristige Anlage wählt und die Zinsen sinken. Es wird eine Präferenz des Kapitalgebers für kürzerfristige Titel und damit eine stärkere Aversion gegenüber dem Kapitalrisiko unterstellt.

Ein Kapitalnehmer scheut, nachdem er eine Investitionsentscheidung getroffen hat, insbesondere das Einkommensrisiko. Dieses entsteht, wenn die Laufzeit der emittierten Titel kürzer ist als die Kapitalbindungsdauer des Investitionsobjektes. Ein Kapitalrisiko entsteht, wenn die Laufzeit der emittierten Titel größer ist als die Kapitalbindungsdauer des Investitionsobjektes. Er scheut also insgesamt nach seiner Investitionsentscheidung variable Zinssätze, da mit steigenden Kapitalzinsen eine im Planungszeitraum richtige Investitionsentscheidung obsolet werden kann. Dieses Problem trifft insbesondere bei den sog. Länderrisiken zu, d.h. der Kreditaufnahme von Entwicklungs- und Schwellenländern zur Finanzierung auch langfristiger Investitionsvorhaben. Vor Amortisation der Investitionen stiegen die Kapitalzinsen derart, daß der Kapitaldienst nicht mehr zu erbringen war.

Das durch die Theorie der Liquiditätsprämie erfaßte Finanzmarktsystem unterscheidet sich von dem durch die klassische Erwartungstheorie erfaßten dadurch, daß aufgrund der unterstellten asymmetrischen Präferenzen auf dem langfristigen Markt das Kreditangebot (die Kreditnachfrage) relativ geringer (größer) ist als auf dem kurzfristigen Markt (vgl. Abbildung 52).

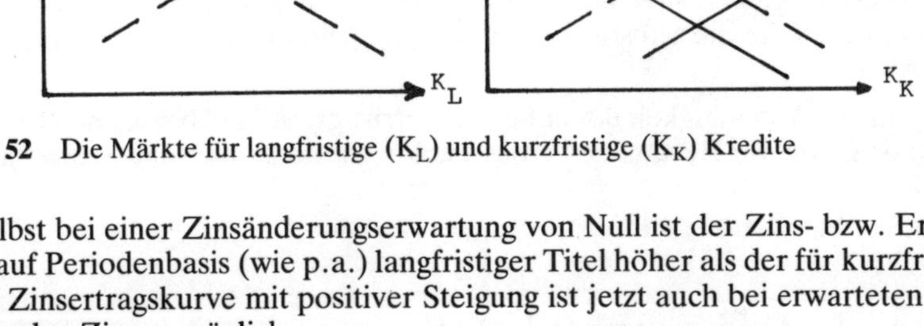

Abb. 52 Die Märkte für langfristige (K_L) und kurzfristige (K_K) Kredite

Selbst bei einer Zinsänderungserwartung von Null ist der Zins- bzw. Ertragssatz auf Periodenbasis (wie p.a.) langfristiger Titel höher als der für kurzfristige. Eine Zinsertragskurve mit positiver Steigung ist jetzt auch bei erwarteten leicht sinkenden Zinsen möglich.

Die Präferenztheorie

Die Existenz und Erklärung einer eindeutigen Zinsstruktur über die Liquiditätsprämie setzt eine identische Risikoscheu der Wirtschaftssubjekte einer Marktseite bei asymmetrischen Präferenzen beider Seiten voraus. Existieren aber gleichzeitig u.a. zwei Gruppen von Vermögensbesitzern, von denen die eine das Kapitalrisiko und die andere das Einkommensrisiko stärker fürchtet, so ist die relative Bedeutung der einzelnen Gruppe auf den jeweiligen Märkten entscheidend für die Zinsstruktur, die dann nicht mehr generalisierend erklärt werden kann. Die Zinsstrukturtheorie der Liquiditätsprämie verliert auch dann den Erklärungsgehalt, wenn auf den Märkten auch eine Institution ohne eine derartige Risikoaversion agiert, die somit eine Zins- resp. Fristigkeitsarbitrage durchführt.

Beispielsweise betreiben Kreditinstitute eine Fristentransformation, indem sie aufgrund des ihnen aus im Prinzip kurzfristigen einzelnen Spareinlagen zugeflossenen Zentralbankgeldes längerfristige Kredite gewähren. Ein Teil der gesamten Spareinlagen kann als ein der Bank längerfristig verfügbarer Sockel betrachtet werden. Die Fristentransformation ist allerdings u.a. durch die Grundsätze des Gesetzes über das Kreditwesen (KWG) begrenzt. So besagt der Grundsatz II des KWG, daß als langfristige Finanzierungsmittel anzusehen sind u.a. das Eigenkapital, 60 v.H. der Spareinlagen, 10 v.H. der Verbindlichkeiten (ohne Spareinlagen) aus dem Bankgeschäft gegenüber anderen Gläubigern mit täglicher Fälligkeit sowie vereinbarter Laufzeit oder Kündigungsfrist von weniger als vier Jahren, 60 v.H. der umlaufenden und vorverkauften Schuldverschreibungen mit einer Laufzeit bis zu vier Jahren etc..

Ein nur eingeschränkter Ausgleich der Ertragssätze im Sinne einer Reduktion der Liquiditätsprämie ist somit die Folge u.a. einer eingeschränkten Fristentransformation seitens der Banken oder eines eingeschränkten Marktzuganges für andere Institutionen wie beispielsweise Versicherungen. Die genannten Gruppen würden ansonsten, wie es der sog. Rent-Seeking-Ansatz erklärt, zu einer Beseitigung der Liquiditätsprämie führen. Die Liquiditätsprämie ist damit die Folge hoher Transaktions- resp. Arbitragekosten in dem Finanzmarktsystem. Sind diese Kosten prohibitiv hoch bzw. ist die Arbitrage vollkommen unterbunden, so befinden sich die Märkte zumindest kurzfristig in einer Art Autarkie-Zustand. Die Märkte sind segmentiert.

Entsprechend gibt es dann kurzfrisitig keine direkte Interdependenz der Märkte und damit auch keine Theorie der Zinsstruktur. Es läßt sich nur der Zinssatz auf jedem einzelnen Markt getrennt erklären. Dabei unterstellt die **Segmentationstheorie** keine absolute Segmentierung über die Zeit, sondern nur eine kurzfristig stark eingeschränkte Anpassung bzw. eine lange Anpassungsdauer in Abhängigkeit von den indirekten Marktinterdependenzen aufgrund der allgemeinen Marktabhängigkeit aller Wirtschaftssubjekte oder aufgrund von Finanzinnovationen, durch die die Substitutionslücken im Zeitablauf verkleinert/geschlossen werden.

Die positive Abhängigkeit der auf den kurzfristigsten Titel bezogenen Liquiditätsprämie L von der Restlaufzeit eines Titels z gilt damit nur eingeschränkt:

$$L_i = L_i(\underset{(+)}{z_i}, \underset{+}{\sigma})$$

mit: L_i Liquiditätsprämie des Titels i;

z_i Restlaufzeit des Titels i;
σ allgemeine Erwartungsunsicherheit.

Generell gilt nur, daß bei einer allgemein steigenden Erwartungsunsicherheit und bei insgesamt risikoscheuen Wirtschaftssubjekten die Fristigkeit der Finanzaktiva sinkt bzw. die langfristigen Märkte in Relation zu den kurzfristigen an Bedeutung verlieren. Dieses war insbesondere die Beobachtung im Übergang von den siebzigern zu den achtzigern Jahren, d.h. in Zeiten allgemein gestiegener Zukunftsängste (Gefährdung des Lebensraumes, Kriegsgefahren etc.), rasanter technologischer Umwälzungen, stark fluktuierender Wechselkurse, hoher Variabilität der Preisstruktur etc..

V.4c Die Zinsstruktur als Folge von Risikodifferenzen

Der Spread

Eine spezielle Theorie der Zinsstruktur als zusammenfassende Abbildung eines Finanzmarktsystems gibt es bei Gültigkeit der allgemeinen Präferenztheorie nicht. Die Zinssätze ergeben sich über die mikroökonomisch fundierten, damit interdependenten Angebots- und Nachfragefunktionen der unterschiedlichen Gruppen von Wirtschaftssubjekten auf den verschiedenen Märkten, so daß die Zins- resp. Ertragsdifferenzen zwischen zwei Titelgruppen auf die besonderen Spezifika der einen gegenüber der anderen Gruppe zurückzuführen sind. Die Lage jeder Angebots- und Nachfragefunktion auf einem Markt ist u.a. bestimmt durch die Höhe des von den Marktteilnehmern erwarteten Risikos dieses Titels und jenes aller anderen.

Auch im Falle eines unterstellten Preissetzungsverhaltens durch eine Marktseite, d.h. wenn beispielsweise die Kreditinstitute die Kreditzinssätze bestimmen, setzen sie den einzelnen Zinssatz unter Beachtung der Relation zu einem anderen. Sie setzen den jeweiligen Zinssatz, indem sie einen gewählten Basiszinssatz um eine bestimmte Marge erhöhen. Als Basiszins dient in der Regel der Zins bei sog. ersten Adressen („Prime-Rate“) bzw. der im Kreditgeschäft unter Geschäftsbanken übliche. Die Marge als Adjustierung wird in Abhängigkeit von den Besonderheiten des jeweiligen Titels bzw. der jeweiligen Titelgruppe, insbesondere in Abhängigkeit von der Unsicherheit bezüglich des Kapitaldienstes bestimmt. Eine Art Mischform entsteht dann, wenn die Kreditinstitute aufgrund ihres Kalküls sog. required market returns bestimmen, unter die sie im Verlauf der Vertragsverhandlungen nicht gehen. Die tatsächlichen Zinssätze können dann trotz eines Preissetzungsverhaltens der Geschäftsbanken marktmäßig bestimmt sein und entsprechend nachfragedeterminiert über diesen Mindestzinssätzen liegen. Es gilt damit:

$$r_i = r_P + \omega_i$$

Für den Spread bzw. den Zinsaufschlag und damit die Zinssatzdifferenz läßt sich schreiben:

$$\omega_i = \omega_i(\underset{(+)}{z_i}, \underset{+}{\sigma_i^2}, \underset{+}{\mathrm{cov}(r_i R)}; \underset{+}{B_i})$$

mit:
- i Index für den Titel bzw. die Titelgruppe i;
- ω Spread;
- z Fristigkeit bzw. Rest-Laufzeit;
- σ^2 Varianz der erwarteten Ertragsrate;
- $cov(.,.)$ Ko-varianz $(-1 \leq cov(.,.) \leq 1)$;
- r erwartete Ertragsrate;
- r_P Ertragsrate bei Krediten an erste Adressen (prime rate);
- R erwartete Ertragsrate des Markt-Portefeuilles (market portfolio);
- B Bonitäts- bzw. Konkursrisiko.

Die Erklärung der Zinssätze über den Spread beinhaltet damit Ansätze zur Erklärung der zeitlichen Zinsstruktur und der unterschiedlichen Bonität bzw. Kreditwürdigkeit der Kreditnehmer aus beispielsweise unterschiedlichen Sektoren oder Gruppen.

Die Berücksichtigung einer geographischen oder länderspezifischen Zinsstruktur ist in diesem Ansatz prinzipiell enthalten. Der Spread ist dann in Abhängigkeit von der Ko-varianz zwischen der erwarteten Ertragsrate des Engagements i zu der des ausländischen „Markt-Portfolios" sowie der Ko-varianz zwischen den erwarteten Ertragsraten der „Markt-Portfolios" des In- und Auslandes zu erklären. Betrachtet man die Gesamtheit der den staatlichen Institutionen und den privaten Wirtschaftssubjekten/Unternehmen eines (beispielsweise südamerikanischen) Landes in einer anderen als der nationalen Währung (beispielsweise US-Dollar) gegebenen Kredite, so besteht für die Gesamtheit dieser Kredite das Bonitätsrisiko des Landes, da es Zahlungen in einem Gelde zu leisten hat, welches es selbst nicht schaffen kann. Dieses Risiko steigt mit dem Volumen der gewährten Kredite. Als Indikatoren für dieses länderspezifische Risiko (B_i) und damit auch für die Höhe der Zinsmarge werden u.a. verwendet (a) die Relation aus Währungsreserven zu Importen, (b) die Tilgungs- und Zinszahlungen in Prozent des Außenhandelssaldos oder des Exportwertes, (c) die Relation aus Schuldenstand und Inlandsprodukt, (d) die Streuung der Fristigkeiten der internationalen Verbindlichkeiten, (e) die Investitionsquote, (f) der Anteil der Militärausgaben, (g) die Inflationsrate etc..

Die Zinsstruktur einer Euro-Währung

Im folgenden soll kurz die Relation zwischen den Zinssätzen auf dem Euro-Markt und den heimischen Zinssätzen betrachtet werden. Dabei gilt für den Kreditzinssatz auf dem Euro-Markt:

$$i_K^E = i_D^E + \omega^E$$

mit:
- i_K^E Kreditzinssatz auf dem Euro-Markt;
- i_D^E Zinssatz für kurzfristige Einlagen (zwischen Geschäftsbanken) auf dem Euro-Markt;
- ω^E Zinsspanne bzw. Marge auf dem Euro-Markt.

Für i_D^E werden zumeist verwendet, der

- LIBOR **L**ondon **I**nter**b**ank **O**ffered **R**ate (11.00 Uhr London);
- FIBOR Frankfurt Interbank Offered Rate (Durchschnitt der Angebotssätze

von 12 Banken für Drei-Monats-Gelder und von Sechs-Monats-Gelder, je nach Fristigkeit des Kreditzinssatzes bzw. nach der Häufigkeit, wie er angepaßt wird – alle 3 oder alle 6 Monate);

- LUXIBOR Luxembourg Interbank Offered Rate;
- NIBOR New York Interbank Offered Rate.

Der Spread ist dabei nur in den wenigsten Fällen über die gesamte Laufzeit gegeben; in der Regel ist er variabel. Der dargestellte Zinssatz i_K^E entspricht nicht der effektiven Belastung des Kreditnehmers, da die auf den Euro-Märkten noch anfallenden Gebühren (sog. fees) nicht veröffentlicht werden.

Es gelten i.d.R. die folgenden Relationen zwischen dem Inlandsmarkt und dem Euro-Markt:

$$i_D^E \geq i_D \quad ; \quad i_K^E \leq i_K$$

Der heimische Einlagenzinssatz i_D stellt für den Euro-Markt eine Zinsuntergrenze dar, da anderenfalls (ökonomisch motivierte) Einleger im Inland bleiben. Der heimische Kreditzinssatz ist nahezu stets höher als der Kreditzinssatz auf dem Euro-Markt, da ansonsten eine Kreditaufnahme in DM im Inland bei gut ausgebauten nationalen Kreditmärkten erfolgt. Die Differenzen zwischen den heimischen Zinssätzen und den Zinssätzen auf dem Euro-Markt lassen sich erklären über:

- größere Kreditvolumina auf den Euro-Märkten, die zu economies of scale führen;
- eine höhere Markttransparenz und einen stärkeren Wettbewerb auf den Euro-Märkten infolge eines höheren Homogenitätsgrades der Kredite;
- geringere (bis gar keine) gesetzlichen Mindestreservesätze auf den Euro-Märkten;
- fehlende bzw. wesentlich weiter gefaßte Begrenzungen der Bankenaktivitäten (Großkreditverordnungen, Eigenkapitalquoten, Zinsregulierungen etc.) durch die Zentralbank bzw. Bankenaufsicht.

Gilt für den Inlands- und den Euro-Markt:

$$i_K = i_D + \omega \quad ; \quad i_K^E = i_D^E + \omega^E$$

so folgt für die Zinsspannen bzw. Margen aufgrund der obigen Ungleichheiten

$$\underset{<0}{(i_K^E - i_K)} - \underset{>0}{(i_D^E - i_D)} = \underset{<0}{\omega^E - \omega}$$

Ist der Zinssatz für einen D-Mark-Kredit im Inland höher als für einen gleichen Kredit auf dem Euro-Markt und ist gleichzeitig der Zinssatz für eine D-Mark-Einlage im Inland niedriger als für eine D-Mark-Einlage auf dem Euro-Markt, so ist auch die Zinsspanne am Euro-Markt geringer als im Inland.

V.4d Die Geldhaltung

Das im Liquiditätsprämien-Ansatz berücksichtigte Unsicherheits-Moment bezieht sich auf die Planungshorizonte der Wirtschaftssubjekte bzw. die von ihnen gewünschte/geplante Kapitalbindungsdauer. Verbindet man diesen Ansatz mit der klassischen Erwartungstheorie der Zinsstruktur, so ergibt sich zwar eine modifizierte Zinsertragskurve, aber es bleibt der nicht-monetäre Charakter des dargestellten Finanzmarktsystems bestehen. Auch der kombinierte Ansatz ist inadäquat für eine Geldwirtschaft. Die Wirtschaftssubjekte haben nach wie vor alle identische Zins- resp. Ertragserwartungen bei einer gegebenen Erwartungssicherheit in einem vollkommen effizienten (Auktionator-)Marktsystem ohne irgendwelche Informations- und Transaktionskosten. Kein Wirtschaftssubjekt hält in diesem System (unverzinstes) Geld aus dem Anlage- oder Spekulationsmotiv. Existiert Geld, dann existiert aber auch Unsicherheit bezüglich aller Geldpreise (einschließlich Wertpapierkurse und damit Renditen). Diese Unsicherheit, die bei allen Wirtschaftssubjekten unterschiedlich ist, bezieht sich nicht nur auf die für eine Periode unmittelbar zu erwartenden Preise resp. Zinssätze, sondern auch auf die längerfristig zu erwartenden Zinszahlungen bzw. -niveaus. Diese Art der Unsicherheit schließt eine mikroökonomische Fundierung der Makroökonomik mit Hilfe sog. repräsentativer Wirtschaftssubjekte aus; diese dient nur einer Plausibilitätsüberprüfung einzelner Hypothesen.

Eine Geldhaltung ergibt sich nur aufgrund der zwischen den Wirtschaftssubjekten bestehenden unterschiedlichen Erwartungen bezüglich der kürzer- und längerfristigen Zinsniveaus und -entwicklungen. Dieses bedeutet beispielsweise im Kontext der keynesianischen Geldhaltung aus dem Spekulationsmotiv, daß eine ökonomisch zu erklärende Geldhaltung im Vermögensportefeuille sich ergibt, wenn die Wirtschaftssubjekte unterschiedliche Vorstellungen über den längerfristig zu erwartenden Normalzinssatz sowie über die Anpassungsgeschwindigkeit des tatsächlichen Zinssatzes an den erwarteten haben und infolge der beobachteten Realisationen den erwarteten Normalzinssatz unterschiedlich revidieren. Bezieht man diese Argumentation nicht auf die Aggregationsstruktur der „General Theory ...“, sondern auf einen disaggregierten Ansatz (beispielsweise Keynes' „Treatise ...“), so handelt es sich nicht um einen Zinssatz, sondern um einen Zinsvektor. In dem hochaggregierten keynesianischen System ist entsprechend die Geldhaltung aus dem Anlagemotiv oberhalb eines bestimmten kritischen Zinssatzes gleich Null und unterhalb eines weiteren kritischen Zinssatzes, bei dessen Realisation die Wirtschaftssubjekte quasi indifferent sind, ist die Nachfrage nach anderen Vermögenstiteln gleich Null. Die unterschiedlichen Erwartungen und Erwartungssicherheiten führen zu einer Geldhaltung mit den beiden bei der klassischen Erwartungstheorie der Zinsstruktur dargestellten Extremsituationen.

V.5 Regulierte Finanzmärkte und selektive Kreditpolitik

Für die Erklärung der Zinsstruktur (in Abschnitt V.4) wurden verschiedene Annahmen bezüglich der unterschiedlichen Gruppen von Wirtschaftssubjekten getroffen. Institutionelle Rahmenbedingungen wurden dabei nicht beachtet. Die Verhaltensweisen aller auf den Finanzmärkten insgesamt agierenden Gruppen (Haushalte, Versicherungen, Banken etc.) lassen sich aber nur in Abhängigkeit von derartigen institutionellen Regelungen verstehen.

V.5a Formen der Regulierungen

Unterschieden werden insbesondere sog. structural regulations und sog. prudential regulations.

Allgemeine Regulierungen

Die „prudential regulations“, d.h. die Regulierung aufgrund von Vorsichtsüberlegungen sollen bestimmte Verhaltensweisen bestimmter Marktteilnehmer ausschließen. Sie sollen beispielsweise bei Kreditinstituten u.a. eine institutsindividuelle Liquiditätsvorsorge und Solvenzabsicherung bewirken. Diese Form der Regulierungen setzt überwiegend an der Bilanzstruktur an. Beispiele sind die sog. Grundsätze über das Eigenkapital und die Liquidität der Kreditinstitute.

Grundsatz I bestimmt, daß die Kredite und Beteiligungen eines Kreditinstituts das 18-fache des haftenden Eigenkapitals nicht übersteigen sollen. Die **Grundsätze II und III** legen für jedes Kreditinstitut fest, daß die Summe aller langfristigen Titel kleiner/gleich der aller langfristigen Verbindlichkeiten zu sein hat und daß das Institut nicht mehr kurz- oder mittelfristige Kredite gewähren soll, als es kurz- und mittelfristige Einlagen und Refinanzierungskredite hat. Die Fristigkeitsgrenze zwischen beiden Grundsätzen ist die 4-Jahres-Frist; nicht ausgenutzte Kreditschöpfungsmöglichkeiten im langfristigen Bereich sind bei den kurz- und mittelfristigen Krediten im Rahmen des Grundsatzes III als Finanzierungsmittel anzurechnen. Beide Grundsätze beinhalten dabei die Aufzählung und Gewichtung der jeweils zu berücksichtigenden Aktiva und Passiva.

Nach dem Zusammenbruch einer Bank (Herstatt-Bank) und der Feststellung eines gleichen „bad banking“ bei anderen Kreditinstituten wurde im Jahre 1974 ein **Grundsatz Ia** eingeführt. Dieser bestimmt, daß der Differenzbetrag zwischen den Aktiv- und Passivpositionen in fremder Währung und in Gold, Silber oder Edelmetallen, unabhängig von ihrer Fristigkeit, 30 v.H. des haftenden Eigenkapitals täglich bei Geschäftsschluß nicht übersteigen soll. Der Unterschiedsbetrag bei den Positionen in fremder Währung, die innerhalb eines Kalendermonats bzw. eines Kalenderhalbjahres fällig werden, soll 40 v.H. des haftenden Eigenkapitals täglich bei Geschäftsschluß nicht übersteigen.

Strukturelle Regulierungen

Strukturelle Regulierungen betreffen die erlaubten bzw. untersagten Aktivitäten. Beispiele dafür sind die Bestimmungen zur Errichtung von Banken (also Regulierungen des Marktzuganges), zum Erwerb von Beteiligungen, zur Zinssatz- und Gebührenbestimmung sowie u.a. die (Nicht-) Erteilung der Genehmigung für Wertpapier-Emissionsgeschäfte, Ausgabe von handelbaren Sichteinlagen, für die Führung von bestimmten Konten allgemein bzw. für bestimmte Kundengruppen oder für die Durchführung von Effektenkommissions- und -eigengeschäften. Diese Regelungen können unterschiedlich sein u.a. für Versicherungen, Handelshäuser oder Kreditinstitute und dabei wiederum unterschiedlich für die verschiedenen Kreditinstitute bzw. Institutsgruppen. So regeln die §§ 32 und 33 KWG die Zulassung zum Betrieb von Bankgeschäften (ausreichendes haftendes Eigenkapital, fachliche Eignung der Leitung etc. als Voraussetzung). Nur bei einer entsprechenden Erlaubnis seitens des Bundesaufsichtsamtes für das Kreditwesen dürfen Bankgeschäfte durchgeführt werden. Es erfolgt damit eine Trennung der Anbieter und Nachfrager auf den Finanzmärkten in Kreditinstitute resp. Banken und Nicht-Banken. Die Gruppe der Nicht-Banken ist dabei sehr heterogen und beinhaltet Versicherungen ebenso wie Haushalte und Industrieunternehmen. Im Sektor der Nicht-Banken existieren dabei ebenfalls verschiedene Kreditbeziehungen, aber es können keine Sichteinlagen gegenseitig eingeräumt werden.

Durch Rechtsverordnungen kann der Finanzminister im Benehmen mit der Deutschen Bundesbank Anordnungen über die Bedingungen (Zinsen und Provisionen) erlassen, zu denen Kredite gewährt oder Einlagen entgegengenommen werden dürfen. Es können somit strukturelle Regelungen für die Gruppe der Kreditinstitute eingeführt werden; zur Zeit existieren in der Bundesrepublik Deutschland keine nennenswerten.

Das Bankensystem in der Bundesrepublik Deutschland wird als sog. **Universalbankensystem** bezeichnet. Es steht damit im Gegensatz zu einem sog. **Trennbankensystem**. Ein derartiges Trennbankensystem ist durch vielfältige strukturelle Regulierungen gekennzeichnet. Beispielsweise gibt es Gruppen von Banken, die nur das Einlagen- und Kreditgeschäft betreiben dürfen, während andere nur das Wertpapiergeschäft (einschließlich Depotgeschäft und Stimmrechtsvertretung) durchführen dürfen. Die Geschäftsbanken mit dem Einlagen- und Kreditgeschäft dürfen dann keine Beteiligungen an Nicht-Banken erwerben; Mitglieder dieser Banken können auch nicht in Aufsichtsratgremien oder dgl. bei Nicht-Banken wirken.

Ein derartiges Trennbankensystem bzw. eine Trennung in verschiedene Spezialinstitute herrscht in den angelsächsischen Ländern vor. Durch die Trennung in Depositenbanken, Effektenbanken etc. sollen mögliche Interessenkonflikte zwischen den Banken und ihren Kunden vermieden werden. Diese **Interessenkonflikte** können entstehen, wenn

- die Banken gleichzeitig in einer Unternehmung (Hauptversammlung etc.) als Anteilseigner, als Ausübende des Stimmrechtes für ihre Anlegerkunden und als Aufsichtsratmitglied agieren;
- die Banken im Effektenkommissionsgeschäft (für ihre Kunden) durch den Eigen- bzw. Selbsteintritt unbemerkbar eigene Beteiligungspakete aufbauen und dann möglicherweise andere, insbesondere Kleinaktionäre benachteiligt werden können;
- die Banken eine Kreditgewährung sowie Effektenkommissionsgeschäfte gleichzeitig durchführen und (Insider-) Informationen aus dem Kreditgeschäft zu Ungunsten ihrer Kunden nutzen;
- die Banken eine Kreditgewährung sowie das Effektenkonsortialgeschäft gleichzeitig durchführen und aufgrund ihres Eigeninteresses den Unternehmen eher Kredite gewähren als ihnen über die Einführung oder eine Effektenneuemission an der Börse (Eigen- bzw. Haftungs-) Kapital frei zuführen, ohne eigene Beteiligungen aufzubauen;
- die Banken durch eine steigende finanzielle und personelle Verflechtung mit den Nicht-Bank-Unternehmen ihre sehr breit gefächerte Macht mißbrauchen oder durch die faktische Institution der Hausbank eine Abhängigkeit der einzelnen Nicht-Bank-Unternehmung ausnutzen würden.

Probleme der Deregulierung beziehen sich überwiegend auf die strukturellen Regulierungen und damit insbesondere auf sog. Trennbankensysteme. Sie spielen damit eine wesentliche Rolle in der Neugestaltung der Kreditmarktsysteme in den USA (Aufhebung von Zinssatzregulierungen, von Beschränkungen der Zulassung von Bankgeschäften nur auf Einzelstaaten und nicht nationweit, etc.) und in Großbritannien (Auflösung des dualen Börsensystems mit „Market Maker" und „Jobber", wobei letztere keine direkten Kundenkontakte haben, sondern die Preisspekulation betreiben und erstere den Kontakt zu den Kunden halten und so zwischen diesen und den Jobbern stehen; erweiterte Zulassung für ausländische Broker und Banken, etc.).

V.5b Zur selektiven Kreditpolitik

Definition der selektiven Kreditpolitik

Mit der Abkehr von einem Trennbankensystem und der Aufhebung von strukturellen Regulierungen für Banken, Versicherungen und sonstige Finanzintermediäre, d.h. mit einer steigenden Integration der nationalen und bei offenen Volkswirtschaften der internationalen Geld- und Kreditmärkte sinken die Möglichkeiten einer wirksamen selektiven Geld- und Kreditpolitik.

Definiert ist eine selektive Geld- und Kreditpolitik als die Anwendung geld- und kreditpolitischer Instrumente mit dem Ziel, die (Mengen-) Struktur der Finanzmärkte gemäß der Zielsetzung der Zentralbank zu lenken. Es sollen beispielsweise Kredite bestimmter Fristigkeit und Höhe auf (von) bestimmte(n) Märkte(n) gelenkt werden. Dieses wird über die Beeinflussung der Konditionen einschließlich der Verfügbarkeiten versucht. Diese Beeinflussung erfolgt dabei beispielsweise im Rahmen der verschiedenen Märkte für Bank-Kredite, nicht über die Variation der bereinigten monetären Basis bzw. des sog. Zentralbankgeldes, wobei für eine reine Geldmengenpolitik eine strukturelle Neutralität auf den Kreditmärkten unterstellt wird. Das letztlich angestrebte Ziel einer selektiven Geld- und Kreditpolitik ist die Lenkung von Ressourcen in spezielle güterwirtschaftliche Verwendungen, d.h. eine Reallokation der Ressourcen resp. die Erreichung einer effizienteren Allokation. Selektive Politikmaßnahmen können beispielsweise angewendet werden, um sog. Risikokapital in forschungs- und entwicklungsintensive Bereiche zu lenken oder um die Nachfrage nach (Konsum-, Investitions-) Güter intertemporal mit dem Ziel zu verschieben, eine Rezession oder Inflation zu bekämpfen.

Eine Veränderung des Mindestreservesatzes für Termineinlagen c.p. wirkt selektiv, da sie über die Reaktion des Termindepositenzinssatzes und -koeffizienten die Fristigkeit der Passiva ebenso beeinflußt wie die Fristigkeit der Kredite, sofern sich die Banken gemäß der sog. **Goldenen Bankregel** verhalten, nach der der Liquiditätsgrad resp. die Fristigkeit der Aktiva gleich der der sie „deckenden" Passiva sein soll. Durch einen gestiegenen Mindestreservesatz für Termineinlagen werden die langfristigen Kredite zurückgedrängt, während die kurzfristigen relativ expandieren. Treten branchen-, sektorenbedingt unterschiedliche Gläubiger auf den verschiedenfristigen Kreditmärkten auf, so erfolgt durch diese Maßnahme u.U. eine Redistribution der realen Ressourcen zwischen den Sektoren bzw. eine staatlich initiierte Beeinflussung der Ressourcenallokation. Dieses wird besonders deutlich bei staatlich fixierten Zinsobergrenzen im Falle einer politisch determinierten Veränderung der Zinssatzstruktur.

Jede geld- und kreditpolitische Maßnahme wirkt unmittelbar selektiv bzw. ist nicht neutral bezüglich der gesamten Finanzmarktstruktur und damit bezogen auf den güterwirtschaftlichen Sektor einer Volkswirtschaft. Eine Ausnahme bildet nur ein monetärer Schock bzw. eine monetäre Maßnahme, die eine gleichmäßig globale Maßnahme ohne Struktur- (resp. Verteilungs-) Effekte ist. Dieses gilt möglicherweise für die Erhöhung der Zentralbankgeldmenge einer Volkswirtschaft durch einen exogenen „Geldregen" aus dem Flugzeug (Friedman's helicopter-money).

Jede Geldmengenpolitik ist stets eine bestimmte Maßnahme; beispielsweise eine spezielle Offen-Markt-Politik oder eine Diskontpolitik oder eine (gleiche) Variation aller Mindestreservesätze. Sie wirkt entsprechend im Rahmen des gesamten Finanzmarktsystems selektiv, indem sie nicht neutral ist bezüglich u.a. der Struktur der Kreditgewährung durch Banken und Versicherungen oder der Struktur von Einlagen und Wertpapieren im Portefeuille der Nicht-Banken. Der selektive bzw. redistributive Impact-Effekt jeder Maßnahme wird besonders deutlich bei der Berücksichtigung von Informations- und Transaktionskosten einschließlich unterschiedlich langer Bindungsfristen und entwickelter Sekundärmärkte (vgl. das Kapitel VI.2).

Die selektive Wirkung geld- und kreditpolitischer Maßnahmen

Die selektive resp. redistributive Wirkung geld- und kreditpolitischer Maßnahmen hängt u.a. davon ab, wo die einzelne Maßnahme ansetzt, d.h. ob sie ansetzt an den Charakteristika der einzelnen Titel (u.a. Zinsobergrenzen, Verbot bestimmter Ausgestaltungen von Einlagen, Wertpapieren, Krediten etc.), oder bei den Kreditgebern resp. den Gläubigern oder bei den Kreditnehmern resp. den Schuldnern.

Maßnahmen, die bei Gläubigern ansetzen, sind beispielsweise: in Abhängigkeit von der Rechtsform, der Bilanzstruktur oder dem Lokalisationsort eines Finanzintermediärs differenzierte Rediskontkontingente ebenso wie in Abhängigkeit von der Rechtsform oder der Institutsgröße erteilte bzw. verweigerte Genehmigungen zur Wertpapieremission, zum Aktienhandel etc. oder nach Einlegern oder Fristigkeiten gestaffelte Mindestreservesätze.

Betrachtet eine relevante Anzahl von (nicht notwendigerweise alle) Gläubigern die einzelnen Titel resp. die verschiedenen Charakteristika der Assets als unvollständige Substitute und sind außerdem die einzelnen Titel auch unvollständige Substitute für die Schuldner, so führt jede bei den Gäubigern ansetzende geld- und kreditpolitische Maßnahme zu einer Veränderung der Zins- und Kreditstruktur. Wird durch eine Offen-Markt-Politik beispielsweise der Zinssatz einer Kredit- resp. Wertpapierart und damit die Zinsstruktur unmittelbar verändert, so würde sich im Fall vollkommener Substitute durch Portfolio-Umschichtungen der Gesamtheit der Gläubiger die alte Zinssatzstruktur wieder einstellen. Ist dieses nicht der Fall, so stellt sich die alte Struktur dann wieder ein, wenn die Schuldner die Titel als vollkommene Substitute betrachten und so mehr Kredite von der relativ billiger gewordenen Kreditart und weniger von der relativ teureren nachfragen. Dieses setzt allerdings Mobilität und Transparenz voraus, d.h. daß die Kreditnehmer keine gruppenspezifischen Präferenzen haben (beispielsweise Industrieunternehmen für Großbanken, Energiewirtschaft für Landesbanken, Landwirte für Genossenschaftsbanken, Ärzte und Apotheker für ihre „Standesbank“, „kleine“ Geldvermögenhalter für Spareinlagen bei Sparkassen etc.) und nicht nur mit einer Haus-Bank zusammenarbeiten bzw. sich nur über die von ihr angebotenen Dienste einschließlich Preise informieren.

Diese Überlegung gilt auch für die Wirksamkeit selektiv gedachter Maßnahmen wie beispielsweise das Verbot (die Erlaubnis) bestimmter Formen der Kreditgewährung für einige Banken. Werden durch derartige zentralbankpolitische Maßnahmen einige Zinssätze erhöht und andere gleichzeitig gesenkt und paßt sich die Zinsstruktur durch Portfolio-Umschichtungen der Gläubiger oder Schuldner nicht wieder an die alte an, so kommt es dann zu Veränderungen des aggregierten realen Einkommens, wenn (zusätzlich) die Zinselastizitäten der verschiedenen Güternachfragen unterschiedlich sind.

In einigen Volkswirtschaften (zum Teil mit einem wenig entwickelten Wertpapiermarkt) haben Kreditinstitute häufig (neben der Mindestreserve) eine **gesetzliche Liquiditätsreserve** zu halten, d.h. in Höhe eines von der Zentralbank festgesetzten Vom-Hundert-Satzes q ihrer Einlagen, einschließlich der Certificates of Deposits und vergleichbarer Titel Zentralbankgeld und/oder staatliche Wertpapiere zu halten. Eine Variation dieser „liquidity ratio requirement“ q stellt im Rahmen eines umfassenden Finanzmarktsystems eine selektive Maßnahme dar, die bei einigen Gläubigern ansetzt. Ihre Wirkung auf die Zinsstruktur und das Geld- und Kreditvolumen der Volkswirtschaft insgesamt, hängt ab vom Grad der Substitutionalität dieser Wertpapiere und anderer Titel. Die Stärke der eingeschränkten Möglichkeit einer Kreditgewährung an Nicht-Banken durch die Banken bei einem erhöhten q bzw. der Verfügbarkeit über Bankkredite seitens der Wirtschaft (availability doctrine of credits) hängt ab vom Grad der Substitutionalität. Empirisch nicht gesicherte oder im Zeitablauf instabile Substitutionsbeziehungen verhindern eine effektive Kontrolle der Geld- und Kreditmenge ebenso wie die der Kreditstruktur seitens der Zentralbank mit Hilfe derartiger Liquiditätsreserven.

Maßnahmen, die beim Schuldner bzw. Kreditnehmern ansetzen, sind beispielsweise Zinssubventionen. Die Effizienz derartiger Maßnahmen (die hier nicht erörtert wird, da es keine typischen Zentralbankinstrumente sind) steigt mit dem Grad der Substitutionalität.

Als letzte Kategorie (vgl. für die Wirkungsweise von Zinsobergrenzen das Kapitel IV.4a) sollen die sog. Depositenversicherungen erwähnt werden. Dabei handelt es sich i.d.R. um einen von den Banken einer bestimmen Bankengruppe gegründeten und finanzierten Fonds, der bis zu einer bestimmten Höhe jede einzelne Einlage eines Bankenkunden für den Fall eines Konkurses einer Bank dieser Gruppe garantiert. Solche **Sicherungsfonds** existieren beispielsweise für die Gruppe der Genossenschaftsbanken, die der Geschäftsbanken sowie die der Sparkassen und Girozentralen. Die Gründung und Einführung derartiger Fonds reduziert das Risiko der so gesicherten Einlagen und damit die Substitutionsbeziehungen zwischen allen Anlagemöglichkeiten bzw. Vermögenstiteln. Je risikoaverser die Wirtschaftssubjekte sind, desto stärker werden die Substitutionsbeziehungen und damit die Finanzströme bzw. die Finanzmarktstruktur geändert. Die Folge ist wiederum in Abhängigkeit vom Grad der Risikoaversion eine tendenzielle Veränderung der Effizienz der geld- und kreditpolitischen Instrumente der Zentralbank.

V.5c Regulierungen und selektive Kreditpolitik: Effizienz und Kosten

Externalitäten und Finanzmarktunvollkommenheiten

Die allgemeine Akzeptanz ist das besondere Charakteristikum des Geldes. Geld als Forderung gegen die Wirtschaft insgesamt und nicht nur gegenüber einem einzelnen Wirtschaftssubjekt begründet und ist gleichzeitig Ausdruck der geringen Informationskosten von Geld und damit der steigenden Effizienz der Ressourcenallokation durch die Verwendung von Geld. Entsprechend liegt das Ziel insbesondere der sog. prudential regulations in der Sicherung des (Vertrauens in das) das Geld schöpfende Bankensystem. Diese Sicherung beinhaltet auch die Schaffung und Erhaltung eines Systems, welches in der Lage ist, auch Fehlentwicklungen, harte Schocks und Störungen aus dem gesamtwirtschaftlichen Bereich sowie seitens der Zentralbankpolitik zu absorbieren. Das Ausmaß dieser Vorsichts- und Sicherungsregulierungen wird (im Sinne einer Optimierung) begrenzt durch administrative Kosten bei der Bankenaufsicht und bei den überwachten Banken sowie durch die Gefährdung/Reduktion der institutsindividuellen eigenverantwortlichen Sorgfalt in der Geschäftsausübung und Innovationskraft bzw. Flexibilität. Die Regulierungen sind Aufgabe der Zentralbank.

Die sog. strukturellen Regulierungen, die häufig aus der gleichen Sicht wie die sog. prudential regulations eingeführt werden, greifen dabei direkt in den Wettbewerbsmechanismus zwischen allen Finanzintermediären ein. Sie betreffen unmittelbar die allokative Effizienz des Finanzmarktsystems und die Kosten der Intermediation durch das Marktsystem. Dieses trifft auch für eine selektive Geld- und Kreditpolitik zu.

Bei einer ausschließlich auf einen allgemeinen Gleichgewichtsansatz beschränkten Argumentation liegt die zentrale Begründung für strukturelle Regulierungen ebenso wie für selektive Maßnahmen in Unvollkommenheiten auf den Finanzmärkten und in Externalitäten bestimmter Nachfragen bzw. Aktivitäten. Ohne strukturelle resp. selektive Initiativen führen nicht internalisierte soziale Kosten u.U. zu unerwünschten Überinvestitionen und soziale Erträge zu Unterinvestitionen. In beiden Fällen entsteht eine gesellschaftlich bzw. wohlfahrtstheoretisch suboptimale Ressourcenallokation. Entsprechend sind diese Regulierungen und Maßnahmen damit Aufgabe der Zentralbank in Verbindung mit der Wirtschaftspolitik der Regierung. Eine derartige Argumentation ist noch zu ergänzen im Falle möglichen Marktversagens (einschl. der Arbeitsmarktprobleme bei increasing returns to scale) auf Nicht-Finanzmärkten.

Allerdings lassen sich gesellschaftlich verstärkt gewünschte Aktivitäten wie Umweltschutz, Wohnungsbau, Forschung, Energieeinsparung etc. auch durch andere Maßnahmen als solche einer selektiven Kreditpolitik fördern bzw. entgelten. Beispielsweise können statt Zinssubventionen auch direkte Subventionszahlungen erfolgen. Die Entscheidung ist u.a. anhand der Relation der maßnahmenspezifischen Kosten zu treffen.

Selektive kreditpolitische Maßnahmen können sinnvoll sein, wenn beispielsweise innovativen Unternehmensgründungen oder alternativen Betrieben durch die (u.U. aufgrund mangelnder Erfahrung übermäßigen) Anforderungen seitens der Kreditinstitute der Zugang zum Kreditmarkt und damit zu Ressourcen faktisch versperrt ist. Es entstehen dann **Kreditrationierungen**, die von den Betroffenen durch nichts übersprungen werden können – auch nicht durch das Bieten eines höheren Preises resp. Zinssatzes für den Kredit. Diese Situation der Überschußnachfrage nach Bankkrediten existiert (hier) im Falle eines sog. dynamic rationing – der Zinssatz wurde (aus Informationsmangel, Monopolisierungen, Kapitalimmobilitäten oder dgl.) nicht an jenen im Gleichgewicht angepaßt. Davon zu unterscheiden ist eine Kreditrationierung in Form eines sog. equilibrium rationing – der Zins wurde bereits an jenen im langfristigen Gleichgewicht angepaßt, der Kreditbedarf für die Anpassung wird nacheinander abgebaut.

Die Gefahr derartiger Kreditrationierungen besteht insbesondere bei einem ungenügend ausgebauten System von sonstigen Finanzintermediären, Terminmärkten oder alternativen Finanzierungsformen. Sie betrifft in einer offenen Volkswirtschaft besonders den Sektor der nicht international agierenden Unternehmen (mit sog. non-traded-goods), d.h. die Wirtschaftssubjekte, die nicht auf ausgebautere internationale Märkte ausweichen können. Das Verbot von Finanzinnovationen in Form von Commercial Papers (CP's), Einlagenzertifikaten (CD's) etc. in inländischer Währung, welches aus einer Vorsichtsüberlegung seitens der Zentralbank resultieren mag, entspricht einer selektiven Kreditpolitik gegenüber den nur national-operierenden Wirtschaftssubjekten.

Selektive Maßnahmen, die aufgrund gesamtgesellschaftlicher Nutzenüberlegungen getroffen werden und so normativen Charakter haben, bedingen in der Regel (kumulativ) weitere selektive Restriktionen zur Verhinderung von Umgehungsmöglichkeiten. Bei einem Zinssatz, den die Zentralbank fixiert (effektive Zinsobergenze), um aufgrund niedriger Zinsen beispielsweise den Wohnungsbau oder Investitionen zu fördern (und so in die privatwirtschaftliche intertemporale Ressourcenallokation eingreift), werden die betroffenen Einlagen-Halter ebenso wie die Institute, die aufgrund der Umschichtungen der Vermögensbesitzer Finanzierungsmittel verlieren, Ressourcen einsetzen, um Wege zur Umgehung dieser Bestimmungen zu finden. Es folgen unmittelbar Fehlallokation der Ressourcen sowie Finanzinnovationen. Die Euro-Märkte, Off-Shore-Centre oder z.B. die CD's sind z.T. so entstanden.

Derartige Entwicklungen im Ausland erlangen aber auch Bedeutung für das Inland. Ein Verbot von Finanzinnovationen oder Währungskonten wirkt wie eine Zinsobergrenze von Null für derartige Assets. Das Verbot von variablen Notierungen für staatliche Wertpapiere, die Festlegung von Handelsbeschränkungen bei staatlichen Titeln (z.B. bei Bundesschatzbriefen), die institutionelle Koordination der Konditionen verschiedener staatlicher Schuldtitel seitens der Zentralbank als der Bank des Staates oder eine im Verhältnis zum internationalen Markt restriktive Börsenpraxis reduziert u.U. die Effizienz des nationalen Finanzmarktsystems. Bei international nicht harmonisierten Entwicklungen führt dieses unmittelbar zu einem teilweisen Abwandern der Inländer-Anlagen ins Ausland bzw. einer Reduktion ausländischer Kapitalanlagen im Inland. So kann es dazu kommen, daß die Umsätze inländischer Aktien an ausländischen Börsen die vergleichbaren Umsätze an inländischen Börsen übertreffen. Als Folge werden im Inland außerdem Verteilungseffekte auftreten, d.h. es werden sog. windfall-capital-gains bei den transnationalen Unternehmungen sowie Banken anfallen und entsprechend sog. windfall-capital-losses bei den rein nationalen Unternehmungen und Sparern. Die Entwicklung neuer Informationstechnologien kann u.U. eine Reduktion dieser Effekte bewirken.

Es gilt in der Regel, daß selektive Kreditmaßnahmen dann durchzuführen sind, wenn Externalitäten auftreten und gleichzeitig Unvollkommenheiten in den Finanzmärkten existieren. Sie dienen damit einer Kompensation dieser Unvollkommenheiten. Im Falle effizienter Finanzmärkte würden selektive Kreditmaßnahmen zu Ineffizienzen und damit Distorsionen führen. Selektive geld- und kreditpolitische Maßnahmen sind effizient bei ineffizienten Finanzmärkten. Bei effizienten Finanzmärkten führen derartige Maßnahmen über Faktorreallokationen zu Wohlfahrtsverlusten. Eine selektive Kreditpolitik, die letztlich die relativen Faktorpreise beeinflußt, kann allerdings sinnvoll sein in einer gesamtwirtschaftlichen Situation des Ungleichgewichtes mit rigiden Geldpreisen und damit relativen Preisen auf den Güter- und Arbeitsmärkten. Damit setzt die Entscheidung für oder gegen selektive geld- und kreditpolitische Maßnahmen die Analyse der gesamtwirtschaftlichen Ausgangssituation und die empirische Feststellung der Effizienz oder Ineffizienz des Finanzmarktsystems (vgl. Kapitel VI.4) voraus.

Geldmengenstrategie und zinssatzorientierte Geldpolitik

Da letztlich jede Zentralbankpolitik zumindest im Impact-Effekt selektiv ist, ist bei effizienten Finanzmärkten zur Geld- und Kreditversorgung einer Wirtschaft die Politik mit dem geringsten Selektionsgrad zu wählen. Dieses ist die von der Grundüberlegung effizienter Finanzmärkte ausgehende monetaristische Idee der Geldmengensteuerung resp. einer Zentralbankpolitik in Form der (potentialorientierten, vorangekündigten) Steuerung der monetären Basis.

Die Geldpolitik im Sinne einer Zinssteuerung, wie sie bei selektiven Kreditprogrammen im Vordergrund steht, ist dann zu präferieren, wenn das Finanzmarktsystem instabil bzw. relativ instabiler als der güterwirtschaftliche Bereich ist. Sie ist also bei einer gewünschten Stabilisierung von Produktion, Beschäftigung und Einkommen dann zu wählen, wenn das Finanzmarktsystem ineffizient ist bzw. wenn von ihm häufig(er) Störungen ausgehen. Dieses ist u.a. der Fall bei einer instabilen Geldnachfrage oder einem instabilen Bankensektor. In einem makroökonomischen Modell werden bei einer stabilen IS-Funktion die Schwankungen der LM-Kurve durch die zinssatzorientierte Geldpolitik kompensiert. Diese Argumentation läßt sich auf Teilmärkte oder Sektoren zur Rechtfertigung selektiver geld- und kreditpolitischer Maßnahmen übertragen. Entsprechend führt die keynesianische Instabilitätshypothese bezüglich des monetären Sektors (insbesondere aufgrund der instabilen Liquiditätspräferenz) eher zur Rechtfertigung selektiver Maßnahmen und einer zinssatzorientierten Geldpolitik als zu einer Geldmengenpolitk.

Die Kreditpolitik ist im keynesianischen Falle eher eine Zinsniveau- und Zinsstrukturpolitik. Schwierigkeiten resultieren für eine offene Volkswirtschaft aus dem internationalen Kapitalverkehr und Zinszusammenhang; entsprechend werden zeitweise die Finanzmärkte „segmentiert“ und „Kapitalverkehrskontrollen“ eingeführt. Aber keine Segmentierung der Kreditmärkte verhindert langfristig einen internationalen Zinszusammenhang und einen Zusammenhang zwischen den nationalen Kreditmärkten. Die direkten Substitutionselastizitäten sind nur sehr klein; aber ihr Wert steigt im Zeitablauf. Die nationale Bedeutung von Segmentierung und Kapitalverkehrskontrolle liegt weniger in einer langfristigen Abkopplung von den internationalen Märkten bzw. in einer langfristigen eigenständigen Entwicklung der nationalen Volkswirtschaft, sondern mehr in einer Abkopplung im kurzfristigen Bereich, insbesondere in den Anpassungsperioden und dem Anpassungsverlauf zwischen zwei langfristigen Gleichgewichten.

VI. Die Transmission geldpolitischer Impulse

Eine Erklärung einer ökonomischen Variablen mit Hilfe eines Modellansatzes ist stets die Darstellung des durch eine exogene Veränderung ausgelösten Wirkungs- und Ablaufmechanismus für die zu erklärende, d.h. endogene Variable. Es ist die Erklärung der als relevant erachteten Transmissionskanäle bzw. -riemen sowie deren Stärke und zeitliche Staffelung. Eine komparativ-statische Erklärung mit der nach Samuelson's „correspondence principle" notwendigen (lokalen) Stabilitätsanalyse erfüllt diesen Anspruch nicht; sie stellt „nur" den ersten Schritt in diese Richtung dar.

Im walrasianischen System der (Neo-) Klassik existiert nicht einmal eine rudimentäre Erklärung der Preise durch einen Marktmechanismus. Auch die Quantitätsgleichung und die Cambridge-Gleichung konnten sie nicht erklären, da sie das Informations- und Erwartungsproblem nicht beinhalten. Einen ersten Schritt bedeutet Wicksell's Analyse des kumulativen Prozesses – mit allerdings noch statischen Erwartungen. Dieses wie u.a. auch eine (von Hawtrey) geforderte Erklärung der Entwicklung in der Zeit wird insbesondere von Keynes aufgegriffen. Er wendet sich ab vom langfristigen Referenz-Gleichgewichtssystem und betont die temporär-kurzfristige Analyse mit dem langfristigen Zinssatz und ökonomischen Zinsänderungserwartungen als Transmissionsriemen zwischen den Teilsystemen aus Strömungs- und Bestandsmärkten, die nicht klassisch dichotomisiert sind. Die Beachtung der Erwartungsbildung bei Unsicherheit sowie des Zwanges der Wirtschaftssubjekte, täglich zu entscheiden und (verbindlich) zu kontrahieren, überwindet das Konzept eines exogenen Auktionators durch die Endogenisierung des Geldes und seiner Verwendung. Dabei „verliert" sich auch die (neo-) klassische Vorstellung der Anpassung ans langfristige Gleichgewicht. Eine Entwicklung in der Zeit ist nicht nur eine Dynamik im Sinne des Zusammenhanges von Sparen und Vermögen, Investition und Kapitalstock bei „gegebenen" langfristig gewünschten Beständen und Relationen.

Der Erklärungs-Gewinn durch die Berücksichtigung von Unsicherheit ist zu umfassend, als daß er sofort vollständig ausgearbeitet und aufgenommen wird. Dieses erfolgte erst sehr langsam. Schwellen dieses Prozesses sind Entwicklungen wie die der Theorie der relativen Preise, einer stochastischen Modellstruktur anstelle einer deterministischen sowie der Endogenisierung der Erwartungsbildung in Form sog. rationaler Erwartungen und der Marktmechanismen im Rahmen sog. effizienter Märkte. Zu nennen sind auch die hier nicht dargestellten Überlegungen im Rahmen der Theorie nicht-walrasianischer Gleichgewichte, d.h. Mengenrationierungen auf den Strömungsmärkten.

Diese Aufarbeitung ist immer noch nicht abgeschlossen. Mit den Problemen wie der notwendigen Endogenisierung der Informationsverarbeitung oder der Planungsauswahl, die dieser Weg neu offenbart, zeigt sich immer deutlicher, wie enorm und weitreichend der Schritt durch Keynes war. Die von Keynes betonte ökonomische Unsicherheit aufgrund einer ständigen Entwicklung bis hin zu einer Veränderung der Präferenzen der Wirtschaftssubjekte (mit dem Zwang diese zu endogenisieren) etc. zeigt immer deutlicher, daß alle dogmatisierten Systeme und damit Phänomene wie die klassische Dichotomie oder absolute Preisrigiditäten „nur" ein Spezialfall, d.h. jeweils nur eine (spezielle) Theorie der Transmission geldpolitischer Impulse sind.

VI.1 Der Modellansatz von Wicksell

Zur Ableitung des kumulativen Prozesses von Knut Wicksell (1851-1926), der Keynes 1916 in London traf und ihn wesentlich bei seiner „Treatise on Money" inspirierte, wird ein Modell konstruiert mit den vier Gruppen von Wirtschaftssubjekten: Unternehmen, Händlern, Banken und Arbeitern. Das Erklärungsziel dieses Ansatzes ist dabei die von der Klassik vernachlässigte kurze Periode bzw. der kurzfristige Anpassungsprozeß bei einer monetären Störung.

Wie im klassischen Ansatz soll die Vollbeschäftigung über die Konkurrenz der Unternehmer auf dem Gütermarkt und die der Arbeitnehmer auf dem Arbeitsmarkt bei vollkommen flexiblen Preisen und Löhnen (nominal und real) erreicht werden. Im Falle einer positiven (negativen) Überschußnachfrage auf dem Arbeitsmarkt wird der Lohn rauf- (runter-) konkurriert.

Die Unternehmer produzieren nur mit Arbeitskräften, die sie zu Beginn der Periode entlohnen müssen. Die erforderliche Lohnsumme NW nehmen sie bei den Banken als Kredit zum Zinssatz i auf. Bei einer Produktionsdauer von einer Periode (es handelt sich um einen sog. Flow-input-point-output-process) verkaufen sie am Ende der Periode die produzierte Menge X zum Preis P. Mit dem Ertrag in Höhe von PX tilgen sie den Kredit NW und zahlen die Kreditzinsen iNW. Die Gewinn- und Verlustrechnung der Unternehmungen (U) ist wie folgt:

U

Aufwand	Ertrag
NW	PX
iNW	

In der Situation vollkommener Konkurrenz haben die Unternehmen zu Periodenbeginn eine Verzinsung des eingesetzten variablen Kapitals in Höhe von i bei einem Nettogewinn von Null zu erwarten. Ausgehend vom Gewinn G:

$$G = PX - NW$$

und dem eingesetzten variablen Kapital WN beträgt die Gesamtrendite r aus der Sicht der Produktion:

$$r = \frac{G}{WN} = \frac{XP}{NW} - 1$$

Diese Rendite, dargestellt durch den Quotienten aus durchschnittlicher Arbeitsproduktivität und Reallohnsatz, ist der sog. natürliche Zinssatz.

Es ist nach Wicksell der Zinssatz, der sich bei vollkommener Konkurrenz einstellt,

- wenn die Kapitalien „in natura" ausgeliehen würden,
- wenn die Nachfrage nach Kapital gerade gleich dem Angebot aus Sparmitteln ist,
- wenn das Preisniveau stabil bleibt.

Der Nominalwert der Produktion beträgt:

$$PX = \frac{XP}{NW} NW = (1+r)\, NW$$

Die Gewinn- und Verlustrechnung läßt sich somit auch schreiben als:

U

Aufwand	Ertrag
NW (1+i)	NW (1+r)

In einer Gleichgewichtssituation entspricht der natürliche Zinssatz dem Markt- bzw. Bankkreditzinssatz. Die Unternehmen, deren Gewinn selbst Null ist, erwirtschaften die Rendite auf das eingesetzte Kapital (NW), die über die Banken an die Vermögensbesitzer geht. Der Gruppe der Kapitalisten bzw. Vermögensbesitzer gehören die produzierenden Unternehmen sowie die Handelsunternehmen (beide ohne festgebundenes Kapital) und die Banken.

Das Kapital – hier zu verstehen als Investitionsgut – wird nicht in seinen eigenen technischen Einheiten bewertet wie z.B. Arbeit durch das Quantum an Arbeitsleistung pro Stunde oder Boden durch ha. Es kann nur in Werteinheiten angegeben werden. Der Wert des Kapitals resp. des Gutes ist der Wert der geronnenen Arbeit und damit abhängig vom Lohnsatz W (einschl. der Rohstoffpreise bei einer Produktion mit Rohstoffen etc.). Bei alleiniger Produktion mit Kapital (Werkzeugen etc.) und mit Arbeit gilt für den Wert der produzierten Güter bzw. des eingesetzten Kapitals:

$$K = WN\,(1+r)$$

Die Arbeitskräfte erhalten die Lohnsumme in Höhe von NW zu Periodenbeginn und kaufen dafür Konsumgüter bei den Händlern. Sie haben eine Konsumquote von eins.

Die Händler, das sind die Kapitalisten-Haushalte, kaufen (fiktiv) alle Güter von den Unternehmen zum Periodenende zum Wert PX und verkaufen diese nach einer Entnahme eines Teiles (eine Art von Privatentnahme) für NW an die Arbeitskräfte zu Beginn der folgenden Periode. Den Erlös NW legen sie zum Zinssatz i bei den Banken als Termineinlage an. Ihre Gewinn- und Verlustrechnung lautet:

H

Aufwand	Ertrag
PX	NW i WN

Die Privatentnahme an Gütern hat den Wert iNW und entspricht damit der Verzinsung des Kapitals.

Die Banken haben in ihrer Bilanz Forderungen gegen die Unternehmen und Verbindlichkeiten gegen die Händler. Die Kosten der Bank bei der Kreditgewährung etc. sowie die Liquiditätsüberlegungen der Banken werden vernachlässigt. Der Gewinn der Banken ist Null. Ihre Kreditgewährung wird über den Kredit- und Einlagenmarkt erklärt, d.h. über das Angebot und die Nachfrage nach Einlagen sowie Kredittiteln.

Der kumulative Prozeß

In einer langanhaltenden Gleichgewichtssituation kommt es aus irgendeinem Grunde wie z.B. einem Goldzufluß zu den Banken zu einer gestiegenen freien Liquidität bei ihnen, so daß die Banken ihr Kreditangebot ausdehnen und so eine Zinssatzsenkung bedingen. Die Unternehmen erwarten aufgrund des gesunkenen i positive Nettogewinne aus der Güterproduktion bei gegebenem r und wollen die Produktion ausdehnen. Ihre Investitionen steigen resp. sie wollen die im voraus zu bezahlende Beschäftigung erhöhen. Es entsteht eine Situation der Überinvestition. Die vollkommene Konkurrenz führt in einer Situation der Vollbeschäftigung zu einer Lohnsatzsteigerung. Bei statischen Erwartungen $P^e_{t+1} = P_t$, vollbeschäftigten Produktionsfaktoren und bei einer gegebenen Produktion $(\bar{X}, \bar{N})$ folgt aus:

$$(1+i)\, NW = PX$$

das Differential:

$$(1+i)\, dW + W di = 0$$

bzw. die Zinselastizität des Lohnsatzes:

$$E(W, i) = -\, i/(1+i) < 0$$

Die Elastizität ist abhängig vom Wert des Zinssatzes i. Sie ist absolut kleiner als eins. Der Nominallohnsatz W steigt, d.h. seine Zuwachsrate $\hat{W}$ ist positiv bei einem sinkenden i:

$$i \downarrow \rightarrow G^{erw} \uparrow \text{ bei } \{P^e = P, N = \bar{N}\} \rightarrow W \uparrow$$

Die Unternehmen erwarten eine Rendite des variablen Kapitals von i anstatt von r. Ihre Kreditnachfrage steigt bei gesunkenem i von NW auf $NW(1+\hat{W})$. Die Arbeiter erhalten jetzt $NW(1+\hat{W})$ und kaufen dafür Konsumgüter bei den Händlern. Auf die gegebene Vorjahresproduktion (vermindert um die Entnahme der Händler-Kapitalisten) stößt eine gestiegene nominale Güternachfrage; die Konsumgüterpreise steigen.

Stellen $NW(1+\hat{W})$ das gestiegene Geldangebot M (resp. die Güternachfrage) und PX das Güterangebot resp. die Geldnachfrage L dar, so gilt für die relative Preisveränderung der folgende funktionale Zusammenhang:

$$\hat{P} = f(M - L).$$

Weiterhin steigen die Termineinlagen der Händler (die u.a. die weitere Kreditausdehnung seitens der Banken gewährleisten) auf:

$$PX(1+\hat{P}) = NW(1+\hat{W})$$

Die Zinserträge sind bei einer Zinssenkung um 1 v.H. und einer Lohnsatzsteigerung und Einlagenerhöhung um etwas weniger als 1 v.H. leicht gesunken:

$$NW(1+\hat{W})(1+i_1) \quad ; \quad i_1 < i_0$$

Wiederum bei statischen Erwartungen von $P^e = P$ werden die Händler am Jahresende den Unternehmen die Güter X zum neuen Preis $P(1+\hat{P})$ abkaufen. Die Unternehmen erhalten also wieder die Rendite r statt der erwarteten niedrigeren in Höhe von i und damit einen Nettogewinn von rund 1 v.H. Nicht aufgrund des den Prozeß initiierenden gesunkenen Marktzinssatzes, sondern eines erwarteten höheren Preisniveaus erwarten die Unternehmen damit für die nächste Periode wiederum einen Nettogewinn, der aufgrund der Konkurrenz zu einer weiteren Lohnsatzsteigerung führt. Die Kreditsumme steigt auch um $\hat{W}$, so daß in der zweiten Periode wieder der Preissteigerungsprozeß abläuft.

Es kommt zu kumulativen Inflationsprozessen (nicht Inflationsraten) bzw. im Falle eines steigenden i zu kumulativen Deflationsprozessen mit einem entsprechenden kumulativen Prozeß der Geldmengenexpansion (-reduktion). Diese Prozesse enden im Falle einer Veränderung der monetären Bedingungen resp. bei einer Annäherung von i an r. Dies ergibt sich in diesem Ansatz, da im Zeitablauf die Liquidität der Banken und der Kreditangebotsüberschuß sinken. Der Zinssatz i steigt wieder. Bei $i = r$ herrscht ein Gleichgewicht in dem Sinne, daß die Kaufkraft des Geldes, d.h. das Güterpreisniveau sich nicht verändert. Der über die Kreditmärkte bzw. das Bankenverhalten schwankende Kreditzinssatz i verursacht eine konjunkturelle Entwicklung der Volkswirtschaft.

Die Abkehr vom langfristigen Gleichgewicht

Der natürliche Zins von Wicksell unterscheidet sich grundlegend von Irving Fisher's realem Zinssatz $(i - \hat{P}^e)$. Er entspricht vom Grundverständnis her einem sog. ursprünglichen Zins, d.h. dem prozentualen Reinertrag einer Unternehmung, der nach Abführung der Lohnkosten dem Kapitaleinsatz als Entgelt zugeschrieben wird. Kapital bzw. Kapitalgüter sind dabei Zukunftsgüter bzw. erst in der Zukunft verfügbare Konsumgüter. Da die Wirtschaftssubjekte den Gegenwartskonsum höher bewerten als einen Zukunftskonsum sind Zukunftsgüter heute weniger „wert" als Konsumgüter. Dieser Differenz entspricht der natürliche Zinssatz (sog. Agio-Theorie des Zinses), der wie im klassischen Erklärungsansatz auf dem Gütermarkt bestimmt wird.

Der Ansatz von Wicksell als Erklärung der kurzfristigen Periode bzw. der tatsächlichen wirtschaftlichen Aktivitäten betont aber vielmehr den Kreditzinssatz. Dieser Zinssatz wird auf dem Geldmarkt bestimmt und ist, wie bei Keynes im Rahmen der Geldnachfrage aus dem Spekulationsmotiv, das Entgelt für den Verzicht auf eine unmittelbare Verfügungsgewalt über Güter und Dienste. Der Kreditzinssatz, der bei einer exogen erhöhten Geldmenge resp. monetären Basis steigt, setzt ein Spiel der relativen Preise in Gang, in dessen Verlauf die Güterpreise steigen, so daß das Kreditschöpfungspotential der Banken ausgeschöpft wird. Außerdem erreicht der Kreditzinssatz wieder sein altes Niveau, nachdem die Preise und die Geldmenge prozentual gleich gestiegen sind. Rückschließend bedeutet die Anpassung des Kreditzinssatzes an den nicht beobachtbaren natürlichen Zinssatz, daß die Zentralbank ihre Politik an der Inflationsrate auszurichten hat – steigende Preise signalisieren ein gestiegenes Geldschöpfungspotential der Banken und „erzwingen“ so eine kompensatorisch restriktive Geldpolitik. Diese Regel ist allerdings nur sinnvoll, wenn der natürliche Zinssatz nicht selbst instabil ist.

Wicksell, der die Geldpolitik für verschiedene Geld- resp. Bankensysteme analysiert, zeigt deutlich (vgl. Kapitel IV.1), daß in einem reinen Kreditgeldsystem, in dem die Banken kein Liquiditätsproblem haben, daß das Kreditschöpfungspotential der Banken und damit auch der kumulative Prozeß faktisch unbegrenzt ist. Für ein derartiges System fordert Wicksell entsprechend die Einführung einer Mindestreserveverpflichtung für die Banken, um zu verhindern, daß der Bankenbereich insgesamt eine Quelle der Instabilität für das gesamte System der Märkte werden kann.

Der nach Wicksell benannte kumulative Prozeß führte so zur Verbindung von Geld-, Preis- und Konjunkturtheorie. Eine (klassische) Modifikation erfährt der Ansatz durch die Berücksichtigung eines sich mit der Veränderung des Kapitalbestandes ändernden natürlichen Zinssatzes, der sich so an den Kreditzinssatz anpassen kann. Die Kreditpolitik kann so zu Veränderungen der realen Faktoren führen (Cassel). Innovations- und Imitationsprozesse (Schumpeter) bewirken eine Veränderung von r, so daß ein zyklischer güterwirtschaftlicher Prozeß im Modell von Wicksell wie im klassischen System durch technologische Veränderungen und wie bei Finanzinnovationen durch monetäre Entwicklungen erklärt werden kann.

VI.2 Geld in der Theorie von Keynes

VI.2a Keynes' Hinwendung zur Dynamik

Während Wicksell sich noch primär im Rahmen des Erklärungsansatzes der Klassik und damit des walrasianischen Gleichgewichtsansatzes bemüht, den fehlenden Anpassungsmechanismus der Geldpreise zu erklären, geht Keynes angesichts der Entwicklungen der real existierenden Volkswirtschaften zu Beginn des Jahrhunderts wesentlich weiter. Für ihn gilt, daß das Gleichtgewicht im „long run is a misleading guide to current affairs. **In the long run** we are all dead. Economists set themselves too easy, too useless a task if in tempestuous seasons they can only tell us that when the storm is long past the ocean is flat again“ (Keynes 1923, S. 65).

Keynes intendiert eine Erklärung der Dynamik des Marktsystems, d.h. der Veränderung über die Zeit. Da er stets zu beobachtende Phänomene und Entwicklungen im Auge hat, betrachtet er die gesamtwirtschaftlichen Variablen wie Beschäftigung, Zins und Geld bezüglich ihrer Veränderung über die Zeit und nicht von vornherein bezüglich einer Anpassung an langfristige Gleichgewichtswerte. Er richtet den Blick von einem (**konzeptionell**) langfristigen Gleichgewicht auf die (**kalendarische**) kurze bis mittlere Frist. Entsprechend löst er sich von der Dichotomie des güterwirtschaftlichen und monetären Bereiches der Klassik.

Die Aggregationsstruktur bei Keynes

Die Entwicklung des gesamten Marktsystems über die Zeit kann nur unter Beachtung der Interdependenzen aller Märkte erklärt werden. Eine Nahtstelle, d.h.

systematisch schwächere Substitutionsbeziehung und Abhängigkeit existiert für Keynes weniger zwischen den beiden in der Klassik getrennten Bereichen. Sie besteht eher zwischen kurz- und langfristigen Variablen sowie Tendenzen (vergleichbar der kurz- und langfristigen Angebotsfunktion bei A. Marshall) bzw. zwischen Strömungs- und Bestandsmärkten.

Für die Analyse der kurzen bis mittleren Frist mit einem gegebenen gesellschaftlichen Rahmen ist entsprechend die Erklärung der Konsumstruktur wenig interessant. Die Betrachtung einer aggregierten Konsumgüternachfrage verbunden mit dem Hinweis auf die (klassische) Nutzen- resp. Preistheorie bedeutet nur einen geringen Verlust für die Erklärung der Systemdynamik (insbesondere, wenn von Produkt- und Prozeßinnovationen abstrahiert wird und Probleme der Mengenrationierung nicht analysiert werden).

Bedeutsamer ist die Erklärung der Beziehung zwischen der Investitionsgüternachfrage einer Periode und dem existierenden Produzentensachkapital oder dem Aktienmarkt. Vernachlässigt man zunächst die unterschiedlichen Rechtsformen (Personen-, Aktiengesellschaften etc.), Finanzierungsformen (Aktien, Industrieobligationen, Bankkredite etc.) und die Finanzierungsstrukturen (Eigen- und Fremdkapital), so ist es die Erklärung der Beziehung zwischen Investitionen und damit zukünftigem Produktionspotential einerseits und existierendem Kapital und seiner Bewertung aufgrund der erwarteten Produktion andererseits. Diese Beziehung ist weder trivial noch einfach durch eine Bestandsanpassung zu beschreiben. Die privaten Haushalte als Vermögensbesitzer determinieren die Ersparnis und die Unternehmen (Management) die Investitionen; eine schon bei Wicksell existierende Trennung.

Da es insbesondere um die Bewertung bestehenden physischen Vermögens aufgrund von Zukunftserwartungen geht, können vereinfachend zum existierenden Produzentensachkapital auch die langlebigen Konsumgüter gerechnet werden.

Vernachlässigt man, ohne erhebliche Erklärungsverluste für das Verständnis der Systemdynamik, die Bestimmung der Struktur des Wertpapier-Vermögens in Abhängigkeit von der Struktur der erwarteten Erträge und betrachtet somit staatliche und privatwirtschaftliche Schuldverschreibungen (Wertpapiere, Aktien) als vollkommene Substitute, so können diese Vermögenstitel alle zu einem sog. **non-money-asset** zusammengefaßt werden. Die Zinselastizität des Kurswertes dieses Titels beträgt nahezu (minus) eins; bei Assets mit einer Laufzeit von n gegen Unendlich beträgt sie genau (minus) eins (vgl. Kapitel I.3). Dieser Titel ist damit relativ illiquide.

Durch die Annahme einer vollkommenen Substitutionalität und die Vernachlässigung der Zinsstruktur läßt sich das 5-Markt-Modell der „General Theory" von Keynes zu einem Vier-Markt-Modell vereinfachen. Es ist charakterisiert durch den Gütermarkt bei einer getrennten endogenen Erklärung der Nachfragekomponenten Konsum und Investition, den Arbeitsmarkt und den Markt für den Titel, der alle Assets beinhaltet, die kein Geldvermögen darstellen. Der vierte Markt ist der Geldmarkt. Geld kann dabei als Aggregat aller kurzfristigen Titel mit einer Zinselastizität des Kapitalwertes von nahezu Null betrachtet werden. Es enthält auch Spar- und Termineinlagen sowie Geldmarktpapiere; entsprechend ist die Zinsabhängigkeit der Geldnachfrage aus dem Transaktionsmotiv ebenso wenig darstellbar wie die kurzfristige Zinsstruktur. Das Aggregat Geld hat annahmegemäß einen Nominalzins von Null.

Im Zentrum der relativen Preise: Der langfristige Zinssatz

Der Preis, der heute produzierende Strömungsmärkte (Güter-, Arbeitsmarkt) mit der zukünftig erwarteten Produktion über den Markt der non-money-assets verbindet, ist der langfristige Zinssatz. Er bewirkt die Kompatibilität zwischen den Zukunftserwartungen der das Vermögen besitzenden und sparenden Haushalte sowie denjenigen der heute produzierenden und investierenden Unternehmen. Dabei gehen in die ökonomische Erwartungsbildung bezüglich der Produktion die Nachfrageseite sowie die Erwartung bezüglich der Angebotsfaktoren und damit des zukünftigen Produktionspotentials ein.

In der Entwicklung des **langfristigen Zinssatzes** manifestiert sich als komprimiertes Spiel der relativen Preise die Einschätzung des Marktes von Gegenwart und Zukunft (-serwartung). Der langfristige Zinssatz verknüpft so in jeder Periode den Geldmarkt mit dem Markt für Nicht-Geld-Aktiva und damit den Geldmarkt über die Gewinnerwartungen der Unternehmen resp. die zinselastische Investitionsgüternachfrage mit dem Gütermarkt. Die Dichotomie des klassischen Systems besteht bei Keynes in keiner konkreten Periode und damit auch nicht langfristig. Für die Ausgestaltung der Geldpolitik bedeutet dieses entsprechend eine Offen-Markt-Politik mit Titeln des langen Endes des Kapitalmarktes.

VI.2b Die Bedeutung des Geldes

Keynes versucht nicht, das dynamische monetäre Marktsystem durch eine Theorie zu erklären, die mit Annahmen operiert, die nicht nur nicht realistisch sind, sondern gerade die Dynamik resp. das Geld ausschließen. Da Hypothesen stets als Abstraktion deskriptiv „unrealistisch" sind, ergibt sich der Realitätsbezug durch den Erklärungsgehalt der aus den Annahmen entwickelten Theorie für zu beobachtende Veränderungen der interdependenten gesamtwirtschaftlichen Variablen insbesondere der Beschäftigung in der kalendarischen Zeit (und nicht nur für einzelne zeitlose Momente).

Die Erklärung der Variablen in der kurzen Periode sowie in einer Sequenz kurzer Perioden und damit als quasi dynamische Entwicklung über die Zeit bedeutet gegenüber dem klassischen walrasianischen Gleichgewichtsansatz „realistischere" Annahmen. Dieser Gewinn resultiert daraus, daß die Naht zwischen den unterschiedlich-fristigen Erwartungen und Planungen bei Keynes vom Geld gebildet wird. Es ist die Geldhaltung aufgrund der neu eingeführten speziellen Form der Spekulationen resp. Erwartungen in dynamischen Prozessen sowie die Endogenität der Geldschöpfung aufgrund des berücksichtigten Bankensektors.

Kommt es zu einer exogenen Erhöhung der gesamtwirtschaftlichen Nachfrage (durch eine gestiegene autonome Konsumtion, Investition, Staatsnachfrage oder Auslandsnachfrage), so wird dieses nur dann eine effektive Nachfrage, wenn zusätzlich Geld geschaffen wird. Dieses kann resultieren aus einer Reduktion der Hortung, einer Ausdehnung der Bankkredite oder beispielsweise der Zentralbankgeldschöpfung. Die endogene Geldschöpfung ist ein Phänomen resp. eine Folge eines Ungleichgewichtes; sie bewirkt und ermöglicht aber erst im güterwirtschaftlichen Bereich die Veränderung bzw. den Übergang von einer (Gleichgewichts-) Lage zur nächsten. Der güterwirtschaftliche Bereich bedarf der endogenen Alimentierung. Die Endogenität ist außerdem erforderlich, um Unsicherheiten bezüglich der Entwicklung des Systems oder der Sicherheit des Bankensystems im besonderen aufzufangen. Das Geld ist aber nicht nur der Ausdruck der

Zeit und der damit verbundenen Unsicherheit im intertemporalen Bereich. Das Geld allein ermöglicht auch erst die Transaktionen im aggregierten Gütermarkt und damit bei einem durch das tatsächliche Periodeneinkommen restringierten Konsum die Mengenrationierungen (der Neuen Makroökonomik) innerhalb des Systems der Güter- und Arbeitsmärkte. Dabei ist die Koppelung der heutigen Markttransaktionen und damit der Rationierungsmechanismen auf den Strömungsmärkten an den Geldmarkt viel fester (und stabiler) als die der über das Investitionskalkül sowie die Ersparnis geplanten Transaktionen.

Der erwartete (Normal-) Zinssatz

Die sog. marginal efficiency of capital und damit die sog. marginal efficiency of investment sind abhängig vom langfristigen Zinssatz und den seitens der Unternehmen erwarteten Nettoerträgen resp. der erwarteten effektiven Nachfrage. Das den Unternehmen von den Vermögensbesitzern als Eigen- oder Fremdkapital bereitgestellte (Risiko-) Kapital ist insbesondere vom langfristigen Zinssatz und seiner erwarteten Veränderung abhängig.

In einer letztlich für eine Waren produzierende Wirtschaft konzipierten Theorie muß die sequentielle Natur der Produktion in einer Geldwirtschaft (vgl. VI.1) eingehen in die Erwartungen. Unternehmen bieten heute Arbeitseinkommen in der Überzeugung an, daß die erwartete effektive Nachfrage in der Zukunft bestätigt wird. Dieser zeitliche „Vorspann" beherrscht die Produktionsvorstellungen der Klassik ebenso wie die Reproduktionsschemata u.a. von Marx oder den kumulativen Prozeß bei Wicksell. Vermögensbesitzer legen heute Kapital in Aktien resp. Sachkapital in der Überzeugung fest, daß die erwartete Rendite und damit auch die erwartete effektive Nachfrage in der Zukunft bestätigt wird. Bei einer Vielzahl sich überlappender sequentieller Produktionsprozesse beinhalten die Realisationen des langfristigen Zinssatzes nahezu alle die Zukunftserwartungen bestimmenden Informationen. Die Zinssatzrealisationen dienen der Bildung des normalerweise (reasonably) zu erwartenden Zinssatzes (vgl. die Theorie der Markteffizienz). Die Erwartungselastizität dieses Normal-Zinssatzes ist bei einer glaubwürdigen Geldpolitik (vgl. Kapitel III.2a) notwendigerweise pro Zeiteinheit gering. Dieser bei gegebener (oligopolistischer oder kompetitiver) Marktstruktur vernünftigerweise „langfristig" zu erwartende (Normal-) Zinssatz dient der individuellen Zinsänderungserwartung bei jedem Vermögensbesitzer, wodurch zugleich gekennzeichnet wird, daß neue Informationen durch Individuen, insbesondere Unternehmungen in dem System geschaffen werden.

Die Verbindung von Geld- und Gütermarkt

Die relative Starrheit dieser langfristigen Renditeerwartung bedingt die Veränderung der Elastizität der Geldnachfrage aus dem Spekulationsmotiv bezüglich des tatsächlichen Zinssatzes. Sie führt über die Zinselastizität der Investitionen zu einer sich im Zeitablauf verändernden Verbindung zwischen den Arbeits- und Gütermärkten einerseits, sowie dem Geldmarkt andererseits. Dabei kann es (nur) im gedanklichen Extrem der sog. Liquiditätsfalle zu einer vollkommenen Entkopplung, d.h. der Wirkungslosigkeit der Geldpolitik für die Beschäftigung und damit einer Neutralität und Dichotomie kommen. Im klassischen System haben monetäre Veränderungen keine güterwirtschaftlichen bzw. realen Auswirkungen. (Dieser Fall ist ein Spezialfall bei Keynes.)

Gleichzeitig ist zu beachten, daß die Ersparnis, sofern sie zinselastisch ist, ebenfalls vom langfristigen Zinssatz abhängt. Diese Zinselastizität hat für Keynes nur eine geringe Bedeutung, da er bezüglich der **Sparneigung** der Wirtschaftssubjekte von einer hohen „Intertemporalitäts-Stabilität" ausgeht, d.h. von einer nur wenig von Zinssatzänderungen beeinflußten Sparneigung. Die non-money-assets sind langfristig und übersteigen die Planungshorizonte der einzelnen Wirtschaftssubjekte (nicht den einer gesamten Volkswirtschaft mit übergreifenden Generationen). So ist auch Keynes' zweites psychologisches Gesetz zur Konsumhypothese zu verstehen, d.h. die positive Abhängigkeit der Konsumquote vom realen Vermögen. Dieser (auch zinsinduzierte) Vermögenseffekt resultiert aus der Sterblichkeit der einzelnen Wirtschaftssubjekte. Diese halten die Titel, deren Laufzeit ihre eigenen Planungshorizonte übersteigt, aufgrund mangelnder Alternativen im Rahmen ihrer Planung bezüglich des gewünschten Vermögens. Sie halten die Titel nicht in Abhängigkeit von dem zu dieser langen Fristigkeit gehörenden langfristigen Zinssatz, da sie keinen entsprechend langen (unendlichen) Planungshorizont haben. Entsprechend rechnen sie (bei existierenden Sekundärmärkten) auch mit der Veränderung des langfristigen Zinssatzes und bestimmen in Abhängigkeit von der erwarteten Zinssatzänderung ihre Wertpapier- und Geldhaltung. Keynes verwendet nicht (wie noch Wicksell) statische Erwartungen.

Keynes' Kritik an der Zinsabhängigkeit der Ersparnis im Erklärungsansatz der (Neo-) Klassik bezieht sich darauf, daß die Ersparnis durch den Zinssatz nur im Sinne einer notional demand bei einem gleichlangen (unendlichen) Planungshorizont der Wirtschaftssubjekte zu erklären wäre. Keynes hält dem entgegen, daß dieser Planungshorizont der agierenden Wirtschaftssubjekte ebenso wenig existiert wie der walrasianische Auktionator. Die Zinssatzabhängigkeit der Ersparnis sowie der walrasianische Auktionator sind Keynes' zentrale Kritikpunkte am temporären walrasianischen Gleichgewichtsansatz.

Der Transmissionsmechanismus bei Keynes

Eine expansive Offen-Markt-Politik mit non-money-assets bedingt eine Erhöhung der Geldmenge und führt bei gegebenen Normal-Zinserwartungen zu einem steigenden Kurs des langfristigen Titels. Der langfristige Zinssatz sinkt (Ausnahme: Liquiditätsfalle). Die Zinssatzsenkung bedingt ihrerseits in Abhängigkeit von der Stärke der Zinselastizität bei gegebener marginal efficiency of capital eine steigende Investitionsgüternachfrage seitens der Unternehmungen. Der langfristige Zinssatz ist der Transmissionsriemen vom Geld- zum Gütermarkt. Er wird bei Keynes auf den Bestandsmärkten bestimmt und nicht wie im (neo-) klassischen System auf den Gütermärkten, d.h. den Strömungsmärkten.

Die Investitionen führen langfristig dazu, daß über die Veränderung des Kapitalstocks auch die marginal efficiency of capital auf den neuen Wert des langfristigen Zinssatzes sinkt.

Im güterwirtschaftlichen Bereich wird der expansive Effekt durch den zinsinduzierten Vermögenseffekt unterstützt, der zu einer Erhöhung der Konsumgüternachfrage und damit ebenfalls zu einer Erhöhung der effektiven Nachfrage der Wirtschaftssubjekte führt. Aufgrund der steigenden effektiven Nachfrage der Wirtschaftssubjekte wird, sofern es nicht zu einem Lagerabbau kommt, die Produktion und damit das reale Einkommen gemäß der Absatzerwartungen der Unternehmungen bei gegebenenfalls temporären Lieferfristen wachsen. Es steigen auch die Güterpreise.

Die „revolutionäre" Idee dieses Transmissionsmechanismus ist die Liquiditätspräferenz. Zunächst einmal bedeutet sie, daß infolge der expansiven Maßnahme bei gegebenen Normalzinsvorstellungen der langfristige Zinssatz sinkt und die Nachfrage nach Geld aus dem Spekulationsmotiv steigt. Aber Keynes setzt an die Stelle der langfristigen Referenzsituation der Klassik die kalendarisch kurze Periode, die in langfristige Erwartungen und einen Bewegungsprozeß in der Zeit eingebettet ist. Entsprechend betont Keynes, selbst bei einer geringen Erwartungselastizität der langfristigen Erwartungen, über die direkte Zinsabhängigkeit der Geldnachfrage aus dem Spekulationsmotiv hinaus noch die dynamischen Aspekte in Form einer Veränderung der Liquiditätspräferenz in Abhängigkeit von der veränderten Unsicherheit. Eine steigende **Erwartungsunsicherheit** der Wirtschaftssubjekte bedingt eine steigende Liquiditätspräferenz, durch die beispielsweise das Ausmaß der Zinssenkung reduziert wird. Die Unsicherheit der Wirtschaftssubjekte umfaßt dabei generell die getroffenen Maßnahmen (in Ausmaß, Dauerhaftigkeit etc.) ebenso wie den Reaktionsprozeß des gesamten Marktsystems über die Zeit. Diese Unsicherheiten verändern sich (wie die Normalzinserwartungen) im Zeitablauf und führen zu einer sich ständig verändernden Liquiditätspräferenz. Entsprechend verschiebt sich die Geldnachfragefunktion dynamisch-endogen und führt so dynamisch zu entsprechenden Veränderungen des Preises für langfristige Titel. Die Veränderung der Unsicherheit erfolgt aber nicht systematisch bzw. stetig, so daß der Marktpreis des non-money-assets, z.B. der Börsenkurs für Aktien, eine große Volatibilität aufweist, die ihrerseits die Kalkulation der Unternehmungen im Rahmen des Investitionskalküls erschwert und eine entsprechende Volatibilität der Investitionsgüternachfrage bedingen kann.

VI.2c Zur Stabilität der Geldnachfrage

Führt eine sich im Zeitablauf verändernde Unsicherheit zu einer sich ständig verändernden Liquiditätspräferenz, so bedeutet dieses, daß die Geldnachfragefunktion keine Verhaltensweise der Wirtschaftssubjekte widerspiegelt, nach der diese bei einer ganz bestimmten Konstellation einer begrenzten Anzahl wohl definierter Variablen eine ganz bestimmte Kasse zu halten wünschen. Ist bei der endogenen Größe Geldnachfrage die Abhängigkeitsstruktur von einer bestimmten Anzahl vorbestimmter Variablen nicht bekannt oder gegeben bzw. sind es die Verteilungsfunktionen (Erwartungswert, Varianz etc.) der Koeffizienten der erklärenden Variablen nicht, so ist die Geldnachfragefunktion instabil. Entscheidend ist dabei nicht die Konstanz der Struktur resp. Abhängigkeiten, sondern beispielsweise bei sich ändernden Koeffizienten die Vorhersehbarkeit der Veränderungen und damit die neuen Koeffizientenwerte bzw. Verteilungsfunktionen.

Eine **funktionale Instabilität** läßt sich durch einen sog. Störterm, der die Einflüsse nicht identifizierter oder quantifizierter Variablen erfaßt, darstellen. Es gilt dann beispielsweise für die reale Geldnachfragefunktion:

$$l = a\,y - b\,i + u_e \quad ; \quad \{a, b\} > 0$$

Für den Störterm u_e wird i.d.R. eine Normalverteilung mit einem Erwartungswert von Null und einer konstanten Varianz unterstellt $\{E(u_e) = 0; \sigma(u_e) =$ konstant }. Außerdem wird unterstellt, daß der Störterm dieser Funktion nicht mit vergleichbaren Störtermen anderer Funktionen, wie beispielsweise der Investitionsfunktion, korreliert ist $\{ r(u_e u_j) = 0 \}$.

Eine zweite Form die Instabilität zu modellieren setzt am jeweiligen Strukturparameter bzw. Koeffizienten an, so daß gilt:

$$l = a y - b i$$

mit:

$$E(a) = \bar{a} \quad ; \quad \sigma(a) = \bar{\bar{a}}$$

$$E(b) = \bar{b} \quad ; \quad \sigma(b) = \bar{\bar{b}}$$

$$r(ab) = 0$$

Dabei können die Erwartungswerte $\bar{a}$ und $\bar{b}$ (und prinzipiell auch die Varianzen) zeitinvariant oder Funktionen der Zeit sein.

Ermittelt werden in jedem Falle aus den Modellen dann die Erwartungswerte der endogenen Variablen resp. des Ausgabenmultiplikators oder des Geldmengenmultiplikators.

Eine funktionale Instabilität der Geldnachfrage kann zu einem instabilen Finanzmarktbereich und damit zu einem instabilen Gesamtsytem führen. Entsprechend ist eine staatliche Stabilisierungspolitik insbesondere bei Existenz einer derartigen Instabilität sinnvoll. Die Ausgestaltung der Geldpolitik ihrerseits hängt von der Art der Instabilität des Geldmarktes ab. Fluktuiert beispielsweise im IS-LM-System die LM-Kurve aufgrund einer (stärkeren) Instabilität der Geldnachfragefunktion (im Verhältnis zu der der Investitionsgüternachfrage und damit) bei gegebener IS-Kurve zwischen den Kurven LM2 und LM3, so führt eine den Zinssatz bei i_1 stabilisierende Geldpolitik zu einem stabilen realen Einkommen von y_1 bzw. einer stabilen Einkommensentwicklung (vgl. Abbildung 53). Dieses Einkommen ist stabiler, d.h. invarianter in der Zeit als jenes im Falle einer festen Geldmengenpolitik, bei der der Zinssatz entsprechend zwischen i_2 und i_3 und das Einkommen zwischen y_2 und y_3 schwankt.

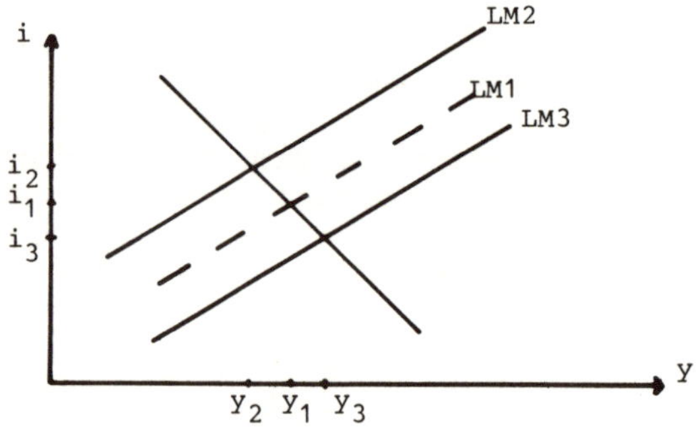

Abb. 53 Geldpolitik im Falle einer instabilen Geldnachfrage

Diese von W. Poole entwickelte Darstellung verdeutlicht stark schematisiert die keynesianische Präferenz für eine zinssatzorientierte Geldpolitik. Im Gegensatz dazu wird eine Geldmengenpolitik von Monetaristen präferiert, die eine funktional stabile Geldnachfrage unterstellen. Die zur Zeit beobachtbare Betonung der Zinspolitik seitens der Zentralbanken insbesondere auch der „Fed“ ist Ausfluß der internationalen Schuldenkrise, d.h. einer instabilen internationalen Geldnachfrage.

Die relative Instabilität der Geldnachfrage, d.h. in Relation zu der der Investitions- oder Güternachfrage, ist auch entscheidend für die Wirksamkeit der Geld- und Fiskalpolitik und damit für ihre relative Effizienz.

Die Feststellung einer Stabilität oder Instabilität der Geldnachfrage ist somit sowohl im Streit der beiden Paradigmen notwendig, als auch für die konkrete Ausgestaltung der Geldpolitik und als Grundlage einer Entscheidung für oder gegen eine kompensatorische staatliche Nachfrage (Konjunktur-) Politik. Der Versuch, diese Frage empirisch zu beantworten, steht vor folgenden Problemen:

- In welcher Abgrenzung (M1, M2, ...) ist die Geldnachfrage zu betrachten;
- welcher Zinssatz (-vektor) ist zu verwenden (es ist zwischen einer Vielzahl kurz- und langfristiger Zinssätze zu wählen, die die Geldnachfrage als absolute Größen oder in Relation/als Differenz zu einem Normalzinssatz bestimmen, wobei der Normalzinssatz nicht direkt beobachtbar und damit quantifizierbar ist);
- ist das tatsächliche reale Bruttosozialprodukt einer Periode (Keynes) oder das permanente (Friedman) zu berücksichtigen und wie ist letzteres zu ermitteln;
- wie sind Finanzinnovationen (CD's etc.) und veränderte Zahlungsgewohnheiten (Scheckkarten, veränderte Fakturierungen etc.), Kapitalmarktstrukturen und institutionelle Rahmenbedingungen oder sog. Strukturbrüche zu berücksichtigen;
- ist aufgrund der Vermögensabhängigkeit der Geldnachfrage bei der Geldhaltung von einem Bestandsanpassungsprozeß auszugehen und damit der Vorperiodenbestand der realen Geldmenge als erklärende Variable zu berücksichtigen oder nicht.

Die empirischen Analysen bestätigen überwiegend eine Zeitvarianz der Strukturparameter, d.h. die Koeffizienten sind länder- und zeitspezifisch.

Zur Stabilität der Einkommenselastizität der Geldnachfrage

Abschließend sei noch die Stabilität der Geldnachfrage bezüglich des Einkommens diskutiert. Eine Senkung (Erhöhung) des tatsächlichen Einkommens bewirkt nur eine geringere Senkung (Erhöhung) des permanenten Einkommens, so daß die Variation des permanenten Einkommens in der Zeit entsprechend geringer ist als die des tatsächlichen. Ist gemäß der monetaristischen Überlegung die langfristige Geldnachfragefunktion des kapitaltheoretischen Ansatzes die eigentliche Geldnachfragefunktion, dann werden sich die jeweiligen kurzfristigen und vom tatsächlichen Einkommen determinierten Geldnachfragefunktionen gemäß der Entwicklung des permanenten Einkommens an die langfristige Geldnachfrage anpassen. Dann aber kann die kurzfristige keynesianische Geldnachfragefunktion gar keine im Zeitablauf stabile Funktion mit signifikanten Elastizitätswerten sein.

Eine weitere Schlußfolgerung ergibt sich darüber hinaus aufgrund der folgenden definitorischen Beziehungen:

$$E(M, Y) = E(M, Y^p) \quad E(Y^p, Y)$$

und $E(Y, M) = 1/E(M, Y)$

$E(i, j)$ Elastizität von der Größe i bezüglich j;
M nominale Geldmenge;
Y tatsächliches Einkommen (nominal);
Y^p permanentes Einkommen (nominal).

Diese Beziehungen führen zur folgenden Überlegung im (neo-) klassischen Gleichgewichtssystem: Bei einer Elastizität der Geldnachfrage bezüglich des permanenten Einkommens von über Eins (1,8) und einer relativ kleinen Elastizität des permanenten Einkommens Y^p bezüglich des tatsächlichen Einkommens Y (0,2) ist die Elastizität der Geldhaltung (L = M) bezüglich Y relativ klein (0,4) und damit die von Y bezüglich M relativ groß (2,5). Letzteres bedeutet, daß kleine Variationen der Geldmenge zu relativ großen Veränderungen des Nominaleinkommens und dabei insbesondere des Preisniveaus führen. Monetaristen argumentieren entsprechend gegen eine Stabilitätspolitik in Form einer diskretionären Geldmengenpolitik.

Ein sich stetig änderndes permanentes Einkommen in einem langfristigen Wachstumsaufschwung führt gemäß dieser Überlegungen zu einer systematischen Veränderung der Elastizität der Geldnachfrage bezüglich des tatsächlichen Einkommens. Allerdings ist eine derartige Entwicklung vorhersehbar und diese Elastizitätsänderungen stellen keine funktionale Instabilität dar bzw. bilden nicht das keynesianische Argument der Unsicherheit als Erklärung einer sich verändernden Liquiditätspräferenz ab. Betrachtet man dabei aber die kurze Kalenderperiode sowie die Systemdynamik einschließlich der Erwartungsrevisionen für das permanente Einkommen, so bleibt die Instabilität und damit die Fluktuation der Liquiditätspräferenz bestehen. Dieses gilt insbesondere in einem Zeitraum, in dem das Realeinkommen (mit unterschiedlichen Raten) ständig wächst. Die LM-Kurve schwankt innerhalb eines Korridors, so daß Keynesianer in der Regel gegen jede Form der Geldmengenpolitik und für eine zinssatzorientierte Politik argumentieren. (Der für die Politik gewählte Referenzzinssatz ist mit der Verschiebung der Schwankungsbreite bzw. des Korridors ebenfalls zu verschieben – vergleichbar einem crawling-peg-System des Wechselkurses.)

VI.3 Die Bedeutung der Informationen im Transmissionsprozeß

Einführung

Keynes rückte die Systemdynamik resp. die Zeit in das Zentrum der monetären Makroökonomik durch die Analyse der kurzen Periode in einer Sequenz kurzer Perioden. Diese Methodik bedeutet ein Abrücken von der (neo-) klassischen Preistheorie als Erklärung eines langfristigen (End-) Gleichgewichtes resp. eines ahistorischen und atemporalen Optimalzustandes für die Gesamtheit aller Wirtschaftssubjekte.

Substitutionalitäten und (Kapital-) Mobilitäten sowie deren Zeitabhängigkeit sind Ausdruck des Informationsstandes der optimierenden Wirtschaftssubjekte bezüglich

- ihrer Alternativen sowie
- der generell vorhandenen Alternativen und
- aller vorhandenen Planungsmethoden einschließlich der korrekten Auswahl der optimalen.

Im langfristigen Kontext beinhaltet die Betonung der Zeit auch die Fragen nach der Abhängigkeit der Präferenzen und Nutzenvorstellungen eines Wirtschaftssubjektes von

- seinen Möglichkeiten,
- den Vorstellungen aller anderen Mitglieder der Gesellschaft bzw. Gruppe oder aber von denen einzelner Führungspersönlichkeiten,
- seinen Erfahrungen und
- den Erfahrungen der relevanten Mitglieder der Gesellschaft/Gruppe.

Im langfristigen Kontext stellt sich somit die Frage nach der Stabilität bzw. Exogenität der Nutzenvorstellungen der Wirtschaftssubjekte.

VI.3a Die Theorie der relativen Preise

Die Theorie der relativen Preise „erweitert" die (neo-) klassische Preistheorie bezüglich des Informationsstandes des optimierenden Wirtschaftssubjektes über seine Alternativen (im Sinne des ersten Spiegelstriches). Der von dem prominentesten Vertreter dieser Theorie, Karl Brunner, entwickelte Ansatz unterstellt, daß die Banken sowie das aus den Haushalten und Unternehmen bestehende Publikum ihre Bilanzen gemäß der relativen erwarteten Netto-Erträge der Aktiva und Passiva strukturieren. Dabei haben die Wirtschaftssubjekte einen unterschiedlichen Informationsstand bezüglich der Marktmöglichkeiten bei den einzelnen Vermögensarten und Verbindlichkeiten. Außerdem unterscheiden sich die Transaktions- resp. Umstrukturierungskosten der einzelnen Titel, wobei die Kosten jeweils abhängen von der Geschwindigkeit der Umstrukturierung. Die Grenzkosten der Portfolio-Umstrukturierung steigen mit der Geschwindigkeit.

Während Keynes die Vermögenstitel im wesentlichen aufgrund der Elastizität des Kapitalwertes bezüglich des Zinssatzes in kurz- und langfristige Aktiva unterteilt, klassifiziert Brunner die Titel nach der Elastizität der Umstrukturierungskosten bezüglich der Zeit. Seine wichtigsten Kategorien, die untereinander alle in (nicht vollkommener) Substitutionsbeziehung stehen, sind Geld bzw. Barwerte, Wertpapiere, Kredite und Realkapital; letzteres beinhaltet Gebäude, Maschinen, Lagerhaltung und das sog. Humankapital. Von Kategorie zu Kategorie steigen in der genannten Reihenfolge die Grenzkosten der Informationsbeschaffung und Vermögensumstrukturierung pro Zeiteinheit. Die traditionelle Preistheorie gilt dabei nur für insgesamt vernachlässigbare Grenzkosten der Information und Portfolio-Umstrukturierung.

Die Folge einer Mindestreservesatzsenkung als der auslösende expansive monetäre Impuls ist eine unmittelbar steigende frei verfügbare Liquiditätsreserve bei den Banken. Die Bankenbilanz ist bei gegebenen Preisen resp. Ertragsraten nicht mehr optimal strukturiert. Aufgrund der Annahme relativ geringer Grenzkosten der Informationsgewinnung und Umstrukturierung bei Wertpapieren aufgrund eines relativ homogenen Wertpapiermarktes werden die Banken zunächst zusätzliche Wertpapiere nachfragen. Indem die Wertpapiere zwischen den Kreditinstituten und dem Publikum neu aufgeteilt werden, steigt der Wertpapierkurs und es sinkt der Zinssatz. Die Nicht-Banken erhalten dabei Geld resp. Depositen. Damit hat sich ein vorläufiges bzw. temporäres Gleichgewicht eingestellt.

Dieses Gleichgewicht ist temporär, da keine gleichgewichtige Portfoliostruktur zwischen Wertpapieren und Krediten bei den Banken sowie zwischen Wertpapieren und Realkapital beim Publikum besteht. Es ist ein Gleichgewicht, da aufgrund der Grenzkosten die herrschenden Strukturen „optimal" sind, obwohl der Wertpapierzinssatz gesunken ist bei Konstanz der Ertragsraten auf Realkapital und Bankkredite. Die Grenzerträge einer unmittelbar durchgeführten weiteren Umstrukturierung in Form höherer Ertragssätze bzw. der Nutzung der Ertragsdifferenzen sind geringer als die Grenzkosten der Umstrukturierung in Form von Informationskosten (bezüglich der Sicherheit der Erwartungen, der Tauschmöglichkeiten etc.) sowie Vermittlungsprovisionen, Maklergebühren etc.

Im Zeitablauf wird das Publikum seine Verbindlichkeiten bei den Banken reduzieren, d.h. Kredite tilgen. Die Liquidität der Banken steigt noch einmal; sie senken die Depositenzinssätze und dehnen ihr Kreditangebot aus, welches zu einem sinkenden Kreditzinssatz führt. Das Publikum beginnt langsam zusätzliches Realkapital nachzufragen. Der Realkapitalpreis in Form des Aktienkurses steigt; die Aktienrendite sinkt. Es steigt nun direkt durch die Haushalte sowie durch die Unternehmungen die Nachfrage nach anderen Formen des Realkapitals. So erhöhen die Haushalte (auch aufgrund des zinsinduzierten Vermögenseffektes) ihre Nachfrage nach Gütern und Diensten (einschl. der nach Ausbildung und damit Humankapital). Die Unternehmungen erhöhen aufgrund des gestiegenen **realen Aktienpreises** (bzw. Tobin's q bei $q = P^K/P$) die Investitionsgüternachfrage. Die gestiegene gesamtwirtschaftliche Güternachfrage bedingt eine steigende Kreditnachfrage. Im weiteren Zeitverlauf paßt sich das Güterangebot (die Güterproduktion) der gestiegenen Nachfrage an und die Banken, deren Informationen über neue Kreditgesuche bzw. -anträge, sowie deren Bonitäten etc. gestiegen sind, werden zusätzliche Kredite gewähren.

Damit ist die Beziehung vom monetären Impuls resp. Geldmarkt zur ökonomischen Aktivität resp. zum Gütermarkt hergestellt. Es wird jetzt der Kreditzinssatz wieder tendenziell steigen. Es passen sich alle Ertragssätze wieder etwas an, da beispielsweise die Banken Wertpapiere durch neue Kredittitel ersetzen, wodurch der Wertpapierzinssatz tendenziell steigt. Die erhöhte Kapazitätsauslastung führt zu steigenden Güterpreisen, so daß sich die bekannten Effekte wie Liquiditäts-, Einkommens- und Preisänderungserwartungseffekt (vgl. Kapitel IV.4b) ergeben.

Die Theorie der relativen Preise und neoklassische Preistheorie

Die Veränderung der Preisrelationen, d.h. das Spiel der relativen Preise hat somit alle Preise des gesamten monetären Marktsystems bei wechselseitiger Dependenz der güter- und finanzwirtschaftlichen Märkte erfaßt. Der als dynamische Erklärung konzipierte (nicht formalisierte) Ansatz von Brunner betont damit im Sinne der Keynesianer und Monetaristen die Zeitabhängigkeit der Koeffizienten bzw. der Abhängigkeitsstruktur bei jeder angebotenen oder nachgefragten Größe. Dieses Spiel der relativen Preise ist im Prinzip (nicht bezüglich der Stärke der einzelnen Substitutionsbeziehung) kein Streitpunkt zwischen Monetaristen und Keynesianern. Allerdings nur aus der Sicht der Neoklassiker ergänzt diese Theorie die Preistheorie des walrasianischen Ansatzes, die als Erklärung des langfristigen Referenzsystems in Form des steady-state-Erwartungsgleichgewichtes bestehen bleibt.

Die Theorie der relativen Preise betrachtet dabei weiterhin als bewußte Abstraktion vom Grundsatz her den (repräsentativen) homo oeconomicus und das den Gewinn maximierende Unternehmen mit einer jeweils gegebenen Optimierungsmethode. Nicht berücksichtigt bzw. als „gelöst" betrachtet wird das sog. **Meta-Problem**. Dieses Problem liegt in der nicht kostenlosen Entscheidung zwischen alternativen Planungsverfahren und damit einer Entscheidung bei Unsicherheit, da die Gewinn-/Nutzenerhöhungen infolge der eingesetzten einzelnen Planungsverfahren dem jeweiligen Wirtschaftssubjekt nicht (mit Sicherheit) bekannt sind. Es wird also davon abstrahiert, daß sich die Wirtschaftssubjekte aufgrund der existierenden Entscheidungskomplexitäten unter beschränkten Möglichkeiten der Aufnahme und Verarbeitung von Informationen in der verfügbaren Zeit eher „durchwursteln" (im Sinne einer bounded oder procedural rationality), als daß sie vollkommen rational maximieren. Die aus der Differenz zwischen einer optimierenden Wirtschaftseinheit (Unternehmung, Organisation, Haushalt) und der tatsächlichen resultierenden **X-Ineffizienzen** werden nicht erfaßt.

Geld anstelle des Auktionators

Verbunden ist i.d.R. mit der Nicht-Existenz des walrasianischen Auktionators insbesondere im Gütermarktsystem eine Abkehr vom Konzept der vollständigen Konkurrenz und eine Hinwendung u.a. zur monopolistischen und oligopolistischen Preisbestimmung. Beeinträchtigt wird dadurch der Übergang eines Impulses vom finanz- zum güterwirtschaftlichen Bereich sowie die Transmission innerhalb des Gütermarktsystems. Die von den Wirtschaftssubjekten selbst gesetzten Preise werden keine (walrasianischen) Gleichgewichtspreise sein, so daß es in der Regel zum sog. false trading kommt. Dieses false trading ist mit Rationierungen (Lieferfristen, unfreiwilliger Arbeitslosigkeit etc.) sowie besonderen Rationierungsmechanismen einschließlich Multiplikatoreffekten und spill-over-Effekten über das Marktsystem (Verzerrung der Produktionsstruktur etc.) verbunden. Voraussetzung für die konkrete Durchführung der einzelnen Tauschtransaktionen sowie ihrer Sequenz ist ein allgemeines Tausch- und Zahlungsmittel, d.h. Geld.

Die Durchführung der Transaktionen zu nicht-walrasianischen Preisen hat Rückwirkungen auf die längerfristige Systementwicklung resp. -lösung. Die Geldwirtschaft, die alleine den Transmissionsmechanismus bzw. die Organisationsform des Tausches anstelle des walrasianischen Auktionators stellt, liefert über die Sequenz der durch Informations- und Transaktionskosten charakterisierten temporären Gleichgewichte resp. Ungleichgewichte eine andere langfristige Lösung als das geldlose walrasianische System. Letzteres kann ohne den bereits durch die Informationskosten eliminierten Auktionator nicht den Transaktions- bzw. Tauschmechanismus erklären. Das walrasianische steady-state-Erwartungsgleichgewicht ist bei der Existenz von Informations- und Transaktionskosten sowie individuell gesetzten Preisen nicht das langfristige Referenzsystem, wenn sich die langfristige Situation aus einer Sequenz kurzfristiger Perioden entscheidungsabhängig aufbaut und die kurze Periode nicht nur ein Teil eines Anpassungsprozesses an eine „vorgegebene" langfristige Gleichgewichtssituation ist.

Die langfristige Referenzlösung „besteht" nicht, wenn, wie oben ausgeführt, die Nutzenvorstellungen der Haushalte von ihren erfahrenen und gegenwärtigen Möglichkeiten abhängen und sich damit im Zeitablauf ändern. Dann ist der Haushalt eher durch einen sog. adaptive man statt durch einen homo oeconomicus zu kennzeichnen. Die langfristige Referenzlösung ist auch dann nicht existent, wenn das Verhalten der Unternehmungen nicht durch eine zeitinvariante Zielsetzung der Gewinnmaximierung zu erklären ist, sondern nur unter Beachtung einer multiplen resp. komplexen Zielsetzung (Gewinn, Eigenkapitalrendite, Marktanteil, Prestige, Wachstum, wirtschaftliche Macht, politischer Einfluß, Ansehen der Manager etc.). Dieses wird insbesondere dann möglich, wenn keine vollständige Konkurrenz existiert und sich die Abweichungen im Verhalten von dem bei Gewinnmaximierung (, d.h. der Annahme in der Theorie der relativen Preise) nicht kompensieren, weil beispielsweise die Unternehmungen im allgemeinen einigen „leader" (opinion leader, price leader, Marktführer) folgen. Die Möglichkeit ist auch gegeben, wenn sich die Zahl der Unternehmungen oder ihre Struktur (innovative Unternehmensgründungen, Konkurse, Fusionen) ändert oder wenn sich beispielsweise das technische Wissen etc. im Zeitablauf verändert (learning by doing, etc.) einschl. von Finanzierungsformen (leveraged buyouts etc.).

In derartigen Fällen kann die (neo-) klassische Preistheorie nicht die konzeptionelle langfristige Systemlösung bieten und damit als Referenzsystem für den Anpassungsprozeß dienen. Dieses wäre möglich, wenn die Veränderungen u.a. der Nutzenfunktionen und der Produktionstechnologien im Zeitablauf bereits vorab bekannt wären, so daß diese als exogene bzw. strukturelle oder reale Störungen zu analysieren wären. Um als langfristige Referenzsituation für den Anpassungsprozeß dienen zu können, ist die Kenntnis über die Veränderungen der Verhaltensweisen im Anpassungsprozeß selbst notwendig. Es erfolgt dann eine Endogenisierung der Exogenen bzw. es entsteht ein unendlicher Regreß im Sinne einer unlösbaren Meta-Planung. Dieses gilt auch für hochaggregierte makroökonomische Modelle – selbst dann, wenn man in guter Tradition und aufgrund entsprechender Annahmen den makroökonomischen Geldmarkt von dem restlichen güterwirtschaftlichen Marktsystem separiert und dabei aus dem Marktsystem nicht die Zeit bzw. den Tauschmechanismus eliminiert.

VI.3b Zur Instabilität des Geldmarktes

Das Spiel der relativen Preise verbindet nach monetaristischer Ansicht über eine Vielzahl von Substitutionsbeziehungen die Güter- resp. Strömungsmärkte und die Bestandsmärkte. Zu diesem Transmissionsriemen gehören insbesondere auch die zins- und preisinduzierten Vermögenseffekte (Patinkin's Realkassenhaltungseffekt, etc.). Die Bedeutung dieser Effekte und insbesondere des Vermögenscharakters des Geldes (vgl. Kapitel II.3) zeigt sich bei der Analyse der globalen Stabilität bzw. Instabilität des Geldmarktes und damit des monetären Systems.

Im folgenden sei eine im (neo-) klassischen Sinne definierte Vollbeschäftigungssituation, in der die tatsächliche Arbeitslosigkeit der sog. natürlichen entspricht (vgl. Kapitel VI.5), bei gegebenem Realeinkommen y und gegebener Kapitalproduktivität $\bar{i}$ betrachtet. Bei einer verhältnismäßig geringen Reaktionsgeschwindigkeit des güterwirtschaftlichen Bereiches gegenüber dem Geldmarktbereich, so daß für die kurze Periode y und $\bar{i}$ als gegeben betrachtet werden können

$\{ (y, \bar{i}) = \text{konst.} \}$, läßt sich bei vollkommener Voraussicht bezüglich des Güterpreisniveaus vereinfacht für das Geldmarktgleichgewicht schreiben:

$$\ln m = a \ln v - b \hat{P} \quad ; \quad \{ a, b \} = \text{konst.}$$

bei
$m = M/P$ reale Geldmenge;
$i = \bar{i} + \hat{P}$ Nominalzinssatz;
$\hat{P} = E(\hat{P})$ erwartete Preisänderungsrate;
V Nominalvermögen;
v Realvermögen.

Aus der nach $\hat{P}$ aufgelösten und in die Definitionsgleichung für $\hat{m}$ eingesetzten Gleichung folgt für die Veränderungsrate der realen Geldmenge $\hat{m}$:

$$\hat{m} = \hat{M} - \hat{P} = [\ln m - a \ln v]/b \quad ; \quad \hat{M} = 0$$

Stellt Geld kein Vermögen dar, so ist die Vermögenselastizität der Geldnachfrage gleich Null $\{ a = 0 \}$, so daß folgt:

$$\hat{m} = \ln m/b$$

Die Veränderungsrate der realen Geldmenge (vgl. Abbildung 54) ist somit gerade bei einem Wert von $m = M/P = 1$ ($\ln 1 = 0$) Null. Weicht in dieser Gleichgewichtssituation der Güterpeis P aus irgendeinem Grunde von seinem Gleichgewichtswert beispielsweise nach unten ab oder erhöht die Zentralbank die nominale Geldmenge über die gleichgewichtige, so entsteht auf dem Geldmarkt ein Überschußangebot. Der Ausgleich erfordert eine gestiegene reale Geldnachfrage, was wiederum eine erwartete Preissenkung impliziert. Damit ergibt sich aber bei vollkommen antizipativen Erwartungen in der nächsten Periode wieder ein Überschußangebot auf dem Geldmarkt. Algebraisch gilt:

$$\frac{d\hat{m}}{dP} = -\frac{1}{bP} < 0$$

Je kleiner der Preis P wird, desto größer wird die Zuwachsrate der realen Geldmenge; das System bewegt sich in Abbildung 54 in Pfeilrichtung vom Gleichgewicht fort. Der Geldmarkt ist instabil.

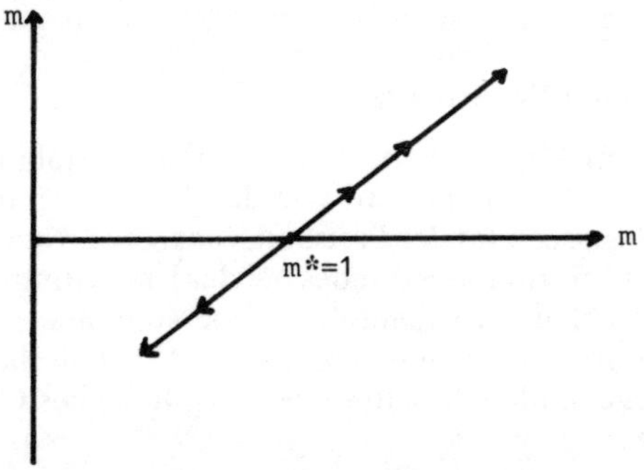

Abb. 54 Zur globalen Instabilität des Geldmarktes

Ist die Vermögensabhängigkeit der Geldnachfrage ungleich Null ($a \neq 0$) so gilt bei gegebenem Wert für die nominale Geldmenge und das Vermögen:

$$\frac{d\hat{m}}{dP} = \frac{a-1}{bP} \gtrless 0$$

Die Ableitung zeigt direkt, daß bei einer Vermögenselastizität von eins ($a = 1$) der Geldmarkt durch eine (zufällige) Abweichung des Preises von seinem Gleichgewichtswert nicht instabil ungleichgewichtig wird. Die reale Geldnachfrage verändert sich in diesem Falle proportional zum realen Geldangebot. Wird die sog. Luxushypothese unterstellt ($a > 1$), so würde sich das System stabilisieren; die Gleichgewichtslinie im $\hat{m}$-m-Koordinatenkreuz hat eine negative Steigung und die Pfeile würden entgegengesetzt zur Abbildung 54 zum Gleichgewichtspunkt zeigen. Das Geldmarktsystem ist somit nur instabil bei einer Vermögensabhängigkeit der Geldnachfrage von kleiner eins ($a < 1$).

Besteht das Vermögen aus realwertgesicherten Titeln, für die als Beispiel Aktien gelten mögen, gilt:

$$\frac{d\hat{m}}{dP} = \left[a\left(1 - P\frac{\partial \ln V}{\partial P}\right) - 1\right] / (bP) \gtrless 0$$

Eine Geldmarktinstabilität kann offensichtlich nur ausgeschlossen werden, sofern nicht das gesamte Vermögen realwertgesichert ist bzw. Geld Vermögen darstellt.

Bei einem nicht-realwertgesicherten Vermögen stellt die Annahme einer realen Geldnachfrage, die homogen vom Grade eins im Realvermögen ist, eine Stabilitätsbedingung für den Geldmarkt dar:

$$E(l, v) = 1 \quad \text{für} \quad l = l(\ldots)v$$

Die Voraussetzung für die Stabilität des Geldmarktes ist, daß Geld Vermögen darstellt. Die Berücksichtigung des Vermögens als Argument der Geldnachfrage ist in ihrer Bedeutung somit vergleichbar der Berücksichtigung des Realkassenhaltungseffektes im Rahmen des walrasianischen Systems durch Patinkin zur Behebung der Inkonsistenz des (neo-) klassischen Systems bezüglich des Geldmarktes (vgl. Kapitel II. 1).

Die Hypothese rationaler Erwartungen

Die im vorhergehenden Abschnitt abgeleitete globale Instabilität des Geldmarktes im steady-state-Gleichgewicht wird von den Vertretern der sog. rationalen Erwartungen auf die Exogenität der Preisänderungserwartungen bzw. die Nicht-Berücksichtigung des Informationsstandes bei der Erwartungsbildung und seiner Veränderung im Zeitablauf zurückgeführt. Unterstellt man, daß die Geldnachfrage nicht auf Vermögensänderungen reagiert und behält die weiteren Annahmen aus dem vorhergehenden Abschnitt bei, so gilt für das Geldmarktgleichgewicht zum Zeitpunkt t:

$$\ln m = \ln M_t - \ln P_t = -a\hat{P}^e_t + u_t \quad ; \quad (a > 0) = \text{konst.}$$

mit: u_t Error- und Basisterm mit dem Erwartungswert
$E(u) = c, c = \text{konst.} = 0$
Standardabweichung $\sigma(u) = d > 0 \quad ; \quad d = \text{konst.}$

Da für die Preisänderungsrate auch gilt:

$$\hat{P} = \frac{d \ln P}{dt} = \frac{dp}{dt} = p_{t+1} - p_t$$

bei $p = \ln P$

folgt für den Geldmarkt

$$(*) \qquad \ln M_t - p_t = -a\,({}_tp^e_{t+1} - p_t) + u_t$$

mit: ${}_tp^e_{t+1}$ Log. des in t für t+1 erwarteten Güterpreises.

Aus dieser Gleichung (*) folgt als Bestimmungsgleichung für das Preisniveau:

$$p_t = \frac{1}{1+a}\,[\ln M_t - u_t + {}_tp^e_{t+1}]$$

Bei vollkommener Kenntnis dieser Bestimmungsgleichung für p_t einschließlich der Koeffizienten der Geldnachfragefunktion werden die Wirtschaftssubjekte analog zu dieser Gleichung ihre Erwartungen bilden, d.h.:

$${}_tp^e_{t+1} = \frac{1}{1+a}\,[\ln M_{t+1} - {}_tu^e_{t+1} + {}_{t+1}p^e_{t+2}]$$

$${}_{t+1}p^e_{t+2} = \frac{1}{1+a}\,[\ln M_{t+2} - {}_{t+1}u^e_{t+2} + {}_{t+2}p^e_{t+3}]$$

In einem fortwährenden Regreß läßt sich schreiben:

$${}_tp^e_{t+1} = \frac{1}{1+a}\,[\ln M_t - c]\left[1 + \frac{a}{1+a} + \left(\frac{a}{1+a}\right)^2 + \ldots \left(\frac{a}{1+a}\right)^n\right] + \left(\frac{a}{1+a}\right)^{n+1} {}_tp^e_{t+2+n}$$

Dabei wurde vereinfacht gesetzt, daß die Wirtschaftssubjekte für alle zukünftigen Perioden dieselbe Geldmenge M und denselben Erwartungswert für den Basiskoeffizienten u erwarten, da sie keine Informationen in t dafür haben, daß sie in einem späteren Zeitpunkt mit einem anderen Wert für u oder M rechnen müssen als heute. Läßt man unter diesen Annahmen die Anzahl des Einsetzens gegen Unendlich gehen ($n \to \infty$), so geht der Wert in der runden Klammer, der kleiner als eins ist, gegen Null. Die Summe in der rechten eckigen Klammer (geometrische Reihe) geht gegen den Wert (1 + a), so daß folgt:

$${}_tp^e_{t+1} = \ln M_t - c$$

Berücksichtigt man die Umformungen

$$\hat{P}_t^e = p_{t+1}^e - p_t = -c + (\ln M_t - \ln P_t) = -c + \ln m_t,$$

unterstellt für das steady-state-Erwartungsgleichgewicht

$$\hat{P}_t = \hat{P}_t^e = \hat{P},$$

so folgt für die Veränderungsrate der realen Geldmenge

$$\hat{m} = \hat{M} - \hat{P} \quad ; \quad \hat{M} = \hat{M}^e = 0$$

bzw.

$$\hat{m} = c - \ln m_t$$

Die Steigung des Zusammenhanges ist negativ (vgl. Abbildung 55). Weicht jetzt die nominale Geldmenge exogen vom Gleichgewicht nach oben ab (oder kommt es exogen zu einer Senkung von P), so daß gilt $m_t > 1$, dann entsteht ein Überschußangebot auf dem Geldmarkt. Die Preise steigen bzw. die Veränderungsrate der realen Geldmenge ist negativ. Das System bewegt sich gemäß der Pfeilrichtung genau auf dem gegebenen Pfad. Das langfristige Erwartungsgleichgewicht ist stabil. Dieses gilt auch für eine (regelgebundene) gegebene Geldmengenänderungsrate ($c > 0$) mit einer gleich großen erwarteten Preisänderungsrate seitens der Wirtschaftssubjekte für das steady-state-Gleichgewicht.

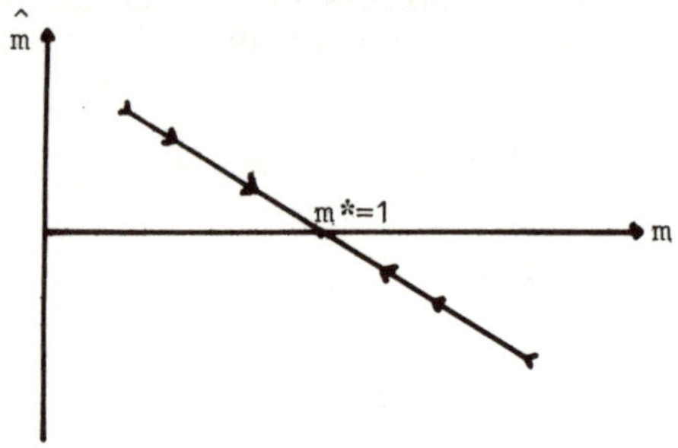

Abb. 55 Die Stabilität des Geldmarktes bei rationalen Erwartungen

Geldmarktstabilität und rationale Erwartungen

In diesem Ansatz wird gemäß des (neo-) klassischen Systems das Preisniveau auf dem Geldmarkt bestimmt. Nutzen die Wirtschaftssubjekte die ihnen (hier exogen gegebenen) Informationen über die exogene Veränderung und die Anpassungssystematik des monetären Bereiches effizient, d.h. bilden sie ihre Erwartungen rational, dann ergibt sich die Stabilität des langfristigen Gleichgewichtes. Bedingung für die Stabilität sind die effiziente Verwertung der Informationen in der Erwartungsbildung sowie die Konvergenz des Systems (vgl. die geometrische Reihe), d.h. die Existenz des walrasianischen Anpassungsmechanismus auf dem Geldmarkt bei einer **einzigen** Lösung. Existieren zwei Schnittpunkte zwischen der Geldangebots- und -nachfragefunktion, können die Wirtschaftssubjekte nicht direkt/unmittelbar erkennen, welches Gleichgewicht sich einstellen wird.

Dann aber gibt es nicht nur einen einzigen Anpassungspfad (bzw. keine Sattelpunktlösung), den die Wirtschaftssubjekte bei rationalem Nutzenkalkül (einschließlich nutzentheoretischer Informationsbeschaffung) eruieren können. Das System ist dann von sich aus instabil, es bedarf eines weiteren zusätzlichen Mechanismus (eine Kooperationslösung, z.B. eine Gemeinschaftsstrategie der Arbeitsmarktparteien mit allen Problemen des Vertrauens bei einem sequentiellen Spiel bzw. einer sequentiellen Ökonomie, d.h. einer Geldwirtschaft), um die Stabilität zu ermöglichen.

Die Anlehnung an das (neo-) klassische System erfolgt auch bezüglich der Referenzperiode. Betrachtet wird die Stabilität im (konzeptionell) langfristigen Gleichgewicht. Um dieses zu erreichen, benötigen die Wirtschaftssubjekte aber die Kenntnis über die Anpassungsmechanismen in der Zeit, wobei unsere Kenntnisse über die Dynamik sehr ungenügend sind (der Ausgangspunkt von Keynes). Sind aber die unmittelbaren Veränderungen bzw. Schritte des Systems nicht mit Sicherheit bekannt bzw. unsicher, so gilt dieses insbesondere für die anzuwendende Methode (Algorithmus) der Erwartungsbildung, Produktionsplanung etc. bei der Optimierung des Verhaltens. So hat ein Unternehmen für seine Planungen die Auswahl beispielsweise unter folgenden Verfahren zu treffen:

- einperiodische lineare Programmierung
- mehrperiodische lineare Programmierung
- quadratische Programmierung.

Die Aufzählung kann beliebig ausgedehnt werden. Die Ergebnisse werden unterschiedlich sein; die Entscheidung für oder gegen das einzelne Verfahren ist mit nicht kalkulierbarer Unsicherheit behaftet (das Meta-Problem ist ungelöst). Ein Methodenwechsel bei der Erwartungsbildung, Planung etc. bei einer relevanten Anzahl von Akteuren führt zu anderen Erwartungen, die nicht alle sofort auf dem einen Konvergenzpfad (**Sattelpunktlösung**) liegen bzw. einen neuen schaffen können. Die Rationalität der Erwartungsbildung garantiert bei ungelöster Planung der Planung nicht die Stabilität des Geldmarktes. Es gibt bei einer exogenen Störung nicht notwendigerweise eine „one-shot-solution".

VI.3c Zur Theorie effizienter Finanzmärkte

Die Endogenisierung des Informationsstandes und damit der Erwartungsbildung durch die Theorie der rationalen Erwartungen schafft in der Neuen Klassischen Makroökonomik den Mechanismus, der die Stabilität des Geldmarktes und damit letztlich des allgemeinen walrasianischen Gleichgewichtsansatzes unter Einschluß von Geld gewährleistet. Die umfassend rationalen Wirtschaftssubjekte werden im Bestreben, ihren Nutzen zu maximieren, den Pfad zum langfristigen Gleichgewicht suchen, finden und beschreiten. Ihr unablässiges direktes Gewinnstreben läßt sie bewußt Informationen suchen, verarbeiten und über ihre individuellen Angebots- und Nachfrageentscheidungen unmittelbar verwerten. Es sind Informationen über Struktur und Wirkungsweise des Systems der Märkte, über die Marktteilnehmer und die Rahmenbedingungen sowie über die jeweiligen tatsächlichen und geplanten Veränderungen. Bei einer stets effizienten Verwendung des jeweiligen Informationsstandes, d.h. einer Ausnutzung jeder Gewinnmöglichkeit (einschließlich der Verlustvermeidung) unter Beachtung der Transaktionskosten, spiegeln die Preise alle verwertbaren Informationen wider.

Sind die Transaktionskosten vernachlässigbar gering, wie es für die organisierten Bestandsmärkte (Börsen etc.) unterstellt wird, dann sind die Preise der Vermögenstitel Ausdruck aller existierenden resp. verfügbaren Informationen. Die Assetmärkte werden dann als effizient bezeichnet.

Die Preisbestimmung auf Bestandsmärkten erfolgt über die Gleichsetzung der angebotenen und nachgefragten Mengen, die ihrerseits in Abhängigkeit von exogenen Größen und erwarteten Renditen aus den gegebenen Zielfunktionen abgeleitet sind. Für die Bildung der Preis- resp. Kurserwartungen und damit der erwarteten Renditen der Titel in der folgenden Periode (die Transaktionskosten sind annahmengemäß vernachlässigbar) verwenden die Wirtschaftssubjekte das gesamte System der interdependenten Finanz- resp. Bestandsmärkte, welches die Kurse bestimmt. Wie im vorhergehenden Abschnitt gezeigt, werden die Erwartungen unter Verwendung der tatsächlichen Erklärungsstruktur rational gebildet.

Durch den gezielten Ressourceneinsatz zur Informationsgewinnung über dieses System und seine Rahmenbedingungen (Daten) werden die Wirtschaftssubjekte die Struktur und Umwelt letztlich vollkommen richtig erkennen. Damit ist aber der Gleichgewichtspreis, bei dem die (gewünschte bzw. notional) angebotene Menge gleich der nachgefragten ist, auf einem Bestandsmarkt bei gegebenen Nutzenfunktionen der gegebenen Anzahl an Wirtschaftssubjekten durch die exogenen Variablen des Bestandsmarktsystems bestimmt. Es ist damit der gleichgewichtige Preisvektor insgesamt bestimmt.

Eine Erwartungsbildung ist ökonomisch nur bedeutsam, wenn sie falsch sein kann, d.h. wenn sie bei Unsicherheit zu erfolgen hat. Besteht diese Unsicherheit darin, daß die Ereignisse bzw. tatsächlichen (Preis-) Realisationen durch wahre bzw. objektiv gegebene Dichtefunktionen bestimmt werden, so daß jeder erwartete Preis aufgrund einer Wahrscheinlichkeitsverteilung gebildet wird, dann beinhaltet der ermittelte Preisvektor des Gleichgewichtsansatzes die Erwartungswerte dieser Preise. Die Wirtschaftssubjekte sind in diesem System annahmegemäß risikoavers im Sinne des Portfolio-Selektions-Ansatzes.

Bestehen die exogen gegebenen wahren und voneinander unabhängigen Verteilungsfunktionen über einen längeren Zeitraum hinweg bzw. gilt dieses für die bestimmte stochastische Systemstruktur bei gegebenen Nutzenfunktionen, Produktionstechnologien, Organisationsformen, staatlichen Regulierungen und stochastischen Störgrößen mit Erwartungswerten von Null bei gegebener Verteilung, so haben die Wirtschaftssubjekte aufgrund ihrer Informationsbeschaffung die wahren Dichtefunktionen resp. Wahrscheinlichkeitsverteilungen erforscht. Sie kennen sie. Da ihr subjektiv verfügbarer Informationsstand gleich dem wahren bzw. vorhandenen ist, entsprechen ihre bei der rationalen Erwartungsbildung verwendeten subjektiven Wahrscheinlichkeitsverteilungen den wahren. Es gilt:

$$D(p_{t+i} \mid I_t) = D^M(p_{t+i} \mid I_t^M) \quad ; \quad i > 0$$

bei $I_t = I_t^M$

mit: $D(p_{t+i} \mid I_t)$ die bedingte wahre Dichtefunktion von p in der Periode t+i aufgrund der vorhandenen Informationsmenge in t;

$D^M(p_{t+i} \mid I_t^M)$ die bedingte objektive Dichtefunktion des Marktes von p in der Periode t+i aufgrund der objektiv, d.h. dem Markt verfügbaren Informationsmenge in t;

p Preisvektor aller Aktiva;

I_t im Zeitpunkt t der Preisbildung für t+i vorhandene preisrelevante wahre Informationsmenge;

I_t^M im Zeitpunkt t der Erwartungsbildung für t+i verfügbare und vom Markt damit zur Preissetzung verwendete objektive Informationsmenge.

Im langfristigen stochastischen Gleichgewicht, d.h. nach einer ausreichend langen Zeit zum Erlernen der wahren Systemstruktur und -dynamik entspricht der markt-objektive Preisvektor dem wahren. Damit ist in diesem atemporalen Gleichgewicht der Erwartungswert der Rendite des Vermögenstitels bzw. aller Titel gegeben.

Auf den effizienten Märkten spiegeln die Preise bei rationaler Informationsbeschaffung und -verwertung vollständig alle verfügbaren (und damit vorhandenen) Informationen wider. Kommt es zu keiner exogenen Veränderung der Präferenzen oder der Marktstruktur oder der Technologien etc., d.h. zu keiner sog. realen Veränderung, so sind in einem derartigen stationären System die sich in künftigen Perioden einstellenden Preise stets Realisationen aus den gegebenen jeweiligen Dichtefunktionen. Die Schwankungen des Preises bzw. Kurses eines bestimmten Aktivums weisen dann kein systematisches Muster mehr auf. Die Realisationen sind (i.d.R. annahmegemäß normalverteilt und) unabhängig voneinander, so daß die Autokorrelationskoeffizienten Null sind.

Diese Annahme gilt allerdings nicht in dem Falle, in dem das Gleichgewichtsmodell einen zyklisch schwingenden Preis- oder Renditeverlauf bei einem Erwartungswert von Null generiert. Dann können die Autokorrelationskoeffizienten signifikant von Null unterschiedlich sein.

Schließt man diesen Fall in der folgenden Betrachtung aus, so schwanken somit die Kurse stochastisch um ihren Erwartungswert. Die rationalen Erwartungen des Marktes, d.h. der relevanten Gesamtheit der Wirtschaftssubjekte, weisen keinen **systematischen Fehler** mehr auf. Die gewichtete Mehrheit der Wirtschaftssubjekte hat damit dasselbe Systemverständnis und dieselbe Wahrscheinlichkeitszuversicht in die Zukunft. Die Erwartungen dieser Akteure bzw. des Marktes sind kohärent.

Es können zwar die von einem einzelnen Wirtschaftssubjekt geschätzten und verwendeten (subjektiven) Wahrscheinlichkeitsverteilungen noch von den objektiven und wahren abweichen, in der Gesamtheit kompensieren sich gemäß des Gesetzes der großen Zahl aber diese subjektiven (systematischen) Fehler. Entsprechend ist es in diesem langfristigen stochastischen Gleichgewicht bei stationären Dichtefunktionen für diese einzelnen Wirtschaftssubjekte immer noch lohnend bzw. rational, weitere Ressourcen zur Informationsbeschaffung aufzuwenden. Sie können noch ihre systematischen Erwartungsfehler, die der Markt nicht mehr hat, eliminieren. Die korrekten Erwartungen eines Individuums hängen von denen des Marktes bzw. denen der relevanten Marktteilnehmer und damit evtl. weniger Marktführer ab.

Schwanken die Kurse um stationäre Erwartungswerte, so ist der Erwartungswert der Kursveränderung Null. Es lassen sich über Umstrukturierungen oder besondere Anlagestrategien keine Extragewinne aus Kurssteigerungen (Kapitalgewinne) erzielen. Die beste Prognose für den morgigen Kurs/Preis eines Aktivums auf einem effizienten Markt ist dann der heutige Kurs. Da die Preise stochastische Größen sind, was durch einen Balken in der Darstellung gekennzeichnet wird, gilt für den bedingten Erwartungswert des Marktes $E^M(..\,|\,..)$:

$$E^M(\bar{p}_{t+1} \mid I_t^M) = E(\bar{p}_{t+1} \mid I_t) = p_t$$

Es läßt sich somit auch nicht durch einen Ressourceneinsatz die Veränderungsrichtung des Kurses morgen besser prognostizieren. Dabei ist bezüglich einer Anlagestrategie noch zu beachten, daß aufgrund der vollständigen Verarbeitung der Informationen (einschließlich aller antizipierbarer Ereignisse) aus der heutigen Sicht die Erwartungen des Marktes in t+n für den Kurs in t+n+1 gleich jenen in t für t+n+1 sind.

Die Zinsstruktur bei effizienten Märkten

Diese Überlegungen zur Effizienz der Bestandsmärkte bedingen für die Theorie der Zinsstruktur eine Aussage, die der klassischen Erwartungstheorie stark entspricht. Die erwartete Rendite eines langfristigen Titels auf Periodenbasis ergibt sich aus den heute für zukünftige Perioden erwarteten Renditen kurzfristiger Titel. Aus der ersten Gleichung in Kapitel V.4a:

$$(1+{}_tr^3_{t+3})^3 = (1+{}_tr^1_{t+1})(1+{}_{t+1}r^1_{t+2})(1+{}_{t+2}r^1_{t+3})$$

wird

$$(1+{}_tr^3_{t+3})^3 = (1+{}_tr^1_{t+1})(1+{}_tr^1_{t+2})(1+{}_tr^1_{t+3})$$

Die Beachtung der Risikoaversion führt in der Regel dazu, daß eine Modifikation in Form einer additiv angefügten Risiko-Prämie erfolgt. Somit ergibt sich eine Zinssatzbestimmung, die prinzipiell jener mit Hilfe des Spread (vgl. Kapitel V.4c) entspricht. Die Aussage bezüglich der Zinsstruktur entspricht dann jener, die aus der Berücksichtigung einer Liquiditätsprämie resultiert.

Durch die additive Liquiditätsprämie erhält dieser Ansatz zur Markteffizienz allerdings einen gewissen ad-hoc-Charakter. Die Liquiditätsprämie muß das Entgelt für das Risiko gemäß der gegebenen Wahrscheinlichkeitsverteilungen ebenso enthalten wie für die Unsicherheit bezüglich der Konstanz dieser Verteilungsfunktionen. Durch die Annahme der effizienten Verarbeitung der Informationen einschließlich aller antizipierbarer Ereignisse, d.h. bei den Erwartungen durch die Annahme: ${}_tr^1_{t+3} = {}_{t+2}r^1_{t+3}$ bei einer vollkommenen Unabhängigkeit der Realisationen bzw. bei Autokorrelationskoeffizienten von Null steigt die Varianz der Prognosen nicht (exponentiell) mit der Zeitentfernung. Ein rationales Wirtschaftssubjekt wird aber wissen, daß mit steigender Zeitentfernung neue (heute nicht antizipierbare) preisrelevante Informationen immer wahrscheinlicher werden. (Dieses mag darüber hinaus abhängen von der relativen Höhe des heutigen kurzfristigen Zinssatzes sowie der Stärke seiner gestrigen Veränderung, so daß Normalzinsvorstellungen eine adäquate Abbildung sein können.) Dann aber steigt die Inkohärenz der Erwartungen des Marktes mit der Fristigkeit der Prognose. Derartige nicht durch die Theorie der Markteffizienz mit statistischen Dichtefunktionen erfaßten Unsicherheiten müssen die Liquiditätsprämie im Sinne einer keynesianischen Risiko-Prämie und Liquiditätspräferenz mitbestimmen.

Die Markteffizienz im Zeitablauf

Dieses unmittelbar statische bzw. atemporale Konzept der Markteffizienz, welches nicht die von Keynes betrachtete unsichere dynamische Entwicklung über die Zeit erfaßt und so auch nicht die Bedeutung der keynesianischen Normalzinsvorstellung reduziert, wird dynamisiert durch die Unterscheidung von drei Informationsständen und damit drei Stärken der Markteffizienz in Abhängigkeit von den im Marktpreis jeweils enthaltenen Informationen.

Ausgehend von den Grenzkosten der Informationsbeschaffung werden unterschieden:

- zentral veröffentlichte Informationen (über öffentliche Medien etc.) mit Grenzkosten von annähernd Null;
- dezentral veröffentlichte Informationen (Anlageberater, Informationsdienste, Gesellschafterversammlungen etc.) mit positiven Grenzkosten;
- monopolisierte Informationen (Insider-Informationen etc.) mit sehr hohen (bis prohibitiven) Grenzkosten.

Nach der Klassifikation von E. F. Fama werden i.d.R. drei Effizienzgrade unterschieden:

- Bei der **schwachen Markteffizienz** werden nur die bereits zentral veröffentlichten Informationen vom Markt in der Preisfindung berücksichtigt, d.h. nur „vergangene" Ereignisse etc. Der Kurs eines Aktivums wird somit durch die Reihe der Vergangenheitsrealisationen dieses Kurses determiniert.
- Bei der **mittelstrengen Effizienz** werden vom Markt bei der Preisfindung auch die dezentral veröffentlichten Informationen verarbeitet, so daß der Kurs eines Aktivums aus seinen Vergangenheitsrealisationen und aus weiteren Variablen zu erklären ist.
- Bei der **strengen Markteffizienz** sind auch schon die vorübergehend monopolisierten Informationen vollständig im Kurs des Aktivums enthalten.

Die empirische Operationalisierung der strengen Markteffizienz ist bisher kaum denkbar. Bei der empirischen Operationalisierung der mittelstrengen Markteffizienz ist bereits ein Strukturmodell erforderlich. Bei der schwachen Markteffizienz ergibt sich ein Ansatz, der vergleichbar den statistischen Verfahren der Zeitreihenanalyse (ARIMA-Modelle etc.) ist.

Die Dynamik bezüglich der Markteffizienz ergibt sich aus der Informationsdiffusion, d.h. der Informationsverbreitung über die Gesamtheit der Wirtschaftssubjekte. Die Einführung unterschiedlicher Informationsstände bedeutet zunächst, daß die Wirtschaftssubjekte notwendigerweise von subjektiv unterschiedlichen, also heterogenen Erwartungen ausgehen. Dann spiegelt der Preis eines Assets nicht die wahren Informationen vollkommen und richtig wider. Die Märkte sind dann nicht vollkommen informationseffizient; sie sind (zumindest temporär) eingeschränkt informationseffizient.

Ausgehend von einem stochastischen Erwartungsgleichgewicht bedeutet eine exogene monetäre Störung, daß der momentane Marktpreis nicht sofort dem sich aufgrund der Störung und damit des neuen wahren Informationsstandes ergebenden langfristigen Preis entspricht. Die Preisanpassung erfolgt über die Zeit. Die (möglicherweise monopolisierte) neue Information wird über die Informationsdiffusion zu einer zentral veröffentlichten Information und damit zum Allgemeinwissen. Der Empfänger von (monopolisierten) neuen Informationen wird diese durch seine eigenen Kauf- oder Verkaufsentscheidungen selbst weitergeben, um so aus dem Informationsvorsprung gegenüber dem Markt Gewinn zu erzielen. Dieses ist allerdings nur möglich, wenn die neue Information ihm eine Spekulationschance gegen den Markt bietet bzw. generell eine Preisänderung erwarten läßt. Um dieses beurteilen zu können, wird auch dieser Anleger Ressourcen einsetzen, um die zentral und dezentral veröffentlichten Informationen zu erhalten und damit abschätzen zu können, wie weit im Preis möglicherweise die ihm zugeflossene neue Information bereits enthalten ist, d.h. wie stark diese Information eigentlich monopolisiert ist und wie weit sie überhaupt preisrelevant ist. Die Informationsdiffusion, Folge eines rationalen Einsatzes knapper Ressourcen, wird aber auch durch alle anderen Wirtschaftssubjekte gefördert bzw. getragen, da diese alle über einen Ressourceneinsatz Informationen suchen, um aktiv Gewinnchancen zu ermitteln. Der Prozeß der Informationsdiffusion zeigt nochmals, daß das Konzept der rationalen Erwartungsbildung ein dynamisches ist.

Eine Informationsbeschaffung aufgrund des Einsatzes von Ressourcen ist allerdings im Falle der strengen Markteffizienz nicht sinnvoll. Der einzelne Anleger würde auch durch einen Ressourceneinsatz bzw. den entgeltlichen Erwerb von Insider-Informationen keine besseren Prognosen und damit Gewinnchancen erhalten.

Der Beitrag der Effizienz-Hypothese

Der Erklärungsbeitrag dieser Effizienz-Hypothese ist zeitabhängig; er ist „gering“ in Zeiten von Strukturveränderungen, d.h. beispielsweise bei sich verändernder Unsicherheit, Risikoaversion oder Nutzenvorstellung der Wirtschaftssubjekte oder bei sich ändernden Marktstrukturen (Konzentrationen im Bankensystem, neue Informations- und Entscheidungstechnologien etc.).

Dieses gilt auch, wenn die aggregierten Gütermärkte als walrasianischer Markt im totalen Gleichgewichtsmodell vernachlässigt werden und Erscheinungen wie sich überlappende Kontrakte mit einer Mehr-Periodendauer oder asymmetrische Informationsverteilungen (vgl. die Phillips-Kurve) auf dem Arbeits- oder Gütermarkt existieren. Passen sich die Kurse der Bestandsgrößen vollkommen den jeweiligen neuen Erwartungen an, so gibt es aufgrund der alten Kontrakte stets Verlierer und Gewinner. Die Verteilungseffekte haben letztlich Auswirkungen auf das gesamte Aggregat und damit auf die Bestandsmarkt-Gleichgewichte.

Gibt es die Veränderungen der genannten Art, so ist die **Random-Walk-Hypothese** als Teil eines Gleichgewichtsmodells für einen Assetpreis (z.B. für den Wechselkurs), d.h. die Prognose aufgrund der heutigen Realisationen, höchstens für einen unbestimmten Zeitraum sinnvoll. Dieser Zeitraum ist um so unsicherer, je geringer die Kenntnisse über die wahre Struktur der Bestands- (= Erwartungs-) Märkte ist. Er ist beispielsweise um so kürzer, je schneller sich die Nutzenvorstellungen einschließlich der Zeitpräferenzrate ändern. Die Inkohärenz der Markterwartung steigt mit der strukturellen Unsicherheit.

Der Gewinn der Effizienz-Hypothese einschl. der Hypothese rationaler Erwartungen besteht insbesondere in der nutzentheoretischen Erklärung und damit der Endogenisierung der Erwartungen der Wirtschaftssubjekte. Er erhöht allerdings mit dem gewonnenen Erklärungsgehalt gleichzeitig das Erklärungsdefizit, welches jetzt unter den getroffenen Annahmen der Optimalität der Informationsverarbeitung resp. Planungsentscheidung des homo oeconomicus mit einer konsistenten, unabhängigen und zeitinvarianten Nutzenvorstellung ruht.

Die Effizienz-Hypothese erklärt nicht die für Keynes relevante Situation einer monetären Wirtschaft, d.h. eine Veränderung in der Zeit, die nur durch das Geld als Tausch- und Informationsmechanismus möglich ist. Es fehlt die Endogenisierung des Gleichgewichtsmodells wie sie mit der Normalzinsvorstellung bei einer geringen Erwartungselastizität, d.h. bei einer beständigen Revision des Erklärungsmodells versucht wurde. Diese Revision erfolgt graduell, da soziale Prozesse i.d.R. gemäßigt und nicht chaotisch ablaufen. Damit fehlt u.a. eine „Endogenisierung" der Präferenzen, d.h. im übertragenen Sinne ihre „Monetisierung". Erreicht wurde aber eine Annäherung an die Spekulationsnachfrage, indem die Spekulation gegen den Markt zur Informationsdiffusion führt.

VI.4 Wechselkurs und Geld

Bei dem Übergang von der Analyse einer geschlossenen zu der einer offenen Volkswirtschaft gewinnt ein weiterer Preis wesentliche Bedeutung. Dieses ist der Wechselkurs, d.h. das Austauschverhältnis zwischen der Währung des Inlandes und des Auslandes.

VI.4a Der monetäre Ansatz

Die wohl einfachste Erklärung für den Zusammenhang zwischen Wechselkurs und Geld liefert der sog. monetäre Ansatz. In einem Gleichgewichtsmodellansatz für die zwei Länder I (Inland) und A (Ausland) gilt für die Geldmärkte:

$$M^I = P^I l^I(\ldots)$$

$$M^A = P^A l^A(\ldots)$$

Es gibt keine international gehandelten Vermögenstitel. Das nationale Preisniveau ergibt sich jeweils aus den gewichteten Preisen des international gehandelten Gutes bzw. Güterbündels (P_T) und des nicht-gehandelten (P_N):

$$P^i = b^i P_T^i + (1-b^i) P_N^i \quad ; \quad i = I, A$$

bzw.:

$$P^i = c^i P_T^i$$

mit:

$$a^i = P_N^i / P_T^i \quad ; \quad c^i = b^i + (1-b^i) a^i$$

Aufgrund der Kaufkraftparitätentheorie in Form des sog. **law of one price** gilt für das (homogene) international gehandelte Gut resp. den Wechselkurs e:

$$e = P_T^I / P_T^A$$

bzw. eingesetzt unter Beachtung der Geldmarktgleichgewichte:

$$e = \frac{c^A}{c^I} \frac{M^I}{M^A} \frac{l^A(\ldots)}{l^I(\ldots)}$$

Der erste Term erfaßt die relativen Güterpreise aufgrund der länderspezifischen Nutzenvorstellungen/Präferenzen der Wirtschaftssubjekte. Der zweite Term erfaßt die Relation der nominalen Geldmengen, während über die dritte Komponente die die realen Geldnachfragen determinierenden Größen wie das reale Volkseinkommen, die erwarteten realen Ertragsraten etc. wirken.

Für die Veränderung des Gleichgewichtswechselkurses folgt:

$$\hat{e} = [\hat{c}^A - \hat{c}^I] + [\hat{M}^I - \hat{M}^A] + [\hat{l}^A(\ldots) - \hat{l}^I(\ldots)]$$

Eine Erhöhung der inländischen nominalen Geldmenge ($\hat{M}^I > 0$) c.p. führt zu einem Überschußangebot auf dem Geldmarkt resp. einer Überschußnachfrage auf dem Gütermarkt. Die Folge ist ein prozentual gleich stark steigender Preis für beide Güter (gegebene Nachfragestruktur) und damit bei gegebenem Auslandspreis eine Abwertung der inländischen Währung.

Dieser Ansatz erklärt den Wechselkurs nur für einen langfristigen Zeitraum, für den die Kaufkraftparitätentheorie unterstellt werden kann. Er erklärt nicht den täglich beobachtbaren Wechselkurs bzw. seine Schwankungen. Dazu wird in der Regel der Portfolio-Ansatz als Gleichgewichtsansatz (mit dem Random Walk) verwendet.

Ein erweiterter monetärer Ansatz

Im Vordergrund des folgenden Modellansatzes steht die Erklärung der Abweichung des Wechselkurses von seinem Kaufkraftparitäten-Wert bzw. das sog. overshooting resp. undershooting. Ausgehend von einem Modell von Frenkel und Rodriguez gilt für den Geldmarkt des Inlandes im Gleichgewicht (in der bekannten Symbolik):

$$\frac{M}{P} = Y^{\varnothing} \exp.\{-\frac{1}{b}i\} \quad ; \quad \bar{b} > 0 \quad ; \quad \bar{\varnothing} > 0$$

bzw. in logarithmierter Form:

$$(*) \qquad m - p = \varnothing y - \frac{1}{b}i$$

mit: $m = \ln M$; $p = \ln P$; $y = \ln Y$;
- Y reales Volkseinkommen;
- i langfristiger Zinssatz;
- b Semi-Zinselastizität der Geldnachfrage;
- $\varnothing$ Einkommenselastizität der Geldnachfrage.

Für die Nachfragefunktion auf dem Gütermarkt gilt (bei vernachlässigten Zinseffekten):

$$D = A(Y) + T(SP^*/P)$$

bzw.:

$$D = \underset{+}{A(Y)} + \underset{+}{T(s)} \quad ; \quad \bar{P}^* = 1$$

mit: A reale Absorption (heimische Nachfrage nach in- und ausländischen Gütern);
T realer Handelsbilanzsaldo ($T > 0$: Handelsbilanzüberschuß);
S gegenwärtiger Wechselkurs;
P Güterpreis im Inland (P^* im Ausland);
s realer Wechselkurs ($s = S/P$).

Für den Handelsbilanzsaldo wird unterstellt:

$$T = \delta \ln (s/\bar{s}) \quad \text{bzw.} \quad T = \delta (e - p - k)$$

mit: $e = \ln S$; $k = \ln \bar{s}$;
δ Handelsbilanzelastizität.

Im langfristigen Gleichgewicht, in dem keine Akkumulation erfolgt, gilt:

$\bar{s}$ langfristig-gleichgewichtiger realer Wechselkurs;

$$T(\bar{s}) = 0 \quad \text{wegen} \quad \ln(\bar{s}/\bar{s}) = 0; \quad A = Y.$$

Im folgenden werden die Gleichgewichtslinien für den Gütermarkt, den Kapitalverkehr und die Zahlungsbilanz abgeleitet.

Zum Gütermarkt

Für das Vollbeschäftigungseinkommen gilt:

$$D = Y + T = Y + \delta (e - p - k)$$

Bei einem walrasianischen Preismechanismus gilt für die Preisveränderung:

$$\dot{p} = \frac{dP}{dt} \frac{1}{P} = \pi (D - Y) = \alpha (e - p - k) \quad ; \quad \bar{\pi} \geq 0 \quad ; \quad \alpha = \pi\delta.$$

Sie ist im langfristigen Gleichgewicht Null ($\dot{p} = 0$) so daß gilt:

$$\bar{p} = \bar{e} - k$$

mit: $\bar{p}$ Wert von P im langfristigen Gleichgewicht;
$\bar{e}$ Wert von e im langfristigen Gleichgewicht.

Wenn sich der Gütermarkt im langfristigen Gleichgewicht befindet, ist der Handelsbilanzsaldo gleich Null. Die Gerade aller Kombinationen von p und e, bei denen die Handelsbilanz ausgeglichen ($T = 0$) ist, hat die Steigung eins. Im Punkt A (vgl. Abbildung 56) herrscht eine Überschußnachfrage auf dem Gütermarkt, da dort p für e zu gering ist, d.h. da die inländischen Güter relativ billig sind. Es besteht ein Handelsbilanzüberschuß ($T > 0$); die inländische Währung ist real unterbewertet. Setzt man $\bar{s} = \bar{S}/\bar{P} = 1$, so verläuft diese Gerade durch den Ursprung.

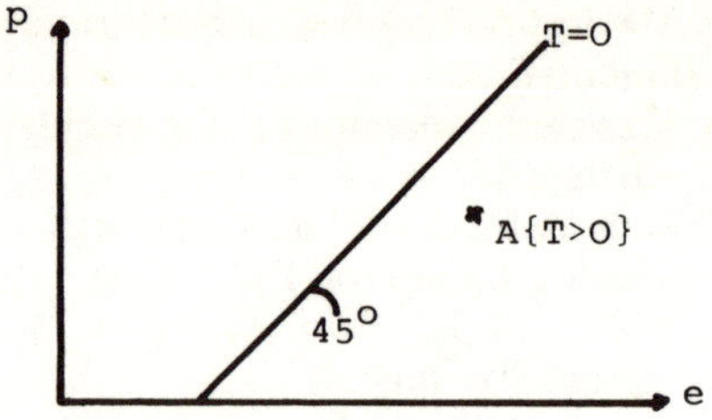

Abb. 56 Das Gütermarktgleichgewicht

Der Kapitalverkehrssaldo

Der Nettokapitalimport ($C > 0$) als Folge der Differenz zwischen den gewünschten und tatsächlich vorhandenen Wertpapierbeständen ist abhängig von der Zinssatzdifferenz zwischen In- und Ausland. Es gilt:

$$C = \beta\,(i - i^* - x)$$

bei: $$x = \theta\,(\bar{e} - e) \quad ; \quad \bar{\theta} \geq 0$$

Dabei stehen x für die erwartete Wechselkursänderung $(e_{t+1} - e_t)/e_t$ bei dem für $t+1$ erwarteten Wechselkurs $e_{t+1} = E\,(e_{t+1})$ und θ für die Erwartungselastizität. Bei den homogenen in- und ausländischen Wertpapieren gilt im Falle einer vollkommenen Kapitalmobilität ($\beta \to \infty$) das Arbitragegleichgewicht:

$$i - i^* = x \quad \text{wegen} \quad \lim_{\beta \to \infty} \frac{C}{\beta} = 0.$$

Die Zinselastizität des Kapitalverkehrs $E\,(C, i)$ geht gegen Unendlich. Im langfristigen Gleichgewicht mit $e = e_{t+1}$ gilt $i = i^*$.

Aufgrund der Gleichung (*) gilt stets für den Zinssatz i:

$$i = b\,\varnothing\,y - b\,(m - p)$$

und damit den Kapitalverkehrssaldo C:

$$C = \beta\,[\,b\,\varnothing\,y - b\,(m - p) - i^* - \theta\,(\bar{e} - e)\,]$$

Unter Verwendung der Gleichung (*) im langfristigen Gleichgewicht folgt für den Kapitalverkehrssaldo:

$$C = \beta\,[\,b\,(p - \bar{p}) - \theta\,(\bar{e} - e)\,]$$

Für eine ausgeglichene Kapitalverkehrsbilanz mit $C = 0$ gilt damit:

$$\frac{dp}{de} = -\frac{\theta}{p} < 0$$

Die Gleichgewichtslinie für die Wertpapiermärkte ($C = 0$) ist eine Gerade mit negativer Steigung (vgl. Abbildung 57). Im Punkt B erwarten die Wirtschaftssubjekte eine Abwertung; sie fragen ausländische Wertpapiere nach; es existiert ein Nettokapitalexport ($C < 0$).

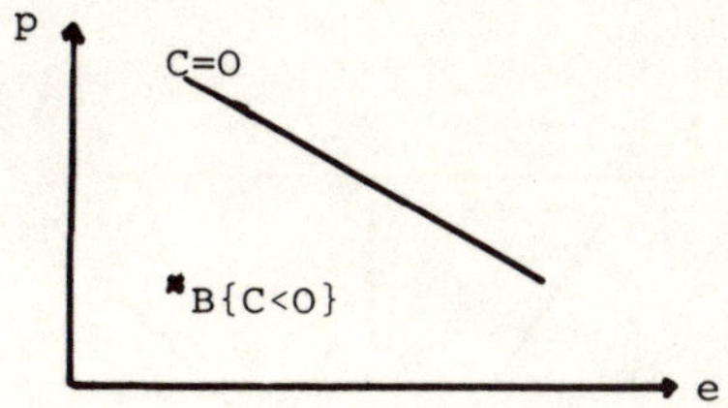

Abb. 57 Die Kombinationen von p und e bei ausgeglichenem Kapitalverkehr

Die Zahlungsbilanz

Für die Zahlungsbilanz gilt bei flexiblem Wechselkurs ohne Zentralbankintervention:

$$0 = T + C = \delta\,(e-p-k) + \beta\,[\,b\,(p-\bar{p}) - \theta\,(\bar{e}-e)\,]$$

und damit für den Wechselkurs (bei $\dot{p} = 0$; $\bar{e} = \bar{p} + k$):

$$e = \bar{e} + \varepsilon\,(p-\bar{p})$$

mit: $$\varepsilon = \frac{\delta-\beta b}{\delta+\beta\theta} \gtrless 0 \quad ; \quad \varepsilon\Big|_{\beta\to\infty} = -\,b/\theta < 0$$

Bei einer geringen Kapitalmobilität (kleiner Wert von β) ist $\delta > \beta b$ und damit $\varepsilon > 0$; bei einer schnellen Reaktion ist $\varepsilon < 0$. Bei einem Wert von $\beta = \delta/b$ ist $\varepsilon = 0$ und damit die (T+C)-Kurve eine Senkrechte. Steigt β über diesen Wert hinaus, so ergibt sich für die (T+C)-Kurve eine negative Steigung; sinkt β unter den Wert, so ergibt sich eine positive Steigung. Dabei senkt (erhöht) ein steigendes Preisniveau P aufgrund des Substitutionseffektes (Zinseffektes) den Handelsbilanzsaldo (Kapitalverkehrsbilanzsaldo).

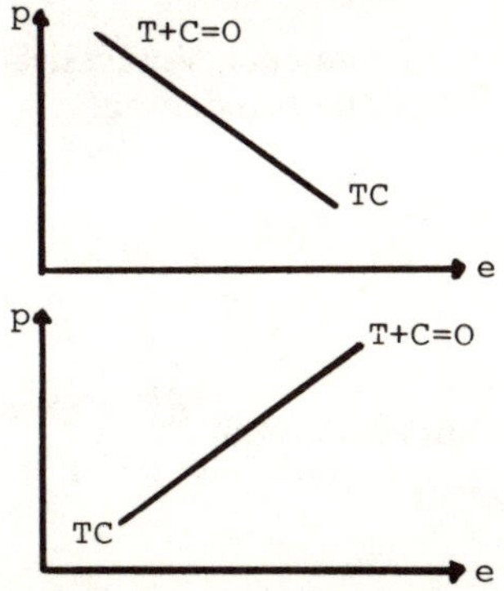

für $\varepsilon < 0 \rightarrow \frac{1}{\varepsilon} < 0$

(hohe Kapitalmobilität)

$0 < \varepsilon < 1;\ \frac{1}{\varepsilon} > 1$

(niedrige Kapitalmobilität)

Abb. 58 Der Zahlungsbilanzausgleich in Abhängigkeit von der Kapitalmobilität

Das Gesamtmodell

Im Falle einer hohen Kapitalmobilität verläuft die (T+C)-Kurve steiler als die C-Gerade, da das Handelsbilanzdefizit (resp. -überschuß) durch den Überschuß (resp. das Defizit) der Kapitalverkehrsbilanz kompensiert wird. Dieser Fall wird hier betrachtet.

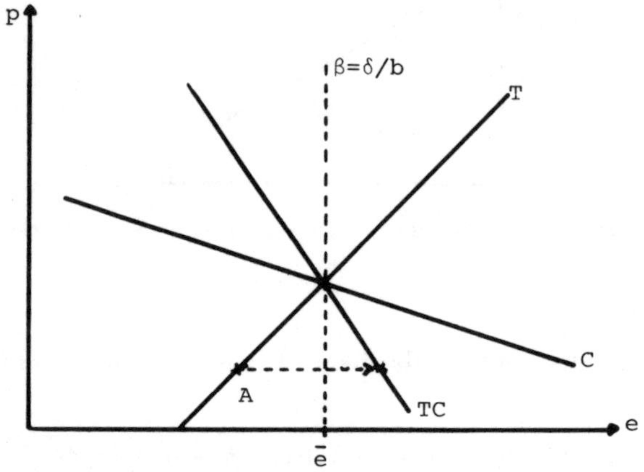

Abb. 59 Das System der Gleichgewichtskurven

Das System befindet sich im langfristigen Gleichgewicht im Punkt A mit: { $\hat{e}^e$, $\dot{p}$, C, T } = 0. Bei einer exogenen Erhöhung der Geldmenge (dM > 0) steigen die langfristigen Gleichgewichtswerte $\bar{e}$ und $\bar{p}$, so daß sich die C- und (T+C)-Kurven verschieben. Die Wirtschaftssubjekte erwarten langfristig eine Abwertung der inländischen Währung ($x > 0$) in Abhängigkeit von θ. Es erfolgt ein Kapitalexport. Bei langsam oder gar nicht reagierenden Güterpreisen kommt es zu einer realen Abwertung der inländischen Währung und damit zu einem Handelsbilanzüberschuß ($T > 0$; $C < 0$; $T+C = 0$; vgl. den Pfeil von A in Abbildung 59). Die Anpassung des Zinssatzes i hängt ab von β. Sofern $\varepsilon < 0$ gilt, kommt es stets zu einem am Wert von $\bar{e}$ gemessenen Overshooting. Durch den Liquiditätseffekt der Geldmengenerhöhung sinkt der inländische Zinssatz i ($i - i^* < 0$). Die Wirtschaftssubjekte wünschen mehr ausländische Wertpapiere. Die Größe des Nettokapitalexportes hängt von der Kapitalmobilität β ab. Je größer β ist, desto größer ist das Defizit im Kapitalverkehr.

In dem von Dornbusch analysierten Fall der vollkommenen Voraussicht entsprechen sich die erwartete und die tatsächliche Wechselkursänderung:

$$\dot{p} = \alpha(e-p-k) = \alpha(e-\bar{e}+\bar{p}-p)$$

$$= \alpha\left(1-\frac{1}{\varepsilon}\right)(e-\bar{e})$$

Da stets $\dot{p} = \dot{e}/\varepsilon$ gilt folgt für die aktuelle Wechselkursänderung $\dot{e}$:

$$\dot{e} = \alpha(1-\varepsilon)(\bar{e}-e)$$

und damit aufgrund der Definition von x (bei $x = \dot{e}$):

$$\theta = \alpha(1-\varepsilon)$$

Es folgt bei eingesetztem Wert von ε bei vollkommener Kapitalmobilität ($\beta \rightarrow \infty$) damit für θ:

$$\theta = \alpha(1+b/\theta)$$

Es kommt, sofern der Kapitalmarkt unmittelbar reagiert und ins Gleichgewicht kommt, somit zu einem **Overshooting**.

Ebenso wahrscheinlich aber ist ein Undershooting in diesem Modell, in dem der Wechselkurs über den internationalen Warenverkehr und den internationalen Kapitalverkehr bestimmt wird. Unterstellt man aber (wie allgemein getan), daß der Wechselkurs wesentlich schneller reagiert als der Preis und die Menge auf dem Gütermarkt, so läßt sich in dieser kurzen Periode ein Handelsbilanzüberschuß oder -defizit einzig in Abhängigkeit von der Fakturierung (sstruktur) des Außenhandels (selbst bei gegebenen Preisen und Mengen) erklären. Derartige Ansätze unter Einschluß der Fakturierung und des sog. J-Kurven-Effektes existieren (Fuhrmann, Herschel).

VI.4b Ein Portfolio-Ansatz der Wechselkursentwicklung

Der bisher diskutierte Ansatz stellt kein Portfolio-Modell in dem Sinne dar, daß der Wechselkurs nur die Bestandsmärkte zum Ausgleich bringt bzw. nur von diesen determiniert wird. Ein derartiger Portfolio-Ansatz bei einer ausgeglichenen Handelsbilanz (T = 0) und damit einer notwendigerweise ebenfalls ausgeglichenen Kapitalverkehrsbilanz (C = 0) läßt sich wie folgt ableiten. Es gilt bei gegebenem realen Volkseinkommen y und dem Bonds-Markt als walrasianischem Markt für das Geldmarktgleichgewicht (v reales Vermögen):

$$\frac{M}{P} = l(\underset{-}{i})\,v$$

$$v = \frac{M}{P} + \frac{B}{P} + \frac{eF}{P}$$

Die Wertpapiere sind kurzfristige, d.h. es existiert kein zinsinduzierter Vermögenseffekt. Es gilt (α Grad der Substitutionalität):

$$i - i^* = \alpha\,\frac{e_{t+1} - e_t}{e_t}$$

Für gegebene Werte von M, P, i*, B, F, α ergibt sich für den Geldmarkt die Gleichgewichtslinie mit positiver Steigung (vgl. die MM-Kurve in der Abbildung 60). Die MM-Kurve verschiebt sich nach oben mit steigendem M. Die Steigung ergibt sich aus dem totalen Differential der Gleichgewichtsbedingung für den Geldmarkt:

$$0 = l(i)\,\frac{F}{P}\,de + v\,l_i\,di$$

Im Gleichgewicht der Bonds-Märkte, d.h. bei Gültigkeit der Zinssatzparität gilt die ZP-Kurve. Sie hat eine negative Steigung:

$$di = -\alpha e_{t+1} \frac{1}{e_t^2} de$$

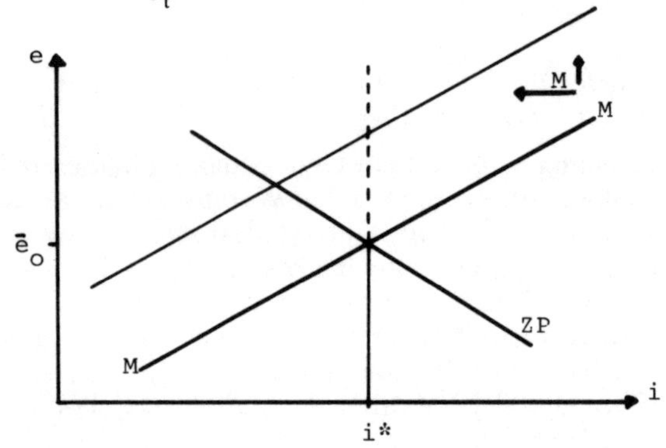

Abb. 60 Gleichgewicht auf dem Geld- und Wertpapiermarkt

In der Ausgangssituation sind die Zinssätze gleich (i = i*) bei $e_{t+1} = e = \bar{e}_0$. Eine exogene Erhöhung der Geldmenge M führt zu einer Zinssenkung auf i_1; die MM-Kurve verschiebt sich nach oben. Die Wirtschaftssubjekte müssen eine Aufwertung erwarten, da gilt:

$$e_{t+1} = \left[\frac{1}{\alpha}(i - i^*) + 1\right] e_0$$

Sinkt i und damit die Differenz (i − i*), so muß e_{t+1} kleiner sein als $e_0 = e_t$. Unmittelbar existiert aber infolge der Geldmengenausdehnung eine Abwertung, die die Aufwertungserwartung ermöglicht bzw. bedingt. Die Geldmengenerhöhung verschiebt die ZP-Kurve nach oben bei sog. rationalen Erwartungen, d.h. beispiels-

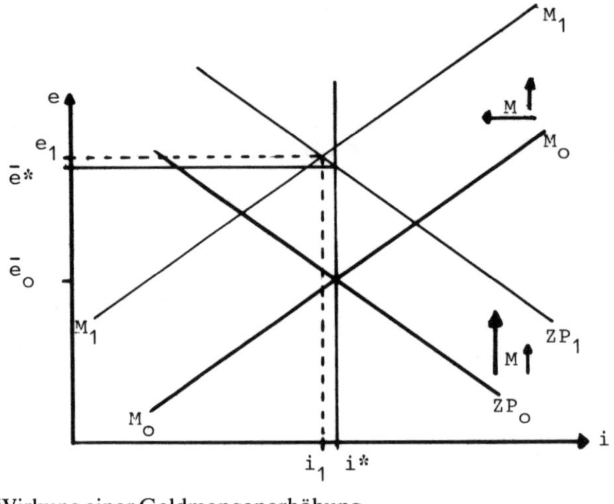

Abb. 61 Die Wirkung einer Geldmengenerhöhung

weise bei $e_{t+1} = e\,(\bar{e}^*)$ mit dem gemäß der Kaufkraftparität langfristig erwarteten Wechselkurs $\bar{e}^*$ (bei vollkommenen Substituten gilt langfristig $\alpha = 1; i = i^*$).

Der sich einstellende Wechselkurs e_1 ist größer als $\bar{e}^*$. Daß der Güterpreis unverändert ($dP = 0$) und der inländische Zinssatz i kleiner als der ausländische ist, ist nur bei einer Aufwertungserwartung möglich. Da der Kapitalverkehrsbilanzsaldo (annahmegemäß) gleich Null ist, muß die Abwertung der heimischen Währung so stark sein, daß bei einem gesunkenen Zinssatz i keine Überschußnachfrage nach in-/ausländischen Wertpapieren existiert. Die Nachfrage nach ausländischen Wertpapieren aufgrund des geringeren Zinssatzes im Inland muß gerade vollständig durch eine steigende Nachfrage nach inländischen Wertpapieren aufgrund der erwarteten Aufwertung kompensiert werden. Die erwartete Aufwertung entspricht der Entwicklung des sich neu einstellenden Wechselkurses e_1 zum langfristig erwarteten Wechselkurs $\bar{e}^*$.

In diesem Ansatz ist ein Undershooting ausgeschlossen, da die Verschiebung der ZP-Kurve nicht zu einem Schnittpunkt mit der MM-Kurve rechts der Geraden $i = i^*$ führen kann. In einer derartigen Situation würden die Wirtschaftssubjekte inländische Wertpapiere aufgrund des höheren inländischen Zinssatzes und der erwarteten Aufwertung der inländischen Währung nachfragen. Der Kapitalverkehrsbilanzsaldo wäre größer als Null; es käme zu einem Kapitalimport. Dieses ist aber annahmegemäß bei einem ausgeglichenen bzw. noch nicht reagierenden Handelsbilanzsaldo ausgeschlossen ($dT = 0$ und damit $C = 0$).

Bei Verwendung der Erklärung des Kapitalverkehrs nach dem Frenkel-Rodriguez-Ansatz gilt für das totale Differential:

$$0 = di - \theta\,(d\bar{e} - de) \quad ; \quad di^* = 0$$

bzw.:

$$(de - d\bar{e}) = -\frac{1}{\theta}\,di$$

Bei einem sinkenden inländischen Zinssatz bzw. bei einem negativen Wert für di ($di < 0$) muß gelten: $(de - d\bar{e}) > 0$; es muß zu einem Overshooting kommen. Die so erklärte Wechselkursänderung bedeutet nur eine unmittelbare Neubewertung der inländischen Währung infolge der „news“, daß die Geldmenge gestiegen ist.

VI.4c Würdigung der Gleichgewichtsansätze

Da das Ziel dieses Abschnittes nicht in der Erklärung des Wechselkurses per se liegt, werden keine weiteren Ansätze im Rahmen der Finanzmarkttheorie diskutiert. Diese Ansätze, die in großer Zahl existieren, unterscheiden sich dabei insbesondere in:

- der gewählten Aggregationsstruktur (einschl. Aggregationsniveau),
- der unterstellten Substitutionalität zwischen in- und ausländischen Titeln,
- dem angenommenen Grad der Kapitalmobilität,
- dem gewählten Muster der Reaktionsgeschwindigkeiten über alle Märkte sowie
- dem betrachteten Land-Fall (Kleines-Land-Fall, Zwei-Länder-Fall, etc.).

Diesen Gleichgewichtsmodellen, die als Strukturmodelle besonders die theoretische Erklärung des Transmissionsmechanismus einer exogenen Störung über die relativen Preise anstreben, fehlt für einen empirischen Test in der Regel der länder- und institutionsspezifische Bezug. Die fehlende Möglichkeit, die diese Ansätze dominierenden Erwartungswerte statistisch zu erfassen sowie bei verbundenen Hypothesen nur einzelne Modellelemente/-hypothesen zu falsifizieren, trägt mit dazu bei, daß ihr empirischer Erklärungsgehalt in den meisten Fällen unbefriedigend ist.

Informationseffiziente Erklärungsansätze

Die Ansätze (schwach oder mittelstreng) informationseffizienter Devisenmärkte betonen insbesondere die Informations- und Transaktionskosten. Da der Preis bzw. Kurs von Vermögenstiteln einzig von erwarteten Zahlungsströmen bzw. Marktsituationen in der Zukunft abhängt, schlägt sich bei generell rationalen Wirtschaftssubjekten jede neue Information bei Marktteilnehmern im momentanen Angebots- oder Nachfrageverhalten und damit im Kurs nieder. Der Kurs, erklärt über diese sog. News, schwankt entsprechend auf dem nicht-monopolisierten Devisenmarkt. Seine Veränderungen sind zufällig, da nur neue und nicht vorhersehbare bzw. nicht antizipierbare Informationen zu Kursänderungen führen können (alle anderen Informationen sind bereits im Kurs enthalten). Diese Schwankungen sind generell unsystematisch. Die Wechselkursentwicklung, die in diesen als sog. martingale und submartingale Modelle bezeichneten Ansätzen als ein autoregressiver Prozeß (mit einem Autokorrelationskoeffizienten von Null) abgebildet wird, entspricht dabei einem sog. random-walk-process. Die Wechselkursentwicklung läßt sich, auch wenn die gesamte Verteilungsfunktion des Wechselkurses unabhängig vom Informationsstand ist, als Random-Walk-Modell und damit über eine statistische Zeitreihenanalyse ohne die Berücksichtigung zusätzlicher Informationen (makroökonomischer Variablen wie Inflationsrate, reales Einkommen etc.) erklären.

Voraussetzung ist allerdings ein Gleichgewichts-Wechselkurs, der letztlich über ein Gleichgewichtsmodell beispielsweise in Form eines Strukturmodells oder eine einfache Hypothese wie die Kaufkraftparitätentheorie zu erklären ist. Darüber hinaus dürfen keine Ereignisse bzw. Informationen über Ereignisse eintreten, die zu einer Änderung des Erwartungswertes des Gleichgewichtskurses bzw. der „objektiven" Verteilungsfunktion des Wechselkurses führen. In diesen Fällen kann der Autokorrelationskoeffizient signifikant von Null abweichen und es bedarf wiederum der Erklärung des neuen Gleichgewichts-Wechselkurses bzw. seiner Veränderung in der Zeit. Neben der Informationseffizienz des Devisenmarktes gewinnt das theoretische Erklärungsmodell an Bedeutung; es entsteht wieder eine sog. joint-hypothesis. Die begrenzte Trennschärfe ökonometrischer Methoden erschwert bis ggf. vereitelt eine Diskriminierung bei der Falsifikation der Markteffizienz und/oder des Gleichgewichtsmodelles sowie damit zwischen walrasianischem Gleichgewichtsansatz und einem monetären Nicht-Gleichgewichtsansatz.

VI.4d Zur Endogenität der Geldmenge

Die Erklärung des Wechselkurses mit Hilfe von Finanzmarkttheorien geht von einer durch die Zentralbank fixierten Geldmenge M aus. Da die Zentralbank in einem System frei-flexibler Wechselkurse nicht zu intervenieren braucht, im Inland die Befugnis zum Verbot bzw. zur Nicht-Entwicklung bestimmter Finanzaktiva (Einlagenzertifikate, Papiere mit variablem Zinssatz oder variabler Tilgungswährung, etc.) sowie das Monopol der Notenemission und damit die Funktion des sog. lenders-of-last-resort (ohne den Zwang zur Finanzierung von Staatshaushaltsdefiziten durch Geldschöpfung) hat, ist die Zentralbank in der Tat letztlich in der Lage, die inländische Geldmenge zu kontrollieren. Die Nicht-Banken und die Kreditinstitute beeinflussen allerdings bei gegebener monetärer Basis über den Geldschöpfungsmultiplikator das tatsächliche Geld- und Kreditangebot. Da ihr Verhalten nicht unabhängig vom Wechselkurs bzw. seiner Veränderung ist, wirkt sich der Wechselkurs bzw. dessen Veränderung somit unmittelbar auf die Geldmenge und das Kreditvolumen in inländischer Währung aus.

In einem Ansatz für eine offene Volkswirtschaft bei frei-flexiblem Wechselkurs besteht die monetäre Basis B von der Verwendungsseite aus der Zentralbankgeldhaltung der inländischen Nicht-Banken und dem Mindestreserve-Ist der Kreditinstitute. Ausländer (Inländer) halten annahmegemäß kein inländisches (ausländisches) Zentralbankgeld; die Kreditinstitute halten keine freien Reserven, so daß das Mindestreserve-Ist dem Mindestreserve-Soll entspricht. Von der Entstehungsseite wird die Basis B durch den Bestand an Forderungen gegenüber Inländern (Wechsel, Wertpapiere, oder dgl.) sowie gegenüber Ausländern (Währungsreserven in Form von ausländischen Titeln) im Portefeuille der Zentralbank definiert. Die monetäre Basis ist dabei konstant, solange die Zentralbank keine Maßnahmen ergreift bzw. weder eine Geldvernichtung noch -schöpfung betreibt und damit auch keine Finanzmarktentwicklungen neutralisiert bzw. sterilisiert.

Die Verbindlichkeiten der Geschäftsbanken bestehen im einfachen Falle aus Sicht- und Termineinlagen in inländischer Währung seitens der Inländer (D, T) und aus Termineinlagen in ausländischer Währung seitens der Ausländer (F).

Gemäß § 4 Abs. e AMR sind von der Mindestreserveverpflichtung befreit Verbindlichkeiten gegenüber Gebietsfremden in einer fremden Währung, deren Gegenwerte gleichzeitig zum Ankauf von Forderungen an Gebietsfremde in fremder Währung bei gleicher Laufzeit verwendet worden sind (vgl. Kapitel V.2). Derartige nicht weitergeleitete Verbindlichkeiten sind mit dem amtlichen Devisenkurs (einem Mittelkurs) in inländische Währung umzurechnen. Diese Umrechnung erfolgt an den vier Stichtagen der Berechnung des Mindestreserve-Solls; eine tägliche Ermittlung ist vorgeschrieben in dem Falle, daß die Sichtverbindlichkeiten gegenüber Gebietsfremden im Durchschnitt dieser Stichtage größer sind als 2 Mio. DM.

Damit gilt für die monetäre Basis B von der Verwendungsseite her (in der Symbolik des Kapitel IV):

$$B = B^p + MR = B^p + r_D D + r_T T + r_F e F$$

bzw.:

$$B = (c + r_D + r_T t) D + r_F e F$$

mit:
- e Wechselkurs;
- F Verbindlichkeit in fremder Währung gegenüber Gebietsfremden.

Die Gleichung zeigt unmittelbar, daß c.p. bei gegebener monetärer Basis B im Falle einer Abwertung der inländischen Währung, d.h. eines steigenden e das Mindestreserve-Soll steigt. Die Folge kann sein,

- ein von den Kreditinstituten erhöhter Zinssatz auf Termineinlagen i_T, um über Portfolio-Umschichtungen der Nicht-Banken, d.h. über eine Erhöhung des Termineinlagenkoeffizienten t bei gegebenem K und damit gesunkenem D kompensatorisch Zentralbankgeld frei zu bekommen; während dann M1 sinkt, bleibt M2 unverändert;
- daß, wenn die Einlagen T und F beide mit dem Termineinlagenzinssatz i_T verzinst werden, es zu einer Senkung von i_T kommt (insbesondere bei relativ zinsunelastischen Termineinlagen T und zinselastischen Einlagen F); während M1 steigt, wird M2 sinken;
- eine Senkung des Zinssatzes auf Fremdwährungseinlagen, wenn diese zinselastisch sind und der Abbau von F opportun erscheint;
- eine Reduktion des Kreditangebotes im Inland (mit steigendem e sinkt tendenziell die Überschußreserve und damit K^A) mit der Folge eines tendenziell steigenden Kreditzinssatzes im Inland i^K und einer tendenziell sinkenden Geldmenge M;
- eine Erhöhung der Kreditgewährung in ausländischer Währung seitens der inländischen Kreditinstitute zur Reduktion ihrer Mindestreserve-Verpflichtung aufgrund der Befreiung gemäß § 4 e AMR; das Volumen der Euro-Märkte steigt; halten die Kreditinstitute den Gegenwert von F nicht in Form von Fremdwährungsforderungen, so kommt es tendenziell zu einer Reduktion ihrer Überschußreserven und damit des Kreditvolumens und der Geldmenge im Inland bei einem steigenden inländischen Kreditzinssatz.

Diese Reaktionen der Kreditinstitute wirken gemäß der Finanzmarkttheorien unmittelbar auf den Wechselkurs zurück und erhöhen so die Variabilität des Wechselkurses. Eine steigende **Wechselkursvariabilität** bedeutet ein steigendes Wechselkursrisiko bei jeder internationalen Güter- und Kapitaltransaktion und damit steigende Informations- und Transaktionskosten im internationalen Handel. Dieses führt, selbst bei ausgebauten Terminmärkten, zu einem steigenden (bid-ask-) Spread.

Derartige Mindestreservebestimmungen verbinden die Bankenaktivitäten in inländischer und ausländischer Währung. Sie führen so zu einer Interdependenz zwischen dem Euro-Markt-System der ausländischen Währungen und dem inländischen Finanzmarktsystem – selbst bei frei-flexiblen Wechselkursen und ohne Zentralbankintervention. Eine derartige Verbindung existiert somit nicht nur in einem System fester Wechselkurse, in dem die Zentralbank zum gesetzten Wechselkurs jede gewünschte ausländische Währungseinheit verkauft bzw. jede ihr angebotene kauft und so die inländische Zentralbankgeldmenge resp. die monetäre Basis reduziert bzw. erhöht.

Eine Modellierung in Form des Multiplikatoransatzes führt bei Verwendung der obigen Darstellung für die monetäre Basis zu folgender Funktion des Geldangebotes bzw. der Geldmenge M1:

$$M1 = \frac{1+c}{c+r_D+r_T t+r_F(eF/D)} B$$

Die Schwierigkeit besteht in der Erklärung der Relation (eF/D). Alle Relationen im Multiplikator, wie c und t bilden die Portfoliostruktur eines Sektors, hier der inländischen Nicht-Banken ab, wobei die Kreditinstitute auf die einzelnen Koeffizienten durch die von ihnen gesetzten Zinssätze (i_T etc.) Einfluß nehmen. Die Kreditinstitute akzeptieren dabei zu den gesetzten Zinssätzen jede Einlage.

Determinieren die Kreditinstitute nun einen Zinssatz i_F für die Fremdwährungseinlagen und akzeptieren jede Einlage F, so wird die Relation (eF/D) aus den vollkommen unabhängigen Verhaltensweisen zweier Sektoren bestimmt. Beide Größen (F und D) sind dann in Abhängigkeit von den Niveauvariablen wie beispielsweise der Höhe der Vermögen und den Strukturgrößen wie beispielsweise den Ertragsraten zu erklären. Wird andererseits i_F auf dem Euro-Markt bestimmt und stellt damit für jedes Kreditinstitut einen exogen gegebenen Zins dar und bestimmen die Banken das Volumen von F als einen aufgenommenen Kredit u.a. zur Refinanzierung (in Abhängigkeit vom Erwartungswert von D, von der Depositenvariabilität oder der Risikoaversion), so resultiert die Relation (eF/D) aus dem Verhalten der Banken. Die Kreditmarkttheorie des Geldangebotes (vgl. Kapitel IV) läßt sich wie für den Fall fester Wechselkurse (Korteweg, van Loo) auch bezüglich flexibler Wechselkurse modifizieren (Fuhrmann).

Da sich die Banken auch bei flexiblem Wechselkurs ohne eine Zentralbankintervention durch eine Kreditaufnahme in ausländischer Währung inländisches Zentralbankgeld beschaffen können (von inländischen Nicht-Banken oder von Ausländern), hat eine derartige Kreditaufnahme einen Einfluß auf den Wechselkurs. Der Wechselkurs wird damit endogen. Er läßt sich nicht mehr durch den sog. monetären Ansatz herleiten. Gemäß der Kreditmarkttheorie des Geldangebotes läßt sich dann aus der Angebots- und Nachfragefunktion auf dem Kreditmarkt sowie der Geldangebots- und -nachfragefunktion der Kreditzinssatz i_K und der Wechselkurs e simultan erklären.

VI.4e Zur Instabilität der Geldnachfrage

Die für eine geschlossene Volkswirtschaft dargestellte globale Instabilität der Geldwirtschaft resp. des Geldmarktes läßt sich auch auf die offene Volkswirtschaft übertragen.

Im Kleines-Land-Fall sind für das Inland der ausländische Zinssatz i^* und das Preisniveau P^* gegeben. Entsprechend gilt bei Kaufkraftparität für das inländische Preisniveau: $P = eP^*$. Der Wechselkurs ist e. Die in- und ausländischen Wertpapiere sind vollkommene Substitute, so daß bei vollkommener Kapitalmobilität gilt (**Zinsarbitragegleichgewicht**):

$$\bar{i}^* = i - \hat{e}^e$$

Für das Gleichgewicht auf dem inländischen Geldmarkt gilt:

$$\frac{M}{eP^*} = l(\underset{+}{y}, \underset{-}{i^* + \hat{e}^e}) = y^{\alpha} \exp.\{-\beta(i^* + \hat{e}^e)\}$$

$$\{\alpha, \beta, P^*, i^*\} > 0, \text{ konstant}$$

Bei unterstellter Neutralität des Geldes, d.h. im walrasianischen allgemeinen Gleichgewichtsansatz sind im steady-state-Erwartungsgleichgewicht die Veränderungsraten der nominalen Geldmenge sowie des Wechselkurses gleich und damit auch die des Preisniveaus. Die reale Geldmenge m ist konstant. Es gilt (in Wachstumsraten):

$$0 = \hat{m} = \hat{M} - \hat{e} \quad ; \quad \hat{P} = \hat{e} + \hat{P}^* \quad ; \quad \hat{P}^* = 0$$

Der Nominalzinssatz entspricht nach der Fisher'schen Dekomposition dem konstanten (güterwirtschaftlichen) Realzinssatz $\bar{i}$ plus der (erwarteten = tatsächlichen) Inflationsrate. Es gilt:

$$i = \bar{i} + \hat{P}$$

sowie: $$i = i^* + \hat{e} = \bar{i}^* + \hat{P}^* + \hat{P} - \hat{P}^* = \bar{i}^* + \hat{P}$$

Im folgenden sei der Fall hoher Reaktionsgeschwindigkeiten der Preise, d.h. von i, e und P sowie sehr langsam reagierender Mengen, d.h. vernachlässigbarer Veränderungen der Mengen und damit ein dy = 0 betrachtet. Diese Situation wird i.d.R. als Fall der Hyperinflation betrachtet. Aus der Gleichgewichtsbedingung auf dem Geldmarkt folgt (P^* wurde auf 1 normiert):

$$\ln M - \ln e = A - \beta \hat{e}^e$$

$$A = \alpha \ln y - \beta i^* > 0$$

Der Logarithmus der realen Geldmenge ist eine Funktion der Wechselkursänderungserwartungen (vgl. Abbildung 62). Die Steigung ist für $\beta > 0$ negativ.

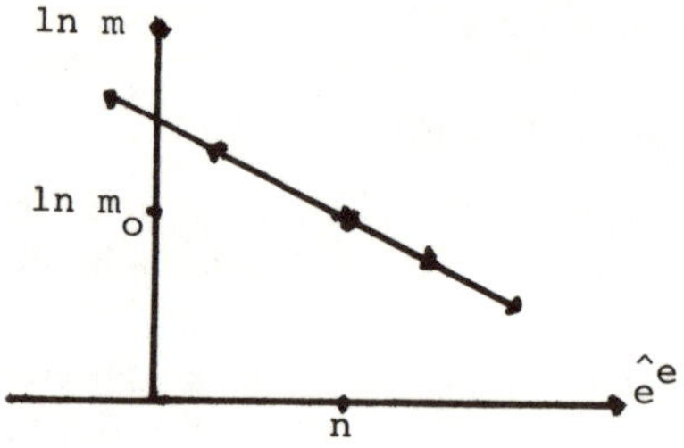

Abb. 62 Reale Geldmenge und Wechselkursänderungserwartung

Steigt die nominale Geldmenge mit der Rate n ($\hat{M} = n$), so herrscht das steady-state-Erwartungsgleichgewicht bei dm = 0 bzw. ln m_0. Dieses impliziert eine Wechselkursänderungserwartung von n ($\hat{e}^e = n$). Erwarten die Wirtschaftssubjekte eine (geringere) stärkere Abwertung der heimischen Währung und tritt diese auch ein, so (steigt) sinkt die reale Geldmenge.

Steigt die Geldmenge stets mit der Rate n, so entsteht in der Periode t ein Überschußangebot auf dem Geldmarkt. Erwarten die Wirtschaftssubjekte eine Abwertung in Höhe von m1 (m1 > n), so sinkt die Geldnachfrage und das Überschußangebot steigt. Die Folge ist, daß die Abwertung mit m1 größer als n ist, so daß m sinkt. Die Wirtschaftssubjekte weden in t + 1 bei einer wieder mit n steigenden nominalen Geldmenge jetzt eine Abwertungsrate m2 > m1 erwarten. Die Folge ist eine weiter sinkende Geldmenge etc.. Im entgegengesetzten Fall gilt Entsprechendes. Erwarten die Wirtschaftssubjekte bei n > 0 beispielsweise eine Aufwertung ($\hat{e}^e < 0$) und tritt diese ein, so steigt die reale Geldmenge. Diese gestiegene Geldmenge wird gemäß Gleichgewichtsbedingung nur gehalten, wenn der Zinssatz i (weiter) sinkt, d.h. wenn bei gegebenem Auslandszins die Wirtschaftssubjekte eine (weitere) Aufwertung ($\hat{e} < 0$) erwarten.

Eine Darstellung unter Einschluß des Vermögens mit einem wechselkursinduzierten Effekt aufgrund der ausländischen Titel im Portefeuille der Inländer ist ebenfalls möglich; sie gleicht der Abbildung für die geschlossene Volkswirtschaft.

Rationale Erwartungen und Stabilität

Das monetäre System, d.h. der Geldmarkt ist im walrasianischen System global instabil. Es explodiert nur bei einem einzigen Erwartungswert für den Wechselkurs nicht – bei n, d.h. im Falle unmittelbarer vollkommener Voraussicht. Diese Feststellung entspricht der in Kapitel II.1 aufgezeigten Lücke des walrasianischen Gleichgewichtssystems in Form einer Anpassung der Geldpreise nach einer exogenen monetären Störung. Der Auktionator muß die Geldpreise des Gleichgewichtes ebenso zeit- und kostenlos unmittelbar benennen wie hier die unmittelbare, d.h. zeit- und kostenlos verfügbare Kenntnis der Wechselkursänderungsrate ($\hat{e}^e = \hat{e} = \hat{M} = n$) notwendig ist. Die Erwartungen, die notwendig sind damit in stochastischen Ansätzen das System konvergiert bzw. stabil ist, werden auch als rationale Erwartungen bezeichnet.

Die Situation des Overshooting infolge einer Geldmengenexpansion im Inland ist dann gekennzeichnet durch eine unmittelbar gesunkene reale Geldmenge m infolge der zu starken Abwertung und die Erwartung einer partiellen Rücknahme der zu starken Abwertung, d.h. einer relativen bzw. realen Aufwertung (m1 < n). Das System befindet sich beispielsweise im Punkt A der Abbildung 63.

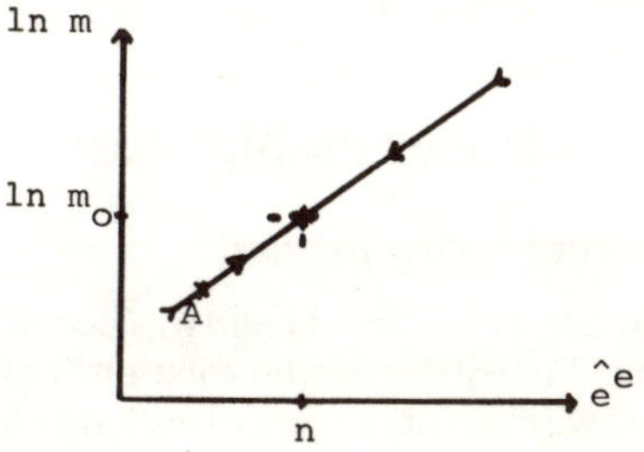

Abb. 63 Reale Geldmenge und Wechselkursänderungserwartung beim Overshooting

Die Folge ist, daß m in der zweiten Periode steigt, da die Wechselkursänderung (sofern m1 realisiert wird) geringer ist als die Änderung der nominalen Geldmenge. Da die Überschußnachfrage auf dem Geldmarkt sinkt, reduzieren die Wirtschaftssubjekte auch die erwartete reale Aufwertung bzw. sie erwarten für die Wechselkursänderung m2 bei: m1 < m2 < n. Das System nähert sich (vgl. den Pfeil in Abbildung 63) dem Gleichgewicht; es ist stabil. Das Overshooting entspricht einer Stabilitätsbedingung des monetären Bereiches einer offenen Volkswirtschaft und ist eine Art Ersatz für die vollkommene Voraussicht. Es schafft für den isoliert betrachteten monetären Sektor einen, wenn auch einzigen, Anpassungspfad zum Gleichgewicht. Besteht Informationseffizienz auf den Bestandsmärkten, d.h. den Finanzmärkten einschließlich des Geld- und Devisenmarktes, so werden rationale Wirtschaftssubjekte, wie in Kapitel II.2 dargestellt, auch den Ressourceneinsatz zur Informationsbeschaffung sowie die Informationsverarbeitung und damit Erwartungsbildung nutzenmaximierend determinieren. Sie werden rationale Erwartungen bilden, so daß in Abhängigkeit von der Stärke der

Markteffizienz die Wirtschaftssubjekte bei rationalen Erwartungen den Anpassungspfad finden werden bzw. das monetäre System stabil ist – auch in einer offenen Volkswirtschaft.

Bezüglich eines Rückschlusses auch aus (hier nicht dargestellten) stochastischen und nicht nur deterministischen Modellansätzen auf die Stabilität des monetären Sektors in tatsächlichen Volkswirtschaften, beispielsweise angesichts der internationalen Verschuldungskrise, sind die Annahmen derartiger Analysen zu beachten. Dieses sind insbesondere der Ausschluß von Fakturierungen in unterschiedlichen Währungen, die Gültigkeit des sog. law-of-one-price, die (zumindest) schwache Form der Informationseffizienz bei rationaler Erwartungsbildung sowie die Neutralitätshypothese für die güterwirtschaftlichen Auswirkungen einer Geldmarktveränderung, d.h. Gültigkeit des Say'schen Gesetzes bei gegebenen, zeitinvarianten Nutzenvorstellungen und vernachlässigbaren Verteilungseffekten im Laufe der (kalendarisch-) zeitlichen Entwicklung.

Andererseits stellt sich das Problem, warum Inflation ein ernsthaftes Problem ist, wenn der Geldmarkt stabil und Geldmengenveränderungen ohne reale Wirkungen sind. Diese Frage, ob und wann es einen ökonomischen Zusammenhang zwischen der Inflationsrate und der Beschäftigung gibt, wurde im Rahmen der Phillips-Kurve diskutiert. Dabei entstand diese Diskussion, als in das IS-LM-System ein als kurzfristige Phillips-Kurve ermittelter Zusammenhang zur Erklärung der (bis dato exogenen) Löhne eingeführt wurde. Dieser Zusammenhang schloß die Lücke der sog. missing equation und führt zu Ergebnissen, die als „keynesianisch" interpretiert wurden – obwohl diese Kurve ebenso wie das IS-LM-System nicht den Ideen von Keynes entspricht.

VI.5 Zur Phillips-Kurve

VI.5a In einer geschlossenen Volkswirtschaft

Die Phillips-Kurve, d.h. der Zusammenhang zwischen der Veränderung des Nominallohnsatzes und der Arbeitslosenrate wird insbesondere im Rahmen der klassischen Dichotomie zwischen dem güterwirtschaftlichen und dem monetären Bereich diskutiert. Dabei wird zwischen der kurz- und der langfristigen Phillips-Kurve unterschieden.

Der Neuseeländer A. W. Phillips ermittelte 1958 für Großbritannien den folgenden signifikanten (negativen) Zusammenhang zwischen der Arbeitslosenrate U und der Veränderung des Nominallohnsatzes $\hat{W}$. Die Erklärung der Arbeitslo-

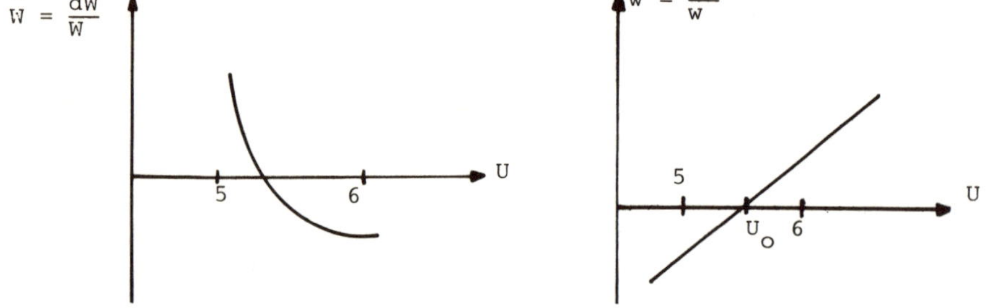

Abb. 64 Phillips-Kurve und klassischer Zusammenhang

sigkeit durch den Nominallohnsatz steht scheinbar im Widerspruch zum klassischen Erklärungsansatz, der vom bekannten positiven Zusammenhang mit dem Reallohnsatz ausgeht.

Die empirisch ermittelte Phillips-Kurve läßt sich aus dem Arbeitsmarkt ableiten. Bei einer gegebenen Arbeitsangebots- und -nachfragekurve herrscht Gleichgewicht bei dem Reallohnsatz w_0. Die Beschäftigungsmenge beträgt N_0. Es herrscht eine „freiwillige", d.h. aufgrund der Angebots- und Nachfragekurve realisierte Arbeitslosigkeit von $N^m - N_0$ bzw. eine Arbeitslosenrate $U_0 = (N^m - N_0)/N^m$. Es ist die Arbeitslosigkeit, die im klassischen System bei Existenz des walrasianischen Auktionators besteht und keine Lohnsatzänderung bedingt bzw. nicht durch eine solche beseitigt wird (friktionelle, strukturelle Arbeitslosigkeit).

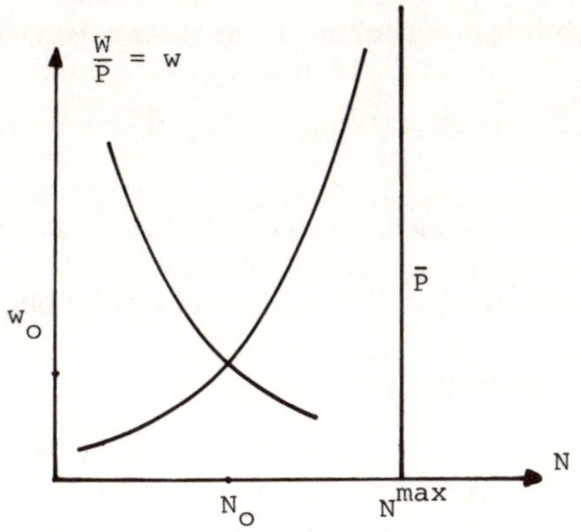

Abb. 65 Der Arbeitsmarkt

Diese Arbeitslosenrate U_0, die in Anlehnung an Wicksell's natürlichen Zinssatz als natürliche Arbeitslosenrate bezeichnet wird, ergibt sich in dieser Darstellung des Arbeitsmarktes im allgemeinen walrasianischen Gleichgewicht allein aus realwirtschaftlichen Gründen. Entsprechend definiert Friedman (The Role of Monetary Policy, S. 8) die **natürliche Arbeitslosigkeit** als: „The level (of unemployment) that would be ground out by the Walrasian system of general equilibrium equations, provided there is unbedded in them actual structural characteristics of the labor and commodity market, including market imperfections, stochastic variability in demands and supplies, the cost of gathering information about job vacancies and labor availability, the cost of mobility, and so on".

In dynamischen Volkswirtschaften wird demnach noch eine strukturelle und friktionelle Arbeitslosigkeit unterschieden. Den aufgrund des freiwilligen Arbeitsplatzwechsels nicht Beschäftigten, die friktionelle Arbeitslosigkeit, stehen über die Dauer des Suchprozesses in gleicher Größe offene Stellen gegenüber. Bei der hier noch unterschiedenen strukturellen Arbeitslosigkeit handelt es sich ebenfalls um eine aufgrund von Informations- und Mobilitätskosten. Eine Veränderung der sektoralen Produktionsstruktur aufgrund von veränderten Nachfragepräferenzen oder Produktionsmöglichkeiten bedingt auch eine Veränderung der (sektoralen) Beschäftigungsstruktur. Diese Veränderung resp. Umsetzung erfolgt jedoch nicht zeitlos. Den aufgrund von Produktionseinstellung arbeitslos gewordenen Wirtschaftssubjekten stehen im walrasianischen System im Grunde insgesamt gleich viele offene Stellen gegenüber. Diese Arbeitslosigkeit resultiert aus der Nicht-Existenz des walrasianischen Auktionators. Erfaßt werden könnten die beiden Formen der Arbeitslosigkeit in der Abbildung 65 des Arbeitsmarktes, indem dort statt der Kurven Korridore abgetragen werden. Diese Korridore erfassen dann die Probleme/Informationen, die bei der Darstellung eines vollkommen aggregierten Arbeitsmarktes (anstelle eines Arbeitsmarktsystems über die Zeit) unterdrückt werden.

Eine „**unfreiwillige**“ **Arbeitslosigkeit** existiert damit nur neben der Phillips-Kurve. Eine Situation rechts neben der Kurve kennzeichnet eine sog. konjunkturelle Arbeitslosigkeit, entsprechend herrscht links von der Kurve eine konjunkturelle Überbeschäftigung. Entsprechend „passen“ die Phillips-Kurve und das IS-LM-System nicht zusammen.

Der Phillips-Kurven-Zusammenhang kann geschrieben werden als:

$$\hat{W} = \frac{dW}{W} = f(U_0 - U) + c \quad ; \quad c \geq 0$$

wobei c für die Möglichkeit eines exogenen „cost push“ seitens der Gewerkschaften steht ($c \geq 0$). Beachtet man Veränderungen der Arbeitsproduktivität ($\widehat{AP}$) und Preisänderungserwartungen ($\hat{P}^e$), dann wird aus der obigen Beziehung:

$$\hat{W} = f(U_0 - U) + \alpha(\widehat{AP}) + \beta\hat{P}^e + c$$

In dieser sog. Expectations-Augmented-Phillips-Kurve geben die Koeffizienten α und β an, wie stark der Produktivitätsfortschritt ($0 < \alpha \leq 1$) und die erwartete Preisänderungsrate ($\beta \geq 0$) in der Lohnfindung berücksichtigt werden. Mißt β den Grad der Lohnindexierung, so bedeutet $\beta = 1$ eine vollständige Lohnindexierung.

Aus der reinen Beziehung für den Arbeitsmarkt wird die Phillips-Kurve zur gesamtwirtschaftlichen Angebotsfunktion, wenn die Angebotsseite des Gütermarktes über eine Preissetzungsfunktion berücksichtigt wird. Bei einem Preissetzungsverhalten in Form einer Zuschlagskalkulation (mark-up-pricing) mit konstantem Zuschlagssatz λ:

$$P = (1 + \lambda)\,\frac{NW}{y} \quad \text{bzw.} \quad \hat{P} = \hat{W} - \widehat{AP};$$

gilt für die Phillips-Kurve:

$$\hat{P} = f(U_0 - U) - (1 - \alpha)\,\widehat{AP} + c + \beta\,\hat{P}^e$$

Die Lage der Phillips-Kurve hängt von dem Koeffizienten α ab. Die durch U_0 laufende Kurve weist ein α von 1 auf; für das Erreichen der natürlichen Arbeitslosigkeit ist eine Voraussetzung, daß der Nominal- und Reallohnsatz mit der Veränderungsrate der Arbeitsproduktivität steigen ($\alpha = 1$). Für ein $\alpha > 1$ liegt die Kurve weiter rechts, d.h. bei gegebener Preisänderungsrate ist die Arbeitslosenrate höher.

Im folgenden soll vereinfachend von einem cost-push ($c = 0$) ebenso wie von einem technischen Fortschritt abstrahiert werden, d.h. die Arbeitsproduktivität

(AP = y/N) bleibt konstant. Der Grad der Lohnindexierung bestimmt in Verbindung mit dem Erwartungsfehler (F) die Steigung der Phillips-Kurve. Es gilt:

$$\hat{P} = f(U_0 - U) + \beta(\hat{P}^e/\hat{P})\,\hat{P}$$

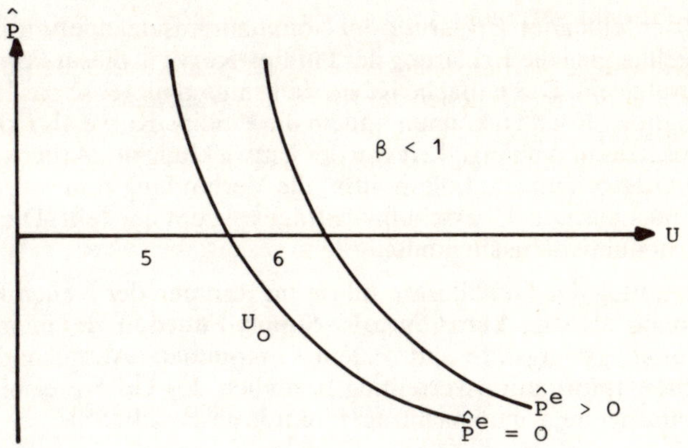

Abb. 66 Phillips-Kurve bei alternativen Preisänderungserwartungen

Bei einem linearen Zusammenhang zwischen $\hat{W}$ und der Abweichung der Arbeitslosenrate von ihrem natürlichen Wert $(U_0 - U)$, d.h. der relativen Arbeitslosigkeit gilt:

$$\hat{P} = \frac{U_0 - U}{1 - \beta F}$$

mit: $F = \hat{P}^e/\hat{P}$ Erwartungsfehler.

Die Phillips-Kurve kann eine positive Steigung aufweisen für $\beta F > 1$, d.h. beispielsweise bei einer vollkommenen Lohnindexierung und überschätzter Inflationsrate. Bei vollkommener Voraussicht (F = 1), d.h. wenn kein systematischer Erwartungsfehler vorliegt und bei vollkommener Lohnindexierung, verläuft die Kurve vertikal $(U = U_0)$. Der senkrechte Kurvenverlauf dieser **langfristigen Phillips-Kurve** setzt neben der korrekten Antizipation der Preisänderungsrate auch eine vollkommene Lohnindexierung voraus. Für $\beta > 1$ sind die Reallohnsatzsteigerungen größer als die der Arbeitsproduktivität (dieses entspricht in etwa der sog. Stagflation).

Eine ökonomische Erklärung für eine kurzfristige Beschäftigungsausdehnung ist aus der folgenden Überlegung erkennbar. Vereinfachend sei $c = 0$, $\beta = 1$, $\widehat{AP} = \widehat{AP}^e = 0$. Bei linearisiertem Zusammenhang zwischen $\hat{W}$ und U gilt:

- ist U kleiner als U_0, dann muß gelten $(\hat{P} - \hat{P}^e) > 0$;
- ist $(\hat{P} - \hat{P}^e)$ größer als Null, dann ist $(\hat{w}^e - \hat{w}) > 0$;
- ist $(\hat{w}^e - \hat{w})$ größer als Null, dann ist $(\hat{W} - \hat{P}^e) - (\hat{W} - \hat{P}) > 0$.

Da für den Reallohnsatz gilt: w = W/P bzw. $\hat{w}^e = \hat{W} - \hat{P}^e$, bedeutet die Kette, daß der auf den Güterpreis bezogene Lohnsatz (**Produzentenreallohnsatz**) stärker sinken muß als der von den Haushalten erwartete Reallohnsatz (**Konsumentenreallohnsatz**). Die Arbeitnehmer müssen die Inflationsrate unterschätzen.

Sind die Informationen bezüglich der Preisänderungsrate zwischen den Arbeitsmarktparteien asymmetrisch verteilt, so bedeutet die Aussage, daß die Arbeitnehmer der Geldillusion unterliegen müssen. Damit steht aber die Phillips-Kurve in Übereinstimmung mit dem walrasianischen System, in dem die Beschäftigung nur mit sinkendem Reallohnsatz steigt (vgl. Abbildung 65).

Aufgrund der fehlenden Erklärung der Nominallohnsatzänderung in keynesianischen Modellen ging die Erklärung der Phillips-Kurve in dieser Form in keynesianische Ansätze ein. Der einfache Keynesianismus glaubte, so das Problem der „missing equation“ lösen zu können, indem die Phillips-Kurve als Erklärung des Nominallohnsatzes in Abhängigkeit von der Entwicklung der Arbeitsproduktivität (produktivitätsorientierte Lohnpolitik) die Verbindung zum walrasianischen Anpassungsmechanismus/Überschußnachfragekonzept herstellt. Dieses war der Weg zur sog. neoklassischen Synthese.

Die Verwendung der Geldillusion führte im Rahmen der Neuen Klassischen Makroökonomik als sog. **Lucas-Surprise-Supply-Function** zu einem Trade-off zwischen Preissteigerungsrate und realem Einkommen. Ausgehend von einer asymmetrischen Informationsverteilung bezüglich des Güterpreisniveaus werden die Arbeitsangebots- und -nachfragefunktion geschrieben als:

$$N^N = N^N\left(\underset{-}{\frac{W}{P}}\right); \quad N^A = N^A\left(\frac{W}{P}\underset{+}{\frac{P}{P^e}}\right)$$

Die Arbeitsnachfrage ist eine stabile Funktion des Reallohnsatzes. Die Arbeitsangebotskurve ist als Funktion des erwarteten Reallohnsatzes stabil und verschiebt sich als Funktion des tatsächlichen Reallohnes in dem Ausmaß der Variation des Preiserwartungsirrtums P/P^e (vgl. Abbildung 67).

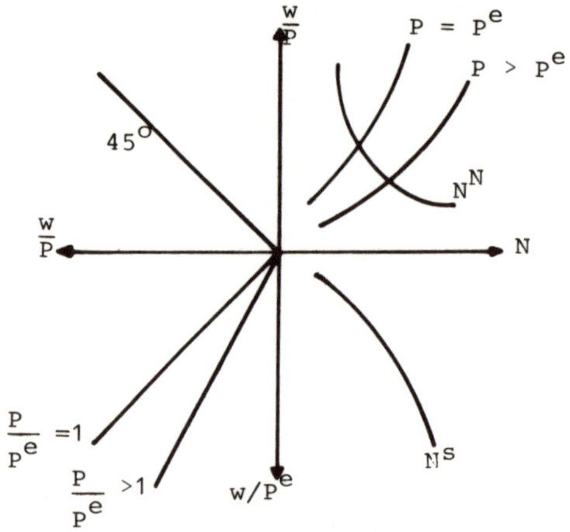

Abb. 67 Arbeitsangebot und Arbeitsnachfrage

Bei einer gegebenen Produktionsfunktion mit Arbeit als dem einzigen variablen Faktor steigt das gesamtwirtschaftliche Güterangebot mit einem sinkenden Produzentenreallohnsatz. Erwarten die Haushalte stets das richtige Preisniveau und paßt sich der Nominallohnsatz stets vollkommen an ($\beta = 1$), so daß der Produzentenreallohnsatz konstant ist, dann ist das gesamtwirtschaftliche Güterangebot vollkommen preisunelastisch. Bei einem gegebenen erwarteten Güterpreis bei den Arbeitsanbietern steigt mit dem Preisniveau der Erwartungsfehler und es sinkt der Produzentenreallohnsatz, so daß das gesamtwirtschaftliche Güterangebot in Abhängigkeit von der Relation aus erwartetem und tatsächlichem Preis preiselastisch ist. Bei exogen steigenden Preiserwartungen verschiebt sich die Güterangebotsfunktion nach oben und erhält einen steileren Verlauf (vgl. Abbildung 68).

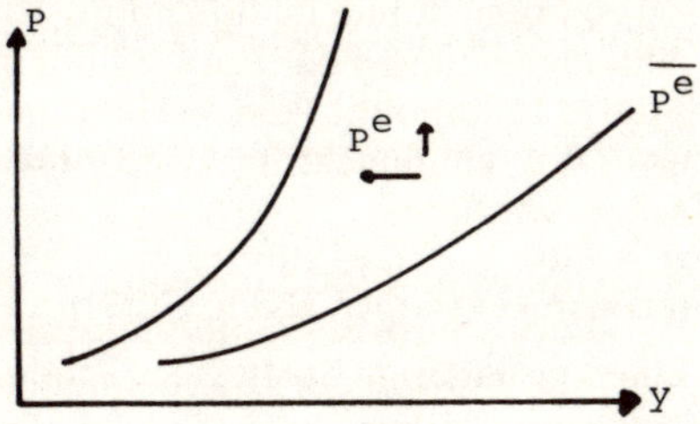

Abb. 68 Kurzfristige Phillips-Kurve bei verschiedenen Preiserwartungen

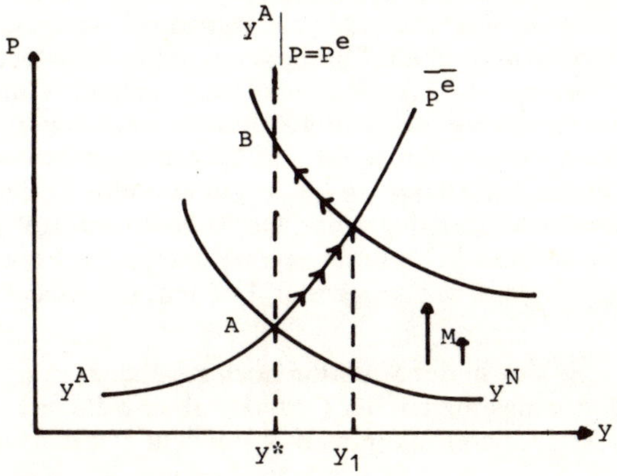

Abb. 69 Gesamtwirtschaftliche Angebots- und Nachfragefunktion

Die preiselastische Angebotsfunktion wird als die kurzfristige, die preisunelastische Angebotsfunktion als die langfristige Phillips-Kurve bezeichnet (vgl. in Abbildung 69 die Kurve $A\bar{P}^e$ sowie BAy^*).

Unter Vernachlässigung zinsabhängiger Investitionen und anderer Wertaufbewahrungsmittel als Geld sowie einer **nur** durch das Transaktionsmotiv erklärten realen Geldnachfrage läßt sich die gesamtwirtschaftliche Nachfrage, bei exogener nominaler Geldmenge, als Funktion des Güterpreisniveaus darstellen:

$$\frac{M}{P} = l(y) \quad \text{bzw.} \quad \frac{1}{P}\,dM - \frac{M}{P^2}\,dP = l_y\,dy$$

Die gesamtwirtschaftliche Nachfragefunktion y^N hat im P-y-Diagramm eine negative Steigung (vgl. Abbildung 69). Sie verschiebt sich nach oben bei einer exogen steigenden nominalen Geldmenge. Bei einer linearen Geldnachfragefunktion, d.h. einer konstanten Einkommenskreislaufgeschwindigkeit, ergibt sich in Wachstumsraten der bekannte Zusammenhang im Gleichgewicht:

$$\hat{P} = \hat{M} - \hat{y} \quad \text{bzw.} \quad \hat{y} = \hat{M} - \hat{P}$$

Eine einmalige exogene Geldmengenerhöhung verschiebt die gesamtwirtschaftliche Nachfragekurve nach rechts (vgl. Abbildung 69). Es entsteht zunächst eine nominale Überschußnachfrage. Die Ausdehnung der Güterproduktion über y_0^* als dem natürlichen Output bei der natürlichen Beschäftigungsrate hinaus ist dabei nur möglich, wenn

- die Güterpreise steigen, d.h. ein Anreiz für die Produzenten zur Produktionsausdehnung entsteht,
- mehr Arbeit angeboten wird,
- die Produktionskosten weniger steigen als die Güterpreise.

Letzteres erfordert einen geringeren Anstieg des Produzenten- als des Konsumentenreallohnsatzes.

Ein steigender Güterpreis und Output entlang der kurzfristigen Angebotskurve (bei gegebenem P^e) bedeutet eine permanente (steigende) Unterschätzung des Güterpreises durch die Konsumenten, die stets von dem sich einstellenden Preisniveau „überrascht" werden. Jede Erwartungsrevision verschiebt die kurzfristige Angebotsfunktion nach oben. Einkommen und Preis entwickeln sich gemäß der Pfeile in Abbildung 69. Das Einkommen hat seinen maximalen Wert bei y_1 erreicht und sinkt mit den einsetzenden Revisionen der Preiserwartungen bzw. dem sinkenden Erwartungsfehler. In B ist der Erwartungsfehler wieder Null; derselbe natürliche Output, allerdings bei gestiegener nominaler Geldmenge und erhöhtem Preis, hat sich wieder eingestellt. Der Inflationsprozeß infolge der Geldmengenexpansion ist eine Preis-Lohn-Spirale; steigende Preise führen zu Erwartungsrevisionen und damit steigenden Löhnen, die wiederum steigende Preise bedingen.

Trägt man die sich in der Situation noch gegebener Preiserwartungen einstellende Preisänderungsrate auf der Ordinate ab und die prozentuale Abweichung des tatsächlichen realen Einkommens y von dem natürlichen realen Einkommen y^*, d.h. $(y_t - y^*)/y^* = y_t/y^* - 1$ auf der Abszisse ab, so ist die Analogie zu der kurzfristigen Phillips-Kurve im Anfang dieses Kapitels VI.5a offensichtlich. In der Abbildung 70 wurde dabei der Abszissenwert um eins „erhöht".

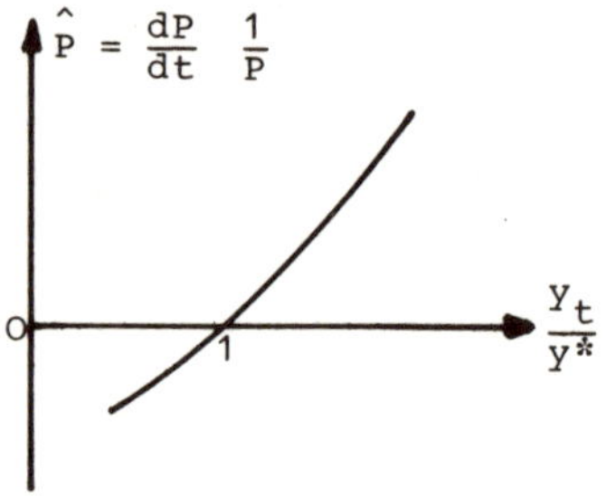

Abb. 70 Die kurzfristige Phillips-Kurve bezogen auf die natürliche Beschäftigungsrate

Auch für diese Art der Darstellung gilt, daß der Kurvenverlauf abhängig ist von der Erwartungsrevision. Kommt es zu einer Überschätzung der Preisentwicklung, ergibt sich ein negativer Zusammenhang zwischen der Veränderungsrate des Güterpreisniveaus und der Produktion resp. des realen Einkommens. Die negative Korrelation wird noch wahrscheinlicher, wenn die Inflationsrate direkt oder indirekt die Entwicklung der Arbeitsproduktivität negativ beeinflußt, so daß es aufgrund dieser nicht voll antizipierbaren Entwicklung zu einem mit der Inflationsrate steigenden Reallohnsatz kommt.

Diese Auswirkungen sind aber eher mittelfristig zu erwarten, so daß der Tradeoff zwischen Inflationsrate und Wachstumsrate des Outputs resp. Beschäftigungsrate kurzfristig positiv und mittelfristig möglicherweise negativ ist. Langfristig besteht keine Korrelation.

VI.5b In einer offenen Volkswirtschaft

Für eine offene Volkswirtschaft läßt sich eine Phillips-Kurve entwickeln, indem heimische und fremde Güter unterschieden werden. Vernachlässigt werden wieder die Veränderungen der Arbeitsproduktivität ($\hat{A}P = 0$), so daß sich die Preisänderungsrate des heimischen Gutes bei dem unterstellten Preissetzungsverhalten in Form eines konstanten Zuschlagssatzes wie folgt ergibt (die Änderung der Lohnstückkosten entspricht der Lohnsatzänderung):

$$\hat{P}_d = \hat{W}$$

mit: P_d Preis des heimischen Gutes.

Aufgrund der Lohnsatzveränderung bei $\beta = 1$

$$\hat{W} = f(U_0 - U) + \gamma \hat{P}_f^e + (1 - \gamma) \hat{P}_d^e + c \quad ; \quad \bar{\gamma} > 0$$

mit: γ Anteil der Importgüter im Gesamtpreisindex bzw. Gewichtungsparameter im Konsumenten-Preisindex

folgt für die Preisänderungsrate:

$$\hat{P}_d = f(U_0 - U) + \gamma \hat{P}_f^e + (1 - \gamma) \hat{P}_d^e + c$$

da gilt:

$$\hat{P}_f^e = \hat{e}^e + \hat{P}_f^{*e}$$

mit: e Wechselkurs in Preisnotierung;
P_f^* Preis des ausländischen Gutes in ausländischer Währung.

Damit folgt:

$$\hat{P}_d (1 - (1 - \gamma) \hat{P}_d^e / \hat{P}_d) = f(U_0 - U) + \gamma \hat{e}^e + \gamma \hat{P}_f^{*e} + c$$

Es lassen sich im Falle der offenen Volkswirtschaft somit drei Phillips-Kurven unterscheiden (vgl. Abbildung 71):

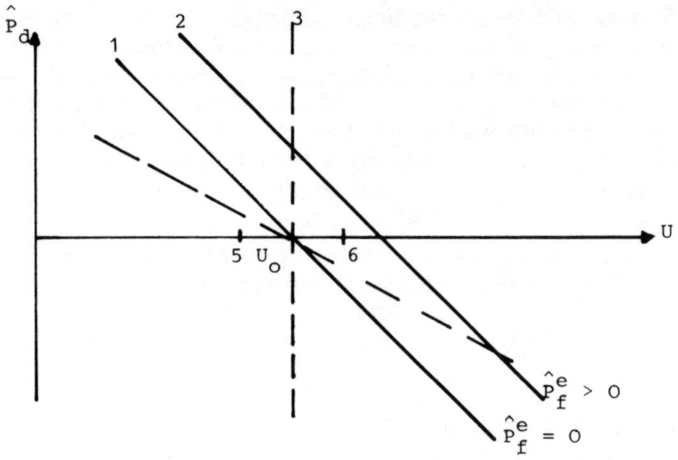

Abb. 71 Drei Phillips-Kurven einer offenen Volkswirtschaft

(1) die kurzfristige Phillips-Kurve infolge von Erwartungsfehlern bei exogen gegebenem $\hat{P}^{*e}_f$, $\hat{e}^e$,
(2) die kurzfristige Phillips-Kurve aber ohne Erwartungsfehler bei exogen gegebenem $(\hat{P}^e_d = \hat{P}_d)$,
(3) die langfristige Phillips-Kurve, bei der kein Erwartungsfehler existiert und die Kaufkraftparität des Wechselkurses gilt.

Die Steigung der kurzfristigen Phillips-Kurve (1) kann kleiner/größer sein als die der kurzfristigen Kurve (2), da gilt:

$$\hat{P}_d = \frac{1}{\alpha}[f(U_0 - U) + \gamma(\hat{e}^e + \hat{P}^{*e}_f) + c] \quad ; \quad \gamma < 1$$

$$\alpha = 1 - (1-\gamma)(\hat{P}^e_d/\hat{P}_d)$$

$$0 < \alpha < 1 \quad \text{für } \hat{P}^e_d < \hat{P}_d$$

Die kurzfristige Kurve (1) kann sogar eine positive Steigung aufweisen $(\hat{P}^e_d > \hat{P}_d)$. Allein bei $\hat{P}^e_d = \hat{P}_d$, d.h. bei richtigen Erwartungen ergibt sich noch keine Vertikale. Die langfristige Phillips-Kurve (3) ergibt sich erst bei richtigen Erwartungen und einem Wechselkurs, der der Kaufkraftparität entspricht, d.h. bei einem unveränderten realen Wechselkurs bzw. realen Austauschverhältnis (θ):

$$\theta = P_d / e P^*_f$$

$$\hat{e} = \hat{P}_d - \hat{P}^*_f$$

Dann gilt bei $\hat{x}^e = \hat{x}$, so daß bei keiner Variablen ein Erwartungsfehler existiert, für die Phillips-Kurve:

$$\gamma \hat{P}_d = f(U_0 - U) + \gamma(\hat{P}_d - \hat{P}^*_f + \hat{P}^*_f)$$

bzw.:

$$U = U_0$$

VI.5c Wirtschaftspolitische Schlußfolgerungen

Die wirtschaftspolitische Bedeutung des Phillips-Trade-Offs besteht in folgendem:

Die Beschäftigung im Inland kann über die natürliche erhöht werden bei:

(a) unterschätzten Preisänderungsraten seitens der Arbeitnehmer, so daß sie einer Geldillusion unterliegen; dieses gilt auch im Fall der geschlossenen Volkswirtschaft;
(b) einer unterbewerteten inländischen Währung, d.h. einer entsprechenden Abweichung des Wechselkurses der heimischen Währung von der (langfristigen) Kaufkraftparität.

Eine positive Abweichung der tatsächlichen Beschäftigungsrate von der natürlichen Rate infolge beispielsweise einer expansiven Geldpolitik und damit einer Veränderung der nominalen gesamtwirtschaftlichen Nachfrage erscheint allerdings nur kurzfristig zu bestehen. Langfristig kann sie modelltheoretisch nicht bestehen, wenn langfristig vom allgemeinen walrasianischen Gleichgewicht ausgegangen wird und Geld („Nominalgrößen“) keine güterwirtschaftliche Rolle spielt. Der Kreditzinssatz weicht nicht vom natürlichen Zinssatz ab bzw. aufgrund des Zustandes der Erwartungssicherheit gibt es keine besondere Liquiditätsprämie.

Bei der Feststellung, daß die Arbeitslosenrate langfristig nicht von der natürlichen Arbeitslosenrate U_0 abweicht, ist außerdem die Definition der natürlichen Arbeitslosenrate bzw. der natürlichen Beschäftigungsrate zu beachten. So bedeutet beispielsweise jede Veränderung der Informations- und Mobilitätskosten eine gleichgerichtete der **friktionellen und strukturellen Arbeitslosigkeit** und damit eine von U_0. Die jeweilige (transitorische) langfristige Phillips-Kurve verschiebt sich nach links oder rechts, wenn Maßnahmen eintreten bzw. getroffen werden, die auf die besagten Quellen der Arbeitslosigkeit einwirken. In diesem Falle eines variierenden U_0 ist die (permanente) langfristige Phillips-Kurve nicht vertikal. In dem dargestellten theoretischen Modellansatz ist „langfristig“ entsprechend nur konzeptionell und nicht kalendarisch zu verstehen. Zu beachten ist darüber hinaus, daß die Feststellung, Geld ist bei Freiheit von Geldillusion, vollkommener Information und rationalen Erwartungen neutral, hier nur für eine bestimmte Geldmengenpolitik dargestellt wurde. Die monetären Störungen erfolgen über die Zeit nicht autokorreliert und sind i.d.R. normalverteilt. Betrachtet man hingegen bei ansonsten gleichen Annahmen (bewußt von der Zentralbank durchgeführte) autokorrelierte monetäre Schocks bzw. Geldmengenveränderungen, so ergeben sich intertemporale Substitutionseffekte. Diese führen in Abhängigkeit von der Geldmengenexpansion und der Erwartung der Wirtschaftssubjekte, daß ihr Realvermögen sinkt, zu einer steigenden Produktion und Beschäftigung (vgl. auch die Erklärung der terms-of-trade im Rahmen der Geldnachfrage; Kap. III.2d). Auch bei einer anderen, als der üblicherweise unterstellten Normalverteilung der monetären Veränderungen sind güterwirtschaftliche Effekte ableitbar, so daß die klassische Neutralität des Geldes nur in bestimmten Fällen monetärer Politik theoretisch ableitbar erscheint.

Aufgrund des kurzfristigen Trade-offs läßt sich somit eine zyklische Entwicklung des realen Einkommens um seinen natürlichen Wert (oder in einer wachsenden Volkswirtschaft um seinen Wachstumspfad) erklären. Der einfachste Fall für ein derartiges Konjunkturmodell auf der Basis eines Gleichgewichtsansatzes ist die Unterstellung einer zyklischen Entwicklung der nominalen Geldmenge. So kann die Zentralbank mit dem Ziel der Beschäftigungsausdehnung eine expansive Politik betreiben, die sie dann zu einem restriktiven Kurs zwingt, wenn die Inflationsrate ein nicht mehr toleriertes Ausmaß erreicht. Die Reduktion der Preissteigerungsrate, d.h. eine sog. Disinflation im Rahmen der Abbremsung geht dann einher mit einer sinkenden Beschäftigungsrate resp. steigenden Arbeitslosenquote. Ein vergleichbares monetäres Konjunkturmodell mit einem derartigen zyklischen Verlauf von y und $\hat{P}$ läßt sich auch über ein zyklisches Muster aus Konflikt- und Nicht-Konflikt-Fall im Rahmen der sog. loss-function (vgl. Kapitel V.3) erklären.

Zu beachten ist aber bei diesem kurzfristigen Trade-off (auch im Rahmen einer konzeptionellen Zeit), daß der Trade-off funktional instabil ist und damit wirtschaftspolitisch nur sehr eingeschränkt nutzbar erscheint, da die Koeffizienten des kurzfristigen Trade-offs, der eine reduzierte Form des Arbeits-Gütermarkt-Systems ist, sich kurzfristig schnell ändern können. Die kurzfristige Phillips-Kurve ändert sich u.a. bei einer Veränderung

- des Niveaus der Erwartungsfehler;
- der Struktur der Erwartungsfehler (es ist nicht unerheblich, ob die Wirtschaftssubjekte den Wechselkurs, den Preis des in- oder des ausländischen Gutes falsch erwarten);
- der Kostendruck- (c) oder Verteilungs- (λ) Komponenten;
- der Einschätzung der Produktivitätsentwicklung;
- der natürlichen Arbeitslosigkeit (und dort aller Determinanten walrasianischer Güter- und Arbeitsmärkte);
- der konjunkturellen, d.h. der durch die Phillips-Kurve nicht erfaßten keynesianischen Arbeitslosigkeit, die u.a. auf Variationen der staatlichen Güternachfrage reagiert.

Inflationsrate und Variabilität der Preise

Sowohl im Falle der kurzfristigen als auch der langfristigen Phillips-Kurve ist zu beachten, daß die Veränderungen der Geldpreise aller Güter einer Volkswirtschaft nicht simultan bzw. koordiniert erfolgen. Die einzelnen Güterpreise ändern sich im Zeitablauf i.d.R. unterschiedlich zu verschiedenen Zeiten. Diese einzelnen Preisveränderungen ergeben erst in ihrer Gesamtheit die positive Veränderung des Preisindex, d.h. die **Inflationsrate**, die ein gewichtetes Maß der einzelnen Preisveränderungen ist. Dabei ist in einer Zeitreihenanalyse bzw. über die Zeit zu beobachten, daß mit der Höhe der Inflationsrate die **Variabilität der Preise** bzw. der Preisstruktur steigt. Es steigt der Korridor zwischen der höchsten und geringsten prozentualen Veränderung eines einzelnen Preises in einer Beobachtungsperiode. Die Inflationsrate liegt im Korridor. Dabei steigt i.d.R. die Varianz der relativen Preise bzw. des Preisindex, d.h. die gewichtete Summe der quadrierten Abweichungen aus der Veränderungsrate jedes einzelnen Preises zu der des Preisindex. Sind die periodenbezogene Inflationsrate und Varianz das Ergebnis aus dem Querschnitt der Güterpreisveränderungen der betrachteten Periode, so kennzeichnet die diskutierte positive Relation zwischen Niveau und Varianz einen Zusammenhang in der Zeit.

Die Breite des Korridors sowie die Varianz des Preisindex charakterisieren beide die Streuung der relativen Preise und ihre Variabilität im Zeitablauf. Das Gut mit der höchsten Preissteigerungsrate heute weist nicht stets die höchste Rate auf, so daß sich die Preisstruktur, d.h. die relativen Preise von Periode zu Periode ändert. In einer Welt ohne walrasianischen Auktionator steigt mit dem Niveau die Varianz der Inflationsrate, wobei dieser positive Zusammenhang weder über die gesamte Werteskala der Inflation stabil noch gleich stark ausgeprägt (beispielsweise linear) ist. Der walrasianische Auktionator des klassischen Systems steht dabei dafür, daß er bei einer c.p. steigenden Geldmenge alle Geldpreise um denselben Prozentsatz erhöhen wird, so daß die relativen Preise unverändert bleiben. Dieses ist jetzt nicht mehr der Fall; Geld kann selbst im (neo-)klassischen System nicht mehr neutral sein; es gibt keinen „festen" Numéraire-Preis.

Ohne den Auktionator ergibt sich für die Wirtschaftssubjekte bei einer Inflationsrate das Problem, zwischen der Veränderung des relativen Preises eines Gutes (bzw. aller Güter) und des absoluten Geldpreises unterscheiden zu müssen. Dieses ist die Situation der sog. Phelps'schen Inselparabel bzw. das Informationsproblem für jedes Wirtschaftssubjekt bei Existenz vieler lokaler Märkte, wo es unmittelbar den Preis auf seinem lokalen Markt kennt, aber die Information über das gesamtwirtschaftliche Preisniveau erst mit einer zeitlichen Verzögerung erfährt.

In einer Welt allgemeiner Preissteigerungen bzw. inflationärer Entwicklungen ist den Wirtschaftssubjekten das richtige Erkennen der relativen Preise kaum möglich. Sie werden sich im walrasianisch-klassischen Sinne nicht rational verhalten können. Existiert insbesondere bei intertemporalen Kalkülen die Unmöglichkeit einer richtigen Antizipation der relativen Preise, so werden (bereits die notional) Angebots- und Nachfragefunktionen mit von absoluten Preisen beeinflußt.

Da ohne einen Auktionator jede nominale Veränderung (z.B. die der nominalen Geldmenge oder des Ölpreises) stets (zumindest über einen kürzeren Zeitraum) zu veränderten relativen Preisen führt, hat jede nominale Veränderung reale resp. güterwirtschaftliche Auswirkungen. Es existiert die Dichotomie des güterwirtschaftlichen und des geldwirtschaftlichen Bereiches der Klassik, selbst für eine globale nominale Veränderung oder Störung wie im Falle einer exogen steigenden Geldmenge, zu keinem Zeitpunkt. Da es bei jedem Geldpreis letztlich um den Austausch von Gütermengen geht, ist es strittig, ob beispielsweise eine exogene Erhöhung eines Geldpreises wie des OPEC-Ölpreises ein nominaler oder realer Schock ist. Die alten relativen Preise können sich nur wieder einstellen, wenn die Geldmengenentwicklung eine (einmalige) Preisanpassung akkomodiert oder wenn die alte Preisstruktur bei generell gestiegenen Preisen sich auf einem insgesamt gesunkenen Niveau wirtschaftlicher Aktivität wieder einstellt. Die Folge darf dabei keine permanent geführte weitere (antizipierende) Ölpreissteigerung sein.

Das Problem der Unterscheidung zwischen der Veränderung der Geldpreise und der relativen Preise sowie das der Streuung der relativen Preise besteht für jedes Wirtschaftssubjekt. Es läßt sich ebensowenig analytisch für ein sog. repräsentatives Wirtschaftssubjekt erfassen und erklären, wie es sich angesichts der unübersehbaren Vielfalt der Güter und Warenkörbe nicht durch eine vollkommene Indexierung der Löhne zur Neutralisierung der Unsicherheit über die Inflationsentwicklung beseitigen läßt. Diese Problematik bedeutet, an der pareto-optimalen Faktorallokation gemessen, eine mögliche Disfunktionalität der Preissignale. Damit wirkt sich aber das Verhältnis zwischen der Varianz der relativen Preise bzw. der einzelnen Marktpreise und der absoluten Preise bzw. des Preisindex auf das Angebots- und Nachfrageverhalten jedes Wirtschaftssubjektes aus. Die Steigung der gesamtwirtschaftlichen Angebotsfunktion ist dann abhängig von der Variabilität der Preise. Die klassische Neutralität des Geldes existiert (wegen der Instabilität des monetären Bereiches) im Grunde nur bei Preisniveaustabilität.

Wenn mit dem Niveau der Inflationsrate die Variabilität steigt, dann kann der kurzfristige Trade-off zwischen $\hat{P}$ und U, der normalerweise eine negative Steigung aufweist, sich umkehren und positiv werden (vgl. Abbildung 72). Die steigende Planungsunsicherheit der Wirtschaftssubjekte infolge stark variierender relativer Preise führt zu Mengenreaktionen.

Die Unternehmen passen bei Preisveränderungen nur sehr verzögert ihre Mengen an; eine Reallohnsatzsenkung aufgrund steigender Preise führt nicht unmittelbar zu einer Produktions- und Beschäftigungsausdehnung. Die gestiegene Preisvariabilität führt zu eingeschränkten Mengenreaktionen bzw. einer gesunkenen Mengenvariabilität. Dieses wird noch dadurch verstärkt, daß im Falle einer steigenden Variabilität die Unsicherheit bezüglich zukünftiger Inflationsraten steigt. Die kurzfristige Phillips-Kurve wird vertikal oder gar positiv gekrümmt. Diese Veränderung kennzeichnet den Übergang zur mittelfristigen Phillips-Kurve bzw. den transitorischen Charakter dieser Funktion. Sie veranschaulicht die Problematik der wirtschaftspolitischen Verwendung des als Phillips-Kurve bezeichneten Trade-offs auch kurzfristig.

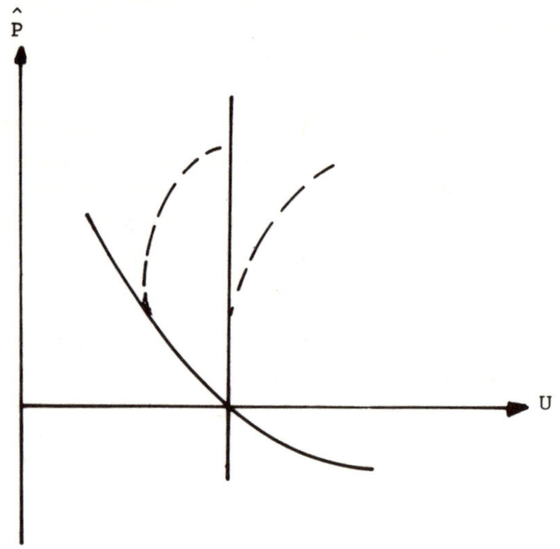

Abb. 72 Die Auswirkung einer steigenden Preisvariabilität auf die Phillips-Kurve

Die empirischen Beobachtungen zu diesen Zusammenhängen sind allerdings nicht eindeutig. Das liegt u.a. daran, daß die Aussagen zum Teil stark abhängen von der verwendeten Analysemethode und der betrachteten Zeitperiode. Hinzu kommt, da in der Regel Modelle zur Erwartungsbildung notwendig sind, daß für die erwarteten Werte keine statistischen Zeitreihen existieren, so daß die empirischen Tests stets verbundene Tests in dem Sinne sind, daß sie ein Hypothesenbündel testen und dann nicht diskriminieren können, welche der Hypothesen gegebenenfalls falsifiziert oder nicht-falsifiziert ist. Außerdem ist zu beachten, daß es in einer sich entwickelnden und nicht stationären Volkswirtschaft stets zu einer unterschiedlichen Veränderung der einzelnen Geldpreise und damit der relativen Preise kommt. Dieses ist ein Kennzeichen einer monetisierten Ökonomie und Folge der Nicht-Existenz eines Auktionators. Hat die Höhe der durchschnittlichen Veränderungen, um die die güterspezifischen streuen, güterwirtschaftliche Auswirkungen, so kann dieses ein Zeichen von Geldillusion oder von Unsicherheit und damit einer erhöhten Liquiditätspräferenz sein. Hier sind die Ursachen der Inflation bzw. des gestiegenen Inflationsniveaus zu analysieren.

Andererseits erhöht nicht jede positive Inflationsrate von beispielsweise 3 oder 5 v.H. die Variabilität der Preise, so daß (selbst) die kurzfristige Phillips-Kurve schon positiv geneigt ist. Hier gilt es erst, vorhandene (psychologische) Schwellenwerte zu überschreiten oder zu schaffen. Nicht jede positive Inflationsrate bedeutet entsprechend sog. Kosten der Inflation und erfordert eine restriktive Geldmengenpolitik. Eine Politik zur Rückführung der Inflationsrate von beispielsweise 3 auf 2 v.H. hat eher mit dem negativen Trade-off zwischen $\hat{P}$ und U zu rechnen, d.h. mit einer Erhöhung der Arbeitslosenrate U (als Preis dogmatischer Orthodoxie).

Betrachtet man die Arbeitslosigkeit bei hohen Inflationsraten als klassische Arbeitslosigkeit, so ist die wirtschaftspolitische Aufgabe eine restriktive Geldmengenpolitik mit dem Ziel einer sog. **Disinflation**, d.h. der Reduktion der Preissteigerungsraten (nicht gleichzusetzen mit Deflation im Sinne von negativen Preissteigerungsraten). Dieses ist auch dann der Fall, wenn über einen Abbau von Erwartungsfehlern die kurzfristige Phillips-Kurve immer steiler wird und zur langfristigen bei einer hohen (kumulierenden) Inflationsrate konvergiert.

Die Kosten sind dabei stets eine steigende Arbeitslosigkeit, insbesondere auch, da die Wirtschaftssubjekte die sinkende Inflationsrate nicht sofort richtig erkennen und vollständig antizipieren können. Nur in dem Falle verläuft die Entwicklung entlang der (vertikalen) langfristigen Phillips-Kurve zur Abszisse. In jedem anderen Fall kommt es erst zu einer Erhöhung der Arbeitslosenrate (vgl. Abbildung 73). Die klassische Dichotomie existiert somit nur im Spezialfall der Preisniveaustabilität.

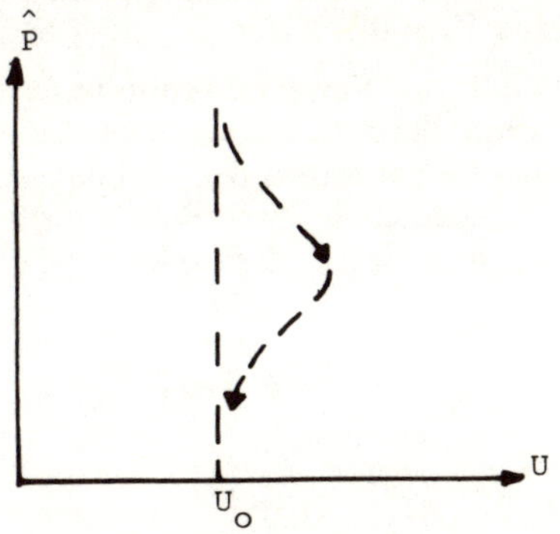

Abb. 73 Die Entwicklung bei einer Politik der Disinflation

Phillips-Kurve und Zentralbankenverhalten

Im Abschnitt V.3 wurde eine mögliche rationale Verhaltensweise der Zentralbank aus einer sog. loss-function abgeleitet. Im folgenden Abschnitt soll die Bedeutung eines Phillips-Kurven-Zusammenhanges in einer offenen Volkswirtschaft für das Zentralbankverhalten dargestellt werden.

Die Zielgrößen der Zentralbank sind die Preissteigerungsrate der heimischen Güter, die Wechselkursänderungsrate sowie die Arbeitslosenrate. Als Instrumentenvariable stehen ihr der Mindestreservesatz sowie im Wege der Offen-Markt-Politik der Zinssatz i zur Verfügung. Durch das Ausland bestimmt ist der Preis der international gehandelten Güter. Die gewünschten Werte für die Wechselkursänderung und den Zinssatz werden bestimmt unter Beachtung der sog. Kaufkraftparität (purchasing power parity) und des Auslandszinssatzes. Es gilt die folgende Verlustfunktion:

Min.!
$$L_t = w_{1t}(\hat{P}_{dt} - \hat{P}^*_{dt})^2 + w_{2t}(\hat{e}_t - \hat{e}^*_t)^2 + w_{3t}(U_t - U^*_t)^2$$
$$+ v_{1t}(r_t - r^*_t)^2 + v_{2t}(i_t - i^*_t)^2$$
$$+ v'_{1t}(r_t - r_{t-1})^2 + v'_{2t}(i_t - i_{t-1})^2$$

mit:

$\hat{P}_d$ Preisänderungsrate des heimischen Gutes d;
$\hat{e}$ Wechselkursänderungsrate;
U Arbeitslosenrate;
r Mindestreservesatz;
i (Geldmarkt-) Zinssatz;
$\{w_{it}, v_{jt}, v'_{jt}, \hat{P}^*_{dt}, \hat{e}^*_t, U^*_t, r^*_t\}$ gegeben.

Die angestrebte Arbeitslosenrate entspricht der sog. natürlichen (U_{0t}). Die Höhe des gewünschten Reservesatzes entspricht beispielsweise jenem Referenz-Mindestreservesatz bei der Berechnung der bereinigten Zentralbankgeldmenge (Januar 1974). Das Preisniveau der international gehandelten Güter in ausländischer Währung sei konstant ($\hat{P}^*_{ft} = 0$).

Die Zentralbank minimiert die Verlustfunktion unter Beachtung der folgenden Phillips-Kurven-Relation, bei der eine gegebene Arbeitsproduktivität unterstellt wird. Zu beachten hat sie außerdem die Wirkungszusammenhänge der Instrumente i und r auf die tatsächlichen sowie die erwarteten Veränderungsraten, d.h. auf $\hat{P}_{dt}$ und $\hat{e}_t$ sowie $\hat{P}^e_{dt}$ und $\hat{e}^e_t$. Zur Zielfunktion gehören also die Nebenbedingungen:

u.d.N.:
$$\hat{P}_{dt} = -a(U_t - U_{0t}) + b\,\hat{e}^e_t + (1-b)\,\hat{P}^e_{dt}$$
$$\hat{P}_{dt} = -a_1(r_t - r_{t-1}) - a_2 i_t$$
$$\hat{P}^e_{dt} = -c_1 a_1(r_t - r_{t-1}) - c_2 a_2 i_t$$
$$\hat{e}_t = -a_3(r_t - r_{t-1}) + a_4 i_t$$
$$\hat{e}^e_t = -c_3 a_3(r_t - r_{t-1}) + c_4 a_4 i_t$$

mit: $0 \leq \{ a, b, a_1, a_2, a_3, a_4, c_1, c_2, c_3, c_4 \} \leq 1$

Nicht explizit wurden aufgeführt die Störterme (u_i) mit den entsprechenden Annahmen sowie die sonstigen Einflüsse auf die gesamtwirtschaftlichen Größen; diese werden hier als konstant unterstellt. Die Arbeitsproduktivität ist annahmegemäß unverändert.

Die nach ($U_t - U_{0t}$) aufgelöste und quadrierte Phillips-Kurve wird in die Funktion L_t eingesetzt. Anschließend werden die vier weiteren Nebenbedingungen in die so modifizierte Verlustfunktion eingesetzt. Aus der gleich Null gesetzten ersten Ableitung von L_t nach r_t und i_t folgt ein System von zwei Gleichungen. Die Auflösung dieses Systems führt zur Determination des zu setzenden Mindestreservesatzes und des Zinssatzes.

Unterstellt werden soll für die hier abgeleitete Lösung, daß Zentralbank und Wirtschaftssubjekte denselben Erklärungsansatz bzw. dasselbe Modell verwenden. Entsprechend sind diese Koeffizienten c_i alle gleich eins. Außerdem wird unterstellt, daß das verwendete Modell den tatsächlichen Zusammenhang widerspiegelt. Vereinfachend wird unterstellt, daß der Wechselkurs ausschließlich auf das zinspolitische Instrument i ($a_3 = 0$) und die Preissteigerungsrate ausschließlich auf das liquiditätspolitische Instrument r ($a_2 = 0$) wirkt.

Die gleich Null gesetzten Ableitungen führen zu den zwei folgenden Bestimmungsgleichungen für r und i ($g = b^2/a^2$):

$$0 = (a_1^2 w_{1t} + a_1^2 g\, w_{3t} + v_{1t} + v_{1t}')(r_t - r_{t-1}) + (a_1 a_4 g w_{3t})\, i_t$$
$$+ a_1 w_{1t} \hat{P}_{dt}^* - v_{1t}(r_t^* - r_{t-1})$$

und:

$$0 = i_t (a_4^2 w_{2t} + a_4^2 g\, w_{3t} + v_{2t} + v_{2t}') + (a_1 a_4 g w_{3t})(r_t - r_{t-1})$$
$$- a_4 w_{2t} \hat{e}_t^* - v_{2t} i_t^* - v_{2t}' i_{t-1}$$

Ohne eine explizite Auflösung des Gleichungssystems zeigt sich unmittelbar, daß selbst bei einer Zuordnung eines Instrumentes zu einem Ziel die Existenz einer Phillips-Kurven-Relation dazu führt, daß die Zentralbank beide Instrumente simultan bestimmen muß. Es existiert eine Optimalkombination von i_t und r_t in Abhängigkeit von den gewünschten Werten der gesamtwirtschaftlichen Variablen sowie den Strukturkoeffizienten des Marktsystems und der Zentralbankpräferenzen.

Die Phillips-Kurve führt darüber hinaus dazu, daß bei drei Zielen die Zentralbank nur zwei Instrumente „benötigt". Dabei wurde für die Auslandsabhängigkeit noch unterstellt, daß keine Zinssatzparität oder Wechselkursänderungserwartung entsprechend der Kaufkraftparität besteht. In diesem Falle wäre der Zinssatz im Inland durch den Auslandszinssatz und die Wechselkursänderungserwartung bestimmt. Die Zentralbank hätte dann nur noch frei die gewünschte Preisänderungsrate durch die Mindestreservesatzänderung zu „determinieren".

Die funktionale Instabilität der kurzfristigen Phillips-Kurve zeigt sich in der Veränderung des Koeffizienten g in der Zeit. Die Veränderung schlägt sich in der jeweils zu wählenden Kombination von i und r nieder und könnte zur „Empfehlung" führen, die Politik eines kompensatorischen „instabilen" policy-mix zu führen. Die Voraussetzungen dafür sind, daß die Instabilität vorhanden und „vorhersehbar" ist, sowie daß das Informationsproblem durch die Zentralbank gelöst und sie auch mit für die Beschäftigung verantwortlich ist – vor allem aber, daß derart die Erwartungen über Systemzusammenhänge und Entwicklungen stabilisiert werden können.

VII. Finanzinnovationen und Geldpolitik

Zu beobachtende und zu erwartende Veränderungen stellen sicherlich einen Schwerpunkt jeder aktuellen Diskussion dar. Dieses gilt auch für die monetäre Makroökonomik bezüglich der Entwicklung des gesamtwirtschaftlichen Systems von Märkten und damit für die Geld- und Kredittheorie bezüglich der Veränderungen im System der Bestandsmärkte, d.h. der Geld-, Kredit- und Kapitalmärkte. Diese Dynamik des Systems wird getragen von den z.Zt. ständig beschworenen und/oder geforderten Finanzinnovationen in Form neuer Produkte bzw. Titel oder neuer Dienste bzw. Praktiken. Prinzipiell bedingt jede Finanzinnovation letztlich die Orts- und Zeitgebundenheit jedes ökonomischen Systems und in Abhängigkeit von Lern- und Diffusionsprozessen eine unterschiedlich lange zeitliche Phase der Systemtransformation (Übergangsphase). Ein fortwährender Strom von Finanzinnovationen bedeutet somit eine prinzipielle Öffnung des Systems in die Zukunft sowie die Permanenz der Übergangsphase mit allen Instabilitätsrisiken (wie es beispielsweise die 1982 offensichtlich gewordenen Länderkredite bzw. sog. Problemkredite auch 1988 noch darstellen).

Finanzinnovationen, zu denen u.a. auch neue Instrumente der Zentralbank wie die in Kapitel V. dargestellten Pensionsgeschäfte gehören,[1] stellen den Wissenschaftler ständig erneut vor die Fragen nach der Abgrenzung der Märkte und dem Aggregationsniveau, nach den Transmissionsprozessen und der Gestaltung einer effizienten Geld- bzw. Wirtschaftspolitik sowie nach der Adäquanz seiner Analysemethoden wie beispielsweise der komparativen Statik. Unbestreitbar ist dieser Fragenkatalog zu umfangreich für ein kurzes Kapital in einem Lehrbuch, so daß im folgenden ausgehend von Definitionen für Finanzinnovationen nur einige ausgewählte Probleme der Markt- und Politikeffizienz angesprochen werden können. Ausgehend von der Effizienz eines Bestandsmarktsystems werden Finanzinnovationen definiert. Das häufig verwendete Kriterium der Kurzfristigkeit wird bezüglich der Vorbereitungsphase und Rechtswege relativiert. Anhand von Beispielen für Produkt- und Prozeßinnovationen wird gezeigt, wie sich das System und damit simultan der Multiplikator und die Umlaufgeschwindigkeit des Geldes ändern. Den Abschluß bildet ein kurzes Glossarium.

VII.1 Markteffizienz und Finanzinnovationen

Die infolge der klassischen Theorie rationaler Erwartungsbildung durchgeführten empirischen Analysen zur **Effizienz von Geld- und Kreditmärkten** führten zu der zur Zeit herrschenden Meinung, daß die Bestandsmärkte zweifelsohne schwacheffizient, überwiegend aber sogar mittelstreng effizient sind (zu den Effizienzgraden vgl. Kap. VI.3c). Besonderes Gewicht hatten dabei die Untersuchungen der Devisenmärkte bzw. der Wechselkurse. In der ökonomischen Theorie wird zumeist sogar von der strengen Effizienz ausgegangen, die aufgrund feh-

---

[1] Vgl. u.a. H. E. Büschgen, Finanzinnovationen, Neuerungen und Entwicklungen an nationalen und internationalen Finanzmärkten, in: Zeitschrift für Betriebswirtschaft, 1986, 301-336; L. Gleske, Finanzinnovationen aus der Sicht der Notenbanken und der Bankenaufsicht, in: Die Bank, 1986, Heft 6, 280-285; F. Reither, U. Dennig, Finanzinnovationen: Hintergründe und Konsequenzen, in: Wirtschaftsdienst, 1986, 45-52.

lender Beobachtungsmöglichkeiten nur nicht ökonometrisch testbar ist. Diese auf die Verarbeitung zusätzlicher bzw. neuer Informationen bezogene Effizienz (**Strömungs-Version** des Effizienzbegriffes)stellt auf die gleichbleibende Signalfunktion der Preise in der Zeit ab. Entsprechen die Preise der auf die gesamte Informationsmenge bezogenen Effizienz (**Bestands-Version** der Effizienz) im Sinne von Fama, so behalten sie diese Eigenschaft im Falle der (strengen) Strömungs-Effizienz bei. Der Vorteil des Strömungs-Konzeptes liegt u.a. darin, daß es zum Test der Effizienz nicht der Kenntnis des wahren Strukturmodells bedarf, sondern nur der „Erwartung" seiner Konstanz. Sein Vorteil liegt in der durch die Einschränkung gewonnenen leichteren Operationalisierbarkeit. Ausgehend von den (relativen) Preisen zum nicht erklärten Referenzzeitpunkt, des Beginns der empirischen Analyse, wird im Grunde nur das Fortbestehen des (unbekannten) Strukturmodelles trotz zwischenzeitlicher Schocks überprüft. Die Effizienz eines Bestandsmarktes im Sinne des Strömungsbegriffes ist im Prinzip temporär (vgl. zu den Nachteilen dieses Effizienzbegriffes in Form des Zeitbezuges u.a. Kap. VI.3); sie läßt sich nur für die Struktur eines gegebenen Systems interdependenter Märkte bzw. bei nicht strukturellen Schocks ermitteln.[2] Entsprechend spiegeln sich **Veränderungen der Marktstruktur** und damit die der einzelnen Elastizitäten der Verhaltensgleichungen innerhalb einer Beobachtungsperiode in einem geringeren Grad der Effizienz wider. Das erste Entscheidungsproblem für die Durchführung einer empirischen Zeitreihenanalyse zur Effizienz von Geld und Kreditmärkten liegt folglich in der Abgrenzung des Analysezeitraumes bzw. in dem Ausschluß der Perioden, in denen eine System-Transformation erfolgt. Dabei besteht die Gefahr eines „beabsichtigten" (In-)Effizienz-Nachweises darin, derartige Transformationen als (langfristig bzw.ständig) sehr kurzfristig bzw. einmalig zu verstehen. Folglich werden in Verifikationsversuchen zur Markteffizienz derartige Zeiträume leicht im Sinne von Perioden abrupter Veränderungen oder Strukturbrüchen und damit als quasi nicht-ökonomische Zeit bzw. Schocks eines prinzipiell stabilen ökonomischen Systems gedeutet.[3]

Derartige Struktur- bzw. Systemveränderungen auf den Bestands- bzw. Finanzmärkten sind die Folge von **Finanzinnovationen im weitesten Sinne**. Ursachen von Finanzinnovationen können u.a. in einer bestehenden Regulierung, die zu Finanzinnovationen im engeren Sinne führen, ebenso liegen wie in einer Deregulierung, d.h. der Rücknahme einer effektiven Regulierung, durch die im Prinzip bereits bestehende, aber bisher nur eingeschränkt funktionierende Märkte sich erst entwickeln.[4] Andere Ursachen für Finanzinnovationen liegen u.a in neuen Nachrichtentechnologien der Informationsübermittlung, -verarbeitung und speicherung, durch die eine Globalisierung infolge neuer Tauschmöglichkeiten

[2] Die Strömungs-Effizienz ist durch den Bezug zum gegebenen Strukturmodell quasi statisch. Sie sagt nichts aus über den Anpassungsprozeß und dessen Effizienz beim Übergang von einer Marktstruktur zu einer anderen bzw. über die Effizienz der Entwicklung des Systems, die aus der mit der Zeit bzw. Periodenlänge steigenden Endogenität des System-Rahmens resultiert.

[3] Von den Ölpreiserhöhungen aufgrund der OPEC-Beschlüsse wird entsprechend häufig als Ölpreis-Schock (und nicht als Energie-Krise) und damit quasi als exogene Störung des ökonomischen Systems gesprochen, wobei die Entwicklung der Ursachen dieser Beschlüsse „vergessen" wird.

[4] Entscheidend ist, daß durch die Deregulierung der bestehende Anlagetitel im Grunde erst seitens der Wirtschaftssubjekte wahrgenommen und in ihr Kalkül aufgenommen wird.

insbesondere am kurzen Marktende erst eröffnet wurde.[5] Sie sind auch begründet in einem durch den Übergang von einer anhaltenden Preisniveaustabilität zu einer anhaltenden Inflation (oder vice versa) oder durch den Übergang von einem System fester zu einem flexibler Wechselkurse gekennzeichneten veränderten gesamtwirtschaftlichen monetären Rahmen mit einer entsprechend unterschiedlichen Nachfrage nach Formen u.a. der Wertsicherung und damit Ausgestaltung der Anlagetitel.[6] Hervorzuheben sind bei den Ursachen aber auch Veränderungen in der Handels- und Produktionsstruktur beispielsweise infolge einer steigenden Internationalisierung des Handels und der Produktion oder kürzer werdender Produktzyklen, durch die eine diesen Bedürfnissen entsprechende Nachfrage nach neuen Dienstleistungen oder Titeln entsteht.[7] Der Natur des Wettbewerbes entsprechend kann prinzipiell jede Form einer Begrenzung wirtschaftlicher Aktivität, sei es beispielsweise eine technologische, gesamtwirtschaftliche, gesetzliche oder eine betriebswirtschaftliche[8] als Ursache zu einer Finanzinnovation führen.

Unter **Finanzinnovationen im engeren Sinne** werden i.d.R. kurzfristig effektiv eingeführte[9] (und vom Markt angenommene) prinzipiell neue Finanztitel bzw. Finanzierungsleistungen verstanden. Sie führen entsprechend dieser Definition zu kurzfristigen, abrupten Veränderungen eines gegebenen (beispielsweise nationalen) Finanzmarktsystems, d.h. einer Art von Strukturbruch, wobei sie ten-

[5] Hier sind insbesondere zu nennen das Cash-Management, Automatic Teller Machines und Point-of-Sale-Terminals, d.h. überwiegend solche Finanzinnovationen, die die Umlaufgeschwindigkeit des Geldes erhöhen. Hierzu zählen aber auch Systeme wie die „Nasdaq" der US-amerikanischen National Association of Securities Dealers (Nasd). Es ist ein vollkommen computerisiertes Wertpapier-Handelssystem mit automatisierter Preissetzung (automated quotation; aq) bei dem der Handel nur über Terminals und ohne eine lokale Börse (Börsenparkett bzw. trading floor) erfolgt. Das System verbindet z.Zt. Marktteilnehmer aus 650 Orten der USA; eine Internationalisierung ist geplant. Die Nasdaq gilt bereits als der größte Wertpapiermarkt der USA nach der New York Stock Exchange. Vgl. D. Zwätz, Euromoneys Vision: Die letzten Tage des alten Börsenparketts, Handelsblatt vom 3.2.1987.

[6] Hier sind beispielsweise zu nennen ATS, CDs, Zerobonds oder Future Contracts.

[7] Hierzu zählen beispielsweise Praktiken wie Leasing oder Forfaitierung ebenso wie Dual Currency Bonds, Currency Swaps, Zinsswaps, FRNs, CPs oder Corporates. Zu nennen ist aber auch die „Mischung" des Eigenkapitals einer international tätigen Unternehmung oder Bank aus mehreren Währungen (Multiwährungs-Kapital, Euro-Aktie) zur Reduktion der Auswirkungen von Wechselkursschwankungen auf die Konzernbilanz und damit der wechselkursabhängigen Erfüllung von Eigenkapitalquoten bzw. -richtlinien (z.B. geplant von der Merrill Lynch International Bank London oder der Scandinavian Bank Group London, deren Kapital sich entsprechend ihrer Aktiva zusammensetzt zu 50% aus US-Dollars, 20% aus Pfund-Sterling und je 15% aus DM und sfr.).

[8] So führen beispielsweise die Eigenkapitalvorschriften der Bankenaufsicht zu auf die Form des Eigenkapitals bezogenen Finanzinnovationen wie Genußrechte oder PNs. Es entsteht bezüglich der Aufsicht und der Aktivitäten der betroffenen Institute eine Art dialektische Regulierung: Vorschriften führen zu neuen Praktiken, diese ihrerseits wiederum zu neuen Vorschriften etc. Finanzinnovationen sind dann das Mittel der Ausweichreaktion. Dies gilt auch regional. Entsprechend läßt sich die Entwicklung der Euro-Märkte erklären. Zu betriebswirtschaftlichen Ursachen vgl. u.a. Junk-Bonds.

[9] In diesem Sinne waren mit der Zulassung zum 1. Mai 1986 die CDs und mit der „Erklärung der Deutschen Bundesbank zur Begebung von DM-Auslandsanleihen" vom 12. April 1985 die Doppelwährungsanleihen, die FRNs und Null-Kupon-Anleihen bzw. Zerobonds die eigentlichen Finanzinnovationen bezüglich neuer Titel in der Bundesrepu-

denziell den jeweiligen Grad der Arbitrage[10] und damit der Marktvollkommenheit erhöhen. Letzteres liegt begründet u.a. in der durch die Finanzinnovation bewirkten Erhöhung des Wettbewerbes allein schon infolge des neuen Wettbewerbsinstrumentes oder infolge gesunkener Arbitrage- bzw. Intermediationskosten. Der Grad der Arbitrage steigt infolge des zusätzlichen Marktsegmentes und damit der Verkürzung der Differenz zwischen bereits bestehenden Segmenten.

Die Finanzinnovationen führen damit tendenziell zu einer Erhöhung der Effizienz der Märkte im Sinne von Fama. Dieser Effekt tritt dabei nicht oder nur in eingeschränktem Maße ein, wenn die Funktion dieses bisher (auf einem nationalen Markt) den Banken verbotenen Anlagetitels bereits von Unternehmen wie multinationalen Konzernen durch eine untereinander oder intern, d.h. nicht über offizielle Märkte, durchgeführte Intermediation bzw. Tauschaktivität (quasi schwarz) wahrgenommen und damit internalisiert wurde.[11]

Das i.d.R. zur Abgrenzung einer Analyse über Finanzinnovationen verwendete **Definitionskriterium der Kurzfristigkeit** ist für Erklärungsansätze in realer Zeit wenig befriedigend; bezogen auf die Methodik der komparativen Statik kann es sich nur um eine konzeptionelle Zeitlosigkeit (Schock) handeln. Das Kriterium impliziert die Annahme einer Exogenität der einzelnen Finanzinnovation und damit die in der modernen Konjunkturtheorie übliche Annahme von multikausalen exogenen Störungsursachen mit jeweils einmaligen unkorrelierten Schocks. Allerdings handelt es sich bei den Finanzinnovationen weniger um (kurz- oder langphasige) zyklische Phänomene,sondern mehr um strukturelle. Dann aber ist die Annahme konzeptioneller Schocks als methodische Voraussetzung für eine komparativ-statische Modellanalyse oder eine Modellsimulation um Annahmen über die neuen Verhaltensweisen der Wirtschaftssubjekte bzw. den sich nach der Finanzinnovation (und je nach Untersuchungsziel nach den zentralbankpolitischen Reaktionen) ergebenden neuen Elastizitäten zu ergänzen. Man kann dann methodisch nicht mehr von den Verhaltensgleichungen der

blik. Zur Deregulierung bzw. Finanzinnovation im weiteren Sinne gehört auch die mit der genannten Erklärung zum 1. Mai 1985 verfügte Ausdehnung des Kreises von Konsortialführern bei DM-Auslandsanleihen um die rechtlich selbständigen inländischen Kreditinstitute im Auslandsbesitz sowie die Abschaffung der 25-prozentigen Kuponsteuer auf Zinseinkünfte von Ausländern zum 1.8.1984 und die zum 1.5.1987 geplante Installation des „geregelten Marktes“ als neues Börsensegment auf der Basis des Börsenzulassungsgesetzes.

10 Die Arbitrage bezieht sich beispielsweise auf zwei substitutionale Titel aus zwei nationalen Marktsystemen (wie im Falle von Währungsswaps) oder auf in Fristigkeit oder Bonität unterschiedliche Titel (wie im Falle von Zinsswaps).

11 Konzerne mit vielfältigen Aktivitäten im Inland oder im In- und Ausland können durch die Bildung eines „internen“ Marktes entweder innerhalb der Unternehmung zwischen ihren verschiedenen Firmen/Töchtern oder zusammen mit anderen Unternehmen ein beispielsweise im Inland fehlendes (evtl. im Ausland vorhandenes) Marktsegment praktisch ersetzen. Die dabei auftretenden Informationskosten etc. können durch die von Banken übernommene Dienstleistung der Vermittlungstätigkeit im Falle von Finanzinnovationen (wie u.a. Zins- und Währungsswaps) reduziert werden.

Perioden vor dem Schock ausgehen.[12] Die übliche Darstellung von Schocks durch Verschiebungen von Angebots- und/oder Nachfragekurven bzw. durch die Annahme von Korridoren (vgl. Kap. VI.2c) ist im Falle von Finanzinnovationen durch Drehungen i.d.R. aller Kurven des gesamtwirtschaftlichen Systems zu ergänzen.[13]

VII.2 Geldpolitik und die Einführung von Finanzinnovationen

Bezogen auf Finanzinnovationen i.e.S. stellt eine entsprechende **kurzfristige, abrupte Veränderung des Marktsystems** natürlich auch die Geldpolitik kurzfristig, abrupt vor die Entscheidung über eine durch die Finanzinnovation zu erwartende mögliche **Veränderung ihrer Politik-Effizienz** und damit über eine eventuell notwendige Modifikation ihrer Instrumente sowie ihrer monetären Zielgrößen. Die Zentralbank hat so beispielsweise über die Beibehaltung oder Neuabgrenzung des relevanten Geldmengenaggregates oder die geplante Zuwachsrate der Geldmenge oder den Übergang von einem Geldmengenziel zu einem Geldmengen-Korridor zu entscheiden.[14]

Bei einer Analyse der Geldpolitik wird zumeist nicht beachtet, daß die Zentralbank hier – im Gegensatz zu den Fällen nominaler bzw. globaler zentralbankpolitischer Maßnahmen, die in Untersuchungen zur Effizienz von Zentralbankinterventionen in einem gegebenen System beispielsweise auf den Devisenmärkten betrachtet werden – i.d.R. einen Informationsvorsprung gegenüber den Geschäftsbanken haben kann. Dieses gilt insbesondere dann, wenn eine Finanzinnovation spieltheoretisch als ein Zug der Geschäftsbanken im Spiel mit/gegen die ihre Aktivitäten kontrollierende und regulierende Zentralbank (Zentralbank und Aufsichtsamt für das Kreditwesen werden als eine Institution betrachtet) verstanden wird. Im folgenden soll kurz auf die Phase der Vorbereitung einer **Markteinführung eines neuen Titels** (Finanzinnovation) eingegangen werden.

---

[12] Veränderungen beispielsweise von Elastizitäten oder Relationen lassen sich durch logistische Funktionen darstellen.

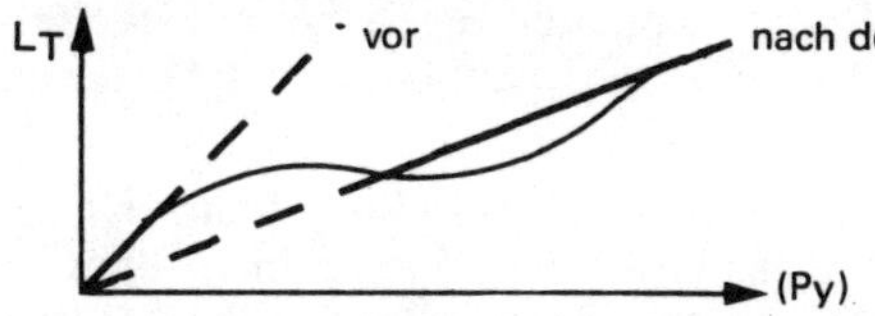

[13] Vgl. u.a. R. E. Lucas, Jr., Methods and Problems in Business Cycle Theory, in: ders., Studies in Business Cycle Theory, Oxford 1981, 271-296; Econometric Policy Evaluation: A Critique; reprinted in: ebenda, 104-130; F. Modigliani, The Debate over Stabilization Policy, Cambridge u.a.O. 1986, insb. Third Lecture, 87-120.

[14] Vgl. Deutsche Bundesbank, Geschäftsberichte, versch. Jgg.; M. J. M. Neumann, Die Grundgeldmenge – Ein neuer Indikator der Geldpolitik, in: Weltwirtschaftliches Archiv, 1986, 520-532; A. Rohde, Das Geldmengenziel 1986, in: Wirtschaftsdienst, 1986, Heft 1, 20-25.

Aufgrund der Bestimmungen des BGB bedarf in der Bundesrepublik Deutschland im Grunde jeder neue Finanztitel einer staatlichen Genehmigung. Es gilt u.a. nach BGB: § 795

> „Im Inland ausgestellte Schuldverschreibungen auf den Inhaber, in denen die Zahlung einer bestimmten Geldsumme versprochen wird, dürfen nur mit staatlicher Genehmigung in den Verkehr gebracht werden, soweit nicht Ausnahmen zugelassen sind. Das Nähere bestimmt ein Bundesgesetz." (Gesetz über die staatliche Genehmigung der Ausgabe von Inhaber- und Orderschuldverschreibungen vom 26.6.1954).
>
> „Eine ohne die erforderliche staatliche Genehmigung in den Verkehr gelangte Schuldverschreibung ist nichtig; der Aussteller hat dem Inhaber den durch die Ausgaben verursachten Schaden zu ersetzen."

sowie (insbesondere für CDs relevant): § 808a

> „Im Inland ausgestellte Orderschuldverschreibungen, in denen die Zahlung einer bestimmten Geldsumme versprochen wird, dürfen, wenn sie Teile einer Gesamtemission darstellen, nur mit staatlicher Genehmigung in den Verkehr gebracht werden, soweit nicht Ausnahmen zugelassen sind. Das Nähere bestimmt ein Bundesgesetz. Die Vorschriften des § 795 Abs. 2 sind entsprechend anzuwenden."

Bei jeder neuen Form einer Inhaber- und/oder Orderschuldverschreibung existiert durch das **Genehmigungsverfahren** somit eine **Vorlaufzeit**. Entsprechend erfolgen derartige Finanzinnovationen bei rationalen Erwartungen weder für den Markt noch für die Zentralbank abrupt. Darüber hinaus ist der durch das Bundesbank-Gesetz begründete Einfluß der Deutschen Bundesbank auf die Gestaltung und Attraktivität von Finanzinnovationen zu beachten. So ist beispielsweise nicht die von den Geschäftsbanken primär konzipierte Ausstattung des neuen Aktivums (Laufzeit, Verzinsung etc.) für den Markterfolg entscheidend, sondern die tatsächliche. Würden die Geschäftsbanken eine Finanzinnovation wie beispielsweise die CDs gegen den Willen der Bundesbank im Genehmigungsverfahren durchsetzen (können) und am Markt plazieren, so steht der Bundesbank quasi ein Gegenzug offen aufgrund der „Interpretation" des Begriffes „aufgenommene Gelder" in § 16, Abs. 1 des Bundesbank-Gesetzes:

> „Zur Beeinflussung des Geldumlauf und der Kreditgewährung kann die Deutsche Bundesbank verlangen, daß die Kreditinstitute in Höhe eines Vom-Hundert-Satzes ihrer Verbindlichkeiten aus Sichteinlagen, befristeten Einlagen und Spareinlagen sowie aus aufgenommenen kurz- und mittelfristigen Geldern mit Ausnahme der Verbindlichkeiten gegenüber anderen mindestreservepflichtigen Kreditinstituten Guthaben auf Girokonto bei ihr halten (Mindestreserve). ..."

Die Einordnung der CDs als Kurzläufer (weniger als zwei Jahre Laufzeit) führt zur Mindestreservepflicht im Ausmaße der befristeten Verbindlichkeiten (im Mai 1986: 4,5 v.H.) und damit zu einer Reduktion der von den Geschäftsbanken angebotenen Verzinsung der CDs. Außerdem verzichtete die Bundesbank auf weiterte Einwendungen im Genehmigungsverfahren unter der Voraussetzung, daß die Ausgabe von CDs seitens der Banken nur in der Bundesrepublik erfolgt. Die letztgenannte Voraussetzung verdeutlicht, daß die Geschäftsbanken ihre Position gegenüber der Bundesbank durch eine Internationalisierung ihrer Tätigkeiten (wie Initiierung verstärkter DM-Euro-Markt-Aktivitäten oder Übergang zu einer Fakturierung in ausländischer Währung wie US-Dollar) stärken können.

Die Verhandlungsposition der Bundesbank resultiert wesentlich aus ihrer Stellung als „lender-of-last-resort“ und Aufsichtsbehörde.[15]

Beim Ausbleiben einer Art von Gentleman Agreement bzw. einer Vereinbarungslösung steht ein zeitaufwendiger **Rechtsweg** offen. So beantragte die Hamburgische Landesbank den Erlaß einer „Einstweiligen Anordung“ gegen die Deutsche Bundesbank (Frankfurt) wegen ihres am 20.2 1986 gefaßten Beschlusses, auf den Inhaber lautende und eine Laufzeit bis zu zwei Jahren ausweisende Schuldverschreibungen ab 1.5.1986 in die Mindestreservepflicht einzubeziehen. Das zuständige Verwaltungsgericht Frankfurt lehnte den Antrag am 25.4.1986 ab. Die dagegen eingelegte Rechtsbeschwerde der Hamburgischen Landesbank wurde vom VIII. Senat des zuständigen Hessischen Verwaltungsgerichtshofes (Kassel) am 23.9.1986 abgelehnt.[16] Dieses bezog sich auch auf das Begehren der Landesbank, der Bundesbank die Einleitung von Sanktionen zur Durchsetzung der Verpflichtung zu untersagen. Diese Sanktionen begründet die Bundesbank insbesondere mit Satz 2 von § 16 Abs. 3 das BBankG; der Absatz 3 lautet:

> „Die Deutsche Bundesbank kann für den Betrag, um den die Ist-Reserve das Reserve-Soll unterschreitet, einen Sonderzins bis zu 3 vom Hundert über dem jeweiligen Lombardsatz erheben. Der Sonderzins soll nicht erhoben werden, wenn die Unterschreitung aus nicht vorhersehbaren Gründen unvermeidlich war oder das Kreditinstitut in Abwicklung getreten ist. Die Deutsche Bundesbank hat eine erhebliche oder wiederholte Unterschreitung der Bankaufsichtsbehörde mitzuteilen.“

Der letzte Satz mag als Hinweis darauf genügen, daß mit der Einführung einer Finanzinnovation auch das Bundesaufsichtsamt für das Kreditwesen (Bundesaufsichtsamt), eine selbständige Bundesoberbehörde im Geschäftsbereich des Bundesministers für Wirtschaft, befaßt ist. Die Aufgabe des Bundesaufsichtsamtes lautet gemäß § 6 Abs. 2 Gesetz über das Kreditwesen:

> „Das Bundesaufsichtsamt hat Mißständen im Kreditwesen entgegenzuwirken, die die Sicherheit der den Kreditinstituten anvertrauten Vermögenswerte gefährden, die ordnungsmäßige Durchführung der Bankgeschäfte beeinträchtigen oder erhebliche Nachteile für die Gesamtwirtschaft herbeiführen können.“

Das Bundesaufsichtsamt überwacht entsprechend einerseits die Einhaltung und Anwendung der relevanten Vorschriften des Handels- und Gesellschaftsrechtes. Es ist andererseits zur Wahrung des öffentlichen Interesses am Bankensystem an der Kanalisierung einer Finanzinnovation beteiligt. Es soll hier auf die Einlassung zu weiteren, bei prinzipiell neuen Titeln ebenfalls zu beachtenden Gesetzen wie das Börsen- und das Außenwirtschaftsgesetz oder zu weiteren Zwischenschritten bei der Einführung von Finanzinnovationen (wie die Bedeutung des Zentralen Kapitalmarktausschusses etc.) verzichtet werden. Unmittelbar ersichtlich ist dennoch, daß der institutionelle Rahmen letztlich nur solche Finanz-

---

[15] Diese „spieltheoretische“ Interpretation ist nur fallspezifisch; aufeinander abgestimmte Verhaltensweisen oder Koalitionen der Geschäftsbanken mit der Bundesbank (beispielsweise gegen bestimmte inländische Nicht-Banken; gegen bestimmte Publikationswünsche, zur Erhöhung der Zinsspanne etc.) sind gleichzeitig möglich.

[16] Geht der Kläger oder Beklagte nach einer inhaltlichen Entscheidung des hessischen Verwaltungsgerichtshofes den Rechtsweg weiter, so endet dieser letztlich beim Bundesverwaltungsgerichtshof.

innovationen zuläßt, die eine **Vereinbarungslösung** mit der Bundesbank darstellen. Die Stabilität des nationalen Marktsystems und damit die Effizienz der Zentralbankpolitik werden durch derart kanalisierte Finanzinnovationen weder nachhaltig noch abrupt verändert. Festzuhalten ist außerdem, daß eine Definition von Finanzinnovationen mit Hilfe des Kriteriums der abrupten Einführung in der Bundesrepublik Deutschland nicht zweckmäßig ist bzw. daß länderspezifische Charakteristika in eine adäquate Definition einzubeziehen sind.

Betrachtet man die **Bundesrepublik Deutschland**, so lassen sich zwei Typen von neuen Anlagetiteln unterscheiden. Aufgrund des seit Jahrzehnten etablierten **Universalbankensystems** kommt es mehr zu die Marktstruktur prinzipiell vertiefenden Neuerungen (erster Typ) im Sinne von Produktvarianten mit höherem Liquiditätsgrad u.a. durch eine verstärkte Verbriefung und damit Handelbarkeit (securitization), die ihre Begründung überwiegend in einer (gestiegenen) Liquiditätspräferenz und in der Eigenkapitalquote des Grundsatzes I und Ia KWG mit der Aufnahme von Aktivitäten mit hohen außerbilanziellen Risiken (off-the-books-banking) hat. Der zweite Typ resultiert einerseits aus der technologischen Entwicklung sowie andererseits aus der durch die steigende Internationalisierung der Wirtschaft resultierenden Begegnung mit spezifischen ausländischen Titeln und Neuerungen der Anlage- und Finanzierungspraktiken im Sinne von Prozeßinnovationen, insb. zur Absicherung der Banken u.a. vor Zins- und Weckselkursrisiken (Swaps etc.).

Klasssifikation und Erklärung von Finanzinnovationen stellen sich gänzlich anders dar für die **USA** mit ihrem **Trennbankensystem** und einer Vielzahl von Institutsgruppen- und marktspezifischen Aufsichts-/Kontrollinstituten wie u.a. dem Federal Reserve Board, dem Comptroller of the Currency, der Federal Deposit Insurance Corporation, dem Department of Justice, dem Federal Home Loan Bank Board und den State Bank Departments. In einem derartigen Trennbankensystem wirken sich gesamtwirtschaftliche Entwicklungen wie steigende Inflationsraten oder Ölpreisveränderungen mit geänderten Zahlungs- und Kapitalströmen unterschiedlich stark auf die einzelnen Institutsgruppen aus, so daß es zu einer spürbaren Strukturverschiebung im gesamten Bankensystem kommt. Die strukturellen Wirkungen derartiger Entwicklungen werden i.d.R. durch das umfangreiche regulative System noch verstärkt. Als Folge werden die unter besonderem Druck stehenden Institute unter Wahrung ihrer Institutsgruppenbestimmung im Trennbankensystem jetzt Titel und Dienste mit den verstärkt nachgefragten Eigenschaften anbieten. Führt beispielsweise eine steigende Inflationsrate zu reduzierten Kontraktdauern und Laufzeiten/Fristigkeiten verbunden mit einer erhöhten Liquiditätspräferenz, so entwickelt jede Institutsgruppe neue kurzfristige Titel. Die für langfristige Einlagen und Kredite „zuständige" Institutsgruppe fördert entsprechend die Verbriefung von Einlagen und Krediten, da jederzeit handelbare Titel eine hohe Liquidität aufweisen. Für die Geldpolitik bedeutet dieses wiederum, daß ein auf bestimmte Einlagen bestimmter Institute abgestelltes Geldmengenaggregat seine Indikatoreigenschaft verliert, da die bisher nicht berücksichtigten Institutsgruppen mittels der Finanzinnovationen den Wirtschaftssubjekten für Transaktionszwecke geeignete neue liquide Anlagetitel bereitgestellt haben. Ist so beispielsweise die Schöpfung von Sichteinlagen (langfristigen Termineinlagen) der Gruppe der Geschäftsbanken (Sparkassen) vorbehalten und stellen die Geldmengenaggregate M1 und M2 auf Zentralbankgeld sowie auf D und D + T ab, so verliert das Aggregat M1 an Aussagekraft, wenn die

Sparkassen CDs entwickeln. Diese stellen Substitute sowohl für D als auch für T dar. Der Übergang zu einer weitergefaßten Geldmenge ist notwendig.[17]

Die Überlegungen zum Trennbankensystem lassen sich unmittelbar ausdehnen auf den Fall von Finanzinnovationen zur Verstärkung der direkten Kreditbeziehung und Liquiditätsschöpfung zwischen Nicht-Banken (Finanzinnovationen von Handelsunternehmen, Versicherungen etc.). Sie gelten dabei ohne Unterschied für ein Trennbanken- oder Universalbankensystem und führen zur „alten“ Diskussion zwischen der Banking- und der Currency-Theorie, d.h. zur Frage nach der Abgrenzung von Geld (eher quantitätstheoretischer Ansatz) und Liquidität (eher keynesianischer Ansatz) und der entsprechenden zentralbankpolitischen Zielgröße. Die „Zentralbankgeldmenge“ der Deutschen Bundesbank wird eher dem Liquiditätskonzept als dem Geldkonzept zugerechnet. In diesem Kontext stellen Innovationen von liquiden Titeln die Bundesbank vor die Aufgabe, die Gewichtung der Komponenten ihres Geldmengenaggregates neu zu bestimmen. Entsprechendes gilt allgemein für Liquiditätsmaße (vgl. Kap. I.4), wie beispielsweise für die an den Liquiditätsgraden orientierte variable Gewichtigung eines Divisia-Liquiditätsindex.[18]

VII.3 Finanzinnovationen und das Geld- und Kreditangebot

Im folgenden Abschnitt soll in Erweiterung des Kapitels IV die Auswirkung einer Finanzinnovation auf den Geld- und Kreditangebotsprozeß formal dargestellt werden. Dabei wird zunächst die Einführung eines von den Geschäftsbanken begebenen Anlagetitels für Nicht-Banken (Produktinnovation) untersucht. Die anschließende Analyse betrachtet die Auswirkung einer Finanzinnovation im Sinne einer sog. Prozeßinnovation, d.h. beispielsweise einer technologischen Veränderung des Zahlungsverkehrs, durch die die Geldnachfrage aus dem Transaktions- und Vorsichtsmotiv sinkt.

VII.3a Die Wirkung einer Produktinnovation

Die hier betrachtete Finanzinnovation ist gegenüber den D und der B^P dadurch gekennzeichnet, daß sie mit einem am Markt und nicht von den Banken (wie im Kap. IV.4a der Zinssatz für Termineinlagen) bestimmten Zinssatz verzinst wird. Ausgehend von dem dem Grundmodell im Kap. IV.3a zugrundeliegenden Finanzmarktsystem bedeutet die Finanzinnovation seine Erweiterung um einen Markt. Dieser wird ebenso wie alle anderen Märkte nur in der Situation des Gleichgewichtes analysiert. Da nicht die vollständige Spezifikation des Systems herausgearbeitet werden soll, sondern nur ihre Veränderung durch den neuen Markt für den FI-Titel (FI-Markt), werden Aktien und Wertpapiere als homoge-

[17] Vgl. u.a. D. D. Hester, Innovations and Monetary Control, Brookings Papers on Economic Activity, 1981, 141-189; L. Pierce, Did Financial Innovation hurt the Great Monetarist Experiment?, in: American Economic Review, Papers and Proceedings, 1984, 392-396. J. A. Tatom, Recent Financial Innovations: Have they distorted the meaning of M1?, in: Federal Reserve Bank of St. Louis, Monthly Review, 1982, 23-32.

[18] Vgl. u.a. W. A. Barnett, Economic Monetary Aggregates: An Application of Index Numbers and Aggregation Theory, in: Journal of Econometrics, 1980, 11-48; W. A. Barnett, E. K. Offenbacher, P. A. Spindt, New Concepts of Aggregated Money, in: Journal of Finance, 1981, 479-505.

ne Titel verstanden und zu einem Wertpapier-Markt aggregiert. Zur Verkürzung der Schreibweise wird dieser Wertpapier-Aktien-Markt im folgenden nicht explizit spezifiziert[19]. Die Banken halten außerdem in diesem vereinfachten System keine Wertpapiere in ihrem Portefeuille. Weiterhin soll vereinfachend unterstellt werden, daß die freien Liquiditätsreserven der Banken gleich Null sind (FR = 0), so daß im Ausgangsmodell der Geld- und Kreditschöpfungsmultiplikator nicht zinsabhängig ist. Es gilt die Symbolik des Kapitels IV.

Das Ausgangs- bzw. Referenzsystem

Als Referenzsystem dient das folgende, ausschließlich in seiner Zinsabhängigkeit dargestellte:

- Markt für Kredite:

$$K^N = K^N(\underset{-}{i_K}, \underset{+}{i_w}, \ldots) \qquad \text{(VII.1)}$$

$$K^A = D - MR = D - r_D D \qquad \text{(VII.2)}$$

- Markt für Sichteinlagen

$$D^N = D^N(\ldots) \qquad i_D \overset{!}{=} 0 \qquad \text{(VII.3)}$$

$$D^A = D^N \qquad \text{(VII.4)}$$

- Markt für Zentralbankgeld:

$$B^N = B^P + MR = B^P + r_D D \quad ; \quad \{r_D\} \text{ exogen} \qquad \text{(VII.5)}$$

$$B^P = B^P(\ldots) \qquad i_B \overset{!}{=} 0 \qquad \text{(VII.6)}$$

$$B^A = B \qquad \{B\} \text{ exogen} \qquad \text{(VII.7)}$$

Die letzten sechs Gleichungen, also die Gleichungen (VII.2) bis (VII.7) ergeben zusammengefaßt die bekannte Multiplikatordarstellung des Kreditangebotes:

$$K^A = (m - 1)\,B$$

Der Multiplikatoransatz stellt somit ein wohldefiniertes System von Märkten dar.[20]

---

[19] Vgl. zu entsprechenden Spezifikationen u.a. W. Fuhrmann, J. Rohwedder, Makroökonomik, Zur Theorie interdependenter Märkte, 2. erw. Aufl., München, Wien 1987, u.a. Kap. 3.1.

[20] Bezüglich des Modellaufbaus ist hier zu beachten, daß die Nichtbanken noch Wertpapiere halten, so daß die Verhaltensgleichungen .1, .3, und .6 als unabhängige Gleichungen angegeben werden können und die Budgetrestriktion dennoch erfüllt ist. Da die Bilanz der Banken nur die drei Terme der Gleichung .2 aufweist (K, MR, D) und r_D sowie B exogen gegeben sind, ist hier die sehr restriktive Verhaltensannahme notwendig.

Für das Geldmengenaggregat $M = B^P + D$ bestimmen die genannten Gleichungen die Geldmenge für das (temporäre) Gleichgewicht des Finanzmarktsystems:

$$M = mB \quad \text{mit: } m = \frac{1 + c(\ldots)}{r_D + c(\ldots)}$$

Die Einführung von CDs

Betrachtet werden sollen im folgenden Abschnitt Finanzinnovationen in Form von handelbaren und verzinsten Einlagen (CDs). Diese Titel sollen annahmegemäß ebenso wie die Sichteinlagen der gesetzlichen Mindestreserve unterliegen, und zwar vereinfachend dem gleichen Reservesatz.[21]

Im Rahmen der Kreditschöpfung räumen die Banken den Kreditnehmern uno actu Verfügungsgewalt über Sichteinlagen ein (dieses Procedere wird durch die CDs nicht geändert), die diese dann halten oder in verzinste Einlagen oder Zentralbankgeld tauschen. Der Zinssatz der CDs: i_F, der als eine Art Refinanzierungszinssatz der Banken kleiner ist als der Kreditzinssatz, kann dabei von den Geschäftsbanken oder über das Angebot und die Nachfrage auf dem Markt für diese Finanzinnovationen determiniert werden (vgl. beispielsweise auch die Bestimmung von i_B im Kap. IV.5).

Das **Finanzmarktsystem** unterscheidet sich durch die folgenden Variationen von dem Referenzsystem (VII. 1-7). Dabei entsprechen die von diesem neuen System (VII. 11-19) nicht dargestellten Gleichungen vollkommen jenen des Referenzsystems:

$$K^A = D - MR_D + FI - MR_F = (1 - r_D)\,D + (1 - r_D)\,FI \tag{VII.12}$$

$$D^N = D^N(\underset{-}{i_F}, \ldots) \tag{VII.13}$$

$$B^N = B^P + MR_D + MR_F = B^P + r_D\,(D + FI) \tag{VII.15}$$

$$B^P = B^P(\underset{-}{i_F}, \ldots) \tag{VII.16}$$

- Markt für FI-Assets (CDs):

$$FI^A = FI^N = FI^N(\underset{+}{i_F}, \underset{-}{i_W}, \ldots) \tag{VII.18}$$

$$i_F = i_F(\underset{+}{i_K}, \underset{+}{i_W}, \ldots) \tag{VII.19}$$

Die Begründungen für die Erklärungen des Zinssatzes i_F entsprechen jenen für den Termineinlagenzinssatz i_T im Kaptiel IV.4. Somit läßt sich die Zinsabhängigkeit von i_F aus Überlegungen der Banken bezüglich der Opportunitätskosten (i_K)

---

21 Die hier dargestellten Modellanalysen sind stark vereinfacht; anderenfalls hätte der Reservesatz für die CDs und ihr Liquiditätsgrad u.a. aufgrund von Mindestgrößen eines CDs jeweils unterhalb der vergleichbaren Größen der Sichteinlagen liegen müssen.

und bezüglich der Gefahr von Zentralbankgeldverlusten aufgrund von Substitutionsprozessen der Nicht-Banken bei steigendem Wertpapierzins (i_W) erklären. Dabei wird hier vereinfachend wie im Referenzsystem wieder von einer Abhängigkeit der Größen D und B^P vom Zinssatz i_W abgesehen.

Für die Geldmenge M1 ergibt sich aus den Gleichungen (VII. 13-19) die **Multiplikatordarstellung**:

$$M1 = m_1^{**} B \quad \text{mit:} \quad m_1^{**} = \frac{1 + c(i_K, i_W, \ldots)}{r_D(1 + j(i_K, i_W, \ldots)) + c(i_K, i_W, \ldots)}$$

Die Zinsabhängigkeit des Koeffizienten c ist dabei nicht eindeutig:

$$dc = d\left[\frac{B^P}{D}\right] = \frac{1}{D^2}\{D \underset{-}{\frac{\partial B^P}{\partial i_F}} - B^P \underset{-}{\frac{\partial D}{\partial i_F}}\}\left[\underset{+}{\frac{\partial i_F}{\partial i_K}} di_K + \underset{+}{\frac{\partial i_F}{\partial i_W}} di_W\right]$$

Sind B^P und D bezüglich des Zinssatzes i_F gleich elastisch, so daß gilt: $E(D, i_F) = E(B^P, i_F)$, dann ist der Kassenhaltungskoeffizient c unabhängig von den Zinssätzen i_K und i_W. Anderenfalls kann c jeweils eine negative oder positive (allerdings stets gleichgerichtete) Zinselastizität aufweisen. Die Zinsabhängigkeit des Koeffizienten j ($j = FI/D$) ist eindeutig positiv bezüglich des Kreditzinssatzes i_K und tendenziell positiv bezüglich des Wertpapierzinssatzes i_W (sofern die Elastizität E (FI, i_W) hinreichend klein ist). Allerdings werden die Banken den Zins i_F nur mit dem Zins i_W verändern, um einen Zentralbankgeldabfluß zu verhindern [$E(i_F, i_W) \leq 1$], so daß gilt:

$$dj = \frac{FI}{D}\frac{1}{i_K}\left[\{\underset{+}{E(FI, i_F)} - \underset{-}{E(D, i_F)}\}\underset{+}{E(i_F, i_K)}\right] di_K$$

$$+ \frac{FI}{D}\frac{1}{i_W}\left[\{\underset{+}{E(FI, i_F)} - \underset{-}{E(D, i_F)}\}\underset{\leq 1}{E(i_F, i_W)}\underset{-}{E(FI, i_W)}\right] di_W$$

Diese Innovationen erhöhen somit die (im Grundmodell nur über die hier vernachlässigten freien Reserven begründete) Elastizität des Geldschöpfungsmultiplikators bezüglich des Kreditzinssatzes. Die totale Elastizität des Multiplikators bezüglich des Wertpapierzinses:

$$\tilde{E}(m, i_W) = \tilde{E}(m, j)\,\tilde{E}(j, i_W)$$

kann aufgrund der oben getroffenen Annahme vereinfachend gleich Null gesetzt werden.

Für das Kreditangebot gilt jetzt:

$$K^A = m_K^{**}B \quad \text{mit} \quad m_K^{**} = \frac{1 - r_D(1 + j) + j}{r_D(1 + j) + c} = (1 - m_1^{**} + \frac{j}{r_D(1 + j) + c})$$

gegenüber dem des Referenzsystems mit:

$$K^A = m_K B \quad \text{mit} \quad m_K = \frac{1 - r_D}{r_D + c} = (1 - m_1)$$

Ein **Größenvergleich der Multiplikatoren** dieses Systems mit denen des Referenzsystems ist nur unter sehr restriktiven Annahmen möglich. Wird unterstellt, daß

- ein einheitlicher Reservesatz für CDs und D gilt (bereits in der Darstellung berücksichtigt),
- eine gleiche Zinselastizität von D und B^P bezüglich i_F besteht, d.h. E (D, i_F) = E (B^P, i_F), so daß c unabhängig von i_F und in den Systemen (VII.11-19) und (VII.1-7) gleich groß ist,
- die Finanzinnovation nur zu einer Portefeuille-Neustrukturierung ohne eine Erhöhung der Ersparnis: ($B^P + D \triangleq B^{P'} + D' + FI$) oder Ausdehnung der monetären Basis seitens der Zentralbank führt,

dann ist die Geldmenge M1 durch eine „Ökonomisierung" der Kassenhaltung infolge der Einführung der CDs gesunken (es gilt: $m_1^{**} < m_1$) und das Kreditvolumen gestiegen (das gesunkene B^P erhöht bei gegebenem B das als Basis der Kreditschöpfung den Banken verfügbare Zentralbankgeld). Mit steigendem Wert von j, der auch größer als eins werden kann, sinkt der Geldschöpfungsmultiplikator. Eine Erhöhung der monetären Basis, c.p., führt im neuen System bei einem gegebenen Wert von j ($0 < j < \infty$) zu einem geringeren Geldmengenzuwachs bei gleichzeitig stärkerer Kreditexpansion als im Referenzsystem. Diese Aussage gilt auch für eine expansive Mindestreservepolitik (, d.h. für einen reduzierten Wert von r_D), da bei einer gleichstarken Reservesatzsenkung in beiden Systemen die induzierte Überschußreserve der Geschäftsbanken in jenem nach der Finanzinnovation größer ist.[22]

Der Effekt der CDs entspricht im Multiplikatoransatz prima facie demjenigen im Falle einer Einführung von T (vgl. den Unterschied von Modell IV.3a und IV.4a und m_1^{**} hier mit m_1 im Kap. IV.4a bei $r_f = 0$; $r_T = r_D$; $j \triangleq t$). Allerdings sind die CDs liquider als die Termineinlagen bzw. haben nahezu mit D vergleichbare Zahlungsmitteleigenschaften.[23] Entsprechend würde diese Finanzinnovation dazu führen, daß M1 seine Indikatoreigenschaft verliert bzw. die Zentralbank ein um die CDs erweitertes Geldmengenaggregat M1a (M1a = M1 + CD) betrachtet. Bei einer Betrachtung von M1 bedingt die Finanzinnovation eine Er-

[22] Eine detailliertere Analyse kann für D und die CDs unterschiedliche Reservesätze und einen von beiden Reservesätzen abhängigen Zinssatz i_F unterstellen.

[23] In der Bundesrepublik Deutschland weisen die CDs seit der Zulassung im Mai 1986 bis heute (1.2.1987) nur ein geringes Vomen auf. Dies läßt sich u.a. dadurch erklären, daß sie der Mindestreservepflicht mit demselben Satz unterliegen wie die Termineinlagen und damit den Banken keine freie Zentralbankliquidität zuführen. Die Geschäftsbanken haben das Interesse an dieser Finanzinnovation in Deutschland nahezu verloren, da der Zinssatz der CDs nur um eine geringe Liquiditätsprämie unter dem der Termineinlagen liegt. Als besonderes Hindernis für CDs in Form von Inhaberschuldverschreibungen stellt sich nach der Genehmigung (und Reduktion des Reservesatzes auf Termineinlagen) besonderes die Börsenumsatzsteuer heraus. Entsprechend gibt es nach Wissen des Verfassers (Stand 1.3.1987) erst eine CD-Emission in Form von Namenspapieren seitens der Morgan Guaranty Bank, Frankfurt, im August 1986 über rd. 500 Mio. DM. Diese „maßgeschneiderten" Papiere sind bei Zinssenkungserwartungen interessant, da sie bei 6-Monats-Laufzeit nach 3 Monaten bereits zurückgegeben werden können, d.h. nach einer der Anlagezeit entsprechend kurzen Periode.

höhung der **Einkommenskreislaufgeschwindigkeit** v_1. Aus der Definitionsgleichung für v_1:

$$M1\,v_1 = P\,y \quad \text{folgt:} \quad \hat{v}_1 = -\hat{M}1 \quad \text{bei:} \quad \hat{M}1 < 0; \{\hat{P}, \hat{y}\} = 0$$

Die Logik des steigenden v_1 ergibt sich aus der Feststellung, daß das gleiche Transaktionsvolumen jetzt mit B^P, D und CD bei reduziertem M1 durchgeführt wird. Als Ergebnis ist nicht, wie häufig zu lesen, festzustellen, daß die Finanzinnovation einerseits das Geldangebot über den Multiplikator und andererseits die Geldnachfrage aus anderen Gründen beeinflußt. Der Einfluß auf die Geldmenge ist über den Kassenhaltungskoeffizienten bereits im Multiplikator erfaßt. Die Ableitung des Multiplikatoreffektes und des Effektes auf die Geldnachfrage, d.h. nach dem Ansatz von Friedman auf die Einkommenskreislaufgeschwindigkeit (vgl. den entsprechenden Abschnitt in III.1) erfolgen beide unter Verwendung der Gleichgewichtsannahme für den Geldmarkt. Bewirken die Finanzinnovationen keine Umschichtungen von den Wertpapieren zu den CDs, so bleibt die auf den Zahlungsmittelbestand bezogene Einkommenskreislaufgeschwindigkeit auch konstant.

VII.3b Die Wirkung einer Prozeßinnovation

Ausgangspunkt der folgenden Analyse sind wieder die Gleichungen (VII.1-VII.7). Dabei soll annahmegemäß durch die Einführung beispielsweise von Chips-Karten, computerisierten Zahlungen bei Warenhäusern oder die Einführung von „point-of-sale terminals“ ausschließlich die Zentralbankgeldhaltung der Nicht-Banken sinken, so daß ein gegebenes nominales Transaktionsvolumen mit einem geringeren Bestand von $(D + B^P)$ bewältigt wird. Aus der einfachen Multiplikatordarstellung folgt für M1, daß mit sinkendem B^P, c.p., der Kassenhaltungskoeffizient c sinkt und damit der Multiplikator m_1 ebenso wie M1 steigt.

Ist B^P von der exogenen Größe z negativ abhängig, so läßt sich das hinter dem Multiplikatoransatz stehende Finanzmarktmodell unter Beachtung der Gleichgewichtsbedingungen wie folgt schreiben. Um das System mit dem Referenzsystem vergleichen zu können, werden die entsprechenden Gleichungen mit einer „3“ gekennzeichnet (VII.3x ist eine Modifikation von VII.x):

$$K^N(\underset{-}{i_K}, \ldots) = (1 - r_D)\,D \qquad \text{(VII.31, .32)}$$

$$B = B^P(\underset{-}{z}, \ldots) + r_D\,D \qquad \text{(VII.35, .36, .37)}$$

$$M1 = B^P(\underset{-}{z}, \ldots) + D \qquad \text{(VII.38)}$$

Die Größen D, M1 und i_K sind endogen, die Größen r_D, B und z exogen. Aus dem System der totalen Differentiale folgt die Lösung (aufgrund der Vernachlässigung des Wertpapiermarktes wird di_W/dz ebenfalls nicht ermittelt):

$$\frac{dM1}{dz} = -B^P_z(1 - r_D)/r_D \qquad > 0$$

$$\frac{dD}{dz} = -B^P_z/r_D \qquad > 0$$

$$\frac{di_K}{dz} = -B^P_z(1 - r_D)/(K_i\,r_D) \quad < 0$$

Ist die Zentralbank in der Lage, die monetäre Basis zu kontrollieren, so führt die durch die Innovation initiierte Reduktion von B^P zu einer Überschußreserve der Geschäftsbanken (B konstant). Diese erhöhen das Kreditangebot, wodurch der Zins i_K sinkt und das Kreditvolumen K steigt. Die mit der Kreditschöpfung erfolgende Geldschöpfung steht hinter dem aufgrund des Multiplikators ($r_D < 1$) um mehr als den Betrag ($B^P{}_z\, dz$) gestiegenem D und damit der Geldmengenausdehnung. Der gesunkene Zinssatz führt u.a. über die Investitionen zu einer Erhöhung des nominalen Sozialproduktes, dessen Aufspaltung auf P und y u.a. von der gesamtwirtschaftlichen Situation abhängig ist. Im Extremfall beträgt der Geldschöpfungsmultiplikator ($B^P = 0$) $m_1 = 1/r_D$.

VII.4 Finanzinnovationen und Preiseffekte

Im folgenden Kapitel soll kurz auf Besonderheiten der vorhergehenden Abschnitte eingegangen werden, insbesondere auf die Nicht-Berücksichtigung des **Marktes für Sichteinlagen** im Kap. VII. und die Argumentation bezüglich der Einkommenskreislaufgeschwindigkeit über die zusätzlich eingeführte Quantitätsgleichung im Kap. VII.3b.

Handelt es sich in dem Bestandsmarktsystem um Nominalgrößen, so ist der Güterpreis bzw. das **Preisniveau** Argument in allen Verhaltensgleichungen. Für den Fall einer die Bargeldhaltung reduzierenden Prozeßinnovation gilt dann das folgende System:

$$K^N(\underset{-}{i_K}, \underset{+}{P}, \ldots) = (1 - r_D)\, D \qquad \text{(VII.41, .42)}$$

$$D = D^N(\underset{+}{P}, \ldots) \qquad \text{(VII.43, .44)}$$

$$B = B^P(\underset{-}{z}, \underset{+}{P}, \ldots) + r_D D \qquad \text{(VII.45, .46, .47)}$$

$$M1 = B^P(\underset{-}{z}, \underset{+}{P}, \ldots) + D \qquad \text{(VII.48)}$$

Bei der Systemdeterminanten des total differenzierten Systems

$$\Delta = K_i (D_P r_D + B^P_P) < 0$$

lauten die Lösungen:

$$\frac{di_K}{dz} = \frac{1}{\Delta} B^P_z (K_P - (1 - r_D) D_P) \lesseqgtr 0$$

$$\frac{dP}{dz} = \frac{1}{\Delta} (-B^P_z K_i) > 0$$

$$\frac{dD}{dz} = \frac{1}{\Delta} (-B^P_z K_i D_P) > 0$$

$$\frac{dM1}{dz} = \frac{1}{\Delta} (-B^P_z K_i D_P)(1 - r_D) > 0$$

Eine c.p. die Bargeldhaltung reduzierende Finanzinnovation führt[24] aufgrund des Überschußangebotes auf dem Markt für Zentralbankgeld zu einem steigenden Güterpreis(-niveau), wodurch die gewünschten Sichteinlagen, die Kreditaufnahme und die Bargeldhaltung des Publikums steigen. Im Umfang der Nettoreduktion von B^P verfügen die Geschäftsbanken über Zentralbankgeld, das zu einer Ausdehnung des Kreditangebotes führt. Dieser Tendenz einer Zinssatzsenkung steht die einer Erhöhung aufgrund der mit P gestiegenen Kreditnachfrage gegenüber. Der Zinseffekt ist ohne zusätzliche Annahmen unbestimmt.

Sind B^P, K und D^N homogen von Grade eins in P, d.h. gilt bei Preiselastizitäten von jeweils eins: $D^N_P = D$; $B^P_P = B^P$ und $K_P = K$, dann folgt: ($P_0 = 1$)

$$\frac{di_K}{dz} = 0$$

$$\frac{dP}{dz} = \frac{-B^P_z}{B} \quad ; \quad \frac{dD}{dz} = \frac{-B^P_z D}{B}$$

$$\frac{dM1}{dz} = \frac{-B^P_z D(1-r_D)}{B} = \frac{(r_D-1)}{r_D+c} B^P_z$$

Für die Preissteigerungsrate gilt unter Verwendung der Elastizität der Bargeldhaltung:

$$\hat{P} = -\frac{B^P}{B} E(B^P, z)\, \hat{z} \mathrel{\hat{=}} \hat{B}$$

Die durch die Prozeßinnovation ausgelöste Preissteigerung führt zu entsprechenden Anpassungen aller Nominalgrößen; der Zinssatz bleibt unverändert.

VII.4a Multiplikatoransatz und Einkommenskreislaufgeschwindigkeit

Die Lösung für M1 zeigt darüber hinaus die Kompatibilität dieses Marktsystems mit der Quantitätsgleichung und dem Multiplikatoransatz.

Nach diesem **Multiplikatoransatz** gilt:

$$\frac{dM1}{dz} = B\frac{\partial m}{\partial z} = B\frac{\partial m}{\partial c}\frac{\partial c}{\partial z} = B\frac{r_D-1}{(r_D+c)^2}\frac{D B^P_z}{D^2}$$

Vereinfacht man diese Gleichung durch Kürzen, wobei gilt: $1 = B/D\,(r_D + c)$, so ergibt sich aus dem Differential des Multiplikatoransatzes derselbe Ausdruck für die Abhängigkeit der Geldmenge M1 von z wie aus dem Marktsystem in VII.4.

[24] Die Wirkungen dieser Prozeßinnovation entsprechen vollkommen denen einer Erhöhung der exogenen Basis ($dB \mathrel{\hat{=}} B^P_z\, dz$).

Bezüglich der **Umlaufgeschwindigkeit** v_1 bzw. der Quantitätsgleichung gilt:

$$M1 = \frac{1}{v_1} P_y = D^N(\underset{+}{P}, \ldots) + B^P(\underset{+}{P}, \underset{-}{z}, \ldots)$$

bzw. nach z total differenziert:

$$\frac{dM1}{dz} = y \frac{1}{v_1} \frac{dP}{dz} - \frac{M1}{v_1} \frac{dv_1}{dz} = \frac{\partial D^N}{\partial P} \frac{dP}{dz} + \frac{\partial B^P}{\partial P} \frac{dP}{dz} + \frac{\partial B^P}{\partial z}$$

Die Lösungen des Gleichungssystems erfüllen eingesetzt unmittelbar die linke und rechte Seite des totalen Differentials. Setzt man die Lösungen in den rechten und mittleren Teil des totalen Differentials ein und löst dieses nach der Veränderung der Einkommenskreislaufgeschwindigkeit auf, so folgt unter Beachtung der Homogenitätsannahmen:

$$\frac{dv}{dz} = \frac{v_1}{M1} B^P_z [D/B + B^P/B - 1 - M1/B]$$

Nach einigem Kürzen, wobei zu beachten ist, daß gilt: $B = M1 + (r_D - 1)\,D$ und nach einer Umformung in Elastizitäten folgt für die Veränderung der Einkommenskreislaufgeschwindigkeit:

$$E(v, z) = -\frac{B^P}{M1} E(B^P, \underset{-}{z}) > 0$$

Mit c.p. steigendem z bzw. sinkendem B^P steigt die Einkommenskreislaufgeschwindigkeit (vgl. Kap. VII.3a). Die letzten beiden Ableitungen zeigen unmittelbar, daß eine Unterscheidung der Finanzinnovationen in solche, die am Multiplikator und andere, die an der Einkommenskreislaufgeschwindigkeit ansetzen, wenig sinnvoll ist. Jede Größe ist eine Art zusammengesetzter Indikator zur komprimierten Darstellung der Informationen aus einem wohldefinierten System.

VII.4b Der Übergang zu verzinstem Geld

In allen betrachteten Modellen existiert unverzinstes Geld. In dieser Nicht-Verzinsung, d.h. einer Zinselastizität des Kapitalwertes von Geld von Null liegt, wie insbesondere Tobin immer wieder betont, die Besonderheit des Geldes und der Kern der Transmission geldpolitischer Impulse. Variationen der monetären Basis führen zu einem Ungleichgewicht auf dem (makro-ökonomischen) Geldmarkt, welches nur über Veränderungen endogener Variabler (Zinssätze, Preise etc.) anderer Märkte beseitigt werden kann. Finanzinnovationen bewirken c.p.

tendenziell, daß die gewünschte Bargeldhaltung der Wirtschaftssubjekte sinkt[25] und die Bedeutung eines verzinsten Geldes steigt.[26] Existiert nur noch verzinstes Geld, so führt jede Geldmengenexpansion zu einem Sinken des (Eigen-)Zinses des Geldes und bei vollkommenen Finanzmärkten aller Zinssätze. Der sinkende Geldzins reduziert dabei quasi automatisch wieder das Überschußangebot auf dem Geldmarkt. Gleichzeitig bleiben die Zinsstruktur und damit die Opportunitätskosten der Geldhaltung konstant. Wird nur noch verzinstes Geld gehalten, dann haben diese Finanzinnovationen zu einer Drehung und Rechtsverschiebung der LM-Kurve geführt. Diese verläuft dann vertikal; bei effizienten Finanzmärkten und gegebenen Inflationserwartungen entspricht die Zinsstruktur jener durch die Erwartungstheorie des Zinses erklärten (vgl. Kapitel V.4a und VI.3c).

Im Falle von unverzinstem (Zentralbank-)Geld verläuft die LM-Kurve dann vertikal, wenn infolge der Finanzinnovation die Wirtschaftssubjekte dieses Geld nur noch für Transaktionszwecke halten und die (keynesianische) Substitutionsbeziehung zwischen unverzinstem Geld und Wertpapieren aufgehoben wurde.

Die Geldnachfrage ist dem monetaristischen Zahlungsmittelansatz entsprechend (vgl. Kap. III.1) nur noch eine Funktion des Einkommens.[27] Führen Finanzinnovationen beispielsweise zu ausschließlich verzinstem Geld und damit zu einem „monetaristischen" Bestandsmarktsystem mit vertikaler LM-Funktion, dann ist Geldpolitik effizienter als Fiskalpolitik (vgl. Kap. VI.2c). Allerdings steigt mit dem Anteil verzinsten Geldes und damit mit der Steigung der LM-Kurve bei einer gegebenen Instabilität bzw. Schwankungsbreite der IS- und LM-Kurve die Varianz des Zinssatzes. Dadurch kann es über eine negative Beeinflussung der Investition in Form einer reduzierten Zinselastizität zu einer Drehung der IS-Kurve im „alten" Schnittpunkt mit der LM-Kurve kommen, so daß die IS-Kurve ebenfalls steiler verläuft. Die (dadurch weiter) steigende Zinssatzvariabilität erfordert eine verstärkte Politik der Feinsteuerung in Form u.a. von OMP mit Rückkaufvereinbarung (V.2). Außerdem führt sie, da die Finanzinnovationen i.d.R. bei hohem Zinsniveau entstehen und dort die IS-Kurve drehen, u.U. zu einer eingeschränkten Wirksamkeit einer zur Konjunkturankurbelung eingesetzten expansiven Geldpolitik. Die Folge ist dann eine ebenfalls zumindest temporär steigende natürliche Arbeitslosigkeit.

---

[25] Aufgrund anderer Effekte wie beispielsweise steigende Schwarz-Arbeit, steigende Verwendung der DM im Ausland (DDR) oder steigende „De-ökonomisierung" der Geldhaltung aufgrund als zu niedrig empfundener Sparzinsen mit entsprechender steigender Bargeldhaltung kann es trotz der Finanzinnovationen zu einem steigenden Bargeldumlauf kommen.

[26] Finanzinnovationen mit der zuerstgenannten Wirkung werden in der Literatur z.T. auch unter dem Begriff der Instabilität der Geldnachfrage und solche mit der zweitgenannten unter dem Begriff der Ausweichreaktion diskutiert.

[27] Vgl. zur Frage nach der Ausgestaltung der Geldpolitik in Abhängigkeit von der relativen Instabilität der IS- und LM-Kurve bei alternativen Steigungen (siehe Kap. VI.2c) u.a. B. T. McCallum, On Consequences and Critisms of Monetary Targeting, in: Journal of Money, Credit, and Banking, 1985, 570-610; T. Sargent, N. Wallace, Rational Expectations, The Optimal Monetary Instrument and the Optimal Money Supply Rule, in: Journal of Political Economy, 1975, 241-254; J. Tobin, Monetary Policy: Rules, Targets, and Schocks, in: Journal of Money, Credit, and Banking, 1983, 506-518; ders., Financial Structure and Monetary Rules, in: Kredit und Kapital, 1983, 155-171.

Im Falle marktverzinsten Geldes ist sein Preis im Gegensatz zum System unverzinsten Geldes nicht mehr fixiert.[28] Dadurch **ist eine Bestimmung des Preisniveaus** gemäß der quantitätstheoretischen Marktklassifikation **nicht mehr** auf dem Geldmarkt **möglich**. Führt man in das Marktsystem dieses Kapitels i_M als Zinssatz für D und B (also bei verzinster Mindestreserve) ein, so ist es überbestimmt. Für das Gleichgewicht des gesamtwirtschaftlichen Geldmarktes gilt bei einem mit i_M verzinsten Geld M:

$$M(\underset{-}{i_M}, \ldots) = L(\underset{+}{i_M}, \underset{+}{P}, \ldots)$$

Der Geldmarkt kann aber nur P oder i_M bestimmen. Ohne Ergänzung durch einen zusätzlichen Markt ist somit eine zusätzliche endogene Größe zu bestimmen. Bei einem Nominalzins für Geld von ungleich Null gibt es keine Größe mit Neutralitätseigenschaften im Sinne der Quantitätstheorie bzw. der klassischen Dichotomie. Die Stabilität eines exogenen fixierten bzw. zum Zeitpunkt der Systemtransformation gegebenen Preis(-niveaus) läßt sich dann gegebenenfalls durch die entsprechende Endogenisierung bzw. endogene Variation eines staatlichen Politikinstrumentes wie beispielsweise der Staatsnachfrage oder Steuersätze erreichen.

VII.5 Glossarium

Einen groben Überblick über die in der öffentlichen Diskussion überwiegend diskutierten „Finanzinnovationen" (losgelöst vom jeweiligen nationalen Bankensystem) soll die folgende Übersicht vermitteln. Dabei werden Finanzinnovationen im Sinne von neuen Anlage- und Verschuldungstiteln (Produktinnovationen) von solchen in Form neuer Faktor- und Prozeßkombinationen (Prozeßinnovationen) unterschieden. Beide Kategorien werden weiter unterteilt in Innovationen, die die bestehenden einzelnen Märkte oder Tätigkeiten im jeweiligen nationalen Geld- und Kreditmarktsystem weiter differenzieren bzw. noch tiefer auffächern und damit ihre Effizienz erhöhen (wie beispielsweise CDs im Markt für befristete

Übersicht über einige Finanzinnovationen

	Markttiefe (Intensivierung) (Vervollkommnung)	**Systemumfang** (Internationalisierung) (Globalisierung)
Produktinnovationen (Anlagetitel)	CD; CP FRN, NIF, MMDA Zerobonds, Index-Kontrakte Zinsswap, Junk-bonds	Euro-note/-contracts TLC, SDR (ECU) Währungsswap
Prozeßinnovationen („Dienstleistungen")	ATS, MMF Nasdaq Pensionsgeschäfte	Cash management ECU Devisenpensions-/ -swapgeschäfte

[28] Vgl. J. Niehans, Innovation in Monetary Policy, Challenge and Response, Journal of Banking and Finance, 1982, 9-28.

Einlagen) und in Innovationen, die den Umfang des Marktsystems bzw. die Aggregationsstruktur verändern. Nach der Übersicht sind einige ausgewählte Begriffe erklärt.

ATS (engl.: automatic transfer service) ist die automatische Übertragung eines Guthabens von einem Sparkonto auf ein Verrechnungskonto in Art eines Girokontos im Falle einer Scheckeinlösung (bei zuvor unzureichender Dekkung auf diesem Verrechnungskonto). Dieser ATS führt zur Verzinsung von Quasi-Sichteinlagen bzw. zur Quasi-Zahlungsmitteleigenschaft von Spareinlagen. Die Beträge dieser ATS-accounts bzw. Verrechnungskonten gehen in den USA in die Berechnung der Geldmengenaggregate M1B und M2 ein.

Bank-intermediated swap ist ein Swap-Kontrakt (z.B. ein Zins- oder Währungs-Swap) bei dem eine Bank als Intermediär bzw. Dritter in diesem Geschäft auftritt.

Basis point bedeutet Prozentpunkt; 19 basis points $\hat{=}$ 0,19 v.H.

BBAIRS currencies sind Währungen, die bei Swap-Geschäften (wie Zins-Swaps oder Währungs-Swaps) nach den Richtlinien des britischen Bankenverbandes (British Bankers' Association Interest Rates Settlement) verwendet werden: US-Dollar, Pfund-Sterling, DM, Yen, Schweizer Franken.

Bearer participation certificate: Inhabergenußschein.

Cap ist eine Zinsobergrenze, die dem Titel-Emittenten (Schuldner) bei einer Mittelaufnahme auf Basis variabler Zinsen vertraglich garantiert wird. Die plazierende Bank zahlt im Falle eines über den vereinbarten Höchstzins (cap) steigenden Marktzinses die Differenz an den Schuldner. Diese Garantie kann losgelöst von den sonstigen Fazilitäten gegen eine Gebühr gekauft oder verkauft werden, so daß nicht die plazierende Bank das Hedging-Risiko tragen muß. Eine Zinsuntergrenze heißt collar.

Cash-Management ist im engeren Sinne die Gesamtheit der Geld- bzw. Liquiditätsdispositionen einer Bank unter Verwendung von elektronischen Medien (Computern etc.) zur Steuerung der gesamten Bank-Liquidität bzw. simultanen Steuerung der weltweiten Geldaktivitäten im ca. 24-Stunden-Handel oder der Kreditlinien eines weltweit operierenden Kreditnehmers (Industrieunternehmens) über alle Zweigstellen, Filialen, Repräsentanzen etc. der Bank(-Holding). Im weiteren Sinne ist Cash-Management auch als das komplette Serviceangebot einer Bank für die Gesamtheit der Anlageentscheidungen ihrer Kunden definiert.

CD (engl.: certificates of deposit) sind verbriefte und damit handelbare, von Banken mit einer Laufzeit von i.d.R. 30-270 Tagen emittierte Zertifikate auf der Basis von Termineinlagen (Schuldverschreibungen mit Einlagencharakter). Aufgrund des durch Banken und Händler gebildeten (Sekundär-)Marktes sind diese überwiegend von Nicht-Banken gehaltenen (Geldmarkt- bzw. Einlagen-)Zertifikate fungibler als befristete Einlagen. Die CDs werden insbesondere in den USA und am Euro-Markt (DM – CD) genutzt; in der Bundesrepublik Deutschland durch die Bundesbank seit 1.5.1986 (Neuregelung der Mindestreserve) zugelassen; sie haben bis heute (1.4.1987) keine Bedeutung erlangt.

Certificates of Accrual on Treasury Securities (cats) sind von einer Bank als Anlagetitel emittierte Nullkupons zum Zwecke der Refinanzierung der Bank für zuvor von dieser gekaufte und als Sicherheit für die Nullkupons hinterlegte US-Schatzpapiere.

Corporate ... sind von Industrieunternehmen emittierte Titel; z.B. corporate Euronotes, corporate Bonds, corporate commercial papers.

CP (engl.: commercial paper) sind i.d.R. von erstadressigen Unternehmen emittierte (unbesicherte) Geldmarktpapiere mit einer Laufzeit zwischen 30 und 360 Tagen und einem geringeren Zinssatz als die sog. prime rate. Auf dem entsprechenden (US- oder Euro-)CP-Markt werden auch Emissionen von Emittenten geringerer Bonität(-seinstufung) gehandelt, wenn für diese eine erste Adresse (Bank oder Unternehmung, Versicherung, Kaufhaus etc.) garantiert.

Cross-currency-interest-rate swap ist die Kombination aus einem Währungs- und einem Zins-Swap.

Currency future contract ist ein Devisen-Termingeschäft, d.h. der verbindliche Kauf oder Verkauf von Devisen per Termin (z.B. in 30 Tagen) zu einem heute vereinbarten Kurs. Bei Kontraktabschluß wird i.d.R. nicht der volle Preis, sondern nur ein sog. Einschuß (initial margin) gezahlt. Die in London an der International Financial Future Exchange gehandelten DM-$-Kontrakte lauten auf jeweils 50000 US-Dollar und werden in DM quotiert.

Currency index futures contract ist ein auf einem Währungsindex anstelle einer bestimmten Devise lautender Terminkontrakt.

Currency swap (Währungsswap) ist ein Swap bzw. Tausch von in unterschiedlicher Währung aufgenommenen Kapitalbeträgen (einschl. der Zinsverpflichtungen) zu einem heute vereinbarten oder herrschenden Kassa-Kurs zwischen zwei Partnern (I, A), die einen unterschiedlichen Zugang zu den nationalen Kapitalmärkten haben. A (I) benötigt einen DM-(Dollar-)Betrag, ist aber im DM-Inland ($-Ausland) nahezu unbekannt. Mit dem geringen standing kann A (I) den Betrag im $-Ausland über eine Anleihen-Emission zu 10% (11%) oder im DM-Inland zu 8,5% (8%) aufnehmen. Nimmt A (I) im Ausland (Inland) und übernimmt von I (A) die Tilgungs- und Zinsverpflichtung in Höhe von 8% (10%), so hat er einen Zinsgewinn in Höhe von 0,5% (1%). Jeder nimmt also die Anleihe dort auf, wo er das höhere standing hat, d.h. i.d.R. auf dem heimischen Kapitalmarkt. Die Risiken des Währungsswaps liegen im

- Ausgleichs- insb. Insolvenzrisiko (die Insolvenz des Tauschpartners A bedingt, daß I den noch nicht getilgten Dollar-Betrag sowie die ausstehenden Zinszahlungen zum dann herrschenden Kassa-Kurs kaufen muß),
- politischen bzw. Transfer-Risiko (zwischenzeitlich erlassene Außenwirtschaftsverordnungen verhindern beispielsweise den Rücktransfer der Dollar),
- Mismatching (Betrag und Laufzeit der getauschten Beträge entsprechen nicht vollständig den jeweiligen Bedürfnissen, so daß offene Positionen entstehen).

Der Tausch zweier festverzinster Anleihen ist ein fixed rate currency swap.

Defeasance-Operation ist die Begebung von DM-Anleihen bei gleichzeitiger Zeichnung von DM-Bundesschuldverschreibungen.

Devisenpensionsgeschäft; die Bundesbank verkauft an eine Geschäftsbank für eine bestimmte Dauer aus ihren Währungsreserven einen Devisenbetrag, der in einem bestimmten Titel (z.B. US-treasury bills) festgelegt ist. Sie beabsichtigt damit eine Reduktion der Geschäftsbanken-Liquidität und eine indirekte Wechselkursbeeinflussung. Der Anreiz für die Geschäftsbanken besteht in der positiven Rendite, die sich daraus ergibt, daß der Kassakurs unter dem gleichzeitig kontrahierten Terminkurs liegt, wobei der Zinsertrag des Titels nach wie vor der Bundesbank zufällt.

Devisenswapgeschäft; die Bundesbank kauft (verkauft) per Kasse Devisen von Geschäftsbanken und verkauft (kauft) diese gleichzeitig per Termin an die Geschäftsbanken. Aufgrund des vereinbarten Swapsatzes $(W_T - W_K)/W_K$ [mit W_T bzw. W_K Termin- bzw. Kassa-Wechselkurs] erhalten die Geschäftsbanken eine positive Rendite bei sicherer Erwartung. Für die Bundesbank ergibt sich die Möglichkeit einer Feinsteuerung des inländischen Geldmarktes bzw. der Geldmenge und einer Beeinflussung der Wechselkurserwartung der Wirtschaftssubjekte.

Doppelwährungsanleihe ≙ dual currency bond

Droplock floater sind variabel verzinste Schuldtitel (siehe FRNs), die gemäß einer Vereinbarung (droplock clause) bei Unterschreiten eines festgelegten Zinsniveaus des Referenzzinssatzes (Libor etc.) automatisch in einen festverzinsten Titel gewandelt werden.

Dual currency bonds sind Anleihen mit in unterschiedlichen Währungen erfolgender Emission (z.B. Dollar) und Rückzahlung (z.B. DM). Die Zinszahlungen können in der Währung der Emission (die Regel) oder der der Tilgung vereinbart werden. Ein amerikanisches Unternehmen mit laufenden DM-Einnahmen kann derart das i.d.R. geringere deutsche Zinsniveau nutzen und hat nur den Tilgungsbetrag in US-Dollar zu tauschen. Für den Anleihenzeichner ergibt sich i.d.R. ein höherer Zinssatz und eine Währungsverlust- oder -gewinnmöglichkeit (es können gegen Aufschlag vorzeitige Kündigungsrechte vereinbart werden). Dual currency bonds sind seit dem 1.5.1985 in der Bundesrepublik zugelassen.

ECU contracts sind auf ECU (statt auf eine bestimmte Währung) lautende Kontrakte wie u.a.: ECU-bonds, ECU-options, ECU-warrants, ECU-futures. Bei einer Kontrakthöhe von i.d.R. 125000 oder 62500 ECU entsprechen diese insb. der Währungs- bzw. Kurssicherung dienenden Kontrakte solchen in einer nationalen Fakturierungswährung (US-Dollar, DM etc.).

Euro-contracts sind auf eine Euro-Währung lautende Kontrakte wie u.a.: Euro-CPs, Euro-CDs, Euro-option, Euro-note.

Euro-CPs (-commercial-papers) sind von erstadressigen Unternehmen am Euro-Markt emittierte kurzfristige Titel ohne eine Übernahme- bzw. Bereitstellungsgarantie durch eine Bank. Es ist ein mittel-/langfristiger Titel auf der Basis revolvierender Euronotes.

Euronote ist ein mit einer Laufzeit zwischen einem und 12 Monaten am Euromarkt von ersten Adressen (Banken, Industrieunternehmen, Regierungen) in einer Euro-Währung (DM, Yen, etc.; überwiegend US-Dollar) oder in ECU emittierter Schuldtitel. Die Emission dieser kurzfristigen Titel erfolgt zumeist revolvierend im Rahmen einer mittel-/langfristigen Mittelaufnahme (vgl. u.a. NIFs), wobei sich die plazierenden Banken (oder nur eine als „sole placing agent“) zur Übernahme oder Mittelbereitstellung in Höhe einer vereinbarten Menge (Konsortialquote oder dgl.) im Falle einer Nicht-Marktplazierung verpflichten (sog. standby-, back-up-, backstop-facility). Die Banken erhalten dann neben dem vereinbarten Zins noch eine Gebühr (utilisation fee). Die Gefahr aus mehreren derartigen Übernahmeverpflichtungen (die interpretiert werden als nicht in Anspruch genommene Kreditzusagen und damit die Eigenkapitalvorschriften nicht berühren), plötzlich aufgrund eines gesunkenen Bonitätsstanding der Emittenten und damit einer nicht mehr möglichen Markt-Plazierung in Anspruch genommen zu werden, stellt ein nicht-bilanziertes Bankrisiko und damit ein Problem der Bankenaufsicht dar.

Floating rate CDs sind variabel verzinste CDs (engl.: certificates of deposit).

FRN (engl.: floating rate note); Schuldtitel mit einer Laufzeit von i.d.R. 5 bis 10 Jahren (bei üblicherweise vereinbartem Emittentenkündigungsrecht – call option), der mit einem variablen, d.h. einem sich in bestimmten Zeitabständen (z.B. ein-, sechsmonatlich) oder bei bestimmten Ereignissen (Überschreiten eines bestimmten Zinsniveaus) nach einer festgelegten Regel verändernden Zinssatz ausgestattet ist. Der Zins dieser von Geschäftsbanken, Unternehmen und Regierungen emittierten Schuldverschreibungen ergibt sich aus dem zum Vereinbarungs- bzw. Pensionszeitpunkt herrschenden Referenz-Zinssatz (z.B. Libor) und einem Aufschlag (Spread), dessen Höhe von der Bonität der Emittenten abhängt. Durch die Zinsanpassungen ist das Einkommensrisiko des Gläubiger begrenzt. Dieses Risiko läßt sich für den Emittenten u.a. dadurch begrenzen, daß mit den Anleihe-Konditionen eine Zinsober- und -untergrenze (minimax FRNs) oder eine Wandlung in eine Festsatz-Schuldverschreibung bei Erreichung einer Zinsobergrenze (drooplock FRNs) vereinbart wird. Ein anderer Weg besteht in einem Zinsswap. Derartige Vereinbarungen zur Risikobegrenzung wurden bei den sog. Länderkrediten i.d.R. nicht getroffen (sog. Länderrisiko). In der Bundesrepublik seit dem 1. Mai 1985 zum Handel zugelassen.

FRN with warrants for equity (debt) sind FRNs in Verbindung mit der Option auf zusätzliche Aktien-(Anleihe-)Stücke.

Futures contracts oder nur **futures (Terminkontrakte)** sind Verträge über den Kauf standardisierter Titel bzw. Forderungen per Termin zu heute bestimmten Konditionen (Preis bzw. Kurs, Ort etc.), z.B. Waren-, Zins- und Währungsterminkontrakte. Sie können der Absicherung von Wechselkurs- oder Zinsänderungsrisiken bzw. der Schließung von offenen Devisen- oder Zinspositionen dienen. Sie sind wie Swaps oder Optionen zwar bilanzunwirksam, stellen aber ein kaum meßbares Risiko dar, so daß ihre Aufnahme in die Bankenaufsicht schwer ist.

Globalisierung ist die durch neue Nachrichten- und Kommunikationstechnologien ermöglichte Integration der verschiedenen nationalen Finanzmarktsysteme zu einem 24-stündigen (weltweiten) internationalen Marktsystem.

IBF (engl.: International Banking Facilities) von Banken, die von den Begrenzungen einer nationalen Bankenaufsicht fast vollkommen befreit sind, in sog. freien Wirtschaftszonen eingegangene internationale Geschäfte bzw. Vereinbarungen (in New York).

Index contracts sind auf einem bestimmten (Aktien-, Währungs-, Preis-, Gewinn-, etc.) Index basierende Kontrakte wie z.B. index futures options oder index options.

Interest rate swap ≙ Zinsswap

Intermediation umschreibt die Brücken-(z.T. Transformations-)Funktion der Banken zwischen Schuldnern und Gläubigern. Traditionelle Formen bestehen in der Gewährung von Bankkrediten und Annahme von Einlagen; moderne Formen sind z.B. Übernahmeverpflichtungen im Rahmen von Euronotes oder Swapgeschäften. Disintermediation entsteht bei verstärkter direkter Anleihenemission durch Nicht-Banken am Kapitalmarkt wie z.B. bei CPs.

Junk bonds sind zur Übernahme einer Firma emittierte und durch deren Aktiva „gesicherte“ Titel, die aufgrund des spekulativen Charakters derartiger Übernahmen überdurchschnittlich hoch verzinst sind.

Maturity mismatch: Asymmetrie bzw.. Inkongruenz der Fristen beispielsweise einer Kreditvergabe und Kreditaufnahme zur Refinanzierung.

MMC (engl.: money market certificates of deposit) sind sechsmonatige Spar- und Termineinlagen mit einer an den Diskontierungssatz für US-Schatzanweisungen gebundenen Zinsobergrenze. Die MMC sind die typische Folge eines Trennbankensystems mit einer Zinsobergrenze, die in Hochzinsphasen das Aufkommen der traditionellen Spar- und Termineinlagen mit Zinsobergrenzen und damit die Funktionsfähigkeit der auf diese traditionellen Einlagen spezialisierten Finanzintermediäre behindert.

MMDA (engl.: money market deposit accounts) sind vom Federal Reserve Board der USA in der Geldmengen- und Mindestreserve-Berechnung wie Spareinlagen behandelte Einlagen bei Geschäftsbanken. Ihr Vorteil liegt in der relativ hohen Verzinsung bei einer faktischen Funktionsweise als Konto für Transaktionszwecke (allerdings weisen sie als Nachteil nur eine eingeschränkte Anzahl von Überweisungen pro Periode auf).

MMMF (engl.: money market mutual funds) sind Fonds im Sinne von auf Anlagen in Geldmarktpapieren konzipierten Investmentgesellschaften, bei denen die Anteilseigner Schecks auf eine Quote ihrer Einlagen ziehen können. Die Einlagenkonten der MMMF, d.h. Konten außerhalb des Bankensystems sind damit in die Durchführung des Zahlungsverkehrs einbezogen und erfüllen Zahlungsmittelfunktion. Ihr Gegenstück bei den Geschäftsbanken sind die MMDA.

Monetisierung (auch: Asset monetisation) ist die Umwandlung bzw. Substitution von Kredittiteln (Bankkrediten) in bzw. durch handelbare Wertpapiere.

Multiple option financing facility gewährt dem Kreditnehmer Wahlmöglichkeiten bezüglich der Finanzierungsform (CPs oder Euro-Notes oder Direktkredite etc.), der Währung (DM, US-Dollar etc.), dem Zeitpunkt der Inanspruchnahme, etc.

Nasdaq (engl.: National Association of Securities Dealers automated quotation) ist ein vollkommen computerisierter Wertpapierhandel über USA-weit installierte Terminals (vgl. FN 5, S. 285).

NIF (engl.: note insurance facility) ist die Vereinbarung einer mittel-/langfristigen Kapitalaufnahme auf der Basis revolvierender kurzfristiger Titel (beispielsweise Euronotes), die getroffen wird zwischen der plazierenden Bank (sole placing agent) oder Bankengruppe (tender panel) und dem die Mittel aufnehmenden sowie die kurzfristigen Titel emittierenden Unternehmen, Bank oder Regierung. Die variable Stückelung der Titel (notes) ermöglicht dem Emittenten eine flexible Mittelaufnahme bzw. Kredittilgung. Durch diese Absicherungsfazilität erhält der Emittent bei einer normalen Zinsertragskurve mittel-/langfristiges Kapital nahezu zu Geldmarktkonditionen, während der Gläubiger kurzfristige Liquiditätsüberschüsse (höher verzinst als bei entsprechenden Banken-Termineinlagen) in ersten Adressen anlegen kann. Absicherungsfazilitäten bedeuten für die Bank potentielle Verpflichtungen (vgl. FRN), die wie Gewährleistungen zu betrachten und im Grunde in die Berechnung des Grundsatzes I KWG (Eigenkapitalquote) einzugehen hätten. In Großbritannien werden sie mit 50% berücksichtigt.

NOBs (engl.: notes over bonds) ist der Kauf (oder Verkauf) von i.d.R. US-Treasury Bonds und gleichzeitige Verkauf (Kauf) von US-Treasury Notes jeweils per gleichfristigem Termin, wenn eine Senkung (Erhöhung) der Rendite erwartet wird.

NOW-accounts (engl.: negotiable orders of withdrawal) sind übertragbare Zahlungsanweisungen auf Sparkonten, über die damit wie über Girokonten der Zahlungsverkehr abgewickelt werden kann. Die NOW-accounts sind Komponenten der US-amerikanischen Geldmarktaggregate M1B und M2.

Nullkupon-Anleihen (oder auch Zerobonds) sind abgezinste Schuldverschreibungen (s. U-Schätze) mit festem Zinssatz. Der Emissionskurs oder jeweilige Marktpreis liegt um den Wert der über die gesamte Laufzeit abdiskontierten Zinsen unter dem Tilgungs- bzw. Rückzahlungskurs. Die Ausschüttung der Zinsen mit der Tilgung (Zinsthesaurierung) bedeutet eine Wiederanlage der jeweils angefallenen Zinsen zum jeweiligen Zinssatz. Da der Wert der thesaurierten Zinsen schwankt, weisen Zerobonds eine größere Kursvariabilität und damit Spekulationsmöglichkeit als normale festverzinsliche Anleihen auf. Die Zinsthesaurierung ermöglicht Steuerstundungen. Zerobonds sind lombardfähig. Seit 1. Mai 1985 zum Handel in der Bundesrepublik zugelassen.

Over-all-Limit oder auch **Global-Limit** ist die Gesamtkreditlinie eines Konzerns mit allen Töchtern bei einer Bank mit allen ihren Filialen.

PN (engl.: perpetual note), ist eine Schuldverschreibung ohne eine definitive Laufzeitangabe bzw. Fristigkeit. Sie stellt ein von der britischen Bankenaufsicht akzeptiertes Eigenkapital-Surrogat bei Geschäftsbanken dar.

RC (engl.: rollover credit) ist ein mittel-/langfristiger Kredit bzw. Kreditrahmen bei sich in kürzeren Intervallen an die Marktentwicklung anpassendem Zinssatz.

Repurchase agreement ≙ Pensionsgeschäft

RUF (engl.: revolving underwriting facility) bedeutet eine mittel- bis langfristige Kapitalbeschaffung durch die wiederholte bzw. revolvierende Begebung von kurzfristigen Schuldverschreibungen bzw. Notes über eine einzige Bank (und nicht mehrere wie bei den NIFs).

Securitization ist eine wertpapiermäßige Verbriefung von Bankkrediten und damit die Herstellung ihrer Handelbarkeit. Die verstärkte Hinwendung (Abwendung) der Banken zur Wertpapieremissionstätigkeit (von der Vergabe direkter Bankkredite) ist u.a. die Folge der Eigenkapitalvorschriften der Bankenaufsicht.

SNIFs (short term note insurance facility) sind kurzfristige NIFs.

Stock index futures contracts sind Terminkontrakte auf der Basis eines Aktienindex, z.B. auf den (500) Werten des Standard & Poor's Stock Price Index oder des New York Stock Exchange Composite Index. Der erwartete Gewinn/Verlust (ohne Berücksichtigung der Gebühren und Provisionen) ergibt sich für einen Ende Februar geschlossenen September-Terminkontrakt als $500 (\text{S \& P Index}_{\text{Sept.}} - \text{S \& P Index}_{\text{Feb.}})$

TLC (engl.: transferable loan certificate) ist der auf dem Euro-Markt handelbare Anteil eines syndizierten Eurokredites, der einen direkten Anspruch des Inhabers gegen den Kredit-Schuldner begründet und beim Verkauf durch die Bank ihr bilanziertes Kreditvolumen (Eigenkapitalvorschrift) reduziert. Spezielle Formen derartiger durch Verbriefung handelbarer Kreditteile heißen auch transferable loan instruments.

TLI (engl.: transferable loan instruments) sind in Wertpapierform handelbare Unterbeteiligungen oder Teilforderungen an Krediten oder Darlehen, deren Rechte sich infolge von Abtretungen direkt aus dem Wertpapier ergeben. Die TLI dienen auf den Euro-Märkten nicht nur der Beteiligung auch jener Banken, die u.a. wegen ihrer Größe keinen direkten Marktzugang haben, an den (Länder-)Krediten, sondern auch der passiven Stärkung (im Sinne von Entlastung) der Eigenkapitalquoten und der Länderlimite. Letzteres führt u.a. zu einer steigenden Auslastung aller Länderlimite mit der Gefahr einer erhöhten allgemeinen Anfälligkeit bzw. Instabilität.

Währungsswap ≙ currency swap

Zerobonds ≙ Nullkupon-Anleihen

Zinsswap (engl.: interest rate swap); ein Partner A übernimmt die Festzins-Verpflichtungen des B, der dafür den Aufwand aus einer variabel verzinsten Verpflichtung von A übernimmt. Die Partner haben einen fristen- und währungskongruenten Kapitalbedarf bei einem unterschiedlichen Bonitätsstanding auf unterschiedlichen Märkten. Dabei kann ein Partner auf beiden Märkten ein relativ schlechteres Standing aufweisen. Getauscht werden können auch Verpflichtungen auf Libor- gegen solche auf Prime-Rate-Basis (basis rate swap). A (B) wünscht zwar über die Gesamtlaufzeit einen festen (variablen) Zinssatz, er kann aber eine Festzinsanleihe nur (bereits) zu 10,5%, d.h. $i^{AF} = 0{,}105$ (11%, d.h. $i^{BF} = 0{,}11$) aufnehmen im Gegensatz zu einer variablen Euro-Anleihe bereits (nur) zu 10%, d.h. $i^{AV} = 0{,}10$ (12%, d.h. $i^{BV} = 0{,}12$). Vereinbaren beide Partner als Preis für den Tausch eine Ausgleichszahlung in Höhe von 1% von B an A, so nimmt A (B) den Betrag zu einem variablen (festen) Zins auf und leistet den festen (variablen) Zinsaufwand von B (A). Dabei zahlt A (B) einen Zinssatz von 11 − 1 = 10% (10 + 1 = 11%) und damit weniger als 10,5% (12%). Sinkt (steigt) während der Laufzeit des Swap-Kontraktes der variable Zinssatz z.B. auf 8% (12)%, so sinkt (steigt) der Zinsaufwand von B auf 9% (13%). A hat einen entsprechenden entgangenen Zinsgewinn (-verlust).

Begründungen für Zinsswaps liegen auch in unterschiedlichen Risikoaversionen oder Zinsänderungserwartungen. Da Zinsswaps i.d.R. nicht bekannt werden, sinkt mit diesen Kontrakten die Transparenz über die tatsächlichen Verpflichtungen bzw. Risiken einer Unternehmung. Dient eine Geschäftsbank nicht nur als Mittler zwischen den Partnern, sondern fungiert selbst als jeweiliger Partner (Intermediär), so daß es ein Dreiecks-Geschäft gibt, so steigen die nicht-bilanzierten Risiken der Bank und damit die Probleme für die Bankenaufsicht. Da die Bank mit einem Partner die feste gegen eine variable Zinsverpflichtung tauscht und gleichzeitig mit einem anderen den entgegengesetzten Tausch durchführt, besteht ihr Risiko darin, daß wenn ein Partner seine Verpflichtungen nicht erfüllt, die Bank diesem gegenüber zwar auch nicht leistet (also kein Verlust entsteht), aber zur Erfüllung des Vertrages mit dem anderen Partner sich jetzt kompensatorisch zu eventuell gestiegenem Zins variabel oder fest refinanzieren muß. Diesem möglichen Verlust steht ein erwarteter Gewinn in Form einer Provisionszahlung (1/16-1/2%) und eines Zinsgewinnes (im obigen Beispiel zahlt beispielsweise B 1% an die Bank, diese aber nur 0,75% an A).

Literaturverzeichnis

Verwendete Abkürzungen bei Fachzeitschriften:

AER	American Economic Review
JfS	Jahrbuch für Sozialwissenschaft
JoBF	Journal of Banking and Finance
JoF	Journal of Finance
JoME	Journal of Monetary Economics
JoPE	Journal of Political Economy
JMCB	Journal of Money, Credit, and Banking
JNS	Jahrbücher für Nationalökonomie und Statistik
KuK	Kredit und Kapital
QJoE	Quarterly Journal of Economics
WISU	Wirtschaftsstudium
WiSt	Wirtschaftswissenschaftliches Studium
WWA	Weltwirtschaftliches Archiv

Grundlagenliteratur

Bombach, G., Erich Schneider – Mensch und Werk, in: Erich Schneider in memoriam, Ansprachen auf der akademischen Trauerfeier am 18. Juni 1971 im Institut für Weltwirtschaft an der Universität Kiel, Kiel 1971, 12-32.

Brandes, W., Über die Grenzen der Schreibtischökonomie, Tübingen 1985.

Claassen, E.-M., Grundlagen der Geldtheorie, 2. Aufl., Berlin u.a.O. 1980.

Clower, R. W., The Anatomy of Monetary Theory, AER Papers and Proceedings, 1977, 206-218.

Ders., The Keynesian Counter-Revolution: A Theoretical Appraisal, in: F. H. Hahn, F. P. Brechling (eds.), The Theory of Interest Rates, London 1965, 103-165.

Ders., A Reconsideration of the Microfoundations of Monetary Theory, Western Economic Journal, 1968, 1-9.

Coats, A. W., The Methodology of Economics: Some Recent Contributions, Kyklos, 1982, 310-321.

Cuddington, J. T., Johansson, P.-O., Löfgren, K.-G., Disequilibrium Macroeconomics in Open Economies, Oxford 1984.

Davidson, P., International Money and the Real World, London 1982.

Ders., Money and the Real World, 2. ed., London 1978.

Deutsche Bundesbank, Geschäftsberichte, Frankfurt, versch. Jgg.

Dies., Monatsberichte, Frankfurt, versch. Jgg.

Dies., Statistische Beihefte zu den Monatsberichten, Reihe 1-5, versch. Jgg.

Fisher, D., Monetary Theory and the Demand for Money, London 1978.

Friedman, M., The Optimum Quantity of Money, in: ders. (ed.), The Optimum Quantity of Money, Chicago 1969, 846-856.

Fuhrmann, W., Keynesianismus und Neue Klassische Makroökonomik, JfS, 1982, 269-293.

Fuhrmann, W., Rohwedder, J., Makroökonomik, Zur Theorie interdependenter Märkte, München 1983.

Gale, D., Money: in Equilibrium, Cambridge, New York 1982.

Garrison, R. W., Time and Money: The Universals of Macroeconomic Theorizing, Journal of Macroeconomics, 1984, 197-213.

Goodhart, C., Money, Information and Uncertainty, London 1975.

Gordon, R. J., Macroeconomics, Boston 1978.

Grandmont, J.-M., Money and Value, Cambridge u.a.O. 1983.

Hahn, F. H., Money and Inflation, Oxford 1982.

Harcourt, G.C., Post-Keynesianism: Quite Wrong and/or Nothing New, in: P. Arestis, T. Skouras (eds.), Postkeynesian Economic Theory, Sussex, New York 1985, 125-145.

Jarchow, H.-J., Theorie und Politik des Geldes, Bd. 1, Geldtheorie, 5. Aufl., Göttingen 1982, Bd. 2, Geldmarkt, Bundesbank und geldpolitisches Instrumentarium, 4. Aufl., Göttingen 1983.
Kath, D., Geld und Kredit, in: Bender, D. u.a. (Hrsg.), Vahlens Kompendium der Wirtschaftstheorie und Wirtschaftspolitik, Bd. 1, 2. Aufl., München 1984, 173-214.
Keynes, J.M., A Treatise on Money, London 1930.
Ders., A Tract on Monetary Reform, London 1923.
Ders., The General Theory of Employment, Interest and Money, London 1936.
Lachmann, W., Wirtschaftspolitik im Ungleichgewicht, Frankfurt u.a.O. 1983.
Leijonhufvud, A., On Keynesian Economics and the Economics of Keynes, New York u.a.O. 1968.
Nagatani, K., Monetary Theory, Amsterdam u.a.O. 1978.
Niehans, J., Theorie des Geldes, Synthese der monetären Mikro- und Makroökonomik, Bern, Stuttgart 1980.
Patinkin, D., Money, Interest and Prices, An Integration of Money and Value Theory, 2. Aufl., New York 1965.
Rothschild, K.W., Einführung in die Ungleichgewichtstheorie, Berlin u.a.O. 1981.
Sargent, T. J., Makroökonomik, München 1982.
Schneider, E., Einführung in die Wirtschaftstheorie, III. Teil, Geld, Kredit, Volkseinkommen und Beschäftigung, 10. verb. Aufl., Tübingen 1967.
Ders., Joseph M. Schumpeter, Leben und Werk eines großen Sozialökonomen, Tübingen 1970.
Schumpeter, J. A., Keynes and Statistics, Review of Economic Statistics, 1946, 194-196.
Ders., Ten Great Economists. From Marx to Keynes, New York 1951.
Ders., The Instability of Capitalism, Economic Journal, 1928, 361-368.
Shackle, G. L. S., The Bounds of Unknowledge, in: J. Wiseman (ed.), Beyond Positive Economics, London 1983, 28-37.
Tobin, J., Asset Accumulation and Economic Activity, Oxford 1980.
Wilde, K. D., Le Baron, A. D., Israelsen, L. D., Knowledge, Uncertainty and Behavior, AER, 1985, 403-408.

Literatur zu Kapitel I:

Bomhoff, E. J., Monetary Uncertainty, Amsterdam u.a.O. 1983.
Borch, K. H., The Economics of Uncertainty, Princeton 1968.
Brunner, J. K., Zum Konzept der Lohneinheit in der Beschäftigungstheorie von Keynes, JfS, 1985, 34-45
Carvalho, F., Alternative Analysis of Short and Long Run in Post Keynesian Economics, Journal of Post Keynesian Economics, 1984/85, 214-234.
Chetty, V. K., On Measuring the Nearness of Near-Moneys, AER, 1969, 270-281.
Dini, L., Liquidity Creation and Risk in the International Monetary System, Banca Nazionale del Lavoro, Quarterly Review, 1981, 395-402.
Feige, E. L., Pearce, D. K., The Substitutability of Money and Near-Monies: A Survey of the Time-Series Evidence, Journal of Economic Literature, 1977, 439-469.
Fisher, J., The Purchasing Power of Money, New York 1913.
Freeman, S., Transactions Costs and The Optimal Quantity of Money, JoPE, 1985, 146-174.
Friedman, B. M., Targets, Instruments, and Indicators of Monetary Policy, JoME, 1975, 443-473.
Friedman, M., Government Revenue from Inflation, JoPE, 1971, 846-856.
Jevons, W. S., Money and the Mechanism of Exchange, London 1883.
Laidler, D., The Definition of Money: Theoretical and Empirical Problems, JMCB, 1969, 508-534.
Laumas, G. S., The Degree of Moneyness of Savings Deposits, AER, 1968, 501-503.
Levhari, D., Patinkin, D., The Role of Money in a Simple Growth Model, AER, 1968, 713-753.

Neldner, M., Die volkswirtschaftliche Produktivität des Geldes. Theoretische Überlegungen und einige empirische Ergebnisse für die Bundesrepublik Deutschland, JNS, 1985, 364-380.

Shackle, G., Uncertainty in Economics, Cambridge 1955.

Short, E. D., A New Look at Real Money Balances as a Variable in the Production Function, JMCB, 1979, 326-339.

Spindt, P. A., Money Is What Money Does: Monetary Aggregation and the Equation of Exchange, JoPE, 1985, 175-204.

Spinelli, F., Should the Hypothesis of a Well Defined and Stable World Demand for M1 be Reinstated?, KuK, 1985, 193-203.

Tobin, J., Monetary Policy: Rules, Targets, and Shocks, JMCB, 1983, 506-518.

Tucholsky, K., Kurzer Abriß der Nationalökonomie, in: O. V. Trebeis, Nationalökonomologie, Tübingen 1979, 23-26.

Wahlig, B., Rechtsfragen zur privaten Verwendung der ECU in der Bundesrepublik Deutschland, Wertpapier-Mitteilungen Nr. 35, Teil IV, Frankfurt, 31.8.1985.

Willms, M., Implementations of Monetary Targets, in: J. E. Wadsworth, F. L. de Juvigny (eds.), New Approaches to Monetary Policy, Alphen aan de Rijn 1979, 55-63.

Yeager, L. B., Essential Properties of the Medium of Exchange, Kyklos, 1968, 45-69.

Literatur zu Kapitel II:

Alchian, A. A., Why Money? JMCB, 1977, 133-140.

Archibald, G. C., Lipsey, R. G., Monetary and Value Theory: a Critique of Lange and Patinkin, Review of Economic Studies, 1958, 1-22.

Arrow, K. J., Hahn, F. H., General Competitive Analysis, San Francisco (Cal.) 1971.

Brunner, K., Meltzer, A. H., The Uses of Money: Money in the Theory of an Exchange Economy, AER, 1971, 784-805.

Clower, R. W., Leijonhufvud, A., The Coordination of Economic Activities: A Keynesian Perspective, AER, 1975, 182-188.

Cukierman, A., The Effects of Uncertainty on Investment under Risk Neutrality with Endogenous Information, JoPE, 1980, 462-475.

Davidson, P., Why Money Matters: Lessons from a Half-Century of Monetary Theory, Journal of Post-Keynesian Economics, 1978, 46-52.

Debreu, G., Theory of Value, New York 1959.

Diamond, P., Money in Search Equilibrium, Econometrica, 1984, 1-20.

Fisher, S., Anticipations and the Non-Neutrality of Money, JoPE, 1979, 225-252.

Fuhrmann, W., Vom Vermögenscharakter des Geldes, Schweiz. Zeitschrift für Volkswirtschaft und Statistik, 1978, 185-198.

Gurley, J. G., Shaw, E. S., Money in a Theory of Finance, Washington (D.C.) 1960.

Hahn, F. H., On Some Problems of Proving the Existence of an Equilibrium in a Monetary Economy, in: F. H. Hahn, F. P. Brechling (eds.), Theory of Interest Rates, London 1965, 126-135.

Ders., On Transaction Costs, Inessential Sequence Economies and Money, Review of Economic Studies, 1973, 449-461.

Hansen, B., A Survey of General Equilibrium Systems, New York u.a.O. 1970.

Henderson, J. M., Quandt, R. E., Mikroökonomische Theorie, 5. Aufl., München 1983.

Johnson, H. G., Inside Money, Outside Money, Income, Wealth and Welfare in Monetary Theory, JMCB, 1969, 30-45.

Lucas, R., Expectations and the Neutrality of Money, Journal of Economic Theory, 1972, 103-124.

Möller, H., Die „Geldillusion“ als Problem der nationalökonomischen Theorie, JNS, 1971, 13-28.

Neldner, M., Seigniorage, Inflationäre Staatshaushaltsfinanzierung und das Problem der optimalen Geldmenge, WISU, 1984, 411-418.

Niehans, J., Money and Barter in General Equilibrium with Transactions Costs, AER, 1971, 773-783.

Patinkin, D., Inside Money, Monopoling Bank Profits, and the Real-Balance Effect: A Comment, JMCB, 1971, 271 ff.

Ders., Money and Wealth: A Review Article, Journal of Economic Literature, 1969, 1140-1160.

Pesek, B., Saving, T. R., Money, Wealth and Economic Theory, New York, London 1967.

Radner, R., Existence of Equilibrium of Plans, Prices, and Price Expectations in a Sequence of Markets, Econometrica, 1972, 289-303.

Samuelson, P. A., What Classical and Neoclassical Monetary Theory Really Was, Canadian Journal of Economics, 1968, 1-15.

Sargent, T. J., Interest Rates and Prices in the Long Run: A Study of the Gibson Paradox, JMCB, 1973, 385-449.

Siegel, J. J., Technology Change and the Superneutrality of Money, JMCB, 1983, 363-367.

Stigler, G. J., The Economics of Information, JoPE, 1961, 213-225.

Thornton, D. L., Bank Money, Net Wealth, and the Real Balance Effect, Journal of Macroeconomics, 1983, 105-117.

Tobin, J., A General Equilibrium Approach to Monetary Theory, JMCB, 1969, 15-29.

Ders., Financial Structure and Monetary Rules, KuK, 1983, 155-171.

Walras, L., Eléments d'économie politique pure ou théorie de la richesse social, Paris 1926.

Willms, M., Das Gleichgewichtsproblem der klassischen und neoklassischen Geldtheorie, JfS, 1966, 168-197.

Literatur zu Kapitel III:

Baumol, W. J., The Transaction Demand for Cash: An Inventory Theoretic Approach, QJoE, 1952, 545-556.

Braumann, A., Fuhrmann, W., A Mean-Variance-Ansatz zur Erklärung der Leads and Lags im Außenhandel, JNS, 1978, 514-532.

Brunner, K., Meltzer, A. H., Some Further Investigation of Demand and Supply Functions for Money, JoF, 1964, 240-283.

Buiter, W. H., Armstrong, C. A., A Didactic Note on the Transactions Demand for Money and Behavior Towards Risk, JMCB, 1978, 529-538.

Buscher, H. S., Zur Stabilität der Geldnachfrage, KuK, 1984, 507-539.

Cagan, P., The Monetary Dynamics of Hyperinflation, in: M. Friedman (ed.), Studies in the Quantity Theory of Money, Chicago 1956, 25-117.

Calvo, G. A., Rodriguez, C. A., A Model of Exchange Rate Determination under Currency-Substitution and Rational Expectations, JoPE, 1977, 617-625.

Friedman, M., Interest Rates and the Demand for Money, Journal of Law and Economics, 1966, 71-85.

Ders., The Quantity Theory of Money: A Restatement, in: ders. (ed.), Studies in the Quantity Theory of Money, Chicago 1956, 3-21.

Ders., The Demand for Money: Some Theoretical and Empirical Results, JoPE, 1959, 327-351.

Fuhrmann, W., Bemerkungen zum keynesianischen gesamtwirtschaftlichen Modell, Diskussionsbeiträge aus dem Institut für Theoretische Volkswirtschaftslehre der Universität Kiel, Nr. 15, Kiel 1978.

Goldman, S. M., Portfolio Choice and Flexibility, JoME, 1978, 263-279.

Gordon, R. J., The Short-Run Demand for Money: A Reconsideration, JMCB, 1984, 403-434.

Grandmont, J.-M., On the Short-Run and Long-Run Demand for Money, European Economic Review, 1973, 265-287.

Judd, J. P., Scadding, J. L., The Search for a Stable Money Demand Function: A Survey of the Post-1973 Literature, Journal of Economic Literature, 1982, 993-1023.

Knez, P., Smith, V. L., Williams, A. W., Individual Rationality, Market Rationality and Value Estimation, AER, 1985, 397-402.

Laidler, D. E. W., The Demand for Money: Theories and Evidence, Scranton 1969.

Levy, H., Markowitz, H. M., Approximating Expected Utility by a Function of Mean and Variance, AER, 1979, 308-317.
Markowitz, H., Portfolio-Selection: Efficient Diversification of Investments, New York u.a.O. 1959.
McKinnon, R. J., Currency Substitution and Instability in the World Dollar Standard, AER, 1982, 320-333.
Modigliani, F., Liquidity Preference and the Theory of Interest and Money, Econometrica, 1944, 45-88.
Neldner, M., Portfoliostruktur der Geschäftsbanken und Geldumlaufgeschwindigkeit, KuK, 1983, 568-586.
Pogue, G. A., An Extention of the Markowitz Portfolio-Selection Model to Include Variable Transaction Costs, Short Sale, Leverage Policies and Taxes, JoF, 1970, 1005-1027.
Sprenkle, C. M., Miller, M. H., The Precautionary Demand for Narrow and Broad Money, Economica, 1980, 407-421.
Starrett, D., Inefficiency and the Demand for Money in a Sequence Economy, Review of Economic Studies, 1973, 437-448.
Teigen, R. L., Demand and Supply Functions for Money: Another Look at Theory and Measurement, Econometrica, 1976, 377-385.
Tobin, J., Liquidity Preference as Behavior Towards Risk, Review of Economic Studies, 1958, 65-86.
Ders., The Interest Elasticity of Transactions Demand for Cash, Review of Economics and Statistics, 1956, 241-247.
Ders., The Theory of Portfolio-Selection, in: F. H. Hahn, F. P. Brechling (eds.), The Theory of Interest Rates, London 1965, 3-51.
Tsiang, S. C., The Precautionary Demand for Money: An Inventory Theoretical Analysis, JoPE, 1969, 99-117.
Turnovsky, S. J., Bhandari, J. S., The Degree of Capital Mobility and the Stability of an Open Economy under Rational Expectations, JMCB, 1982, 303-326.
Whalen, E. L., A Rationalization of the Precautionary Demand for Cash, QJoE, 1966, 314-324.

Literatur zu Kapitel IV:

Aliber, R. Z., International Banking. A Survey, JMCB, 1984, 661-712.
Ders., The Integration of National Financial Markets: A Review of Theory and Finding, WWA, 1978, 448-480.
Baltensperger, E., Optimal Bank Portfolios: The Liability Side, JNS, 1972/73, 147-160.
Brunner, K., A Diagrammatic Exposition of the Money Supply Process, Schweizerische Zeitschrift für Volkswirtschaft und Statistik, 1973, 481-533.
Brunner, K., Meltzer, A. H., A Scheme For the Supply Theory of Money, International Economic Review 1961, 79-109.
Bryan, W. R., Carleton, W. T., Short-Run Adjustments of an Individual Bank, Econometrica, 1967, 321-347.
Burger, A. E., The Money Supply Process, Belmont (Calif.) 1971.
Cagan, P., The Demand for Currency Relative to the Total Money Supply, JoPE, 1958, 303-328.
Cohen, J. C., The Money Supply Process: How Much Progress Since C. A. Phillips' Bank Credit?, KuK, 1984, 333-351.
Dufey, G., Giddy, J. H., The International Money Market, Englewood Cliffs 1978.
Einzig, P., The Euro-Dollar-System, Practice and Theory of International Interest Rates, 4. Aufl., London 1970.
Fuhrmann, W., Das heimische Geld- und Kreditangebot einer Euro-Währung, KuK, 1979, 56-72.
Ders., Der Mean-Variance-Ansatz des Kreditinstitutes, Zeitschrift für Betriebswirtschaft, 1980, 244-267.
Ders., Die Aktivastruktur deutscher Banken, Berlin 1978.

Grandmont, J.-M., Laroque, G., On Money and Banking, Review of Economic Studies, 1975, 207-236.

Hodgman, D. R., Commercial Bank Loan and Investment Policy, Champaign (Ill.) 1963.

Kane, E. J., Malkiel, B. G., Bank Portfolio Allocation, Deposit Variability and the Availability Doctrine, QJoE, 1965, 113-134.

Milde, H., Ein Modell für das Liquiditätsverhalten von Kreditinstituten, Zeitschrift für die gesamte Staatswissenschaft, 1978, 660-685.

Neldner, M., Die kurzfristigen internationalen Kapitaldispositionen der Geschäftsbanken, Zeitschrift für Wirtschafts- und Sozialwissenschaften, 1980, 181-202.

Orr, D., Mellon, W. G., Stochastic Reserve Losses and Expansion of Bank Credit, AER, 1961, 614-623.

Phillips, C. A., Bank Credit, A Study of the Principles and Factors Underlying Advances Made by Banks to Borrowers, New York 1920.

Porter, R. C., A Model of Bank Portfolio Selection, in: D. D. Hester, J. Tobin, (eds.), Financial Markets and Economic Activity, Monograph 21, Cowles Foundation, New York 1967, 12-54.

Tobin, J., Commercial Banks as Creators of „Money“ in: D. D. Hester, J. Tobin (eds.), Financial Markets and Economic Activity, Cowles Foundation for Research in Economics at Yale University, Monograph Nr. 21, New York 1967, 1-11.

Ders., The Commercial Banking Firm: A Simple Model, Scand. Journal of Economics, 1982, 495-530.

Willms, M., Money-Creation in the Euro-Currency Market, WWA, 1976, 201-230.

Literatur zu Kapitel V:

Basler, H.-P., Die wirtschaftspolitischen Zielpräferenzen der Deutschen Bundesbank, KuK, 1978, 84-108.

Bericht der Studienkommission „Grundsatzfragen der Kreditwirtschaft“ (Bankenstrukturkommission), Schriftenreihe des Bundesministeriums der Finanzen, Heft 28, Bonn 1979.

Black, St. W., Central Bank Intervention and the Stability of Exchange Rates, in: R. M. Levich, C. G. Wihlborg (eds.), Exchange Risk and Exposure, Lexington 1980, 137-147.

Claassen, E.-M., Die Liquiditätstheorie der Zinsstruktur, JNS, 1965, 201-240.

Culbertson, J. M., The Term Structure of Interest Rates, QJoE, 1957, 485-517.

Deutsche Bundesbank, Geldpolitische Aufgaben und Instrumente, Frankfurt 1982, Sonderdruck Nr. 7.

Fisher, J., The Theory of Interest, New York 1965.

Frey, B. S., Theorie demokratischer Wirtschaftspolitik, München 1981.

Frey, B. S., Schneider, F., Central Bank Behavior, A Positive Empirical Analysis, JoME, 1981, 291-315.

Fuhrmann, W., Developments in the German Banking System, Revue de la banque – Banken Financiewezen, 1980, 595-610.

Ders., Länderrisiko, WiSt, 1984, 135-140.

Hicks, J. R., Liquidity, Economic Journal, 1962, 787-802.

Hodgman, D. R., Selective Credit Controls, JMCB, 1972, 342-359.

Hörngren, L., Regulatory Monetary Policy and Uncontrolled Financial Intermediaries, JMCB, 1985, 203-219.

Jaffee, D. M., Modigliani, F., A Theory and Test of Credit Rationing, AER, 1969, 850-872.

Jarchow, H.-J., Devisenmarktinterventionen und Liquiditätswirkungen, Aussenwirtschaft, 1984, 299-321.

Käsmeier, J. H., Euromärkte und nationale Finanzmärkte: Eine Analyse ihrer Interdependenz, Berlin 1984.

Lindbeck, A., A Study in Monetary Analysis, Uppsala 1963.

Ders., The „New“ Theory of Credit Control in the United States, An Interpretation and Elaboration, Stockholm 1959.

Lutz, F. A., The Structure of Interest Rates, QJoE, 1940, 36-63.

Machlup, F., Eurodollars, Once Again, Banca Nazionale del Lavoro, Quarterly Review, 1972, 119-137.

Modigliani, F., Shiller, R. J., Inflation, Rational Expectations, and the Term Structure of Interest Rates, Economica, 1973, 12-43.

Myhrman, J., An Analytical Treatment of Swedish Monetary Policy, Swedish Journal of Economics, 1973, 221-237.

Neumann, M. J. M., Auf der Suche nach der Interventionsfunktion der Deutschen Bundesbank, Institut für Stabilisierungs- und Strukturpolitik der Universität Bonn, 1983, 1-5.

Poole, W., The Making of Monetary Policy: Description and Analysis, Economic Inquiry, 1975, 253-265.

Radcliffe Report of the Committee on the Workings of the Monetary System, London 1959.

Revell, J. R. S., The Complementary Nature of Competition and Regulation in the Financial Sector, in: A. Verheirstraeten (ed.), Competition and Regulation in Financial Markets, London 1981, 16-31.

Schoofs, V., Flexible Wechselkurse und Zentralbankpolitik, Göttingen 1983.

Silber, W. L., Selective Credit Policies: A Survey, Banca Nazionale del Lavoro, Quarterly Review, 1973, 328-351.

Theil, H., Linear Decision Rules for Macrodynamic Policy Problems, in: B. G. Hickman (ed.), Quantitative Planning of Economic Policy, Washington (D.C.) 1965, 18-42.

Ders., Optimal Decision Rules for Government and Industry, Amsterdam 1964.

Weitzman, M. L., Increasing Returns and the Foundations of Unemployment Theory, Economic Journal, 1982, 787-804.

Willms, M., Monetary Policy Decision Process in the Federal Republic of Germany, in: D. R. Hodgman (ed.), The Political Economy of Monetary Policy: National and International Aspects, Proceedings of a Conference held at Perugia, Italy, 1983, 34-64.

Literatur zu Kapitel VI:

Baillie, R. T., Lippens, R. E., McMahon, R. C., Testing Rational Expectations and Efficiency in the Foreign Exchange Market, Econometrica, 1983, 553-563.

Begg, D. K. H., The Rational Expectations Revolution in Macroeconomics, Theories and Evidence, Oxford 1982.

Blejer, M. J., On the Anatomy of Inflation, JMCB, 1983, 469-482.

Brainard, W., Uncertainty and the Effectiveness of Policy, AER, 1967, 411-425.

Brems, H., Dynamische Makrotheorie, Inflation, Zins und Wachstum, Tübingen 1980.

Brunner, K., Eine Neuformulierung der Quantitätstheorie des Geldes, KuK, 1970, 1-30.

Buiter, W. H., Miller, M., Real Exchange Rate Overshooting and the Output Cost of Bringing down Inflation: Some Further Results, in: J. A. Frenkel (ed.), Exchange Rates and International Macroeconomics, Chicago 1983, 317-368.

Bull, C., Frydman, R., The Derivation and Interpretation of the Lucas Supply Function, JMCB, 1983, 82-95.

Calmfors, L., Output, Inflation and the Terms of Trade in a Small Open Economy, Kyklos, 1983, 40-65.

Cukierman, A., Relative Price Variability, Inflation and the Allocative Efficiency of the Price System, JoME, 1982, 131-162.

Dornbusch, R., Devaluation, Money, and Nontraded Goods, AER, 1973, 871-880.

Ders., Expectations and the Exchange Rate Dynamics, JoPE, 1976, 1161-1176.

Driscoll, M. J., Ford, J. L., The Stability of the Demand for Money Function and the Predictability of the Effects of Monetary Policy, The Economic Journal, 1980, 867-884.

Duesenberry, J. S., A Critique of Rational Expectations Theory, Kobe University Economic Review, 1984, 1-13.

Fama, E. F., Efficient Capital Markets: A Review of Theory and Empirical Work, JoF, 1970, 383-423.

Fischer, St., Keynes – Wicksell and Neoclassical Model of Money and Growth, AER, 1972, 880-890.

Ders., Long Term Contracts, Rational Expectations and the Optimal Money Supply Rule, JoPE, 1977, 191-205.

Ders. (ed.), Rational Expectations and Economic Policy, Chicago, London 1980.

Frenkel, J. A., Mussa, M., Efficiency of Foreign Exchange Markets and Measures of Turbulence, AER, 1980, 374-381.

Frenkel, J. A., Rodriguez, C. A., Exchange Rate Dynamic and the Overshooting Hypothesis, IMF-Staff Papers, 1982, 1-30.

Friedman, M., A Theoretical Framework for Monetary Analysis, JoPE, 1970, 193-238.

Ders., The Role of Monetary Policy, AER, 1968, 1-17.

Fuhrmann, W., Die internationalen Interbankkredite deutscher Kreditinstitute, Methods of Operations Research, Königstein 1981, 315-332.

Ders., Empirische Analyse der Zinselastizität des Kreditangebotes unter Verwendung eines Markov-Prozesses, JNS, 1979, 535-548.

Ders., Zur kurzfristigen monetären Wechselkursbestimmung, JfS, 1981, 66-77.

Fuhrmann, W., Herschel, P., Die Bedeutung der Fakturierung für die Wechselkursanpassung, in: H. Göppl, R. Henn (Hrsg.), Geld, Banken und Versicherungen, 1982/Bd. I., Karlsruhe 1983, 173-186.

Gerber, B., Das Random-Walk-Modell des Wechselkurses als spezielle Form der Marktefﬁzienzhypothese, Schweizerische Zeitschrift für Volkswirtschaft und Statistik, 1979, 585-603.

Giddy, J. H., Dufey, G., The Random Behaviour of Flexible Exchange Rates: Implications for Forecasting, Journal of International Business Studies, 1976, 1-32.

Hawtrey, R. G., The Monetary Theory of the Trade Cycle and its Statistical Test, QJoE, 1927, 471-486.

Heiner, R. A., Origin of Predictable Behaviour: Further Modeling and Applications, AER, 1985, 391-396.

Heri, E. W., Bestimmungsgründe kurzfristiger Wechselkursfluktuationen, Hamburg 1982.

Issing, O., Disinflation, WiSt, 1985, 9-14.

Jordan, J. S., On the Efficient Markets Hypothesis, Econometrica, 1983, 1325-1343.

Katsimbris, G. M., The Relationship between the Inflation Rate, Its Variability, and Output Growth Variability, JMCB, 1985, 179-188.

Korteweg, P., van Loo, P. D., The Market for Money and the Market for Credit, Leiden 1977.

Lanyi, A., Suss, E. C., Exchange Rate Variability: Alternative Measures and Interpretations, IMF-Staff Papers, 1982, 527-560.

Leibenstein, H., Beyond Economic Man. A New Foundation for Microeconomics, Cambridge (Mass.), London 1976.

Leijonhufvud, A., Inflation and Economic Performance, in: B. N. Siegel (ed.), Money in Crises, Cambridge (Mass.) 1984, 19-36.

Levich, R. M., On the Efficiency of Markets for Foreign Exchange, in: R. Dornbusch, J. A. Frenkel (eds.), International Economic Policy. Theory and Evidence, Baltimore 1979, 246-269.

Lucas, R. E., Adjustment Costs and the Theory of Supply, JoPE, 1967, 321-334.

Ders., Econometric Policy Evaluation: A Critique, in: K. Brunner, A. H. Meltzer (eds.), The Phillips Curve and Labour Markets, Supplement to the JoMF, 1976, 19-43.

Ders., Some International Evidence on Output-Inflation Trade-Offs, AER, 1973, 326-334.

Lucas, R. E., Rapping, L., Real Wages, Employment, and Inflation, JoPE, 1969, 721-754.

March, J. G., Bounded rationality, ambiguitity, and the engineering of choice, Bell Journal of Economics, 1978, 587-610.

McGee, R. T., The Nonneutrality of Money and Employment Rates: Tobin and Taxation Effects, Journal of Macroeconomics, 1982, 215-223.

Minford, P., Peel, D., The Phillips Curve and Rational Expectations, WWA, 1982, 456-477.

Minsky, H. P., Money, Financial Markets, and the Coherence of a Market Economy, Journal of Post Keynesian Economics, 1980, 21-31.

Mussa, M., On the Inherent Stability of Rationally Adaptive Expectations, JoME, 1978, 307-313.

Neumann, M. J. M., Exchange Rate Expectations and Speculative Capital Flows, Kritische Bemerkungen, WWA, 1978, 552-557.

Ders., Phillips-Illusionen: Ein Kommentar, KuK, 1982, 566-571.

Neumann, M. J. M., Klein, M., Probleme der Theorie effizienter Märkte und ihrer empirischen Überprüfung, KuK, 1982, 165-187.

Otani, K., Rational Expectations and Non-Neutrality of Money, WWA, 1985, 204-216.

Phillips, A. W., The Relation between Unemployment and the Rate of Change of Money Wage Rates in the United Kingdom, 1861-1957, Economica, 1958, 283-299.

Poole, W., Interest Rate Stability as a Monetary Policy Goal, New England Economic Review, 1976, 30-37.

Ders., Optimal Choice of Monetary Policy Instruments in a Simple Stochastic Macro Model, QJoE, 1970, 197-216.

Sargent, T. J., Wallace, N., The Stability of Models of Money and Growth with Perfect Foresight, Econometrica, 1973, 1043-1048.

Schadler, S., Sources of Exchange Rate Variability: Theory and Empirical Evidence, IMF-Staff Papers, 1977, 253-296.

Schneider, E., Knut Wicksell (1851-1926), Zu Torsten Gårdlunds Wicksell-Biographie, WWA, 1957, 157-180.

Simon, H. A., A Behavioral Model of Rational Choice, QJoE, 1955, 99-118.

Smeets, H.-D., Wechselkurssystem und Phillips-Kurve, KuK, 1984, 396-403.

Stein, J., „Neoclassical" and „Keynes-Wicksell" Monetary Growth Models, JMCB, 1969, 153-171.

Tobin, J., Money and Finance in the Macroeconomic Process, Nobel Lecture, JMCB, 1982, 171-204.

Wicksell, K., Föreläsunger i nationalekonomi, Lund 1901/1906, (deutsche Übersetzung: Vorlesungen über Nationalökonomie auf der Grundlage des Marginalprinzips, Jena 1928).

Ders., Geldzins und Güterpreise, Jena 1898.

Willms, M., Zinstheoretische Grundlagen der Geldpolitik, Berlin 1971.

Sachregister

Abflußquote 113
Aggregation- 20, 132ff.
– sstruktur 228ff.
Alles-oder-Nichts-Entscheidung 82ff.
Arbeits-
– angebot 270
– losigkeit
friktionelle 275
konjunkturelle s. unfreiwillige
natürliche 240, 267
strukturelle 267, 275
unfreiwillige 268, 276
– nachfrage 270
ARIMA-Modelle 249
Außengeld 51f.
Availability-Doctrine 219

Banking-Currency-Kontroverse
s. Currency-Banking-Kontroverse
Banken-
– aufsicht 177, 185, 215
– system
Trenn- 216f.
Universal- 134, 216f.
Barreserve s. Liquiditätsreserve
Basis
bereinigte, exogene 159
exogene 158
monetäre 120, 261
potentielle monetäre 158, 160
– uses and sources 135
Budgetrestriktionen 74, 76, 140

CDs 183, 288f., 293ff.
Currency-Banking-Kontroverse 25
Currency-Substitution-Approach 109

Deflation
s.a. Inflation 227
Depositen-
– zinssatz 129, 153f.
– variabilität 129f., 190f.
Deutsche Bundesbank 179ff., 288f.
Entstehung der 179
Instrumente der 181ff.
Gewinn der 180
Organe der 180
Devisen- 189
– marktintervention 181ff.
– pensionsgeschäfte 194
– swapgeschäfte 194
Dichotomie 36, 133, 231
Disinflation 279

Diskont-
– politik
s.a. Rediskontpolitik 167f.
– satz 154
Dynamic Rationing
s.a. Kreditrationierung 220

ECU 27ff.
Effective Demand 74f.
Effiziente Märkte s. Markteffizienz
Einkommen
permanentes 80, 103, 236
Einkommens-
– effekt s. Zinseffekte
– kreislaufgeschwindigkeit 36, 60, 78ff., 89, 295f., 299
– elastizität der Geldnachfrage 235f.
Einlagenpolitik 181, 195
Equilibrium Rationing
s.a. Kreditrationierung 220
Ertragsrate
– für
Aktien 17f., 238
Geld 15
Güter 18
Wertpapiere 15f., 82f.
– nicht-pekuniäre 49f., 206 ff.
– pekuniäre
s.a. Zinssatz 200ff.
Ertragssatz
s. Ertragsrate
s. Zinsertragskurve
Erwartungen
adaptive 88
rationale 85, 242ff., 258, 265f.
statische 202
Erwartungs-
– bildung
s.a. Erwartungen 88
– fehler 247, 271
– kohärenz 86f., 245ff.
– risiko 91f.
– unsicherheit 41f., 85f., 91ff., 233
Euro-Markt und
– Geldschöpfung 119, 170ff., 262
– Mindestreservepflicht 183
– Zinsstruktur 212f.
Externalitäten 219ff.

Feinsteuerung
Finanz-
– innovationen 89, 119, 157, 183, 220, 288, 235, 284ff.

– marktregulierungen 214ff.
s.a. Regulierungen
s.a. Bankenaufsicht
– marktunvollkommenheiten 219f.
Fisher-
– Effekt s. Zinseffekte, realer Zinssatz
– Verkehrsgleichung s. Verkehrsgleichung
Freiheit von Geldillusion s. Geldillusion

Geld 1ff., 46f.
internationales 26
– angebot 111ff.
Nicht-Linearität des 146f.
Variabilität des 176
– als gesellschaftlicher Fortschritt 47
– als Vermögen 49ff.
– funktion
Recheneinheit 2ff.
Tauschmittel s. Zahlungsmittel
Zahlungsmittel 24ff.
Wertaufbewahrung 7ff.
– haltung, Funktion der
Spekulationsmotiv 81ff.
Transaktionsmotiv 58ff., 77, 271, 291
Vorsichtsmotiv 68ff., 77, 291
– illusion 48, 80, 275
– markt 1f.
– marktpapier 84, 154ff., 187f.
– menge, optimale 51, 55f., 222
– mengenaggregate 18f., 21ff., 120f., 190
– nachfrage 103, 105ff.
Elastizität der 62
in der offenen Volkswirtschaft 106 ff.
s.a. Kapitaltheoretischer Ansatz
s.a. Geldhaltung
– nutzen 38, 73ff.
– politik 141ff., 162ff., 181ff., 195ff., 232f., 280ff., 287ff.
selektive 217ff.
und Spekulationskasse 89
zinssatzorientierte
s.a. Geldangebot 222, 234f.
s.a. Geldmenge
– schöpfung 110
– schöpfungsmultiplikator 116, 135 ff., 172f., 262, 292ff., 298
– system
einstufiges 112f.
zweistufiges
s.a. Bankensystem 114ff.
– vernichtung 110
– verzinsung 293f., 299f.
Gibson-Paradoxon 170
Goldene Bankregel
Grundsätze, KWG 185, 215, 290
s.a. Bankenaufsicht
Güterangebot s. Phillips-Kurve

Illiquidität 68ff.
s.a. Liquidität
Indikatoren der Geldpolitik 23ff., 290
Inflationsrate 263, 268ff., 276f.
s.a. Ertragsrate
Informations-
– beschaffung 40f., 221, 246f., 249, 265f.
– effizienz 245ff., 260, 283f.
– kosten 40f., 237ff.
– paradox 205f.
– problematik 39f.
– stand 249
– wertkurve 43ff.
Innengeld 53ff.
Instabilität
funktionale 233ff.
– der Geldnachfrage 233ff., 263f.
– des Geldmarktes 240f., 244ff.
Institutioneller Rahmen 179ff., 217ff., 284f., 287ff.
Interbankbeziehung 118f., 133
Internationales Kunstgeld s. Geld, internationales

J-Kurve 257

Kapital-
– export 107, 193
– import 107, 193
– mobilität 236
internationale 107f., 256
– verkehr 254f.
Kapitaltheoretischer Ansatz 102ff.
s.a. Geldhaltung
Kassa-Kurs s. Wechselkurs 189
Kassenhaltungskoeffizient 36
Kaufkraftparität 251
Kleines-Land-Fall 108, 263
Konsortialkredite 177
Konsumentenreallohnsatz 269, 272
Kredit-
– angebot 111, 137ff.
Zinselastizität des 145
– geld 51ff.
– politik, selektive 217ff.
s.a. Regulierungen
– rationierung 220f.
– schöpfungsmultiplikator 115, 118 ff., 135ff., 160, 173, 292ff.
– schöpfungspotential 116, 228
Kumulativer Prozeß 226ff.

Länderrisiko 134, 178
Lender-of-last-resort 138, 172, 261, 289
Liquidität
objektbezogene 8ff., 291
subjektbezogene 11
Liquiditäts-
- effekt s. Zinseffekte
- grad 8ff., 206f.
- präferenz 56f., 86ff.
- prämie 208f.
- problem 111, 122
- reserve, freie 120f., 128ff., 137, 148, 162
LM-Funktion 233ff., 300
Lohnindexierung 268ff.
Lombardpolitik 186f.
Lucas-Surprise-Function 42, 270f.

Markteffizienz 85, 245ff., 283f.
s.a. Erwartungen,
s.a. Information
Mark-up-Pricing 268
Mean-Variance-Approach
s. Portfolio-Selektions-Ansatz
Mengentender
s.a. Offen-Markt-Politik 188
Meta-Problem 239ff.
Mindestreserve-
- satz 181ff.
- soll 181ff.
- verpflichtung, Ausnahme von 183f., 261f.
- wirkung 142, 163 f.
Monetäre Basis s. Basis
Monetärer Ansatz 251ff.
Münzgewinn 53f.

Neutralität des Geldes 35f., 266, 275
Nicht-Lineares-Geldangebot
s. Geldangebot
Non-money-asset 229
Normalzinssatz 86, 231
Notional demand 30ff., 74f.

Offen-Markt-Politik
am kurzen Ende 187f.
mit langfristigen Titeln 188
mit Rückkaufsvereinbarung 188f.
s. Devisenpensionsgeschäfte
- Wirkung der 164ff.
Overshooting 109, 252, 257, 259, 265
s.a. Wechselkurs

Pensionsgeschäfte 188ff.
Phelps'sche Inselparabel 42
Phillips-Kurve in der
geschlossenen Volkswirtschaft 266ff.
offenen Volkswirtschaft 277ff.
Planungs-
- horizont 232
- unsicherheit 239, 245
s.a. Meta-Problematik
Portfolio-
- Ansatz
s.a. Wechselkurs 109, 257
- Selektions-Ansatz
der Geldnachfrage 90ff.
des Kreditinstitutes 125ff.
- Struktur 98ff.
Potentielle monetäre Basis s. Basis
Preisniveau 34ff., 170f., 297f., 301
Prime-Rate 211
Produktinnovation, 290, 291ff., 301
Produzentenreallohnsatz 269, 272
Prozeßinnovation 290, 296ff., 301

Quantitätsgleichung 36

Random-Walk-Hypothese 250f., 260
Rechtsweg 289f.
Rediskont-
- kontingent 185f.
- politik
Instrument der 161, 184 ff.
Wirkung der 157ff.
- s.a. Diskontpolitik
- s.a. Lombardpolitik
Regulierungen 214ff.
- strukturelle 215ff.
- und Finanzinnovationen 288ff.
Relative Preise, Theorie der 237f.
s.a. Ertragsrate
Rendite s. Ertragsrate
Risiko
Bonitäts- 10, 212
Einkommens- 208f.
Kapital 208f.
Zinsänderungs- 178
Risikoaversion 96, 219, 246

Sattelpunktlösung 245
Say'sches Gesetz 34, 266
Seignorage-gain 53f.
Sequenz-Wirtschaft 10
Sicherungsfond 219
Sonderziehungsrechte 26ff.
Sparneigung 232
Spekulationsmotiv s. Geldhaltung
Spread 211f., 262
Substitutionalität 34, 108f., 236, 257
Swapsatz 193
s.a. Wechselkurs
Synchronisation

- der Zahlungen 4, 47
  s.a. Übereinstimmung der Wünsche
Syndicated credits 177

Tausch-
- medium 45, 109
- mittel s. Geldfunktion
Termineinlagen 151ff., 262
  s.a. Depositenzinssatz
Terminkurs 190
  s.a. Wechselkurs
Term-Structure 200ff.
  s.a. Zinsstruktur, zeitliche
Transaktionsmotiv s. Geldhaltung
Transmissionsprozeß 233ff.
Trennbankensystem 216, 290f.

Übereinstimmung der Wünsche 4
Überschußreserve 115
Umschlaggeschwindigkeit
  s. Einkommenskreislaufgeschwindigkeit
Universalbankensystem 216, 290f.
U-Schätze 84, 187f.

Variabilität der Preise 276ff.
Verkehrsgleichung 36
Verlustfunktion 195ff., 276, 280ff.
Vermögen
- nominales 103ff.
- reales 51ff.
- und Geldangebot 143f.
Verrechnung 113
Vorsichtsmotiv s. Geldhaltung

Walras-Gesetz 35f.
walrasianischer
- Auktionator 5f., 85, 199ff., 239, 277
- Gleichgewichtsansatz 5ff., 30ff., 133, 223, 267f.
Warengeld 50
Wechselkurs
- nominaler 189ff., 251 ff., 263, 273f.
- realer 109
Wechselkursvariabilität 262
Wertpapierpensionsgeschäfte

X-Effizienz 239

Zahlungsrhythmus 59f.
Zentralbank-
- geldmenge 22f., 291
- interventionen
  s.a. Devisenintervention,
  s.a. Offen-Markt-Politik
- verhalten 195ff., 280ff.
Zins-
- änderungserwartung 85, 204
- änderungsrisiko 178
- arbitrage 108, 263, 286
- effekte 168ff.
- elastizität 13f.
- ertragskurve 202ff., 207
- obergrenze 154f.
Zinssatz
- kritischer 83f.
- natürlicher 227
- nominaler 229
- parität 108
- realer 170
  s.a. Depositenzinssatz,
  s.a. Spread,
  s.a. Zinsstruktur
Zins-
- spanne 134
- struktur
  zeitliche 200ff., 248
  risikobedingte 211ff.
- strukturtheorie
  Erwartungstheorie 201 f.
  Liquiditätsprämientheorie 206ff.
  Präferenztheorie 210
  Segmentationstheorie 210
- Tender 188
  s. a. Offen-Markt-Politik
Zuschlagskalkulation 268

Errata

Seite XV: Zeile 9 richtig „$m = m(\underset{-}{r}, \ldots)$“

Seite 31: Zeile 18 richtig „$x_i^A = \bar{x}_i^A; \bar{x}_i^A = \text{konst.}$“

Seite 33: Zeile 15 richtig „ $\frac{d\pi_i}{dt} = f_i(q_i)$ bzw. $\frac{d\pi_i}{dt} = f_i^*(\pi_i, \ldots)$“

Seite 34: Gleichung (II.4) richtig „ $\sum_{i=1}^{n} \pi_i q_i + \pi_n (x_n^N - x_n^A) = 0; \pi_n = 1$“

Seite 35: Zeile 18 richtig „P_e“ statt „P“

Seite 42: Zeile 5 richtig „Tauschrelation (zumindest sinkt sie nicht).“

Seite 60: Zeile 34 richtig „$L_T = L_T(\underset{+}{P}, \underset{+}{Y})$“

Seite 65: Abb. 13 Ordinatenbezeichnung: richtig „Geldbestand“

Seite 66: Zeile 17 richtig „Tauschhäufigkeit“ statt „Tauschfähigkeit“

Seite 78: Zeile 27 richtig „$M = L_T(P, Y)$“

Seite 81: Zeile 2 richtig “$= v(P, P_P, y_P, y, N)$“

Seite 116: Zeile 14 statt „Der Geldschöpfungsmultiplikator m ist ...“ richtig „Der auf ($\Delta D + \Delta B^P$) berechnete Geldschöpfungsmultiplikator $m_1 = 1/(c_M + r(1-c_M))$ ist ...“

Zeile 16 statt „2,857“ richtig „3,571“

Seite 120: Zeile 9 statt „Kreditpunkt“ richtig „Kritikpunkt“

Seite 145: Zeile 14 statt „Wie der Wert in der eckigen Klammer zeigt,“ richtig „Da der Wert der ersten eckigen Klammer größer, kleiner oder gleich Null sein kann,“

Seite 158: Zeile 30/31 statt „exogene Basis“ richtig „bereinigte Basis“

Seite 161: Zeile 23/24 statt „$k = 0$“ richtig „$z = 0$“

Seite 183: Zeile 15 richtig „Termineinlagen“ statt „Sichteinlagen“

Seite 188: Zeile 38 statt „Beim Mengen-Tender gibt“ richtig „Beim Zins-Tender gibt“

Zeile 43 statt „Dieses gilt auch bei dem Zins-Tender“ richtig „Dieses gilt auch bei dem Mengen-Tender“

Zeile 45 statt „Der Vorteil des Mengen-“ richtig „Der Vorteil des Zins-“

Seite 227: Zeile 40 statt „steigt“ richtig „sinkt“

Seite 241: Abb. 54 Ordinatenbezeichnung richtig „$\hat{m}$“ statt „m“

Seite 243: in allen eckigen Klammern steht vor dem erwarteten Güterpreis ein „a“; z.B. richtig „$+ a\ _tp^e_{t+1}]$“